KB134330

HANGIL
GREAT BOOKS

인류의위대한지적유산

HANGIL
GREAT BOOKS
136

정당론

로베르트 미헬스 지음 | 김학이 옮김

한길사

HANGIL
GREAT BOOKS
136

Robert Michels
Zur Soziologie des Parteiwesens in der modernen Demokratie
Untersuchungen über die oligarchischen Tendenzen des Gruppenlebens

Translated by Kim Hak-Ie

Published by Hangilsa Publishing Co. Ltd., Seoul, Korea, 2015

페르디난트 라살
1963년에 독일 사민당의 전신인 전독일노동자협회를 조직함으로써,
사회주의를 정당정치로서 시작한 최초의 인물이다.
미헬스는 라살을 대중의 지지에 기반하여 언젠가
독일 대통령에 등극하기를 꿈꾸었던 과두적 인물로 평가한다.

에두아르트 베른슈타인

1880년대에 카를 카우츠키와 더불어 독일 사민당에 마르크스주의를
소개·수용한 지도적인 사회주의 이론가이다.
그러나 1899년 이후 자본주의 붕괴의 필연성을 의심하면서,
사회주의를 목표가 아닌 운동으로 간주하는 수정주의를 전개하였다.
미헬스는 수정주의를 변절한 사회주의로 폄하한다.

아우구스트 베벨(위)
독일 사민당을 창당한 사람 가운데 하나로, 40년 넘게 사민당을 이끌면서
지지자들 사이에서 '인민의 황제'(Anti-Kaiser)로 추앙받았다.
미헬스는 베벨을 과두적 지배구조의 대표적인 인물로 간주한다.

선택! 사민당!(아래)
1924년 독일 사민당의 선거 포스터이다.
미헬스는 선거를 민주적 대중의 참정권으로 파악하지만,
동시에 과두정을 합리화하는 수단으로 간주한다.

벨트람, 「하원에서의 격렬한 논쟁」, 1903

1900년경 의회는 몸싸움을 마다하지 않는 격렬한 투쟁의 장소였다.
미헬스는 의회 내의 투쟁을 과두적 지배자들의 자기 현시로 평가한다.

정당론

로베르트 미헬스 지음 | 김학이 옮김

한길사

정당론

일러두기

1. 이 책은 1911년에 처음 발간된 *Zur Soziologie des Parteiwesens in der modernen Demokratie.*
   *Untersuchungen über die oligarchischen Tendenzen des Gruppenlebens*를 번역한 것이다.
   번역한 판본은 1989년에 발간된 독일어 제4판이다.
2. 본문 중 〔 〕는 제4판의 편집자가 추가한 것이다.
3. 본문 중 ( )는 옮긴이의 주석이다. 단 인물은 옮긴이 후주에서 설명하였다.
4. 원전에 " "로 인용된 것은 그대로 따랐고, 원전에 이탤릭체로 강조된 것은 ' '로 표시하
   였다.
5. 원문의 단락이 지나치게 길거나 짧은 경우 옮긴이의 판단에 따라 분할하거나 통합하
   였다.

민주주의를 왜곡시키는 과두정 – 근대성의 숙명

"선출된 자가 선출한 자들을 지배하고, 위임받은 자가 위임한 자들을 지배하며, 대의원이 유권자들을 지배한다. 다양한 형태의 민주주의의 품 안에서 과두정이 발전하는 것은, 사회주의 조직이건 아나키즘 조직이건 조직에는 필연적으로 나타나는 유기적 경향이다."

이 구절은 로베르트 미헬스가 서유럽 사회주의 정당들의 내부 구조를 당내 민주주의라는 관점에서 연구한 뒤 내린 결론이다. 민주적 조직이 필연적으로 보수적 과두정으로 귀결된다는 미헬스의 주장은 한편으로는 충격적이고, 다른 한편으로는 폭로적이었다. 민주주의를 믿던 사람들은 그들의 가치가 배반당하고 있다는 주장에 충격을 받았고, 민주주의를 이용하고 있던 사람들은 그들의 의도가 폭로되었음에 경악하였다. 그에 대한 반응이 폭발적이었음은, 1911년에 처음 출간된 『정당론』이 즉각 영어, 불어, 이탈리아어, 러시아어, 세르비아어, 일본어로 번역되었다는 사실에서도 입증된다. 당대 최고의 사회주의 이론가인 베른슈타인이 곧장 반응하였고, 잠시 뒤엔 소련의 부하린이 반응하였다.[1]

---

1) H.A. Winkler, "Robert Michels," Hans-Ulrich Wehler, ed., *Deutsche Historiker*, Vol.4., Goettingen, 1972, p.66; Seymour Martin Lipset, "Introduction," Robert Michels, *Political parties: a sociological study of the oligarchical tendencies of modern democracy*, translated by Eden and Cedar Paul, New York, 1962, p.26.

미헬스의 논지가 설득력을 갖는 것은 물론, 정당이나 노동조합 혹은 심지어 일반 사회단체에 가입하여 활동해본 사람이라면 누구나, 해당 조직이 과두화되는 경향이 있음을 인지할 수 있기 때문이다. 그러나 미헬스의 논지가 오늘날까지 설득력을 잃지 않고 모든 정치학 입문서에 주요한 이론으로 소개되고 있는 이유는, 그것이 서양 근대문명의 중대한 한 측면을 적시하였기 때문이다. 따라서 미헬스의 논지를 제대로 이해하기 위해서는, 한편으로는 그의 주저인『정당론』을 그 책이 저술되었던 시점의 시대상과 연관지어야 하고, 다른 한편으로는 그 시대를 근대성 전반과 연관지어야 한다.

앞서도 언급하였듯이 이 책은 제1차 세계대전이 발발하기 3년 전인 1911년에 쓰였다. 이 시점은 서양사 전체에서 대단히 중요한 시기이다. 왜냐하면 1890년에서 1914년에 이르는 시기는, 프랑스 혁명과 산업혁명의 '이중혁명'[2)]에 의하여 정립된 서양의 근대성이 부분적으로 전복되면서, 근대(The Modern Age)에 속하면서도 그 이전과 사뭇 구분되는 또 하나의 시기인 현대(The Contemporary)가 불거져 나온 때였기 때문이다. 과연 그 시기에는 여러 가지가 달라진다. 우선 19세기 전반기에 이루어졌던 산업혁명이 마무리되고, 이 시기에 제2차 산업혁명이 진행되었다. 앞 시기에는 자본이 수공업에 투하되었지만, 이 시기에는 자본이 과학에 투하되었다. 그 결과 기업은 대형화되었고, 경영은 과학화되고 전문화되었다.

그러나 전문경영인이 탄생하여 소유와 경영이 분리되기 시작한 것보다 중요한 사실은, 경영이 탈(脫)개인화되었다는 점이다. 다시 말해 기업 경영은 소유주의 손을 벗어나 경영진 전체에게 귀속되었던 것이다. 여기에서 중요한 것은 그 경영진이 영업, 회계, 인사, 금융 등으로 분업화, 즉 관료화되었다는 것이다. 물론 관료화가 처음으로 출현한 분야는 기업이 아니다. 그것은 국가다. 관료제는 근대로 접어드는 18세기의 절대주

---

2) E.J. 홉스봄,『혁명의 시대』, 한길사, 1984.

의 국가에서 시작되어, 절대주의가 전복되거나 개혁되는 19세기에 체제에 무관하게 발전하였고, 1900년경에 간섭적 복지국가가 등장하면서 더욱 강화되었다. 그런데 그 관료제가 기업에도 나타난 것이다. 물론 기업만이 아니었다. 1900년경이면 모든 조직이 관료화된다. 정부와 기업 외에 정당이 그러하였고, 노동조합이 그러하였으며, 이익단체도 마찬가지였다.

관료제란 업무가 분업화되고 그 분업화된 업무의 시행과 조정이 일정한 규칙에 입각하여 진행되는 체제이다. 그것은 서양 근대가 진행되면서 근대적 삶이 농업적 단순성을 벗어나 복잡다단하게 치달은 사정에 대한 대응이었고, 따라서 시대적 조건에 걸맞는 대단히 효율적인 체제였다. 그러나 문제는 관료제가 서양 근대문명의 구성적 계기(Moment)인 독립된 개인의 이념과 어긋난다는 데 있다. 서양 근대문명을 낳은 계몽주의가 최고의 가치로 설정한 것은 자율적이고 이성적인 개인이었다. 계몽주의는 개인의 자율성이 최대치로 보장될 때 인간은 창조성을 발휘하고, 이를 보장하는 한 사회는 무한하게 진보할 것으로 믿었다.

19세기 초의 발전은 그들의 예언이 타당하였음을 보여주었다. 산업혁명이 그 증거였다. 산업혁명은 중상주의적 국가로부터 해방된 창조적 개인의 역량을 증명하는 것이었기 때문이다. 그러나 1900년까지 지속된 산업의 발전과 이에 대한 정치 및 사회의 대응은 더 이상 개인을 강화시키지 않았다. 그것이 낳은 것은 관료제였다. 문제는 공무의 분업체계인 관료제가 인간의 창조적 자율성과 배치된다는 데 있다. 차가운 분업적 이성에서 개인의 창발적인 사유와 행동이 발전할 수는 없는 노릇이기 때문이다.

관료제는 1900년경 서양의 지성을 가장 당혹시킨 문제였다. 니체가 초인을 설파하고 베르그송이 생철학을 개진한 것은 모두 관료적·분업적 이성을 혁파하여 창조적 개인을 재탄생시키기 위함이었다. 관료제적 분업에 대중 스스로가 자율적으로 항거하여 그것을 폭력적으로 전복하여야 한다고 소렐이 주장한 것도 동일한 맥락에서였다. 정당, 노조, 기업,

사회단체를 관통하고 있는 관료제에 대한 서양 지성의 절망을 가장 잘 보여주는 예가 막스 베버이다. 베버가 보기에 근대성의 숙명은 자본주의가 아니라 관료제였다. 그는 관료제를 "쇠창살로 이루어진 새장"에 비유하면서 근대인이 그것으로부터 벗어날 수 없음을 통탄하였다.

로베르트 미헬스의 정치이론은 바로 이 점에 닿아 있다. 미헬스는 소렐과 교류하였고, 또한 베버가 편집하고 있던 『사회학 및 사회정책지』(*Archiv für Sozialwissenschaft und Sozialpolitik*)에 참여하고 있었다. 그런 그는 베버의 관료제 이론을 받아들이되 그것을 더욱 과격화시켰다. 근대인이 무언가를 성취하기 위해서는 조직을 건설해야 하고, 조직을 건설하면 관료제가 나타나고, 관료제가 나타나면 소수의 과두적 지배체제가 나타난다는 것이 그의 주장이었다. 게다가 그는 그것을 법칙화하였다. 따라서 베버에게 관료제가 근대의 숙명이었다면, 미헬스에게는 과두체제가 근대의 숙명이었던 것이다.

관료제 외에 1900년경 서양사회에 나타난 또 하나의 새로운 현상은 정당으로 조직된 사회주의의 출현이다. 사회주의는 19세기 전반에도 있었다. 그러나 그때 사회주의는 언론매체를 이용하여 활동하는 개인이거나 그를 추종하는 무리에 불과했다. 그러나 1900년경의 사회주의는, 독일 사민당처럼 100만 명의 당원을 조직한 견고한 조직이었다. 사회주의는 근대성에 속하기도 하고 근대성으로부터 이탈하기도 한다. 이중혁명을 통하여 한 차례의 절정에 달한 자본주의를 전복하려 하는 한, 사회주의는 근대의 전복을 뜻한다.

그러나 사회주의가 사회를 기획하여 자유와 평등을 실현하려 하는 한, 그것은 근대의 일부이다. 게다가 그들이 정당으로 조직된 것 역시, 그들이 근대의 일부임을 깨우쳐준다. 정당은 서양이 1848년 혁명을 겪고 의회주의로 향하면서 나타난 현상이기 때문이다. 사실 서양에서 정치가 출현한 것은 바로 그때였다. 그 이전에는 통치와 그에 대한 항거, 극단적인 경우 혁명이 있었을 뿐, 정치란 없었다. 정치는 신분사회에 입각한 신분의회가 독립된 개인에 입각한 근대적 의회로 전환하면서 비로소 나타났던 것이다. 정당은 물론 의회정치와 함께 태어난다. 그때가 19세기 중반이다.

주의할 것은 정당정치가 나타난 19세기 중반, 그것은 대중 민주주의가 아니었다는 것이다. 그때 정당은 선거가 닥치면 조직되고 선거가 없으면 활동을 중단하는 명사 정당이었다. 따라서 정당이 출현하였지만 그것은 독립된 개인의 창발적 활동이라는 근대성의 논리에 그대로 준하고 있었다. 사태는 19세기 말에 대중이 등장하면서 달라진다. 대중의 의미는 이중적이다. 첫째는 각성한 혁명적 다수이고, 둘째는 몰개인적인 다수이다. 첫 번째 측면부터 보자.

과거 인민은 통치에의 참여가 거부된 민중이었다. 참정에의 요구는 프랑스 혁명으로 촉발되었고, 당시 참정의 목표는 평등이었다. 혁명을 겪은 서양 부르주아 사회는 인민의 참여를 거부한다. 인민의 참여는 자코뱅의 독재와 테러로 인식되었기 때문이다. 그러나 부르주아 사회의 발전 자체가 참정 대중을 창출하였다. 산업화가 강화될수록 점차 단순 육체노동자가 아니라 내적 통제력을 갖춘 문화적 노동력을 요구하였다. 보통교육을 도입함으로써 그 요구에 응한 것이 19세기 중반의 국가였다. 그로써 글을 읽는 인민이 등장하였고, 그들은 참정하였던 과거를 떠올리거나 아니면 참정에의 요구를 새로이 발전시킨다.

대중정치의 시대는 이러한 새로운 인민의 등장에 지배계급의 분열이 더해지면서 창출된다. 19세기 중반까지 부르주아 사회의 지배층은 부르주아가 아니었다. 그것은 귀족이었다. 부르주아는 아직 자신의 자랑거리인 돈을 지배 정당성의 근거로 공공연하게 내세울 수 없었다. 따라서 부르주아는 신분과 전통을 지배 정당성의 근거로 내세우던 귀족들 뒤에 숨어 있었다. 그러나 산업화가 성공적으로 진행되면서 부르주아들은 정치적 지배권까지 요구하기 시작한다. 자신들의 사회원리가 경제성장에 의하여 확인되고 있었기 때문이다.

귀족과 부르주아의 갈등은 그렇게 심화된다. 흥미로운 점은 그 갈등 및 경쟁의 맥락에서 양자가 서로, 참정을 요구하고 있던 민중을 자기 편으로 끌어들이려 하였다는 것이다. 바로 영국의 보수당과 자유당이 경쟁적으로 선거권을 확대한 것이 바로 그 논리요, 독일의 비스마르크가 적어도 연방 차원에서만큼은 보통선거권을 도입한 것도 그를 통하여 부르주아를 제압하기 위함이었다. 대중의 참정권은 그렇게 확보된다.

이렇게 참정권을 확보한 인민이 대중이다. 그런데 대중은 참정권 확보로 만족하지 않는다. 그들은 민주주의를 요구한다. 프랑스 혁명이 보여주었듯이 민주주의는 대중의 동원이요, 민주적 대중이 요구하는 것은 평등이다. 따라서 그 대중은 혁명적 대중이다. 소렐은 바로 이러한 혁명적 대중에게서 관료제를 혁파할 힘을 보았던 것이다. 사회주의도 마찬가지이다. 19세기 중반에 정치가 출현하자 사회주의는 정치를 그 이데올로기의 본질적인 계기로 삼는다. 정치가 출현하고 그것이 정당정치에 입각하는 한, 사회주의 역시 그 길을 따를 수밖에 없었기 때문이다. 이를 최초로 정교한 이론체계 속에 통합한 사람이 마르크스이고, 이를 실천한 첫 번째 인물이 독일 사민당을 창당한 페르디난트 라살이다.

문제는 사회주의가 정당의 형태를 갖추자, 활동의 강조점이 다소 달라졌다는 데 있다. 사회주의는 경쟁적, 개인주의적, 계급적 자본주의를 협동적, 계획적, 무계급적 체제로 전환시키려는 이념이자 실천이다. 물론 모든 사회주의자들의 목표는 자본주의로부터의 인간 해방이다. 초기에 사회주의는 그 목표를 협동촌의 건설과 같이, 그야말로 사회 속에서 새로운 사회를 실험하는 방식으로 시작되었다. 이제 정치가 시작되자 사회주의는, 무엇보다도 인간의 정치적 해방이 사회주의의 방법이자 구성적 계기라는 점을 각성한다. 한마디로 말하자면 혁명적 사회주의가 민주주의 운동이 된 것이다.

이것은 자연스러운 것이었다. 민주적 대중은 혁명적 대중이었으니만큼 민주주의는 곧 혁명이었던 것이다. 이것이 민주주의가 절차로만 이해되지 않고 있던 1900년경의 감수성이요 상상력이었다. 사회주의의 민주주의 운동은 권위적인 독일이나 이탈리아에서처럼 민주주의가 부분적으로만 실천된 곳에서는 인민의 민주적 권리를 완성하려는 운동으로 진행되었고, 프랑스처럼 보통선거권이 전면적으로 도입된 곳에서는 민주주의를 군대와 사법기관과 같은 기존의 권력기관으로 확대하려는 운동으로 진행되었다.

미헬스는 이 운동에 동참하였던 인물이다. 그는 1901년에 이탈리아 사회당에 입당하였고, 1903년에는 독일 사민당에 입당하였다. 그가 이해한 사회주의가 무엇이었는지를 알기 위해서는 그의 개인적 이력을 간단하게 살펴보는 것이 도움이 될 것이다.

로베르트 미헬스는 1876년에 독일 쾰른의 부유한 상인 가문에서 태어났다. 어린 시절 베를린의 콜레주 프랑세스에서 교육을 받을 정도로 부모의 각별한 후원을 받았던 그는 성장하여, 파리의 소르본, 뮌헨, 라이프치히, 할레 등에서 역사학과 경제학을 공부하였고, 1900년에 할레-비텐베르크 대학에서 '루이 14세의 네덜란드 침공'에 대한 연구로 박사학위를 받았다. 지도교수는 그 유명한 역사주의 역사가 구스타프 드로이젠이었다. 박사학위 취득 후 그는 이탈리아의 토리노 대학으로 옮겨 연구를 지속하였는데, 그는 이때 이탈리아 사민당에 입당하고, 또한 밀라노의 노동회의소에도 참여한다.

특기할 사항은 그 당시 이탈리아의 사회주의에는 정통 마르크스주의 이외에 생디칼리슴이 강력하였다는 것이다. 미헬스는 마르크스주의의 유물사관을 받아들이면서도 생디칼리슴에 경도되었다. 생디칼리슴이 무엇인가? 그것은 총파업을 통하여 노동 대중이 자율적이고 자발적으로 기존의 자본주의 체제를 전복하여 사회주의를 실현하자는 대의이다. 그것은 노동 대중의 기층 민주주의와 반자본주의가 가장 철저하게 결합된 운동이었던 것이다. 따라서 이 시절 미헬스에게 사회주의는 혁명 대중의 직접 민주주의였던 것이다.

이 시절 미헬스는 이탈리아와 독일을 오가면서 활동하였다. 그리하여 1903년에는 헤센의 마르부르크에서 독일 사민당에 입당한다. 마르부르크 사민당에 소속된 유일한 지식인이었던 그는 같은 해 제국의회 의원 선거에 출마하였다가 고배를 마셨고, 1906년에는 마르부르크 시의회선

거에 출마하였으나 헤센 주의 3계급선거권에 막혀 다시 낙선한다. 그의
활동은 왕성하여 1903년, 1905년, 1906년에 마르부르크 사민당을 대표
하여 전당대회에 참석한다. 그리고 그러한 활동 때문에 1907년 마르부
르크 대학은 그의 교수자격논문 제출자격을 거부해버린다. 중요한 것은
이 시기 그가 사회주의와 혁명 대중에 대하여 새로운 생각을 갖게 되었
다는 것이다. 미헬스는 독일 사민당에서 시종일관 혁명 대중의 참여를
주장하였지만 번번이 사민당 지도부에 의하여 거부당한다. 이때 각성한
것이 독일에서 가장 강력한 민주주의 정치세력의 지도부가 사실은 대단
히 보수적이라는 사실이었다.

그런데 그 시기 사민당은 조직적 성공의 절정에 있었다. 사민당은
1903년의 제국의회 선거에서 31.7퍼센트를 득표하였고, 1907년에 당원
150만 명에 지구당 수가 2,700여 개였으며, 1912년 선거에서는 사민당
이 원내 최대정당으로 대두하였다. 미헬스는 그 시기 사민당에서 특징적
으로 나타나던 두 가지 현상, 즉 한편에서의 지도부의 보수성과 다른 한
편에서의 조직의 성공을 하나로 보고, 인과관계로 묶었다. 사민당은 혁
명을 성공시키고자 조직화에 진력하였고, 조직화가 성공하자 그 조직은
혁명이라는 목표를 버리고 조직 자체의 보존을 지상목표로 삼았으며, 그
런 가운데 지도부는 혁명에서 보수로 방향전환을 해버렸다는 것이다.

흥미로운 것은 이때는 아직 1914년이 아니라는 점이다. 1914년에 독
일 사민당은 제1차 세계대전에 뛰어든 독일 정부에 동의함으로써, 사회
주의 이데올로기의 구성적 계기인 국제주의와 평화주의를 내팽개치고
군국주의의 우호세력으로 돌변하였다. 독일 사민당의 변신이 얼마나 놀
라웠던지, 사민당에 비판적이었던 레닌조차 사민당 기관지에 실린 전쟁
옹호 논설을 위작으로 간주했을 정도였다. 그런데 미헬스는 전쟁이 발발
하기 훨씬 이른 시기인 1908년에 이미 관료적인 직업정치의 구조가 보
수성을 함축한다고 주장함으로써 베른슈타인의 반감을 샀다. 혁명적 민
주 대중의 시대를 열망하였던 미헬스의 감수성이 사민당의 변신을 감지
하고 있었던 것이다.

미헬스는 1907년에 토리노 대학에서 교수자격논문을 제출하였고 동 대학의 정치경제학 교수가 된다. 그리고 1914년에는 아예 이탈리아 국적을 취득함으로써 독일을 등진다. 그런데 이 시기에 미헬스는 변신한다. 그는 1907년에 독일 사민당과 이탈리아 사회당으로부터 탈당하였고, 생디칼리슴으로부터도 멀어진 것이다. 변신의 원인은 또 다른 각성 때문이었다. 혁명적 대중에 경도됨으로써 사회주의에 접근했던 그가 그 혁명적 대중을 허구로 간주하게 되었던 것이다. 한편으로 그는 이탈리아 생디칼리슴 운동에서, 견고한 조직을 갖추지 못한 노동운동이 얼마나 허망하게 분쇄될 수 있는지 빈번하게 목격하였다. 다른 한편으로 그는 독일 사민당에서 조직화된 노동자들이 지도부의 요구에 얼마나 유순하게 순응하는지 목격하였다. 다시 말해 미헬스는 혁명적 대중이 사실은 몰개인적 다수에 불과하다는 점을 깨달았던 것이다. 사회주의가 민주주의가 아닌 한 그가 사민당에 머물 이유가 없었고, 대중이 몰개인적 다수인 한 그가 생디칼리슴에 몸담을 이유는 없었다.

미헬스는 과연 이듬해인 1908년에 『정당론』의 내용을 선취한 논문 「사회의 과두적 경향」(Die oligarchischen Tendenzen der Gesellschaft)을 『사회학 및 사회정책지』에 게재한다.

요약하자면 미헬스의 정치이론은, 1900년경 서양사회가 요동치면서 출현한 계기들인 몰개인적 관료제와 몰개인적 대중현상에 착안하여, 또 다른 계기인 혁명적 민주주의의 실현가능성을 논한 것이다. 그리고 그의 결론은 부정적이고 비관적이었다. 운동은 조직을 낳고, 조직은 관료제를 낳고, 관료제는 과두정을 낳으며, 대중은 과두정에 하릴없이 지배당하기 때문이다. 이제 미헬스가 어떻게 그러한 결론에 도달하였는지 책의 내용 일부를 간단하게 소개하도록 한다.

미헬스가 주목하는 것은 무엇보다도 조직이다. 그는 무엇인가를 성취하려는 모든 근대적 운동은 조직을 기반으로 할 수밖에 없다고 보았다. 그러나 조직을 바라보는 그의 눈은 대단히 단순하다. 조직은 지도부와 대중으로 구성된다. 지도적 개인들은 지도자로서의 자신의 가치를 의식하고, 자신의 역량을 자신하며, 자신의 지식과 연설 능력으로 대중을 끌어들인다. 대중은 근대문명의 복잡성에 직면하여 자신의 무기력을 통찰하고, 지도받기를 열망하고, 지도에 대하여 감사해하며, 지도자를 경배할 욕구에 사로잡힌다.

그렇듯 상반된 열망을 소유한 대중과 지도자가 만나는 곳이 조직이다. 대중은 복잡다단한 근대문명이 요구하는 여러 가지 문제를 처리하고자 조직을 건설한다. 건설된 조직은 근대문명의 논리에 따라 다양한 과제를 넘겨받고, 따라서 분업화된다. 게다가 조직은 업무를 신속하고 탄력적으로 처리할 필요성에 직면한다. 그러나 대중은 자신들에게 분업화된 업무를 신속하게 처리할 능력이 결여되어 있다는 것을 곧장 통찰한다. 따라서 대중은 지도적 개인들에게 다양한 조직의 업무를 수행하도록 위탁한다.

그로써 조직의 업무를 전문적으로, 즉 직업적으로 처리하는 지도자들이 등장한다. 그리고 직업적 지도부는 관료화한다. 분업화라는 근대의 논리가 필연적으로 관료화를 부르기 때문이다. 관료화에 동반되는 현상은 관료적 지도부의 권력이 항구화한다는 것이다. 그것은 지도자와 대중에게 본질적으로 깃들어 있던 심리적 속성 때문이다.

지도받기를 열망하였던 대중은 관료적 대중에게 지도받는 것에 감사해하며, 그 마음을 영웅숭배로서 표시하고, 그렇듯 숭배받는 지도자는 직업적인 지도업무 덕분에 전문적인 업무능력과 통치기술을 습득한다. 이제 대중과 지도부와의 격차는 하늘과 땅만큼 벌어지고, 대중이 지도부를 전복시킬 가능성은 전무하게 된다. 따라서 조직의 발전은 과두체제로 귀결된다.

지도부가 공고화되면 지도부의 관심은 더 이상 대중의 열망을 실현하는 데 두어지지 않는다. 지도부에게 중요한 것은, 자신들의 권력 기반인 조직을 보호하는 것뿐이다. 따라서 지도부와 대중의 이해관계가 서로 부합되라는 법이 없다. 오히려 양자는 배치되기 십상이다. 그러므로 대의제는 민주주의가 아니다. 조직에 민주주의란 더 이상 없다. 대중의 직접

민주주의는 조직의 건설과 더불어 이미 한때의 꿈으로 멀어져버린 뒤이기 때문이다. 이제 조직을 유지하는 것은 과두적 지배체제를 항구화하려는 지도부의 욕구와, 이 지도부를 헌신적으로 추종할 도리밖에 없는 대중의 무기력이다. 게다가 지도부는 조직을 기반으로 삼아 기존의 권력 엘리트에게 도전하거나 아니면 접근한다. 대중을 담보로 그 도전이 성공하면 그들은 새로운 권력 엘리트가 되고, 실패하더라도 적어도 권력의 한 축을 담당하게 된다. 한때 대중의 일원에 불과하였던 자가, 기존의 권력 엘리트에게 도전하라는 대중의 위탁 덕분에 조직의 지도자가 되자, 어느덧 기존의 엘리트와 실질적으로 융합하게 되는 것이다. 운동은 조직을 낳고, 조직은 관료제를 낳으며, 관료제는 과두정을 낳고, 과두정은 보수적인 신엘리트를 낳는다. 이것은 근대의 숙명이다. 여기에 출구란 없다.

근대 조직의 운명을 제시하고자 하였던 미헬스가 분석한 대상은, 당대의 가장 강력한 민주주의 운동조직이었던 사회주의 정당이었다. 그리고 이 책이 출간된 지 3년 후에 발생한 제1차 세계대전은 미헬스의 분석이 얼마나 타당한지 입증하였다. 앞서 언급하였듯이 각국의 사회주의 정당들이 일제히 자국의 부르주아 정부를 지지하였던 것이다. 그들은 그렇게 조직 자체를 보호하기 위하여 혁명과 민주주의라는 목표를 팽개쳤던 것이다. 그때 드문 예외 중의 하나가 레닌이 이끄는 러시아의 볼셰비키 당이었다. 그러나 그 당도 미헬스의 분석으로부터 벗어나지는 못하였다. 미헬스는 과두정의 문제를 해결하지 않으면 사회주의가 독재로 전환될 수 있는지 이 책에서 이미 예리하게 지적하였기 때문이다.

"사회주의의 문제는 경제만의 문제가 아니다. …… 사회주의는 행정의 문제이고 민주주의의 문제이기도 하다." 만일 사회주의가 민주주의의 문제를 해결하지 못하면, 사회주의 혁명은 "사회주의의 이름으로 지배권을 장악한 교활하고 강력한 소수 지도자들의 독재를 결과할 것이다. 그러므로 사회주의 혁명은 대중의 내적 구조를 진정으로 변화시키지 못할 것이다. 승리하는 것은 사회주의가 아니라 사회주의자들일 것이다. 그리고 사회주의는 승리의 순간에 몰락해버릴 것이다." 미헬스는 1911년에 이미 1917년에 발생할 러시아 혁명의 귀결을 정확하게 예언하고 있었던 것이다.

이상은 정치학이나 사회학이 아니라 역사학을 전공하는 옮긴이가 미헬스를 읽은 방식이다. 옮긴이는 민주주의 이론과 미헬스의 관계, 엘리트 정치이론과 미헬스의 관계, 조직사회학과 미헬스의 관계에 관심을 갖지 않았다. 옮긴이는 미헬스가 1900년경의 서양사회를 반영하며, 그 시대는 근대성의 핵심 모순을 담고 있다는 관점에서 그를 읽었다. 그 결과 옮긴이는 미헬스의 작업이, 1900년경의 서양 근대문명에서 한편으로는 분업적 관료제가 심화되고 다른 한편으로는 몰개인적 대중이라는 새로운 현상이 등장하면서 양자가 착종됨에 따라, 창조적 개인과 혁명적 민주주의가 종언을 고하였음을 밝혔다고 해석하였다. 그러나 이는 옮긴이의 해석일 뿐이다. 이 책은 역사학의 관점에서만이 아니라 정치학적으로, 사회학적으로, 심리학적으로 접근하여도 소득이 풍부한 책이다. 고전이란 원래 관점의 다양성에 따라 해석이 풍부해지는 책이 아닌가. 이 책은 고전이다.

초판 서문

• 인간을 괴롭히려는 것이 아니라 학문에 대한 사랑에서

정치나 종교문제에 대하여 자신과 다른 의견을 들으면 심장이 요동치는 사람들이 있다. 나는 그들을 건드리고 싶지 않다. 그런 사람들과는 토론이 불가능하다. 심장이 요동치면 두뇌는 멈추기 때문이다. 다년간에 걸친 관찰과 연구에 입각하여 성숙한 정당의 내부구조의 대강(大綱)을 밝힌 이 책은, 그런 학문활동에 적합하지 않은 사람들을 위해 쓰인 글이 아니다.[1]

---

1) 이 책이 나오게 된 경위를 간략히 언급해두자면 다음과 같다. 1908년 5월 필자는 브뤼셀에 있는 누벨(Nouvelle) 대학에서 "민주주의와 사회주의"에 대해 강의한 적이 있었다. 그 강의록은 먼저 『사회개혁』(*Riforma Sociale*)이라는 이탈리아 잡지에 게재되었다가("L'Oligarchia organica costituzionale: Nuovi Studi sulla Classe Politica," 17(14/2) 1908), 나중에 다시 대폭 증보되어 독일어 잡지인 『사회학 및 사회정책 논총』(*Archiv für Sozialwissenschaft und Sozialpolitik*)에 실렸다("Die oligarchischen Tendenzen der Gesellschaft: Ein Beitrag zum Problem der Demokratie," 27(1908), pp.73~135). 필자는 1909년 1월에 그라츠와 빈에서 열린 사회학회에서 "정당조직의 보수적인 기본특징"(Der konservative Grundzug der Parteiorganisation)이라는 주제로 강연할 기회를 갖게 되었고, 그 내용을 독일어 잡지(*Monatsschrift für Soziologie*, 1(1909))와 이탈리아 잡지("La democrazia e la legge ferrea dell' oligarchia," *Rassegna Contemporanea*, 3(1910))에 발표했다. 필자는 그해 겨울 다시 토리노 대학에서 "역사에서의 협력"(La cooperazione attraverso la storia)이라는 주제로 열린 강연회에서도 또다시 정당의 협력 문제(Cooperazione politica)를 다루었으며, 1909년 10월에는 토리노 노동회의소(Camera del Lavoro)

지난 150년 동안 근대사회의 거대한 문제들이 첨예화되고 극대화되었다. 그 문제들이 그 시기에 와서 비로소 나타난 것은 아니었지만 과거와는 차원이 달라졌다. 수많은 진지한 학자들과 정열적인 박애주의자들이 그 문제들에 진지하게 접근하였고, 그중에는 문제 해결을 필생의 과제로 삼은 사람들도 있었다. 문제를 해결하기 위한 거대한 실천적인 시도들도 행해졌고, 때때로 위대한 인물이 결부되는 경우도 있었다. 그 문제들 중에서, 유럽을 지속적인 전쟁의 위험에 몰아넣고 수많은 나라들을 혁명의 위험에 빠뜨렸던 인종과 언어의 문제에 대해서는 '민족의 원칙'(Nationalitätenprinzip)이 제시되었다.

그보다 세계를 더욱 소란스럽게 만든 문제, 그 어느 나라 그 어느 도시 그 어떤 마을도 면제될 수 없고, 민족문제가 잠들어 있는 곳에서도 터져나오는 문제, 바로 국민경제 내지 '사회문제'(19세기 및 20세기 산업화 과정에서 발생한 사회적 긴장을 둘러싼 모든 사회정치적 문제를 가리킨다 – 옮긴이)에 대해서는 '완전한 노동이익의 권리'(노동가치설에 나오는 논의의 한 가지로, 재화의 가치란 모두 원천적으로 노동에서 기인한 것이므로, 노동에 그 완전한 대가가 돌아가야 한다는 주장이다 – 옮긴이)가 해법으로 환호를 받았다. 마지막으로 헌정(憲政) 및 국가조직의 문제에 대해서는 '인민주권의 원칙'이 고안되었다. 인민주권의 원칙은 민주주의의 초석이다. 그리고 인민주권의 논리적 귀결은 민족문제의 해결까지 포함한다. 민족의 원칙도 인민주권의 원칙 위에서만 실현될 수 있는 것이기

에서 "사회주의의 낡은 형태와 새로운 이념"(Forme vecchie e idee nuove del socialismo)이라는 주제로 강연했는데, 이 내용 또한 잡지에 게재되었다("La crisi psicologica del socialismo," *Rivista Italiana di Sociologia*, 14(1910), pp.365~376). 필자가 이 연구서가 나오게 된 배경을 이처럼 상세히 밝히는 까닭은 다음 두 가지 이유에서이다. 첫째는 기존에 연구되고 발표된 것 가운데 일부분이 이 책에 재수록되었기에 그것을 미리 밝혀두는 것이 학자의 도리인 까닭이요, 둘째는 과거의 연구 성과에는 필자가 이 책에서 서술할 수 없었던 많은 상세한 내용이 담겨 있는 관계로, 이에 더 많은 흥미를 느끼는 독자들은 이들 연구를 참조할 수 있도록 하기 위함이다.

때문이다.

그동안 축적된 경험은, 그 해결책 가운데 그 어느 것도 주창자들이 열정적으로 제시하였던 바대로 실현될 수 없다는 점을 보여준다. 민족의 원칙은 말할 나위 없이 중요하다. 그러나 그 실천은 지리적인 문제는 물론, 자연적인 국경을 확정하기가 난감하다는 점과 국가들 사이에 안전지대를 만들어내야 한다는 문제에 부딪친다. 게다가 민족의식이 결핍되어 있거나, 혹은 의식이 있다고 할지라도 여러 민족들이 혼재해서 거주하고 있는 경우 민족의 원칙은 실패한다. 경제문제에 대해서 수많은 사회주의 및 부르주아 개혁주의 노선들이 머리를 움켜쥐고 드잡이를 하고 있지만, 노동이익은 종합적으로 내세우기는 쉬워도 분석적으로 규정하기는 어려운 개념이다.

민주주의의 실현을 가로막는 복잡한 경향들을 하나씩 떼어내어 세세하게 목록화하기란 어렵다. 그렇지만 귀납적인 방법을 통하면, 최종적이지는 않더라도 어느 정도 설득력 있는 분석을 제시해볼 수는 있을 것이다. 민주주의를 방해하는 복잡다단한 경향들은, 첫째는 인간의 본성에서 기인하고, 둘째는 정치투쟁의 본질에서 기인하며, 셋째는 조직의 본질에서 기인한다. 민주주의는 과두정으로 나아가고, 과두정이 된다.

필자가 이같은 명제를 제시하는 이유는 특정 정당이나 정부에게 파괴적인 비판을 가하거나, 그들의 도덕적 위선을 질책하고 그 관련자들에게 비난을 퍼붓기 위함이 아니다. 모든 인간 군집에는 내적인 계급분화(Subklassenbildung)가 발생한다는 점을 가리키는 이 법칙은, 다른 사회학적 법칙들과 마찬가지로 선악의 피안에 있다. 이 글은 민주주의를, 그것을 떠받치고 있는 복잡한 근본 이념과 제도적 장치와 관련하여 분석한 것이다. 사실 민주주의의 문제는 이미 여러 학자들에 의하여 더 이상 덧붙일 것이 없을 정도로 연구되어 있다. 그러나 '민주주의가 정당에 미치는 영향'은 연구의 처녀지로 남아 있었고, 바로 그 문제가 이 글의 주제이다.

에른스트 베른하임은 그의 저작 『역사연구 방법개론』에서, 주제의 질적 확장에 기초하여 전문화하는 방법 두 가지만을 정당한 역사서술의 방법으로 인정하였다. 첫 번째 방법은 좁은 의미에서의 문화사이다. 이는 주로 인간의 사적 활동에서 연원하는 사회활동과 노동의 결과들의 형태가 어떻게 발전하였는지를 서술하는 역사이다. 두 번째가 정치적 문화사로, 그것은 국가 발전과 국가적 삶의 역사이다.[2]

그런데 역사를 그렇듯 사적인 영역과 국가적인 영역으로 분류하는 것은 하나의 공백을 남긴다. 그 공백을 메우는 작업은 시급히 필요한 일이기도 하거니와, "모든 영역에서 사회적 존재로서 활동하는 인간의 발전에 관한 학문"이라는 베른하임의 역사학 정의에 부합되는 것이기도 하다.[3]

인간을 규정하는 유구한 양대 요소인 '개인'과 '국가' 사이에, 또 하나의 극히 새로운 요소가 지난 세기의 사회와 정치와 문화에 등장하였다. 조직화된 국가의 폭력에 대하여 영원한 투쟁을 벌이는 개인이 오늘날처럼 고립되어 있지 않은 때는 없었다. 왜냐하면 새로운 제3의 요소가 정치적, 사회적, 문화적 투쟁의 장(場)에 나타났기 때문이다. 그 요소는 개인의 이해관계와 감성에서 탄생하였지만, 구조와 목적에서는 여러 가지로 국가와 유사하다. 그 요소를 개인화된 국가 혹은 국가 안의 국가라고 부를 수도 있는 것도 바로 그 때문이다. 최근의 역사를 통틀어 가장 중요한 계수(係數)로 등장한 그 제3의 요소가 바로 '정당'이다.

정당에 대한 연구와 분석은 이미 경제학 ─ 사회학과 철학 ─ 심리학 및 역사학에 경계를 둔 분과 학문으로 자리를 잡았다. 그러나 그 학문은 연구가 더욱 진척되지 않는다면 그 자체로는 아무 소용이 없는 학문이 될 것이다. 정당이 성장하고 연륜이 쌓임에 따라, 이 새로운 학문의 제1부, 즉 정당의 역사적 발전 과정은 양적으로나 질적으로나 충분하게 기

---

2) Ernst Bernheim, *Lehrbuch der historischen Methode*, 1. Aufl., Leipzig, 1889, p.38[제5판 및 제6판, 1908].
3) 같은 책, p.90.

술되었다. 유럽의 거의 모든 정당들은 대체로 잘 씌어진 정당사를 가지고 있다. 그에 반하여 이 학문의 제2부, 즉 '정당체제'(Parteiwesen)에 대한 분석은 여전히 대단히 미흡한 실정이다. 이 책은 바로 그 두 번째 영역을 진척시키려는 의도에서 쓰였다.

필자의 과제는 민주주의와 관련된 문제점들을 해결하려던 시도들을 비판적으로 논(論)하는 것이다. 이 책은, 오늘날의 민주주의가 운동으로서나 사상으로서나 온전히 벗어날 수 없는 위기 속에 빠져 있다는 사실을 보여주게 될 것이다. 민주주의가 봉착한 족쇄와 장벽은 민주주의의 '앞'에만 있는 것이 아니라 '안'에도 있다. 그리고 그것은 일정한 한계 내에서만 극복할 수 있을 뿐이다.

필자는 이 과제에 순전히 학문적으로 접근했다. 필자는 이 책을 저술함에 있어 모든 편견으로부터 벗어나, 사회적 삶의 현상들 이외의 그 어떤 것으로부터도 영향을 받지 않으려 노력하였던 것이다. 비록 필자가 생애의 절정기를 민주주의에 바쳤지만, 전혀 주저하지 않고 민주주의를 해부대 위에 올려놓았다. 필자는 그 과정에서 전적으로 새로운 전망과, 그 대부분이 새로운 일련의 사회심리적 철칙들을 발견해냈다고 믿는다. 그러나 필자는 '새로운 체계'를 구성하는 작업을 기꺼이 단념하였다. 사회학의 과제는 어떤 체계를 만드는 것이라기보다 통찰을 전달하는 데에 있고, 해결책을 발견하기보다는 ― 개인과 집단의 삶을 둘러싼 많은 문제들은 그 어떤 해결책도 허용하지 않는다. 그것들은 넓은 의미에서 항상 '열려' 있다 ― 어떤 한 경향과 그에 대한 반대 경향, 어떤 한 원인과 그에 대한 반대 원인, 간단히 말해 사회생활의 그물망을 가능한 한 이론(異論)의 여지가 없도록 제시하는 데에 있기 때문이다.

예측을 하려면 진단이 정확해야 한다는 것은 너무도 분명하다. 이 책의 진단이 전적으로는 아니라 할지라도 압도적으로 좌파 민주주의 정당들과 사회주의 정당들을 대상으로 한 까닭은, '의도적인 홀계'에서 비롯된 것이 아니다. 이 책이 제기한 물음에 대하여 우익 정당의 분석 결과를 증거로 삼는다면, 작업은 용이할지 몰라도 학문적으로는 용납될 수 없을

것이고, 따라서 증거 능력이 손상되었을 것이다.[4]

근대 민주주의 정당의 지도부를 분석하는 것은 결코 쉬운 작업이 아니었다. 엄청난 자료가 끔찍할 정도로 흩어져 있는데다가, 그 형태마저 일간신문과 팸플릿과 같은 무정형 문건에 이르기까지 각양각색이고 그 언어마저 다양하기 때문에, 자료를 구하기도 어려웠을 뿐만 아니라 그것을 작가적으로 능숙하게 처리하여 표현해내는 것이 거의 불가능해 보였다. 그리하여 자료 전체를 이용하는 것을 포기하고, 필자가 예비적으로 작업한 것들 중에서 가장 중요한 것만을 골라내고 나머지는 버려두기로 결정하였다. 지면과 시간이 허락하였더라면 예증을 드는 데에 어차피 필요한 역사적인 증거들을 훨씬 더 많이 제시함으로써, 명제 형태로 제시된 문장들을 하나하나 뒷받침하여 이 책을 더욱 짜임새 있게 만들 수 있었을 것이다. 필자의 카드 목록을 한번 훑어보기만 해도, 정당제도와 관련된 엄청난 자료가 아직도 학문적 분석을 기다리고 있다는 사실을 알 수 있을 것이다. 자료의 양 이외에 필자가 직면한 또 다른 어려움은 문제 자체의 가공할 만한 복잡성과 극히 다양한 연관성이었다.

필자는 필자가 관찰한 정당현상들의 원인론에서도 모든 현상들에게 제각각의 다양한 면모를 그대로 살려주고자 노력하였다. 개별현상에서 필자가 시각적인 착각을 범했을 가능성도 물론 있다. 이 문제는 현재에 속한 현상이나, 현재에 인접한 현상을 연구하는 학문으로서는 어쩔 수 없는 한계이다. 이러한 연구에는 연구 대상의 윤곽을 뚜렷하게 해주고 실루엣의 테두리를 분명하게 해주는 시간적 거리가 없기 때문이다. 그러므로 필자는 모든 사실적 비판과 선의의 충고에 귀를 열어놓을 것이며, 필요할 경우 재판에서 수정할 것이다.

토리노, 1910년 봄

---

4) 이 책, pp.60~62를 참조하라.

독일어 제2판 서문

　이 책의 독일어 초판이 출간된 지 14년이 흘렀다. 그동안 이 책은 도처에서 호응과 인정을 받는 행운을 누렸다. 이 책은 여러 주요 국가에서 번역되었고, 부분적으로는 필자가 직접 가필을 하기도 하였다.[1] 그 가운데서 필자가 인가하였고 또한 널리 알려지기도 한 판본만을 꼽더라도, 독일어판 외에 이탈리아어판, 프랑스어판, 영어판, 미국판, 일본어판이 있다.

　프랑스어판은 귀스타브 르 봉이 주관하는 파리의 과학철학문고 (Bibliothéque de Philosophie Scientifique)에서 장켈레비치 박사의 번역으로 출간되었다. 영국판은 문필가 부부인 이든(Eden Paul) 및 시더 폴(Cedar Paul)의 아주 세심한 손길을 거쳐 출간되는 기쁨을 누렸다. 일본어판은 전 대만 총독 케조 모리가 주관했는데, 이 판본에는 고토 남작이 내각에서 물러났다가 다시 입각하는 사이에 쓴 서문이 들어 있다. 그 외에 러시아어판도 알려져 있고, 에스파냐어판과 세르비아어판이 준비 중인데, 세르비아어판은 베오그라드 대학의 브란델로비치 교수가 번역을

---

1) 필자는 여기서 판쇄만을 다루고, 판본에 대해서는 언급하지 않겠다(이 책이 다른 나라에서 혹은 다른 나라 언어로 나온 경위에 대해서는 초판 서문의 주석을 참조하라).

맡고 있다.

다양한 판본이 출간된 만큼, 서평도 수백 개에 달한다. 필자에게 특히 반가운 것은, 유럽의 탁월한 학자들과 정치가들이 그들의 방법론적 저술에서 필자의 책을 중요하게 취급하고, 필자가 제기한 문제들의 정당성과 학문적 필요성을 분명하게 인정하였다는 사실이다. 그 학자들 중에는 이탈리아의 빌프레도 파레토[2]와 가에타노 모스카,[3] 독일의 구스타프 슈몰러[4] 와 한스 델브뤽,[5] 영국의 제임스 브라이스 경[6]과 멀록[7] 등이 있다. 정치가들 중에는 토마스 마사리크 대통령,[8] 프리드리히 나우만,[9] 시드니 웨브[10] 등이 있다. 필자가 다루었던 영역을 넘어서는 다른 많은 저

---

2) Vilfredo Pareto, *Trattato di sociologia generale*, Firenze, 1916, 제2권, pp.248, 666, 678(프랑스어판 Lausanne, 1916). 그리고 *Transformazione della democrazia*, Milano, 1921; Gino Borgatta, *L'opera sociologica e le feste giubilarie di Vilfredo Pareto*, Torino, 1917, p.27.

3) Gaetano Mosca, "La sociologia del partito politico nella democrazia moderna," *Il Pensiero Moderno*, Boenos Aires, 1912년 11월 15일 자. 그리고 *Elementi di scienza politica*, Torino, 1923, 제2판, p.338 이하, p.395 이하, pp.408~419.

4) Gustav Schmoller, "Das erwachende Verst ndnis für Aristokratie und Bürokratie in der radikalen und sozialistischen Literatur," *Internationale Monatsschrift für Wissenschaft*, 6(1911). 또한 *Jahrbuch für Gesetzgebung, Verwaltung und Volkswirtschaft*, 35(1911), pp.272, 273. 그리고 *Die soziale Frage*, München, 1919.

5) Hans Delbrück, *Regierung und Volkswille*, Berlin, 1914, p.76 이하.

6) James Bryce, *Modern Democracies*, London, 1921, 제2권, p.598 이하.

7) W.H. Mallock, *The Limits of Pure Democracy*, London, 1919, 제5판, p.46 이하.

8) Thomas Masaryk, "Zur neuesten Literatur über Syndikalismus und Demokratie," *Zeitschrift für Politik*, 5(1912), p.600; *The Spirit of Russia, Studies in History, Literature and Philosophy*, London, 1919, 제2권, p.341. 마사리크가 필자의 저작에 대해 쓴 논문은 1924년 그의 다른 아주 귀중한 연구들과 함께 책으로 묶여 나왔다. 그 책 발문(跋文)을 쓴 사람은 토마스(Albert Thomas)였다(Thomas-Garrigue Masaryk, *Les probl mes de la démocratie. Essais politiques et sociaux*, Paris, 1924).

9) Friedrich Naumann, "Demokratie und Herrschaft," *Die Hilfe*, 1911년 1월 15일자.

10) Sidney and Beatrix Webb, *A Constitution for the socialist Commonwealth of*

작들에서도 필자의 연구가 언급되고 이용되었는데, 그 가운데서도 특히 이든 및 시더폴 부부,[11] 아돌프 베버,[12] 번스[13] 등의 연구가 두드러진다.

이 책에 대한 서평 가운데는 앞서 이미 열거한 것 이외에도, 필자의 기억에 남는 것으로 다음과 같은 것들이 있다.[14] 여기에서 거명된 인사들 대부분이 좁은 의미에서의 국민경제학자들이 아니라 정치적 경험과 인간에 대한 이해를 중시하는 학자들이라(혹은 이었다)는 점은, 이 책이 다룬 주제의 특성을 드러내준다. 그리고 그들 대부분이 좌파적이든 우파적

Great Britain, London, 1920, p.88. 물론 웨브 부부는 이 책에서 선거명부제도가 민주주의에 미치는 영향을 아주 과대평가하고 있다.

11) Eden and Cedar Paul, *Creative Revoultion. A Study of Communist Ergatocracy*, London, 1920.

12) Adolf Weber, *Der Kampf zwischen Kapital und Arbeit: Versuch einer systematischen Darstellung mit besonderer Berücksichtigung der gegenwärtigen deutschen Verhältnisse*, Tübingen, 1910, 제1판(제2판은 유감스럽게도 축약되었다)[제6판, 1956].

13) Harry, Elmer Barnes, "Some contributions of sociology to modern political theorie," *The American Political Science Review*, 제15권, 1921, pp.487~533.

14) 이 책에 대한 서평 가운데는, 앞서 이미 열거한 것들 이외에도, 필자의 기억에 남는 것으로 다음과 같은 것들이 있다. Herman Oncken, "Zur Soziologie des Parteiwesens in der modernen Demokratie," *Archiv für Sozialwissenschaft und Sozialpolitik*, 36(1912), pp.585~593; Jean Bourdeau, "Oligarchie et Démocratie," *Journal des Débats*, 1911년 2월 28일 자; A. Jéhan De Johannis, *Economista*, 1911년 4월 2일 자; Georges Blondel, *Réforme Sociale*, 61(1911)[이 서평은 제시된 곳에 게재되어 있지 않다]; Efraim Lilieqvist, "Om de oligarkiska tendenserna i den moderna demokratiens prativ sen," *Det Nya Sverige*, 5, pp.330~339; Ernest Belfort Bax, "A profound work with a bad title," *Justice*, 1916년 9월 28일 자; Rodolfo Mondolfo, "Personalit e responsabilit nella democrazia," *La Cultura Filosfica*, 7, pp.19~36; Otto Warschauer, *Historische Zeitschrift*, 108(1912), pp.116~118; Charles Bouglé, "Pas de politique!" *Dépêche de Toulouse*, 1912년 10월 2일 자; René Maunier, *Revue Internationale de Sociologie*, 19(1911), pp.146, 147. 그리고 1917, pp.636, 637; Yves Guyot, *Revue d'Économie Politique*, 31(1917), p.511. 그리고 *The Times*에 실린 익명의 서평이 있다.

이든 '귀족주의적' 세계관이나 귀족주의적 인식을 대표하는 사람들이라는 사정도 납득할 수 있다. 그럼에도 불구하고 마사리크가 서평에서 내린 결론, 즉 이 책이 민주주의 정신(Demokratismus)을 약화시키는 것이 아니라 강화시킬 것이라고 한 것은 올바른 평가일 것이다.[15] 물론 민주주의와 민주주의 정신은 구분해야 하지만 말이다. 왜냐하면 대략만 보더라도 슬로바키아 공화정은 오스트리아 제국 치하에서 가장 아름다웠기 때문이다.

필자의 이론은 아직 별다른 반론에 부딪치지 않고 있다. 민주주의자들은 그가 사회민주주의자이건 아니건 보통 필자가 지적한 경향들이 옳다고 인정하면서도, 다만 민족적인 허영심으로 인하여 그것이 자기 나라의 외부에서나 그럴 뿐이라는 단서를 붙인다. 필자의 독일인 평자(評者)들은 과두주의가 라틴계 국가에서만 증명될 수 있다고 주장하는 반면,[16] 프랑스인들은 정반대로 필자가 확립한 논제가 독일적 권위주의와 병영 정신의 부수현상에 불과하다고 주장한다.[17] 영국인들은 그들대로 영국식 자율과 자기통제를 대륙의 군중심리와 첨예하게 구분한다.[18] 그러나 우리가 이 분야에서 보유하고 있는 최상의 자료는 그들 나라의 관찰에 기반을 둔 영미(英美)의 대중심리학이다.

콜러는 필자의 주장이 정치적 민주주의에는 타당하지만, 노동조합운동에는 적절치 못하다는 독특한 입장을 내세웠다. 그는 정당과 노동조합

---

15) p.604를 보라. 유보적이긴 하지만, 샤를 지드(Charles Gide)가 『정치경제학보』(*Revue d'Économie Politique*, 31(1917), p.446 이하)에 기고한 서평도 이와 비슷하다.

16) 예컨대 Philipp Alexander Koller, *Das Massen-und Führerproblem in den freien Gewerkschaften*, Tübingen, 1920, p.13 이하를 보라.

17) C. Bouglé, *Année Sociologique*, 1912, p.479.

18) Albion W. Small, *American Journal of Sociology*, 17(1911), pp.408, 409. 필자의 저작에 대한 다음의 서평들도 참조하라. *The New Statesman*, 제4권 151호, 1916년 2월 26일 자; *The Times*, 문예란, 제15권 753호, 1916년 6월 22일 자. 그리고 Robert C. Brooks, *Political Science Quarterly*, 제26호, New York, 1911, p.142.

의 기능이 서로 다르다는 지당한 주장을 펼치면서, 겉으로는 노동조합의 과두체제에 저항하는 투쟁으로 보이는 행위들이 실제로는 "폭넓은 개념으로서의 조직에 대한 개개인의 저항"[19]이라고 반박하였다. 이 주장은 대중을 개개인으로 폄하하고 신의 은총을 입은 지도부를 "조직"의 "폭넓은 개념"으로 둔갑시킨, 참으로 우아한 요술이다. 게다가 다른 한편으로는 과두적 경향이 민주주의뿐만 아니라 모든 조직형태에서 확인된다고 말하는 그는 도대체 무엇을 하고 있는 것인가.

노동조합은 대체로 전문적이고 계급 통일적이며 경제적이지만, 정당은 압도적으로 이데올로기적이고 정치적이다. 이 중대한 차이점의 확인만으로도 노동조합과 정당의 구조적 차이는 충분히 해명된다. 그러나 노동조합처럼 대중이 동질적인 경우가 대중이 이질적인 경우보다 대중심리가 생겨나기에 훨씬 좋은 조건이다. 비슷한 개인들이 하나가 되는 것('대중화')은, 본래부터 차이가 있었던 사람들이나 그 차이를 의식하고 있던 사람들이 하나가 되는 것보다 순조롭게 이루어진다. 하나가 된다는 것은 차이에서 비롯되는 모든 반론, 즉 정당보다 노조를 전능한 지도부로부터 안전하게 지켜줄 수도 있을 반론들을 제거하는 과정인 것이다.

게다가 우리는 하스바흐의 개념 규정에 의거하여, 노동조합을 여러 측면에서 정당과 유사한 조직체로 분류할 수도 있다. 하스바흐가 정당의 특징으로 규정한 것을 노동조합도 보유하고 있기 때문이다. 노동조합 역시 자신의 요구를 관철시키기 위하여 국가권력에 명령하거나 그에 영향력을 행사한다는 것이, 바로 그 특징이다.[20]

평자들 중에는, 필자의 이론이 현재를 반영하고 있기는 하지만 미래를 지나치게 비관적으로 바라보고 있다고 비판함으로써 필자의 이론이 갖고 있는 법칙적 가치를 부정하는, 무의식적인 전가(轉嫁) 전략을 펼

---

19) Koller, 앞의 책, p.122.
20) Wilhelm Hasbach, *Die moderne Demokratie. Eine politische Beschreibung*, Jena, 1912, p.471〔무수정 제2판, 1921〕.

치는 사람들이 있다. 예컨대 콘라트 해니시는, 사회주의란 모든 병을 치료할 수 있는 의사이기 때문에 인간심리 역시 치료할 수 있다고 주장하였다.[21]

이 책이 지난 13년간 받은 찬사와 비판과 격려를 일일이 논하기란 불가능하다. 그러나 우호적이건 적대적이건, 모두 두 가지만은 인정하였다. 첫째는 서술의 솔직함과 학문적 객관성이고, 둘째는 필자가 수행한 연구와 정립한 이론의 절대적인 새로움이다.

이 책은 독일에서 상품성과 학문적 성과 모두에서 성공을 거두었음에도 불구하고, 독일 정치문화의 특수성으로 인하여 고통을 겪었다. 그 일차적인 이유는, 이 책의 상당 부분을 점하고 있는 대중심리학 이론과 그것의 역사학에 대한 적용에서 독일 학문의 성과와 관심이 프랑스, 이탈리아, 미국, 영국에 수십 년 정도 뒤지기 때문이다. 필자가 보기에 그것은 독일의 정치문화 때문이다.

독일의 정신세계를 지배하는 보수주의에게는, 정당에서의 대중의 본질과 개념 그리고 지도부에 대한 연구가 애초부터 '섬뜩한' 것으로 보인다. 독일 사민당 역시 그 스스로가 대중정당이면서도, 대중정당의 개념이 연구되지 않았을 때에 대외적인 힘을 발휘할 수 있는 정당이다. 민주주의자들은 부르주아적이건 프롤레타리아적이건 지도자문제에 대한 연구에 대해서는, 부르주아지들이 소유의 문제나 기업이윤에 대한 연구를 대할 때와 똑같이 의심스러워하고 불쾌해하며 적대적이 된다. 그들은 그 주제를 논하는 것이 중국 최고의 미인이 누구인지 왈가왈부하는 것과

---

21) Konrad Haenisch, *Bremer Bürgerzeitung*, 제22권 171호, 1911. 지노비예프는 자신의 등록상표가 되다시피한 호의적인 비판을 내게도 가했는데, 그는 필자가 마치 모든 민주정에서 관료지배층은 숙명적으로 출현하게끔 되어 있다고 말한 것으로 오해했다(G. Sinowjew, *Der Krieg und die Krise des Sozialismus*, Wien, 1924, p.524). 필자는 아직 러시아 사회주의에 대한 지식이 부족하기 때문에 러시아 사회주의가 이런 정당사회학 법칙에서 예외적인지를 판단할 수 없는 형편이다. 게다가 러시아 사회주의는 정당사회학 법칙 이외에도 권위사회학의 법칙과도 밀접하게 연관되어 있다.

같다고, 즉 아무것도 말하지 않는 것이나 마찬가지라고 주장한다.[22]

여기에 또 하나의 요소가 개입한다. 독일인들은 정당제도에 대한 필자의 비판이, 조직적인 것을 높이 평가하는 민족적 특성을 뼈아프게 건드리는 것으로, 다시 말해 독일인들에게 가치 있는 어떤 것, 핵심적인 어떤 것에 상처를 주는 것으로 간주한다.

이 책이 출간되기 이전에 지도자문제는 독일에서 다만 산발적으로 다루어졌을 뿐이다. 사민당의 1903년 드레스덴 전당대회(이른바 수정주의 논쟁을 뜻하는 것으로, 폴마르와 베른슈타인을 비롯한 수정주의자들과 그에 반대하는 베벨이 사회민주당이 부르주아지 정부에 어떤 태도를 취할 것인가의 문제를 놓고 격렬하게 대립했다. 수정주의자들은 부르주아지 정부에 참여하는 방향을 고집한 반면, 베벨 등은 그에 반대했다. 이 드레스덴 당대회는 수정주의자들의 패배로 막을 내렸다 – 옮긴이)에서 베벨과 폴마르는 빛나는 설전을 벌이는 가운데 비록 방법론적이기보다는 삽화적인 일화에 불과하기는 하였지만 그 문제를 언급하였다.[23]

그 문제가 노동조합에서는 훨씬 집요하게 제기되었지만, 그 논의들은 일시적인 실천적·정치적 성과는 거두었을지언정 정신과학적 성과는 별반 낳지 못했다. 이 문제가 자극을 준 조직은 오히려 소위 자유독일청년단(Freideutsche Jugend: 13개 독일청년단체가 1913년 10월 카셀 근처에 있는 마이스너에서 결성한 모임으로 1932년 해체되었다 – 옮긴이)이었다. 이 단체는 "물론 훈육, 강제, 계획, 강간 등의 개념을 동어반복적으로 나열하는 것 이상으로 나아가지는 못했지만, 선출된 지도부에 대한 충성만은 단호하게 거부"하였던 것이다.[24]

사민당과 노동조합은 종전(終戰)[제1차 세계대전]에 즈음한 시기와 패전 직후 한동안 혹독한 비판을 받았고, 이로 인하여 물고 물리는 격렬

---

22) Franz Klein, *Das Organisationswesen der Gegenwart*, Berlin, 1915, p.119.

23) *Protokoll*, p.311 이하를 보라.

24) Hermann Kantorowicz, "Freideutsche Jugend," *Basler Nachrichten*, 1923년 11월 2일 자(제513호 부록 2).

한 갈등이 빚어졌다.[25] 그러나 그 갈등의 전체적인 귀결은 지도부 권력의 근본적인 약화가 아니라 지도부의 정당정치적 분열이었다. 이는 극히 당연한 결과이다. 지도자 없는 대중이란 존재할 수 없기 때문이다. 지도자가 없으면 대중은 해체되어, 대중으로 발전하고 응결되기 이전의 상태인 무정형의 인간군(人間群)으로 전락해버리고 만다.

이 책이 연구한 문제는 제1차 세계대전 이후, 그리고 부분적으로는 이미 전쟁 중에 대단한 관심을 불러일으켰다. 이 책의 프랑스어판과 영어판은 그 덕을 보았고, 학술지에서 다양하고 심도 있게 논의되었다. 이 책의 프랑스어판은 전쟁 직전(파리, 1914)에 출간되었고, 영어판은 전쟁의 와중(런던, 1917)에 출간되었다. 독일에서도 전쟁의 와중에 거의 꺼져버렸던 이 책에 대한 관심이, 전쟁 직후에 소장학자들 사이에서뿐만 아니라 지금껏 이 책을 냉담하게 대했던 정치가들 사이에서 다시 고조되기 시작하였다. 이는 물론 그동안 국가기구의 분해 과정이 본격적으로 진행되었기 때문이기도 하다. 그리하여 밀도가 크든 작든 필자의 연구에 선을 댄 흥미로운 대소의 문헌들이 다양한 진영에서 나오고 있다.[26] 이를 빗대어 카를 슈미트(Carl Schmitt)는, 이 책이 특수한 학문 분야의 길을

---

25) Gustav Eckstein, "Bürokratie und Politik," *Die Neue Zeit*, 34(1915/16), 제1부, pp.481~486; Julian Markuse, "Ein Weg zur sozialistischen Demokratie," *Münchner Post*, 1919년 4월 6일 자; W. Stoecker, "Oligarchentum," *Bergische Arbeiterstimme*, 1917년 4월 22일 자.

26) Heinz Marr, *Proletarisches Verlangen*, Jena, 1921; Norbert Einstein, *Der Erfolg. Ein Beitrag zur Frage der Vergesellschaftung*, Frankfurt, 1919; Gerhard Colm, *Beitrag zur Geschichte und Soziologie des Ruhraufstandes vom März bis April 1920*, Essen, 1921; Felix Weltsch, *Organische Demokratie*, Leipzig, 1918; Alfred Meusel, "Die Abtr nnigen," *Kölner Vierteljahreshefte für Soziologie*, 3(1923/24), pp.152~169; Wilhelm Vleugels, "Masse und Führer," *Kölner Dissertation*, 1921(필자가 여기서 인용한 *Kölner Vierteljahreshefte*에는 유감스럽게도 그 일부분만 게재되어 있다); Heinrich Margulies, *Kritik des Zionismus*, 제1권: *Volk und Gemeinschaft*, Berlin-Wien, 1920; Hans Siegfried Weber, "Beamtenherrschaft und politisches Führertum," *Der Tag*, 1921년 3월 16일 자.

열었다는 적절해 보이는 평가를 하였다.[27]

최근에 주목할 만한 두 명의 독일인 저술가가 지도자문제에 대하여 언급하였다. 바로 오스발트 슈펭글러(Oswald Spengler)[28]와 지그문트 프로이트(Sigmund Freud)[29]이다. 그러나 프로이트의 '리비도적 결속' 이론은 그 모든 중요성에 불구하고, 적어도 나에게는 우리가 다루는 특수한 문제의 정곡을 찌르지는 못한 것으로 보인다.

*

이 책의 독일어 초판은 필자와 오랜 교우관계에 있던 막스 베버에게 헌정되었다. 이 책의 곳곳에는 베버와의 개인적 교류와 서신 왕래의 흔적이 남아 있다. 베버는 필자에게 이 책에 대한 심원한 긍정적, 부정적 평가를 담은 편지를 보내주었는데, 필자가 그 편지를 이 책이 출간된 뒤에야 비로소 받아보았기 때문에, 이제야 그에 합당하게 참조할 수 있었다. 그러나 베버의 『경제와 사회』(1921)[30]에 실린 정당에 관한 내용은 아쉽게도 일관되지 못하고 산발적이어서 필자에게 중요한 가르침이 되지 못했다.

이 책의 초판과 제2판 사이의 기간에 출간된 정치사회학의 또 다른 표준적 저작인 빌프레도 파레토의 두 권짜리 저서 『일반사회학논고』

---

27) "미헬스가 이 책에서 시도하고 있는 정당활동에 대한 유명한 사회학적 연구는 수많은 민주주의적 환상을 깨뜨렸다. 그래서 마르크스주의적 사회주의자들만이 언론과 자본의 유착을 파헤치고 정당을 경제적 관계라는 관점에서 바라보는 것은 아니다"(Carl Schmitt, *Die geistesgeschichtliche Lage des heutigen Parlamentarismus, Bonner Festgabe für Ernst Zitelmann*, München und Leipzig, 1923, p.417〔단행본 제2판, München und Leipzig, 1926, p.30과 비교하라〕).

28) Oswald Spengler, *Der Untergang des Abendlandes. Umriß einer Morphologie der Weltgeschichte*, München, 1922~23.

29) S. Freud, *Massenpsychologie und Ich-Analyse*, Leipzig, 1921.

30) 〔그동안에 이 책의 새로운 (증보)판이 출간되었다. 제4판, Tübingen, 1956.〕

(1916) 역시, 정당제도의 내용을 부차적이고 간접적으로 취급하는 선에서 그치고 있다.

초판이 출간되기 이전과 이후의 시대적 상황이 다르고, 이 책의 주제 영역에서도 중요한 새로운 현상이 몇 가지 출현하였기 때문에, 제2판에서는 초판을 근본적으로 수정하지 않을 수 없었다. 이 책에서처럼 연구자의 시각(Anschauung)이 막대한 역할을 하는 연구영역에서는, 필자가 여러 나라에서 행하던 정당활동으로부터 물러난(1907) 이후 — 필자는 물론 그때에도 직업적인 지도자가 되려는 야심에서가 아니라, 다만 젊은 이상주의와 사물과 인간에 가깝게 다가가고 싶다는 욕구에서 참여하였다 — 사태의 시간적 흐름을 자세히 분석하는 것이 허용되지 않는다. 따라서 필자가 제시한 논제에 대한 증거 중에는 최근의 정당사에서 뽑아온 사례가 비교적 적다. 이는 다른 이유에서도 나쁠 것이 없다. 현재 활동 중인 정당인이라면 필요한 보충자료들을 스스로 조달하는 데에 어려움이 없을 것이며, 또한 현재 그가 정당에 대한 열정에 사로잡혀 있는 만큼 시간적 거리를 격한 오래된 자료를 더욱더 절실하게 받아들일 수 있을 것이다. 또한 이를 통하여 이 책에 표현된 생각이 더욱 뒷받침을 받을 수 있을 것이다.

그렇지만 필자 개인의 삶과 관심이 접했던 나라들(이탈리아, 스위스, 프랑스, 벨기에, 독일, 영국)의 최근 정당사를 지속적으로 관찰한 결과 필자는, 필자가 학문적으로 정립한 현상들이 양적으로는 끔찍할 정도로 늘어났지만 질적으로는 하등의 본질적 변화가 나타나지 않았다는 사실을 분명하게 확인하였다.

〔제1차 세계〕대전은 물론 엄청난 퇴보를 의미했다. 정당이라는 요소가 민족이라는 요소의 뒷전으로 밀려났기 때문이다. 정당활동이 존속하였다고 하더라도, 필자가 확정한 경향들은 괴이쩍을 정도로 확대되고 조야해졌다. 다시 말해 전쟁의 와중에 정당은 철저하게 정당 지도자들에게 내맡겨졌고, 지도자들은 지도자들대로(몇몇 예외를 제외하고는) 국가에게 내맡겨졌다. 지도자들은 공통된 애증과 천박한 경외감 및 더욱 천박

한 욕심으로 국가에 묶였다. 모든 지도자들이 해당 정당의 이념에 상관 없이 국가의 목을 붙잡고 늘어지게 된 또 하나의 이유가 있었다. 정당의 흥망이 국가의 승패와 함께 하는 듯이 보였던 것이다.

필자는 또한 이 책에서 볼셰비즘과 파시즘이라는 두 개의 거대 정당 운동을 주변적인 수준 이상으로 분석하는 것을 포기해야만 했다. 그렇 지 않아도 두툼한 이 책에 새로운, 그것도 성격상 엄청날 수밖에 없는 재 료를 부가하는 것은 양적으로 불가능했다. 그리고 그 문제를 차치한다 고 하더라도 두 가지 이유가 더 있었다. 첫째, 그 두 운동은 이미 국가권 력을 장악한 운동이다. 다시 말해 그 운동은 국가가 된 정당 혹은 정당이 된 국가인 것이다. 따라서 두 운동은 이 책이 설정한 과제, 즉 정당을 다 루되 집권의 문턱까지만 다룬다는 의도를 크게 벗어나버렸고, 따라서 그 것들을 연구하려면 전혀 상이한 토대와 부분적으로는 전혀 상이한 방법 론이 요구된다.

둘째, 그 두 가지 흐름은 ─ 필자는 그중 하나에 대해서 다른 곳에서 설명했다[31] ─ 전형적인 대중운동이긴 하지만 민주적 대중운동은 아니 다. 볼셰비즘은 기계화된 대공업을 위하여 무조건적이고 엄격한 의지의 통일과 수천(數千)이 하나에 종속되는 것을 강조하고, 사회주의라는 이 름의 정치를 위하여 이념과 희생정신과 끈기가 아직 미약하고 미성숙한 대중에게 의식화된 소수 사회주의자들의 지배를 강요하는 운동이다. 파 시즘도 이론적으로 명백히 반(反)민주주의이고, 대의제에 대한 격심한 혐오감으로 가득 차 있다. 그들의 영웅 베니토 무솔리니는 지도권을 내 려놓기는커녕, 백만 여당(與黨)에 대한 무제한적인 지배권을 절대적으 로 의식한 채 찬란하고 드높은 로마의 하늘 아래서 자신의 지배권을 행 사하고 있다(제1기와 제2기).

---

31) Robert Michels, *Sozialismus und Fascismus als politische Strömungen in Italien*. *Historische Studien*, 제2권: *Sozialismus und Fascismus in Italien*, München: Karlsruhe, 1925.

또 한 가지, 필자는 사회주의자들과 공산주의자들 간의 차이, 정당전술은 확연하게 다르지만 최종목표와 현실정치의 면모는 별반 다르지 않은 양상을 이 책의 서술에 포함시키지 않았다. 상호 적대적인 두 형제정당이 지도자문제에 관한 한 별반 차이를 보이지 않기 때문에, 양자 간의 차이를 특별하게 고려할 필요가 없었기 때문이다.

이 책의 연구가 첫째로는 대중심리학에 대한 적절한 지식을 기반으로 하여 이루어졌고, 둘째로는 대중과 지도부의 상호관계에 대한 법칙을 정립하고 있기는 하지만, 필자는 본격적인 체계적 대중심리학을 제시하려 하지는 않았다. 그와 관련해서는 필자가 「반(反)자본주의 대중운동의 심리학」이란 제목의 연구를 다른 지면에 발표하였음을 지적하고자 한다.[32] 그럼에도 불구하고 이 책에서 다루어진 지도부 조직학은 경험적인 대중심리학의 핵심적인 영역이 되지 않을까 한다.

토리노-바젤, 1924년 여름

---

[32] 막스 베버가 기획·편집하고, 에밀 레데러(Emil Lederer)가 후속 편집한 *Grundriß der Sozial komonik*, 제9권 제1부, 1926, pp.241~359.

서론

"정당이란 떼어놓는 것, 분리하는 것을 뜻한다.
정당은 부분이지 전체가 아니다. 요컨대 정당이란
경계를 짓는 것이다. 그럼에도 불구하고 정당이
추구하는 집권이라는 목표에 숫자의 힘이라는
요소가 맞물리면, 정당의 자기초월법칙이 나타난다.

즉 정당은 자신에게 태생적으로 주어져 있거나
창당 강령에 의하여 그어진 사회적 한계를 넘어서서
확대하려는 본원적 경향을 갖는다."

1 민주적 귀족정과 귀족적 민주정

절대주의 군주정은 한 사람의 의지를 기반으로 한다. Sic volo, sic jublo(나는 바라는 것이 있을 때 명령한다). Tel est mon bon plaisir(그것이 나의 큰 기쁨이다). 한 사람은 명령하고, 나머지는 복종한다. 명령하는 한 사람의 의지는 민족 전체의 의지마저 거스를 수 있다. 그러한 절대왕정의 잔재는 오늘날에도 입헌군주정의 거부권으로 남아 있다. 절대왕정은 자신의 법적 정당성을 초험적 형이상학으로부터 끌어낸다. 모든 형태의 군주정은 신(神)에 호소함으로써 논리적 기초를 얻기 때문이다. 하늘로부터 끌어내려진 신은 은총이라는 법적 기초를 군주정에게 제공함으로써 군주정의 버팀목이 된다(왕권신수설).

절대왕정이 그렇게 저승에 의거하는 한 그 체제의 헌정(憲政)은 영속적이고 변경 불가능하다. 인간의 법과 의지가 아무런 영향도 미칠 수 없기 때문이다. 그러므로 군주정을 폐지시킨다는 것은 어리석은 정치적 몽상가의 동화 속에서나 가능할 뿐, 법적 차원에서건 정당성의 차원에서건 불가능한 일이다. 군주정은 법적으로 오로지 신의(神意)에 의해서만 폐지될 수 있다. 그러나 신의는 불가해하다.

군주정 원리의 이론적 대극에 민주주의의 원리가 있다. 민주주의는 천부적이건 습득된 것이건 특권을 부인한다. 민주주의는 모든 시민을 법앞에서 평등한 존재로 만들고, 추상적으로는 시민 한 사람 한 사람에게 가장 높은 사회계층으로까지 상승할 수 있는 가능성을 열어놓는다. 민주주의는 법에 앞서는 모든 천부적 특권을 제거하고 인간 사회의 선두 경쟁이 오로지 개인적인 능력에 입각하여 이루어지도록 함으로써, 사회 구성원 전체의 권리를 촉진시킨다. 군주정의 원리가 만사를 한 사람의 특성에 입각하게 함으로써 최선의 군주정 정부조차 그 통치가 인민 전체에게 영속적으로 선하며 기술적으로 효율적일 것임을 보장할 수 없는 데 반하여,[1] 민주주의는 인민 전체가 자신의 주인이며 따라서 자신의 상태에 대해서도 책임을 진다는 원칙에 입각한다.

국가에 질서를 세우는 그 두 가지의 이론적 원칙들이 민족들의 실제 정치에서는 때로는 서로 중첩될 만큼 대단히 탄력적으로 적용된다. "민주주의는 인민 전체를 포괄할 수도 있고, 그 폭이 인민의 절반으로 축소될 수도 있다. 반면에 귀족정은 민중의 절반을 포함할 수도 있고, 그 폭이 극소수로 줄어들 수도 있다."(루소)[2] 따라서 정치 현실에서는 군주정과 민주주의가 절대적인 대극을 이루는 것이 아니라 참정권자의 수가

---

1) 이것은 오늘날보다 입헌군주제가 모든 통치원리를 파괴했던 18세기 말에 훨씬 더 분명히 인식되고 논의되었다.

"범접할 수 없는 왕관의 눈부신 광채, 수많은 호위병들, 수많은 군인들, 또 언제라도 복수의 칼을 빼어들 수 있는 태세, 그리고 이 무시무시한 권력 앞에서 갖게 되는 비굴한 두려움이야말로 군주제를 결속시키고 전제군주와 그 지배자들의 안전을 지켜주는 유일한 장치이다. 때때로 비굴한 이런 자들에게도 해방자, 곧 낡은 사슬을 끊고 새로 탄생한 왕국을 지혜롭고 그리고 진정 가부장적으로 다스리는 페르시아 왕 키루스가 등장할지도 모른다. 그러나 이런 일은 거의 일어나지 않는데다가, 그로 인해 등장한 선정(善政)도 대개는 개인적이고 일시적인 것에 그치고 만다. 왜냐하면 악폐의 원초적인 뿌리인 정치구조가 그대로 남아 있는데다가, 어리석고 악독한 후계자들이 연달아 나타나면 그 훌륭한 왕이 간신히 이룩해놓은 선정이 단숨에 파괴되기 때문이다"(C.M. Wieland, Eine Lustreise ins Elysium, 전집 제1권, Wien, 1803, p.209). 이탈리아의 국민경제학자인 페키오(Giuseppe Pecchio)는 1817년 자유주의적이고 교양을 갖춘 제후(諸侯)를 만나기란 극히 요행에 가깝다고 말했다(Giuseppe Pecchio, Dissertazione sino a qual punto le produzioni scientifiche e letterarie seguano le leggi economiche delle produzioni in generale, Torino, 1852, p.257).

2) J. J. Rousseau, Le contrat social, 제6판, Paris, 1871, p.91.

50퍼센트에 달하는 지점에서 서로 만난다.

우리 시대는 적어도 정치적 헌정 구조의 아주 중요한 부문에서는 낡고 엄격한 형태의 귀족정이 남김 없이 파괴된 시대이다. 근대의 정치에서는 보수주의자들조차 민주적인 방식을 채용한다. 그들은 민주적 대중이 쇄도하기 전에 이미 그들의 원시적인 조야함을 포기하였고, 또한 그 외양을 능란하게 변화시켜 왔다. 그들은 역사적으로 오늘은 절대주의적인 행세를 하고, 내일은 입헌적으로 처신하며, 모레는 의회주의적인 자세를 취한다.

따라서 그들은 전쟁 이전[1914년 이전]의 독일에서처럼 상대적으로 자유롭고 제한받지 않고 운신할 수 있는 경우에는 기꺼이 신의 은총 하나에만 의거하고, 1860년의 이탈리아에서처럼 지위가 불안해지면 신의 은총에 인민의 의지를 부가한다("신과 인민의 은총")(이탈리아가 통일을 이룩할 때 인민투표를 통해 국가의 정치체제가 결정되었던 사실을 가리킨다-옮긴이). 보수주의자들은 그 외양을 극단적으로 변형시킬 능력을 구비하고 있는 것이다. 군주정 시대의 프랑스에서 "프랑스와 나바르의 왕"은 "프랑스의 왕"이 되었고(1814), 프랑스의 왕은 다시 "프랑스인의 왕"이 되었다(1830).

정당은 중앙 정치에서건 지역 정치에서건 이론적으로는 국가 자체보다도 훨씬 강력한 민주적 경향을 보인다. 정당은 대부분 다수결의 원칙에 기반하고, 언제나 '대중의 원칙'에 의거하기 때문이다. 귀족의 정당들조차 그들이 내세운 원칙인 귀족적 순수성을 회복 불가능할 정도로 상실해버렸다. 귀족적 정당들은, 반(反)민주적인 본질은 유지한다고 하더라도 적어도 특정한 정치적 국면에서는 민주적 신념을 표방하거나, 아니면 적어도 민주주의의 가면을 쓰기는 해야 한다. 민주주의 원칙은 인민 의지의 가변성과 다수 형성의 유동성 때문에, 성격상 헤라클레이토스의 "만물은 유전한다"는 명제를 국가와 인민의 현실로 변모시키는 경향이 있다. 반면에 보수주의 원칙은 경험적으로 최선 혹은 적어도 최소의 악으로 입증된, 그리고 바로 그 때문에 '영원한' 타당성을 주장하고, 따라서 성격상 변경 불가능한 몇 가지 기초적 규범에 기반한다. 따라서 보수주의는 안정을 법칙 및 규범으로 내세운다. 사실 국가이성의 교조적 이론가들 대부분이 안정이라는 이름으로 인민주권을 공격하였고, 인민주권은 곧 혼돈이며 영원한 혼미라고 비난하였다.

그럼에도 불구하고 보수주의 원칙을 무조건 현상유지를 수호하려는 것으로 이해해서는 안 된다. 보수주의가 오로지 기존의 것, 특히 기존의 법적 형태만을 수호하려고 할 경우 자멸의 길을 걷게 된다.[3] 한 나라와 시대가 보수적 안정성과 결별함에 따라 낡은 보수주의 세력이 지배 권력으로부터 배제되고 그 자리에 민주주의 원칙을 내세운 젊은 층이 들어서게 되면, 보수주의 정당들은 기존의 국가 질서에 대하여 적대적이 된다.

경우에 따라 보수주의가 혁명적인 성격을 내보이는 수도 있다. 아니, 반(反)혁명적이라고 하여야 할까? 이 의문문은 대단히 중요하다. 프랑스 혁명을 원형으로 하는 혁명 개념에는 특정한 역사적 의미가 결부되어 있다. 그때 '혁명적'이라는 용어는 열등한 인민 계급이 우월한 계급에 대하여 벌이는 격렬한 형태의 자유를 위한 투쟁에만 적용된다.

그러나 논리적으로 보자면 혁명은 근본적인 변혁, 즉 전복을 의미할 뿐이다. 그러므로 우리는 혁명이란 개념을 반드시 어떤 특정한 계급에게만 국한시킬 필요도, 어떤 특정한 외적(外的) 폭력 형태에만 연관시킬 이유도 없는 것이다. 그 어느 계급이, 위로부터건 아래로부터건, 무력을 사용하건 합법적인 수단 혹은 경제적 방법을 사용하건, 기존의 국가 질서에 급격한 변화를 일으키기 위하여 노력하는 한, 그것은 혁명적이다. 이러한 관점에 서면, 혁명적-반동적(보수적인 것과 반대된다)이란 개념과 혁명-반혁명의 개념은 하나로 융합된다. 혁명적 전복과 반동적 전복의

---

3) 보수주의 본질에 대해서는 오스카 스틸리히의 흥미로운 연구를 참조하라(Oskar Stillich, *Die Politischen Parteien in Deutschland*, 제1권: *Die Konservativen*, Leipzig, 1909, p.18 이하).

차이점은, 혁명적 혁명가들은 어떤 새로운 것, 역사적으로 아직 나타나지 않은 것, 혹은 최소한 자기 나라에서는 아직 존재하지 않은 목표들을 지향하는 데 반하여, 반동적 혁명가들은 역사적으로 이미 존재했었지만 이제 다시 달성되어야 하는 목표를 외관상 똑같은 방식으로 도달하려 한다는 점에 있을 뿐이다.

1789년, 1830년, 1848년의 프랑스 혁명들과 파리 코뮌, 1918년의 독일 및 오스트리아 혁명 등이 혁명적 전복의 유형이고, 프랑스의 블랑제 쿠데타(국수주의적 경향을 띤 프랑스 장군이자 정치가인 조르주 블랑제가 1889년 자기를 따르는 소위 블랑제파 의원들을 모집한 뒤 공화정을 위협하여 정권을 쟁취하려다가 실패한 폭동이다 – 옮긴이), 독일에서의 카프 쿠데타와 히틀러의 쿠데타(1920년 보수 정치가 카프와 뤼트비츠 장군이 신생 바이마르 공화국을 전복시키려 하다가 실패한 카프 쿠데타와 히틀러가 1923년 뮌헨에서 시도하였던 쿠데타를 가리킨다 – 옮긴이), 1923년에 이탈리아에서 성공한 (자칭) 파시스트 혁명이 반동적 전복의 예이다.

우리는 물론 첫 번째 유형이 새로운 상태에 대한 희망뿐만 아니라 과거의 자유(고대의 자유 개념, 도시공동체적 시민권 등)에 대한 생생한 기억에 의하여 추동되었으며, 두 번째 유형도 과거의 완벽한 재건이 아니라 대부분은 오히려 과거의 체제가 몰락하게 된 원인에 유의하여 일정한 타협을 추구하였다고 반박할 수 있을 것이다.

그렇다면 도대체 어떻게 해야 할까? 이에 대한 우리의 답변은, 위와 같이 복잡한 현상들을 몇 가지 구호로 정리해버리는 일을 가급적 피하라는 경고가 될 것이다. 게다가 그러한 순전히 발전론적인 표현에 도덕적 개념까지 결부시킨다면 그것은 전적으로 비과학적이 될 것이다. 라우머는 1830년 파리에서 그곳의 사태를 다음과 같이 매우 적절하게 설명하였다. "이 모든 사람들(자유주의자들)에게는 전래되어온 모든 제도와 악폐를 근절하는 것이라면 무엇이든 혁명적이고, 그러한 것들 혹은 기타의 폐습을 복원하는 것은 반혁명적이다. 그러나 그들의 적은 정반대로 말한다. 그들에게는 우매한 행위와 범죄는 모조리 혁명이고, 질서와 권위와 종교 등을 재정립하는 것은 반혁명이다."[4]

특정한 가치를 내세우는 것이 정치의 장(場)에서는 정치적 목적, 경우에 따라서는 도덕적 목적을 위한 효과적인 투쟁 수단이 될 수 있다. 그러나 역사적 경향이나 심지어 세계관을 정의하는 작업에서는 그러한 자세가 적절한 방법이 되지 못하는 것이다.

어쨌거나 보수당은 그렇게 본능적 판단에서건 아니면 확신에서건, 귀족적 배타성을 주장하던 한때의 도당으로부터 '국민정당'으로 변신한다. 보수적 세계관의 추종자들은 이제, 민주주의에 종지부를 찍고 순수한 형태의 본래의 귀족정을 복원하기 위해서는 대중의 지원에 의존할 수밖에 없다는 사실을 통찰하면서 민주주의자로 변신하는 것이다. 그들은 인민의 고통을 남김없이 인정한다. 심지어 프랑스 제3공화정의 구(舊)왕당파와 현재[1924]의 독일 민족당(Deutschvölkische: 1914년에 결성된 반유대주의 우익 정당으로 히틀러 쿠데타 이후에 나치당과 협력하였고, 1925년에 다시 결별하였으나 그 영향력은 미미했다 - 옮긴이)의 일부 인사들처럼 혁명적 프롤레타리아트와 연대를 모색하는 경우도 있다.

그들은 프롤레타리아트가 공화국을 폐지하고 군주정—귀족적 원칙의 최고 결실—을 복구시켜준다면, 그 계급을 민주적 자본의 착취로부터 보호해주고, 노동조합을 강력한 세력으로 유지 혹은 확대시켜주겠다고 약속한다.[5] 이제 '왕과 왕의 기사들'이 아니라 '왕과 왕의 빈민들'이 오만한 금권주의자들의 과두정을 파괴하게 될 셈인 것이다. 다시 말해 민주주의는 민주적 방식에 입각하여 인민의 의지로써 폐지되어야 하는 것이다. 따라서 몰락한 구귀족이 지배권을 회복하기 위하여 걸어갈 수

---

4) Friedrich von Raumer, *Briefe aus Paris und Frankreich im Jahre 1830*, 제2부, Leipzig, 1831, p.26; Wilhelm Roscher, *Politik. Geschichtliche Naturlehre der Monarchie, Aristokratie und Demokratie*, 제3판, Stuttgart-Berlin, 1908, p.14[신판, 1933].

5) 조르주 발루아의 왕당파 선동 팸플릿을 참조하라. Georges Valois, *La révolution sociale ou le roi*, Paris, 1908, p.41 이하.

있는 유일한 길은 민주주의이다. 발루아는 대중을 결집시킨 거대 운동인 프랑스 생디칼리슴에게 절실한 마음으로 굽실거렸다. 그의 보수주의는 군주가 혁명에 의하여 왕위에 복귀하는 상황도 수용하였다. 신의 은총이 아니라 혁명적 사회주의자들의 은총이라니. 인민의 섭리에 의하여 어떤 변화가 발생한 것인가!

사실 보수주의자들은 권력으로부터 거세당하기 전에 자발적으로 노동자들에게 달려간다. 영국과 같은 민주주의 국가에서는 보수주의자들이 대중의 대부분을 차지하는 노동계급에게 찾아가 열렬히 구애한다. 1910년 1월과 1924년 1월의 대단히 격렬했던 선거전에서 영국의 자유당과 보수당이 서로 싸우는 양상을 보노라면, 두 당 모두가 본질적으로 사회주의 사상과 프롤레타리아트의 승리를 위하여 싸우고 있다고 말할 수도 있을 것이다. 자유주의자들은 민주주의의 깃발을 펄럭이면서 상원의 약화와 포괄적인 사회개혁안을 내세웠고, 보수당은 노동자들이 자본주의 사회에서 처하게 된 궁핍을 노동자들 앞에 적나라하게 공개하였으며, 두 당 모두 실천할 수 있는 것 이상을 약속하였다. 그들이 그렇듯 정치적 선동에 진력한 것은, 노동계급이 정치 무대에서 결정적 세력이 되었다는 점을 인식하였기 때문이다.

이에 대하여 당시 독일 사회주의 신문들은 아주 적절할 평론을 실었다. "영국의 보수주의자들은 노동자들에게 체념을 설교하는 것이 아니라 불만을 불어넣는다. 프로이센의 보수주의자들이 세상의 그 어느 곳에도 독일처럼 복된 나라는 없다고 노동계급에게 말하는 반면에, 영국의 보수주의자들은 노동자의 사정이 영국만큼 열악한 곳은 세계 어느 곳에도 없다고 주장한다." 물론 영국 보수주의자들의 목표는 자유무역이라는 혐오스러운 체제를 보호무역으로 전환시키는 데 있다. 그러나 그것은 과거에도 영국 보수주의자들의 정치적 목표였다. 달라진 것은 그 목표를 온전하게 실현하기 위해서는 이제 노동 대중의 지원이 필요하다는 사실이다.

의회주의 정체가 도입되지는 않았지만 보통선거권은 존재하는 나라에서도 역시 귀족 정당은 대중의 자비심에 의존한다.[6] 그 오래된 지배 집단은 자기보존 본능에 입각하여 선거 기간 중에 그 높은 자리에서 내려와, 우리의 사회 계급 중에서 연륜이 가장 짧고 가장 수가 많으며 문명화의 수준이 가장 저급한 계급, 즉 프롤레타리아트와 똑같은 민주적 선동적 방식을 채택한다. 물론 귀족들에게는 의회주의적인 방법 이외의 다른 통로를 통해서 획득한 권력이 있다. 그리고 대부분의 군주제 국가에서 귀족들은 의회의 다수파가 되어야만 국가에 대한 정치적 지배권을 장악할 수 있는 것도 아니다. 그것은 그들의 전통적인 결속 관계, 가족 관계, 음모, 토지 소유, 군대 경력만으로도 충분하다.[7]

그러나 귀족들은 최소한 장식적인 목표를 위해서라도, 아니면 여론을 자신에게 유리하게 이끌기 위해서라도, 말하자면 하나의 예방책으로서, 무시할 수 없을 정도의 의회 세력을 필요로 한다. 그리고 그러한 힘은 귀족들이 자신의 심중에 품고 있는 원칙을 공개하거나, 자기와 똑같은 신분에게만 호소해서는 확보할 수 없다. 귀족 혹은 대지주의 정당이 신분과 경제적 이해관계가 자신과 동일한 사람들에게만 호소한다면, 단 한 개의 선거구에서도 승리하지 못할 것이고, 단 한 명의 대표자도 의회에 보낼 수 없을 것이다. 유권자들에게, 당신은 나라의 운명을 결정하는 데

---

6) 이 점을 제대로 이해하여 그것을 독일의 보수당에 적용시킨 공적은 무엇보다도 함머슈타인(Hammerstein)과 슈퇴커(Stöcker)의 몫이다. 1881년부터 85년까지 『크로이츠차이퉁』(Kreuzzeitung)지의 편집장이었던 함머슈타인은, 정당이 존재할 수 있기 위해서는 "대중의 신뢰"를 얻어야 할 필요성이 있다는 것을 예리하게 통찰한 최초의 인물이었다(Hans Leuss, *Wilhelm Freiherr v. Hammerstein*, Berlin, 1905, p.109를 참조하라). 1892년 베를린 근교에서 개최된 전당대회에서 켐니츠(Chemnitz) 출신 대의원들은, 보수주의자들이 "더욱더 대중선동적으로" 되어야 한다는 요구를 제기했고, 이 요구는 만장일치로 채택되었다.

7) 전후 시기[1918년 이후]에 프로이센 융커층의 세력을 무시하는 것은 부당한 일인데, 이에 대해서는 베르너 비티히의 상세한 지적을 참조하라. Werner Wittich, *Der soziale Gehalt von Goethes Roman "Wilhelm Meisters Lehrjahre" in der Erinnerungsgabe für Max Weber*, Mönchen, 1922, 제2권, p.296 이하. 실제로 독일에서 융커들이 그 지위를 완전히 상실했다고는 볼 수 없다.

적극적인 역할을 할 능력이 없는 사람이니 당신의 선거권은 박탈되어야 한다고 선언하는 보수주의 후보는, 인간적으로는 대단히 정직한 사람일지 몰라도 정치적으로는 바보이다.

의회로 들어가기 위하여 그가 택할 수 있는 방법은 오직 한 가지밖에 없다. 그는 민주적인 태도로 선거판으로 내려와 농민과 농업 노동자들을 같은 직업의 동료로 대하고, 그들의 사회경제적 이해관계가 자신의 이해관계와 일치한다고 설득하여야 한다. 요컨대 귀족은 스스로 인정하지 않고 내심 철폐하고 싶어하는 원칙에 의하여 당선되어야 하는 것이다.

그의 전(全)존재는 자신의 전통적 특권을 침해하는 보통선거권의 폐지를 요구하고 전래된 권위와 제한선거권 제도의 유지를 요구하지만, 그에게 밀어닥친 민주주의의 시대에 자신의 원칙을 고수하는 것은 그의 정치적 고립만을 초래할 뿐이고, 이는 그의 정당정치적 행위의 기반을 매몰시킬 것이다. 그러한 상황인식 때문에 그의 말은 입에서만 맴돌고, 그는 결국 늑대들과 함께 의회의 다수석을 달라고 맹렬하게 울부짖는 것이다.[8]

보통선거권이 보수주의 후보의 외적인 처신에 미친 영향은 참으로 막대하여, 동일한 정견을 갖고 있는 서로 다른 정당의 후보 두 명이 한 선거구에 출마할 경우, 그들 모두 상대방에 대한 차별성을 부각시키기 위

---

8) 나우만은 이 점을 다음과 같이 적절하게 표현했다. "보수주의자들이 보통선거권을 좋아하지 않는다는 사실을 우리는 알고 있다. 보통선거권은 그들의 고유한 특성상 맞지 않는다. 곧 이들의 원칙은 다수결이 아니라 권위이다. 그렇지만 이들이 선거유세장에서까지 권위를 그대로 옹호할 수는 없는 노릇이다. ……단지 프로이센 상원이나 작센 상원과 같은 신분제 집단에서만, 보수주의자들은 자신들을 있는 그대로 드러낸다. 따라서 현재 보수주의자는 일종의 타협적 특성을 띠고 있고, 또한 민주적인 장갑을 낀 귀족인 것이다." ……"대중을 선동하는 귀족정치! 이것은 민주주의적 흐름이 이미 정착되어가고 있음을 의미한다" (Friedrich Naumann, *Demokratie und Kaisertum. Ein Handbuch für innere Politik*, Berlin-Schöneberg, 1904, p.92). Ludwig Gumplowicz, *Sozialphilosophie im Umriß* Innsbruck, 1910, p.113도 참조하라. 이 책의 필자는 보수주의의 가장 본질적인 지주(支柱) 가운데 하나로 농업주의를 들고 있다.

하여 한 걸음 더 왼쪽으로 움직인다. 즉 민주주의의 원칙을 더욱 강조하는 것이다.[9] 그러한 개별적인 현상들은 보수주의자들도 근대 정치의 근본 법칙을 자기의 것으로 만들고자 노력하고 있다는 경험적 사실을 확인해준다. 그 근본 법칙은, 소명을 받는 자는 많지만 선택된 자는 소수라는 종교 교리와, 선택된 소수의 정신만이 이상(理想)을 파악할 수 있다는 심리학적 법칙을 대체한다. 쿠르티우스는 이를 이렇게 요약했다. "이제 엘리트 집단은 소용없다. 문제는 대중을 지배하고, 대중을 통해 지배하는 것이다."[10] 지배 신분의 보수주의가 아무리 뿌리깊다고 하더라도 민주주의의 안개에 휩싸이면, 보수주의 역시 주름이 많이 잡혀 몸집을 가리기에 좋은, 민주주의라는 펑퍼짐한 옷을 필요로 하는 것이다.

자유주의 이론 역시 원래는 대중에게 기대를 걸지 않았다. 자유주의는 다만 특정한 대중, 즉 다른 분야에서는 이미 지배권을 획득했지만 정치권력은 아직 확보하지 못한 계층, 말하자면 부와 교양을 갖춘 계층에 기반을 둘 뿐이다. 자유주의에게 대중은 다만 필요악, 즉 자기들의 목표들을 달성하는 데 필요한 수단일 뿐이다. 미국 헌법의 창시자들인 해밀턴과 메디슨과 제이는 자신들의 견해를 피력하고 옹호한 논문집 『연방주의자』(*The Federalist*, 1787)에서 이미 의회주의에 대한 우려를 피력한 바 있다. 선거가 너무 자주 반복되면 안 되고, 하원의원이 너무 많으면 대중의 열정이 폭발할 것이며, 하원은 상원에 의해 적절하게 제약을 받아야 한다. 상원은 지속성, 경륜, 정치적인 현명함을 갖춘 인사들로 구성되어, 인민을 인민의 대표자들로부터 보호해야 한다. 그리고 대통령은 인민의 의회로부터 독립되어야 하며, 국가 권력은 절대로 하나의 기관에 집중되

---

9) 이것은 프랑스에도 해당된다. 베르토(Aimé Berthod, 외무부 차관보)는 사회협회(Gesellschaft Union)에서 강연(pour la vérit : La réforme électorale)을 했는데, 그 내용이 실려 있는 협회기관지를 참조하라. *Libres Entretiens*, 총서 6, IV: *La représentation proportionelle et la constitution des partis politiques*, Paris, 1910, p.212.

10) Friedrich Curtius, "Über Gerechtigkeit und Politik," *Deutsche Rundschau*, 33 (1897), p.46.

어서는 안 된다는 것이었다.[11]

독일 최초의 위대한 자유주의 역사가인 로테크는, 프랑스 혁명에서 왕권이 부르주아지로 하여금 인민에게 호소할 수밖에 없도록 만들었다고 신랄하게 비판하였다. 그는 민주주의를 대표자의 지배와 대중의 지배, 두 가지로 나누었다.[12] 파리에서 1830년 7월혁명을 목격한 라우머는, 대중들이 권력을 쥐었으니 이제 "그들에게 모욕을 가하지 않으면서, 그리고 그들이 새로운 지도자들에 반(反)하여 또 다시 봉기하지 않도록 달래면서 그들로부터 권력을 다시 빼앗는 것"이 가장 어려운 과제가 되었다고 분노하였다.[13] 동시에 그는 낭만주의의 열렬한 찬양자답게 다음과 같은 말로 그의 조국 프로이센을 찬양했다. 그곳에는 왕과 민중이 "근본적으로 한층 더 고상하고 성스러운 종교 속에서" 살고 있으며, 만족한 시민들은 자신의 권리에 대해 문제를 제기하지 않는다는 것이다.[14]

북독일제국의회(1866년 보오전쟁 이후 프로이센의 주도 아래 설립된 북독일연방의 의회 – 옮긴이)의 성립 과정에서 우리는, 또 다른 자유주의 지도자이자 자유주의적 세계관의 옹호자인 역사가 지벨이 보통, 직접, 평등선거에 반대한 것을 알고 있다. 지벨은 보통선거권이 "그 어떤 의회주의에서도 멸망의 시작이었다"고 주장하였다. 우리가 그의 주장을 이해하기 위해서는, 위에서 서술한 대중에 대한 자유주의자들의 독특한 견해

---

11) W. Hasbach, *Die mod. Demokratie*, p.48.
12) "곧 프랑스뿐만 아니라 전세계 모든 나라에서 사람들이 애써 추구했던 시민적·정치적 자유이념에 대해서 뻔뻔스럽고 파렴치하게도 반대했던(루이 16세의 추종자 편이었던) 이 구제불능의 (보수적인) 사람들이야말로— 그렇지 않았더라면 완전히 유익했을 터인—그 혁명 전체를 사악하고 파괴적이며 돌이킬 수 없게 만든 장본인들이다. 그들은 파멸의 길에서 벗어나고자 처음으로 국민의 대표자로 하여금 대중에게 도움을 청하도록 강요했다. 그러므로 이들이야말로 거칠고 무법적인 하층민의 힘이 폭발하는 데 영향을 끼침으로써, 판도라의 상자를 연 사람들이다"(Carl von Rotteck, *Allgemeine Geschichte vom Anfang der historischen Kenntnis bis auf unsere Zeiten*, 제9권, Freiburg, 1826, p.83).
13) Friedrich von Raumer, *Briefe aus Paris*, 제1권, p.176.
14) 같은 책, 제1권, p.264.

를 고려해야 한다. 선거권은 곧 지배권이라고 주장한 지벨은, 그렇게 막대한 민주적 독재의 요소들을 새로운 북독일연방에 도입하다가는 독일의 군주정이 왜곡될 것이라고 간곡하게 충고하였다.[15]

자유주의가 귀족적 세계관에서 유래한 몇몇 원칙과 제도에 어떤 입장을 취해왔는지 살펴보면, 대중에 대한 자유주의의 내적인 적대감이 분명하게 드러난다. 부르주아적 자유주의의 역사 전체에는 귀족주의적 관점 몇 개가 핵심적인 요소로서 관통하고 있고, 그것들은 자유주의의 고질적인 병폐로 간주될 수도 있다. 기조는 신흥 부르주아지의 '공산당선언'에서 귀족청(Chambre des Paires: 원래 귀족들의 모임으로 프랑스 대혁명 때 철폐되었으나, 1815년 왕정복고 이후 루이 16세에 의해 재창설되었다. 주로 왕실귀족들로서 왕에 의해 임명되었다. 1848년 2월혁명으로 다시 폐지되었다가, 1851년에 상원으로 대체되었다 – 옮긴이)을 언급하는 대목에서, 상원이란 "봉사할 수 있도록 주어진 특권"[16]이라고 천명하였다.

로셔는, 보통선거권이 확립됨으로써 장차 공산주의적 사고를 지닌 사람들이 유권자와 하원의 과반수를 차지할 가능성이 생긴 이후에야 비로소, 사람들은 왕과 상원의 실질적인 힘을 과거와 다른 눈으로 보게 되었다고 주장하였다. 왕과 상원의 존재 덕분에 최소한 하원이 결정한 모든 것이 법으로 되는 사태가 봉쇄되었다고 생각하였다는 것이다.[17] 따라서 로셔는 "철저한 통계 조사 없이", 다시 말해 한 국가 내에서 각 계층이 차지하는 역학 관계를 면밀하게 검토하지 않고 선거권을 확대해서는 안 된다고 주장하였다.[18]

현재[1911년, 제1판 때] 독일의 정당정치에서 사회민주당에 가장 근접한 자유주의 계열인 민족사회주의 그룹(nationalsozial: 구체적으로는

---

15) Otto von Diest-Daber, *Geldmacht und Sozialismus*, Berlin, 1875, p.13.

16) F. Guizot, *Du gouvernement de la France depuis la restauration, et du ministère actuel*, Paris, 1820, p.14.

17) W. Roscher, *Politik*, p.321.

18) 같은 책, p.336.

정치결사체인 민족사회협회의 잔류자들을 가리킨다. 이 집단은 1896년 나우만, 괴레 그리고 좀에 의해 창설된 정치집단으로서 민주적인 군주제를 지지하고, 진보적인 기독교사회주의적인 인사들과 노동자 및 부르주아에게 호소했으며, 1903년 해체되었다 - 옮긴이)조차, 가변적이고 예측 불가능한 인민의 의지가 국정을 결정하는 유일한 요소가 되어서는 안 되며, 인민으로부터 독립적이고 거부권을 보유한 귀족적인 기관이 의회를 제한하고 감시해야 한다는 견해를 내세우고 있다.[19]

로테크에서 나우만에 이르기까지 독일의 학자들은, 민주주의와 군사적 군주정의 본질적인 대립 관계를, 이론적으로 더 높은 차원에서 하나의 통일체로 묶어보려는 노력을 진지하게 수행하였다. 그들은 그러한 고차원적인 목적을 달성하려는 성실한 노력에 병행하여, 군주정을 가급적

---

19) 마르부르크(Marburg)에서 게를라흐가 선출되고 사람들이 제국의회의 보통선거권을 지지하자, 마틴 라데는 다음과 같은 논설을 썼다(Martin Rade, "Das Allgemeine Wahlrecht ein königliches Recht," *Hessische Landeszeitung*, 23(1907), 25호). "그것은, 우리 제국의회가 정부를 구성할 수 있는 권리를 갖고 있을 때, 그렇다! 다시 말해 제국의회 스스로가 홀로 우리 국민의 운명을 안팎으로 결정할 수 있을 때, 그렇다! 그러나 제국의회는 우리의 국체를 구성하고 있는 단하나의 요소일 따름이다. 왜냐하면, 제국의회 옆에 또는 그 위에 연방참의회(Bundesrat: 연방의회는 일종의 상원과 같은 것으로, 1871년부터 1919년까지 헌법상으로 최고기관이었지만, 가시적인 영향력에서는 황제와 제국의회의 뒷전에 밀려 있었다. 이것은 지금으로 보면 각 주(州)의 대표로 구성되어 있었으며, 이들 대표들은 자기 주 정부의 견해에 따라 투표했고, 제국 총리가 그 의장직을 맡고 있었다. 표결권은 각 주의 크기에 따라 달랐는데, 가령 프로이센 17표, 바이에른 6표, 작센과 뷔르템부르크는 각 4표였다-옮긴이)가 군림하고 있기 때문이다. 만약 황제와 제후들이 제국 총리에 동의하지 않을 경우, 단 한 줄의 문장도 법률화될 수 없다. 강력하고 합리적인 인민의 의지가 제국의회에서 합헌적으로 표명된다면, 연방의회가 그것을 한없이 거부하지는 못할 것이다. 그러나 이미 예전에 여러 번 그렇게 한 것처럼, 연방의회는 자기들 편에서 볼 때 무분별하고 경솔하다고 여겨지는 제국의회의 결정들을 거부할 것이다. 나무가 하늘 위까지 마냥 솟구칠 수 없는 법처럼, 보통선거권이 있다손 치더라도 제약받는 상황이 존재한다. 그래서 우리가 입법하는 데 두 기관을 갖고 있다는 것은 유익하다."

탈(脫)봉건화시키고자, 다시 말해 군주의 귀족적 후견망을 학문적 후견망으로 대체하고자 노력하였다. 잠재의식 속에서만 그러하였다고 하더라도, 그들 스스로가 설정한 과제는, 군주정이 본질적으로 언제나 사회적일 수는 없더라도 인민적이기는 해야 한다는 논거에 이론적 정당성을 부여하는 것이었다. 그런 종류의 목표에 학문과는 전혀 무관한 정치적 경향이 내포되어 있는 것은 분명하지만, 그것이 반드시 학문과 반대되거나 모순되는 것은 아니다(그것을 결정하는 것은 오직 '방법'뿐이다). 왜냐하면 정치적 경향 그 자체는 학문 밖에 존재하기 때문이다. 예컨대 어느 학자에게 프랑스의 7월왕정을 대변하는 경향이 있다고 해서, 그것 때문에 그를 비난을 할 수는 없는 일이다. 그것은 정치의 영역에 속하기 때문이다.

그러나 [제1차] 세계대전 이전 수십 년 동안 프로이센-독일을 실질적으로 지배하던 군주정의 원칙을 인민적 군주정(사회적 군주정)의 이념과 동일시하는 것은, 역사적으로나 논리적으로나 거대한 모순이다. 그 길을 간 독일의 자유주의 이론가들과 역사가들 대부분은 꿈과 현실을 혼동하고 있는 것이다. 독일 자유주의 전체의 정치적 오류는 근본적으로 바로 그 혼동에 있었다.

독일 자유주의가 1866년 이후에(1866년에 프로이센의 자유주의자들은 헌법투쟁을 마감하면서 비스마르크를 지지하게 된다-옮긴이) 한 일이라고는, 민주적인 청년들의 모든 희망, 아니면 적어도 거의 모든 희망이 독일의 통일과 호헨촐레른 황실의 성립으로 실현되었다는 기이하고 그릇된 생각을 퍼뜨림으로써, 독일 부르주아지의 정치적 해방을 완성한다는 과업을 자발적으로 포기함과 동시에 사회주의만을 일방적으로 공격하기에 이른 자신의 노선 변경을 숨긴 것밖에 없었다.

그들처럼 민주주의의 원칙을 대단히 탄력적으로 해석한다고 하더라도, 민주주의 원칙은 근대의 군사적 군주정(세습 군주정)의 기본 원칙과 합치될 수 없다. 카이사르주의만 하더라도 민주적인 것이 사실이다. 아니면 그것은 적어도 민주적이라고 불릴 것을 주장할 수는 있다. 그 직접적인 기원이 인민의 의지에 있기 때문이다. 그러나 정통(legitim) 군주정은 결코 그럴 수 없다.

위의 내용은 아마 다음과 같이 요약할 수 있을 것이다. 근대의 정당정치에서 귀족정은 민주주의의 형태를 띠는 반면, 민주주의는 귀족적인 내용으로 채워진다. 한쪽에는 민주주의의 형태를 띤 귀족정이, 다른 한쪽에는 귀족적인 내용을 담은 민주주의가 존재하는 것이다.

정당정치의 토대가 외면적으로 민주주의의 형태를 띠고 있는 것에만 집중하다가는, 모든 정당이 귀족정, 더욱 정확하게 말하자면 과두정으로 변형되는 경향이 있다는 사실을 간과하기 쉽다. 과두적 경향을 밝히는 데 가장 적절하고 효과적인 관찰 대상은 바로 민주적인 정당들, 그 가운데서도 특히 사회혁명적인 노동자 정당들의 내부 구조이다. 보수적인 정당들은 선거 기간을 제외하면 과두적 경향을 뻔뻔스러울 정도로 당연하다는 듯이 드러낸다. 이는 보수 정당의 성격이 원칙적으로 과두적이니만큼 그리 이상한 일이 아니다. 그러나 문제는 혁명을 지향하는 정당들조차 보수 정당 못지 않게 과두적 경향을 분명하게 드러낸다는 데 있다. 이러한 현상은 이 책의 대단히 중요한 소재이다. 혁명 정당은 과두적 경향에 대한 반대 운동으로 성립하고, 과두적 경향에 대한 부인(否認)을 지도이념으로 하는 정당이기 때문이다. 과두적 경향이 혁명 정당에도 나타난다는 사실은, '인간이 특정한 목적을 위해 구성한 모든 조직' 내부에 과두적 경향이 존재한다는 사실을 강력하게 증언한다.

모든 형태의 과두정을 분쇄하는 것에 이론적인 존립 근거를 두는 사회혁명 정당과 민주 정당들에서, 그들이 공격하였던 바로 그 경향이 나타나는 현상을 어떻게 설명할 수 있을까? 이 책의 핵심적인 과제는 바로 그 물음에 대하여 객관적이고 분석적인 답변을 제시하는 것이다. 물론 오늘날 이상적 민주주의의 실현을 가로막는 것은 우리 사회를 지배하고 있는 어마어마한 사회경제적 의존관계이다. 그러나 그 점을 인정한다고 하더라도, 그것으로 문제가 끝나지 않는다. 우리는 현재의 사회질서를 몰락으로 이끌면서 새로운 질서를 계획하는 사람들 가운데, 과연 이상적인 민주주의에 근접하거나 혹은 그것을 향해 돌진하는 세력의 싹이 현 질서 내부에 이미 배태되어 있는지, 그리고 또 있다면 그들이 어느 정도인지 질문해야 하는 것이다.

2 세습본능

역사 연구에 진지하게 몰두해본 사람이라면 누구나, 지배권을 보유한 모든 계급이 그들이 장악한 정치 권력을 자신의 후손에게 직접 상속시켜주는 데 비상한 관심을 쏟았다는 사실을 간과할 수는 없을 것이다. 정치 권력의 상속은 지배권을 동일한 계급 내에 유지시켜주는 가장 효과적인 수단이다. 이는 이혼의 금지, 부정한 유부녀에 대한 가혹한 처벌, 장자의 권리 등의 보조 장치를 갖춘 부르주아적 가족질서가 탄생하게 된 역사적 과정이, 정치의 영역에서도 되풀이되었음을 말해준다.

우리에게 남아 있는 그리 많지 않은 선사시대 유물이 제공하는 바에 따르면, 이 부르주아 가족 질서는 어느 정도의 경제적인 부를 축적한 자가 자신이 모으거나 약탈한 재산을 상속을 통하여 자신의 혈육임이 가장 확실한 적법한 아들에게 유산으로 물려주는 경향에서 비롯되었다. 혹은 모권을 보유한 여자(혹은 그 씨족)가, 자기 남편과 여자 노예 사이에서 태어난 자식이 아니라, 남편과 자신 사이에서 생긴 자식에게 유산을 물려주고자 하였기 때문이라고 주장하는 학자들도 있다.

우리는 상속의 경향이 정치의 영역에서도 생생하게 살아 있음을 본다. 그 경향은 인간에게 내재한 고유 본능에 의하여 유지되고, 특정한 경제질서, 즉 생산수단의 사적 소유를 기반으로 하여 자연적인 심리학적 유비의 법칙에 따라 정치권력 역시 상속 가능한 사적 소유의 대상으로 간주하는 경제질서에 의하여 강고하게 보존된다. 아들을 정치적 후계자로 삼아 권력을 상속하려는 아버지의 욕구는 시대를 불문하고 대단히 강력하였다. 선출 군주제가 몰락하고 세습 군주제가 등장하는 데 커다란 기여를 한 것은 바로 그 욕구였다.

가에타노 모스카가 올바르게 지적한 대로, 로마 가톨릭 교회의 고위 성직자들처럼 지배계급의 구성원들이 혈육을 가질 수 없는 경우에 자발적이고 역동적인 힘을 갖춘 족벌주의가 등장하는 것 역시, 한 사회질서 내에서 가족의 지위를 보존하려는 강력한 욕구 때문이다.[1] 족벌주의는 극단적으로 발전한 형태의 자기유지 및 상속의 본능이다.

법적으로나 원칙적으로 특권 귀족의 존재가 배제되어 있는 것처럼 보이는 국가 질서의 내부에 귀족주의가 도입되는 두 가지 경로가 있다. 하나는 경제적 분화이고, 다른 하나는 사회적 모세관현상이다. 귀족 작위가 아예 없는 공화국 체제를 유지하고 있는 미국인들, 그 민주주의자들이 영국 왕실과의 관계를 단절하였을 때 그들은 귀족정까지 제거한 것은 결코 아니었다. 미국에 백만장자 귀족들, 즉 철도왕, 석유왕, 양돈왕 등이 존재한다는 것은 의심할 여지가 없는 사실이다.

그리고 미국 사회에 기능, 목적, 재산에 따라 질서지어진 상류계급이 존재하게 된 것은, 미국의 엄격한 공화주의 정신이 구(舊)유럽의 편견과 욕구와 개념에 오염되었기 때문에, 혹은 자본의 집중과 더불어 사회적 권력이 막대하게 축적되고 파벌이 형성되었기 때문은 아니다. 알렉스 드 토크빌이 전하는 바에 따르면, 미국의 젊은 민주주의와 자유가 남북전쟁의 피를 통하여 비로소 공고하게 되었던 그 시대에도, 미국 땅에 식민지를 건설한 최초의 가문에 속한다고 허영을 떨지 않는 사람을 단 한 명이라도 만나는 게 거의 불가능하였다는 것이다.[2]

---

1) Gaetano Mosca, *Il principio aristocratico e il democratico nel passato e nell' avvenire. Discorso Inaugurale*, Torino, 1903, p.22.
2) Alexis de Tocqueville, *De la démocratie en Amérique*, Paris, 1849, 제2부 제2권, p.19.

공화주의의 원형인 미국인들에게도 '귀족적 편견'은 그토록 뿌리깊다. 소위 메이플라워 신드롬은 그렇게 등장한 것이다.[3) 뉴욕 주에는 오늘날에도 네덜란드 출신이거나 네덜란드 이름을 갖고 있는 오랜 가문들이 여전히 확고한 귀족층, 즉 문장을 보유하지 않은 일종의 도시귀족을 형성하고 있다.

프랑스의 경우 부르주아지들이 신분 상승의 물결을 타던 17세기 후반 수십 년 동안, 그들은 봉건 귀족의 관습, 생활방식, 취향, 정신을 받아들이는 것보다 더 나은 방법이 없다는 것을 잘 알고 있었다. 몰리에르는 1670년에 『부르주아 귀족』이란 빼어난 풍속 희극을 썼다. 그리고 추밀원 고관의 후손이자 스스로도 법복귀족이었던 아베 드 슈아지는, 자기 어머니가 자신에게 오로지 봉건 귀족들의 모임에만 참석하라고 신신당부했다고 전한다.[4) 지도적 부르주아지들이 귀족으로 흡수되는 과정은 멈추지 않고 지속되었다.

루이 14세 치하에서 부르주아 엘리트들은 귀족으로 서임(敍任)되었고, 가문 명칭이 푸케(Fouquet), 레테리에(Letellier), 콜베르(Colbert), 펠리포(Phelippeaux), 데마레(Desmarets) 등에서 드 벨르일르(de Belle-Isle), 드 루부아(de Louvois), 드 셰느리(de Seignelay), 드 모레파(de Maurepas), 드 라브리에르(de Lavrilliere), 드 마이으부아(de Maillebois) 등등으로 바뀌었다.[5)

독일에서도 지난 40년 동안 신흥 공업 부르주아지가 놀랄 만한 속도로 혈통귀족에게 흡수되었다.[6) 현재 독일의 부르주아지들은 봉건화에

---

3) 이러한 편견은 유색인종뿐만 아니라 초기에 정착한 미국인이 아닌 모든 사람들과, 가톨릭 교도와 같이 후기에 이민 온 사람들까지 철저히 반대하는 KKK(Ku-Klux-Klan)단에서 생생히 찾아볼 수 있다.

4) Abbé de Choisy, *Mémoires pour servir à l'histoire de Louis XIV*, Utrecht, 1727, p.23.

5) Pierre Edouard Lémontey, *Essai sur l'établissement monarchique de Louis XIV*, *Nouveaux Mémoires de Dangeau*(부록), 저자에 의해 재편집되었음, Paris, 1818, p.392.

이르는 최적의 길에 서 있다. 독일의 평민 해방은 그렇듯 귀족에게 새로운 피와 새로운 경제력을 제공함으로써, 그들의 사회적 구적(仇敵)인 귀족을 강화시키는 결과를 빚었을 뿐이다. 부유해진 자들이 가장 소망하는 것은, 가급적 빠른 시간 안에 귀족으로 융합되고, 또한 그렇게 확보한 지위를 구(舊)지배계급에 소속되는 일종의 정통적인(legitim) 권리로 전환시킴으로써, 새로운 지위가 얻어진 것이 아니라 상속된 것으로 보이도록 하고, 그로써 새로운 지위를 공고히 하는 것이다. 이러한 세습의 원칙은 그것이 비록 허구적인 것일 뿐이라고 할지라도, 사회적 훈련 과정, 즉 새로이 대두한 세력이 구(舊)세계에 적응하는 과정을 크게 가속화시킨다.

---

6) 이 주장을 뒷받침해줄 수 있는 아주 적절한 논거로는 Werner Sombart, *Die deutsche Volkswirtschaft im XIX. Jahrhundert*, Berlin, 1903, p.545 이하(제7판, 1927; 제8판(제7판 재인쇄) Darmstadt, 1954)를 참조하라.

3 정당의 비대화 경향

사회투쟁의 윤리적 장식으로서의 전체에 대한 관심

부분적으로는 외적(外的)으로 부분적으로는 실질적으로 하락하는 구(舊)계층과 상승하는 새로운 계층 사이에서, 때로는 극적으로 때로는 소리 없이 부지불식간에 벌어지는 격렬한 투쟁은, 윤리를 부차적인 장식물로 끌어들인다. 윤리는 민주주의 시대에 누구나 사용할 수 있는 무기이다. 프랑스 혁명 이전의 구체제에서 권력자들과 도전자들은 오로지 그들의 권리, 그들 개인의 권리만을 이야기하였다. 민주주의는 그들보다 외교적이고 조심스럽다. 민주주의는 배타적인 권리를 비윤리적인 것으로 배척한다.

오늘날 공적(公的)인 삶에 참여하는 사람이라면 누구나 인민과 전체의 이름으로 말하고 투쟁한다. 그리하여 정부와 반도(叛徒), 군주와 정당 지도자, 신의 은총을 입은 전제군주와 찬탈자, 과격한 이상주의자와 계산적인 야심가, 그들 모두 스스로가 '인민'이라고, 그리고 자신의 행동은 오로지 인민의 의지를 실천하기 위한 수단에 불과하다고 주장한다.

윤리는 어느덧 근대의 계급과 국가의 삶에 필수적인 부가물이 되었다. 모든 정부는 현실의 권력을 윤리적인 일반 원칙 위에 정립시키려 하고, 사회운동 역시 인간애적인 면모를 전면에 내세운다. 신흥 계급 역시 권력을 향하여 전진하기에 앞서, 자신은 자기 자신보다 인류 전체를 생각하며, 인류를 압제적인 소수의 멍에로부터 해방시킬 것이고, 과거의 정의롭지 못한 체제를 새로운 정의로운 체제로 대체하려 한다고 세계를 향하여 선언한다. 민주주의자들의 수사(修辭)는 풍부하다. 그들의 언어는 은유의 그물망이다. 민주주의의 산물인 선동가들은 인민의 고난에 대한 감상과 격분을 쏟아낸다. "선동가는 눈물을 자아내는 철학에 심취하고, 고통받는 사람들은 선동가의 연설에 감동한다." 도데의 말이다.[1]

신흥 사회계층이 경제적 권력과 정치적 권력을 소유하고 있는 기성 계급의 특권을 공격할 때, 그들의 깃발에는 "인류의 구원을 위하여"라는 구호가 내걸린다. 프랑스의 신생 부르주아지들은 귀족과 성직자에 대한 거대한 투쟁을 인권선언으로 시작했으며, 자유, 평등, 우애라는 구호를 앞세우고 싸움터에 뛰어들었다! 오늘날 우리는 또 다른 강력한 계급 운동, 즉 임금노동자 운동의 대변인들이 자신들의 사회적 계급투쟁은 계급이기적인 운동이 아니라, 정반대로 계급이기적인 동기를 사회로부터 제거하기 위한 것일 뿐이라고 외치는 소리를 듣는다. 근대 사회주의 이론의 노랫말에는, 인간적이고 우애로운 무계급 사회의 건설이라는 자랑스런 후렴구가 따라붙는다!

승리한 인권선언의 부르주아지는 제대로 작동하는 점잖은 공화국을 도입하기는 했지만, 정작 민주주의는 도입하지 않았다. 오늘날 프랑스에서 자유, 평등, 우애는 기껏해야 감옥의 출입문 위에 붙어 있을 뿐이다. 파리 코뮌은 프롤레타리아적-사회주의 국가(도시) 지배를 적어도 일시적으로는 성공적으로 시도했다. 그렇지만 코뮌은 공산주의적인 기본원칙에도 불구하고, 자금이 부족했던 시기에서조차 철두철미한 자본가 컨소시엄 못지 않게 헌신적으로 프랑스 은행을 보호했다. 혁명들은 있었다. 그러나 민주주의는 없었다.

특히 정당은 특수한 이해관계에서 생겨난 것이면서도 스스로를 우주,

---

1) Léon A. Daudet, *Alphonse Daudet*, Paris, 1898, p.142.

아니면 최소한 국민 전체와 동일시하고, 만인의 이름으로 등장하여, 만인의 선(善)을 위한 투쟁을 만인의 이름으로 선포한다.[2] 사회주의 정당의 대변인만이 가끔 자기 정당이 명백한 계급정당이라고 선언하지만, 그들도 그 정당의 이익이 궁극적으로 모든 인민 동지들의 이익과 일치한다고 덧붙임으로써 그 주장을 다시금 약화시킨다. 사회주의 정당이 대표하는 주민의 수가 통계적으로 가장 많으므로, 인류 전체의 이익을 위해 투쟁한다는 그들의 주장이, 본질적으로 소수정당인 부르주아 정당에 비해 상대적으로 진실에 가장 근접해 있는 것은 사실이다.[3] 그럼에도 불구하고 그들의 주장이 사실과 정확하게 일치하는 것은 아니다.

사회민주당은 선거에서, 사회주의는 만인에게 주기만 할 뿐 그 누구로

---

[2] 한 계급 또는 한 정당의 이해관계나 목표를 인류의 이해관계나 목표로 혼동하는 것이 모든 개혁주의적 혹은 혁명주의적 운동에서 나타나는 독특한 현상이고, 이것이 또 부분적으로는 의식적으로 또 부분적으로는 무의식적으로 이루어진다는 사실은 사회학의 비관론 대변자들이 —— 대체로 서로 독자적으로 —— 강력하게 지적했다. 특히 Gaetano Mosca, *Elementi di scienza politica*, Torino, 1896, p.75 이하; Ludwig Gumplowicz, *Sozialphilosophie im Umriß*, pp.23, 70, 71, 94, 125; Vilfredo Pareto, *Les systèmes socialistes*, Paris, 1902, 제1권, p.59; Ludwig Woltmann, *Politische Anthropologie*, Leipzig, 1903, p.299 이하를 참조하라. 어찌되었든, 이런 혼동이 일어나는 일은 오직 민주주의에만 내재한 고유한 특성이 결코 아니다. 귀족정에서도 역시 기본적으로 소규모 사회집단의 이해관계를 내세우는 것이 아니라 신분과 계급을 차별하지 않는 전국민의 이해관계를 대변한다고 주장하고 있다(독일 보수주의자들에 대해서는 Oskar Stillich, Die Konservativen, 앞의 책, p.3을 참조하라). 단지 여기서는 이렇게 민주주의인 척 위장되었던 수사(修辭)가 진정한 모습을 드러내기 훨씬 더 쉬울 뿐이다. 그 밖에도, 좀더 자세히 살펴보자면, 이 민주주의적 수사는 '모든 것을 국민을 위해서'라는 단순한 공식으로 둔갑하는 경우가 종종 있지만, 진정한 민주주의적 공식, 곧 '모든 것을 국민과 함께 하고 국민을 통해서 한다'는 공식과는 하등 관계가 없다.

[3] 정당과 집단성 사이의 밀접한 관계를 특히 상세하고 능란하게 다룬 묘사로는 Karl Kautsky, "Klasseninteresse, Sonderinteresse, Parteiinteresse," *Die Neue Zeit*, 21(1903), 제2권, pp.240~245, 261~274를 보라. 인류 전체를 연구 대상으로 하는 학문에서, 프롤레타리아트가 한 사회계급으로서 어떻게 다루어지고 있는지에 대해서는 필자의 *Problemen der Sozialphilosophie*, Leipzig, 1914, p.98 이하를 보라.

부터도 빼앗지 않는다고 선언하지만, 그것은 사회의 극단적인 소유관계 때문에 실현 불가능한 약속이다. 주는 것은 이미 빼앗는 것을 전제로 한다. 프롤레타리아트가 경제적으로 슈티네스, 포드, 라기스, 로스차일드, 반더빌트, 플레스와 동등해지고자 한다면, 이는 오로지 그들이 사적으로 소유한 교환 및 생산수단을 사회화시킴으로써만 가능한데, 그로써 그들의 수입과 권력이 크게 축소될 것은 자명하다. 만약 사민당이 마르크스 경제학의 기본 원리를 피상적으로 원용함으로써, 이론적으로 주민을 생산수단의 소유자와 그들에게 종속된 사람으로, 다시 말해 유산 부르주아지와 그에 종속된 사회주의자들, 즉 사회주의에 관심을 가진 사람들로 분류한다면, 그것은 그들이 기회주의적이기 때문이다.

한 개인이 어떤 계급에 속하는가를 규정하기 위한 유일한, 혹은 가장 확실한 기준인 소득 수준 대신에 순전히 외적인 관계를 적용하는 것은 현실정치적으로는 효과적일지 모르지만, 이론적으로는 허술하기 짝이 없는 근본적으로 그릇된 방법이다. 프롤레타리아트 개념을 그렇게 모호하게 설정하면, 사기업의 사무직 직원과 공무원들도 노동자 정당 소속으로 설정된다. 그 이론에 따르면 크루프 제철의 대표이사와 프로이센 총리조차 생산수단을 소유하지 않은 종속된 사람이므로, '계급의식'을 갖고 사회주의를 열렬히 추종해야 할 것이다.[4]

다수를 위한 노력

반(反)민주주의 학자들은 신생 해방 운동의 폭발적인 성장을 두고, 그

---

4) 필자는 1908년 피렌체 제2차 이탈리아 학술대회에서 행한 강연에서 사회주의와 산업관료층과의 관계에 대해서는 더욱 상세하게 다루었다. "Sulla decadenza della classe media industriale antica e sul sorgere di una classe media industriale moderna nei paesi di economia spiccatamente capitalista," *Giornale degli Economisti*, 20(1909), 제37권, 총서 2, pp.85~103. 또한 필자의 다음 논문도 참조하라. "Beitrag zur Lehre von der Klassenbildung," *Archiv für Sozialwissenschaft und Sozialpolitik*, 49(1922), pp.581~594.

것이 개별 이익을 위하여 전체의 복지를 희생시키려는 욕구에서 발생한 자기기만이며 신기루에 불과하다고 단정짓는다.[5] 실제로 현실에서 나타나는 명료한 '사실의 세계'는 인민 전체를 구원한다는 계급운동에게 치유할 수 없는 이율배반의 낙인을 찍는다. 인류는 '정치가계급' 없이는 지낼 수 없는데, 정치가계급은 사회의 극소수만을 포괄할 뿐이다. 영국인들과 미국인들은 이를 진작에 깨달았다. 기딩스에게 정당의 과두적 구조는 "지배하는 것은 언제나 소수이다"라는 법칙을 증명하는 명백한 증거인 것이다.[6]

정당(Partei)이란 떼어놓는 것, 분리하는 것을 뜻한다. 정당은 부분(pars)이지 전체(totum)가 아니다. 요컨대 정당이란 경계를 짓는 것이다. 그럼에도 불구하고 정당이 추구하는 집권이라는 목표에 숫자의 힘이라는 요소가 맞물리면, 정당의 자기초월법칙이 나타난다. 즉 정당은 스스로를 확대시킬 뿐만 아니라, 자신에게 태생적으로 주어져 있거나 창당 강령에 의하여 그어진 사회적 한계를 넘어서서 확대하려는 본원적 경향을 갖는다.[7] 최근 정당사의 몇몇 사례가 이를 밝혀줄 것이다.

독일 민족자유당(진보당으로부터 분리되어 1867년에 창당된 자유주의 정당으로, 교양 및 재산을 갖춘 부르주아지를 대변하면서 비스마르크의 통일정책을 지지했다 – 옮긴이) 40주년 기념식에서 프리트베르크는, 경제활동에 대한 통일적 입장을 강령으로 정식화하여 견지하는 것이 더 이상 불가능한 시대에는 핵심 당원만이라도 당에 묶어두기 위해서는 당이 고정된 경제적 신조를 포기해야 한다고 강조하였다.[8] 이탈리아 자유당은, 파시즘의 공격으로 당의 존립 자체가 위협받게 되는 시기까지 무려

5) Gaetano Mosca, *Elementi di Scienza Politica*, p.75를 참조하라.

6) Barnes, "American Pol," *Science Review*, 제15호, 1921, p.514.

7) R. Michels, *Psychologie der antikapitalistischen Massenbewegungen: Grundriß der Sozial-Ökonomik*, Tübingen, 1926, 제9편, 제1부, pp.241~359에 더 자세히 서술되어 있다.

8) O. Stillich, *Der Liberalismus*, Leipzig, 1911, p.278에서 인용함.

40년 동안, 지역 선거연합회 이상의 조직을 보유하지 않았다. 그 선거연합회에는 강령이 없는 것이나 마찬가지였고, 같은 선거구에 자당의 후보를 두 사람 혹은 세 사람까지 복수로 출마시키는 것조차 마다하지 않았다.

독일과 이탈리아의 가톨릭 대중 정당들은 종교적으로 그어진 경계를 훌쩍 뛰어넘는 능력을 보여주었다. 독일의 가톨릭 중앙당(가톨릭의 정치 세력으로 국회의 의석이 중앙에 위치한 데서 그 명칭이 유래되었다. 전국적인 조직을 갖추게 된 것은 1870년 이후이다. 문화투쟁에서 비스마르크와 정면으로 대결했던 이 당은 이후 비스마르크의 보호관세정책을 지지했다. 그러나 이 당은 1911년에 이르러서야 구체적인 당 조직을 정비하고 이름도 독일 중앙당으로 바꾸었다 – 옮긴이)은 개신교도 당원을 받아들였을 뿐만 아니라, 원내교섭단체와 같은 당의 대표 기구에 의도적으로 개신교도를 포함시켰다.[9] 이탈리아의 가톨릭 인민당 총재 돈 스투르초는 1923년 토리노 전당대회에서 종파가 다른 사람이나 심지어 무신론자들까지 인민당에 입당할 수 있도록 하기로 결정하면서, 그 근거로 가톨릭이란 단어가 어원상 보편성을 뜻한다는 점을 내세웠다.[10]

사회주의 정당들은 자신들이 최대 다수의 계급을 대변한다고 자처한다. 이는 그 당의 유권자의 다수가 산업노동자와 농촌노동자 및 소농민인 곳에서는 어느 정도 타당한 주장이다. 그렇지만 그들 역시 여타 정당들과 마찬가지로 무조건적으로 대중을 끌어들이는 길을 걷게 된다. 그 당을 지지하는 '자연적인 다수'만으로는 정치적 목표를 성취하기에 충분치 않기 때문이다. 그래서 그들은 '노동하는 인민'이라는 개념을 수공업자 및 공무원을 넘어서까지 확대시켰고, 이제는 그 개념이 최상층 1만 명을 제외한 선까지 육박하기에 이르렀다.

영국 노동당은 1908년에 "생산수단과 분배 및 교환의 사회화를 민주

---

9) Martin Spahn, *Das deutsche Zentrum*, Mainz, 1907, p.62 이하.
10) *Stampa*, 1923년 4월 12일 자.

국가의 통제 아래" 두도록 한다는 규정은 수용하면서 동시에, 스스로를 비(非)사회주의자로 느끼거나 혹은 그렇게 활동하는 사람들을 당에서 배제시키자는 '정치적 순수성' 요구는 수용하지 않았다.[11] 노동조합 대중을 염두에 두었기 때문이다.

정당의 '자연적 기반 초월 법칙'에 따른 정당의 선전이 더욱 두드러지는 때는 선거 기간이다. 그때는 유권자를 '포획'하는 방법이 기괴한 형태를 띠기까지 한다. 그때 정당들이 부동층이나 무관심한 시민들을 투표장으로 끌어내기 위하여 동원하는 방식은 종종 불법 강제 선거에 가까울 정도이다. 대중을 입당시키려는 대중 사냥도 극렬해진다. 그들은 대중에게 '쐐기를 박아' 당에 묶는다. 그리고 당원이 아닌 사람들은 분산되고 와해된 대중으로 남게 되어, 정당들의 강압에 무방비로 노출된다. 당적 없는 사람들의 유일한 구원책은 '무(無)당파 정당'을 조직하는 것이 아닌지 질문할 수도 있으리라.[12]

---

11) *Clarion*, 1908년 12월 7일 자.
12) 독일 대학생들에게도 이미 이와 비슷한 과정이 진행되었다. '학생회에 가입하지 않았던 학생들(Wilde)'이 아예 '비조합학생조직'(Wilderschaften)을 결성하였던 것이다.

1
지도자의 형성

"결정적인 것은 지도자의 선의와 통찰력이다.
머릿수에 의해 결정되는 다수결은 단지
가장 일반적인 원칙을 제정할 수 있을 뿐이다.
나머지 전술적으로 중요한 모든 사항은 지도자가 결정한다.
이는 소수가 전체 당의 이름으로 정치하는 것을 의미한다.
민주주의는 목표일 뿐 수단이 아니다."

1 서론: 조직의 필요성

조직 없는 민주주의는 생각할 수조차 없다. 대중은 오로지 조직 속에서만 지속성을 얻기 때문이다. 이 주장은 단 몇 마디만으로도 충분히 설명할 수 있다.[1] '계급'은 사회 전체에 대하여 특정한 요구들을 내걸고, 그 계급의 경제적 기능에서 도출된 이데올로기와 '이상들'을 실현시키기 위하여 노력한다. 이를 위해 계급은 경제 영역에서뿐만 아니라 정치 영역에서도 전체의 의사를 결집시켜야 한다. 그리고 그 유일한 수단은 조직이다. 조직은 가능한 한 최소한의 힘을 소비한다는 최소비용의 원칙에 입각하며, 동일한 이해관계에 따른 연대(連帶)에 기반한다. 그러므로 조직은 약자가 강자에 대항하는 투쟁에 동원할 수 있는 최적의 무기이다.[2]

노동자들에게 조직은 생존의 문제이다. 이는, 경제적·사회적·이데올로기적으로 같은 부류의 사람들이 결집되어야 한다는 의식이 지배적인

---

1) 또한 이 점에 대한 문헌이 상세하기 때문이다. 여기서 몇 가지만 들자면 다음과 같다. Victor Griffuelhes, *L'Action syndicaliste*, Paris, 1908, p.8; Henriette Roland Holst, *Generalstreik und Sozialdemokratie*, Dresden, 1906, 제2판, p.114 이하; Attilio Cabiati, *Le basi teoriche della organizziazione operaia*, Milano, 1908, p.19.

2) 모든 사회적 협력과 최소투자법칙 사이의 관계에 대해 더 자세한 것은 필자의 저서를 참조하라. R. Michels, *L'Uomo economico e la cooperazione*, Torino, 1909.

나머지 백만장자들조차 상호 이해와 공동 행동의 필요성을 표방하는 시대에 두말할 나위가 없다. 그 어떤 전술의 성공도 조직 없이는 근원적으로 불가능하다. 프롤레타리아트는 문화적으로나, 정신적으로나, 경제적으로나, 생리적으로나 우리 사회에서 가장 힘이 없는 사람들이다.[3] 노동계급에 속하는 사람이 혼자 있으면, 경제적 강자의 독단에 속수무책으로 내맡겨진다. 따라서 노동자가 자신이 속한 계급의 공동체 활동에 참여하지 않는 것은 치명적일 수 있다. 프롤레타리아는 스스로 대중으로 결집되고 그 대중 집단에 하나의 구조를 부여하여야만 정치적인 저항력과 사회적 존엄성을 갖출 수 있다.

사회민주주의자들은 조직의 광신자들이다. 그들은 개인주의적 아나키스트들을 향하여, 기업가들이 가장 바라는 것은 바로 노동자계급의 와해와 분열이라고 공격한다. 그들의 주장은 정당에 대한 과학적 연구 결과와 일치한다. 노동자들의 힘과 중요성은 오로지 그들의 수에 있다. 그러나 하나의 수가 되기 위해서는, 함께 모여 있는 것 이외에 어떤 질서가 필요하다. 그것이 조직이다. 따라서 조직의 원칙은 대중을 사회적으로 이끌기 위해 필수 불가결한 조건이다.

조직은 정치의 필수적인 원칙이다. 비조직적 대중이라는 무질서한 괴물은 적을 도울 뿐이다. 이때 그 위험을 막아주는 것이 조직이다. 그러나 다른 한편으로 조직은 소용돌이의 위험성을 배태한다. 보수주의의 물길이 흘러나와 민주주의를 적신 그 수원(水源)은, 때때로 민주주의의 벌판까지 범람하여 그 들판을 형체도 알아볼 수 없을 정도로 파괴시킨다.

그 수원 역시 조직이다. 조직이란 곧 과두정에의 경향이기 때문이다. 다시 말해 조직의 본질적 성향은 귀족적인 것이다. 그리하여 조직의 메커니즘은 견고한 구조를 창출함으로써 조직화된 대중을 심대하게 변화

---

3) 인류학적 그리고 문화적 측면에서 프롤레타리아트 열등성은 다음 책에 규명되어 있다. Alfredo Niceforo, *Anthropologie der nichtbesitzenden Klassen. Studien und Untersuchungen*, Leipzig-Amsterdam, 1909, p.512.

시킨다. 그리고 조직은 대중과 지도자의 관계를 역전시킨다. 조직은 정당과 노동조합을 지도하는 소수와 추종하는 다수로 이분(二分)시키는 것이다.

우리는 인류 문화의 최저 단계에서 전제정이 지배적이었다는 사실을 안다. 민주주의는 추후의 고도 사회발전 단계에서 비로소 출현하였다. 자유와 특권과 참정권은 애초에 소수에 국한되어 있었다. 그것이 갈수록 많은 사람들에게까지 확대된 것은 근대에 들어와서이다. 바로 민주주의의 시대이다. 민주주의의 발전은 포물선을 그린다. 오늘날 적어도 정당 활동에서는 민주주의가 하향 곡선 위에 놓여 있다. 우리는 정당이 발전하면서 당내 민주주의가 후퇴하는 것을 목격한다. 조직은 확대되지만 민주주의는 쇠퇴하는 것이다. 우리는 조직이 커갈수록 지도자의 권력 역시 커진다는 법칙을 정립할 수도 있을 것이다. 각국 정당과 노동조합의 지도자 권력이 서로 다른 것 역시, 윤리적이고 개인적인 측면 이외에 바로 그들 조직의 발전 정도가 서로 다르기 때문이다.

2 불가능한 대중의 직접 지배

대중이 직접 지배하는 것은 조직의 운영에 인민의 의사를 가능한 한 여과 없이 관철되도록 하고, 또한 그로써 지도자의 지배를 가능한 한 극복하려는 시도이다. 미국의 헌법학 논총 『연방주의자』는, 국민들이 직접 모여서 의사를 결정하는 국가들만을 민주주의적이라고 일컬으면서 대의제(代議制)적인 지배체제는 민주주의가 아닌 공화정이라고 지칭하였다. 스위스에는 가급적 만인이 모인 대중집회가 정책을 결정하고 법률도 제정하는 자치공동체가 존재한다. 그 자치공동체의 예찬론자 한 사람은, "어느 봄날 야외에서 자유의 성채인 산들이 우리를 굽어보는 가운데, 이익집단뿐만 아니라 여성과 아이들까지 함께 참여하는 우리의 자치공동체야말로 민주주의를 가장 아름답고 완벽하게 구현하고 있다"[1]고 말한다.

물론 그렇다고 해서 그 아름다움이 정책 결정의 지속성과 신속함까지 보장해주는 것은 아니다. 날씨가 나쁘면 언제라도 집회가 중단될 수 있기 때문이다. 그리고 그것은 작은 농촌 지역에서나 가능한 일이다. 참여자의 수가 많으면 그것은 작동하지 않는다. 예컨대 아펜첼 주(州)는 법률 초안을 미리 인쇄하여 모든 시민에게 발송한 뒤, 사람들이 모이면 토론

---

1) W. Hasbach, *Die mod. Demokratie*, p.136 이하.

없이 가결 처리만 한다. 토론하기에는 사람이 너무 많기 때문이다.

게다가 제아무리 엄격한 자치공동체라고 할지라도, 일반적인 논의 안건을 미리 선별하고 의사일정을 조정하는 사람들이 없으면 아무 일도 할 수 없다. 말하자면 그곳에도 '기관'이 전제되어 있는 것이다. 그리고 인민이 직접 법률을 제정하는 곳에서도, 선거를 통해 구성되는 의회가 존재한다. 다시 말해 직접민주주의도 대의제 기구의 도움을 빌려야만 작동하는 것이다.

라인란트 출신 민주주의자인 모리츠 리팅하우젠은 한때 기발한 체제를 고안해내어 인민의 직접적인 입법 제도를 위한 진정한 토대를 구축하고자 하였다.[2] 1848년에 프로이센 선거에서 며칠 동안 그랬던 것처럼, 우선 전체 주민을 1천 명씩 나눈다. 1천 명으로 구성된 각 분과는 주점이나 학교, 시청 혹은 다른 공공 장소에 모여 분과 의장을 선출한다. 모든 시민은 의사표현의 자유를 갖고, 따라서 누구나 자신의 지성을 통해 조국에 봉사할 수 있다. 토론이 끝나면 모두가 한 표씩 투표한다. 의장은 그 결과를 시장에게 통지하고, 시장은 그것을 다시 상급의 관청에 보고한다. 그렇게 하면 다수의 의사가 결정적으로 된다는 것이었다.

이 시스템에는 사전에 마련되는 법안이란 없다. 정부는 각 분과들이 특정한 날에 주어진 문제에 대한 논의를 하도록 도와줄 뿐, 더 이상의 업무는 없다. 인민 가운데 일정한 수가 어떤 사안에 대하여 새로운 법률이나 기존 법률의 개정을 요구하면, 해당 관계 부처는 인민에게 정해진 시간 이내에 주권을 행사하고 스스로 입법하도록 촉구한다. 이때 법은 토론으로부터 유기적으로 성립된다. 의장이 첫 발언자로 나서서 핵심 사안

---

2) Moritz Rittinghausen, *Über die Organisation der direkten Gesetzgebung durch das Volk*, Köln, 1870(Sozialdemokratische Schriften, Nr.4), p.10. 사회문제의 해결을 위해 이런 종류의 실질적인 제안을 처음으로 과감하게 내놓은 공적은 실제로 리팅하우젠의 몫이다. 이후 콩시데랑은 훨씬 더 넓은 기반 위에서 국민이 직접 통치하는 정부를 제안했고 또 이를 널리 전파하는 데 성공했지만, 그는 리팅하우젠을 자신의 선구자로 확실히 인정했다(Victor Considérant, *La solution ou le gouvernement direct du peuple*, Paris, 1850, p.61).

에 관한 토론을 시작하면 부수적인 사항에 대한 토론으로 넘어가고, 그런 다음 표결이 진행된다. 여기에서 가장 많은 득표를 한 법안이 채택된다. 그러면 관계 부처는 그 표결에 관한 모든 사항을 접수하고, 특별위원회가 구성되어 그 법률의 문안을 작성하는데, 그것은 구구한 해석의 여지가 생기지 않도록 명확하고 단순하게 표현되어야 한다. 이는 리팅하우젠이 조롱조로 덧붙였듯이, 오늘날 의회에 이송된 법률들 대부분이 마치 모호성을 애호하는 법률가의 구미에 의도적으로 맞추기라도 한 것처럼 표현되고, 그 때문에 다양한 해석이 가능해지는 것을 막기 위해서이다.

리팅하우젠이 고안한 체제는 명확하고 적절하며, 언뜻 보아 실행하기에 별다른 어려움이 없어 보인다. 그러나 그것을 적용해보면 결과는 결코 기대에 미치지 못한다. 민주주의의 이상인, 인민집회의 결의를 통해 이루어지는 직접적인 인민의 자치는 비록 대의제의 확대를 제약하긴 하지만, 그것이 과두적 지도 체제의 등장을 억제한다는 보장은 없다. 인민집회는 대중심리의 법칙에 좌우된다. 대중은 인민집회에서 지도자들로부터 당 관료의 기능을 빼앗아, 그 기능을 스스로 행사하기도 한다. 그러나 인민집회는 대중의 본질적 특징으로 인하여 위험에 노출된다. 대중은 강력한 대중 연설가의 말에 압도당하는 수가 있다. 그때 대중은 그 개인에게 쉽사리 복종해버리고 만다.[3]

대중을 지배하기란 소수를 지배하는 것보다 용이한 법이다. 왜냐하면 대중의 동의는 폭발적이고 불가항력적이며 무조건적이고, 그들이 일단 어느 한쪽으로 쏠리게 되면 그에 저항하기가 불가능하기 때문이다. 그리고 인민집회는 어떤 주제에 대하여 진지한 견해를 개진하고 논의하거나

---

3) 때때로 지도자는 이런 식의 기습적인 발언을 함으로써 다른 사람을 놀라게 한다. 저 유명한 이탈리아 생디칼리슴 지도자인 라브리올라(Arturo Labriola)는 밀라노 원형경기장에서 열린 대규모 집회에서 혼자서 노동자조직 대표들의 결의에 반대하는 열정적인 연설을 토해냄으로써 1904년 밀라노 총파업을 연장시키는 데 성공했다(*I gruppi socialisti Milanesi al congresso socialista nazionale di Roma 7~9 ottobre 1906*, Milano, p.11).

세세하게 다루는 곳이 아니다. 작은 모임에서는 이성적인 토론이 가능하지만, 거대 집단이 한곳에 모이면 갑작스러운 공포와 무의미한 환호에 민감하게 반응하게 된다.

우리는 선발된 대의원들이 모인 전당대회에서 결의안이 구두(口頭) 환호나 표결을 통하여 일괄적으로 통과되곤 한다는 것을 종종 경험한다. 그때 통과된 결의안들은 대의원이 50명씩 모인 곳에서는 그리 쉽게 통과되지 않았을 것이다. 사람들은 혼자 있거나 몇몇이 모여 있을 때보다 대중으로 있을 때, 말과 행동에서 논리성은 별로 중요하지 않다. 이는 이론(異論)의 여지가 없는 대중병리적 현상이다. 이탈리아와 프랑스의 사회학자들은 이를 "책임감이완의 법칙"이라고 불렀다.[4] 다수는 개인을 소멸시키고, 개성과 책임감을 마모시키는 것이다.[5]

더욱이 대중주권에 반(反)하는 가장 결정적인 논거는 바로, 대중주권을 기계적이고 기술적으로 실행하는 것이 불가능하다는 점이다. 주권 대중은 무기력하다. 대중은 가장 필요한 사항조차 직접 결정할 능력이 없다. 직접민주주의의 이러한 무기력은 우선——간접민주주의의 강점과 마찬가지로——그 수에 있다. 루이 블랑은 프루동을 비난하면서 다음과 같이 물었다. 가장 작은 소상점의 주인도 관리의 도움 없이는 아무것도 할 수 없는데, 3천4백만 명(당시 프랑스 주민의 수)이 관리들의 도움을 받지

---

4) Gabriel Tarde, *Les crimes des foules*, Lyon, 1892; Scipio Sighele, *I delitti della folla*, Torino, 1902; Gustav Le Bon, *Psychologie des foules*, 제25판, Paris, 1918, p.96 이하(독일어 번역본: *Psychologie der Massen*, Leipzig, 1908〔현재 KTA 제99권〕); Roscher, *Politik*, p.368. 아울러 위의 주장 가운데 특히 의회에 관련해서는 Scipio Sighele, *Contro il parlamentarismo, Saggio di psicologia collettiva*, Milano, 1905를 참조하라.

5) "그저 함께 모여 있다는 단순한 사실만으로도 인간의 군중심리가 표출되는 것 같다. 왜냐하면 대중집회이건 의회이건 간에, 또 주주총회나 단체 및 대학생 총회이건 간에, 그 어느 집회를 보더라도 무수히 많은 사람들이 소수의 지도부에 기꺼이 모든 것을 위임하고, 자기들의 신념을 따르는 것이 아니라 외부에서 쥐어주는 슬로건을 좇아가는 것은 그 어디서나 목격되기 때문이다"(Ludwig Gumplowicz, *Sozialphilosophie im Umriß*, p.124).

않고 단독으로 자신의 용건을 처리할 수 있단 말인가? 그 질문에 블랑은 스스로 답했다. 그렇다고 대답하는 사람은 바보이지만, 그렇다고 해서 아니라고 대답하는 사람이 국가를 절대적으로 거부하는 것은 아니라는 것이다.[6]

똑같은 질문과 대답이 오늘날 당 조직의 문제와 관련하여 되풀이될 수 있다. 영미 국가들의 정당활동에서 집회 장소로 빈번하게 이용되는 곳은 시야가 툭 터진 야외, 공원, 잔디밭 등이다. 이는 영국의 정당과 집회의 역사에서 트라팔가 광장과 하이드 파크가 자주 등장하는 것에서도 드러난다. 그러나 야외는 정치 연설과 시위에 적합한 곳이지, 협상과 진지한 토론을 진행한다거나 결의문을 작성하기에는 부적절한 장소이다. 물론 정치 연설이 가능하기 위해서는 악천후나 소나기가 군중들을 흩어지게 하는 일은 없어야 하겠지만 말이다. 인간이 집회에서 무슨 결의를 하려한다고 해서 자연이 변덕을 부리지 않는 것은 아니지 않은가. 사실 날씨 때문에 일년에 적어도 몇 달 동안 대형 야외 집회를 거행할 수 없는 지역도 적지 않다. 이는 특히 민주주의가 일찍부터 자리잡았던 북부 유럽에서 그렇다. 게다가 과거 독일에서는 야외 집회를 '치안의 이유에서 금지하였다.'

이탈리아, 그리고 부분적으로 프랑스에서는 대형 극장이 정당의 갖가지 집회나 대회를 개최하는 장소로 이용되었고, 영국에서는 음악당이나 시청이 집회 장소로 이용되었다. 독일에서도 대형 맥주홀이 같은 목적으로 이용되었다. 요컨대 장소의 문제가 이미 국정 전반에 직접 민주주의를 실천하는 것을 불가능하게 만들 뿐 아니라, 정당 차원에서도 직접 민주주의를 원천적으로 봉쇄하고 있다는 베른슈타인 같은 사람들의 견해는 타당한 것이다.[7]

---

6) Louis Blanc, "L'Etat dans une démocratie," L. Blanc, *Question d'aujourd'hui et de demain*, Paris, 1880, 제3권, p.150.

7) Eduard Bernstein, *Die Arbeiterbewegung*, Frankfurt a.M., 1910, p.151.

게다가 노동자 정당의 당원이 때로는 수십만을 헤아리는 거대 산업 국가에서, 그 거대 조직의 업무를 대의제적인 기구의 도움을 받지 않고 처리하는 것은 원천적으로 불가능하다. 당원 천 명이 모이는 집회를 정기적으로 개최하는 것조차, 집회 장소의 규모나 그곳까지의 거리까지 계산해야 하는 등, 장소를 구하는 문제가 만만치 않은 일이다. 하물며 1만여 명이나 되는 당원들의 모임을 조직하는 것은 꿈도 꿀 수 없는 일이다. 의사 소통에 문제가 전혀 없다는 전제 아래 그에 소요되는 비용을 논외(論外)로 한다고 하더라도, 어떻게 그렇게 많은 수를 정해진 시간에 그리고 경우에 따라서는 빈번하게 한 장소에 모이게 할 수 있겠는가? 정치적으로 사민당이 지배하는 대베를린(Groß-Berlin)은 제국의회 선거구가 6개나 되고, 또한 니더바르님 군(郡)과 텔토프-베스코프-샤로텐부르크 군(郡)이 포함되어 있다. 대베를린 사민당 당원 수는 1908년에 무려 9만 명을 넘어섰다.[8] 그렇듯 거대한 대중을 결의문 작성에 직접 참여시키기란 현실적으로 결단코 불가능한 일이다.[9] 게다가 학자들에 따르면, 아무리 목소리가 크더라도 만 명을 초과하는 집회에서 그 목소리는 들리지 않는다는 것이다.[10]

대규모 집단의 직접 자치가 불가능한 또 하나의 행정기술적 측면이 있다. 자크라는 사람이 피에르라는 사람에게 부당한 일을 저질렀다고 해서, 모든 프랑스인이 직접 나서서 자기 눈으로 그 사건을 확인하고 그로써 피에르를 자크로부터 보호할 수는 없는 일이다.[11] 근대 민주주의 정당에서 당 내부에서 발생한 사단을 당원 모두가 직접 나서서 해결할 수

---

8) Eduard Bernstein, "Die Demokratie in der Sozialdemokratie," *Sozialistische Monatshefte*, 12(1908), p.1109.

9) "다수로 구성되어 있는 사회에서 최고의 원칙(개개인이 직접 입법과정에 참여하는 것)만을 고집하는 사람은 다른 보조수단을 사용하지 않기 때문에 반드시 그 사회를 혼란에 빠뜨리고 말 것이다"(Benjamin Constant, *Cours de politique constitutionelle*, 신판, Bruxelles, 1851, 제3권, p.246).

10) W. Roscher, *Politik*, p.351.

11) Louis Blanc, *L'Etat dans une démocratie*, p.144.

는 없는 것도 마찬가지이다.[12] 그러므로 대중을 대신하여 대중의 의지를 수행하는 '대의원'의 필요성이 대두한다. 민주주의 정신이 아무리 투철한 집단도, 일상적인 업무와 대단히 중요한 행사의 준비와 실행은 대의원 개인이 처리하도록 하는 수밖에 없다.

정당에서 당 지도부가 탄생하는 가장 단순한 방식은, 지도자가 당을 만드는 것이다. 이러한 경우에는 누가 지도자가 되느냐 하는 문제는 애초부터 제기되지도 않는다. 여기에서 일차적인 것은 지도자이고, 대중은 부차적이다. 지도자는 자신을 개인적으로 추종하는 무리들을 거느리기만 하면 된다. 그러나 대부분의 정당은 발전 경로가 그와 다르다. 대부분의 정당에서 당 총재는 본래적으로 대중에 '봉사하는 자'이다. 그리고 정당 조직의 원칙은 모든 조직원의 평등이다. 이는 우선 일반적인 평등, 즉 평등한 사람들의 평등으로만 나타난다. 그 평등은 이상주의적인 이탈리아와 같은 몇몇 나라(그리고 그러한 평등의 초기 단계에 돌입한 몇몇 독일 지역)에서 조직원들 사이에 경칭을 사용하지 않는 것으로 표현된다. 그곳에서는 최하층 일용노동자가 지식인에게, 상대방이 마치 같은 부류의 사람이라도 되는 듯 반말을 한다. 평등의 원칙은 또한 당 동지들 사이의 평등으로 나타난다. 그것은 당원의 법적 평등이다. 민주적인 정당 원칙은 가능한 한 많은 사람에게 공동의 사안에 대하여 동등한 영향력을 갖고 참여하도록 보장하는 것이다.

선거권 역시 평등하다. 그리고 모든 당원이 피선거권을 보유한다. 그로써 인권에 대한 기본적인 요구가 이론적으로 충족된다. 모든 당직은 선거를 통해 채워지고, 당 관료는 대중의 의지를 수행하는 부차적인 기관으로서 전체에 종속되며, 언제라도 해임되거나 대체될 수 있다. 따라

---

12) 국민이 대중집회의 방식을 통해 직접 입법할 수 없었기 때문에, 에스파냐의 페르디난트 7세 치하에서 이미 가장 찬란했던 민주주의가 인민대의제 및 의회주의 체제라는 흐름으로 넘어가고 말았다. 이에 대해서는 안토니오 키로가(Antonio Quiroga)가 국왕 페르디난트 7세에게 보낸 1820년 1월 7일 자 편지를 참조하라. Don Juan van Halen, *Mémoires*, Paris, 1827, 제2부, p.382.

서 당 대중이 그들을 대표하는 자들에 대하여 절대적인 권력을 갖는다.

사람들은 처음에 지도자 없이 어떻게 해보려고 거듭 노력한다. 가령 대변인을 두더라도 그가 아주 짧은 기간 동안, 그것도 확고히 명시된 사항에 국한해서만 말할 수 있도록 한다. 대의원들의 손과 발은 대중의 의사에 철저하게 묶이고, 순수한 민주주의로부터 멀어지지 않도록 구속받는다. 이탈리아의 농업노동자 운동은 초창기에, 조합 지도자가 최소한 전체 조합원의 4분의 3을 득표하여야만 선출되도록 규정하였다. 그리고 임금 문제로 기업가들과 협상을 벌일 때 조합의 대표자들은 협상 개시 이전에 조직원들로부터 문서로 된 위임장을 받아야 했고, 그 위임장에는 조합원 전원의 서명이 첨부되어야 했다.

또한 모든 조합원들은 언제라도 회계 장부를 열람할 자격을 가졌다. 이유는 두 가지였다. 첫째는 지도자에 대한 불신을 원천적으로 봉쇄하려는 것이었다. 지도자에 대한 불신은 "장기간 계속되면 그 어떤 강력한 조직체라도 파괴시키고 마는 독약인" 까닭이다. 둘째는 조합원들이 회계의 실태를 숙지하고 조합의 운영에 대하여 전체적으로 파악하도록 함으로써, 조합원 하나 하나가 미래의 지도자로 성장할 수 있도록 하기 위해서였다.[13]

그러나 그러한 규정이 아주 작은 조직에만 적용시킬 수 있다는 점은 너무나도 당연하다. 영국 노동조합 운동에서도 초기에는 대의원 직책을 조합원들이 돌아가면서 맡도록 하거나, 아니면 추첨으로 선출하였다. 대의원을 연령이나 조합에 소속된 기간을 따져서 정한 곳도 있었다.[14] 그 곳에서는 조합 지도부가 민주주의 여신의 우연한 기분에 따라 정해지고 있었다고 할 수 있을 것이다. 그러나 조합의 업무가 늘어나고, 그에 따라 개인적인 숙련, 연설 능력, 갖가지 실무 지식이 필요하게 되자, 대의

13) Egidio Bernaroli, *Manuale per la costituzione e il funzionamento delle leghe dei contadini*, Roma, 1902, pp.20, 26, 27, 52.

14) Sindey and Beatrice Webb, *Industrial Democracy*, 독일어판, Stuttgart, 1898, 제 1권, p.6.

원 직책을 수행하는 데 특별한 개인적 자질이 요구되었고, 그에 따라 대의원직을 알파벳 순서나 연공서열에 따라 맡기는 것이 점차 불가능하게 되었다.

특기할 만한 사항은, 최근 20년 동안 애초의 민주적 운영 방식들이 정반대 방향으로 변화하고 있다는 점이다. 현대 정치 집단에서는 이제—지금껏 자연스럽게 이루어지던—추종자에서 지도자로 향하는 발전 과정이 크게 축소되거나 혹은 기계적으로 되어버리고, 이에 대한 일반적인 규정까지 생겨나고 있다. 이미 20세기 초에 지도자의 공적인 특성이 강조되었고, 또한 직업 정치가, 즉 검증되고 인정받은 정치 전문가 집단을 양성하기 위한 특별 조치가 마련되어야 한다는 주장이 제기되었다. 페르디난트 퇴니에스는, 사민당이 의회 선거 후보나 혹은 당 서기에 임용되고자 하는 사람들에게 시험을 치르도록 해야 한다고 주장했다.[15] 하인리히 헤르크너는 한 걸음 더 나아갔다. 그는 과연 대규모 노동조합이, 직종에서 출발하여 단계적으로 실무적인 노동조합 관리로 상승한 노동자들만으로 별 무리 없이 오랫동안 버틸 수 있는지 질문하면서, 사용자 단체는 대학 교육을 받은 인물들로 채워져 있다고 지적했다. 그는 노동조합에서도 조만간 프롤레타리아적 배타성이 파괴되고, 경제학, 법학, 공학, 경영학 등을 공부한 사람들이 선호될 것이라고 예상했다.[16]

오늘날[1911년!] 독일 자유노조의 노동서기직에 지원하는 사람들은 문서 작성 능력과 법률 지식을 검증하는 시험에 합격해야 한다. 노동자 정치운동도 관리자를 양성할 교육 기관 문제로 고심 중이다. 여기저기에서 '예비학교', 말하자면 짧은 기간 안에 '과학적으로 교육받은' 당 관리를 배출하는 일종의 양성소가 설립되고 있다. 독일 사민당은 1906년에 베를린에 당 학교를 설립하여, 당과 노조의 사무 직원을 양성하는 강

---

15) Ferdinand Tönnies, *Politik und Moral*, Frankfurt, 1901, p.46.
16) Heinrich Herkner, *Die Arbeiterfrage*, 제5판, Berlin, 1908, p.116, 117〔제8판, 1922〕.

좌를 개설하였다. 6개월이 걸리는 그 교과 과정 참가자들의 숙박비 전액과 학교 운영비는 피교육자를 파견한 당 조직 혹은 노동조합이 담당한다. 게다가 그 기관들은 교육 기간 동안 피교육자 가족에게 경제적 지원을 제공함으로써, 교육 기간 중 피교육자 가족이 겪어야 할 생계 문제를 해결해준다.

학교가 선호하는 사람은 보통 당이나 노동조합에 이미 직책을 맡고 있는 사람이다.[17] 그리고 관리직 경험이 없는 노동자들이 입학하면서, 그 기회를 통하여 관리직에 오르게 되리라고 기대하는 것은 자연스러운 일이다. 따라서 그 희망이 충족되지 못하였을 때 그들은 흔히 분노하고 당을 원망한다. 이는 납득할 수 있는 현상이다. 왜냐하면 애초에 자신에게 교육 참가를 촉구한 것은 바로 당이었는데, 교육을 이수한 그가 다시 공장으로 돌아가 육체노동을 해야 하기 때문이다.

1911년에 입학한 141명의 노동자 학생은 세 가지로 분류할 수 있다. 첫 번째 부류는 당과 노조의 간부 출신(52명)이었고, 두 번째 부류는 당 학교를 수료하고 당과 노조에 사무직을 얻게 된 사람들(49명)이었으며, 마지막 세 번째 부류는 다시 공장으로 되돌아갈 수밖에 없는 사람들(40명)이었다.[18]

이탈리아 밀라노에서 사회주의자들이 운영하던 공익법인 '우마니타리아'(L'Umanitaria)는 1905년에 사회법률 실무학교(Scuola Pratica di Legislazione Sociale)를 세웠다. 설립 목적은 "노동자들로 하여금 전문 능력을 갖추도록 함으로써 기업감독청, 노동조합, 노동자보험회사, 노동상담소 등에 자리가 생길 경우 채용되도록 하는 데" 있었다.[19] 2년간의 교육 과정이 끝나면 시험이 치러졌고, 합격자에게는 자격증이 교부되었다. 1908년에 이 학교를 다닌 학생은 모두 202명이었고, 그들 중에는 노조

17) *Protokoll des Parteitags zu Leipzig 1909*, Berlin, 1909, p.48.
18) Heinrich Schulz, "Fünf Jahre Parteischule," *Die Neue Zeit*, 29(1911), 제2권, p.807.
19) *Scuola prat, di legislazione sociale*, *Programma e norme*, 제3호, Milano, 1908.

및 협동조합 관리 37명, 노동상담소 소장 4명, 사무원이나 자유직업 종사자 45명, 노동자 112명이 있었다.[20]

그들 가운데에는 개인적인 만족을 위하여 입학한 사람들도 있었지만, 대부분은 자격증을 획득함으로써 보수가 좋은 민간 기업의 사무직을 얻으려는 사람들이었다. 따라서 학교 당국은 자격증 제도를 폐지하고, 입학 자격을 이미 노조에서 활동하고 있거나 노조에서 일하려는 사람들에게 국한시켰다. 여기에서도 학생들은 밀라노의 '우마니타리아'나 노동자 조직이 제공하는 장학금을 받았다.[21] 이런 선례를 따라 토리노의 노조연맹도 1909년에 똑같은 목적으로 비슷한 학교를 설립하였다(문화와 사회법 실무학교, Sc. Pr. di Cultura e Legislazione Sociale).

영국의 노조와 협동조합은 장래에 지도자로 성장할 만큼 각별한 재능을 갖춘 조합원들에게 대학 교육을 제공함으로써 미래의 업무에 대비하도록 하기 위하여, 옥스퍼드에 러스킨 칼리지를 세웠다.[22]

1909년 옥스퍼드에는, 러스킨의 정신과 노동조합의 성격에 걸맞게 운영되던 러스킨 칼리지보다 훨씬 사회주의적인 센트럴 레이버 칼리지가 세워졌다. 새로운 칼리지는 러스킨 칼리지와 접촉하면서, 러스킨 칼리지가 기존의 칼리지와 별다른 차별성을 보이지 못한 채 지나치게 옥스퍼드의 시민계급적 모형을 추종한다고 비난하였다. 그러나 센트럴 레이버 칼리지는 옥스퍼드 주(州)의 유력한 대지주들의 압력 때문에 1911년에 옥스퍼드로부터 런던으로 옮겨야 했다. 오스트리아에서는 독일을 모델로 하는 당 학교가 설립되었다.[23]

당과 노조의 관리를 양성하는 교육 기관들이 노동 엘리트를 새로이 창

20) 같은 책, 제4호, Milano, 1909, p.5.

21) Rinaldo Rigola, "I funzionari dell' organizzazione," *Avanti*, 14(1909), p.341.

22) 보다 자세한 묘사는 릴리 브라운(Lily Braun)의 글을 보라. "Londoner Tagebuch," *Die neue Gesellschaft*, 제2호, 1906[여기에 적힌 글은 1889년에 나온 이 잡지의 제2호에 게재되어 있지 않다].

23) Otto Bauer, "Eine Parteischule für Österreich," *Kampf* 3(1909).

출하고 노동운동 지도자를 육성함에 따라, 당 대중에 대한 당 지도부의 권력이 강화되었다는 것은 분명하다. 조직 확대의 필연적 결과이자 소위 지도의 일상화가 요청하는 것으로서 '기술적 전문화'가 나타났으며, 이러한 이유로 인하여 지도자적 존재로서의 대중이 보유하고 있던 모든 결정권이 지도자들에게 위임되었다.[24] 애초에 대중 의지의 집행 기관에 지나지 않았던 지도부가 대중으로부터 해방되어 독립적 지위를 확보하게 된 것이다.

과거의 미성숙한 민주주의조차, 지도자들을 대중의 의지에 묶어둠으로써 그들을 대중의 순수한 집행 기관으로 존치시키기 위한 교묘한 강제 장치들을 마련했다. 1808년 에스파냐의 애국주의-혁명 군사 정부는

---

24) "대중에 대한 지도자의 관계도 이런 이론적 경향과 밀접히 연관되어 변화했다. 이제 지방위원회들이 모여 협의하는 지도부로는 분명 불충분했기 때문에, 그 지도부 대신 노조 관리가 이끄는 실무적인 집행부가 들어섰다. 이로 인해 진취성과 판단력이 소위 이들의 직업적인 특성이 된 반면, 대중들에게는 규율이라는 오히려 수동적인 덕목이 주로 강조되었다. 관료제의 이 어두운 측면들로 인해 분명 당의 경우에도 심각한 위험성이 도사리고 있다. 최근 당 재편, 곧 지방 당 서기들의 직책이 관료화됨으로써, 그 위험성은 아주 쉽게 가시화될 수 있다. 예컨대 이들 당 서기들이 순수한 집행 기관에 불과하고 이른바 지방 당활동의 주도권과 지휘권을 쥔 담당자가 아니라는 사실을 사회민주당 대중들이 망각하게 될 때이다. 그렇지만 사회민주당의 경우에는 그 활동에서 나오는 자연적인 성격, 곧 정치투쟁의 특성 때문에, 관료주의가 노동조합에 비해 그리 심하지 않다. 노동조합에서는 바로 임금투쟁, 예컨대 복잡한 단체임금협약과 같은 것을 체결할 때 빚어지는 기술적 전문화로 인해, 조합원 대중이 '모든 업무활동에 대한 전체적인 조망'을 자주 잃게 되며, 그 결과 그들의 판단력이 약화된다. 이런 논지를 계속 펼치다보면 결국 무엇보다 다음과 같은 주장에까지 이르게 된다. 곧 노동조합의 실천적인 활동이 추구하는 전망과 가능성을 이론적으로 비판하는 행위는, 그 어떤 것이나 소위 노조를 충실하게 따르는 대중들의 의식을 망쳐놓을 수 있기 때문에, 금지되어야 한다는 것이다. 이런 논조의 저변에 깔려 있는 생각이란 알고 보면, 노동자 대중은 노동조합투쟁의 성공에 대한 맹목적이고 어린이와 같은 믿음을 갖고 있을 때만, 조직되고 유지될 수 있다는 것이다"(Rosa Luxemburg, *Massenstreik, Partei und Gewerkschaften*, Hamburg, 1906, p.61).

프랑스측과 협상할 장군에게 프롤레타리아트 30명을 동행시켰다. 장군은 그들의 존재 때문에 자신의 개인적 신념에 반(反)하여 나폴레옹의 모든 제안을 거부할 수밖에 없었다.[25] 오늘날의 근대 민주 정당의 대중이 대의원들에게 명령적 위임(imperatives Mandat)을 부과하는 것은 빈번히 목격되는 현상이다.

명령적 위임이란 수임자의 행동 반경을 예방적으로 구속하는 것이기 때문에, 수임자는 대중이 지시한 틀을 벗어나지 못한다. 다시 말해 대의원은 협상 장소로 떠나기 이전에 대중의 지시를 미리 받게 되기 때문에, 협상 중에 '생각을 바꾸거나' 대중에게 등을 돌리거나 독단적인 결정을 내릴 수 없는 것이다. 물론 명령적 위임의 목표는 중요한 사안에 대하여 대의원이 자신을 선출한 다수 대중의 의지에 따라 행동하도록 강요하는 것이다. 이는 경우에 따라 선동 정치를 강화시키기도 하지만, 아주 단순하고 명백한 사안에 대해서는 유용한 방법이다.

그렇지만 심각한 단점도 있다. 명령적 위임이란 지도자의 기능을 단순 전달자에 머무르게 하는 것으로서, 지도자에게 인격을 훼손당했다는 느낌을 불러일으킨다. 지도자에게 그것은 참을 수 없는 굴욕(Diminutio capitis)이다. 그리고 대의원은 자유로운 결정권을 보유하지 못하기 때문에, 당대회에서 꼭두각시 노릇만 할 뿐 새로운 논리나 새로운 사실을 제시할 여지가 거의 없다. 따라서 맥락이 다르긴 하지만, 대중 집회와 마찬가지로 토론의 개념이 불필요해진다. 협의에 앞서 결정이 이루어진 것이기 때문이다. 따라서 그 어떤 토론도 원천적으로 무의미해진다. 그리고 표결의 결과가 대의원들의 지배적인 견해에 상응하지 않는 경우, 표결의 의미도 왜곡될 수밖에 없다. 그리고 명령적 위임은 탄력적이지 못하기 때문에, 새로운 상황을 고려할 수도 없다. 그렇다고 해서 수임자가 협상 중에 위임자로부터 항상 새로운 지시를 받아야 한다면, 협상은 지지부진하게 될 것이다. 따라서 민주주의가 발전함에 따라, 구속적인 위

---

25) W. Roscher, *Politik*, p.392.

임은 약간의 경우를 제외하고는 사라진다. 요즘에는 사용 빈도마저 점차 줄고 있다. 명령적 위임은 정당에게는 필수적인 내적 응집력을 손상시키고, 지도부에게는 불안과 동요를 불러일으키기 쉬운 제도이다.

3 전쟁을 치르는 근대 민주주의 정당

루이 14세는 아직 젊었던 치세 전반기에조차 그 어떤 군주에 못지 않게 통치의 본질을 통찰하고 있었다. 그런 그가 1666년 모든 행정 업무, 특히 전투에서의 가장 기본적인 규범을 제시하였다. "결정은 신속해야 하고, 군기는 정연해야 하며, 명령은 절대적이어야 하고, 복종은 어김없어야 한다."[1] 태양왕이 열거한 이 명령 체계의 통일성과 규율의 엄격성은, 물론 그 형태가 똑같은 것은 아니지만 준(準)전쟁 상태에 놓여 있는 근대 정치에도 잘 적용된다.

근대 정당은, 정당이란 단어의 정치적 의미에서 '전쟁 조직'이다. 정당이 준수해야 하는 전술학의 기본 법칙은 전투 태세이다. 사민당을 창당한 위대한 페르디난트 라살 역시 이 점을 통찰하고 있었다. 그는 자신의 독재적 지위가 이론적으로나 현실적으로 정당한 것으로 인정되어야 한다고 선언하면서, 당원이란 지도자를 무조건적으로 추종하는, 지도자의 손에 들린 망치가 되어야 한다고 주장하였다. 이는 특히 독일 노동운동이 아직 미성숙하였던 초창기에 하나의 정치적 계명이었고, 동시에 부르주아 정당들로부터 존재를 과시하고 인정받을 수 있는 유일한 방법이

---

[1] *Mémoires de Louis XIV, pour l'instruction du Dauphin, annotées par Charles Dreyss*, Paris, 1860, 제2권, p.123.

었다.

중앙집권은 예나 지금이나 결정의 신속성을 보장한다. 대규모 조직은 그 자체로 둔중한 기구이다. 만일 대중 정당이 신속한 결정이 요청되는 일상적인 문제에 대해서도 대중으로 하여금 제한적이나마 일정한 판단력을 갖추도록 조치해가면서 당을 운영한다면, 시간적 손실과 공간적거리 때문에 순수한 형태의 민주주의는 불가능해질 것이다. 그러한 당운영은 결정을 지연시키고 호기를 놓치게 만들 것이며, 정당에 필수적인 정치적 유연성과 타 정당과의 연대 능력을 손상시킬 것이다. 전쟁을치르는 근대 정당에서는 따라서—소규모 전투만을 치른다고 하더라도—엄격한 위계질서가 불가피하다. 그것이 없는 정당은, 제아무리 우수한 격투술을 익히고 있다고 할지라도 잘 훈련되고 규율이 엄정한 유럽 군대와 대치하여 패배할 수밖에 없는 무정형의 흑인 부대와 마찬가지가 된다.

근대 정당이 일상적인 투쟁에서 명령의 신속한 전달과 정확한 이행을담보하기 위해서는 어느 정도의 카이사르주의가 필수적이다. 네덜란드의 사회주의자 반 콜은, 진정한 정당 민주주의는 투쟁이 종결된 뒤에나가능하다고 솔직하게 말했다. 전쟁의 와중에는 사회당의 집행부조차 그들의 의지를 관철시킬 수 있는 권위와 힘이 필요하다는 것이다. 그는 심지어 일시적으로는 전제주의(Despotismus)가 요청된다고 말하였다. 그러므로 자유는 신속한 실천력에 굴복하여야 하고, 대중이 소수의 의지에 종속되는 것이야말로 민주주의의 최고 덕목이다. "우리는 우리의 지도자에게 충성과 복종을 맹세하면서 이렇게 말한다. 인민에 의해 선택된자들이여, 우리에게 길을 알려다오. 우리는 당신들을 따를 것이니."[2]

반 콜의 발상 속에는 근대 정당의 요체가 들어 있다. 민주주의는 투쟁하는 정당의 '일상생활용품'이 아니다. 민주주의는 전투와 어울리지 않기 때문이다. 따라서 정당에게 필요한 것은 '동작을 둔하게 만들지 않는

2) Rienzi(van Kol), *Socialisme et liberté*, Paris, 1898, pp.243~253.

가벼운 무장'이다. 앞으로 더 설명하겠지만, 정당이 인민투표와 같은 민주주의를 위한 예방 조치들을 적대시하는 이유는 바로 그 때문이고, 정당에게 카이사르주의까지는 아니더라도 대단히 중앙집권적이고 과두적인 위계 질서가 필요한 이유도 마찬가지이다. 이러한 주장의 절정은 라가르델르의 말이다. "따라서 프롤레타리아트가 집권하게 되더라도 자본주의적인 지배 방식은 재생산될 것이다. 다시 말해서 가혹성에서 부르주아 정부에 뒤지지 않는 노동자 정부가, 부르주아 관료제와 똑같이 소리만 요란한 노동자 관료제가, 그리고 중앙집권적인 권력이 생겨날 것이다. 이 중앙권력은 노동자들에게 해야 할 것과 해서는 안 될 것을 지시하고, 노조와 조합원들의 독자성과 주도권 일체를 제거할 것이다. 그리고 그 희생자들은 때로 자본주의적 통치 방식을 그리워하게 될 것이다."[3]

투쟁하는 민주주의 정당이 얼마나 군대 조직과 닮았는지를 잘 보여주는 것은, 사회민주당의 수사(修辭)이다. 특히 독일 사민당에게는 군사학에서 빌려온 정치 용어가 상당하다. 전술, 전략, 병영 등등 군사 용어 가운데 사회민주당 사설에 등장하지 않는 용어란 거의 없을 정도이다.[4]

---

3) Hubert Lagardelle, *Le parti socialiste et la confédération du travail. Discussion avec J. Guesde*, Paris, 1907, p.24.

4) 예컨데 카우츠키(Kautsky)의 한 논문에 실린 다음과 같은 전형적인 설명을 참조하라. "Was nun?" *Die Neue Zeit*, 28(1910), 제2부, p.68.
"다른 모든 전략과 마찬가지로 소모전략도 그것만이 유일하게 가능하고 또 유효했던 상황에서 나온 것이다. 따라서 그것을 어느 상황에나 적용하려는 시도는 어리석은 짓이며, 우리가 지난 몇십 년 동안 그 전략을 통해 아주 빛나는 승리를 거두었다는 사실, 그 자체만으로 그것을 앞으로 계속해도 좋다는 논거로 삼을 수 없다. 상황이 변했기 때문에 오히려 그것의 마감이 더욱 재촉되어야 할 지모른다. 전쟁에서 적군이 우리를 아군의 진지로부터 분리시키거나 아군의 진지 자체를 차지할 위험성이 있다면, 소모전이란 불가능하고 부적절한 것이 될 것이다. 그때에는 적이 나를 쓰러뜨리기 전에 내가 먼저 적을 넘어뜨리는 것이 자기방어의 절대원칙이다. 이와 마찬가지로, 아군의 사기가 떨어졌거나 위축되어 있을 때, 또 아군이 비겁하게 행동하거나 탈영할 위험성이 감지되고, 단지 과감한 공격만이 군대를 추스리고 일치단결시킬 수 있을 경우에는, 소모전을 치르는 것을 포기해야 한다. 그런 식의 소모전 공세란 아군이 어떤 진퇴양난에 빠졌을 때,

독일 사민당이 지연 작전의 대가였던 로마의 파비우스 장군을 따라 소위 소모전에 역점을 두고 있는 것은 독일의 특수한 상황 때문일 뿐이다.[5]

당 체제와 군대 체제 사이의 밀접한 연관성은 또한, 독일 사민당의 최상급 지도자 몇몇이 군사 문제에 아주 열정적인 관심을 보였다는 사실에서도 여실히 드러난다. 사민당 지도자들의 군대에 대한 관심은 당혹스러울 정도이다. 엥겔스 역시 한때 프로이센 군대에서 일 년 동안 자원병으로 복무했던 적이 있고, 영국에서는 한가할 때마다 사회주의 이론뿐만이 아니라 군사학 이론에서도 전문가로 자처하였다.[6] 사민당에서 반(反)군국주의 사회주의 이론과 전혀 관계없는 군대 개혁론이 많이 제기되었던 것은 군대에서 하사관으로 복무하였던 베벨 때문이었다.[7] 베벨, 특히 엥겔스는 군사 전문가로 불리어도 손색이 없을 정도이다. 이러한 경향은 우연이 아니다. 이것은 오히려 당과 군대 사이의 본능적인 친화성 때문이다.

곧 적의 퇴치냐 아니면 굴욕적인 항복이냐 하는 선택만이 주어진 상황에서는 불가피하다. 마지막으로 타도전략으로의 전환이라는 단계가 있다. 곧 적이 스스로 곤경에 처했을 때, 곧 아군에게 유리한 상황, 곧 그 상황을 신속하고 대대적으로 이용하여 적군에게 엄청난, 아마도 결정적인 타격을 가할 수 있는 그런 상황이 전개될 경우에는 타도(打倒)전략으로 전환해야 한다. 군사적인 것에서 따온 이러한 전술을 정치에 적용하는 데에는 그다지 긴 설명이 필요 없다." 프랑스에서는 〔제1차〕 세계대전 발발 이전에 당시 반전주의자였던 귀스타브 에르베(Gustave Hervé)는 자신의 추종자들 사이에서 장군이라 불렸다.

5) 이 책의 제6부 제1장을 참조하라.

6) 엥겔스의 저작들을 참조하라. Engels, *Po und Rhein*, 1859; *Savoyen, Nizza und der Rhein*, 1860; *Die Preu ische Militärfrage und die deutsche Arbeiterpartei*, 1865; *Der deutsche Bauernkrieg*, 1875. 메링이 쓴 서문이 달린 제3판, Berlin, 1909; *Kann Europa abrüsten?* Nürnberg, 1893.

7) 다음과 같은 선전 팸플릿을 참조하라. *Nicht stehendes Heer, sondern Volkswehr!* Stuttgart, 1898, p.80. 제국의회에서 전쟁에 대비하여 병사들을 무장시키라고 주장한 군비에 관한 연설문은 헤아릴 수 없이 많다.

1 지도자의 관습적 대표권

대표의 도덕적 권리는 '위임'으로부터 발전된다. 일단 대표자로 선출된 자는, 정관이 바뀌거나 아주 특별한 일이 생겨 대표 업무에 지장이 초래되지 않는 한 그 직책을 유지한다. 그리하여 원래는 특정한 목적을 위하여 설치된 선출직이 종신직으로 된다. 관습이 권리가 되는 것이다. 지도자가 정기적으로 위임을 받으면, 그는 결국 위임을 자신의 소유로 주장하게 된다. 만일 위임의 반복이 거부되면, 그는 즉각 보복하겠다고 위협함으로써 당원들을 혼란에 빠뜨린다. 그중에서 사직서 제출은 가장 온건한 수단이다. 지도자의 보복으로 초래된 당원들의 혼란은 대부분 지도자의 승리로 마감된다.

지도자가 낙담하거나 의욕을 상실한 경우(당선 가능성이 없어 보이는 지역구의 후보 자리를 포기하는 것)가 아닌 한, 사직서를 제출하는 것은 대부분 지배권을 유지하고, 안정시키고, 강화시키는 수단에 불과하다. 거대 정당의 지도자들은 사직서를 제출함으로써 형식상의 상위 기관인 당원 대중에게 굴복하고 또 민주주의의 원칙을 지키는 듯이 보이도록 한다. 그러나 그들은 사직서가 당원들의 의식 속에 자신이 불가결한 존재라는 점을 각인시키고, 그로써 당원 대중을 무장해제시키는 좋은 방법이라는 사실을 잘 안다. 물론 그 수단을 사용할 수 있는 사람은 유능한 지도자들에 국한된다.

프로이센-독일 국가의 역사는 사직서 제출이라는 마키아벨리적인 예들로 가득하다. 프로이센이 순수 군주정으로부터 입헌군주정으로 옮겨가던 그 어려운 시기, 즉 자유주의자인 루돌프 캄프하우젠이 총리직을 맡고 있던 그 시기에, 프리드리히 빌헬름 4세는 자기가 선호하는 낭만주의적-보수주의적인 이념이 자유주의적인 이념들에 의하여 압도당하는 것처럼 보일 때마다, 왕권을 포기하겠다고 위협하였다. 이 위협은 자유주의자들을 진퇴양난으로 몰아넣었다. 왕이 퇴위하면 극우 반동 세력의 영향권 아래 있던 왕세자 빌헬름 폰 프로이센이 왕위에 오를 것이고, 또한 하층 민중들이 혁명적 봉기를 일으킬지도 모르는 일이었다. 따라서 그들은 자신들의 자유주의적인 요구를 접은 채 빌헬름의 뜻을 따르는 수밖에 없었다. 프리드리히 빌헬름은 그렇듯 퇴위로 협박함으로써 자신의 의지를 관철시키고 정적(政敵)들의 계획을 무산시킬 수 있었다.[1]

그로부터 35년쯤 지난 뒤, 비스마르크는 자신이 불가결한 존재라는 점을 이용하여 신생 독일제국에 대한 자신의 지배권을 보전하였다. 그는 빌헬름 1세가 독자적인 의지를 나타낼 때마다 사직서를 들고 황제를 알현하였다. 비스마르크는 독일제국의 창건자인 자신이 물러나면 국내외 정치가 황제로서는 감당할 수 없는 정도로 혼란스러워질 것이 자명하다는 점을 알고 있었던 것이다.[2]

헤르메스 다 폰세카 원수가 브라질 공화국의 대통령으로 취임하게 된 것 역시 무엇보다도 사임 협박 덕분이었다. 브라질 군대의 재조직은 1907년에 국방부 장관으로 입각한 폰세카의 작품이었다. 그런 그가 제출한 징병제에 관한 법안이 양원에서 심한 반대에 부딪쳤음에도 불구하고 의회를 통과할 수 있었던 것은, 그의 정력적인 활동, 특히 그의 사임 위협 때문이었다. 이를 계기로 폰세카의 위신은 더욱 높아졌고, 결국 그

---

1) Erich Brandenburg(ed.), *König Friedrich Wilhelms IV. Briefwechsel mit Ludolf Camphausen*, Berlin, 1906, p.112 이하.
2) Friedrich Curtius(ed.), *Denkwürdigkeiten des Fürsten Choldwig zu Hohenlohe-Schillingsfürst*, Stuttgart-Leipzig, 1907, 제2권.

는 1910년 선거에서 10만 2천 표 대(對) 5만 2천 표로 공화국 대통령에 선출되었다.

이는 정당에서도 마찬가지이다. 1864년 전독일노동자협회(ADAV)의 팔타이히가 당 정관을 지방분권적으로 개정하자고 제안하자, 라살은 자신이 당에 없어서는 안 될 존재라는 점을 이용하여 자신의 사임을 받아들이든지, 아니면 유사한 일이 다시는 발생하지 않도록 하든지 선택하라고 당에 요구하였다.[3] 라살은 그로써 손쉽게 불편했던 상대인 팔타이히를 축출할 수 있었다. 네덜란드의 라살로 불리던 트룰스트라 역시 자신에 대한 비판이 지속되자, 자신의 이상주의는 지속적인 당내 갈등을 견딜 수 없다고 주장하면서, 자신에 대한 근거 없는 비판이 계속된다면 당직으로부터 물러나 사인(私人)으로 돌아갈 수밖에 없다고 협박하였다. 그러자 당은 굴복하고 말았다.[4] 이탈리아 사회주의 정당의 역사에서도, 의원들이 총파업과 같이 중대한 안건에서 당내 다수와 견해를 달리하거나 혹은 중앙당대회에서 지구당의 의사와 다른 노선에 표를 던진 것이 문제가 되면, 차후에 사임으로 협박함으로써 당원들을 굴복시키거나, 아니면 실제로 사퇴한 뒤 유권자들을 등에 업고 보궐선거에서 재선됨으로써 차후승인을 얻어낸 일이 비일비재하다.[5]

정치가가 유권자에 의지할 수 있다는 사실은 정당이 선택하여 세운 후

---

3) Julius Vahlteich, *Ferdinand Lassalle und die Anfänge der deutschen Arbeiterbewegung*, München, 1904, p.74.

4) P.J. Troelstra, *Inzaken Partijleiding*, Rotterdam, 1906, pp.103, 104.

5) 1904년 볼로냐에서 열린 이탈리아 사회당 전당대회에서 몇몇 지역구 의원들은, 자신들을 뽑아준 당원 다수의 의사에 반하여, 수정주의적 결의문에 찬성하기로 결정했다. 이 문제가 불거지자, 이들은 자기들의 의원석을 유권자들 손에 다시 맡겼다. 지역구 현지 당원들은 선거에 들어갈 경비와 노력을 절감할 목적으로, 그리고 그 의석들을 잃게 될까봐 우려한 나머지, 당장에 추후 면책권을 주었다. 1906년 5월에도 24명으로 구성된 사회민주당 의원단은(3명을 제외하고는) 총파업을 인정하지 않음으로써 당원들과 갈등을 빚게 되자, 자신들의 직책을 내놓았다. 이 의원들은 전부 다시 선거구에 후보로 나섰고, 3명을 제외하고 모두 재당선되었다.

보나 의회 의원들의 정당에 대한 관계를 모호하게 만든다. 사실 당 지도자들이 조직화된 당 대중의 족쇄로부터 벗어나는 수단은, 무정형(無定型)적인 유권자 대중이라는 탄력적인 사슬이다. 사임은 권위적 정신을 서투르게 숨기는 겉만 번지르르한 민주적 몸짓에 불과하다. 신임을 묻는 지도자는 겉으로는 추종자들의 신임 여부에 모든 것을 거는 것처럼 비치지만, 대부분 그것은 실제적이든 가상적이든 자기 존재의 불가결성에 모든 것을 걸고 당원들에게 피할 수 없는 압력을 가하는 것이다.

그 점을 잘 알고 있던 라살의 후계자 슈바이처는 전독일노동자협회에서, 만약 당이 노동조합 건설에 관한 결의문을 채택하기 위하여 정당대회를 소집하자는 자신의 제안을 자신이 제국의회 의원이라는 점 때문에 거부한다면, 자신은 의장직에서 사퇴하겠다고 선언하였다. "슈바이처는 자신의 위치가 대단히 강력하다고 판단하였음이 틀림없다. 그렇지 않았던들 그가 그러한 최후통첩을 내놓았을 리가 없다. 그의 제안이 거부되었더라면 그는 사퇴할 수밖에 없었을 것이다. 그러나 그는 자신의 영향력을 정확하게 통찰하고 있었다. 따라서 그가 대의원들에게 적절치 않은 압력을 가한다고 비판을 받은 것은 역설적으로, 그가 당에 불가결한 존재라는 점을 간접적으로 인정한 것이었다. 그는 그렇게 그가 원했던 것을 얻었다."[6)

사임 압력을 가한 이유가 대중을 장악하기 위함이었다고 지도자가 솔직하게 인정한 경우는 물론 드물다.[7) 그들은 정반대로 자신들의 행위가 민주주의 정신의 발로요, 자신들의 예민한 감성과 예절과 대중에 대한 배려 때문이라고 설명한다. 그러나 그것은 오로지 대중의 의지로부터 벗

6) Gustav Mayer, *J. B. von Schweitzer und die Sozialdemokratie*, Jena, 1909, p.233.
7) 1904년 이탈리아 사회당의 전술투쟁에서 피렌체 출신의 사회주의자인 가에타노 피에라키니(Gaetano Pieraccini, 개혁주의자) 교수는 당 지도자 자리에서 물러나려는 사임의사를 밝혔는데, 그는 만약 혁명주의적 노선을 따르는 당원들이 당을 떠난다면, 그 사임의사를 철회할 용의가 있다고 말했다(*Avanguardia Socialista*, 2(1904), 제76호, 5월 15일 자).

어나려는 과두주의적 의지의 표현일 뿐이다. 따라서 그것은 겉으로는 대중과 지도자 사이에 틈이 벌어지지 않도록 하고 양자 사이의 필수적인 접촉을 유지하기 위해 고안된 장치로 보이지만, 실제로는 대중에게 지도자의 의지를 강요하는 수단이다.

2 대중의 지도 욕구

참정권을 보유한 국민들 중에서 공무에 진지한 관심을 갖고 있는 사람의 수가 극히 소수라는 주장은 결코 과장이 아니다. 사람들은 대부분 사적 이익과 공적 이익 사이의 내적 연관성을 그리 강렬하게 의식하지 못한다. 사람들은 대부분 국가라고 지칭되는 조직이 개인의 사적인 일과 안녕과 일상에 미치는 작용과 반작용을 명료하게 인식하지 못하는 것이다. 토크빌의 기지에 찬 지적처럼, 사람들은 전체 공공행정과 그것이 준하는 일반적인 원칙들에 관심을 갖기보다는, "도로가 자기 땅을 통과하는 것이 필요한가"를 훨씬 더 중요하게 생각한다.[1]

슈티르너처럼, "햇빛을 가리지 말고 비켜라!"고 국가를 성토하는 사람들도 많다. 이런 사람들은 국가와 관련된 "신성한 의무"를 명료히 인지해야 된다고 생각하는 칸트와 같은 사람들을 비웃으면서, 다음과 같이 빈정거린다. "개인적 이유에서 무엇인가 다른 것을 원하는 사람들이야 국가에 관심을 기울일지도 모른다. 그러나 '신성한 의무' 때문에 국가에 대하여 깊이 생각하게 되면 될수록, 젊은이들은 바로 그 '신성한 의무감' 때문에 학자나 예술가 등이 되려고 하지 않을 것이다. 그들을 자극할 수 있는 것은 이기심뿐이고, 상황이 악화되면 될수록 이기심은 사람들을

---

1) Alexis de Tocqueville, *De la Démocratie en Amérique*, 제2부 1권, p.167.

더욱 자극할 것이다."[2]

　근대 민주주의 정당에서도 비슷한 흐름이 발견된다. 조직화된 대중이 지리적·지형적인 어려움 때문에 결정적인 토의 과정에 참여하지 못하는 결코 드물다고 할 수 없는 경우들을 제외하고는, 민주적 권리의 행사를 포기하는 것은 대부분 자발적으로 이루어진다. 농촌이나 지방 도시 당원들의 정당활동은 대부분 의무 사항(당비를 납부한다거나 도시 당원들이 추천한 선거 후보들에 대한 찬성표를 던지는 등의 행위)에 국한되는 것이다. 따라서 당의 정책은 보통 대도시 당 조직에 의하여 결정된다. 여기에서 문제는 지방이라는 독특한 상황만이 아니다. 정작 중요한 것은, 필자가 조직이 전술에서 갖는 의미를 상술하였던 부분에서 이미 지적했던 전술적 측면이다. 산재해 있는 농촌 대중보다 도시 대중이 정당에 우월한 영향력을 행사하는 것은, 결의안을 신속하게 채택하고 실행해야 할 필요성에 따른 부수적 현상인 것이다.

　대도시의 당 조직에서도 당원들의 자발적인 여과 과정이 진행된다. 그리고 이 과정을 통하여 당의 집회와 결정에 정기적으로 참석하는 소수 집단과 일반 당원 대중이 분리된다. 그 소수 집단에는 교회 신도들과 마찬가지로 의무를 의식하는 사람들과 습관적인 사람들이 있다. 사실 집회 참석의 동기는 사실에 대한 관심, 교육열, 개인적인 욕심, 호기심, 단순한 일상의 지루함 등 천차만별이다. 정당은 여러 면에서 평생교육원과 유사한 것이다.[3] 어느 나라에서건 그리 많은 수는 아니지만, 법석대는 것이 좋아서 참석하는 사람이 있는가 하면, 집이 싫어서 오는 사람들도 있다.[4]

---

2) Max Stirner(Kaspar Schmidt), *Der Einzige und sein Eigentum*, Leipzig, 1892, p.272.

3) Robert Michels, "Die Volkshochschulen in Frankreich," L.v. Wiese, *Die Soziologie des Volksbildungswesens*, München, 1921, pp.486~511.

4) 하스바흐는, 어느 티롤(Tirol) 지방 사람이 1907년 처음으로 보통선거권에 의거해 선거를 치렀을 때 했다는 말을 이렇게 전한다. "그때는 매일 저녁 남자들이 마누라의 잔소리를 듣지 않고도 외출할 수 있었던 신나던 때였죠. 조국을 위해

정당의 결정에 참여하는 자는 소수, 그것도 아주 적은 소수이다. 민주주의를 표방하는 정당의 이름으로 작성된 중대한 결의조차, 당원 몇 명이 만들어낸 것에 불과한 경우도 적지 않다. 전형적인 사례가 하나 있다. 이탈리아 사회당을 창당한 탁월한 인물 중의 한 명인 레오니다 비솔라티는, 1905년 11월 5일 로마에서 열린 당 집회의 결의에 따라 몇 명의 다른 유명 사회주의자들과 더불어 당으로부터 축출되었다. 그런데 이 당 집회에는 해당 지구당 소속 당원 7백여 명 가운데 1백 명도 채 참석하지 않았다. 그뿐만 아니라, 참석한 백 명 가운데 그의 출당에 반대한 당원이 45명이었고 찬성한 사람은 55명밖에 되지 않았다.[5] 그 지구당은 1910년 5월에(총 6백여 명의 당원 가운데, 찬성 41명, 반대 24명으로 채택된) 격정적인 결의문을 통하여, 사회당 의원들이 내각에 지나치게 우호적으로 행동하고 있다고 격렬하게 비난했다.[6] 그보다도 믿을 수 없는 일이 미국 정당사에 있었다. 오리건 주에서 개최된 한 공화당 '대중집회'에서 참가자 5명이 대의원 6명을 선출하였고, 다른 어떤 곳에서는 3명이 출석하여 대의원 11명을 선출하였던 것이다.[7]

당원들이 당에 보이는 무관심은 유권자들이 의회를 대하는 태도와 똑같다. 당원들은 특히—대중정치 문화가 가장 오래된 프랑스에서조차—행정 문제나 전술 문제를 감독하는 일을 지독하게 싫어한다. 그리하여 그런 문제들은 집회에 정규적으로 참석하여 결정을 내리는 소수 당원들에게 맡겨지고 만다.[8] 당원들은 당에 대한 지배권이나 당의 노선

의무를 다하는 것이었으니까요."(W. Hasbach, *Moderne Demokratie*, p.482).

5) *Azione Socialista*, 제1권 28호.

6) *Stampa*, 제154권, 134.

7) James D. Barnett, "Forestalling the Direct Primary in Oregon," *Political Science Quarterly* 27(1912), p.656.

8) 이러한 인간적인, 너무나 인간적인 약점에 대해서 노동조합권 내에서도 격렬한 불만이 쏟아져 나왔다. 그 제빵업자들의 불만은 이런 것이다. "파업을 할 때마다 우리가 겪지 않으면 안 되었던 것은, 전단 배포를 할 때나, 보초서기를 할 때, 그리고 어쩌다가 파업을 할라치면, 불가피한 모든 선동활동을 수행함에 있어서

(전술)——마르크스주의, 수정주의, 생디칼리슴 ——을 둘러싼 지도부의
투쟁을 이해할 수 없을 뿐만 아니라 그에 무관심하다. 대부분의 나라에
서는 당원들이 당의 전술이나 당 내부 문제와 같이 당의 중추 신경에 해
당하는 주제를 다루는 집회보다,——관세, 정치가에 대한 탄핵, 러시아 혁
명 등의—— 현실적인 문제나 자극적이고 감상적인 주제들, 혹은 ——북극
탐험, 신체 위생, 정령신앙 등의—— 일반 교양에 관련된 주제들을 내건
집회에 훨씬 자주 참석한다.

　필자는 이를 전형적인 대도시인 파리, 프랑크푸르트, 토리노 세 곳에
서 직접 목격하였다. 언어와 국가적인 차이에도 불구하고 그 세 도시에
서 공통적으로 나타나는 현상은, 정규적인 당 집회 참석이 소멸되고 있
다는 것이었다. 사람들이 몰리는 곳은 유명 연설가가 등장하기로 되어
있거나, 의도적으로—— 모리배를 몰아내자! 사적(私的)인 통치를 끝장내
자! 등의—— 아주 자극적인 구호를 삽입시킨 집회, 혹은 환등기나 활동사
진을 동원해서 길가는 사람들까지 넋을 잃고 바라보게 만들 정도로 사
람들의 이목을 집중시키는 의사(擬似)과학적 강연회뿐이다.[9]

　노조 운동에서도 똑같은 현상이 자주 목격된다. 독일에서는 조합원 수
가 5천 명이 넘는 단위노조에서조차 "집회에 5백 명이라도 참석한다면"
만족스러워하는 경우가 허다하다. 나머지 90퍼센트의 조합원들은 자신
이 속한 노조에 대하여 아예 무관심하다.[10] 임금 문제처럼 자기와 직접
적으로 연관되는 집회만이 조합원들로 성황을 이룬다. 대규모 정당 집회

　몇몇 동료들은 과업을 훌륭하게 처리해내는 반면, 파업에 참가한 수많은 대중,
그리고 주로 젊은 동료들은 어떻든지 모든 일에서 비겁하게 몰래 빠져나가고
자 애썼다는 점이다"(O. Allmann, *Die Entwicklung des Verbandes der Bäcker und
Berufsgenossen Deutschlands und die Lohnbewegungen und Streiks im Bäckergewerbe*,
Hamburg, 1900, p.58).

9) 이탈리아에 대해서는 Giulio Casalini, "Crisi di impreparazione," *Critica sociale*
14(1904), pp.5~7을 참조하라.

10) Bernhard Schildbach, "Verfassungsfragen in den Gewerkschaften," *Die Neue
Zeit* 29(1911), 제1호, pp.327~332.

와 노조 집회를 개최하기 위하여 장소를 물색할 때도 당원과 조합원의 총원은 아예 고려의 대상이 아니다. 경험에 의하면 극히 적은 수만이 참석할 것이기 때문이다. 농촌의 사정은 훨씬 낫다. 그러나 그곳에서는 집회가 일상의 지루함을 풀어주는 심심풀이에 불과하다.[11]

덧붙일 것이 한 가지 있다. 정기적으로 집회에 참석하는 사람들, 특히 작은 지역 공동체의 집회 참석자들은, 하루 노동으로 탈진하여 저녁이면 쉬어야 하는 프롤레타리아가 아니라, 소시민, 신문 및 엽서 판매인, 점원, 무직의 젊은 지식인 등의 중간적 집단이다. 그들은 스스로를 진정한 프롤레타리아트로 내세우고 미래의 계급으로 자축하면서 커다란 기쁨을 느끼는 사람들이다.[12]

이는 국가에서나 정당에서나 모두 마찬가지이다. 지도체제는 강제적이지만, 선거체제는 그렇지 않은 것이다. 선거는 참여의 의무가 아니라 권리에 기반한다. 그리고 선거의 권리가 선거의 의무로 대체되지 않는 한, 다수가 자발적으로 포기해버린 권리를 소수가 이용하여 무관심한 대중에게 법을 강요할 가능성이 항존한다. 따라서 민주 정당 대부분의 참여 활동은 사다리꼴이다.

가장 낮은 곳은 지역 유권자들이 점하고, 그 위에는 유권자의 10분의 1에서부터 30분의 1 정도에 불과한 지구당 당원들이 존재하며, 그 윗자리는 다시 훨씬 더 적은 수의 정기적인 총회 참석자들이 차지한다. 그 위에 당 관리들이 자리잡고, 마지막의 최상층에는 당 관리들과 빈번한 사적 접촉을 나누는 대여섯 명의 당 수뇌부가 위치한다. 그리고 당의 결정권 및 통제권은 수와 반비례한다. 그리하여 민주주의가 작동되는 실제 구조는 대략 다음의 그림과 같다.[13]

---

11) Bryce, *Modern Democracies*, 제2권, pp.167~177.

12) 투라티의 철저한 묘사를 보라. Filippo Turati, "Ancora la propaganda impro-duttiva, Postilla," *Critica sociale* 13(1903), pp.211~213〔여기에는 투라티가 필자로 되어 있지 않다. 이 논문 필자란에는 그냥 *Critica sociale*라고만 적혀 있다〕.

13) 물론 이 그림의 비율은 완벽하게 맞아떨어지는 것이 아니다. 그 비율을 제대로

	수뇌부
	관리
	총회참석자
	당원
	유권자

다수는 자신을 대신하는 소수가 있다는 사실에 기뻐한다. 소수의 지도를 받고자 하는 대중의 욕구는 곧잘 영웅 숭배로 연결되고, 그 욕구는 조직화된 노동자 정당에서도 한계를 모른다. 그 보편적인 구습집착증(Misoneismus: 이탈리아 의학자이자 인류학자로서 범죄학의 창시자로 알려진 롬브로소가 과거에 갖고 있던 습관과 관점을 고수하면서 새로운 것에 대해 거부감을 보일 때 썼던 개념 – 옮긴이)은 그렇지 않아도 각종의 진지한 개혁 노력을 좌절시켜 왔는데, 그 현상은 줄어들기는커녕 오히려 늘어나고 있다. 이는 문화 영역의 분업화가 갈수록 심화되고, 복잡하게 작동하는 국정(國政)의 전체적 조망이 갈수록 더욱 어려워지고 있는 오늘날의 사정 때문이다. 지도에 대한 대중의 욕구는 특히, 당원들 간의 공식적인 교육 수준에 엄청난 격차가 나는 국민정당에서 날로 커지고 있다.

이러한 경향은 모든 나라의 민주 정당에서 뚜렷하게 나타난다. 그 경향이 각국의 역사적, 민족적 심성에 따라 상당한 차이를 보이는 것은 당연하지만, 본질은 동일하다. 지도에 대한 욕구가 유난히 큰 독일인은 강력한 지도 체제가 형성되기에 심리적으로 적합한 토양이다. 그리고 이는 프롤레타리아트 독일인에게서도 결코 예외가 아니다. 독일인들에게는 지도부를 따르려는 정신 자세와 강력한 규율, 간단히 말해서 프로이센적인 하사관정신(Korporalismus)의 유산 및 그와 결부된 장점과 단점이 여전한 것이다. 권위에 대한 그들의 믿음은 종종 권위에 대한 예종으로 흐른다.[14] 그나마 얼마간 예외라고 할 수 있는 독일인이란 개인주의적인

보여주고자 했다면, 훨씬 더 큰 용지가 필요했을 것이다.

라인란트 사람들뿐이다.

마르크스는 개인적으로는 어느 모로 보나 정당 지도자의 특징을 갖춘 인물이었다. 그리고 그 역시 독일인들 사이에 팽배해 있는 그러한 비민주적 기질을 이론적으로 명료하게 인식하고 있었기 때문에, 독일 노동자들에게 조직을 지나치게 중시하지 말라고 경고하기도 하였다.[15] 마르크

---

14) 독일 국민성의 이런 경향이 독일 사민당의 형성에 미친 영향에 대해서는 국내외 전문가들이 이미 지적한 바 있다. 심지어 카를 딜(Karl Diehl)은 독일 노동자 정당과 규모도 이런 경향에서 비롯되었다고 여긴다. "다름 아닌 바로 독일에서 사회당이 그렇게 큰 규모─그 어디서도 전례를 찾아볼 수 없을 정도─로 세워졌다는 것은 사회주의운동 전체의 역사적 발전과 관련이 있다. 어느 정도의 정치적 미성숙, 독일인들이 쉽게 드러내 보이는 규율정신과 복종심이 바로 사회민주주의가 실제로 폭넓은 지지층을 쉽게 획득할 수 있게 된 요소들이다(Karl Diehl, *Über Sozialismus, Kommunismus und Anarchismus*, Jena, 1906, p.226). 독일 노동자운동에 정통한 또 다른 사람은 사적 유물론의 공식적 교리에도 불구하고 그 운동 내에서 거물급 인사들을 과대평가하고 있는 모순을 올바르게 지적했다. 곧, "독일 사회민주주의가 지금까지 제아무리 사상 무장을 강력하게 꾀한다고 목청을 높여도, 또 종종 드러나는 거물급 인사들의 결정적인 영향력을 그런 교리로 억누르고자 제아무리 철저하게 노력했어도, 그 신봉자들은 애초부터 이론에 따라 움직였던 것이 아니었다. 1860년대부터 현재에 이르기까지, 대중은 항상 그들 지도자의 말이라면 무조건 믿어왔다. 그리고 만일 독일 국민이 권위에 대한 과장된 맹신 때문에 비난을 받는다면, 그에 대한 책임은 상당 부분 노동자운동에 있으며, 또 그것은 이 운동이 국제적인 의상(衣裳)으로 포장된 이후에도 역시 마찬가지이다(Gustav Mayer, *Die Lösung der deutschen Frage im Jahre 1866 und die Arbeiterbewegung, Festgabe für Wilhelm Lexis*, Jena, 1906, p.227). 포르투갈의 어느 사회학자도 독일 정당에 스며든 권위적 특성을 다음과 같이 꼼꼼하게 지적했다. "독일에서는 다른 정치적 진영에서나 엿볼 수 있는 군국주의적 경향이 사회민주당에서도 다소 강하게 드러난다. 그것은 특히 전당대회에서 잘 찾아볼 수 있는데, 당대표인 징어(Singer)의 간단한 표시에 따라 모두가 지시받은 대로 찬성하든 반대하든 하는 것이다. 이런 군사적인 일사불란함이 정당 및 다른 정치조직에까지 확산되어 있다. 이런 규칙을 어기는 사람에 대해서는 제재가 가해지는데, 곧 그런 사람은 이렇다 할 호소의 기회조차 없이 당으로부터 축출당할 위험성이 있다(Magalhaes Lima, *O Primeiro de Maio*, Lisboa, 1894, p.40).

15) 많은 노동조합 지도자들의 견해에 따르면, 라인란트에서는 주민들의 활달한 성격이 아주 중요하다. "노동자들은 진지한 모임보다 오히려 취미모임들

스가 슈바이처에게 보낸 편지에는 다음과 같은 구절이 있다. "노동자들이 어린 시절부터 관료적으로 교육받으며 성장했고 권위나 상급 관청에 대해 맹종하고 있는 여기(독일)에서 무엇보다 중요한 것은, 노동자들을 자주적이 되도록 가르치는 일이다."[16]

일상적인 평화적 시기에 대중의 무관심은 상황에 따라 당세(黨勢) 확장에 방해가 되는 수도 있다. 지도자들이 행동으로 옮기고자 해도 대중이 수수방관하기 때문이다.[17] 이는 심지어 소위 데모를 조직할 때에도 나타난다. 1904년에 열린 오스트리아 사민당의 잘츠부르크 전당대회에서 엘렌보겐 박사는 그 어려움을 다음과 같이 토로했다. "저는 당 지도부가 어떤 문제에 대하여 집단행동을 결정하게 될지 항상 걱정합니다. 노동자들이 이해하리라고 믿을 수 있는 사안에 대해서조차, 노동자 당원들

을 더 선호하기 때문에, 그들을 동원하기란 무척 어렵다. 그러나, 만일 그 진지함을 아주 적절한 순간에, 또한 재치와 연결시킬 줄 아는 이해심 있는 지도자가 그런 사람들을 일단 한번 이끌기라도 할라치면, 그들은 대체로 일편단심이 되기 쉽다. 하지만 만일, 노동조합 관리로서 갖추어야 할 이런 특성을 고려하지 않은 채, 지도자들이 교체될 경우에는, 라인 지방 사람 특유의 기질이 폭발하여, 그 결과 수많은 조합원들이 단숨에 떠나버린다"(Walter Troeltsch und P. Hirschfeld, *Die deutschen sozial-demokratischen Gewerkschaften, Untersuchungen und Materialien Über ihre geographische Verbreitung*, Berlin, 1905, p.71).

16) "Brief von Karl Marx an J.B. von Schweitzer aus London, 1868. 10. 13," erläutert von Ed. Bernstein, *Die Neue Zeit*, 15(1897), p.9(Ed. Bernstein, "Gewerkschafts-demokratie," *Sozialistische Monatshefte*. 13(1909), p.83을 참조하라).

17) 비록 확실한 태도를 밝히지 않을 때도 종종 있지만, 노동조합 관련 문헌들은 이런 모든 사항에 대해 실제로 의견이 일치하고 있다. Bernhard Schildbach, "Verfassungsfragen," *Die Neue Zeit* 29(1910), pp.327~332; Adolf Braun, "Gewerkschaftliche Verfassungsfragen," *Die Neue Zeit*, 29(1910), pp.662~670; Paul Kampffmeyer, "Die Entwicklung der deutschen Gewerkschaften," *Annalen für soziale Politik und Gesetzgebung*, 1(1912), pp.102~122; A. von Elm, "Massen und Führer," *Korrespondenzblatt der Generalkommission der Gewerkschaften Deutschlands*, 21(1911), pp.121~125; "Besprechung über die 1. Aufl. des vorligenden Werkes von August Müller," *Annalen für soziale Politik und Gesetzgebung*, 1(1912), pp.610~622를 참조하라.

의 관심을 불러일으키는 것이 아예 불가능하기 때문입니다. 군대 법안 문제만 하더라도 우리는 이렇다 할 만한 집회를 성사시키지 못하였습니다."[18]

1895년에 독일의 작센 선거법이 개정되어 수십만 명의 노동자들이 배제되는 사태가 발생하였다. 사민당 지도부가 이를 저지하고자 선거법 운동을 전개하려 하였지만 허사였다. 대중이 무관심하였기 때문이다. 사민당 신문들이 자극적인 언어를 동원하고, 수백만 장의 팸플릿을 살포하고, 며칠 동안 150차례의 항의 집회를 개최하였다.[19] 그러나 헛수고였다. 그러한 노력은 운동으로 발전하지 못했다. 소구역조차 집회장은 썰렁하기 그지없었다. 지도부—중앙위원회 및 파견 연사들—는 선동 작업을 무위로 돌려놓는 대중의 냉담함과 무관심에 경악했다.[20]

물론 이 문제에서 대중이 그토록 무관심하였던 것은 지도부의 태만 탓으로 돌릴 수도 있다. 지도자들은 대중에게 선거법 개정으로 그들에게 돌아갈 손실을 명백하게 설명하지 않았고, 따라서 사람들은 법 개정의 의미를 파악할 수가 없었기 때문이다. 그러나 대중은 어느덧 위로부터의 지도에 익숙해져 버린 결과, 지도부가 사전 설명을 하지 않고 암시하는 것으로 그치면 전혀 알아듣지 못하게 된 것이다.

구조적인 대중의 무기력이 가장 극명하게 드러날 때는, 대중이 지도자들 사이의 내부 투쟁으로 인하여 지도(指導)를 빼앗기자 혼비백산하여 도망치듯 싸움터를 떠나버리고, 바로 그 순간 새로운 지도부가 형성되어 자신들을 이끌지 않는 한, 재조직 본능을 잃어버린 개미떼처럼 흩어져 버리는 때이다. 무수히 많은 파업이 실패하고 정치운동이 좌초하는 가장 단순한 이유는, 정부가 때맞추어 지도자들을 감옥에 보내버렸기 때문이

---

18) *Protokoll der Verhandlungen usw*, Wien, 1904, p.90.

19) Edmund Fischer, "Der Widerstand des deutschen Volkes gegen Wahlentrechtungen," *Sozialistische Monatshefte*, 8(1904), pp.814~819.

20) Edmund Fischer, "Die Sächsische Probe," *Sozialistische Monatshefte*, 8(1904), pp.974~978.

다.[21] 이러한 상황에서 일부 나태한 보수주의 집단은 하나의 이론을 도출해낸다. 운동이란 개개인— 선동가, 사주자, 주모자 — 의 인위적인 술책에 근거하고 있으므로, 그들 소수를 억누르면 운동을 제압할 수 있으리라는 것이다. 그러나 그러한 이론은 대중의 본질에 대한 그들의 몰이해를 입증할 뿐이다. 몇몇 경우를 제외하면 운동이란 자연스럽게 진행되는 것이지 '인위적'으로 만들어지는 것이 아니다. 투쟁에 뛰어드는 것은 운동 그 자체이고, 지도부는 다만 자기도 어쩔 수 없는 상황의 압력 속에서 선두에 서게 되는 것이며, 지도자를 잃어버린 운동이 몰락하는 것도 인위적이 아니라 자연적으로 진행되는 과정이다.

지도에 대한 대중의 욕구, 그리고 바깥이나 위로부터가 아니면 결코 주도권을 잡지 못하는 대중의 무기력은 지도자에게 과중한 업무 부담을 부과한다. 근대 민주 정당의 지도자들은 무위도식자들이 아니다. 그들의 자리도 한직이 아니다. 그들은 투쟁한 끝에 그 자리를 차지하고, 그들의 삶은 노력으로 채워진다. 그 어떤 실패에도 약화되지 않고, 어떠한 성공에도 멈추지 않으며, 그 어떤 여타의 운동도 흉내낼 수 없는, 끈질기고 한결같고 지치지 않는 사민당의 선동 활동은 비판자들과 적대자들조차

---

21) 그 전형적인 사례를 덴마크 노동운동사의 한 사건이 잘 보여준다. 1870년 초에 사회주의자 지도자인 루이스 피오(Louis Pio)가 유죄판결을 받았고 나중에 미국으로 추방되었는데, 바로 이 때문에 젊고 활기찼던 이 나라 노동운동이 여러 해 동안 무기력에 빠졌다(Rud. Meyer, *Der Sozialismus in Dänemark*, Berlin, 1875, p.13 이하). 구스타프 방(Gustaf Bang)은 그 몰락을 이렇게 묘사했다. "그(피오)는 지쳐버렸고 투쟁을 포기할 정도로 약해졌다. 1877년 봄 그는 경찰에 매수되어 영원히 조국을 등졌다. 그는 그와 함께 매수된 겔레프(Geleff)와 함께 미국으로 떠났던 것이다. 피오는 나중에(1894) 그곳에서 사망했다. 이것은 당에 아주 심각한 타격을 주었다. 당이 홀로 서기에는 피오에 대한 신임이 너무나 두터웠으며, 그에게 너무 의존하고 있었다……. 그 공백을 메울 수 있을 만한 새 인물이 전혀 없었고, 서로 단합하기에는 당이 너무 느슨하게 조직되어 있었으며, 거의 협력해서 일해본 적도 없었다. 산하조직들은 저절로 해체되었거나 와해되었다"(Gustaf Bang, "Ein Blick auf die Geschichte der dänischen Sozialdemokratie," *Neue Zeit* 16(1897), 제1부, pp.404, 405).

경탄해 마지않을 정도이다.[22] 사민당의 초기 지도자들은 여러 직책을 복수로 맡아야 하는 과부하에 시달렸다.

브레멘 노동운동의 한 지도자는 이렇게 말했다. "누가 나를 부러워하겠는가. 나는 동시에 출판업자, 편집자, 발송업자, 광고부 직원, 수금원이다. 말하자면 나는 무슨 일이든 닥치는 대로 해야 하는 하녀이다. 실제로 나는 일년 내내 일요일에는 말썽 많은 월정 구독료를 수금하기 위하여, 하루에 여섯 시간 내지 여덟 시간 동안 계단을 오르내리느라 쉬어본 적이 없다."[23]

오늘날에도 민주적인 운동 조직의 직업적 지도자의 활동은 실제로 건강을 소진시킬 정도로 고되고 아주 ―― 조직 활동에서 분업이 확대되었음에도 불구하고―― 다양하다. 게다가 이들은 여러 종류의 명예직까지 겸하고 있다.[24] 그들이 개입하지 않는 일이란 거의 없다. 건강상의 이유로 일에서 손을 떼고자 해도 당원들이 완강하게 붙잡고 놔주지 않고, 직

---

22) 예컨대, 가톨릭 성직자인 Engelbert Käser의 글, *Der Sozialdemokratie hat's Wort!* Freiburg i. Br. 1905, 제3판, p.201을 보라.

23) Oehme, *Bremer Bürger-Zeitung*, 15, Nr.225, 1904년 9월 23일 자.

24) 부르주아 신문은 때때로 사회민주주의 지도자를 흥청망청하는 사람이나 기생하는 사람으로 묘사하곤 했다. 곧 이런 모욕적인 표현을 사용해서 그들이 노동자들을 등쳐먹고 살아간다고 했던 것이다. 그러나 흥청망청한다는 것은 얼토당토않다. 또 후자는 그 자체가 사실과 부합하긴 하지만, 그러나 사회학자가 보기에 그런 표현에 문제가 아주 없지만은 않다. 곧 지도자들이 비록 노동자들의 도움을 받아서 생계를 유지하고 있지만, 그것을 조합원들이 모르는 바도 아니요, 또 그들이 원하는 상태에서 그렇게 하고 있다. 지도자들은 또한 자신들의 활동을 통해 끝없이 봉사하기로 작정하고 있다. 혹자는 이렇게 말하기도 한다. 곧 노동계층이 근검절약해서 모은 돈으로 독일 사회민주당과 같이 그렇게 큰 정당을 먹여 살리고 계속해서 지원할 수 있다는 사실은, 빈곤화 이론에 반(反)하는 것이고, 더욱 분명하게는(물론 지금에 이르러서는 어디서나 거의 포기된) 임금철칙론(자본주의하에서 임금은 결코 최저생계비 이상을 초과할 수 없다는 이론이다-옮긴이)이라는 라살의 이론과도 정면으로 위배된다(1909년 파두아에서 열린 제3차 이탈리아 학술대회에서 필자가 행한 강연을 참조하라. "Dilucidazioni sulla teoria dell' immiserimento," *Giorn. degli Economisti*, 39(1909) 2부, pp.417~453).

제1부 지도자의 형성 113

책이 부과하는 업무들은 휴식을 허락하지 않는다. 뛰어난 연설가와 유명한 이름에 대한 대중의 욕구는 끝을 모른다. 대중은 유명 인사가 안 되면, 하다 못해 의회 의원이라도 요구한다. 축제와 기념일 행사에 대한 민주 대중의 욕구는 대단히 크고, 선거 집회나 창립 기념식에서는 어느 곳에건 당 최고 기관에게 대중의 요청이 빗발친다. 그 요청은 항상 다음의 후렴구로 끝난다. "우리에게 의원 한 명을 보내주십시오."[25]

그 외에도 지도자들은 갖가지 원고 청탁을 받고, 법률가이기라도 하면 당과 관련된 수많은 소송을 치러야 한다.[26] 최고위 지도자들은 명예직만으로도 과부하가 된다. 직책의 누적은 현대 민주 정당의 특징이다. 독일 사민당 지도자들이 시의회와 주의회와 제국의회에 동시에 소속되어 있고, 그 외에도 때로 신문사, 노동조합연맹, 협동조합 등을 이끄는 것은 예외적인 상황이 아니다. 벨기에, 네덜란드, 이탈리아에서도 마찬가지이다.[27]

이러한 과정을 통하여 지도자의 명성과 명예는 날로 쌓여가고, 대중에 대한 권력과 영향력도 커간다. 그렇게 그는 대중에게 필수 불가결한 존재가 된다. 그러나 노력과 노동과 부담과 근심도 그만큼 커진다. 그들 가운데 심약한 사람은 요절하기도 한다. 사회주의 선동가들과 조직가 가운

---

25) 이탈리아에서 당 지도부는 때때로 그저 파업을 선언해줄 의원을 보내달라는 요청마저 받는다. 심지어 어느 지방의 정당조직은 자신들에게 14일 동안 내내 일할 수 있는 의원을 한 명 보내줘야 한다고까지 요구한 적도 있었다. 그 의원으로 하여금 지방노동자의 지역적 노동상황을 연구하고, 개선방안을 모색케 하며, 또 지역의 토지소유자들에게 진정서를 제출하는 등등의 일을 맡길 요량이었던 것이다(Varazzani-Costa, *Relazione della direzione del partito al congresso d'Imola, settembre 1902*, Imola, 1902, p.7).

26) 무엇보다도 Ettore Ciccotti, *Psicologia del movimento socialista*, Bari, 1903, p.151, 152를 참조하라.

27) 네덜란드에서 블리겐(Willem Hubertus Vliegen)은 사회당 의원이자, 당중앙기관지 『인민』(*Het Volk*)의 총편집장일 뿐만 아니라, 북네덜란드 위원회와 암스테르담 시의회 의원, 당집행부 의장, 전당대회의 의장까지 겸임하는 바람에 모두 6개의 직함을 갖고 있었다(Leeuwenburg, *Nieuwe Arnhemsche Courant*, No.4659).

데 많은 사람이 정신병에 걸리는 것도 눈에 띄는 현상이다. 카를로 카피에로, 장 볼더, 브루노 쉘랑크, 게오르그 자에크는 정신병원에서 죽음을 맞이했다. 라살이 헬레네 폰 되니게스 부인에게 목숨을 걸기로 결심했을 때(라살이 되니게스를 놓고 이미 그 여자와 약혼 중이던 남자와 벌인 결투를 말한다. 라살은 그 결투 결과 부상을 당해 죽었다 - 옮긴이) 이미 그는 육체적으로나 정신적으로 거의 탈진 상태에 있었다. 이 모두가 지도자들의 정당활동에서 비롯된 과로의 결과이다.

3 대중의 감사하는 마음

지도자 현상이 대두하는 데는 대중의 정치적 무관심 외에 또 하나의 심리적 계기가 게재된다. 대중이 대중의 이름으로 연설을 하고 글을 쓰며 대중의 보호자이자 대변인으로 활동했던 사람에게 보여주는 감사의 마음이 그것이다. 대중이 '경제적 필요에 따라' 생업 활동에 전념하면서 조용히 자기 자리를 지키고 있을 때, 대중의 지도자들은 공동의 이념을 위하여 박해와 추방과 수형을 감내한다. 아우구스트 베벨은 "지도자는 당의 선봉에 서서 적이 우리에게 가하는 모든 압제를 막아내야 할 특권이 있다"고 말한 바 있다.[1]

지도자들은 그렇게 순교 성인이 된다. 그리고 그들은 대중에게 자신들의 노력에 감사함으로 보답하라고 요구한다. 그런데 그 감사야말로 지도자들의 지배 수단이다. 한 시인은 대중의 지도자를 개선장군에 빗대어 다음과 같이 노래하였다. "그가 바라는 것은 황금으로 가득 찬 보물 상자도, 입에 발린 찬사도, 창고에 있는 술도, 침대 위의 여자도 아니리. 그들의 요구는 영원히 한 가지이니──나는 너희들을 제노바인들로부터 해

---

1) August Bebel, "Ein Nachwort zur Vizepräsidentenfrage und Verwandtem," *Die Neue Zeit*의 별쇄본, Stuttgart, 1903, p.21(*Die Neue Zeit* 21(1903) 제2부, pp.708~729).

방시켰노라, 나는 알리스캠프의 승자이노라."[2]

감사는 국가의 거대 정치에서도 막대한 역할을 수행한다. 독일제국의 창건자인 비스마르크의 막강한 힘은 통일 위업을 달성하고 난 뒤 거의 30년 동안이나 지속되었는데, 그 힘은 그에게 바쳐진 위와 아래로부터의 감사에서 비롯된 것이었다. 이와 관련한 막스 노르다우의 지적은 대단히 정확하다. "사람들은 독일 민족의 가장 감동적이고 다감한 특성인 감사의 마음을 비양심적으로 악용하고 있다."[3] 이탈리아의 리소르지멘토 통일운동에 공을 세웠던 의원들은 통일 왕국이 설립되고 난 뒤 치러진 모든 선거에서 오랫동안 재선되었다. 이것 역시 그들의 업적에 대한 감사의 표현이다.[4] 지도자들에 대한 감사는 역사서술로 표현되기도 한다.[5]

실제로 대중은 감사의 감정을 가슴속 깊이 느낀다. 지도자들이 가끔 주장하는 것과 달리 민주적 대중 역시 지도자에 대한 감사의 감정으로부터 자유롭지 않다. 로셔는 민주주의에 대해서 논하면서, 군주정과 귀족정에서는 배은망덕이 의식적이고 교묘한 계산에 따른 것이지만 민주주의에서의 몰염치는 대부분 망각 때문이라고, 다시 말해 그것은 정당이 바뀌었기 때문이지 개인적인 심경 변화나 계산과는 아무 관계가 없는 것이라고 말했다.[6] 정당이 바뀌는 경우가 드문 나라에서 정당이 몰염치

---

2) Rudolf Lothar, *König Harlekin*, Leipzig-Berlin, 1900, p.39.

3) Max Nordau, *Die Krankheit des Jahrhunderts*, Leipzig, 1888, p.247.

4) Pasquale Turiello, *Governo e governati in Italia*, Fatti, 2a ediz. rifatta, Bologna, 1889, p.325를 참조하라.

5) 벨기에에서 노동자의 입당에 관한 문서에는 다음과 같은 질문이 포함되어 있다 (Alphonse Octors, *De Catechismus van den Werkman*, Gent, 1905, p.6). "지난 몇 년 동안 많은 것이 변화되지 않았는가?" 이에 대한 답변은 이렇다. "변했다. 데 파에 페(De Paepe), 장 볼더(Jan Volders), 데프너(G. Defnet), 레옹 및 알프레 데 퓌소 (Leon und Alfred De Fuisseaux), 반데르벨데(Vandervelde), 안젤르(Anseele), 그리고 다른 많은 사람들의 끊임없는 선동 덕택에 노동자들은 시민적 평등권을 사실상 인정받았다."

6) W. Rocher, *Politik*, p.396.

한 상황에 빠지는 경우가 훨씬 적은 것은 바로 그 때문이다. 대중이 가끔 이러한 상례에서 벗어나서 자신들이 선출하였던 지도자에 대하여 몰염치하게 행동하는 경우는, 질투의 드라마, 즉 지도자 두 명이 상호 적대적인 갈등을 끈질기고 선동적으로 벌인 끝에 결국 대중이 어느 한 사람을 선택할 수밖에 없고, 그리하여 다른 한 사람을 버릴 수밖에 없게 되는 상황에서 발생한다.

그렇듯 성격이 본질적으로 다른 경우들을 논외로 하면, 대중은 지도자들에 대하여 진심으로 감사의 마음으로 가득하고 또한 감사를 신성한 의무로 간주한다.[7] 그리고 그 신성한 의무는, 감사의 대상이 되는 인물을 계속해서 자신의 지도자로 선출하는 것으로, 그리고 대개의 경우에는 종신으로 선출하는 것, 다시 말해 그를 항구적인 상전으로 모시는 것으로 표현된다. '오랫동안 공덕을 쌓은' 지도자를 지도자로 세우지 않는 것은 배은이라는 생각은 대중 속에 널리 퍼져 있는 사고방식이다.

베른슈타인이 보기에, 사민당의 드레스덴 전당대회에서 일련의 급진 당원들이 전술적인 동기에서 이그나츠 아우어를 총재단 위원으로 선출하지 않기로 결정했다는 소문이 나돌았을 때 대의원 대다수가 분노에

---

7) 독일 사회민주당에 소속된 당원들은 늙어가던 리프크네히트에게 감사하는 마음을 아주 고결하고 희생적인 방식으로 표현했다. 이제는 정신력이 많이 쇠약해진 그에게 사람들은 『전진』지의 총편집장직을 위임했고, 비록 논란이 없지는 않았지만, 7천2백 마르크라는 봉급을 책정해주었다(Protokoll des sozialdemokratischen Parteitags zu Frankfurt, 1894, p.33). 또 그가 사망한 후, 그 가족들이 어려운 재정 상태에 처하게 될 것이 예상되자, 사회민주당은 그 아들들이 학업을 마칠 수 있도록 당비를 지원했다.

베른슈타인은, 시펠(Schippel)이 1904년 브레멘 전당대회에서 사회민주당으로부터 축출당하지 않았던 것도 이 감사해하는 마음 덕분이라고 했다. "이미 독일 사회민주당 전당대회들에서는 일종의 인간적인 미덕이 나타났는데, 그와 유사한 것이 여기서도 유감없이 표출되었다. 당을 위해 자신의 능력을 헌신한 사람에게 우리는 정치적인 사형선고를 내려서는 결코 안 된다." 이것은 "말할 것도 없이 인간심성이 지닐 수 있는 가장 명예로운 감정, 곧 공로에 대한 존중, 모든 무자비한 배척 행위에 대한 반감"이라고 한다(Eduard Bernstein, "Was Bremen gebracht hat," *Neues Montagsblatt*, I(1904), Nr.22, 9월 26일자).

사로잡힌 까닭은, 감사의 논리 때문이었다. 그들은 아우어가 "사민당 역사의 중요한 측면을 체현하고 있다"고 평가하였으며, 또한 그와 "동질감"을 지니고 있었다는 것이다.[8] 물론 필자가 보기에 그 에피소드에는, 대중이란 일반적으로 지도자의 교체를 꺼린다는 부차적 원인이 작용하고 있기는 하다.[9]

---

8) Eduard Bernstein, "Die Demokratie in der Sozialdemokratie," *Sozialistische Monatshefte* 12(1908), p.1109.
9) 뒤에 나올 '지도자 권력의 안정성'을 참조하라.

4 대중의 숭배욕

영국의 사회인류학자 프레이저는, 질서와 국가 권위는 주로 대중의 미신적 사고방식의 뒷받침을 받아서 유지된다는 명제를 제시하였다. 그리고 그는 대중의 미신이 그릇된 수단이기는 하지만 목적은 올바른 것이라고 설명하였다. 프레이저가 주목했던 것은, 대중은 지도자를 자신보다 근원적으로 고귀한 존재로 간주한다는 점이었다.[1] 지난 50년간의 사회사는 프레이저의 명제와 유사한 현상을 보여준다. 당원 대중에 대한 정당 지도자의 지배력은 대중에게 광범하게 확산되어 있는 지도자에 대한 미신적 숭배에 근거한다. 이때 대중은 흔히 지도자가 보유한 학력(대중은 공식 교육과 무관한 정신적 교양은 별로 중요시하지 않는다)에 유의한다. 파레토 역시 현대의 대중은 지도자들에게, 구체제의 하층이 상층에게 보여주었던 것과 같은 복종의 욕구를 드러낸다고 지적하였다.[2]

대중은 개인숭배에 대한 강력한 충동을 갖는다. 대중의 원초적 이상주의는, 혹독한 일상의 삶이 그들을 고통스럽게 하면 할수록 더욱 맹목적으로 매달릴 세속의 신을 요구하기 때문이다. 버나드 쇼가 귀족정은 우상의 집합인 반면 민주정은 우상 숭배자의 집합이라고, 그 특유의 역설

1) J.G. Frazer, *Psyche's Task*, New York-London, 1909, p.56.
2) Vilfredo Pareto, *Trattato di sociologia generale*, Firenze, 1916, 제2권, p.348.

로 꼬집은 데는 진리의 일단이 들어 있다.[3] 물론 당원 대중이 때때로, 흑인들이 물신(物神)을 두들겨 패듯 자신들의 우상을 팽개치는 경우가 있는 것도 사실이다.[4] 그렇지만 그때에도 대중은 내동댕이친 우상을 다시 세워놓는 물신숭배자의 심리에 따른다.

지도자에 대한 숭배심은 대부분 잠재적으로 존재한다. 다시 말해 그 심리는 예민한 사람들만이 그 의미를 포착할 수 있는 증상으로만 나타날 뿐이다. 예컨대 숭배자의 이름을 말할 때 음성에 경외감이 실린다든지, 그의 말이라면 사리를 따지지 않고 무조건 따르고자 한다든지, 아니면 그에 대하여 격분하면서도 그 인간에 대해서는 결코 의심하지는 않는다든지 하는 것들이 그 증상들이다. 이탈리아에서는 오랫동안, "가리발디를 나쁘게 이야기한다"(ha parlato male di Garibaldi)라는 비난은 인간에게 가할 수 있는 최악의 도덕적 비난이었다. 독일 노동자들의 가리발디는 베벨이었다. 잠재해 있던 숭배에 대한 열정은 그 대상이 각별하게 뛰어난 인물이거나 긴장이 극도에 달하는 순간에 발작적으로 폭발한다.

다혈질의 라인란트인들은 1864년에 라살을 신처럼 영접하였다. 시가지 전체가 화환으로 뒤덮이고, 젊은 여성들은 그에게 꽃 세례를 뿌렸으며, 기나긴 마차 행렬이 그가 탄 마차의 뒤를 따랐다. 라살의 연설은 여러 가지로 괴상하고 비판받아 마땅한, 악마적 허영에 가득 찬 것이었음에도 불구하고, 그 연설의 끝에는 무조건적인 환호가 끝날 줄 모르게 이어졌다. 그것은 진정 개선장군의 행렬이었다. 개선문, 축가, 외국 축하 사절단의 영접 등 단 한 가지도 빠지지 않았다.[5]

3) Bernard Shaw, "The Revolutionist's Handbook," *Man and Superman*, London, 1911, p.227.
4) Aug. Müller, *Annalen für soziale Politik und Gesetzgebung I*(1912), p.613.
5) 그 당시 신문기사의 내용을 묶어놓은 다음의 글을 보라. "Vorrede zu Lassalles Rede in Ronsdorf am 22. Mai 1864," Erich Blum(ed.), *Ferdinand Lassalles Gesamtwerken*, Leipzig, 제2권, p.301을 보라.

라살은 원래 워낙 스케일이 큰 야심가여서, 추후 비스마르크조차 독일 황실이 호헨촐레른 가(家)로 끝날는지 아니면 라살 가로 끝날는지 알 수 없다고 말할 정도였다.[6] 대중의 반응에 격동된 라살이 행사 직후 자신의 신부에게, 자신이 언젠가 독일 인민에 의하여 대통령으로 선출되어 여섯 마리의 백마가 끄는 마차를 타고 제국의 수도에 입성할 것이라고 말한 것은 놀랄 일이 아니다.[7]

시칠리아 조합운동(Fasci)(시칠리아 조합은 농민과 노동자로 구성된 조직으로 1891년부터 급속히 성장하여 이탈리아 노동운동에 커다란 영향을 미쳤다. 시칠리아의 특수한 상황에 근거한 이 운동은 1894년 광산노동자의 파업과 함께 발생한 농민봉기로 그 절정을 이루었다. 이 운동의 사회주의적 성격은 아직도 논란의 대상이지만, 본문에 언급되어 있다시피 특히 농민들 사이에 메시아적 경향이 있었던 것은 사실이다 – 옮긴이)의 시초인 농업노동자조합이 처음으로 조직되었을 때(1892), 사람들은 운동 지도자들에게 거의 초자연적인 신뢰를 보냈다. 그들은 순진하게 사회문제를 종교적인 관습과 결합시켜, 시위 행렬에 적기(赤旗)와 마르크스의 글귀가 적힌 목판과 함께 십자가를 들고 나왔다. 강연에서도 그들은 악대와 횃불과 제등행렬로 연사를 맞이했다.[8] 그들 중에는 숭배심에 겨워 마치 과거에 주교를 맞이할 때처럼 땅에 엎드리는 사람들도 적지 않았다.[9] 한 부르주아 언론인이 사회주의 조합에 가입한 어느 늙은 농촌 노동자에게, 젊은 대학생이나 변호사들이 부르주아지이면서도 노동조합을 위해서 일하는 것은 실상 시장이나 의원이 되기 위해서일 뿐이 아닌지 걱정스럽지 않느냐고 물었다. 농민의 대답은 간단명료했다. "그들은 천국에서 내

6) "In seiner Reichtagsrede vom 17. Sept. 1878," Philipp Stein(ed.), *Fürst Bismarcks Reden*, Leipzig, 제7권, p.85.

7) Helene v. Racowitza, *Meine Beziehungen zu Ferdinand Lassalle*, Breslau, 1879, 제3판, p.84; Vahlteich, p.58.

8) Adolfo Rossi, *Die Bewegung in Sizilien*, Stuttgart, 1894, p.35.

9) 같은 책, p.8.

려온 천사들이오."[10]

똑같은 질문에 모든 노동자들이 똑같은 답변을 하지는 않을 것이다. 그리고 시칠리아 주민들의 영웅 숭배가 유난스러운 것도 사실이다. 그러나 오늘날에도 남부 이탈리아와 중부 이탈리아의 일부 지역에서 대중이 지도자들을 종교적 예식으로 숭배하고 있다는 사실은 전문가들 사이에서는 상식이다. 엔리코 페리는 칼라브리아 지방에서 한동안 카모라 비밀결사(나폴리 지방의 지하결사체로 19세기 초반에는 부르봉 왕가를 지지했으나 나중에 범죄 집단으로 전락했다. 이 결사체는 정치가들에 의해 선거에 자주 동원되다가 파시즘 집권 이후 거의 사라졌다가, 1945년 이후 다시 소생했다 – 옮긴이)에 대항하는 수호신으로 숭배되었다.

로마의 의회 의사당에서 의장이 페리에게 질서위반죄를 발동한 적이 있었다. 그때 격분한 페리가 항의의 표현으로 주먹을 들어 건물 유리창을 박살내자, 고전적 이교주의에 물든 로마인들은 커다란 맥주홀에 모여, 로마의 일곱 언덕 위의 모든 프롤레타리아의 이름으로 페리를 위인 중의 위인으로 추앙하였다(1901).[11] 다른 나라에도 비슷한 예들이 수없이 많다는 사실은, 대중의 그러한 태도가 '후진' 지역에 국한되지 않는다는 점, 다시 말해 그것이 원시적 심리 상태의 격세유전(隔世遺傳)적인 잔재만이 아니라는 사실을 입증해준다.

네덜란드의 사회주의자 페르디난드 도멜라 니우웬후이스가 1886년 감옥에서 풀려나 사회로 되돌아오자, 대중은 그 스스로가 말한 대로 과거에 왕을 영접했던 것보다 훨씬 성대하게 그를 맞았다. 그가 연설하기로 되어 있던 강당은 꽃으로 뒤덮였다.[12] 프랑스에서 산업자본주의가

---

10) 같은 책, p.34. 데 펠리체(De Felice)는 수년이 흐른 뒤에도 여전히, 그가 시장으로 재직하면서 특히 시정(市政) 사회주의 분야에서 아주 다양한 활동을 펼쳤던 카타니아(Catania)에서 거의 신에 버금갈 정도로 숭배를 받았다(Gisela Michels-Lindner, *Geschichte der modernen Gemeindebetriebe in Italien*, Leipzig, 1909, p.77 이하).

11) Enrico Ferri, *La questione meridionale*, Roma, 1902, p.4.

12) Domela Nieuwenhuis, *Van Christen tot Anarchist. Gedenkschriften*, Amsterdam,

잘 발달된 곳인 노르의 도민들이 마르크스주의 선지자 쥘 게드(프랑스 사회주의에서 마르크스주의를 추종하였던 대표적인 인물로 장 조레스와 마찰을 빚었다. 그러나 제1차 세계대전이 발발하자 무임소 장관으로 입각하였다 – 옮긴이) 개인을 신처럼 떠받들었다는 사실은 잘 알려져 있다.

영국의 노동자 구역에서도 대중이 라살 시대처럼 지도자를 영접하는 경우가 적지 않다.[13] 대중에 관한 삽화를 마지막으로 하나 더 이야기하자. 카를 리프크네히트가 출옥하여 베를린으로 돌아왔을 때 그는, "베를린 안할트 역(驛)에서 역대 그 어느 군주도 받아보지 못하였던 열광적인 환영을 받았다."[14]

사회주의 정당들은 당과 지도자를 동일시하는 경향이 강하다 못해, 당이 그의 소유물이라도 되는 양 지도자의 이름을 당명으로 삼는다. 1860년 대와 1870년대 초에 독일에는 라살주의자와 마르크스주의자가 있었고, 오늘날의 프랑스에는 브루스주의자, 알레망주의자, 블랑키주의자, 게드주의자, 조레스주의자가 있다. 여기에서 정당이 소수파 종교집단(Sekte)이나 수도회와 얼마나 비슷한지 분명하게 드러난다. 이브 귀요가 언젠가 적절하게 지적한 대로, 근대 정당의 당원들은 중세 수도사들이 성 도미니쿠스, 성 베네딕투스, 성 아우구스티누스, 성 프란체스카 등 수도회를 창시한 성직자의 이름으로서 스스로를 표기하였던 것과 전혀 다를 바없이 행동하고 있는 것이다.[15]

이러한 개인적 명칭이 오늘날 일부 국가에서는 사라지는 와중에 있고 독일과 같은 곳에서는 완전히 사라진 이유는, 한편으로는 정당이 수적으로 증대되고, 특히 유권자의 수가 증대됨으로써 정당이 대중적인 면모를

1911, p.198; P.J. Troelstra, "De Wording der S.D.A.P.," *Naar Tien Jaar, 1894 bis 1904*, Amsterdam, 1904, p.9도 참조하라.

13) 예컨대, 선동을 목적으로 한 번리(Burnley) 지방의 여행에 대해 쓴 힌드먼(H.M. Hyndman)의 보도(*Justice*, 28(1910), Nr.1355)를 참조하라.

14) Karl Kautsky über ein Buch Radeks, *Der Kampf*, 15(1921), p.303.

15) Yves Guyot, *La comédie socialiste*, Paris, 1897, p.111.

갖게 되었기 때문이고, 다른 한편으로는 정당의 구조가 과거의 일인독재 체제로부터 몇몇 지도자들이 서로 경쟁하는 과두적 체제로 변모하였기 때문이다. 오늘날의 정당에 걸출한 정신적 지도 인물이 없다는 점도 하나의 원인이다.[16]

지도자에 대한 숭배는 사후에도 계속된다. 그들 중에는 성인의 반열에 오르는 사람도 있다. 독일 노동운동사에서 가장 기본적인 사실은, 라살이 죽은 뒤 하츠펠트 백작부인 분파뿐만 아니라 슈바이처의 "남성노선" (라살이 이혼 소송 사건을 맡았던 하츠펠트는 라살이 죽자 전독일노동자협회를 탈퇴하여 라살을 추종하는 독자적인 조직을 구성하였던 반면, 슈바이처를 위시한 사람들은 협회에 그대로 남았는데, 남성노선이란 바로 이들을 일컫는다 ― 옮긴이)까지도 라살 자신은 물론 그가 작성한 강령의 철자까지도 숭배하였다는 것이다. 오늘날에도 마르크스주의자들이 마르크스의 교리를 옹호할 때 보여주는 그 광적인 열정은 우상숭배에 가깝다. 기독교인들이 위대한 성 베드로 사도와 성 바울 사도의 이름을 따서 자식 이름을 지었던 것처럼, 사회당이 의회에 진출한 몇몇 중부 이탈리아 지역에서는 오늘날 부모가 자식에게 라살로나 막시나라는 이름을 붙여주고 있다.

죽은 지도자들의 위대한 이름을 후손에게 전해주는 것은 새로운 종교성의 생생한 증표이다. 사람들은 그러한 종교화된 정치적 충성심에 자부심을 갖기도 하고, 친지들의 불만을 사기도 하며, 혼인신고를 담당하는 고집스러운 관리를 상대로 다투기도 하고, 때로는 실직과 같은 막대한 경제적인 피해를 입기도 한다. 그것이 어떤 측면에서는 노동자들 사이에

16) 좀바르트에 따르면, 사회민주주의 내에서는 양적 성장이 질적 저하를 가져왔다. 그는 이렇게 말한다. "그들은 건실한 경험자들을 앉히기 위해, 그 똑똑한 사람들을 제거할 수밖에 없었다. 마르크스가 지금 잡지 『신시대』(*Neue Zeit*)나 심지어 『사회주의 월보』(*Sozialistische Monatshefte*)의 편집자라고 해도, 또 라살이 제국의회에 있다고 해도, 이들이 무엇을 할 수 있단 말인가?"(Werner Sombart, *Die deutsche Volkswirtschaft im 19. Jahrhundert*, p.528).

도 널리 퍼져 있는 속물근성의 과장된 표출이기도 하고, 훨씬 더 빈번한 경우에는 노동자들의 내적 이상주의의 외적 발현이기도 한 것이지만,[17] 불변의 사실은 그것이 당에 불후의 공적을 남긴 지도자에 대한 납득할 만한 경애를 넘어서는 숭배라는 점이다.

노동자들의 그러한 심리 상태는 상업적 목적에 이용되기도 한다. 예컨 대 미국, 이탈리아, 남(南) 슬라브 국가 등에서는 기민한 장사꾼들이 사회주의 신문의 광고 면이나 노동자 축제와 집회에서 카를 마르크스-리쿠르 술과 카를 마르크스-바지단추를 광고하고 판매한다.[18] 그들이 거두는 수익이 엄청나다는 사실은 프롤레타리아트의 심리 상태를 잘 보여준다.

자식에게 유명한 지도자의 이름을 붙여주는 것이 오랜 종교적 전통과 긴밀하게 연관되어 있는 것은 분명하다. 심지어 20세기 초 이탈리아에서는 노동자와 농민들 사이에서 소위 사회주의 세례가 등장하였다.[19] 러시아처럼 사회주의가 권력을 장악함으로써 이데올로기가 국가종교적인 색채를 띠게 된 곳에서도, 지도자의 이름을 따르는 작명식과 세례식이 장대하게 치러졌다. 볼셰비키들은 화려한 축제에 대한 대중의 욕구에 유념하여 종교 예식을 공산주의 축제로 대체하였고, 그에 따라 성탄절과 사순절에 기독교를 세속화시킨 축제, 그것도 옛 러시아의 이교적인 뇌신 숭배를 연상케 하는 아주 호화로운 가장행렬과 공연을 개최하였다. 소련 건국 6주년을 기념할 때에도 여러 도시에서 세례식이 연출되었다. 모스크바의『이스베스챠』신문은 소비에트의 상징인 붉은 별이 갓 태어난 아기의 유모차를 비추는 가운데 진행된 이세브스크의 한 붉은 세례식 장

17) Savino Varazzani, "Una famiglia socialista und Reo di leso-socialismo," *Avanti della Domenica*, 2(1904), Nr.67, 68을 참조하라.

18) Roberto Michels, *Storia del marxismo in Italia*, Roma, 1910, p.148 이하.

19) Ivanoè Bonomi e Carlo Vezzani, *Il movimento proletario nel mantovano*, Milano, 1901, p.52.

면을 다음과 같이 보도하였다.[20]

"극장은 만원이었다. 남자, 여자, 노인, 어린이 할 것 없이 수천 명의 사람들이 극장을 가득 메우고 있었다. 홀에 자리를 잡지 못한 호기심어린 사람들이 복도와 계단, 그리고 심지어 바깥 거리에까지 늘어서 있었다. 극장 안에서 특별한 의식이 진행되었다. 세례식이었다. 세례 받을 아이의 아버지는 모스크바 직물공장에 처음으로 입사했던 노동자들 중의 하나인 솔다토프 동지였다. 그는 책상 옆에서 축제복을 입고 서 있었고, 그 옆에는 그의 부인이 아이를 안고 서 있었다. 그들 옆으로 공산당 지구당 대표, 청소년단 대표, 공장위원회 간부, 잡지『무신론자들』의 모스크바 위원회 위원들, 전문직 대표 등이 반원을 그리며 책상을 둘러싸고 있었다.

의장이 세례식의 개시를 엄숙하게 선언하였다. '동지들! 오늘 우리는 이 자리에서 세례식이라는 아주 특별한 의식을 베풀고자 합니다. 우리의 세례식이 각별한 의미를 갖는 까닭은, 아기의 부모들이 당원이 아님에도 불구하고 전통 종교의 허구를 꿰뚫어보았기 때문입니다.' 아이를 품에 안은 어머니가 선언하였다. '동지들! 우리의 머리는 수천 년 동안 안개 속에 갇혀 있었습니다. 저는 오래전부터 이 문제를 곰곰이 따져보았고, 결국은 종교가 거짓으로 가득 차 있다는 사실을 깨달았습니다. 저는 이제 그 모든 선입견들로부터 벗어나기로 결심했습니다. 이에 저는 제 자식의 교육을 공산당 지구당에 맡깁니다.' 박수가 장내를 뒤덮는 가운데 어머니가 아이를 공산당 지구당 비서에게 넘겨주었고, 당비서가 말을 이었다. '저는 이 아이를 받아들입니다. 저는 이 아이에게 프롤레타리아 혁명의 상징을 부여하고자, 붉은 10월이란 이름을 주겠습니다.' 이어서 여러 공산당 대표들의 인사말이 뒤따랐다. 그리고 인근의 노동자협회가 모두 참여한 음악회가 시작되었다."

---

20) 1923년 10월 25일 자, Nr.270. 이것은 *Baseler Nachrichten*, Nr.586, 1923년 12월 15일 자에 실려 있다.

돈 강의 로스토프 지역 아이들은 "마르크스"와 "노동"이라는 세례명을 받았다. 그들은 그렇게 서서히, 과거의 '부르주아적인' 이름을 새로운 '프롤레타리아적인' 이름으로 바꾸고자 하였던 것이다. 사람들이 성(姓)까지 혁명적인 의미가 담긴 것으로 바꾸어간다면, 모스크바를 방문한 외국인들은 머지 않은 장래에 공산주의 동사무소에서 다음과 같은 혼인공고문을 보게 될 것이다. "신랑 노동 사회남 군과 신부 10월 부르주아 사망 양이 혼인을 서약합니다."

대중의 숭배욕은 대중의 세계관에 그 어떤 변화가 발생하더라도 변치 않고 살아남는 유일하게 확고한 것이다. 작센 지역 공장 노동자들은 최근 몇십 년 동안 경건한 개신교도로부터 사회민주주의자로 변신하였다. 그에 따라 그들의 가치관도 변했을 것이다. 그러나 그들 거실에서 일어난 유일한 변화는 방에 걸렸던 루터 상(像)의 자리에 베벨 사진이 걸리게 되었다는 것뿐이다.

이탈리아 에밀리아 지방의 농업 노동자들도 비슷하다. 그들은 성모 마리아 상을 새긴 유화 석판화 자리에 국회의원 프람폴리니(신문 『정의』를 창간해 마르크스주의와 사회주의를 전파했던 사회주의 지도자. 그는 특히 농촌노동자들이 스스로 조직되어야 한다고 강조하였다 – 옮긴이) 사진을 걸었고, 남부 이탈리아 사람들은 해마다 정기적으로 피를 흘린다는 산 젠나로(이탈리아의 순교 성인[272?~305?, 영어 St. Januarius]으로 나폴리 수호 성인이다. 이 이름을 딴 축제가 지금도 열리고 있다 – 옮긴이)를 믿는 대신 카모라를 격퇴하는 엔리코 페리의 초인적 힘을 믿게 되었다. 다시 말해 대중의 구 세계관이 무너져버린 폐허 속에서도 숭배욕이라는 개선탑은 온전하게 보존되는 것이다.

고대 그리스의 한 조각가는 뇌신 주피터를 조각한 뒤 무릎을 꿇고 자기가 만든 작품에 경배하였다. 현대의 대중이 지도자를 대하는 태도는 그 조각가와 동일하다. 게다가 숭배는 숭배 받는 사람을 과대망상증 환자로 만들기도 한다. 오늘날 우리는 우스꽝스러울 정도로 턱없이 오만한 대중 지도자를 보게 되는 경우가 적지 않다.[21] 이는 부분적으로는 그 지도자들 스스로가 만들어낸 것이기도 하지만, 더욱 큰 원인은 대중이 그들에게 보내는 열광에 있다. 그리고 지도자의 오만한 자기 현시는 대중에게 암시적인 권력을 행사한다. 그에 따라 대중의 경외감은 더욱 고조되고, 그 과정 속에서 지도자의 자기 현시 그 자체가 지배 권력의 중추가 된다.

---

21) 조르주 상드(Sand)는 이 점을 아주 섬세하게 지적했다. "나는 내 전생애를 겸허하게 살려고 노력하고 있다. 내 주위에 내가 실수하지 않을 것이라고 확신하는 15명만 있어도, 나는 15일을 채 견디지 못할 것이라는 사실을 아마도 종래에는 내 스스로 납득하게 될 것이다"(G. Sand, *Journal d'un voyageur pendant la guerre*, Paris, 1871, pp.216, 217).

5 지도자의 부수적 자질

• 연설 능력, 외모, 활력, 명성, 연령

지도자가 갖추어야 할 기본적인 자질은, 결코 유일한 것이라고는 할 수 없지만, 그래도 연설 능력이다. 이는 특히 노동운동의 초기 단계에서 그랬다. 대중은 연설의 미학적이고 감정적인 힘에 저항하지 못한다. 대중은 연설의 힘에 이끌려 연설하는 자에게 복종하는 것이다.[1] 연설 능력을 보유한 사람이 공직을 맡는 것은 민주주의 국가에서 일반적인 현상이다.[2] 민주주의는 대중에 대한 호소력에 의존하기 때문에, 쓰인 언어와 말해진 언어가 막강한 정치적 힘을 갖는 까닭이다. 민주주의 국가에서 연설가와 언론인이 지도자로 부각되는 것도 바로 그 때문이다. 이는 프랑스의 강베타와 클레망소, 영국의 글래드스턴과 로이드 조지, 이탈리아의 크리스피와 루차티 등의 예에서 잘 드러난다. 거대 민주 정당의 지도부도 마찬가지이다.

최초의 위대한 민주주의 국가인 영국의 시인 칼라일은 다음과 같이 말

---

1) 교양 있는 지도자의 연설이 대중에게 미치는 영향력에 대해서는, 그 자신 스스로 상당한 연설솜씨를 지닌 어떤 사람에 의해 적절하게 묘사된 바 있다(Adolf Köster, *Die zehn Schornsteine*, München, 1909, p.113).

2) 귀족들은 이와 생각을 달리한다. 비스마르크는 연설가와 대중의 관계를 날카롭지만 조소하듯이 특징지웠다. 이에 대해서는 Horst Kohl, "Eine ungehaltene Rede Bismarcks," *Zukunft* 3(1894), p.118 이하를 참조하라.

한 바 있다. "영국인은 우선 자기가 최고의 웅변가임으로 입증하고 난 이후에 비로소 정치가나 노동운동 지도자가 될 수 있다."[3] 영국 전문가인 페히오도 1826년에 비슷한 결론에 도달했다. 영국의 하층민이 정치 연설가에 환호를 보내는 것은 무대 위의 배우에게 박수를 보내는 것과 동일하다는 것이다.[4] 에르네스트-샤를이 프랑스 의원들의 직업을 분석한 결과를 보면, 젊고 활기차며 거리낌 없고 진보적인 민주 정당 의원들은 대부분 연설 능력이 탁월한 언론인들이다.

이는 사회주의자들뿐만 아니라, 민족주의자들과 반(反)유대주의자들에게도 해당된다.[5] 이탈리아의 사회주의자들과 급진주의자들도 마찬가지이다.[6] 이는 정치적 노동운동의 역사에서도 확인된다. 조레스,[7] 게드, 라가르델, 에르베, 베벨,[8] 페리,[9] 투라티, 램지 맥도널드, 트룰스트라,

---

3) Thomas Carlyle, *Latter Day Pamphlets*, Nr.5. *Stump-Orator*, p.167, *Thomas Carlyles Werks, The Standard Edition*, 제3권, London, 1906.

4) Giuseppe Pecchio, *Un elezione di membri del parlamento in Inghilterra*, Lugano, 1826, p.109.

5) J. Ernest-Charles, "Les lettr s du parlement," *La Revue*, 39(1901), p.361.

6) Mariano Patrizi, *L'Oratore, Saggio sperimentale*, Milano, 1912.

7) 어느 비평가는 조레스를 "연설의 천재"라고 추켜올린다. "조레스는 연설가, 그것도 대단한 연설가이다. 그의 연설은 시적이고 유장하고, 거대 원형경기장이 떠나갈 정도로 사자후를 터뜨린다. 사회, 곧 세계―그 세계가 잘 통합되어 있다면, 또 그 세계가 아주 크다면 더욱 좋겠지만―가 그에게는 연설할 기분을 들게 하는 일종의 자연적인 원형경기장이자 필요한 강당이다"(Edouard Berth, "Les discours de Jaurès," *Mouvement socialiste*, 4(1904), 제2호, pp.215, 218). 조레스의 또 다른 전기작가는 그의 두개골 형태를 보면 그가 "타고난 웅변가" 타입임을 알아볼 수 있다고 한다. "그는 자기의 연설이 되도록 멀리까지 들리도록 할 수 있고 또 청중의 시선을 끌 수 있는 머리를 가진 사람이다"(Gustave Tery, *Jean Jaurès, le poète lyrique, L'Oeuvre 8*, Paris, 1904, p.2. 또한 다음의 책도 참조하라. Urbain Gohler, *Histoire d'une trahison 1899~1903*, Paris, 1903, pp.28, 29). 그리고 Charles Rappoport, *Jean Jaurès, l'homme, le penseur, le socialiste*, Paris, 1916, p.100 이하도 역시 참조하라.

8) Hellmuth von Gerlach, August Bebel, *Ein biographischer Essay*, München, 1909; Robert Michels, "August Bebel," *Archiv für Sozialwissenschaft und Sozialpolitik*, 37(1913), pp.671~700.

엔리테 롤란트홀스트, 다친스키[10] 모두 각자 나름대로 대단한 웅변가들이었다.

　노동운동 지도자들은 연설의 중요성을 잘 안다. 영국 노동조합이 미래의 노동운동 간부를 육성하기 위하여 설립한 옥스퍼드의 러스킨 칼리지의 학생들은 1909년 동맹휴업에 돌입하였다. 학생들이 보기에 수업이 사회학과 논리학에 지나치게 편중되어서, 대중을 장악하는 데 "절대적으로 필요한" 웅변 학습에 시간이 너무 적게 배당되어 있다는 것이 파업의 이유였다.[11] 실제로 근대 노동운동에서 연설을 못하는 사람이 최고위 지위에 오른 예가 없다. 반면에 독일의 베른슈타인 같은 사람이 그 박식함과 정신적 영향력에도 불구하고 그늘에 가려져 있었던 것이나, 네덜란드의 니우웬후이스가 요직에서 밀려난 것, 그리고 프랑스의 폴 라파르그처럼 명민하고 박식한 사람이 마르크스의 인척임에도 불구하고 당 지도권을 단순하고 과문한 게드와 같은 연설가에게 맡길 수밖에 없었던 것은 모두, 그들에게 웅변 능력이 없었기 때문이다.

　대중은 웅변가에게 끝없이 열광한다. 대중은 연설 내용의 성실성에 대해서는 무심한 채, 연설가의 웅변 능력 그 자체와 음색의 아름다움과 울림, 연설 도중에 튀어나오는 재치와 기지를 높이 평가한다.[12] 대중은 또

---

9) Bruno Franchi, *Enrico Ferri, Il noto, il mal noto e l'ignorato*, Torino, 1908.

10) Richard Chamartz, "Charakterskizzen österreichischer Politiker," *Die Zeit* 1(1902), p.403.

11) *Westminster Gazette*, 1909년 3월 30일 자; *Stampa*, 1909년 8월 2일 자.

12) 징어(Singer)라는 인물이 대중에게 커다란 매력을 주는 이유를 아이스너 (Eisner)는 이렇게 설명한다.
　　"그는 다루기 힘든 대중을 일종의 호방한 열정으로 휘어잡고 통제하는 데 한 치도 어긋남이 없다. ……그런데 놀라운 것은 바로 그가 사회주의 의원단의 회의를 마감하면서 하는 짧막한 공식 연설, 곧 대표로서 하는 연설이다. 여기서 그의 진가가 정말 유감없이 발휘된다. 물론 그가 하는 식사(式辭)는 모든 공식 연설에 적당한, 곧 격식을 갖춘 일상어 수준을 넘어서지 않는다. 그러나 그는 문장이 빛이 나도록 윤색할 줄 안다. 베를린 말투가 거의 배제된 그의 음성이 점차 고조되면, 빈약했던 단어와 무미건조했던 장중함이 갑자기 생기를 얻고

한 전국을 누비며 연단에서 청중에게 악을 쓰는 사람이야말로 진정한 투쟁을 전개하는 성실한 '행동하는' 동지라고 생각하는 반면, 이탈리아의 한 사회주의 학자가 비판했듯이, 책상에 앉아 말없이 중요한 일에 몰두하는 당원은 하찮은 존재로 묵살해버린다.[13) 1920년 가을에 공장점거에 나섰던 이탈리아 노동자들은 기술적 능력은 도외시한 채 연설을 잘하는 사람과 꾀꼬리같이 노래를 잘하는 사람을 노동자위원으로 선출하였다.[14)

대중 연설에서 선호되는 것은 칼날 같은 공격력을 갖춘 간단명료한 구호들이다. 프랑스의 유명한 가톨릭 정치가 루이 뵈이요가 한 젊은 연설가에 건네주었던 충고는, "칼을 뽑아라, 베어라, 잡아라!"는 군사 용어였다.[15) 그 정도의 웅변술이라면 프랑스 밖에서도 수많은 군중들을 사로잡을 수 있었을 것이다. 대중은 설사 흥분에 고통이 수반된다고 하더라도 기꺼이 흥분하고 싶어한다.[16) 그들은 말하자면 채찍고행자 (flagellant)인 셈이다. 물론 나라마다 차이는 있다.

영국인들은 유머를 좋아한다. 영국 연설가들은 아주 특이하게도 유머를 말하기 전에 우선 얼굴부터 찡그리는데, 이는 반응이 느린 청중에게 자신이 유머를 말하려 한다는 것을 예고하는 행위이다. 프랑스와 이탈리아에서는 제스처와 비장감이 빠져서는 안 된다. 그리고 프랑스 청중은 이탈리아 청중보다 유머, 특히 자조적인 유머를 요구하고, 또 그러한 유

활기에 차, 마침내는 그에게서 강한 설득력을 발휘하는 말, 곧 통속적인 말과 고상한 말을 잘 섞어가며 대중을 휘어잡는 뛰어난 선동가의 말투가 튀어나오는 것이다"(Kurt Eisner, *Taggeist. Kulturglossen*, Berlin, 1901, pp.107, 108).

13) Adolfo Zerboglio, "Ancora la propaganda inproduttiva," *Critica sociale*, 13 (1903), pp.211~213.

14) Robert Michels, "Über die Versuche einer Besetzung der Betriebe durch die Arbeiter in Italien(September 1920)," *Archiv für Sozialwissenschaft*, 48(1920/21), p.500.

15) Jacques Piou, "Albert de Mun, orateur," *La Revue de Paris*, 30(1923), p.802.

16) "대중들은 비판을 좋아한다. 그러나 아마 오로지 적대자에 대한 비판만을 좋아할 것이다"(Aug. Müller, 앞의 책, p.613).

머를 잘 이해한다. 러시아 청중은 내적인 깊이가 있고 열정적 확신에 찬 연설을 좋아한다. 그들은 연설의 매끄러움에는 아무런 가치를 두지 않는다.[17] 독일 대중의 미학적 요구는 보잘것없다. 비록 독일에도 탁월한 연설가가 없는 것은 아니지만, 평균적으로 수준 이하이다.

지도자의 특성은 물론 나라마다 다르다. 국민의 미적 감수성이 높은 나라에서는 여타의 조건이 같다면 미남이 추남보다 국민들로부터 쉽사리 인기를 얻어낸다. 이탈리아에서 아폴로처럼 잘생긴 사람이 빈번하게 정당의 인민 지도자로 부상하는 까닭은 그 때문이다. 1901년에 의회에 진출한 사회당 의원 33명 가운데 적어도 16명이 아름다운 코와 눈과 치아와 음색을 갖춘, 평균보다 잘생기고 체구가 당당한 사람들이었다. 필자가 1912년 런던에서 열린 제1차 국제우생학대회에서 이를 보고하였을 때, 영국 신문들의 반응은 긍정적이었다.[18] 영국 국민들도 정치 활동에서 외모에 큰 비중을 둔다는 것이었다. 말주변이 없는 벨포어가 그렇게 출세할 수 있었던 것은 바로 그의 외모 때문이다.[19] 독일 헤센 지방의 연로한 노인들은 필자에게, 라살이 선동적인 영향력을 행사한 것은 그의 잘생긴 외모가 풍기는 인상 덕분이었다고 말해주었다.

물론 낭랑한 연설의 매력은, 연설의 내용이 대부분 실천에 옮겨지지 않는다거나 연설가의 비열한 인격이 대중에게 폭로되는 경우에, 연설가에 대한 실망으로 역전된다.[20] 그러나 연설에 최면이 걸리고 연설 능력

17) Raphael Seligmann, "Der Redner," *Sozialistische Monatshefte*, 26(1920), p.461.
18) Michels, "Sociology and Eugenics," *Problem in Eugenics. Papers communicated in the first International Eugenics Congress*, University of London, 1912, p.234.
19) *The Times*, 1912년 8월 3일 자.
20) 파트리치(Patrizi)는 연설가가 창조적인 일을 할 수 있다는 사실을 전혀 인정하지 않았다. 그가 한 말을 그대로 옮기면 이렇다(p.317). "자연과학분야이건, 혹은 인문과학이나 사회과학분야이건 간에 새로운 인식이나 새로운 발견에 조금이라도 공헌한 위대한 연설가란 있을 수 없다. 웅변가란 기존의 가치를 전달하는 재주꾼이지, 독자적인 가치를 창출하는 천재는 아니다." 위대한 연설가들은 철철 넘치지만, 사상가와 예술가는 찾아보기 힘든 미국의 사례는, 웅변을 잘하는 재주꾼들이 두각을 나타내는 데에는 순전히 물질적인 문화만으로도 충분하

에 굴복하는 대중은 연설가에게서 자아의 확대경을 본다.[21] 이런 경우 연설가에 대한 대중의 숭배와 환호는 결국 본인 스스로에 대한 숭배와 환호인 셈이다. 이러한 현상은 연설가가 대중의 이름으로, 즉 각 개개인의 이름으로 이야기하고 행동하노라고 약속함에 따라 더욱 강화된다. 따라서 대중이 위대한 연설가에 바치는 숭배란 자기애(自己愛)에의 무의식적인 도취와 다름없다.

대중을 휘어잡을 수 있는 지도자의 개인적인 자질에는 여러 가지가 있고, 또한 그 모든 자질이 한 사람에게 결합되어 있어야만 지도자가 될 수 있는 것은 아니다. 지도자의 개인적 자질로 우선 꼽을 수 있는 것은, 의지가 약한 타인을 자신에게 굴복시키는 강력한 의지이다. 탁월한 지식도 지도자의 덕목이다. 준열하고 심원한 내적인 확신, 종종 광신에 가깝고 그 치열함으로 대중의 경탄을 자아내는 이념의 힘도 지도자의 자질이다. 자신에 대한 강한 믿음, 때때로 오만과 짝하기도 하지만 대중에게 자신 있게 다가서는 자기 확신도 지도자의 덕목이다.[22]

대중은 또한 지도자들에게, 오로지 대중만을 바라보고 헌신하는 집중력을 요구한다.[23] 경우에 따라서는 아마 지도자의 온정과 무욕(無慾)도 일정한 역할을 할 것이다. 이러한 덕성은 대중에게 예수 그리스도를 연상케 하고, 단지 잠자고 있을 뿐 결코 사멸된 것이 아닌 대중의 종교적인 감성에 새로운 돌파구를 열어준다. 그것이 카리스마이다. 그들은 전도자(傳道者) 유형의 지도자이다.[24]

다는 사실을 입증해주고 있다(p.290).

21) 지도부와 대중 사이의 감정적인 관계에 대해서는 코하노프스키의 묘사를 참조하라. J.K. Kochanowski, *Urzeitklänge und Wetterleuchten geschichtlicher Gesetze in den Ereignissen der Gegenwart*, Innsbruck, 1910, p.19.

22) Rienzi(H. van Kol), *Socialisme et liberté*, p.250; Gabriel Tarde, "L'Action intermentale," *La Grande Revue*, 4(1911), p.331; Ettore Ciccotti, *Psicologia del movimento socialista*, p.128; E. Fournière, *La sociocratie*, p.128.

23) Norbert Einstein, *Der Erfolg*, Frankfurt a.M., 1919, p.124 이하.

24) "조레스는 노동자계급의 새로운 사명감을 일깨우는 데 크게 기여했다"(Lèon

대중은 명성에 약하다. 한 사람이 타인으로부터 영향을 받는 것은 언제나 그가 여타의 다수와 함께 함으로써 이루어진다. 그때 각 개인은 의식하지도 못한 채 다수의 느낌을 반영한다.[25] 유명한 사람은 손가락 하나만 움직여도 정치적 역할을 창출할 수 있다. 대중은 유명한 인물에게 명예직을 제공하는 것을 커다란 영광으로 간주한다. 대중은 명성에 굴복하면서 스스로 멍에를 진다. 대중은 이마에 월계관을 쓰고 있는 사람을, 그 사실 하나만을 보고 반신(半神)으로 추앙한다. 그가 못이기는 척하면서 그들의 지도자가 되기를 수락하면, 대중은 그가 월계수 가지를 꺾은 숲이 자신의 관심 분야인지, 그에 가까운지, 아니면 전혀 무관한지 전혀 유의하지 않은 채 갈채와 환호를 보낸다.

잠자고 있던 대중, 혹은 부르주아 민주주의의 밧줄에 매달려 있던 독일 노동자 대중을 일깨워서 자기 주위에 운집시킨 것은, 인구(人口)에 회자(膾炙)되던 시인이자 철학자이자 변호사였던 페르디난트 라살에게서나 가능한 일이었다. 그리고 라살은 유명 인사들의 입당이 노동자들에게 미치는 선전 효과를 정확하게 통찰하고 그들의 입당을 계속해서 추진하였다.[26] 이탈리아 근대 형법학의 창시자인 유명한 젊은 교수 엔리코 페리가 15년 동안 지속될 노동자 정당 총재직을 넘겨받는 데는, 그저 당에

Jouhaux, *A Jean Jaurès, Discours prononcé aux obsèques*, Paris, 1915, p.7).

25) G. Trade, "L'Action inter-mentale," p.334.

26) 주지하다시피 라살은 명망가들을 자기 조직에 끌어들이는 일을 아주 중요하게 생각했다. 주로 거창한 것을 꾸미기 좋아하고 기꺼이 '호사를 부리고 싶어' 했던 그는, 가능하면 많은 부르주아지를 전(全)독일노동자협회로 끌어모으고자 열심히 노력했다. 그는 유명한 자신의 최후연설에서 그 노동자협회에는 "신분상 부르주아지에 속하는 사람들, 곧…… 일련의 문필가와 사상가들"이 많다는 것을 드러내놓고 자랑했다(Ferdinand Lassalle, *Die Agitation des Allgemeinen Deutschen Arbeitervereins und das Versprechen des Königs von Preußen. Rede zu Ronsdorf 1864*, Berlin, 1892, p.40). 보통 라살을 아주 높이 평가하는 베른슈타인조차 그가 유명인사들을 죄다 전독일노동자협회에다 끌어들이려는 지나친 성격을 갖고 있었음을 인정했다(Eduard Bernstein, *Ferdinand Lassalle und seine Bedeutung für die Arbeiterklasse*, Berlin, 1909, p.55를 보라).

입당하는 것(1893년 레기오 에밀리아 전당대회)만으로 충분하였다. 세계적으로 유명한 인류학자 체사레 롬브로소와 저명한 작가 에드몬도 데 아미치스는, 심지어 공식적으로 당에 입당하지 않고도, 다시 말해 당적을 갖지 않고도, 사회당에 축하 전보와 지지 선언문을 보낸 그 순간 직책을 제공받았다. 롬브로소는 토리노 시 참사회의 사회당 대표이자 고문으로 위촉되었고, 아미치스는 프롤레타리아트의 공식적인 호머로 떠받들어졌다.[27]

프랑스 노동운동에서도 대학의 철학 교수이자 급진주의 정치가로 잘 알려져 있던 장 조레스는 사회주의 운동에 가담하자마자, 어떤 유예기간도 거칠 필요가 없이 사회주의 운동의 최고 지위를 차지했다. 아나톨리 프랑스가 프랑스 사회주의 운동에서 점한 지위도 마찬가지이다. 영국의 시인 윌리엄 모리스가 생애 말년에 사회주의 운동에 가담했을 때 수많은 민중이 그를 추종하였듯이, 시집 『5월』로 명성을 얻은 네덜란드 시인 헤르만 호르테르와 엔리에테 롤란트-홀스트가 사회민주당으로 당적을 옮겼을 때에도 인민은 그들을 지지하였다.

독일에서는 근자에 와서 명성이 절정에 달한 사람들이 루비콘 강을 건너 사회주의로 가는 것을 꺼린다. 그렇지만 게르하르트 하우프트만이 그의 희곡 『직조공』의 성공 이후에, 그리고 베르너 좀바르트가 그의 첫 저작이 주목을 끈 이후 사회민주당에 입당하였더라면, 그들은 틀림없이 당원 수가 무려 3백만이 넘는 정당(1907)의 지도부에 올랐을 것이다. 대중에게는 익숙한 이름보다 더 나은 지도자의 조건이란 없다. 대중은 그러한 '벼락치기 출세자들', 즉 대중에게 불멸의 이름으로 기억될 사람들을, 오랜 기간의 힘겨운 투쟁 끝에 당내에서 명성을 착실히 쌓아온 사람들보다 본능적으로 선호한다. 대중에게는 자기들이 지켜보는 가운데 세워

---

27) 이 두 중요한 인물이 사회주의와 맺었던 관계에 대해서는 Robert Michels, "Edmondo de Amicis," *Sozialistische Monatshefte* 13(1909), p.361. 그리고 Cesare Lombroso, "note sull' uomo politico e sull' uomo privato," *Archivio d'Antropologia Criminale*, 32(1911), pp.353~367을 참조하라.

진 명성보다 명망가가 선물처럼 가져온 명성이 더 커보이는 것이다.

그러한 현상에는 물론 몇 가지 부대(附帶) 현상이 있다. 우리는 당내에서 성장한 지도자들과 신규 입당한 명망가들 사이에 이내 마찰이 발생하고, 그것이 빈번히 두 집단 간의 본격적인 패권 투쟁으로 발전하는 것을 목격한다. 이 투쟁은 한편의 질투와 시기, 그리고 다른 한편의 과대망상과 오만함 때문에 발생한다. 그렇지만 그 투쟁은 객관적·전술적인 원인과도 결부된다. 당내에서 성장한 지도자들은 대체로 직접적인 현실 문제에 대한 시각과 대중심리, 그리고 운동사에 대한 해박한 지식 면에서 외부에서 가담한 명망가들을 능가하고, 정당의 강령에 대해서도 보다 정확하게 이해한다.

이러한 두 부류의 당 지도자들 사이의 투쟁은 대체로 두 국면으로 구분할 수 있다. 첫 번째 국면에서는 외부에서 가담해온 명망가들이 자수성가한 지도자들을 밀쳐내고 그들로부터 대중을 빼앗으며, 당 전체에 흘러넘치는 환희의 물결 속에서 당 바깥의 빛으로 굴절된 복음을 전파한다. 그동안 구(舊)지도자들은 절치부심하면서 조용히 방어에 나서서 스스로를 조직화하고 기다리다가 공격으로 선회한다. 그들에게는 당연히 수적 우세라는 이점이 있다.

그렇게 되면 명망가들은 이내 당황한다. 왜냐하면 위대한 인물들인 그들은 그때까지 정치꾼들을 내심 경멸하고 또 그들에 대하여 안심하고 있었기 때문이다. 게다가 그들은 시인, 유미주의자, 학자답게 외적인 규율을 버거워하는 사람들이다. 그리하여 그들은 체계적인 야당 활동에 적응하지 못하고 시간이 지나면서 대중에게 약점을 드러내다가, 급기야 대중의 신뢰를 잃고 만다. 결말은 뻔하다. 명망가들은 실망과 분노 속에서 당을 떠나거나, 아니면 당의 외곽에서 독자적인 활동을 전개한다. 어쨌거나 그들은 그 어떤 형태로든 당 중심으로부터 밀려난다.

페르디난트 라살에게는 율리우스 팔타이히가 있었다. 비록 팔타이히를 밀어내는 데까지는 성공하였지만, 만약 더 오래 살았더라면 그는 리프크네히트 및 베벨과 생사를 건 투쟁을 벌였어야만 하였을 것이다. 윌리엄 모리스는 영국 노동당의 직업적인 정치 지도자들과 관계를 단절한 뒤 해머스미스에서 지식인 소집단을 이끄는 것으로 만족해야 했다.[28] 엔리코 페리는 입당하자마자 구(舊)지도자들로부터 물어뜯기는 듯한 불신을 받았고, 결국 이론과 실천에서 공연히 상궤를 벗어나다가 사회주의 정당 지도자로서의 경력에 종지부를 찍게 되었다. 호르테르와 헨리에테르 롤란트-홀스트도 몇 년 동안의 빛나는 환희의 시절이 막을 내린 뒤, 당내 지도자들에 의하여 구석으로 밀려나고 말았다.

요컨대 운동 외부의 명성이 당원 대중을 지배하는 시기는 비교적 단기간이다. 명성에 의거하면서도 끝까지 버틸 수 있던 인물은 조레스를 비롯한 예외적인 소수에 불과하였다. 지도자의 연령은 명성과는 달리 지도자의 조건으로 전혀 중요하지 않다. 과거에는 잿빛 머리칼이야말로 가장 오랜 왕관이라고 하였다. 그렇지만 축적된 삶의 경험이 요구되지 않는 오늘날에는, 연령의 가치와 위엄과 영향력이 많이 퇴색하였다. 학교의 교육 내용이 대단히 광범한 오늘날의 실정에서는 젊은 나이에도 단기간 내에 필요한 지식을 쌓을 수 있기 때문이다.[29] 이제는 다른 직업 활동과 마찬가지로 정당활동에서도 연령이 출세에 방해가 된다. 이제는 정당활동도 젊어서 시작해야 하는 것이다. 출세 가도에서 넘어야 할 단계가 많기 때문이다. 이는 적어도 입당자가 밀려드는 견실한 정당에는 정확하게 해당되는 말이다.

물론 정당활동과 더불어 늙어간 지도자들은 경우가 다르다. 이들에게는 당에 헌신하느라 늘어난 주름살이 지배를 위한 무기가 된다. 이는 대중이 그들에게 보내는 감사의 마음 때문만은 아니다. 연장자들은 업무에서도 젊은 신참보다 노련하다. 데이비드 흄은 직업 활동에서 나이든 사람이 젊은 사람을 능가하는 이유를, 농업에 관련지어 설명한 바 있다. 햇빛과 비와 토양이 농작물의 성장에 미치는 영향력에는 특정한 동일성이

---

28) Eduard Bernstein, *Aus den Jahren meines Exils*, Berlin, 1918, 제2판, p.222.
29) Trade, "L'Action inter-mentale."

존재하는데, 나이든 농부는 경험을 통하여 그것을 측정하고 유도해내는 규칙들을 체득한다.[30] 연로한 정당인도 마찬가지이다. 그는 대중정치의 인과관계 및 그에 대한 실천적 대응에서 젊은 사람들보다 훨씬 정통하고 예민하고 섬세하다.

---

30) David Hume, *An Enquiry concerning Human Understanding*(1748), 독일어판, Leipzig, 1888, p.84.

1 직업적 지도자의 사실적 · 형식적 우월성

조직의 지도

당원의 수가 아직 소수에 불과하고 그에 따라 정당활동도 주로 사회주의의 기본 이념의 선전에 국한되어 있는 초창기에는, 직업적인 정당 지도자의 수가 명예직 지도자들보다 적다. 그러나 정당의 규모가 커지면서, 명예직 지식인들의 이상주의 및 열정과 노동자들의 선의와 자발적 협력만으로는 끝없이 대두하는 당 내외의 요구들을 충족시킬 수 없게 된다. 따라서 임시직 대신 고정직이, 탐미주의적인 아마추어 정신 대신 수공업적 직업정신이 들어서게 된다.

민주적인 국가이든 정당이든 프롤레타리아 노동조합이든, 조직이 하나의 고정된 구조를 갖는 것은 조직의 분화(分化)를 위한 최적의 조건이다. 공식적 기구가 확대되고 분화됨에 따라, 다시 말해 조직이 갈수록 많은 조직원을 갖게 되고 조직의 금고가 넘쳐나고 조직의 선전 매체가 증가하면 할수록, 조직 내의 인민주권은 그만큼 밀려나고 결국 위원회의 전권(全權)으로 대체된다.[1] 그리고 국정에서 정당이 그토록 격렬하게

---

1) "유감스럽게도 여기에 국가행정기구가 빠지기 쉬운 위험성이 존재하는데, 그것은 바로 진정한 국민의 지배 대신에 관리기구들이 전권(全權)을 장악하는 경

공격하였던 간접선거 방식이 정당에 자리잡게 된다. 간접선거가 국가라는 넓은 범주에서보다 정당이라는 좁은 테두리 안에서 미치는 악영향이 훨씬 더 큰 것은 분명하다. 일곱 번의 선거 끝에 구성되는 전당대회에서 조차 주요한 의제들은 위원회의 밀실에서 처리되기 때문이다.

조직이 고정되면, 행정적 이유에서나 전술적인 이유에서나 고정된 지도부가 나타난다. 조직이 아직 느슨한 단계에서는 직업적인 지도부가 등장할 수 없다. 고정된 조직을 혐오하는 아나키스트들에게 고정된 지도부가 없는 것은 그 때문이다. 초창기 독일 사민당의 '신탁위원'들은 사적인 직업 활동을 병행하고 있었다. 오늘날 그들은 대부분 직업 정치가(지구당 위원장 등등)들로 대체되었다. 정당 제도의 근대적 발전과 더불어 조직의 형태가 고정되면 될수록, 임시직 지도자들은 직업적 지도자들로 대체된다. 대형 정당 기구는 모두, 오로지 그 기구의 업무만을 전담할 사람들을 필요로 한다. 대중은 항시적으로 자신들을 대표하고 자신들의 일을 처리해주는 소수의 개인들에게 전권을 위임하는 것이다.

조직의 성장과 함께 증가하는 것은 행정 업무만이 아니다. 업무에 대한 전체적인 조망도 갈수록 어렵게 되고, 관할 영역도 확대되고 분화된다. 조직이 성장하면 업무의 양뿐만 아니라 질도 분화된다. 당 강령은 지도자의 모든 행위를 당원들의 엄격한 감독 아래 놓는다. 그러나 조직의 성장은 그러한 통제를 허상으로 만든다. 당원들은 행정 업무를 직접 처리하지 않게 되고, 결국은 사후(事後)적으로 점검하는 것조차 포기하게 된다. 그들은 그러한 업무를 그것을 전담하도록 채용된 대리인들, 즉 봉급을 받는 직원들에게 위임해버리고 극히 개괄적인 보고서 및 회계사 선임으로 만족해버린다.

그와 함께 민주적 통제를 받는 영역이 점점 감소한다. 과거에는 지역 선거구가 담당했던 기능들이 총재단으로 넘어가는 것은 모든 사회주의

우이다."(Wolfgang Heine, "Demokratische Randbemerkungen zum Fall Göhre," *Sozialistische Monatshefte* 8(1904), p.284).

정당에 공통적인 현상이다. 그리하여 복잡한 구조를 갖춘 거대 조직이 나타나고, 분업의 논리에 의하여 관할 영역이 분화되고, 분화된 영역이 다시 한 번 세분화된다. 그리하여 결국 모든 것을 포괄하면서도 각 기관의 업무가 엄격하게 구분된 관료제가 형성된다. 당무 교리문답의 제1조역시, 업무의 전달 경로를 정확하게 준수하는 것이 되고, 당의 기술적인 문제를 해결하려던 모든 노력은 당의 계서화(階序化)로 귀결된다.[2] 당의계서화는 당이 규칙적으로 움직이기 위한 가장 중요한 전제 조건이다.

　정당 조직의 과두제적이고 관료적인 경향은 따라서 실천적인 필요성에서 비롯된 것이다. 그것은 조직의 원칙 그 자체의 필연적인 산물이다. 사민당의 급진적인 노선조차도 이런 퇴행에 대하여 아무런 이의를 제기하지 않는다. 사민당은 고작, 민주주의란 형식일 뿐이지만 그 형식이 내용에 앞서면 안 된다고 말하는 것으로 그친다.[3] 인류의 그 어떤 시대, 그어떤 발전 과정, 그 어떤 활동 분야에서도 '지도자'라는 제도는 존재했다.[4] 지도자 없이 존재할 수 있는 것은 없다.

　오늘날 우리는, 독일 사민당의 정통파와 노동조합 그리고 심지어 러시아 볼셰비키에서조차 지도자가 아니라 기껏해야 관리들이 존재할 뿐이라는 주장을 듣는다.[5] 그러나 진실을 호도하는 그러한 주장이 사회학

---

2) 로리아(Achille Loria)는 행정적 계서제와 경제적 계서제 사이에 존재하는 여러 가지 공통점에 주목하면서, 양자의 본질적인 연관성은 계단식의 피라미드형 구조에 있다고 했다. 그런데 여기에 더 추가되어야 할 사항이 있다. 곧 이 두 가지 유형의 계서제는 결코 꼭대기가 같은 모양을 하고 있지 않고, 전자는 끝이 뾰족한 형태로, 그러니까 왕조적 형태로 끝나고, 이와 반대로 후자는 끝이 확실히 뭉툭하게, 곧 과두적 형태로 마무리된다(Achille Loria, *La sintesi economica*, Torino, 1909, p.348을 보라).

3) Hans Block, "Überspannung der Demokratie," *Die Neue Zeit*, 26(1908), p.264 이하를 보라.

4) Eben Mumford, *The Origins of Leadership*, Chicago, 1909, pp.1~12. 그는 이 주제를 특히 원시시대와 관련시켜 발전시켰다.

5) 정당을 '대중'과 '지도부'로 분리시키는 데 반대하는 레닌의 격렬한 비난에 주목하라(N. Lenin, *Der Radikalismus, die Kinderkrankheit des Kommunismus*, Leipzig,

적 법칙을 바꾸지는 못한다. 정반대로, 그러한 주장은 오히려 지도자의 지배력을 강화시킨다. 왜냐하면 그러한 주장은 지도자 지배를 부인함으로써 대중으로 하여금 운동 중인 민주주의에게 실제로 닥치는 위험성을 외면하도록 만들기 때문이다.

당무의 사실적 처리

직업적인 정당 지도자의 형성은 지도자와 당원들 사이의 교육(Bildung) 수준 격차를 현저하게 벌려놓는다. 오랜 역사적 경험에 비추어볼 때, 소수가 다수를 지배하게 되는 요인에는, 화폐 및 화폐가치, 즉 경제적 우월성과 전통 및 유산, 즉 역사적 우월성 이외에, 무엇보다도 습득된 지식, 즉 지적 우월성이 있다. 애초에 교육의 우월성은 순전히 형식적인 것이다. 지극히 피상적으로 보더라도, 우리는 프롤레타리아트 정당의 지도자들이 학력에서 당원들을 월등히 능가하는 현상을 목격한다.

그 우월성은 이탈리아처럼, 우리가 부르주아 지식인으로 규정하는 일부 집단의 광범한 심리적 성향과 그 나라의 정치 발전으로 인하여 수많은 변호사, 의사, 대학교수 등이 노동자 정당에 가입하는 나라에서 쉽게 확인된다. 그 일탈(逸脫) 부르주아들이 조직화된 프롤레타리아트의 지도자로 변신한 것은, 그들이 부르주아 진영에서 획득한 우월한 지식에도 불구하고 그렇게 된 것이 아니라, 바로 그 지식 때문에 그렇게 된 것이다.

그에 반하여 독일처럼, 부르주아들이 혁명적인 노동자들과 한치의 양보도 없이 강경하게 대립한 끝에, 한편으로는 노동자 진영으로 넘어간 부르주아들이 사회적으로나 정치적으로 매장당하고, 다른 한편으로는 노동자들이 국가 제도의 선진성 덕분에 혹은 대기업이 피고용 노동자들에게 일정 수준의 지식을 요구하기 때문에 초보적이나마 학교 교육을

1920, p.22 이하). Thomas Masaryk, *Sur le bolchévisme*, Genève, 1921, p.24 이하에 나오는 대중 및 지도부 원칙에 대한 볼셰비키의 비판도 참조하라.

받고 이를 성실한 독학으로 보충해나가는 나라에서는,[6] 노동운동 지도자들 대다수가 지식인 출신이 아니라 수공업자 출신이다.

그런데 그들 상승한 수공업자들은 과거의 동료 수공업자들과 같은 수준의 교양에 머물지 않는다. 정당 기구에 많은 급여직(給與職)과 명예직이 있어서 노동자들에게 경력을 쌓을 가능성이 제공되고, 또 노동자들은 그 가능성에 적잖은 매력을 느끼기 때문에, 어느 정도 재능 있는 프롤레타리아트들은 당 기구 안에서 대중이 부담한 비용으로 높은 수준의 지식과 공적 영역에 대한 정확한 통찰력을 갖추는 데 필요한 여유와 기회를 발견한다.[7]

대중은 직업 활동과 하루의 빵에 대한 걱정 때문에 정치 기구, 특히 정치 활동 및 정치 메커니즘에 대한 정확한 안목을 갖추기가 대단히 힘들다. 그에 반하여 지도자들은 새로운 지위를 통하여 정치 기법에 대단히 익숙해간다. 과거에 노동자에 불과하였던 그들은 이러한 방식으로 단기간 내에 처음에는 그저 단지 형식적인 지식을, 그러나 나중에는 실질적인 지식까지 습득하게 되고, 그로써 그에게 업무를 위임한 사람들을 장기적으로 더욱 능가하게 된다.

정치 활동의 업무가 복잡해질수록 사회입법의 내용은 조망하기가 더욱 어려워지고, 그에 따라 공적 활동이 힘들어질수록 지도자와 대다수 일반 동지들 사이의 간극은 더욱더 벌어진다. 결국에 가서는 지도자들은 과거 자신이 속했던 출신 계급과의 공통된 감정을 잃게 되고, 프롤레타리아트를 벗어난 지도자들과 여전히 프롤레타리아적인 당원들 사이에는 진정한 계급 격차가 발생한다.[8]

---

6) 특히 제1차 세계대전 이전(1914년 이전) 독일에서.

7) 이 책 제4부 제5장을 참조하라.

8) 또한 초등학교 교사들마저도 스스로가 민중 출신임에도 불구하고 민중에 대한 열렬한 관심을 이미 상당부분 잃어버렸다고 전문가들은 지적한다. "그들은, 자신들이 속한 계급과는 아주 다르게, 정신적으로 매우 탁월한 사람들이다. 곧 이들은 추상적인 지식의 소유자로서, 바로 그렇기 때문에 자기도 모르는 사이에 진정한 민중의 삶을 이해할 수 없게 되며, 오히려 육체노동을 하는 민중으로

위 사실은 정당과 노조의 행정 업무 및 선동기관에도 해당되지만, 노동운동 지도자들이 의회에 참여할 때에 더욱더 분명하게 나타난다. 아나키스트, 파시스트, 볼셰비키를 예외로 하면, 모든 정당은 의회주의적 목표를 갖는다고 할 수 있다. 아나키스트들은 정치적으로 이렇다할 만한 영향력이 없을 뿐만 아니라, 한편으로는 조직화에는 그 무엇이든 반대하고 또 하나의 정당으로 보기에는 너무 느슨하게 조직되어 있다. 파시스트와 볼셰비키는 의회와 관련된 상황이 대단히 복잡하다.[9] 이들을 제외한 모든 정당들의 활동 방식은 합법적이고 선거주의적이며, 당면 목표는 의회에서의 영향력이고, 최종 목표는 '정치 권력의 장악'이다. 그 목표 때문에 혁명 정당의 대표자들이 의회에 진출한다. 그리고 의회에 진출한 그들은 처음에는 의회 활동을 마지못해 수행하지만, 점차 만족감이 커가고 급기야는 애착심마저 생긴다.[10]

부터 벗어나려고 애쓰는 지식인, 곧 자신들과 정신적으로 가까운 지식인들의 이해관계를 대변하고 있다"(Friedich Wilhelm Foerster, *Politische Ethik und politische Pädagogik*, München, 1918, p.157).

9) Robert Michels, *Der politische Sozialismus und Fascismus*, München, 1924, 제4부 및 제5부를 참조하라.

10) 주지하다시피 모든 나라에서 사회주의자들은 선거에 참여하면서 그렇게 했다. 물론 처음에는 단지 망설였을 뿐이며 이론적인 유보조항을 달았다. 그때 내건 이론적 유보조항이란 오늘날 사회당 의원들이 의회주의에 대해 유보적인 태도를 취하는 것과는 전혀 다른 성질의 것이었다. 예컨대 1869년 빌헬름 리프크네히트는 북부독일연합의 제국의회 선거에 최초로 참여한 지 몇 년 후에서야 비로소 그 이유를 밝혔다. 곧 그는 자신들의 태도를 정당화하는 문건을 통해, 자신들이 선거에 참여했음에도 불구하고, 의회가 그다지 중요하지 않다는 사실을 분명히 지적할 필요성을 느꼈던 것이다. 이탈리아에서도 엔리코 비그나미(Enrico Bignami)는 1882년 선거권의 확대로 이탈리아 노동자가 그때까지 시행해오던 투표거부투쟁을 그만두게 되었을 때야 비로소 그 이유를 밝혔다. 리프크네히트는 특히 이렇게 말했다. "우리가 대중에게 어떤 진실을 알리는 데 별 뾰쪽한 수가 없다면, 연설을 한다고 해도 나아질 것이 없다. 말하자면 '제국의회'에서 연설하는 것이 어떤 '실질적'인 효과가 있는가? 전혀 없다. 그리고 효과없는 연설이란 어리석은 오락이다. 이익이 될 것이라곤 없다. 그리고 이것은 다른 한편으로 손해이다. 곧 원칙이 희생되고, 진지한 정치투쟁이 의회의 장난

그리고 그들은 그럴수록 자신을 선출하였던 유권자들로부터 멀어진다. 그들이 처리해야 하는 문제들은 전문적인 지식을 요구하고 그들의 지식은 확대되고 심화되기 때문에, 그들과 지방 동지들 사이의 간극은 더욱 벌어진다. 지도자들이 그때까지 '교육'받지 못하였다면 이제 그들은 교육을 쌓게 된다. 지식은 대중에 대한 암시적 권력이다.

대체불가능한 지도자: 전문성

당 지도자가 조세, 관세, 외교정책 등의 의정(議政) 문제에 해박해짐에 따라, 당원들이 최소한 개량주의적 전술을 고수하는 한, 혹은 그들이 혁명 노선을 채택하는 경우조차, 지도자는 당에 필수적인 존재가 된다. 직업 활동에 함몰되어 있는 비(非)당료 당원이 의정 경험을 쌓은 지도자를 즉각적으로 교체할 수 없기 때문이다. 물론 의정 능력을 갖추는 데 반드시 고도의 전문지식이 필요한 것은 아니다. 기초적인 문제에 대해서는 피상적인 지식만으로 충분하다. 사실 의회주의 국가에서 의원들이 소중한 시간을 음모에 낭비하고, 언론인이 그렇듯 제대로 알지도 못하는 사항에 대해서도 아는 척한다는 것은 잘 알려져 있는 사실이다.

"보고 듣고 생각하는 사람이라면 작금의 내각만이 문제가 아니라는 사실을 잘 알 것이다. 불만의 원인은 의회주의적 방법 그 자체에 있다.

으로 전락하며, 국민들은 사회문제의 해결방안이 비스마르크의 '제국의회'에 있는 것으로 착각하기 때문이다"(Wilhelm Liebknecht, *Über die politische Stellung der Sozialdemokratie, besonders in bezug auf den Reichstag*, Berlin, 1893, p.15). 비그나미의 견해도 기본적으로 리프크네히트의 견해에서 크게 벗어나지 않는다. 그는 선거에 참여할 것을 권고하면서도 다음과 같은 점을 역설했다. 곧 사회당 의원은 당선되어도 법률제정에는 계속 참여하지 않아야 하며, 이들이 의회에 진출하는 유일한 목적은 의회연단에 설 수 있다는 장점을 살려 다름 아닌 의회의 특권을 폐지하라고 주장하는 데 있다(Enrico Bignami, *Il candidato socialista*, Milano, 1882, p.3). 사회주의자들이 의회에 대해 이런 입장을 고수하는 한, '현실정치'를 펼칠 수 없었던 것은 당연하다.

공화주의는 장황한 논의에 시간을 허비해버리는 의회주의 정부를 기꺼이 거부할 것이다. 의회주의 정부란, 의원은 실수가 두려워 밤새워 준비한 질문 원고를 읽으며 장관을 다그치는 데에 시간을 다 소비하고, 장관은 장관대로 혼신의 힘을 다해 자신을 방어하는 정부이다. 그런 정부 형태에서는 연설문을 준비하고 발언하고 반박하는 데에 모든 시간이 소요된다. 그러므로 숙고하고 통제하고 제재할 시간이 없다. 의원과 장관의 첫 번째 능력은 모든 문제에 대하여 언제 어디에서건 말을 하는, 변호사 같은 재간과 수단이다. 이 '말의 정부', 즉 '대검귀족의 통치와 노동자의 통치 사이에 존재하는 이 정부형태'에 대한 거부감은 옛날부터 강력했다."[11]

어쨌거나 접근하기 힘든 업무를 담당하는 지도자는 불가결한 지위에 도달한다. 전문성 덕분에 지도자는 당원들의 우위에 올라서고 없어서는 안 되는 존재로 격상되는 것이다. 지도자들의 전문성은, 그들이 의원으로서 습득하게 되는 경험과 사회적 지식, 특히 의회 상임위원회에서 획득하는 전문 지식에 의하여 뒷받침된다. 의회 상임위원회는 의회 안의 과두제, 다시 말해 의회라는 과두제 안의 또 하나의 과두제의 출발점이자 중추이다.[12]

지도자들은 상임위원회에서 습득한 수완을 당연히 정당활동에 활용하고, 그로써 있을 수도 있는 당내 반대 노선을 손쉽게 제압한다. 그들은

---

11) Paul Brousse im Petit Méridional, 1909년 4월.

12) Ettore Ciccotti, *Montecitorio, Noterelle di uno che c'è stato*, Roma, pp.44, 45, 74를 참조하라. 위원회제도가 단지 민주정에만 적합한 것이 물론 아니다. 그것은 예컨대, 결코 민주적 조직이 아닌 프로이센의 주(州)의회에서도 분명 활성화되었다. 이 위원회제도가 발전을 거듭하면서 자주 의원명의만 놔두고 참석하지 않는 경향이 생겨났다. 한 프로이센 의원은 1911년에 위원회의 심의가 계속 확대되는 데 대해 불만을 토로했다. 위원회가 전체토론을 준비하는 자리가 되기보다는 오히려 그것을 대체하고 있으며, 따라서 전체토론장은 흔히, 마치 잡다한 물건이 놓인 진열장과도 같이, 대중들에게는 그저 개요만을 전달하기 위한 자리가 된다는 것이다(Habsbach, *Moderne Demokratie*, p.120).

총회를 진행하고 의사일정을 채택하고 해석하며[13] 편의적인 결의안을 제안하는 기술, 간단히 말해 이견(異見)이 발생할 만한 주요 논점을 토론에서 삭제하거나, 자신에게 대립하는 다수를 자신에게 유리한 표결로 유도하는 기술, 혹은 최선의 경우에는 다수의 말문을 막아버리는 책략을 능숙하게 구사한다. 대중의 우둔과 비겁을 이용하는 능란한 표결 처리, 표결 과정에서 요점을 감추거나 누락시키는 교묘한 문제제기, 그리고 사안과 무관하지만 대중을 극도로 흥분시킬 수 있는 말을 속삭임으로써 대중에게 암시적인 영향력을 행사하는 기술까지, 그들은 수단과 방법을 가리지 않는다.

각종의 정당 집회에서 특정 사안에 대한 담당자나 발제위원 혹은 전문가로서 등장하는 그 사람들, 다시 말해 해당 사안을 철저하게 꿰뚫고 있고, 너무도 간단하고 뻔한 문제조차 적절하게 삭제하고 변경하고 전문용어를 구사함으로써 오로지 자신들만이 해명할 수 있는 불가사의한 문제로 둔갑시키는 그 사람들은, 이론적으로는 대중의 대표자이지만 현실적으로는 어느덧 대중이 정신적으로 결코 접근할 수 없고 기술적으로도 통제할 수 없는 존재들이 되는 것이다.[14]

---

13) 이에 대한 적합한 증거를 우리는 1909년 2월 2일 자 프랑크푸르트의 사회민주당 신문인 『인민의 소리』(Volksstimme)에서 찾아볼 수 있다. 런던의 한 통신원이 제9차 영국노동당 전당대회를 보고하는 기사인데, 거기에는 이렇게 적혀 있다. "모든 예상을 뒤엎고 대회 마지막 이틀 동안은 큰 논쟁 없이 아주 화기애애한 분위기에서 진행되었다. 여기서는, 특히 당의 전술을 결정하는 문제에 있어, 당의 중요한 지도자들이 서로 얼마나 쉽게 합의하는지가 드러난다. 그런데 여기에는 당 수뇌부의 뛰어난 노련미 역시 적잖이 기여했는데, 이들은 원활한 의사진행이 가능하도록 처음부터 그렇게 대회일정을 정하고 자료를 정리하고, 첨예한 마찰을 피해 슬그머니 빙 둘러가는 방식을 썼다."……"대회진행위원회가 취한 그런 최초의 예방책은, 자신들이 판단해볼 때 토론이 필요없거나 바람직하지 않다고 생각하는 결의안을 대회일정에서 삭제하는 것이었다." 이런 관행은, 그 통신원이나 신문편집자가 거기에 대해 그 어떤 논평을 가할 필요가 없다고 생각했을 만큼, 일반적이었다.

의원들이 지성이나 외모를 통하여 매력을 발산하고 연설가와 전문가로서 명성을 쌓으며, 여론, 심지어 정치적 경쟁 집단으로부터도 인정을 받으면서, 그들의 불가침적 지위는 더욱 강화된다. 따라서 당원 대중이 유명 지도자를 사퇴시키는 경우, 그 정당은 여론의 신뢰를 잃어버린다. 그러므로 당원들이 자신들이 선출한 지도자와 결별하는 것은 '어리석은' 일이 되고 만다. 지도자의 사퇴는 우선 당장 막대한 현실정치적 손실을 야기한다. 그 어떤 새로운 인물도 수십 년 동안 다양한 분야에서 활동하면서 정치 문제에 두루 숙달하게 된 원로 정치인을 즉각적으로 대체할 수 없기 때문이다. 그뿐만 아니라 노동자 정당이 사회입법에서 진전을 이룩하고 보편적인 정치적 자유를 확립하는 데 성공할 수 있었던 것은, 바로 의회 활동 경력이 오랜 지도자들의 개인적 영향력 덕분이기 때문이다. 그러므로 민주 대중은 민주주의의 원칙을 장기적으로 사장(死藏)시켜 가는 이들 명사들을 권좌에 존치시킬 수밖에 없다.

대체불가능한 지도자: 권력수단

지도자가 권력을 주장하는 가장 강력한 근거는 그들이 불가결한 존재라는 점이다. 불가결한 자는 주인도 지배하는 법이다. 불가결한 가치를 보유한 자는 세습 군주마저 복종시킬 수 있다. 로셔에 따르면, 북독일의 어느 절대 군주가 이웃나라에서 한 탁월한 관리를 초빙하려 했을 때 임용을 추천한 장관에게, "그가 우리에게는 없어서는 안 되는 사람"이냐고 물었다고 한다. 그렇다는 답변을 들은 군주는 "그렇다면 그는 돌아가야 할 것이오. 나는 불가결한 신하를 부릴 수가 없거든."[15] 능력은 곧 지배

---

14) 루이 14세는 언젠가 부르고뉴 백작령 신분의회와 관련해서 이렇게 지적한 적이 있다. "그곳의 모든 권력은 그 의회가 갖고 있는데, 그 의회는 일반 부르주아지 모임처럼, 속임수나 협박에 잘 넘어가기 쉽다"(Dreyss, 앞의 책, 제2권, p.328).

15) W. Rocher, *Politik*, p.359.

이다. 그리고 능력의 가치는 희소성에 비례하여 증가한다. 나에게 장화를 만들어주는 제화공은, 그가 단지 장화 만드는 법을 알고 있다고 해서 나의 지배자가 되지는 못한다. 그러나 만일 알프스 어느 지역처럼 수백 수천의 사람이 오로지 한 명의 제화공에게 의존한다면, 그 제화공은 지배자가 된다.

노동자 정당의 역사에는, 지도자가 정치적 노동운동의 기본 원칙에 어긋나는 행동을 한다 하더라도 추종자들이 그에게 아무런 책임도 묻지 않는 경우가 허다하다. 이는 그 정당이 그 지도자와 그의 능력 없이는 더 이상 어떻게 꾸려나갈 수가 없고, 또 그에 비견되는 대리자를 당장 찾을 수 없기 때문이다. 그의 능력이란 것이 당원들이 그를 추대하고, 그가 일정한 지식을 쌓을 수 있는 돈과 기회와 여유를 제공하였기 때문에 얻어진 것임에도 불구하고, 일은 그렇게 진행된다. 수많은 의회 연설가와 노조지도자들은, 자신의 이론과 실천이 대중의 그것과 명백하게 대립되더라도, 자신의 독자적인 길을 대중의 이름으로 걸어간다. 대중은 대부분 당혹과 불만 속에서 그러한 행태를 바라만 볼 뿐, 그들의 '위대한 인물'에 대한 충성을 철회하지 못한다. 노동자들은 그렇게 자신을 지배하는 새로운 인물을 자신의 힘으로 키우는 것이다. 지배자들이 쌓아놓는 지배 수단의 창고에서 가장 강력한 무기는 바로 축적된 전문 지식이다.

대중은 정당의 기본 문제를 정식화하거나, 정식화된 사항을 검토할 능력이 모자란다. 대중의 무능은 단순하기 짝이 없는 몇몇의 문제를 제외한 모든 분야에서 두드러진다. 사실 지도자 권력의 가장 견고한 기반은 바로 대중의 무능이다. 대중의 무능은 지도자의 권력에게 현실정치적인 정당성뿐만 아니라, 일정한 정도의 도덕적 정당성까지 부여한다. 정당에 행정 인력이 필수적인 이유는 대중 스스로가 업무를 처리할 수 없기 때문이다. 이런 면에서 보면, 지도자가 빈번하게 자신의 힘으로 대중을 압박하는 현상 그 자체를 항상 해로운 것으로 간주할 수는 없다. 그런데 대중이 완전한 자유의사에 따라 지도자를 선출하는 것은, 대중이 지도자의 업무 능력을 통찰할 능력을 보유한다는 것을 전제한다. 프랑스어로 말하자면, "능력의 선출은 그 자체로 선출 능력을 의미한다." 그러나 우리가 살펴보았듯이, 이는 아주 제한된 정도로만 타당한 것이다. 게다가 대중이 능력 있는 지도자를 선출하였다고 해서, 그것이 반드시 대중의 독자적인 능력을 입증하는 것도 아니다. 대중은 그저 어떤 사람이 지도자로서 적합한가에 대한 직관 혹은 경험적인 판단 능력만 갖추면 되기 때문이다.

인민주권의 원칙이 완전하게 실천될 수 없다는 점과 대중이 미성숙한 존재라는 사실을 통찰한 사상가들 중에, 민주주의를 통하여 민주주의를 제한시키자고 제안한 사람들도 있다.[16] 콩도르세는 대중은 어떤 영역에서 자신의 직접적인 결정권을 포기할 것인가 스스로 결정해야 한다고 주장하였다. 이는 주권 대중 스스로가 주권을 포기하는 것을 의미한다.[17] 프랑스 혁명은 인민의 자유로운 지배와 평등한 인권의 원칙을 실천하려 하였다. 변화하는 대중의 의지가 원칙적으로 최고의 법이었던 그 프랑스 혁명에서조차, 국민공회는 군주제적 국가형태를 재도입하자는 단순 제안에 대하여 사형 선고로 반응하였다.[18] 프랑스 혁명은 말하자면 한 근본적인 문제에 대하여 대중의 결정권을 금지시켰던 것이다. 인민주권의 원칙을 광신적으로 옹호하던 빅토르 콩시데랑조차, 인민이 통과시킬 법안을 작성할 전문가 집단을 투표로 선출하도록 하자고 제안하였다. 정부 기구가 너무도 복잡하기 때문에 인민이 정부를 제대로 통제할 수 없으리라는 것이 이유였다.[19]

---

16) Robert Michels, *Der politische Sozialismus und Fascismus*, 제5부.
17) Condorcet, *Progrès de l'esprit humain*, Édition de la Bibliothèque Nationale, p.186.
18) Adolphe Thiers, *Histoire de la Révolution Française*, Leipzig, 1846, 제2권, p.141. 한편으로는 민중의 무제한적인 주권을 이야기하면서, 동시에 다른 한편으로 지도자들이 주권자들을 완전히 감시하는 후견자 노릇을 해야 한다고 하는 이 비논리적인 사고를 우리는 또한 대다수 자코뱅주의자들의 연설 속에서도 찾아볼 수 있다(예컨대, *Oeuvres de Danton*, ercueillies et annotées par A. Vermorel, Paris, p.119 이하를 보라).
19) Victor Considérant, *La solution ou le gouvernement direct etc.*, p.41.

베른슈타인 역시 인민주권의 원칙을 완벽하게 실천하기에는 평균적인 인간의 능력이 미흡하다고 주장하였다. 인간이 살아 있는 백과사전이 아닌 한, 모든 문제에 정통한 사람은 몇 명되지 않다는 것이다. 게다가 투표에 앞서 문제를 정확하게 검토해야 할 필요성을 느끼기 위해서는 대단히 섬세한 감각과 책임감이 요구되는데, 현재 인민들의 책임감이나 추후 발전하게 될 감각은 그에 훨씬 못 미친다는 것이었다.[20] 카를 카우츠키도 여기에서 제기된 문제들이 노동운동에 미치는 심각한 의미를 간과하지 않았다.

그리하여 그는 사회 활동의 모든 분야가 민주적 관리 방식에 적합한 것은 아니라고 지적했다. 그에 따르면 민주적 관리방식은, 참가자 개개인 모두가 모든 결정 사안에 대하여 독자적인 판단을 내릴 수 있을 때만, 다시 말해 해당 문제에 대한 참가자 모두의 협력이 강력해야만 점차 가능해지리라는 것이었다.[21]

지도자의 지배권을 정당화하기 위하여 대중의 무능력을 이용하는 사상가들도 있다. 영국에서는 토머스 칼라일의 영웅론이 등장하였다. 사적 유물론으로 인하여 그러한 발상이 사민당 교리에 유입되지 못한 독일과 달리, 영국의 사회주의자들은 노선에 무관하게, 사회주의적 민주주의는 자비로운 전제정과 유사할 것이라고 공공연하게 주장하였다. "그(자비로운 전제군주)는 통치의 계획뿐만 아니라 자신의 의지를 효과적으로 실천할 권력을 가질 것이다."[22]

그들의 주장은 다음과 같다. 모든 관리 업무, 다시 말해 결정을 내리기 위해서는 전문적인 지식이 요구되고 이를 실천하기 위해서는 권위가 요구되는 모든 전술적·행정적 사안에 대해서, 어느 정도의 '독재', 즉 민주주의 원칙으로부터의 이탈이 필수적이다. 민주주의의 관점에서 보면

20) Eduard Bernstein, *Zur Geschichte und Theorie des Sozialismus*, Berlin, 1910, p.204.
21) Karl Kautsky, *Konsumvereine und Arbeiterbewegung*, Wien, 1897, p.16.
22) James Ramsay, *MacDonald, Socialism and Society*, London, 1905, p.XVI, XVII.

그것은 악일 수 있다. 그러나 그것은 정치적인 필요악이다. 사회민주주의란 모든 것을 인민을 '통하여' 행하는 것이 아니라, 모든 것을 인민을 '위하여' 행하는 것이다.[23] 따라서 결정적인 것은 지도자의 선의와 통찰력이다. 머릿수에 의해 결정되는 다수결은 단지 가장 일반적인 원칙을 제정할 수 있을 뿐이다. 나머지 전술적으로 중요한 모든 사항은 지도자가 결정한다. 이는 소수가 ─ 벨퍼트 백스는 세 명이 적당하다고 제안했다 ─ 전체 당의 이름으로 정치하는 것을 의미한다. 사회민주주의는 민주주의가 아니라 민주주의를 달성하기 위한 투쟁 정당이다. 민주주의는 목표일 뿐 수단이 아니다.[24]

민주주의가 수단일 수 없음은, 정당에 사기업과 비슷한 특징이 있다는 점으로도 설명할 수 있다. 사민당은 이데올로기적인 목적을 위하여 창당된 정당이다. 그러나 그것은 시장의 논리를 제외하고는, 당의 성공이 관리 및 운영 인력의 질(質)에 좌우된다는 점에서는 기업과 동일하다. 어느 기업도 기업가, 즉 경영자 없이는 존재할 수 없는 것처럼 정당도 지도자 없이는 존립할 수 없다. 따라서 노동운동 역시 기업과 마찬가지로, 노동조직이 성장함에 따라 지도자들의 가치와 의미와 중요성은 커질 수밖에 없다.[25]

분업은 전문가를 낳는다. 따라서 지도부가 불가결하다는 것은, 의사들이 불가결하다는 사실, 혹은 전문적인 화학자의 존재가 불가결하다는 사실과 같다.[26] 전문성은 권위를 의미한다. 사람들이 의사의 처방을 따르는 까닭이 그가 학업을 통하여 환자 자신보다 인체에 대해 더 잘 알고 있기 때문이듯이, 정치적인 환자는 자기보다 더 나은 정치적인 능력을 갖

---

23) Ernest Belfort Bax, *Essay in Socialism and Society New and Old*, London, 1806, pp.174, 182.
24) 같은 책.
25) Fausto Pagliari, *Le organizzazioni e i loro impiegati. Relazione del VII. congresso nazionale della Società di Resistenza*, Torino, 1908, pp.3, 5, 8.
26) Rienzi(H. van Kol), *Socialisme et liberté*, p.250.

고 있는 지도자에게 그 권위를 위임할 수밖에 없다. 정당에서는 가장 사실적인 지도자가 가장 불가결한 존재이다. 여기에서 사실성이란 자신을 사실성으로 그럴싸하게 치장한 사람, 즉 극히 개인적인 기분에 따라 법 조문이나 뒤지는 사람의 사실성이 아니다. 여기에서 사실성이란 사실 그 자체 관한 지식과 사람보다 사실을 앞세운다는 의미에서의 전문성이다.

민주주의는 궁극적으로 가장 뛰어난 사람들의 지배 형태, 즉 귀족정으로 전환된다. 그 가장 뛰어난 사람들이 바로 정당의 지도자들이고, 그들은 사실성에서나 도덕성에서나 가장 성숙한 사람들이다. 따라서 그들은 한 정당의 대표로서 뿐만이 아니라, 자기 자신의 고유한 가치를 충분히 의식한 한 개인으로서 자신의 의지를 관철시킬 권리와 의무를 갖는다.[27]

---

27) 실제로 밀라노 정치가인 감바로타(Guglielmo Gambarotta)가 내세우는 주장도 그렇다. 그는 사회당에 소속되어 있었는데, 그 당에서 의원이 되려는 뜻을 이루지 못하자, 그 당을 떠나 부르주아 급진주의자로 변신했다. 그의 논문, "La funzione dell'uomo politico," *Rivista Critica del Socialismo*, 1, Roma, 1899, p.888 을 참조하라.

2
지도자 권력의 사실적 특징

"대중은 가끔 의식적으로 봉기하려 하지만,
지도자들은 언제나 그들의 열정에 재갈을 물린다.
당 대중이 능동적인 배우로 역사의 무대 위로
등장하여 정당 과두세력의 권력을 제거하는 때는,
오로지 지배계급이 혼망 속에서 억압을
과도하게 증대시키는 경우뿐이다."

1 지도자 권력의 안정성

지도자에 대한 당의 충성

정당 민주주의를 연구할 때 정당의 역사에서 가장 눈에 띄는 계기들 중의 하나는 민주 정당 지도부의 인적 안정성이다. 독일 사회주의 노동 운동의 역사는 적절한 사례이다. 리프크네히트와 베벨은 1870/71년 독일제국의 창건 당시에 이미 그 열정과 지성으로 수많은 당원들 중 단연 돋보이는 걸출한 인물들이었는데, 그로부터 30년이 지난 세기 전환기에도 여전히 독일 노동운동의 탁월한 지도자로 남아 있었다.[1] 독일의 상황은 나머지 유럽 국가들의 노동운동사와 비교해 보면 진정 놀라운 현

---

1) 현(現) 독일사회민주당이 창립되었던 1875년 고타(Gotha) 통합전당대회를 기록한 의사록(議事錄)을 참조하여보면, 그 당시에 이름이 적힌 대의원 73명 가운데 다음 14명이 최근 그 생애를 마감할 때까지 여전히 사회민주당에 남아 있었거나 지금도[1911년] 열심히 활동하고 있다. 아우어(Auer), 보크(Bock), 블로스(Blos), 가이브(Geib), 그릴렌베르거(Grillenberger), 리프크네히트, 뢰벤슈타인(Löwenstein), 드레스바흐(Dreesbach), 카펠(A. Kappel), 몰켄부르(Molkenbuhr), 호프만(Hoffmann), 베벨, 모텔러(Motteler), 스톨레(Stolle)(프랑크푸르트의 『여론』(*Volksstimme*)지가 재간행한 의사록인 Waffenkammer des Sozialismus, eine Sammlung alter und neuer Propagandaschriften, 제6권(매년 2회 발행)(1906), p.122를 참조하라).

상이다. 이탈리아의 경우 원인은 부분적으로 독일 사민당과 달랐지만 결과는 같았다. 어쨌거나 다른 나라에서는 제1차 인터내셔널에서 활동하던 사람들 가운데 새로운 세기에 넘어와서도 지도적 지위를 유지한 사람은 소수에 불과하였다. 그러나 독일 사민당 지도자들은 당 속에서 살고, 늙고, 죽는다고 말할 수 있을 정도이다.[2]

추후 다시 언급하겠지만, 독일에서 사회주의 정당으로부터 다른 정당으로 당적을 옮긴 사람은 소수에 불과했다.[3] 사민당을 위해 일하다가 추후 정당정치와 무관한 분야에서 활동한 사람들, 그리고 사민당에서 혜성처럼 부상하였다가 어느 순간 순식간에 사라져간 문필가들은 있었다. 그들은 단기간 정치에서 떠들썩하게 활약하다가, 학문적으로 진정 천착하지 않았던 사회주의 사상으로부터 다시 멀어지고, 그에 따라 거친 정치의 무대를 떠나 한적한 서재에 파묻혀버린 사람들이다.

그런 사람들로는, 한때 『호민관』(*Volkstribüne*)지(誌)의 편집자였던 파울 에른스트 박사, 『청년』(*Jungen*)지(誌)의 돌풍을 이끌었던 브루노 빌레 박사, 사회당 기관지 『전진』(*Vorwärts*)에서 연극을 담당했고 추후 오토 에리히로 불리게 되는 오토 하르틀레벤(물론 우리가 기억하기에 그는 대중 집회에 단 한 번도 등장한 적이 없다), '전망불능'이라는 알베르트 쉐펠레(튀빙겐 대학과 빈에서 대학교수를 지냈으며, 한때 잠깐 오스트리아 상무장관을 역임하기도 했던 쉐펠레는 스펜서의 영향을 받은 자연주의적이고 유기체적인 사회관을 피력했다 – 옮긴이)의 세계관에 반대하여 사민당을 방어하는 탁월한 저서를 냈던 헤르만 바르가 있다.

또한 하르트 볼트만과 형제인 루트비히 볼트만 박사는 라인란트의 한 산업 도시인 바르멘의 대표로서 1899년 하노버 전당대회에서는 베른슈타인을 옹호하였는데, 사회학의 최고성과로 꼽히는 사회주의에 대한 몇

2) 이 말은 1908년에 한 것이다. 다른 대부분의 것과 마찬가지로, 이 원칙은 〔제1차〕 세계대전 이전까지는 깨지지 않았다.
3) 이 책, p.171 이하를 보라.

권의 저서를 내놓은 이후에는 아예 민족주의적으로 채색된 정치인류학 쪽으로 방향을 바꾸었다. 에른스트 귀스트로브와 그외 다른 사람들도 대부분 뛰어난 재능과 학식을 갖추었고, 일부는 아름다운 문학 분야에서, 또 다른 일부는 과학 영역에서 이름을 떨쳤지만, 정당활동을 의식적이고 일관되게 펼치기에는 적합하지 않은 인물들이었다.[4]

사민당의 역사에는, 단 하나의 이념에 매료되어 그 이념에 사민당의 모든 활동을 집중시키기 위하여, 혹은 자신의 특수 이념에 사민당을 이용하기 위하여 사민당에 뛰어들었던 인물들도 한두 명이 아니었다. 그런 사람들은 그들의 목표가 실현 불가능하다는 사실을 깨닫자마자 곧바로 차갑게 등을 돌려버렸다. 우리는 신출내기 당원이었던 비스바덴의 자유신앙 옹호자 게오르크 벨커가, 1902년 뮌헨 정당대회에서 종교는 사적인 문제라는 당의 기본원칙 대신에 정신적으로나 전술적으로나 위험스럽기 짝이 없는, 바로 그 "부끄러움으로부터 해방되자!"(Ecrasez l'Infâme)라는 슬로건을 들고 나왔던 것을 기억한다. 또한 그 대회와 함께 열렸던 제1차 여성사회주의자대회에서는 아프리카의 케이프 식민지에서 조국으로 귀환하기 무섭게 사민당에 입당한 카를 폰 오펠 박사가

---

4) 우리가 알고 있는 에른스트(Ernst)의 저작 가운데 사회주의 문헌에 속하는 것으로는 짤막한 사회학 논문인 "Die gesellschaftliche Produktion des Kapitals bei gesteigerter Produktivität der Arbeit"(1894)와 두 통속 문예소설(*Lumpenbagasch*/ *Im Chambre séparée*, 1898)이 있다. 하르틀레벤(Otto Erich Hartleben)은 사회주의적 활동 시기에 사회환경을 묘사한 감동적인 단편소설을 남겼다(*Um den Glauben, ein Tagebuch — Die Serényi*라는 제목으로도 알려져 있음 — 인데, 이것은 *Zwei Novellen*, Leipzig, 1887에 실려 있다). 볼트만이 쓴 것으로는 다음과 같은 것들이 있다. *Die Darwinsche Theorie und der Sozialismus. Beitrag zur Nationalgeschichte der menschlichen Gesellschaft*, Düssedorf, 1889. 그리고 *Die historische Materialismus., Darstellung und Kritik der Maxistische Weltanschauung*, Düsseldorf, 1900. 짧지만 날카롭고 대담하게 베른슈타인을 옹호한 장면은 *Protokoll des Parteitags von Hannover*(Berlin, 1899, p.147 이하)에 실려 있다. 바르(Hermann Bahr)는 다음과 같은 반론을 썼다. *Die Einsichtslosigkeit des Herrn Schäffle*, Zürich, 1886. 이에 대해서는 또한 그의 회상록 *Selbstbildnis*, Berlin, 1923, p.187도 참조하라.

외국어와 방언을 알아야 한다고 주장하면서, 특히 당원들 사이에서 일반적으로 반말을 사용하자고 제안하였다.

그러나 이것은 모든 나라의 정당에서 찾아볼 수 있는 자연스러운 부수현상에 불과하다. 사민당처럼 이질적인 정신들을 끌어모으는 자연스런 매력을 갖고 있는 정당의 경우에는 더욱 그렇다. 정치적으로 고양되어 있는 전복(顚覆) 정당은 온갖 부류의 국외자들과 얼치기들의 일시적인 집결지이다. 당은 노동하는 인간의 괴로움을 치료하고자 하는 사람들, 그 처방전이 다양하기도 하고 강약과 고저도 제각각이어서 유약이나 모직을 권하기도 하고, 채식이나 건강 기도를 주장하기도 하며, 파리산 버섯이나 소비조합의 청어를 권유하기도 하는 그런 사람들의 집결지이다.

그러나 뜨내기 사회주의자들의 탈당보다 훨씬 더 뼈아팠던 것은, 사회주의자 탄압법(비스마르크가 1878년 사회민주주의자들을 탄압하기 위해 만든 법으로, 사회주의자들의 결사, 언론 및 선동의 자유를 금지했다. 1890년 이 법은 연장되지 않음으로써 자동 소멸되었다 - 옮긴이)이 지배하던 분노의 시기에 많은 사민당 지도자들이 어쩔 수 없이 미국으로 이민을 떠난 것이다.

언젠가 베벨이 설명했다시피, 사회주의자 탄압법 때문에 물질적인 생존 기반을 박탈당한 수백 명의 사회주의자들은 도피처를 찾아, 숙소를 찾아, 그리고 생계를 찾아 외국으로 나갈 수밖에 없었다. 그들은 법적 탄압이 시작되기 이전에는 당내에서 선동가로, 편집자로, 의원으로 활약했던 사람들이다. 사회주의자 탄압법의 초기에만도 80명이 넘는 당료들이 독일을 떠났고, 그중 많은 사람이 다시는 되돌아오지 않았다. "그것은 엄청난 인적 출혈이었다."[5]

탄압이 강화되면서 탈출의 규모도 커졌다. 1881년, 그러니까 독일 사민당의 생존 가능성이 선거를 통해 그나마 확인되기 직전에, 라살 시대부터 사민당에서 활동하여왔고 제국의회 의원이기도 하였던 프리드리

---

5) Protokoll der Verhandl. des Parteitags zu Halle a.S. 1890, p.29.

히 빌헬름 프리체(1905년 사망)와 라살 비판가 율리우스 팔타이히가 바다를 건너 조국을 영구히 등졌다. 물론 팔타이히는 독일 내의 노동운동에서만 손을 떼었을 뿐, 뉴욕에서 독일어로 발간되던 사민당 일간지의 편집자로서 활동하였고, 최근까지도 일선에서 활동하였다.

과거에도 1840년대와 1850년대의 반동(反動) 때문에 미국으로 이민을 떠난 사회주의 정치가들이 상당히 많았다. 『신시대』의 공동 발기인인 조르게는 1850년대 초에 미국으로 건너갔고, 마르크스가 1872년에 인터내셔널의 본부를 런던으로부터 뉴욕으로 옮기자 그곳에서 명목상의 총위원회 서기로 활동하다가 나중에는 음악에 전념하였다. 시인 로베르트 슈바이헬(그는 뒷날 독일로 귀환한다)도 1850년대 초에 독일을 떠나 미국으로 건너갔다.

그러나! 이 공포의 시기에 열성 당원으로 당당히 몸을 드러낸 사람도 놀라울 정도로 많았다.

정치적으로 비교적 평화로운 시기에 지도부의 안정성이 훨씬 두드러지는 것은 당연한 일이다. 필자는 독일 사민당, 프랑스 노동당(Parti Ouvrier, 게드파), 이탈리아 사회당의 1893년 전당대회에 참석한 사람들의 명단에서, 1910년까지도 여전히 각 당의 지도급 인물로 남아 있던 사람들을 조사하였다. 이 작업은 필자의 개인적인 조사일 뿐 엄정한 과학적 조사에 의거한 것은 아니어서 정확성을 장담할 수는 없다. 그러나 아마 진실에 상당히 근접할 것이다. 이 작업에서 필자는 다음과 같은 결과를 얻었다. 독일 사민당의 경우 쾰른 전당대회에 참석한 대의원 207명 가운데 60명이 1910년 전당대회에도 발견되었다. 프랑스 노동당의 파리 대회에 참석한 사람 93명 가운데에서는 12명이, 그리고 레지오 에밀리아 이탈리아 사회당 전당대회에 참석한 311명 가운데는 102명이 여전히 자기 자리를 지키고 있었다.[6]

---

6) 상세한 명단은 *Protokoll über die Verhandlungen des Parteitages zu Köln*, Berlin, 1893, p.280 이하, 그리고 소책자인 Onzième congrès national du parti ouvrier

이는 대단히 높은 비율이다. 이탈리아와 독일 사회주의 정당의 연속성은 특히 높은 것이고, 프랑스 사회당은 그보다 약간 떨어진다.[7] 기타의 부르주아 좌파 정당들은 아마 그토록 강력한 연속성을 보이지 못할 것이다. 노동자 정당의 당료들 역시 당 지도부의 연속성에 버금가는, 아니 그보다 높은 안정성을 보인다. 뒤에 살펴보겠듯이 그러한 안정성은 수많은 현상들이 결합되어 나타난 현상이다.

한 직책을 장기간 수행하는 것은 민주주의에 위험이 된다. 신중한 민주 단체들이 지도적 직책의 수행을 단기간에 국한시키는 것은 바로 그 때문이다. 1789년 프랑스 혁명의 인권선언은 대의원을 언제라도 소환할 수 있도록 함으로써 권리위임을 제한하였다. 프랑스 제3공화정은 군부 독재와 새로운 카이사르주의를 미연에 방지하기 위하여, 어떤 장군이라도 군대 지휘권을 3년 이상 보유하지 못하도록 하는 규정을 도입하였다. 금권정치로 비난받던 그 공화정에서, 대통령과 상원의원의 임기는 7년으로 제한되어 있고, 하원의원 중에서 4년 이상 재직하는 경우가 드물며, 주지사는 해임이 가능하고, 장관의 수명도 짧다. 보통선거에 의하여 국민으로부터 직접 선출되는 직책의 수와 선거 행위의 빈도수를 따져보면, 가장 폭넓고 가장 확실한 민주주의를 구가하고 있는 나라는 미국이다. 미국에서는 입법부뿐만이 아니라 고위 행정직과 사법부까지 모두 보통선거권을 통해 선출된다.[8] 한 계산에 따르면 미국 국민은 1년에 평균 22번 정도 투표권을 행사해야 한다.[9] 스위스도 유사하다.

---

tenu à Paris du 7 au 9 oct. 1893, Lille, 1893, p.9. 또한 *Il congresso di Reggio Emilia, verbale stenografico*, Milano, 1893, p.57을 참조하라.

7) 이런 사실로부터 프랑스 민족성에 무슨 '불신감'이나 혹은 '경박성'이 존재한다는 식의 결론을 내릴 수는 물론 없다. 여기서 더 이상 상세히 분석할 수는 없지만, 오히려 그보다는 아마 프랑스의 역사적 전통과 정치적 민주주의 때문인 것으로 풀이된다.

8) (원문이 누락됨-옮긴이)

9) Werner Sombart, *Warum gibt es in den Vereinigten Staaten keinen Sozialismus?* Tübingen, 1906, p.43.

오늘날에는 거대 민주 노동자 정당들 역시 모두 활발한 선거 민주주의를 펼치고 있다. 이들 정당은 중앙, 주, 시의회에 입후보할 후보자들은 물론 당 총재단을 비롯한 모든 고위직책(e da capo), 그리고 지역의 당대회 및 중앙의 전당대회에 파견할 대의원도 선거로 선출한다. 사회주의 정당과 노동조합의 직책들은 대부분 임기가 단기간이고, 늦어도 2년마다 새로이 선출하도록 되어 있다. 재직 기간이 길어지면 길어질수록, 지도자의 독립성은 커지고 대중에 대한 영향력은 증가하는 법이다. 따라서 선거를 빈번하게 시행하는 것이야말로 과두제의 독가스로부터 민주주의를 보호할 수 있는 가장 기본적인 안전밸브이다. 민주 정당에서 지도자의 지위는 그렇듯 당 대중의 선거와 얼마 뒤의 재신임 여부에 달려 있기 때문에, 피상적으로 보면 민주 정당의 민주주의는 선거에 의하여 보장되는 것처럼 보인다.

민주주의 원칙을 일관되게 고수한다는 것은 전통적인 충성 관계를 무시하겠다는 뜻이다. 따라서 민주주의라 함은, 입헌주의 국가에서 의회의 다수당이 행정부를 구성해야 하는 것과 마찬가지로, 당의 최고위 직책들은 항상 당내 주류 세력이 차지해야 된다는 것을 의미할 것이다.[10] 그리고 과거의 세력은 새로이 당을 장악한 신진 세력에게 기꺼이 자리를 비워주어야 할 것이다. 또한 한 인물이 요직을 너무 오래 차지하고 있어서 자신이 유일한 인민의 대표인 양 착각하는 사태를 막기 위해서는, 주요 직책에 동일 인물을 지나치게 오래 두는 것도 피해야 할 것이다.

그러나 현실은 다르다. 민주 정당을 지배하는 것은 전통을 선호하는 감정과 사태의 안정을 바라는 본능적인 욕구이다. 민주 정당들의 최고위 지도부가 언제나 현재의 표현이라기보다 과거의 표현인 것은 바로 그 때문이다. 다시 말해 민주 정당의 지도부가 신임을 받는 이유는, 그들이 당내의 세력 관계를 그때마다 정확하게 반영하기 때문이 아니라, 단지 그들이 그때까지 지도부로 존재해왔기 때문인 것이다. 이것은 타성의 법

---

10) 이것이 네덜란드 사회민주당에서는 정관(定款)으로 규정되어 있다.

칙, 완곡하게 표현하자면 지속의 법칙이다. 권력을 한 번 위임받은 지도자들이 종신 동안 신임을 받는 것은 그 법칙 때문이다.

조직화가 탁월한 모든 정당을 지배하는 그 '조직의 계기'는 독일 사민당에서 두드러지게 나타난다. 조직의 논리는 사민당 총재단을 영속화시켰던 것이다. 사회주의 정당이 모범적인 민주 정당이라면, 당 총재단을 2년마다 새롭게 교체해야 한다는 역사적인 권리가 하나의 관행으로 자리잡았어야 한다. 그러나 이것은 독일 사민당에게 낯선 것일 뿐만 아니라, 만일 이를 요구하고 나선다면 당내에 커다란 소동을 일으킬 것이다.

1900년 마인츠 전당대회에서 결의된 조직정관은, 총 7명으로 조직된 총재단(총재 2명, 서기 2명, 회계 1명, 일반위원 2명)이 매년 개최되는 전당대회에서 "투표용지를 이용한 선거와 절대다수에 의해" 새로이 선출되어야 한다고 규정하였다(민주주의). 그렇지만 전당대회가 열리면, 관례적으로 기존의 총재단 위원들의 이름이 투표 용지에 인쇄되어 대의원들에게 배포된다. 이는 당직에서 물러나는 총재단 위원들의 재선을 당연한 것으로 만드는 행위이고, 또한 그들을 재선하도록 압박을 가하는 행위이기도 하다. 물론 대의원들은 인쇄된 이름 위에 줄을 긋고 다른 이름을 적어낼 법적 권리가 주어져 있다. 그리고 선거는 비밀투표로 진행된다. 그렇지만 후보명단은, 프랑스식 표현을 빌리자면 '민주주의를 교정하느니 차라리 운명을 바꾸는 것이 낫다'고 할 만큼 변경하기가 어렵다. 명단의 수정, 즉 당 규약에 명시된 선거권을 행사하는 것은 대의원 대부분에게 대단히 무례한 행동으로 낙인찍히기 때문이었다.

그 명백한 사례를 우리는 이미 언급한 바 있는 드레스덴 전당대회 (1903년)에서 찾아볼 수 있다.[11] 그 집회에 소문 한 가지가 퍼졌다. 해당자들이 추후에 완강하게 거부하는 바람에 확인되지 않은 것이기는 하지만, 급진적인 베를린 대의원들이 그들이 싫어해 마지않던 수정주의자 이그나츠 아우어를 총재단 위원 명단에서 삭제하려 한다는 것이었다. 당의

---

11) 위의 책, p.57을 보라.

여론은 분노하였다. 그것은 불경(不敬)이었기 때문이었다. 결국 아우어 제거 계획은 실천에 옮겨지지 못하였다.[12]

이러한 경향은 미국에서도 마찬가지다.[13] 프랑스 사회당에서 당 직자를 선출하는 기구는 전당대회가 아니라 상임위원회(commission administrativ permanente: CAP)이다. 상임위원회는, 관심 있는 당원들이 위원회의 후보 이름을 미리 적어내면, 사전에 대단히 복잡한 과정을 거쳐서 선출된 특정한 위원회가 구성되어 그 명단을 검토함으로써 구성된다. 이렇게 복잡한 과정을 거치는 덕분에 당 지도부는 예상 밖의 불상사를 미연에 방지할 수 있다. 게다가 행여 표결이 실시되는 경우에도, 당 정관 33조에 표결은 비밀투표로 이루어져야 한다고 분명하게 명시되어 있음에도 불구하고, 표결은 언제나 마지막 순간에 거수를 통해 이루어진다. 대의원들은 위원회를 선출하고, 그 위원회는 자천한 후보자 명단을 작성한다. 이런 식으로 일곱 번에 걸친 여과작용을 거쳐 구성되는 상임위원회가 당직자를 선출하는 것이다. 결국 당원들에게는 자신들이 대의원을 뽑았다는 환상만 남을 뿐이다.[14]

이와 같은 간접선거를 통해서 선출된 고위 당직자들은 민주적 기관임에도 불구하고, 그들에게 위임된 '전권'을 종신 동안 행사한다. 정관에 규정된 재신임 절차는 형식에 불과한, 당연한 일이 되어버린다. 업무 위임이 직책으로 변화하고, 직책은 불변하는 임용으로 변화하는 것이다. 따라서 지도부는 귀족 신분이 그러하였던 것처럼, 해임될 수 없는 불가침의 존재가 된다. 그들의 재직 기간은 군주정 치하 장관들의 평균 재직 기간을 훨씬 상회한다. 독일제국 장관의 평균 재임기간은 4년 4개월인데 반하여 사민당 총재단, 즉 정당의 내각에 해당하는 그 직책에는 똑같은 인물이 40년 이상 재직한다.[15]

---

12) *Protokoll des Parteitages zu Dresden*, pp.361, 373 이하, p.403을 참조하라.

13) M. Ostrogorski, *La démocratie et l'organisation des partis politiques*, 제2권, p.200.

14) Gabriele Cambier, "Démocratie ou oligarchie?," *La lutte des classes*, 1912년 6월 21일 자.

베른슈타인은 대중이 변덕스럽다고, 대중의 선호는 쉽게 변한다고 지적했다.[15] 그러나 노동운동 지도자들의 지위는 그들이 자신의 의무에 충실한 이상, 왕권신수설에 입각한 군주국 프로이센의 장관보다도 안정적이다.[16] 나우만은 민주주의자들에 대해 다음과 같이 말했다.

"민주주의자들의 요직은 국가의 장차관들보다 느리게 교체된다. 민주적 선거 절차의 내부에는 지속의 논리가 내장되어 있다. 민주 선거는 개별적으로는 예측하기 힘들지만, 전체적인 작동 방향에서는 군주정보다 훨씬 예측하기 쉽다. 대중의 생각은 한 걸음 한 걸음 변화하고 그 과정도 대단히 완만하기 때문에, 민주주의에는 느리고 둔중한 전통이 생겨난다.

군주정에도 전통의 형태는 존속하지만, 민주주의도 오래되면 오래될수록 그만큼 많은 고착된 언설과 강령과 관행들로 둘러쌓이게 된다. 새로운 사고가 정당에 침투하는 것은, 그 사고방식이 이미 온 나라를 느릿하게 일주하고 난 뒤, 정당 내부의 특정 집단을 통하거나 아니면 전체적인 사고의 전환을 통하여 이루어진다. 선거를 통해 구성되는 의회의 그 자연스러운 둔중함은 전체에게 행운일 수도 불행일 수도 있다."[17]

다른 나라에서도 민주적 토대 위에서 구성된 조직들이 독일 사민당과 유사한 지도부의 안정화 경향을 보인다. 그 좋은 예가 바로 이탈리아 노동총동맹(Confederazione Generale del Lavoro)이 1910년 2월 3일에 작성한 총파업 선언 규약이다. 이 규약에는 총파업에 돌입하기 위해서는 매번 지구별로 파업에 대한 찬반투표가 이루어져야 하고, 그 표결 용지에는 총파업을 논의한 의사록이 첨부되어야 한다는, 민주주의의 당연한 절차가 명시되어 있다. 그런데 그 규정 뒤에는, 연맹의 중앙위원회가 총파업을 거부하는 반면 조합원들이 표결로 총파업을 찬성함에 따라 연맹의 중앙위원회와 조합원들의 의사가 서로 다를 경우에도, 그것이 연맹 지도

---

15) 이런 지도자의 안정성이 특별한 상황이지만 민주국가형태에서도 존재한다. 곧 스위스에서는 75년 동안 연방각료는 재임 중 단 한 명도 바뀌지 않았다.

16) Eduard Bernstein, *Arbeiterbewegung*, p.149.

17) Friedrich Naumann, *Demokratie und Kaisertum*, p.53.

부에 대한 불신임을 의미하는 것은 아니라고 밝히고 있다. 여기에서 우리는 이탈리아 부르주아 국가의 장관들이 감당해야 하는 만큼의 책임조차 노동운동 지도자들이 지지 않는다는 사실을 알 수 있다.[18] 웨브 부부는 영국 노동조합 관리들의 안정성이 정부 공무원보다 훨씬 높다고 보고하였다. 면방적노조 총연합회의 정관에는, 조합원들이 조합 간부들의 활동에 만족하는 한 간부들은 언제까지라도 직책을 유지할 수 있다는 규정까지 들어 있다는 것이다.[19]

위의 현상을 제대로 이해하기 위해서는, 전통이라는 강력한 보수적인 요소가 보수주의자들만이 아니라 혁명적인 대중에게서도 본질적인 계기라는 점을 감안하여야 한다. 그리고 우리가 이미 살펴보았던, 인간적으로 아름다운 정서인 감은(感恩) 역시 중요한 역할을 한다.[20] 당이 요람에 놓여 있을 때에 이미 그곳에 있었고, 당을 위하여 수천의 불쾌를 참아냈으며, 당을 위해 수만의 봉사를 마다하지 않았던 동지에게 신임을 거부하는 것은 용서받지 못할 배은(背恩)으로 간주되는 것이다. 더욱 중요한 것은, 그가 당을 위해 봉사하였기 때문이라기보다 그가 검증된 노련한 동지여서, 당 대중이 등을 돌리려 하지도, 등을 돌릴 수도 없는 존재라는 데 있다. 따라서 당의 특정 업무를 맡고 있는 사람은 아예 교체할 수가 없다.[21] 아니 과장하지 않고 엄격하게 표현하자면, 교체하기 어렵다.

관료제는 본질적으로 분업에 기초한다. 분업이 지배적인 곳에서는 기능의 세분화, 전문화, 독점화가 두드러진다. 특히 프로이센-독일처럼 당이 경찰과 행정 관료와 형법으로부터 억압을 받는 곳에서는, 억압의 암초를 피해가면서 당을 안전하게 이끌고 갈 노련한 조타수가 절대적으로 필요하다. 당은 당의 발전을 조심스럽게 보존함으로써만 어느 정도나마

---

18) *Stampa*, 1910년 2월 3일 자.
19) Sidney and Beatrix Webb, *Industrial Democracy*, I, p.16.
20) 같은 책, I B, 제3장, p.55를 참조하라.
21) 같은 책, p.55 이하를 참조하라.

항구성을 견지할 수 있기 때문이다.

또 다른 계기도 있다. 노동운동은 정치적 노동운동이든 경제적 노동운동이든 상관없이, 국가 행정 관리들이 그렇듯이 관리직의 재직 기간이 어느 정도 길어야 한다. 노동운동 지도자가 훌륭한 공무원처럼 업무에 정통하게 되기까지는, 업무에 익숙해질 일정한 시간이 필요하기 때문이다. 게다가 공무원은 자신이 언제 해고당할지 모른다는 공포심을 갖지 않아야만, 업무에 애착심을 갖게 되고, 또한 업무를 자신과 동일시하게 된다. 업무를 성실하고 철저하게 수행하기 위해서는 안정감이 필수적인 것이다. 단기 임용은 민주적이긴 하지만 기술적으로나 심리적으로나 관리 업무에 적절하지 못하다. 그리고 단기 임용은 책임감을 유발하지 않기 때문에 행정의 무정부상태를 초래하기 쉽다.

주지하다시피 전체 관료 기구가 다수당에 따라 교체되는 의회제 국가의 행정 부처는 극도의 태만과 무질서가 횡행한다. 장관의 재직 기간이 몇 달에 불과하리라는 것이 분명한 곳에서는, 권력을 잡은 자라면 누구나 권력을 이용하여 최단기간 내에 집중적으로 이익을 취하려 든다. 게다가 짧은 기간 동안 서로 다른 인물들이 연이어 등장하기 때문에, 지시 사항에서 혼선이 발생하고, 그 결과에 대한 통제가 극도로 어려워지며, 오류와 월권에 대한 책임을 떠넘기는 일이 빈발한다.

미국인들이 윤번제(rotation in office)라고 부르는 관직 순환 제도는 순수한 민주주의 원칙에 부합하는 제도임에 틀림없다. 이는 카스트적인 관료제의 등장을 막는 장치이다. 그러나 그 장점은 단기 임용 관리의 권력 남용과 그 부정적 결과들에 비하면 그리 큰 것이 아니다. 이에 반하여 군주정의 장점이, 세습 군주가 자기 자식이나 후계자를 고려하여 대체로 권력 남용을 삼가고 그 직책에 사실적이고 장기적인 관심을 보인다는 점에 있다는 것은 잘 알려진 사실이다.

평화적인 시기이든 전시이든, 조직화된 단체들 사이의 관계에는 어느 정도의 인적·전술적 연속성이 필수적이다. 연속성이 부재하면 조직의 정치적 권위가 손상된다. 이는 국제관계뿐만 아니라 정당에서도 마찬가지이다. 영국이 유럽의 외교정책에서 항상 믿을 수 없는 달갑지 않은 동맹국으로 간주되는 이유는, 이 섬나라의 외교정책이 대부분 특정 시점에 정권을 장악한 정당에 의하여 좌우되는데, 그 다수당이 언제라도 뒤바뀔 수 있기 때문이다. 영국의 정당들 역시 지도자의 빈번한 교체 때문에 동맹 능력에 대한 신뢰를 받지 못하고 있다. 결국 순수 민주주의에는 주권 대중의 이의(異意)로 인한 결단력 부족과 안정성의 부재, 한마디로 말해 '영원히 변화하는 민주주의'라는 문제점이 있다. 정당은 이를 피하려고 노력한다.

충성의 원인

역사

독일 사민당은 당 전체에 엄청난 시련을 안겨준 제1차 세계대전 (1914~18) 이전에는 지도자의 이탈과 배신이 비교적 적은 정당이었다. 이는 프랑스의 의회 사회주의자들과 비교해보면 분명하게 드러난다. 1893년 8월 20일 선거에서 의회에 진출한 사회주의자는 폴랭 메리, 알퐁스 웡베르, 알렉스-아벨 오벨라크, 알렉상드르 밀랑, 피에르 리샤르, 에르네스트 로슈 등 6명이었다. 17년이 지난 오늘, 그들 가운데 사회당에 남은 자는 단 한 명도 없다. 정반대로 그들은 모두 죽는 날까지 사회주의에 대한 신념을 버리지 않았으며 지금은 유명을 달리한 유명한 언어학자이자 인류학자인 오벨라크를 제외하고는 사회주의의 철저한 적대자로 변모하였다.

잘 알려져 있다시피 밀랑이 사회주의자로서 수행한 역할은 대단한 것이었다. 그러나 그 역할은 1904년 이후에는 사실상 끝장났다. 1906년 5월에 발표된 밀랑의 선거 성명서에는, 비록 대여섯 번째에 비로소 등장하긴 하지만 그래도 사회주의라는 단어가 빛을 발하고 있었다. 그러나 자신의 선거구에서 사회당의 공식 후보로 등장한 사회학자이자 마르크스의 사위인 폴 라파르그와의 투쟁에서 밀랑은 명백하게 부르주아적인 사회개혁가의 시각을 보여주었다.

나머지 사람들은 이미 그 이전에 변신하였다. 그들이 그때까지 혁명 프롤레타리아트의 대변자로서 쌓아온 명성을 모래성처럼 날려버리고 우익으로 선회한 데에 블랑제 사건의 정치적 충격이 중요한 역할을 하였다. 폴랭 메리는 핵심적인 블랑제주의자로 변신하였다. 그가 1906년 5월에 부르주아 급진주의자 페르디낭 뷔송과 결선투표를 치를 때 그 지역구의 사회주의자들이 주저 없이 뷔송을 지원하였던 것은 바로 그 때문이었다. 알퐁스 욍베르는 드레퓌스 사건 때 반(反)드레퓌스파의 핵심 인물로 활약하였다.

과거 블랑키의 제자였으며 에두아르 바이양과 더불어 가장 중요한 블랑키주의자였던 에르네스트 로슈는 앙리 로슈포르의 비서가 되었고, 나중에 파리 제17구의 선거에서 개혁사회주의자인 폴 브루스에게 패배했다. 브루스는 한때 무정부주의자로서 서유럽에 행동주의 사상을 기초하였던 인물이었지만, 선거 직전에 파리 시의회 의장 자격으로 알퐁스 13세를 파리 시청에서 귀빈 영접함으로써 사회주의적인 원칙과 별반 어울리지 않게 행동하였고, 또한 그 때문에 비타협적인 노동자계급의 지지를 상실했던 인물이다. 그럼에도 불구하고 로슈는 브루스에게 패배하였던 것이다.

로슈는 1906년에도 여전히 블랑키주의 정파인 '신도 지배자도 없다' (Ni Dieu Ni Maître)에 소속되어 있었지만, 그 조직은 매주 『비타협주의자』지(紙)에 대단히 사적인 소모임을 공고하는 데 그칠 뿐 정당이라고 할 수 없는 상태였다. 그 조직은 몇 개의 선거구에서 의원을 당선시키기는 하였지만 정치에 대한 영향력이 거의 없었고, 모든 현실정치적인 문제에서 반(反)유대주의자들 및 민족주의자들과 연대하였다. 비록 로슈는 공화국의 부패할 수 없는 엔코립더블이며 사회주의와 정당정치의 수호자임을 자처하였지만, 사상적으로 그는 단지 길들여진 유순한 반(反)자본주의자요 성마른 애국주의 열혈한에 불과했다.[22]

프랑스와 달리 독일, 벨기에, 이탈리아의 사회주의 및 노동자 정당의 지도자들은 대단히 일관되고 충직한 인물들이었다. 게다가 독일 사민당은 언제나 좌파 정당들로부터 강력한 주요 인물들을 끌어들이는 데 성공했다.[] 그들은 부르주아 민주주의자였던 베벨로부터 시작하여 『프랑크푸르터 차이퉁』지(紙)의 편집자였던 크바르크와 파울 바더, 나우만주의자였던 파울 괴레와 막스 마우렌브레어에 이르기까지 다양하였다. 반면에 사민당의 지도급 인물이 부르주아 정당으로 전향한 경우는 예외에 불과하다. 한때 『라이프치히 인민일보』의 편집자였다가 민족사회주의[나우만을 가리킨다!]의 문을 통하여 최종적으로 '반(反)사회민주주의 통신'의 책임자로 변신한 막스 로렌츠,[23] 정치 경력이 반(反)유대주의 의원으로 귀결된(1906년) 그라프 루트비히 레벤틀로프, 유명하지 않은 몇몇 지식인 변절자들,[24] 등세공(籐細工) 피셔와 같은 배신한 프롤레

---

22) 필자의 논문, "Die Deutsche Sozialdemokratie im internationalen Verbande," *Archiv für Sozialwissenschaft*, 25(1907), p.213 이하를 참조하라.

23) 막스 로렌츠(Max Lorenz)는 다양한 사회주의 문건 이외에 '수정주의적' 글(*Die marxistische Sozialdemokratie*, Leipzig, 1896)도 썼다.

24) 그밖에도 여기서 언급할 사람들은 다음과 같다. 루이스 피어에크(Louis Viereck)는 한때 프로이센 왕실의 법률 시보(試補)였다가 사회민주당 제국의회 의원을 역임했으며, 현재에는 뉴욕에 있는 한 부르주아 신문의 통신원으로 있다. 막스 푼트(Max Pfund)는 한때 그 활약상이 돋보이던 사회민주당원으로서 다음 책을 저술하기도 했다. *Unsere Taktik, ein ehrliches Wort zur Klärung*(Berlin, 1911). 그 책은 다음과 같은 말로 끝맺고 있다. "설령 폭풍우가 몰아쳐 온다 해도 우리에게는 확고한 신념이 있다는 사실을 상기하자." 그는 나중에 베를린에 있는 한 지방신문의 편집자가 되었다. 프란츠 뤼트게나우(Franz Lütgenau) 박사는 베스트팔렌 지역에서 한때 사회민주당원으로서 크게 활약했으며, 저술가로서 디에츠(H.W. Dietz) 출판사에서 많은 저작을 냈다. 그는 나중에 도르트문트의 한 부르주아지 기관지의 편집자로 일했으며, 저서(*Darwin und der Staat*)를 내서 상을 받기도 했다. 작가인 하인리히 오버빈더(Heinrich Oberwinder)는 청년 라살파에 속하기도 했으나, 사회주의자 탄압법 시절에는 파리에서 독일 정부의 끄나불 노릇을 한 것으로 드러났다(Franz Mehring, *Geschichte der deutschen Sozialdemokratie*, 제2판, Stuttgart, 1904, 제2권, p.300을 참조하라). 페르낭드 부엡(Fernand Bueb)은 뮐하우젠(Mühlhausen) 출신으로 1893년 약관 28세의 나이로 사회민주당의 제국의회 의원으로 선출되기도 했으나, 그 후 탈당했으며 정치무대에서 사라졌다.

타리아트 몇 명이 그들이다.

물론 아우크스부르크의 제본공 요한 모스트와 화학자인 빌헬름 하셀만처럼 사민당과 절연한 뒤(1890) 독자적인 사회주의 노선을 추구하였던 인물도 있었다. 그러나 그들을 배신의 대열에 포함시키지 않은 이유는, 사민당으로부터 탈당한 것이 노동자 해방이라는 이념으로부터 탈피한 것을 의미하지는 않기 때문이다. 그러나 사민당으로부터 아나키스트로 변신한 사람들까지 포함시킨다고 해도, 그런 사람들 중에는 한 번이라도 선두에서 사민당을 이끌었다고 할 만한 인물은 한 명도 없다.

독일 노동운동 지도자들 중에는, 정부로 넘어가 노동자를 가혹하게 탄압하기에 이른 인물도 없었다. 즉 제1차 세계대전 이전 독일 사민당에는 프랑스의 아리스티드 브리앙과 영국의 존 번스가 없었던 것이다. 브리앙은 한때 반군국주의자들의 변호인으로 활동하던 총파업 옹호론자로서, "전쟁 대신 혁명을"이라는 구호를 단호하고 분명하게 지지하였던 사람이다. 그런 그가 공보부 장관으로 입각하더니, 반군국주의 노동운동을 억압하는 경찰 및 형사법적 조치들을 단호하고 분명하게 찬성하고 나섰다.

영국의 노동운동가 존 번스는 궁전의 파괴와 상점의 약탈까지 논의된 대규모 실업자 시위를 조직함으로써(1886년) 런던의 부르주아 세계를 공포의 도가니에 빠뜨렸던 인물이다. 그런 그가 몇 년 뒤 노동부 장관으로 임용되었을 때, 노동당의 전신인 노동대표위원회가 실업 문제에 대한 정부의 강력한 대책을 요구하는 동의안을 제출하자, 자신은 성실한 시민의 세금을 이른바 실업자들을 위해 낭비하는 "선술집 정치꾼"도 "심약한 박애주의자"도 아니라고 선언하였다. 그리고 그는 노동자들은 형편이 좋을 때 돈을 불필요한 소비에 낭비할 게 아니라 저축해야 할 것이라는 충고를 덧붙였다.

지도자들의 성격적 일관성과 정치적 순수성에 의존하여, 전투적 프롤레타리아트의 권력 장악 이념이 과거의 장밋빛 희망으로부터 손에 잡히는 현실로 전환되리라고 천진하게 믿었던 조직 노동자들이 지도자의 변

174

절을 경험하면, 좌절하고 풀어져버리고 정치적 무관심으로 빠져들거나, 아니면 순수 노동조합주의나 배타적인 조합운동과 같은 특수주의 혹은 다양한 아나키즘적 방향으로 경도된다. 다시 말해 노동자들이 의회주의는 물론 정치 조직 일반으로부터 멀어지게 되는 것이다. 그 좋은 예가 프랑스이다.

프랑스 노동자들은 브리앙 사건 이전에 이미 밀랑 사건을 경험했고, 그 이전에는 루이 블랑 사건도 겪었다. 블랑은 (대략) 1842년부터 1870년까지 프랑스 사회주의자들로부터 사회주의 이론가이자 순교자로 간주되었으나, 해외 망명에서 귀국한 뒤 파리 코뮌을 격렬하게 비판하였던 것이다. 결국 프랑스 노동자들은 비타협적인 거부파와 불어로 표현하자면 절대적인 무관심파(jemenfichisme)의 두 부류[25]로 나뉘게 된다.[26]

---

25) "(프랑스 노동계급에서) 그런 사람들을 그 얼마나 자주 보아왔던가. 말하자면, 예전에는 프랑스 노동계급에다 대고 투쟁의 슬로건을 아낌없이 부르짖고 그들을 고무시켰으며, 끊임없는 혁명적인 언사를 남발했던 사람들이, 이제 권력의 자리에 들어서자마자, 파렴치하게도 원래 과거에 행했던 일과 그 추종자들을 헌신짝처럼 내버리고, 자신들이 전파하던 이념을 더 이상 고수하지도 않으며, 크고 작은 사회적 반동 행위를 거리낌없이 마구잡이로, 그것도 앞장서서 지휘하는 사람들이 그 얼마나 많은가. ……그런데 내가 가장 가당치 않고 치명적인 것으로 여기는 것은, 그런 이유로 인해 회의의 무관심, 곧 냉소주의(pococurantisme)에 빠지면, 결국에는 그러한 야비한 정치가들을 지지하게 되는 꼴이 된다는 사실이다. 이것은, 마치 과거에 마음이 들떠 그들을 무비판적으로 쉽게 믿었던 오류와 한치도 다를 바 없다"(Francis de Pressensé, "L'Affaire Durant, ou la nouvelle Affaire Dreyfus," *Le mouvement socialiste*, 13(1911), 제29권, pp.5~13).

26) 따라서 일련의 뛰어난 사회당 지도자들이 정부측 인사로 변신하고 나면 이제 과거 동료들과는 원수 같은 적대관계를 맺게 된다. 현재 장관인 비비아니(René Viviani)가 그러하다. 또한 대학교수 출신의 오거뇌르(Victor Augagneur)는 한때 사회당 출신이자 리옹(Lyon) 시장을 역임했던 사람이었지만, 지금은 마다가스카르(Madagascar) 섬의 총독으로 있다. 마르크스주의의 신봉자이자 프랑스 노동자 정당의 창설자인 드비으(Gabriel Deville), 또 게드파 가운데 가장 뛰어나고 확고한 마르크스주의 지도자였던 제바에스(Alexandre Zévaès)와 사로트(Joseph Sarraute) 등도 그런 부류에 속한다.

독일, 이탈리아, 벨기에 등등의 사회주의 정당들의 당원들이 '장기적으로 검증된' 지도자들에게 무조건적인, 때로는 거의 맹목에 가까운 신뢰를 보낸 것은, 그 정당들이 오랫동안 프랑스와 같이 파괴적이고 절망적인 사건을 겪지 않고 발전하였기 때문이다. 그것이 유일한 원인은 아닐지라도 중요한 원인이었다는 것은 객관적인 관찰자라면 인정할 것이다. 독일 사민당 지도자들의 권위는 바로 그 점에서 유래하였고, 그 권위는 다시금 당의 중앙 집권화를 진척시켰다. 게다가 독일 프롤레타리아트들이 조직에 유달리 집착하고 지도를 받으려는 욕구 역시 대단히 큰 데 반하여, 사민당에는 경제적으로 독립적인 사람들과 지식인들이 상대적으로 적었다. 따라서 당 지도부의 권위는 대단히 컸다. 독일 사민당은 바로 그 덕분에 전술과 인사 문제를 둘러싼 분파적인 의견 충돌을 겪지 않았다. 이는 이탈리아와 네덜란드 사회당에서 지도부가 안정적이었음에도 불구하고 당원 대중과 지도부의 갈등이 과격한 형태로 표출되었던 것과 대비되는 점이다.

　독일 사민당 지도부는 일반 당원들과의 접촉을 지속하였고, 몇몇의 예외를 논외로 하면 둘 사이에는 전술의 형식과 내용에서 완벽한 일체감이 조성되어 있었다. 형식과 내용이 서로 모순되는 경우에도 마찬가지였다. 독일 사민당 총재단은 당원들의 평균적인 의사를 적절하게 대변하였고, 제국의회 의원단 역시 정도는 약간 덜하였지만 마찬가지였다. 독일 사민당은 지도자와 추종자들 간의 이념적 공동체였던 것이다.

　따라서 정치적으로 조직된 독일 노동자들이 일상적인 정치 활동에서 지도자들을 신임한 것은, 부분적으로는 그들 지도자들의 정치적·도덕적 신뢰 때문이었다. 이것은 확고한 사실이다. 독일 사민당의 역사는 이에 대한 수많은 증거로 가득하다. 따라서 지도자에 대한 당원들의 신뢰는 역사적으로 정당화된 당 존립의 근거이다. 원인이란 것이 언제나 그러하듯, 독일 사민당 지도자들이 받던 그 두터운 신뢰의 원인은 아주 복잡하다. 이를 설명하려는 시도도 다양하게 이루어졌다. 그것은 독일 노동자들의 미덕은 그 누구도 유혹하지 못한 처녀와 같이 단 한 번도 유혹에 넘어가지 않았다는 주장에서 절정에 이른다. 우리가 정치적 지조라는 미덕을 높이 사는 한, 그러한 설명 방식에 어느 정도의 진실성이 담겨 있는 것은 사실이다.

그러나 의회주의 정부가 존재하지 않기 때문에 인민의 대표자들이 의회에서 내각으로 옮겨가는 길이 봉쇄된 국가에서는, 지식인들의 부패 가능성이 애초부터 배제되는 법이다. 다시 말해 그런 나라에서는 노동자들로부터 위임을 받은 의원들이 장관입신주의(Ministeriabilismus)를 통하여 급진성을 탈각시켜버리거나 아니면 아예 명백한 노선 전환을 꾀함으로써, 경제의 기본 토대 자체를 변혁시키려는 혁명적 사회주의자로부터 부르주아적인 사회개혁가로 변신할 가능성이 아예 차단되어 있는 것이다.

따라서 독일 노동운동의 발전을 성실하게 객관적으로 추적하였던 아르투로 라브리올라가 드러내놓고 예언하였듯이, 만약 독일 정부가 자유주의적인 내각이라는 호사를 누리게 된다면 그것만으로도 독일에는 입각(入閣)에의 열병이 순식간에 확산될 것이 틀림없다.[27] 사민당은 실제로는 대단히 온건하고, 그 열병을 옮기는 병원체는 오래전부터 독일에 넘쳐나고 있다. 사실 사민당은 세계대전의 시련을 상처 없이 넘어설 수 없었다.

물론 독일의 노동지도자들이 갖고 있었을 법한 출세욕이, 실정법과 법정신 모두에서 독일 국법 질서가 봉건적이기 때문에 이른바 '원초적인' 장벽에 부딪쳐 있었던 것은 사실이다. 그러나 그렇다고 하더라도, 그들이 출세에의 유혹을 받을 기회조차 봉쇄되어 있었다는 그 사실 하나만으로 그들이 당원들로 받던 신뢰를 충분히 설명할 수 있는 것은 아니다. 사실 그들이 천박하게 굴려고 마음만 먹었다면 기회는 얼마든지 있었다.

권위적인 정부는 일반적으로, 반정부 운동이 대두하면 의당 관련 정부기관을 동원하고 의회가 승인해준 비밀 자금을 얼마간 사용함으로써 저

---

27) Arturo Labriola, *Riforme e rivoluzione sociale*, Milano, 1904, p.17.

항운동 지도자들의 지조를 꺾으려 한다. 우리가 아는 한, 독일의 노동운동 지도자들은, 이탈리아 노동운동에 상당수 존재하는 윤리주의자나 포교론자의 모습까지는 아닐지라도, 금전 문제에 관한 한 절대적으로 청렴하였다. 라살의 전독일노동자협회의 의장 슈바이처가 연루된 미해결의 사건도 있지만, 그 사건에서 부당한 쪽은 오히려 그에게 독직 혐의를 제기하고 그의 유죄를 관철시킨 성마른 아우구스트 베벨이었다.[28]

사민당은 하위 기구, 즉 하위 당직자들조차도 경찰의 매수 공작에 초연하고 무연하게 처신하였다. 당직을 맡지 않은 일반 당원이나 지방 연락책이 경찰에 매수를 당한 사례들이 있기는 하다. 그러나 그들 중 일부는 뇌물로 받은 돈을 곧바로 사민당 기관지 『전진』 혹은 다른 신문사에 건네줌으로써, 돈의 원(原) 소유주가 일정한 기간 안에 직접 돈을 찾아가라는 묘한 기사가 신문에 실리도록 한 사례들도 있다. 그리고 정해진 기간 안에 돈을 찾으러 오는 사람이 없으면, 그 돈은 당 금고에 환수되었다. 물론 당의 선전 활동에 그만큼 유쾌한 일도 없었다.

독일 사민당 지도부의 안정성에는 물질적인 원인과 정신적인 원인이 모두 작용하였다. 한번 선택한 것에 대한 독일인 특유의 집착, 의무에 대한 성실성, 수년에 걸쳐 공동으로 겪었던 모욕과 억압의 경험, 노동자 언론과 그 대표들의 부르주아 세계로부터의 가시적인 분리, 포괄적이면서도 응집력 있는 정당만이 이상을 실현시킬 수 있다는 확고한 신념, 그 신

---

28) 자신의 생애가 마감할 때까지도 1872년의 탄핵사건에 대해 자기 견해를 고수했던 베벨(August Bebel, *Aus meinem Leben*, Berlin, 1911, II, p.130)에 반대하여 다른 견해를 폈던 사람은 사민당의 공인된 역사가인 프란츠 메링이다(Franz Mehring, *Die Geschichte der deutschen Sozialdemokratie*, 제4권, p.66 이하를 참조하라). 슈바이처가 그 협회를 떠나면서 내놓은 최종성명에 대해 메링은 이렇게 썼다. "이 누렇게 변색된 성명서를 차마 감동 없이는 읽어내려갈 수 없다. 곧 어려운 시절에 사회민주당을 확실하게 이끌었고 계급의식에 충만한 프롤레타리아트에게 불후의 공적을 남겼건만, 그 후 최선을 다하려다가 그만 일이 잘못되는 바람에 수많은 불상사를 겪고 또한 부당한 불의까지 감내해야 했던 인물의 솔직하고도 현명한 이 고별사를 보라."

넘에서 싹튼 분파주의자들과 규율 위반자들에 대한 혐오감, 이 모든 요인들이 결합되어 사민당에 대한 애정을 낳았고, 그 애정 덕분에 사민당은 당에게 가해지던 온갖 정치적 공격을 극복할 수 있었다. 이 애당심, 인간적이고 감동적이며, (1914년까지) 사민당이라고 하는 독일 노동운동의 자랑스러운 건물을 떠받치던 가장 튼튼한 기둥의 하나였던 그 애당심은, 사민당 지도자들이 수많은 위기에 직면하여 보여준 태도를 이해하도록 해주는 열쇠이다.

위기가 발생하면 외부인들은 의당 몇몇 주요 인물들의 탈당이 이어지리라고 생각한다. 그렇지만 에두아르트 베른슈타인, 쿠르트 아이스너 등의 인물들이 당과의 격렬한 갈등 끝에 당사 문턱까지 뛰쳐나갔음에도 불구하고 당에 남기로 결정하고 그로써 투사로서의 개인적인 위신을 보존할 수 있었던 것은, 함께 커온 사민당에 대한 애당심 때문이었다.

당과 금권

1) 부유한 당원의 금권 정치적 영향력

① 의원단

귀족정, 특히 귀족이 귀족 신분에 고유한 금권(金權) 정치적인 성격을 보유하고 있는 정치 체제에서 선임된 관리 대부분은 보수를 받지 않는다. 그의 관직은 명예직이다. 그의 노동력 전체가 관직 수행에 투입된다고 할지라도 보수는 없거나 미미한 것이다. 첫째, 그는 지배계급의 일원으로 애초부터 부유한 사람으로 가정된다. 둘째, 공공생활의 중책을 맡고 공공복지를 위하여 자신의 돈을 지출하는 것이 그들에게는 하나의 명예이다. 우리는 그와 동일한 현상을 근대 민주주의에서도 자주 목격한다. 런던(그리고 기타 영국 대도시)뿐만 아니라 이탈리아의 대도시의 시장들도 무보수로 봉직한다. 그들의 판공비 역시 많지 않은 것이 보통이다. 따라서 그러한 직책을 수행하기 위해서는 반드시 상당한 재산이 전제되어야 한다. 그러므로 그러한 관직은 신흥 부르주아나 부유한 혈통귀족의 특권일 수밖에 없다.

정도가 다르긴 하지만 의원직도 비슷하다. 과거 정부는 의원들에게 세비를 지급하지 않았다. 국민의 대표인 의원들이 의정 활동에 대한 대가로 임금 몇 푼을 받는 것은 명예롭지(decoroso) 못하다는 것이 이유였다. 비스마르크는 조잡하게도 1885년 프로이센 국법의 한 조항을 근거로 하여, 제국의회 의원들의 세비를 "명예에 저촉되는 이득"으로 규정하려 하였다.

이탈리아에서는 졸리티가 1909년에 세비 도입에 관한 법안에 답변하면서, 세비가 의회의 위신과 의회에 대한 경외감을 떨어뜨리지 않을까 우려된다고 거듭 주장하였다. 의원직은 인민으로부터 명예롭게 위임된 직책(mandato gratuito)이라는 것이었다.[29] 따라서 가난했던 시절의 이탈리아 사회당에서 노동자들은 의회로부터 원천적으로 배제될 수밖에 없었다. 1911년 이탈리아 의회에 진출한 사회주의자 36명 가운데 노동자는 고작 2명(노동조합 지도자)에 불과했다. 의회에서 사회당을 이끌던 당원들은, 주기적으로 거처를 옮겨야 하는 무보수의 업무를 능히 감당할 수 있을 정도로 시간과 돈이 넘쳐나는 사람들이었던 것이다.

그나마 상당한 액수의 세비가 지급되는 프랑스에서조차 흔히 목격되는 현상은 가장 부유한 의원이 가장 가난한 선거구를 맡는다는 것이다. 프랑스 사회당은 의원 세비가 당 금고로 회수되도록 규정하고, 상당한 시간과 노력을 들여 의원들로 하여금 그 규정을 준수하도록 하였다. 그런데 문제는 그 조치가 오히려 의원들의 영향력을 증대시키는 결과를 빚었다는 것이다. 프랑스 사회당의 1910년 님 전당대회에 제출된 집행위원회의 보고에 따르면, 당 수입 12만 8천 프랑 중 절반 이상이 의원들이 정부로부터 받은 세비로 충당되었다.[30]

---

29) "Atti del Parlamento Italiano," *Camera dei Deputati, sessione 1909*, Roma, 1909, 제1권, pp.518, 913을 참조하라.
30) 1910년 3월 1일 자 프랑크푸르크 『인민의 소리』(*Volksstimme*)지에 실린 알자스 지방의 사회주의자 그룸바흐(S. Grumbach)의 기사.

② 당직과 전당대회

몇몇 민주 정당, 특히 조직 자체가 허술한 정당에서 당직은 명예직이
다. 이탈리아 정당들의 지도부가 국지적으로 머물렀던 것은 당직자들
이 자신의 돈과 시간을 들여 당직을 수행해야 했기 때문이다. 예컨대
1904년 이탈리아 사회당의 집행위원회는 오로지 로마 사람들로만 구성
되었다.[31] 전당대회 대의원으로 선호되는 사람도 흔히 여행 경비를 스
스로 충당하는 사람, 혹은 그럴 능력이 있다고 간주되는 사람들이다. 그
래서 이탈리아, 프랑스, 네덜란드 등지에서 의원은 물론이고, 당의 '최고
의결기구'인 전당대회조차 부자들로 구성된다.[32]

독일 사민당은 부유한 당원이 많지 않고 또 사민당 자체가 부유하기
때문에 그러한 현상과 거리가 멀다. 독일 사민당에서는 개개인의 경제적
인 우열 대신 지구당 간의 경제적 우열이 존재한다. 이미 오래전부터 그
러한 사태를 시정하려는 여러 가지 제안들이 제기되었다. 예컨대 마르
부르크 지구당은 1903년과 1904년 전당대회에서, 중앙당이 대의원들의
참가비용을 전액 부담함으로써 전당대회 참가와 관련하여 모든 지구당
의 민주적 평등을 실현시키자고 발의하였다. 그러나 그 제안은 받아들
여지지 않았다. 사태를 완전히 해결하지는 못했어도 상당히 개선시켰던
방안은, 지구당 몇 개를 주(州) 지구당연합으로 묶자는 것이었다. 예컨대
사민당의 헤센-나사우 지구 조직 정관은, 산하 지구당들 중에서 전당대
회 참가비용을 충당할 수 없는 지구당 — 11개 지구당 중 5개 지구당이
그러했다 — 하나를 추첨하여 그 비용을 주 조직이 담당하도록 규정하
였다.

그렇듯 재정이 취약한 지구당은 전당대회에 대의원을 파견하는 데 많
은 어려움을 겪는다. 그 어려움은 특히 전당대회가 멀리 떨어진 곳에서

---

31) E.C. Longobardi, *Relazione morale e politica della direzione del parito*, Frascati,
1906, p.3.
32) 프랑스에 대해서는 A. Jobert, "Impressions de congrès," *La Guerre Sociale*,
2(1908), Nr.45, p.1을 참조하라.

개최될 경우 더욱 커진다. 그러한 지구당이 대의원 파견을 포기하지 않기 위해서는, 자비 여행을 충당할 만한 자금과 시간과 의욕을 가진 당원에게 대의원 자격을 부여할 수밖에 없다. 물론 공식 당론은 지구당이 여비를 책임지지 않은 채 대의원을 파견하는 것을 격렬하게 반대하고, 그러한 대의원을 최악의 "취미 대의원들"로 혐오하였다. 당원들 역시 대의원을 그런 식으로 선임하는 일을 부패, 심지어 하나의 해당 행위로 간주하였다. 그로 인한 추문도 있었다(1904년 브레멘의 펜드리히 대의원 사건).[33] 그러한 비난이 정당한 것만은 아니다. 상황에 따라서는, 지구당이 제공한 뭉텅이 돈으로 외지에서 유쾌한 일주일을 보내는 사람보다 자비로 전당대회에 참석하는 사람이 일에 더 헌신적이고 사실적으로 접근할 수 있기 때문이다.

③ 당의 언론기관

당의 언론기관은 금권정치적 성격이 지배하는 또 다른 영역이다. 기관지를 유지할 재정 능력이 없는 당은 부유한 당원의 지원에 의존할 수밖에 없다. 문제는 그때 후견 당원이 기관지의 주주(株主)로서 편집 방향에 상당한 영향력을 행사하게 된다는 데 있다. 프랑스 사회주의자들의 『위마니테』지(紙)가 한동안 부유한 유대인 컨소시엄에 의존하여 생존할 수 있었다는 사실이 그 전형적인 예이다. 당에 사재(私財)가 투입되면 일반적으로 당내에 특수 형태의 금권 권력이 형성된다.[34]

그러나 모든 정당에 반드시 금권 권력이 존재하는 것은 아니다.[35] 그리고 후원자들이 있다고 하더라도, 그들은 보통 당의 전면에 나서지 않는다. 공개적인 등장은 질투심을 유발하고, 이어서 강력한 적대감을 자

---

33) *Protokoll*, p.166 이하, 265 이하. 또한 1902년 뮌헨 전당대회에 있었던 릴리 브라운(Lily Braun) 사건에 대한 논의도 참조하라(*Protokoll*, p.250).

34) Eugène Fournière, *La sociocratie*, p.109.

35) 막스 베버도 분명 그런 생각이다. Max Weber, "Wirtschaft und Gesellschaft," *Grundriß der Sozialiökonomik*, 제3부, Tübingen, 1921, p.167.

아닐 수도 있기 때문이다. 헌금에 불순한 의도가 숨어 있다는 비난이 가해질 수도 있는 노릇이다. 사실은 좀 다르다. 헌금의 배후에는 은밀한 의도, 과대망상증, 명예욕, 부패 등이 자리잡고 있을 수도 있지만, 정반대로 순수한 이상주의, 고결함, 이웃사랑 등이 원인일 수도 있기 때문이다.[36] 후자의 경우에는 후원자가 배후로부터 걸어나오기가 훨씬 용이하다. 물론 이상주의와 광신이 혼재하는 경우도 있다.

2) 당의 재정과 지도부의 권력

요컨대 정당은 부유한 당원들에게 (금권정치적으로) 종속되는 경향이 있다. 그와는 반대로 만약 당이 공식 재정으로 정치 선동 비용을 충당할 경우, 선거에서 당선된 당원들이 '당', 구체적으로 말하자면 당 재무를 관장하는 소수 당직자들(미국에서는 코커스 체제)에게 종속되는 경향이 있다. 그렇게 당 지도부는 재정 기구를 통하여 당원에 대한 지배권을 장악한다. 그 지배권은 직위의 높낮이에 따라('고위' 당직자와 '하위' 당직자 사이에) 형성될 수도 있고, 분업에 따라(예컨대 최고위원회와 같은 집행부 소속 당직자와 의원 후보 사이에) 형성될 수도 있다.[37]

미국의 코커스 제도 역시 "유권자들 위에 군림하는 의원들을 당 지도부의 시녀로 전락시키는" 체제이다.[38] 의회 선거에 막대한 비용이 소요되는 영국에서 후보자로 나서거나 후보자를 낼 수 있는 것은 극히 부유한 사람들과 대규모 당 조직뿐이다.[39] 따라서 소규모 조직이나 재산이

---

36) 사회민주당에는 명백히 파울 징어(Paul Singer) 같은 유형도 있었다(또한 Max Weber, 같은 책, p.7).

37) Max Weber, "Wirtschaft und Gesellschaft," p.169를 또한 참조하라.

38) 같은 책, p.173 이하.

39) 런던의 한 잡지가 계산해낸 것처럼, 선거를 한 번 치르는 데 드는 비용은 최소한 1백50만 파운드이다. 올해[1923년]에는 615개 의석을 놓고 입후보자 1천 2백 명이 격돌했다. 유권자 1명당 선거비용지출 법정한도액인 소도시 5펜스, 대도시 7펜스를 기준으로 계산해보아도, 곧 이렇게 낮게 산정된 비용총액만으로도, 어림잡아 벌써 70만 파운드를 넘어선다. 나머지 80만 파운드는 그러니까

없는 사람은 배제된다. 재정이 충실한 정당은 부유한 당원의 재정적 힘에 의존하지는 않는다. 그러나 그러한 정당의 기반은 금전적으로 당에 종속된 당직자들이다. 주지하다시피 독일 사민당은 제국의회 의원들에게 세비가 지급되기 시작한 1906년 이전에도 당 재정으로 의원 세비를 지급하였다. 사민당은 그로써 부유층 출신이 아닌 당 지도자들을 의회에 진출시킬 수 있었다.

그러나 사민당 스스로가 세비를 지급한 것도 교묘한 책략이기는 마찬가지였다. 세비를 당으로부터 받던 의원들은 당의 의지, 만일 당이 아니라면 적어도 당 소속 의원단의 의지에 종속된 시녀로 느꼈고, 이는 다시금 독자적인 '독립 사회주의자'들이 형성되는 것을 막았다. 프랑스와 달리 독일 사회주의자들의 내부 결속이 파괴되지 않았던 원인 중의 하나가 바로 그것이다. 이는 통합 사회주의 정당의 다수파에게 대단히 매력적인 제도이다. 그것은 당내에 강력한 소수파가 대두하여 독자적인 주장을 제기하는 것을 막기 때문이다.

기독교의 역사는, 교회가 부유해지면 부유해질수록 성직 관료들이 회중(會衆)으로부터 독립된다는 사실을 보여준다. 성직자들이 교회 교구의 재산을 관리하기 때문에, 그 돈이 필요하거나 어떤 이유에서건 그 돈을 겨냥하는 사람들, 구체적으로 걸인이나 각종의 자선금 수령인들 그리

입후보자 측근 직원들의 봉급, 그리고 선거사무소 운동비용으로 들어간다. 모든 입후보자는 본인과 그 선거 운동원들이 사용한 금액의 내역을 정확히 기입하여 선거법에 위반되지 않도록 해야 한다. 만약 선거담당원이 일처리를 잘못해서 선거운동에 들어간 비용이 법정한도액을 초과할 경우에는, 그 입후보자에게는 곤란한 일이 닥칠 수도 있다. 이미 당선되었다고 희희낙락했던 의원들이, 선거비용이 초과되었다고 해서 의원직을 박탈당한 사례도 제법 있다. 지출항목 가운데 많은 부분은 주로 '선거광고'에 충당된다. 선거공고가 나기가 무섭게, 영국 인쇄업계는 호황을 누린다. 왜냐하면 선거 플래카드와 팸플릿 제작 주문이 쇄도하기 때문이다. 최근 선거에서는 팸플릿이 약 3천만 부나 뿌려졌다. 정당이 선거비용의 대부분을 대고, 연사(演士)를 전국 각지에 보내고, 수백만 장의 팸플릿을 인쇄하는 등등의 일을 맡아서 해준다(*Basler Nachrichten*, Nr.579, 호외 1, 1923년 12월 11일 자).

고 성직에 입문하고자 하는 후속 지원자들 등은 성직자에게 복종할 수밖에 없다. 교회는 재산을 관리하고 관련 업무를 처리하기 위하여 등급화된 관료제를 필요로 하였다. 그리고 교회는 그렇게 등장한 성직 계서제 때문에 내용과 목적이 약화되고 변질되어버렸다.

민주 정당도 재정관리 제도가 발달하면 똑같은 위험에 빠진다.[40] 예를 들어 독일 사민당의 중앙당 인쇄소는 1908년에 298명을 고용하고 있었는데,[41] 고용 직원들은 순이익 배당에 참여하지 못함은 물론 협동조합식의 공동운영권도 보유하지 못하였다. 그러므로 그들은 고용주가 사민당이라는 차이점을 제외하고는 종속 노동자라는 점에서 사기업 노동자들과 다를 바가 없었다. 사민당 당료들은 인쇄소 외에 신문사, 출판사, 출판물 판매업체를 소유하고 있고, 선동 연설가에게 강연료도 지불한다.[42] 따라서 그들은 달갑지 않은 경쟁자나 자신들의 기준에 합당하지 않은 당원들에게는 수입원을 차단할 능력이 있고, 필요하면 실제로 차단한다.

사민당 지도부가 소위 소장파들과 대립하던 시기에 총재단은 소장파에 속하는 브루노 빌레 박사의 저작을,[43] 그 속에 적대적인 내용이 전혀 포함되어 있지 않았음에도 불구하고 당 서점에서 판금시켜 버렸다. 이를 정당화하기 위한 편지에서 리하르트 피셔는 빌레에게 다음과 같이 썼다.

"우리 당은 막연한 이념공동체일 뿐만 아니라 각종의 기관을 보유한 대단히 현실적인 조직입니다. 우리는 '하나의 정신적인 운동 및 공동체'라는 이상으로부터 누군가를 배척하려는 생각은 없습니다. 그러나 우리 당은 당원들이 당 내부에서만큼은 전술과 규율에 관한 한 전체의사에

---

40) 이러한 위험성은 낙관적인 시코티에 의해서도 인정되었다. Ettore Ciccotti, *Psicologia del mov. soc.*, p.127.

41) Eduard Bernstein, *Die Natur und die Wirkungen der kapitalistischen Wirtschaftsordnung*, Berlin, 1909, p.12.

42) Ernst Drahn, *Zur Entwicklung und Geschichte des sozialdemokratischen Buchhandels und der Arbeiterpresse*, Leipzig, 1913을 참조하라.

43) 청소년잡지와 시집에서.

복종하도록 하는 데 아주 많은 노력을 기울이고 있습니다. 이러한 복종의 원칙을 준수하지 않고, 또 이 당에 소속될 자격이 없는 사람들과 연합하여 특정 당원에게 반하는 행위를 한 사람들은 당을 위한 언론 매체와 그에 결부된 이점을 포기하여야만 할 것입니다. 우리의 서점은 바로 그러한 언론 매체입니다. 따라서 우리가 보기에 당의 결정은 당연한 것입니다."[44]

1906년 만하임 전당대회에서 폰 엘름이 했던 연설도 마찬가지이다.[45] 물론 노동자들이 오로지 당이 공식적으로 요리해서 건강에 좋다고 권유하는 정신적인 음식을 받아먹는 데 익숙해지면 익숙해질수록, 그러한 금지 조치의 금전적 영향력이 커지는 것은 당연하다. 그것이 가장 큰 곳이 독일이다.

마르크스주의 정당에서의 '권력 집중'은 경제에서의 마르크스주의적 '자본 집중'보다 훨씬 두드러진다. 독일 사민당 지도부가 지난 수십 년 동안[1924년 이전], 자신들이 기피하는 인물이 당원들에 의하여 후보로 선출될 경우 그들 중 단 한 사람도, 그리고 단 한푼도 지원할 수 없다는 위협을 가한 적이 수차례나 된다.[46] 이것이 '자유와 우애의 원칙'에 어긋나는 것은 분명하다. 신도 지배자도 없는 노동자 정당에서 '아첨과 맹종'이 자라나는 것은 그렇듯 불가피하다.[47]

---

44) Hans Müller, *Der Klassenkampf in der deutschen Sozialdemokratie*, Zürich, 1892, p.119.

45) Protokoll, p.300.

46) W. Heine, "Demokratische Randbemerkungen zum Fall Göhre," 앞의 책, p.283.

47) 테라누스(V.E. Terranus)는 1908년 프랑크푸르트에서 발간되는 사회민주당 잡지인 『인민의 소리』(*Volksstimme*)에 게재된 소설 「고함꾼」(Der Hurraschreier)에서 철저한 사회주의자인 우도 게브하르트(Udo Gebhardt)가 어째서 그 개인적인 정치적 성향에도 불구하고 사회민주당에 입당하지 않는지를 설명하고 있다. 이 소설 속에서 그는, 젊은 변호사로서 이미 오래전에 사회민주당에 입당한 자기 아들에게 이렇게 묻는다. "당에서는 군율이 더 강화되고, 강제성이 더욱더 커지며 가혹해지지 않았느냐? ……또한 아첨과 맹종이 더욱더 판치고 있지 않느냐?" 이런 신랄한 문구는, 마치 필자의 완곡한 경고처럼, 그 책의 대미(大

186

노동운동 조직이 이용할 수 있는 또 하나의 경제적 압박 수단이 있다. 노동자만을 상대로 하거나 아니면 주로 노동자들이 찾는 술집의 주인들, 혹은 주로 노동자의 부인들을 단골로 삼는 상점 주인들은, 비록 직접적으로는 아니라 할지라도 당과 노동조합 혹은 그 지도자들에게 경제적으로 종속된다. 만일 노동조합과 당 지도부가 그 술집과 상점에 대해 보이콧을 벌이기라도 한다면, 그들은 노동자 고객을 잃을뿐더러 종래에는 도산을 각오해야 한다.

3) 소명과 이익

윤리적 관점에서 보면, 지도자는 '소명'(召命) 의식을 지닌 사람이거나 아니면 '이익'을 좇는 사람이다. 막스 베버에 따르면, 소명형 지도자는 항상 비경제적인 것을 지향한다.[48] 이는 현실에서 대부분 타당할 터이지만, 그렇다고 반드시 그런 것만은 아니다. 왜냐하면 "경제적 소명이라는 것도 존재하는데, 경제적 소명은 윤리적 전제조건 및 기본목적과 완전히 무관할 수 없기" 때문이다.[49] 그리고 자신의 소명을 의식하는 지도자 유형에게, 특히 그가 예언자의 모습을 취할 때[50] 개인적인 경제적 지위와 안정은 필수적인 조건이다. 보수가 지급되는 당직은 대부분 그런 지도자 유형에 부합되지 않는다.

따라서 그는 다른 형태의 경제적 독립을 필요로 한다. 이는 두 가지 방식으로 해결할 수 있다. 하나는 정당활동 이전의 방식이다. 즉 그가 애초부터 재산가인 경우이다. 다시 말해 그는 금리생활자이거나 아니면 일하지 않아도 수입이 있는 사람이다.[51] 또 하나는 그에게 생활비를 지원할 후원자를 찾는 것이다. 그 후원자는 그에게 '스스로 다가올' 수도 있고,

---

尾)를 장식하고 있다(제19권, 138호).

48) Max Weber, *Wirtschaft und Gesellschaft*, p.142.

49) Karl Kautsky, *Ethik und materialistische Geschichtsauffassung*, Berlin, 1906.

50) Pasquale Rossi, *I suggestionatori e la folla*, Palermo, 1906, p.17.

51) Max Weber, *Wirtschaft und Gesellschaft*, p.142.

제3자를 통하여 그에게 '연결될' 수도 있다. 이러한 전제조건 가운데 단 하나도 구비하지 못한 지도자는, 고도의 정신적 지속성을 요구하는 소명 의식을 오랫동안 견지할 수 없다. 따라서 그는 점차 두 번째 유형으로 전락하고, 그 과정에서 그의 본질이 변화된다. 그는 이제 이익을 좇는 사람이 되는 것이다. 여기에는 또 다른 동기도 작용한다. 설령 그의 본질이 변화하지 않는다 할지라도, 당 관료제가 물질적인 이점을 제공한다. 따라서 당의 언론기관, 선동기구, 관리직, 노동조합, 노조와 연계된 협동조합 등등의 중요성이 증가하면서 사회주의를 신념인 동시에 '상품'으로 바라보는 사람, 혹은 사회주의에 대한 시각을 신념으로부터 '상품'으로 바꾼 사람들이 증가한다.[52]

그 두 가지 지도자 유형의 수적 비율과 그들 사이의 역학관계는 당의 전술과 태도에 심대한 정치적 영향을 미친다. 소명형 지도자가 압도적인 정당에서는 의식의 정직성과 경건성이 커진다. 그러나 동시에 광신이 나타날 위험성도 증가한다. 그리고 당이 광신적으로 되면, '동맹 능력'이 대폭 감소한다. 따라서 연립 파트너 없이 정권을 단독으로 인수하여 자기 원칙에 따라 통치하지 못하는 한, '통치 능력'도 대폭 감소하게 된다.[53]

당원의 결속력과 지속성은 부분적으로 당 조직의 견고성과 재정 능력에 의존한다. 정당이 직원들에게 비록 월등한 수준은 아니라 할지라도 만족할 만한 정도의 급여를 지불하면, 당에는 당원들이 쉽게 끊을 수 없는 끈이 만들어진다. 독일 사민당 당직자들이 파렴치한 외부의 유혹에 넘어가지 않았던 것은, 독일 사회주의 운동이 당에 대한 봉사를 현금으로 보상한다는 원칙을 정립하였기 때문이다.

그 원칙은 동시에 당 관료제와 당의 중앙 권력을 강화한다. 프랑스, 영

52) Constantin Jurenew, "Der Sozialismus als Ware," *Archiv für die Geschichte des Sozialismus*(*Grünberg*), 6(1916), p.273.
53) Vilfredo Pareto, *Trattato di Sociologia Generale*, 제2권, p.638 이하.

국, 이탈리아, 네덜란드 등등의 사회주의자들이 부분적으로는 오늘날까지도 자발적 봉사에 의존하는 (말과 글의) 선동 활동을 전개하는 데 반하여, 독일 사민당은 언론과 농촌에 대한 선동 등 모든 선동 활동에 보수를 지급하고 있다. 전자에서는 개인적인 협조, 희생정신, 활력, 열광 등이 동기로 작용하지만, 후자에서는 금전적인 보수를 배경으로 하는 규율, 지조, 의무감이 동인(動因)으로 작용한다. 전자의 경우, 예컨대 밀라노의 『사회주의 전위대』(*Avanguardia Socialista*)나 암스테르담의 『신시대』(*Nieuwe Tijd*)와 같이 주요한 잡지들이 개인의 주도로 창간되어, 재정적 손실에도 불구하고 생산비와 판매 부수의 관계를 무시하는 개인적 이상에 의하여 유지되고, 완전 무보수 혹은 거의 무보수인 직원들의 협조에 의존한다. 반면에 후자의 경우, 베를린의 『전진』 『라이프치히 인민일보』 『신시대』 등은 대중 '정당'에 의해 창간되고 운영되며, 유급 편집국과 유급 직원들을 고용한다.

그렇다고 해서 상류사회의 살롱과 신문이 파렴치할 정도로 무식하게 주장하듯이, 사민당 선동가 및 당직자에게 보수를 지급한다는 원칙이, 노동자들이 힘겹게 벌어들인 돈으로 당직자들의 배를 채우는 것은 결코 아니다. 노동운동 지도자와 언론인의 생활이 오만 및 허세와는 거리가 멀고, 그들의 일이 게으름을 피우며 하거나 손쉬운 것도 결코 아니기 때문이다.[54] 그들이 헌신적으로 전력을 다해 일한 대가로 받게 되는 임금은, 그들 노동의 난점과 육체적 어려움에 견주어보면 지나치게 높다고 할 수 없다. 이는 사회주의 신문의 임금 및 노동관계와 사민당 당직자들의 개인적인 삶을 조금이라도 아는 사람이라면 모두가 동의할 사항이다. 카를 카우츠키, 막스 크바르크, 아돌프 뮐러[55]를 비롯한 수백 명의 사민당 당직자들 정도의 지식과 업무 능력을 갖춘 사람이 자신의 능력을 노동 문제에 사용하지 않았더라면, 그는 최소한 억압받는 프롤레타리아 정

---

54) 같은 책, p.53 이하를 참조하라.
55) 그동안에 베른(Bern) 주재 독일공사가 되었다.

당의 당원으로서 그가 받는 물질적 혜택보다 월등히 높은 호사를 누릴 수 있었을 것이다[1911년!].

우리는 독일 사민당이 당을 위한 노동에 대하여 금전적으로 보상한다는 원칙을 정립하였음을 지적하였다. 그러나 그렇다고 하더라도 사태를 정확하게 이해하기 위해서는, 조직이 빈약한 농촌 지구당이나 재정적으로 취약한 소규모 주간지는 여전히 무보수 노동에 의존하고 있다는 사실을 간과해서는 안 된다. 많은 지구당에는 해당 지역에 거주하는 당원이 집회에서 연설을 할 경우 강연료를 지급하지 않는다는 관행이 유지되고 있다.

사회주의나 공산주의 노동자들이 부대(附帶) 경비 이상의 돈을 받지 않은 채, 먼지와 불결함과 궁핍과 갖은 야유와 멸시를 참아내면서, 그리고 말단 정부 관리에게 극히 하찮은 이유로 체포를 당하기도 하고, 또 반유대주의 등에 사주를 받은 농민들의 투석 세례를 받기도 하면서, 선거철과 같은 때는 일요일에도, 즉 한 주일의 유일한 휴일을 희생시키면서까지 전국을 선동 팸플릿과 선거 포스터와 사회주의 달력으로 뒤덮느라 얼마나 많은 시간과 힘과 안락함을 희생시키고 있는가. 이는 노동자들 속에 이상주의가 살아숨쉬고 있음을 증명하는 사실이고, 이 사실은 여타 주장의 절대적인 전제이다.

그러나 무급 봉사는 사민당의 원칙에 어긋나는 예외일 뿐이다. 사민당의 원칙은 당에 기여한 모든 노동에 대해서는, 그것이 짤막한 신문 기사가 되었든지 장시간에 걸친 집회 연설이었든지, 보수를 지급한다는 것이다. 이는 당의 운영에서 영웅주의와 열광적 헌신을 사상(捨象)시키고 즉흥적인 자발적 봉사를 포기하는 대신, 당원들의 노동력을 규정된 업무 영역에 동원함으로써 당의 내적 통합 능력, 즉 자체 인력에 대한 통제력을 확보하는 체제이다. 이러한 권력이 당의 유연성과 자발성, 그리고 궁극적으로는 사회주의 '정신'을 손상시킨다는 것은 의심할 나위가 없는 사실이다. 그러나 동시에 그것은 당에 극히 중요한 불가결한 토대를 제공한다. 당직자들을 장기적으로 당 기구에 묶어놓는 데는 이념적인 동기

외에, 그에 못지 않게 중요한 물질적인 측면이 결부되어 있는 것이다.

또 다른 사실이 있다. 만약 당에 더 이상 공감을 느끼지 못함에도 불구하고 자기 신념과는 달리 당에 안주한다면, 그것은 "평범한 사람들에게는 자신의 경제적인 생계 보장과 사민당의 비교적 긴밀한 관계만으로도 당에 남을 충분한 이유"[56]가 되기 때문이다. 누군가 이렇게 말했다. "국가를 떠받치고 있는 사람, 오로지 국가로부터 얻는 것이 많은 사람들뿐이라네……." 이 시구는 대단히 과장된 것이긴 하지만 진실한 핵심을 담고 있기도 하다. 그리고 국가라는 단어 자리에 정당이라는 단어를 놓아도, 시구의 타당성은 결코 손상되지 않는다. 정당에의 종속, 실제로는 정당을 대표하는 당 지도부에의 재정적 종속은 당 조직을 동여매는 쇠줄이다.

재정적 지배력이 강한 정당은 당원의 감정까지 지배한다. 정부가 의원들에게 세비를 지불하지 않기 때문에 당이 의원들의 생계를 보장해주는 체제에서, 의원직을 당직 및 노조 직책과 겸하는 지도자들은 스스로를 의원으로서보다 당의 지원을 받는 당원으로, 그리고 노조의 보수를 받는 조합 관리로 느낀다. 반면에 의원들이 국가로부터 높은 세비를 받는 체제에서 의원들은 스스로를 당원 및 조합원으로서보다 의회 의원으로 느낀다. 이 얼마나 실천적인 의미가 큰가.

노동조합의 성공이 상호부조의 원칙, 즉 노조와 결부된 경제적 이점에 힘입은 바가 크다는 것은 의심할 여지가 없는 사실이다. 이를 유의한 독일 사민당은 이미 오래전부터 노조의 공리주의적 토대를 당 전체에 관철시키려 하였다. 사민당 재정국장 오토 게리시는 1904년 브레멘 전당대회에서 행한 조직 문제에 대한 연설에서 그 가능성을 내비쳤다.[57] 게리시는 노동조합의 조직이 당 조직보다 우월하다는 점을 지적하고 난

---

56) Ernst Günther, "Die Revisionistische Bewegung in der deutschen Sozialdemokratie," *Schmoller Jahrb. f. Gesetzgebung* usw. 30(1906), p.253.

57) *Protokoll über die Verhandlungen des Parteitages der sozialdemokratischen Partei Deutschlands, abgehalten zu Bremen, 10. -24. September 1904*, Berlin, p.272.

뒤, 그 우월성의 가장 큰 원인으로 조합 '복지비의 증대'를 꼽았다. 조합 지원금이 확대된 후에야 비로소 노동자들이 노조에 충성하게 되었고, 조합원의 수가 급속히 증대했다는 것이다. 이와 관련하여 그는 다음과 같이 설명했다.

"우리가 유의하여야 할 것은, 일선의 조직 및 선동 활동에서 풍부한 경험을 쌓은 쾨닉스베르크 동지들이 당원 가족들에게 장례비용을 지급하고 있다는 사실입니다. 여러분들은 그 이유를 잘 알 것입니다. 이런 점에서 우리는 노조보다 불리합니다. 우리는 우리 당원들에게 그와 같은 직접적인 혜택을 제공할 수 없기 때문입니다."

게리시의 발언이 생명보험법을 도입하겠다는 의지의 직접적인 표현이었는지, 아니면 단지 그런 법안에 대한 우호적인 반응이었는지는 분명치 않다.[58] 그러나 그 자리에 동석하고 있던 이탈리아 사회당 기관지 『전진』(Avanti)의 편집자 오다 레르다 올베르그는 그의 연설을 오히려 "몰락의 위협"(minaccia di degenerazione)으로 규정하였다.[59] 어쨌거나 독일 사민당은 물질적인 조직망에 적극적인 가치를 부여하고, 당을 사회주의적 색채를 띤 프롤레타리아트 보험회사로 탈바꿈시키려는 경향을 지니고 있다. 그러한 제도가 도입되면 분명히 순식간에 수십만 명의 새로운 당원이 가입하고, 그에 따라 관료 기구도 급속하게 대형화될 것이다. 그러나 그러한 외형적인 성장이 과연 당의 내적인 힘과 이념적인 활력, 사상의 통일성과 전술적인 일관성 영역에서도 긍정적으로 작용할는지는 또 다른 문제이다.

이 문제를 여기에서 깊이 있게 논의할 수는 없다. 여기에서는 다만 당무 수행에 현금으로 보상한다는 원칙이 당을 유지하고 당 조직을 강화하는 데 지대한 역할을 하였다는 점만을 지적하고자 한다.

---

58) 그와 유사한(의무적인) 제도가 기센(Gießen) 및 다른 지방에도 존재한다.
59) 사설, "Il Congresso di Brema," *Avanti!* 8(1904), Nr.2608.

4) 고용주로서의 노동자

노동자들은 일반적으로 까다로운 고용주이다.[60] 그들의 요구는 높고, 그들은 피고용 직원을 쉽게 믿지 않는다. 노동운동의 다단계 감시 체제에 틈이 많아서 그렇지, 만일 그렇지 않다면 그들의 피고용인, 즉 노동운동 관리들이 받는 처우는 사기업보다 훨씬 엄격하고 저급하였을 것이다. 조직 노동자들은 스스로를 유급 지도자들을 고용한 고용주로 간주하고 행동한다. 그리고 그들은 지도자들의 정신 노동을 제대로 평가해주지 않는다.

예컨대 로마의 수많은 생산협동조합들은 산하기업의 관리 및 판매 책임자들에게 육체 노동자들보다 높은 급여를 주지 않는다는 원칙을 세워두고 있다.[61] 독일 노동자들도 마찬가지이다.[62] 1898년 겔젠키르헨 지역의 기독교 광부노조는, 조합 지도자 브루스트가 계속해서 조합원들로부터 존중받고자 한다면 광부로 남아야 한다고 주장하였다.[63] 1892년의 베를린 사민당 전당대회에서도, 모든 당직자들의 연봉이 2천5백 마르크를 상회해서는 안 된다는 안건을 놓고 몇 시간 동안 갑론을박이 벌어졌다.[64] 프랑크푸르트 전당대회(1894)에서는 두 명에 불과한 당 서기의 월급을 300마르크로 인상하자는 제안이 투표에 부쳐졌는데, 몇 번이나 표결이 이루어졌음에도 불구하고 찬성표가 과반수를 넘지 못함에 따

---

60) Heinrich Herkner, *Die Arbeiterfrage*, p.116; Rich Calwer, "Disziplin und Meinungsfreiheit," *Sozialist. Monatshefte* 10(1906), pp.36~40을 참조하라. 이 탈리아에서 한 노동조합 총무는, 총연맹본부가 그 산하 노동조합 직원들의 봉급에 관해 묻는 설문서에 답하면서, "귀하의 노동조합에서는 직원들에게 어떤 식으로 보상해줍니까?"란 질문에 대해 이렇게 신랄하게 대답했다. "자주 불만을 금지시킴으로써!"(Fausto Pagliari, *Le Organizzazioni e i loro Impiegati*, p.11).

61) Lamberto Paoletti, "Un cimitero di cooperative," *Giornale degli Economisti*, 16(1905), 제31권, p.266.

62) Franz Klein, *Das Organisationswesen der Gegenwart. Ein Grundriß*, Berlin, 1913, p.120.

63) Heinrich Herkner, *Die Arbeiterfrage*, p.114.

64) *Protokoll*, pp.116~131.

라 끝내 부결되고 말았다.[65]

사민당은 오랫동안 당 사무처 직원들의 봉급뿐만 아니라 선동원들의 시간 투자와 수고에 대한 보상을 일종의 팁이나 은전(恩典)으로 간주하였다.[66] 신문 편집자의 봉급은 흔히 총무국장, 심지어 식자공(植字工)보다도 적었다.[67] 특정 기업을 담당하는 사민당 요원의 보수도 낮게, 그것도 시간급으로 책정되어서, 당직이 정규 수입원이 될 수 없었다. 따라서 당직자들은 일반 노동자와 똑같은 사회적인 조건 및 생활방식을 보유하고 있었다.[68] 그러나 오늘날은 다르다. 독일 노동자들은 어느덧 당직자들에게 높은 보수를 지급하는 데에 적응하였고, 당직자들 역시 봉급 문제를 예전처럼 전당대회에서 공개적으로 논의하지 않고 몇몇 위원회에서 조용하게 처리하는 데 성공하였기 때문이다.

프랑스 사회당은 의원 세비를 1만 5천 프랑으로 인상하였지만, 노동자들은 곧장 반발하였다. 격분한 노동자들은 의원들을 1만 5천 프랑짜리 선량이라고 비웃었고, 연간 5천 센트에 불과한 노동조합 관리들의 급여조차 지불하지 않았던 것이다.[69] 노동총동맹(CGT)에 소속된 세 명의 고위직 인사(서기, 회계, 상임근무자)의 봉급은 다 합쳐도 1900/1901년에 겨우 750프랑에 불과했다.[70] 인쇄노조의 최고위 직책에 있는 두 사

---

65) *Protokoll*, p.69 이하.

66) 피셔(Richard Fischer)의 1892년 베를린 전당대회 연설을 보라. *Protokoll*, p.127.

67) Richard Calwer, *Das kommunistische Manifest und die heutige Sozialdemokratie*, Braunschweig, 1894, p.38 및 R. Fischer, *Protokoll*, p.127을 참조하라.

68) Eduard Bernstein, *Die Arbeiterbewegung*, 1910, p.141. 시청 관료들의 유사한 발전경로에 대해서는 Gustav Schmoller, *Umrisse und Untersuchungen zur Verfassungs-, Verwaltungs- und Wirtschaftgeschichte*, Leipzig, 1899, p.291을 참조하라.

69) "Enqu te sur la crise syndicaliste; Réponse de E. Klemczynski," *Le Mouvement socialiste*, 11(1909), 총서 3, 제5권, p.302.

70) Paul Louis, *Histoire du mouvement syndical en France*(1789~1906), Paris, 1907, p.244 ― 1901년 3월 22일부터 상임직원의 봉급은 일당 8프랑으로 올랐다(Fernand Pelloutier, *Histoire des Bourses du Travail*, p.152).

람의 연봉은 300프랑, 회계는 100프랑(1905년 기준)이었다. 금속노동자들은, 금속노조 관리 세 명이 매달 봉급으로 234프랑을, 그리고 일곱 명의 지역 노조 책임비서(secrétaires régionaux)가 180프랑을 수령한다는 소식을 듣고 경악하였다.[71]

이탈리아에는 아직까지 당과 노동조합으로부터 보수를 받는 직원의 수가 많지 않다. 그곳의 노동운동 조직은 아직 초보적이고 대단히 불안정하기 때문이다. 따라서 "노동자연맹은 다급할 때마다 즉흥적으로 헌신적인 인물을 선택하여 서기, 행정요원, 회계원 등의 직책을 맡긴다."[72] 사실 이탈리아 노조는 직원들에게 급여를 지급할 만한 자금 능력이 없다. 1905년까지 이탈리아의 노동조합연맹들 중 오직 인쇄노조만 회계장부를 기록하고 조합의 재산을 관리하는 직원을 채용하였다. 1909년에 와서야 비로소 노조 고정 직원의 수가 증가하기 시작하였고, 그들의 보수도 높아졌다.[73] 1911년에 이탈리아 조합들은 직원 월급을 100리라에서 200리라로 점차적으로 인상하기로 결정하였다. 그러나 그것조차 지나치게 낮은 수준이다. 그 액수로는 웬만한 노동자가 순전히 경제적인 이유에서 기존의 일자리를 버리고 노동조합 직원으로 변신할 가능성이 전무할 것이다.[74] 현재 (파시즘 승리 이후) 이탈리아 노동운동은 해체 상태에 있다.

영국에서조차 몇 년 전 노동조합 대회에서, 노동조합 직원들에게 지급하는 급여의 액수를 근무 시간으로 산정하며, 그것도 해당 노동조합이 소속된 업계의 평균 임금으로 계산하자는 제안이 받아들여졌다. 오늘날 [1910]에도 영국에서는 노동조합 직원의 봉급을 사기업의 사무직 봉급보다 훨씬 낮게 책정하는 것이 관례이다.[75] 그래서 영국 노동자 관료(당

71) 같은 책, pp.198, 199.

72) Alessandro Schiavi, "Il nerbo delle associazioni operaje," *Critica Sociale*, 15(1905).

73) Renato Brocchi, *L'Organizzazione di resistenza in Italia*, Macerata, 1907, p.137.

74) Rinaldo Rigola, "I funzionari dell'organizzazione," *Avanti*, 14(1910), Nr.341.

과 노동조합)들이 마치 고한(苦寒)노동이라도 하듯 노동력을 착취당하고 있다는 말이 운위되는 것은 놀랄 일이 아니다.[76] 오스트리아 사회민주당에서도 그와 비슷한 불만이 터져나오고 있다.[77]

사회주의 정당과 노동조합의 관리들에게 낮은 봉급을 주는 이유가, 단지 돈을 지급하는 노동자들의 기업가적 자의성과 오만함, 혹은 신생 조직에게는 언제나 자금이 부족하다는 점에만 있는 것은 아니다. 그러한 현상에는 또 다른 특별한 의도가 숨어 있다. 노동자들은, 대단히 낮은 봉급을 받는 사람은 오로지 업무 그 자체에만 충실하고, 또한 실직과 그에 따른 가족의 경제적 불행에 대한 공포로 인하여 아예 쉴 엄두를 내지 못하게 된다고 생각한다. 그래서 그들은 저임금을 통하여 노동운동의 이상주의를 인위적으로 양육하고 생생하게 유지하려는 것이다. 봉급이 적으면 프롤레타리아 출신 지도자들의 사회적 수준이 일반 노동자들을 월등하게 추월하지 못할 것이고, 그렇게 되면 그들의 이상주의도 존속되리라고 기대하는 것이다.

이런 종류의 발상은 정치적 노동운동과 조합운동이 초기 혹은 혁명적 국면에 있을 때에는 어디에서도 나타나지 않는다. 노동자들은 때때로 그들 당직자들에게 봉급만 적게 지급하는 것이 아니라, 의정 활동에 대한 금전적 대가를 받는 것조차 금지한다. 베를린 사민당원들이 1885년의 프로이센 주의회 선거에 참가하지 않으려 하였던 이유 가운데에는, 사민당 소속 주의회 의원이 일당 15마르크의 세비를 받게 되리라는 우려가 포함되어 있었다. 그들은 의원 세비가 부르주아지화(化)의 온상이 될 수도 있다고 우려하였던 것이다.[78]

---

75) Eduard Bernstein, *Die Arbeiterbewegung*, p.142 이하.

76) G. Hobson, "Boodle and Cant," *International Socialist Review*, 2, Chicago, 1902, p.587을 보라.

77) Leo Winter, "Der Brünner Parteitag der österreichischen Sozialdemokratie," *Sozialist. Monatsh.*, 2(1899), p.629.

78) 이와 관련해 제출된 결의안 가운데 문제가 되는 대목을 그대로 옮겨보면 이렇다. "프로이센 주의회 의원들이 매일 10마르크의 세비를 받는다는 사실을 감

그러나 노동운동 지도자들에게 낮은 급여를 제공하는 것, 특히 노동조합 운동의 유소년기에는 때때로 의식적으로까지 적용되었던 그 방식이 업무 태만을 막을 만한 적절한 안전 장치가 되지 못한다는 사실이 그동안 입증되었다. 인간 대부분은 이상주의만으로 의무 이행에 최선을 다하지는 않는다. 열광은 장기적으로 창고에 저장해놓을 수 있는 상품이 아니다. 한순간 혹은 몇 달 동안 엄청난 환희 속에서 원대한 이상을 위하여 몸과 마음을 다 바치려 하던 사람도, 그 이상이 작은 희생이나마 지속적으로 요구할 경우에는 그 이상에 장기적으로 헌신하는 것이 불가능한 법이다.

희생 정신은 금화(金貨)와도 같다. 금화 1두카트짜리 동전은 한 번에 사용할 수는 있지만, 잔돈으로 쪼개어(alla spicciolata) 사용할 수는 없다. 노동운동 지도자들도 추종자들이 자신을 신뢰한다는 것과 스스로 자기 양심을 확인하는 것 이외에 반드시 별도의 대가가 필요한 법이다. 이를 위한 지도 원리는 이탈리아 농업노동자 자치 조직이 결성된 직후에 적절하게 제시된 바 있다. 농업 노조의 대표(capolega)가 본연의 의무를 다하기를 바란다면, 그에게 노동에 합당한 대가를 지불해야 된다는 원칙이 그것이다.[79]

관리에게 적절한 보수를 지급하는 것은 또 다른 두 가지 이유에서도 필수적이다. 첫째는 사회주의적 도덕 때문이다. 어떤 노동이든, 노동에 대해서는 그에 합당한 대가를 치러야 한다는 원칙이 그것이다. 노동의 사회적 가치에 합당하지 않게 대가를 지불하는 것은, 마르크스주의의 용어를 빌리자면 착취이다. 두 번째는 현실정치적인 이유이다. 지도자에게

안해보면, 그러다가 언젠가는 원칙을 흐리는 부패의 온상을, 혹은 직업 국회의원 양성소를 만들게 되는 것은 아닌가 하는 우려를 떨칠 수가 없다.(—우리 원칙은 신성한 것이고, 우리 대의원들은 명예직이다. 그렇긴 하지만—인간이란 관계의 산물이고, 또한 나중에는 손대기에는 너무 늦어버릴지 모를 일이다)"(Eduard Bernstein, *Die Geschichte der Berliner Arbeiterbewegung*, Berlin, 1907, 제2권, p.160).
79) Egidio Bernaroli, *Manuale per la costituzione* etc., p.27.

적은 보수를 준다는 원칙은, 모든 것을 지도자의 이상주의에 거는 것이기 때문에 위험하다. 보수가 낮으면 부패와 사회적 타락이 생긴다.[80] 보수를 적게 받는 지도자들이, 많은 보수를 받고 따라서 운동이 충분하고 안전한 수입원이 되는 지도자들에 비하여 배신과 매수의 유혹에 쉽게 굴복한다는 것은 사실이다. 그리고 지도자에 낮은 보수를 지급한다는 원칙은, 선거를 통하여 지도부를 빈번하게 교체함으로써 안정된 과두적 지도부의 대두를 막는다는 현실적 요청과 배치된다. 프랑스 노동운동에서 볼 수 있듯이, 노조지도자들이 낮은 임금을 받게 되면 젊은 지도자들이 등장하지 않고, 따라서 노조총회에 등장하는 지도자들의 면면이 늘 똑같게 된다.[81]

문제는 그렇다. 한편으로는 우리가 이미 논의한 대로, 당 지도자들에게 보수를 지급하지 않거나 혹은 경미한 보조금만 지급하는 것은 그들로 하여금 민주주의 원칙을 준수하도록 보장할 수 없고, 다른 한편으로 당의 재정이 당직자들에게 충분한 보수를 지급할 수 있을 정도로 커지면, 당직자들의 독재 욕구는 당의 재산을 관리하는 경제적 권력까지 장악하도록 만든다. 지도부는 정복한 당의 재정권력을, 자신의 권력 지위를 공고화하고 안정화시키는 데에 사용할 수 있기 때문이다.

---

80) Eduard Bernstein, *Die Demokratie in der Sozialdemokratie*, p.1108.
81) E. Klemczynski, *La Crise syndicaliste*, 앞의 책, p.301.

2 지도자의 권력수단으로서의 언론

언론은 지도자가 대중에 대한 지배력을 장악하고, 보존하고, 강화하는 강력한 무기이다. 언론은 물론, 유명한 선동 정치가가 집회 연설을 통하여 청중에게 행사하는 직접적인 영향력을 갖지 못한다. 그러나 언론이 발휘하는 영향력의 범위는 훨씬 더 넓고, 쓰인 언어는 말해진 언어보다 더 멀리 전달된다. 그러므로 언론은 지도자 개인의 명성을 대중에게 알리고, 그의 명성을 증폭시키기에 가장 적합한 수단이다. 노동조합과 정당의 기관지는 언제나 지도자에 대한 찬사로 채워진다. "사심 없는 희생"이나 "냉철한 지성과 강인한 인내력을 갖춘 뜨거운 이상주의"와 같은 찬사들은 마치 그것만으로도 강력한 노동자 조직을 제련해낼 수 있는 것처럼 기관지의 지면을 가득 메우는 것이다.[1] 이런 아첨은 원래 부르주아지의 것이었다. 사민당은 그것을 선거에서 가끔 전술적으로 이용하였던 것뿐인데, 이제는 내용의 진위와 관계없이 지도자의 권위를 드높이기 위한 수단으로 거리낌없이 사용하고 있다.

언론은 또한 자극적인 화젯거리를 만들어서, 당권을 쥐고 있는 지도자들에게 대중의 애정을 집중시키고 또 그들의 성장을 공고히 하기 위해

---

1) 예를 들어, "Die Gewerkschaften Deutschlands," *Schwäbische Tagwacht* 27(1907), Nr.191에 실린 기사를 참조하라.

자주 이용되는 수단이다. 이 점에서 근대 정당 민주주의와 보나파르트주의의 유사성이 명료하게 드러난다.[2] 그리고 언론은 대중의 관심을 자극하기 위해서라면 인신공격도 서슴지 않고, 증거가 충분하건 그렇지 못하건 상류 명사들의 추행을 가차없이 폭로한다.

독일 사민당 기관지 『전진』(Vorwärts)은 1904년에 에센의 기업가 프리드리히 크루프가 카프리 섬에서 동성연애 행각을 벌였다는 기사를 실었다. 시간이 얼마 지나지 않아 『전진』은 황제가 직접 설계하였다는, 노동자들의 공격으로부터 방어하기 위한 베를린 성채의 설계 도면을 공개하기도 하였다. 1905년 이탈리아 사회당의 기관지 『전진』(Avanti)은 해군장관 베톨로 장군의 사적·공적 명예를 공격하였고, 몇 년 뒤 소기의 목적이 달성되자 별다른 사과도 없이 그 공격을 철회해버렸다. 이런 종류의 사례들은 사회주의 신문의 역사에서 수백 건이라도 찾아낼 수 있다. 지도자들은 대중에게 영합하는 "돼지울음"을 열성적으로 신문에 게재한다. 칭찬과 욕설은 순간과 상황에 따라 결정될 뿐, 목적은 언제나 똑같다.

지도자들이 지배를 위한 수단으로 언론을 이용하는 방식은 물론 나라마다 다르다. 정당의 조직과 권위가 아직 취약한 나라에서는 지도자의 영향력이 직접적이고 개인적이다. 프랑스, 영국, 이탈리아처럼 국민성이 강한 개인주의적 색채를 띠는 나라에서는, 민주 지도자들이 자신이 쓴 논설에 자기 이름을 병기하고 그에 책임을 지는 것이 일반적이다. 파리의 사회주의 신문에는 기사만 게재되는 법이 없다. 기사 옆에는 반드시 굵은 활자로 쥘 게드, 장 조레스, 귀스타브 에르베 등의 이름이 적힌다.

그들은 그렇게 자신의 견해를 공공연하게, 그리고 자주 포고령의 형식을 빌려 발표함으로써 대중에게 영향력을 직접 행사한다. 이는 미적·윤리적 저널리즘의 최고 형태이다. 왜냐하면 독자는 자기 앞에 놓인 상품이 어디에서 출하되었는지 알 권리를 갖기 때문이고, 공적(公的) 행위의

---

2) 이 책 제3부 제2장을 참조하라.

윤리적 기본 원칙은 인간이 자신의 행위를 만인 앞에서 책임진다는 것에 있기 때문이다. 그리고 지도자로의 상승을 열망하는 사람이 언론에 자기 이름을 싣는 것은, 대중에게 자신을 알리고 친숙하게 함으로써 더 높은 직책으로 상승하는 방법이기도 하다.

독일처럼 권위에 대한 대중의 맹종이 뿌리깊은 곳에서는 특별한 인물의 권위를 이용할 필요가 없다. 그곳에서는 제1차 세계대전 이전까지만 하더라도 언론인이 신문 기사에 이름을 병기하는 일이 드물었다. 오늘날에도 그것은 민주주의 문화가 오랜 나라에서만큼 일반적이지 못하다. 일간지에서는 필자가 명기된 기사를 아예 찾아볼 수도 없다. 어느 면에서 그 관행은 겸손이기도 하다. 이는 편집자가 아니라 편집국이 전면에 나서는 것이기 때문이다. 이때 기자는 자신의 이름을 독자들에게 알릴 가능성이 없어진다. 따라서 독자들이 그의 존재조차 모르는 경우도 허다하다. 독일의 신문기자가 다른 나라의 언론인과 달리 공인이나 사회적 명사로서의 역할을 별반 수행하지 못하는 이유는 바로 그 때문이다.

그렇다고 해서 익명의 언론이 지도자들의 지배수단으로 이용되지 못하는 것은 결코 아니다. 익명 언론에서는 기자 개개인이 편집국 전체 혹은 심지어 특정 정당 전체와 동일시된다. 따라서 그들의 기사는 모두 더욱 높은 견지에서 발언하는 것이 되고, 개별적 판단은 전체의 판단으로 제시된다. 그러므로 그 기사는 그렇지 않았다면 갖지 못했을 파괴력을 갖게 된다.[3) 따라서 대중에 대한 기자 개개인의 직접적인 권력은 상실되지만, 언론인 집단 전체가 행사하는 권력은 더욱 커진다.

그러므로 거대 정당의 이름으로 말해지는 '우리'는 아름다운 낱말이 아니라 권력이다. 지도부 전체가 '우리 당'으로서 특별한 후광을 얻는

---

3) 이 위험성을 피하기 위해, 일부 사회민주당 계열의 신문은 기사 작성자의 별칭이나 약호를 해당기사 앞머리에 붙임으로써, 그 작성자가 누구인지를 적어도 가까운 사람들 사이에서는 알도록 노력한다. 그렇지만 이 예방책도 "정당으로부터"라는 기사란에는 적용되지 않는데, 그래서 이 난에 당원에 대한 악의성 비판이 가장 자주 실린다.

까닭은, 집단 명의의 기사가 십중팔구 한 개인의 기사라는 사실을 대중이 망각하기 때문이다. 독일 사민당 기관지 『전진』에 게재된 (익명의) 기사와 논설은 프로이센 당원들에게는 일종의 성경이다.

익명의 기사는 도덕적으로나 법적으로나 처벌을 두려워할 필요 없이 가차없는 악의적 비난을 유포하기에 편리한 수단이고, 비겁한 인간이 자신의 사적·공적 적대자를 음해하는 장(場)이다. 그 상대가 여러 가지로 불리한 것은 당연하다. 대중은 그에게 가해진 비난을 하나의 원칙 혹은 하나의 계급의 이름으로, 간단히 말해서 보다 높은 공적 차원에서 가해진 것으로, 따라서 특히 심각한 것으로 간주한다. 이에 대하여 자신의 '결백'을 입증하는 것이 어렵다는 것은 두말할 필요조차 없다. 그리고 신문의 편집국 전체는 무언의 집단적 동의를 전제로 하여 행해진 비판에 책임을 진다. 그러므로 편집국 전체는 개별적인 비판자에 대하여 의무적인 연대감을 갖는다. 이는 이미 행해진 부정한 공격을 철회하는 것을 거의 불가능하게 만든다.

비판을 받은 사람이 가해자의 이름을 안다면 공격의 성격을 이해할 수 있는 열쇠를 얻겠지만, 그는 그 이름을 알 수 없고, 따라서 그의 싸움은 그림자와의 싸움이 된다. 그가 우연히 비판자의 신원을 확인하였다고 하더라도, 그를 거명하면서 싸울 수는 없다. 이는 언론인 명예훼손죄에 해당하기 때문이다. 그는 자기방어에 가장 효과적이고 가장 중요한 수단을 애초부터 박탈당하고 있는 것이다.[4]

독일 언론에서 개인의 지위가 후퇴한 결과 사민당 언론에 발달한 것이

---

4) 사회민주당 언론에 소속된 한 사람(공격자)은, 이런 문제가 불거지자, 여느 때 같으면 그에 대해 대꾸하지 않고 그냥 넘어갈 수 없었을 터인데도 불구하고, 이에 대한 해명을 거절한 적이 있다. 그때 그 공격자가 해명을 거절하는 이유로 내세웠던 것은, 그 공격받은 당사자가 전체 편집진이 아닌 "그 기사 작성자 개인"만을 문제 삼고 있기 때문이라는 점이었다. 독자들이 내용을 전혀 모르는 그런 변론에 대한 토론에는 일절 응하지 않겠다고 밝혔는데, 왜냐하면 공격받은 사람의 그와 같은 태도는 "당 동지로 지켜야 하는 가장 기본적인 품위마저 무시하고" 있기 때문이라는 것이다(*Frankfurter Volksstimme*, 1909, Nr.175).

통신사이다. 통신사는 원래 편집 비용을 절감하려는 목적에서 생겨난 것이기는 하지만, 곧 다양한 언론들에게 통일성을 ─십여 개의 신문이 동일한 통신사로부터 기사를 받는다[5]─ 부여하였고, 상호 결합한 소수의 기자 집단에게 자유 저술가들에 대한 압도적인 우위를 보장하였다. 물론 그 우위는 일차적으로 경제적인 것이다. 통신사 소장들은 대부분 당에서 결코 비중 있는 정치적 역할을 수행하지 못하기 때문이다. 본사와 통신사 모두에서 언론은 일반 당원의 것이 아니라 지도자의 것이다. 독일 사민당처럼 양자 사이에 간혹, 언론을 감독하도록 당원들에 의하여 선출된 언론위원회가 일종의 중간층으로 끼여 드는 경우가 있다. 그러나 그 위원회는 기껏해야 지배권의 일부만 나누어 가질 뿐이고, 대부분은 부적절하고 비능률적인 부수 기관에 머무른다. 당 언론에 대하여 통제권을 갖는 유일한 집단은 지도자들뿐이다.[6]

---

5) Heinrich Ströbel, "Ein sozialistische Echo?" *Neue Zeit*, 27(1909), pp.644~648을 참조하라.

6) 또한 이 책, pp.89~93의 논의를 참조하라.

3 지도자와 대중의 현실적 관계

지도자의 등장과 대중의 퇴위(역사적·이론적 고찰)

직업적 지도부의 형성은 민주주의의 종말을 의미한다. 특히 '대표한다는 것' 자체가 논리적으로 불가능하기 때문에, 민주주의는 의회주의와 대의원 제도에 그치고 만다. 이러한 측면에서 민주주의 비판을 시작한 사상가에 홉스 외에 루소가 있다. 루소는 인민의 지배를 일반의지의 행사로 정의하면서, 그로부터 다음과 같은 논리적 결론을 도출하였다. "일반의지는 결코 양도될 수 없다. 주권은 집단적으로만 존재할 뿐, 스스로를 대표할 수 없다." 요컨대 "인민이 스스로를 대표하도록 위임하였을 때, 인민은 더 이상 자유롭지 않다. 즉 그때 인민이란 더 이상 존재하지 않는다."[1]

대중이 주권을 몇몇 소수에게 위임하면 대중은 더 이상 주권자가 아니다.[2] 인민의 의지는 말할 것도 없고, 개인의 의지조차 양도할 수 있는 것이 아니다. 선거 행위는 대중주권의 표현이지만, 동시에 대중주권의 파

---

1) J. J. Rousseau, *Le contrat social*, 제6판, Paris, 1871, p.40 이하.
2) 몇몇 유명한 수정주의자들도 이 견해를 인정했다. 예컨대 Eugène Fournière, *La Sociocratie*, p.98 이하.

괴 행위이다. 프랑스 혁명에서 루소의 추종자들은 공포정치를 통하여 제노바 출신 철학자의 이론을 정반대로 왜곡하였다. 그럼에도 불구하고 그들은 루소 사상의 이론적 정당성만은 의문의 여지가 없는 것으로 인정하였다. 루소에 충실하였던 로베스피에르는 인민의 위임자(인민으로부터 최고 권력을 부여받은 사람)와[3] 인민의 대표자를 교묘하게 구분하면서, 인민의 위임자와는 달리 인민의 대표자는 존재할 수 없다고 주장하였다. 의지는 대표될 수 없기 때문이라는 것이었다.

프랑스 혁명이라는 역사상 최초의 대의제 실험은 민주주의의 한계에 대한 이론을 심화시키는 데 크게 기여하였다. 그리고 그 이론은 19세기 중반에 크게 보충되어 보편적 타당성까지 주장하게 되었고, 경험 심리학의 영향 속에서 특정한 규범과 규준을 정립할 수 있었다. 프루동은 프랑스의 1848년 2월혁명에서 실시된 최초의 사회주의적 민주주의 실험, 특히 루이 블랑의 활동을 차갑게 비웃었다. 그는 다수결의 원칙과 국가주의의 허구를 잔인하게 폭로하였던 것이다.[4] 보통선거권의 아버지인 위대한 민주주의자 레드뤼 롤랭조차 2월혁명에서, 대통령직과 의회제를 철폐하고 인민총회만을 유일한 입법 기구로 인정하라고 요구하였다. 어차피 인민이 축제와 휴일과 실업으로 귀중한 시간을 낭비하고 있는 바에야, 그 시간을 잘 활용하면 인민이 "자신의 독립성과 위신을 지키고 자기 발전을 공고히 하도록" 해볼 수 있다는 것이 그의 주장이었다.[5]

리소르지멘토 시대의 위대한 이탈리아 애국자 빈센초 조베르티는 좀 더 보수적인 시각에서 민주주의를 심층적으로 비판하였다.[6] 동시대의 애국주의자로 너무 일찍 잊혀진 이탈리아 민족혁명의 사회주의 이론가인 카를로 피사카네[7]는 『혁명에 대한 제안』이라는 저서에서, 최고 권력

---

3) 여기에 대해서는 이 책, pp.90~93의 논의를 참조하라.
4) Proudhon, *Les confessions d'un révolutionaire*, Paris, 1848. 이 책의 독일어판에는 고트프리트 살로몬(Gottfried Salomon)의 서문이 첨가되어 있다.
5) A.A. Ledru-Rollin, *Plus de président, plus de représentants!* 제2판, Paris, 1851, p.7.
6) Vincenzo Gioberti, *Il rinascimento civile d'Italia*, Torino, 1851, 제1권, p.127.

을 장악한 사람들이 인간으로서 당연한 개인적 열정이나 신체적·정신적 결함에 의하여 어떻게 좌우되는지, 그리고 어찌하여 정부 정책의 방향과 결정이 대중, 즉 개개인의 평균적 견해를 대변하기 때문에 앞서 말한 권력자들의 결함을 갖고 있지 않은 대중의 방향 및 결정과 근원적으로 모순될 수밖에 없는지 논하였다. 그는 정부가 공공의 여론과 국민의 의지를 대변한다고 주장하는 것은, 사실상 부분을 전체 앞에 놓는 것을 의미한다고 주장하였다. "대표란 불합리성이다."[8]

피사카네와 같은 시기에 비슷한 노선을 추구했던 콩시데랑은 루소의 뒤를 따랐다. "인민이 주권을 위임한다는 것은 주권을 스스로 포기하는 것과 같다. 그렇게 되면 인민은 스스로 통치하지 못하고 통치되기 때문이다. ……인민이여, 그래도 주권을 포기하겠는가! 단언컨대 그것은, 당신들이 보유한 주권의 운명을 마치 화성의 운명처럼 거꾸로 돌려버리는 짓이다. 당신의 주권은 당신의 대표자, 즉 당신이 만들어낸 위임자에게 잡아먹히게 될 것이다."[9]

콩시데랑은 대의제를 통한 인민주권론을 다음과 같이 근원적으로 부인하였다. 설혹 의회주의를 추상적 차원, 즉 이론적 차원에서 대중의 지배와 동일한 것으로 인정한다고 하더라도, 의회주의는 그것이 현실에서 실천되는 가운데 지배 계급의 지속적인 사기(詐欺)로 뒤바뀔 수밖에 없다. 군주정과 민주정은 대의제에 뿌리를 두고 있다는 점에서는 동일하고, 양자 사이에는 차이가 있다고 하더라도, 그것은 무의미한 속도의 차이일 뿐 실체는 동일하다. 민주주의에서 인민은 한 명의 군주 대신 한 부류의 소군주들을 뽑는다. 인민은 국가기구에 대한 지배를 자유롭고 자립

---

7) Robert Michels, *Sozialismus und Fascismus in Italien, München*, Karlsruhe, 1925, 제2권: *Der politische Sozialismus und Fascismus in Italien*, 제1장, Der sozialistische Patriotismus bei Carlo Pisacane를 참조하라.

8) Carlo Pisacane, *Saggio sulla rivoluzione. Con prefazione de Napoleone Colajanni*, Bologna, 1894, pp.121~125.

9) Victor Considérant, *La solution ou le gouvernement direct du peuple*, pp.13~15.

적으로 행사할 수 없기 때문에 자진해서 기본권을 헌납한다. 인민에게 유보된 유일한 권리란 지배자를 가끔 새로이 선출할 수 있는 "한가롭고 보잘것없는" 선거권에 불과하다.[10]

대의제 비판은 다음과 같은 프루동의 정치적 관찰에도 기초할 수 있다. 인민의 대표는 권력을 장악하자마자 권력을 강화·확대하기 시작하고, 권력의 보호 장치를 새로이 만들며, 마침내는 인민의 주권으로부터 완전히 벗어난다. 인민으로부터 나와 인민 위에 군림하는 것은 권력의 필연적인 발전 경로이다.[11] 이러한 생각은 1840년대에 아주 일반적이었다. 특히 프랑스의 민주적 사회학자들과 정치가들도 이에 동감하고 있었다. 기독교 사제들도 마찬가지였다. 위대한 가톨릭 논객 루이 뵈이요는, "투표하는 순간 내 평등권은 투표용지와 함께 투표함 속으로 떨어지고 만다. 둘 다 한꺼번에 사라져버리는 것이다"라고 말하였다."[12]

민주주의 비판은 오늘날 여러 부류의 아나키즘에서 철의 원칙이다.[13] 민주주의 비판을 더욱 세련되고 날카롭게 다듬은 것이 바로 아나키즘이었다. 마르크스와 마르크스주의자들도 비슷하다. 그들은 이론적으로는 의회주의를 여러 투쟁수단들 중의 하나로 인정하고 현실적으로는 유일한 무기로 사용하였지만, 그들도 보통선거권에 입각한 대의제의 위험성을 간간이 인정하지 않을 수 없었다. 다만 그들은 대의제 비판을, 적어도 1916/17년 이전에 출간된 저술들에서는 정당제에 이르기까지 확대시키지 않았을 뿐이다.[14]

---

10) Considérant, pp.11, 12.
11) 이에 대하여 Proudhon, *Les confessions d'un révolutionaire. Pour servir à la révolution de février*, 개정판, Paris, 1868, p.286을 보라.
12) Louis Veuillot, *Ça et là*, Paris, 1860, 제2판, 제1권, p.368.
13) 예컨대, Enrico Malatesta의 두 소책자, *L'Anarchia*(제6판, Roma, 1907)와 *La politica parlamentare nel movimento socialista*(Torino, 1903), 그리고 Fedinand Domela Nieuwenhuis, *Het Parlamentarisme in zijn Wezen en Toepassing*, Amsterdam, 1906.
14) 또한 카우츠키, 로자 룩셈부르크 등은 더욱더 그렇다. 또한 마르크스에게서

이탈리아의 보수적 학자들도 지난 40년 동안 유권자 대중의 무기력에 대하여 연구하였다. 모스카는 의회주의 전설은 허구라고 말하면서 다음과 같은 논리를 전개하였다. 다수 유권자의 주권을 아무 대가없이 자유의사에 의하여 몇몇 소수 대표에게 양도한다는 대의제 개념은, 소수가 다수의 의지에 강력한 끈으로 묶인다는 극히 비합리적인 전제에 기초한다.[15] 현실에서는 의원에 대한 유권 대중의 통제 권력은 선거 행위와 함께 끝나고, 의원은 스스로를 현실을 결정할 정당한 존재로 느낀다. 이제 주권자는 대중이 아니라 그다. 대중 가운데 의원들에게 영향력을 행사하는 몇몇 개인은 선거구와 지구당의 실력자들이다. 다시 말해 그들은 피지배 계급에 속하되, 그 안에서 과두적 지배 집단을 형성하는 인물들인 것이다. "선거란 권력을 가장 교묘한 선거꾼에게 맡기는 행위이다."[16]

대표한다는 것은 개별적인 의지 속에서 대중의 의지를 선언한다는 뜻이다.[17] 이것은 몇몇의 경우, 예컨대 국적(國籍)과 같이 명확하고 단순

도 대의제에 대한 이론적인 불신의 흔적을 찾아볼 수 있다. 예컨대, Karl Marx, *Revolution und Kontrerevolution in Deutschland*, Berlin, 1896, p.107을 참조하라.

15) Gaetano Mosca, *Questioni pratiche di diritto costituzionale*, Torino, 1898, p.81 이하 및 *Sulla teoria dei governi e sul governo parlamentare*, Roma, 1884, p.120 이하를 참조하라. 아울러 모스카의 새로운 저서도 참조하라. Mosca, *Elementi di scienza politica*, 2ª deizione con una seconda parte inedita, Torino, 1823[독일어본은 문헌목록을 참조하라].

16) H.G. Wells, *Anticipations of the Reaction of Mechanical and Scientific Progress upon Human Life and Thought*, London, 1904, p.58. 물론 이것은 당연하게도 공화민주주의적인 헌법을 가진 나라들에만 해당된다.

17) 이에 대해 푸이에는 다음과 같이 아주 재치 있고 적절하게 언급하고 있다. "내가 마르세유에서 파리로 가는 데 설사 왕복 기차표를 사용한다고 한들, 당신이 파리에서 마르세유로 가는 데 방해될 것은 아무것도 없다. 곧 나는 내 자유의 권리를 행사하면서, 당신의 권리를 방해한 점이 전혀 없다. 그렇지만 내가 의회에 어떤 대표를 보내서, 그가 당신이 늘 반대하고 있던 조치를 실행하도록 하여 당신에게 손해를 야기한다면, 나의 통치방식이 곧 당신에게는 고통스럽고 아마도 정의롭지 못한 방식임을 의미한다. 이렇듯 시민적 권리란 자기 자신을 위한 자유이자 자기 자신에 관한 자유이다. 반면 정치적 권리란 타인에 관

한 문제라든가 대표하는 임기가 짧은 경우에는 가능할 것이다. 그러나 장기적인 위임은 그 어떤 경우에도 '대표되는 자에 대한 대표하는 자의 지배'를 의미한다. 더욱이 오늘날처럼 일상적인 정치 활동이 복잡한 형태를 취하고, 정치 및 경제 생활이 갈수록 분화되어가는 시대에, 내적으로 극히 다양한 대중을 대표한다는 것은 나날이 무의미한 일이 되고 있다.

민주주의 정치 지도자의 의회주의적 성격

노동자 정당 운동의 최상층 지도자들은 대부분 의회 의원들이다. 베벨, 조레스, 게드, 아들러, 반데르벨데, 트룰스트라, 페리, 투라티, 키어 하디, 맥도널드, 파블로 이글레시아스는 해당 국가의 의원들이었거나 의원들이다. 영국의 힌드먼이 의원이 되지 못하였던 이유는 다만 그가 선거에서 패배하였기 때문이었다. 그의 정당은 영국 의회에 단 한 명, 아니 단 한 명이라도 이렇다할 만한 대표를 진출시키지 못하였던 것이다.

근대 사회 민주주의 정당의 지도자들이 의회 의원이라는 현상은, 이들 정당의 주된 특징이 의회주의적이라는 사실을 가리킨다. 정당은 자신의 가장 우수한 대표를 가장 중요한 사업장, 즉 그들이 보기에 노동의 성과가 가장 풍부한 작업장에 파견하는 것이다. 이들 의원들의 권력은 두 가지 이유에 의해 더욱더 커진다. 첫째, 그는 일단 선출되면 당 대중으로부터, 그리고 결국에는 당 지도부로부터도 독립적인 지위를 확보한다. 임기가 비교적 장기적일뿐더러 임기 중에는 그 누구도 그의 직위를 박탈하지 못하기 때문이다. 둘째, 그가 선거에서 직접적으로 의존하는 대상은 유권자 대중이다. 선거에서 당에 대한 그의 의존성은 간접적일 뿐이

한 권리이자, 그러나 그와 동시에 자기 자신에 관한 권리이기도 하다"(Alfred Fouillée, "Erreurs sociologiques et morales de la sociologie," *Revue des Deux Mondes*, 54(1864), p.330)〔이 기사는 제시된 곳에 게재되어 있지 않다〕.

다. 특히 당이 선거 활동에 많은 자금을 지원하지 않을 경우 더욱 그러한데, 문제는 대중이 조직되지 않은 덩어리에 불과하다는 사실이다. 물론 의원의 권력과 독자성은 나라와 선거구별로, 당 조직의 권위와 통합력에 따라 일정한 한계에 처한다.[18]

그러나 당의 권위가 강력한 곳에서조차 '집단'으로서의 의원의 위신과 권력은 위험에 처하지도 않고, 이의(異議)가 제기되지도 않는다. 왜냐하면 독일의 예에서 볼 수 있듯이, 당의 가장 중요한 직책, 특히 총재단 당직은 대부분 의원들이 보유하기 때문이다. 당 정관에 의원직과 당직의 겸직이 금지되어 있는 곳에서는 물론 상황이 다르다. 예컨대 이탈리아 사회당에서 의원은 다만 의원단의 일원일 뿐이고, 의원직과 최고위원직의 겸직은 한 의원이 우연찮게 당 기관지의 편집인일 경우로 국한된다. 그러나 이러한 체제에서는 의원단과 당 최고위원회 사이에 갈등의 소지가 많고, 따라서 두 기관 모두 권위를 손상당할 위험이 크다. 그러나 충돌이 발생할 경우에도, 위에서 설명한 여러 가지 이유들로 말미암아 우위를 점하는 쪽은 대부분 의원단이다. 프랑스 사회당은 의원들의 당 집행위원회 위원직 겸직을 금지하던 조항을 1914년에 폐지하였다.

독일 사민당은 의회주의가 고도로 발전한 당이다. 이는 제국의회 의원단 활동에 대한 사민당 전체의 일반적 태도에서 분명하게 드러난다. 세계 그 어느 나라의 사회당도 분열 이전의 독일 사민당처럼 자기 당 의원들의 의정 활동에 대하여 무비판적이지 않았다. 독일 사민당 의원들이 제국의회에서 당원들의 거친 항의를 받을 만한 연설을 한 경우가 십여 차례나 됨에도 불구하고, 당 기관지에서건 당대회에서건 의원 연설은 언급되지도, 반박에 부딪치지도, 거부되지도 않았다. 오토 후에가 1905년의 루르 광부파업에 대한 토론에서 수차례에 걸쳐 사회주의 원칙을 유토피아적인 것으로 폄하하였음에도 불구하고, 당 기관지는 분노의 기색조차 보이지 않았다.

---

18) 같은 책, p.37을 참조하라.

사민당 의원단이 150만 마르크에 달하는 제1차 헤레로전쟁(독일의 아프리카 남서부 식민지에서 나마족과 헤레로족이 1904년부터 1907년에 일으킨 봉기 – 옮긴이) 공채에 대한 표결에서, 그 어떤 군비 지출도 절대적으로 반대한다는 철의 원칙을 제국의회 진출 이후 처음으로 깨뜨렸을 때에도, 여기저기에서 그저 몇 마디 불평이 나왔을 뿐이다. 다른 사회당 같았으면 기꺼운 찬성과 노도와 같은 분노가 엇갈렸을 이 문제[19]가 1904년 브레멘 전당대회에서 최종적인 심판대에 올랐을 때에도, 비판적인 목소리는 단 몇몇에 불과하였다.

의원단의 지위가 당의 성장과 함께 더욱 공고화되는 것도 눈에 띄는 현상이다. 초기에는 증기선 보조금 법안(1885년)(제국 정부가 아시아, 오스트레일리아, 아프리카로 가는 증기선 항로에 대한 보조금을 지급하려는 법안을 상정하자, 이를 두고 사회민주당 내에서는 격렬한 논쟁을 벌였다. 한쪽에서는 이것을 순수한 교통 문제로 이해하는 반면, 베벨, 리프크네히트, 폴마르 등은 제국 정부의 외교정책과 연결된 문제, 곧 식민지 문제의 일환으로 이해했다 – 옮긴이)처럼 별로 중요하지 않은 문제들에 대해서도 의원단은 대단히 날카로운 비판에 직면하였다. 그러나 당이 성장하면서 당원들은, 노동자와 관계되는 결정적 투쟁은 의회에서 치러지는 것이며, 따라서 자신들은 의회 전략가들을 괴롭히는 일을 삼가야 한다는 생각에

---

19) 그래도 독일 사회민주당의 초기 역사에는 이에 대한 선례가 한두 가지 남아 있다. 1881년 제국의회에서 하젠클레버(Hasenclever)와 블로스(Blos)는 당 기관지인『사회민주주의자들』(Sozialdemokraten)을 부인하는 것이나 다름없는 말을 했다. 이보다 더 잘 알려진 것은 1885년 증기선 보조금에 대한 논쟁을 계기로 불거진 제국의회의 의원단과 취리히『사회민주주의자』(Sozialdemokrat)지 간의 대립이다. 그 논쟁 과정에서 의원단은 공개 성명을 발표했는데, 거기서 이들은 의원단이 당 기관지의 내용을 책임지고 있기 때문에, 당 기관지는 그 어떤 상황에서도 의원단에 반대해서는 안 된다고 주장했다. 곧 "신문이 의원단의 방침을 결정하는 것이 아니며, 이와 반대로 의원단이 신문의 방향을 통제해야 한다." 게다가 이것은 전당대회의 결의문과 일치하는 것이었으며, 사회주의자탄압법 시대의 혼란 속에서는 나름의 정당성까지 부여받고 있었다. Franz Mehring, *Geschichte der deutschen Sozialdemokratie*, 제6권, pp.214, 267을 참조하라.

익숙해져 갔다. 이 생각은 오늘날에도 여전히 대중이 의원들을 대하는 태도를 규정짓고 있다. 따라서 제국의회 의원단의 태도는 수많은 사안의 결정적 계기, 말하자면 최고법이다.

대중은 의원단의 입지를 약화시킬 수 있는 것이라면, 가장 원칙적인 문제에 관한 것이라 할지라도 비판을 극도로 자제한다. 설령 비판을 가하더라도 조심스럽게 덮어두거나, 아니면 지도부의 격렬한 비난을 받게 된다.

『라이프치히 인민일보』가 '빵값 폭리'(빵값 폭리라는 말은 원래 제국 정부가 일반 노동자들의 생활필수품에 대한 관세를 올리려는 데 대한 사회주의자들과 노동자들의 저항에서 나온 말이다 - 옮긴이)를 비판한 한 사설에서 부르주아 정당들을 제법 신랄하게 공격했을 때(1904년), 제국의회에서 뷜로프 총리가 그 기사를 직접 낭독하고 몇몇 우익 및 중도 의원들이 사민당 의원단을 향하여 분노를 터뜨리자, 그때까지 그 신문의 공공연한 친구로 간주되던 베벨이 문제의 사설을 주저하지 않고 철회하였다. 이는 사민당의 민주적 전통은 물론, 사회주의 정당의 전통적인 원칙인 연대(連帶)의 원칙과도 정면으로 배치되는 행위이다.

1904년의 브레멘 전당대회에서 게오르크 폰 폴마르가 사민당과 같은 정당에게 근원적인 의미를 갖는 선동 형태인 반(反)군국주의 노선에 거리를 두었을 때, 대의원 대부분은 박수로 응답하였고, 나머지는 반발하지 않았다. 폴마르가 제기한 근거는 다음과 같았다. 제국의회와 바이에른 주(州)의회 의원들은 기회가 있을 때마다, 군이 사민당원 징집자들을 차별하고 또 정부 당국은 징집 대상자들이 과거에 사민당 집회에 참석했는지 혹은 거기에서 지도자로 활약했는지를 비밀리에 조사해서 그 결과를 지역 사령부에 넘겨주고 있다고 비난해왔는데, 국방장관은 사민당의 반군국주의 선동에 힘입어, 문제는 사민당의 혁명적 특성이라고 반박함으로써 문제를 쉽게 회피할 수 있다는 것이었다. 사민당 지도부가 그때까지 제기한 반박이라는 게 고작, 사회주의 병사들도 그 어느 누구와 다름없이 병역 의무를 잘 수행하고 있고 따라서 차별 대우를 받아서는

안 된다는 주장에 불과하였는데, 문제는 그처럼 반군국주의 선동에 있다는 것이 폴마르의 주장이었다.[20]

잘 알려져 있다시피 사민당의 제국의회 의원단은 의원들이 의정활동에 관련되는 사안에 국한하여 자문하겠다는 명분을 내세워서, 의원들로 하여금 당의 연례 전당대회에서 투표권을 행사하게 해달라고 요구하였다. 의원단은 이를 1890년 베를린 전당대회에서 관철시켰으며, 이를 1905년 예나 전당대회에서 통과된 새로운 정관으로 재차 확인하였다. 의원이 전당대회 대의원 의석 하나를 확보하는 것은 어차피 어려운 일이 아니다. 아우어는 의원이 대의원 자리 하나 차지할 줄 모른다면, 그 사람은 지지리도 못난 사람임에 틀림없을 것이라고 말한 바 있다.[21]

그럼에도 불구하고 사민당은 의원들에게 그 작은 수고마저 면제해주었다. 그리고 의원들이 의원으로 재직하는 장기간의 재직 기간 내내, 당의 내밀한 토의에 사민당 지역구를 대표하는 대의원으로서가 아니라 선거구 유권자 전체를 대표하는 의원으로서 참여하게 됨으로써, 그들은 지도자로서의—그것도 절반은 당외(黨外) 지도자로서의—지위를 분명하게 승인 받았다. 그들은 또한 그로써 당 대중으로부터 독립된 상위 당원, 혹은 임기 동안에는 파면되지 않는 일종의 장기직 대의원으로 떠받들어지게 되었다.

이런 장치는 물론 독일 사민당에 특수한 것이다. 대부분의 나라에서는 의원들도 일반 대의원 규정의 적용을 받는다. 프랑스와 네덜란드 노동자 정당에서는 의원들도 정규 위임장을 제시할 수 있을 때에만 전당대회 의석과 투표권을 부여받는다. 이탈리아에서는 당 최고위원회 위원이나 의회 의원이라고 할지라도, 당 지도부로부터 보고 위탁을 받았을 경우에만 발언권이 주어진다. 투표권도 대의원 자격을 갖고 있을 때에 한하여

20) *Protokoll des Parteitags zu Bremen*, 1904, p.186.

21) 그러나 경우에 따라서는 그들이 당에서 맡아온 업무 때문에 당대회에 참석할 필요가 있을 수도 있기 때문에, 그들이 대의원 자리를 구걸하는 처지에까지 빠지도록 내버려두어서는 안 된다(*Protokoll des Parteitags zu Berlin*, 1890, p.122).

주어진다.[22] 그렇지만 그러한 예방조치들도 사태의 진전 앞에서는 총체적으로 무기력하다. 그리고 전당대회가 규정한 당의 정책 노선을 의원단이 지키는 경우는 어차피 희귀하다. 의원들은 편의 때문이건 아니면 유권자 대중에 대한 의무감에서건, 전당대회의 결정에 절대적으로 구속된다고 생각하지 않는다. 의원단의 역사는 전당대회의 결정을 깨뜨리는 역사이기도 하다.

사회당 의원들은 또한 자신들이 개별 문제에 관한 전문 능력을 보유하고 있기 때문에 전당대회 및 당 사법기관보다 상위에 설 수 있고, 또한 독자적인 결정권을 행사할 수 있다고 믿는다. 예컨대 독일의 사민당 의원단의 많은 인사들이 1903년에 소위 부의장의 황제 알현(사회민주당 의원이 제국의회에서 부의장으로 나설 경우, 황궁에 초대받아 황제를 알현하지 않을 수 없다는 점을 놓고, 사회민주당 내에서 논란이 일었다 – 옮긴이)에 관한 안건을 의원단 내부에서 독자적으로, 다시 말해 전당대회를 우회해서 처리하려 하였던 것은 바로 그 때문이었다.[23] 이는 사민당 의원단이 전당대회에서 결정되어야 할 안건의 범위를 축소시키고, 의원단을 당의 유일한 결정 기구로 격상시키려는 자연스러운 경향을 따랐던 것뿐이다.

지도자들이 노동자 당원들에 대한 자신의 현실적인 우월함을, 그리고 지도자들이 당원들로부터 정책 노선을 지시받는 게 아니라 거꾸로 당원들에 대한 충성의 의무를 경우에 따라 해지(解止)할 수도 있다는 강력한 의지를, 냉소에 가까울 정도로 솔직하게 인정하는 경우도 가끔 있다. 그

---

22) *Avanti!* Nr.3433.

23) 심지어 최근 선거에서 낙선한 몇몇 의원들마저도 그렇게 주장한다. 이에 대해 베벨은 조롱조로 이렇게 지적했다. "참으로 희한한 논리이다! 만일 김아무개가 지난번 제국의회 선거에서 계속 당선되었더라면, 그는 자기가 그 문제를 결정할 능력을 갖고 있다고 생각한다. 그렇지만, 불행하게도 그가 낙선한 이후에는, 그에 따른 능력을 갖고 있지 못하다고 여긴다! 그에 필요한 능력을 갖추려면, 우선 의원으로 뽑히고 볼 일이다"(Bebel, "Ein Nachwort zur Vizepräsidentenfrage und Verwandtem," *Die Neue Zeit* 21 (1903), p.22. 별쇄본).

대표적인 사례가, 현재〔1924〕밀라노 제5지역구의 의원으로서 이탈리아 사회당의 가장 영향력 있는 지도자이며 재기가 넘치고 학식도 풍부한 필리포 투라티가 사회주의 대중에 대한 사회당 의원들의 입장을 밝힌 발언이다. 1908년 로마에서 거행된 노동자대회에서 투라티가 발언한 것을 문자 그대로 옮겨보면 다음과 같다.

"의회에 있는 사회주의 대표자들은 프롤레타리아트에 봉사하고 있지만, 그것은 다음과 같은 엄격한 조건하에서입니다. 프롤레타리아트는 의원들에게 어리석은 일(cose semplicemente grottesche)을 요구하지 않아야 합니다. 만약 그렇지 않을 경우 지도자들은 당원들에 대한 충성을 거부하고 그들과 반대되는 입장을 내세울 것입니다."[24]

그런데 여기에서 그 "어리석은 일"이 무엇이냐 하는 것은 의원 스스로가 해석할 사항이다. 따라서 결국 모든 문제에서 유일한 결정권자는 의원 자신이다.[25] 이탈리아 사회당과 공화당의 의원단은 당 최고위원회로

---

24) 1908년 3월 31일 Convegno pro Amnistia. 토리노 지역의 신문인 *Stampa*, XVII, Nr.92의 기사에 따름.

25) 에두아르트 베른슈타인도 역시 기본적으로는 이에 견해를 같이한다. 비록 그가 신중하고 친절한 자신의 성격에 어울리게, 좀더 부드러운 형태를 취하고 좀더 진지한 방식으로 격려하고자 애썼지만 말이다. 또한 그에 따르면, 지도자는 대중의 대변자가 아니라, 무엇이 노동자에게 유익한 것인지를 자기 스스로 결정할 권리가 있다. 여기서 그의 말을 들어보자. "베벨은 지도자란 대중을 따라야 한다고 생각한다. 내 생각은 다르다. 나는 소위 '지도자', 곧 노동자들의 위임을 받은 사람들은, 노동자계급의 대리인이라고 믿는다. 물론 지도자들은 자신들의 위임자에게 협조해야 하지만, 무엇보다도 확고한 신념으로 노동자의 이해관계를 파악하고, 때에 따라서는 노동자들의 의견에 반하는 한이 있더라도 자신의 논리를 관철시켜야 한다. 우리는 일시적인 경향에 좌우되어서는 안 된다. 베벨은 사람들이 의원단에게 문제를 위임하려는 것을 보고 비웃었다. 그러나 제국의회에서 계속해서 일하는 의원들이 원외(院外)인들보다 이 문제에 대해 더 나은 판단을 내릴 수 있다는 것은 당연하지 않은가? 만일 아예 처음부터 의원단에 대한 불신임을 선언하지 않을 것이라면, 사람들은 당연히 이 문제를 의원단에 완전 위임할 수 있다"(Eduard Bernstein, *Auf dem Parteitag der Sozialdemokratischen Partei in Dresden 1903: Protokoll über die Verhandlungen des Parteitages*, Berlin, 1903, p.399). 이와는 달리 훨씬 더 정직하지 않은 방식으로,

부터도 완전한 독립성을 쟁취하는 데에 성공하였다. 사회당 의원단은 심지어 때때로, 자신들이 사회주의 조직과 공식적으로 관련을 맺는 것을 선거구 유권자들이 꺼린다는 점을 내세워서, 사회당 당원이 아닌 의원을 의원단에 포함시키기도 한다.

의회 지도부는 사회주의자이건 부르주아지이건 불문하고, 의원단이 당에 대하여 하나의 통일적인 법인으로서의 권리를 갖는다고 주장하고 또한 그렇게 행동한다. 독일 사민당 의원단이 제국의회에서 자기 당의 중요한 기본 원칙들을 자의적으로 부인해버린 경우는 수차례에 이른다. 가장 유명한 사건이 이미 다른 대목에서 언급한『라이프치히 인민일보』의 빵값 폭리 기사에 대한 부인(1904년)[26]과, 카를 리프크네히트의 반군국주의 선동 사건(1907년)이다.

빵값 사건의 경우에는『라이프치히 인민일보』가, 프랑스 혁명 전야에 아베 시에예스(성직자이자 정치이론가로서, 프랑스 혁명에서 부르주아지를 대변했다. 그는 "제3신분이란 무엇인가"라는 정치 팸플릿에서 제3신분을 프랑스 국민으로 규정하고 그들의 권리를 옹호했다. 나중에 그는 나폴레옹이 권력을 잡는 데 중요한 역할을 하기도 했다 - 옮긴이)가 말한 민주주

곧 '대중으로 하여금 지도자의 말을 고분고분 따르게 할' 수 있다고 믿는 지도자들도 있다. 이들은 "대중이란 아픈 만큼 성숙해진다"고 믿기 때문에, 가끔 "자신들의 확신과 달라도, 대중들을 '고분고분하게' 만들 수 있는 어떤 것"까지 말하지 않을 수 없다고 한다. 그러나 지도자들은 이를 통해 모든 것을 "자신들의 현명한 판단에 부합하는 쪽으로 바꾸어놓을 수 있다"(Tischendörffer im Korrespondenzblatt der Generalkommission der Gewerkschaften Deutschlands, Otto Geithner, "Zur Taktik der Sozialdemokratie," *Die Neue Zeit*, 23(1905), 제2권, p.657에서 인용함).

26) 라이프치히 인민일보 사건에 대한 중앙당 본부의 해명서는 이렇게 시작한다.
 "이달 10일 일요일 저녁, 주지하다시피 폴마르 동지의 연설이 끝난 후, 제국 총리가 12월 2일 자『라이프치히 인민일보』의 기사를 문제 삼았을 때, 그에 참석하고 있었던 의원단이 내놓은 합의사항은, 베벨 동지가 연설을 통해 의원단이 그런 기사가 실리게 된 것을 유감스럽게 생각하며, 그에 대해 책임이 없다는 것을 밝히도록 하는 것이었다"(1904. 12. 16).

의에 대한 유명한 발언, 즉 왕의 권리와 백성의 권리는 1 대 3천만이다라는 발언에 빗대어, 기껏해야 "동지 57명"이 딴지를 건 것일 뿐이라고 평가하였다.

『라이프치히 인민일보』가 그렇게 당의 민주적 성격을 넌지시 지적함으로써 정곡을 찌르긴 했지만, 실효는 전혀 없었다. 왜냐하면 취약하기 짝이 없는 원칙의 권리가 그곳에서 마주친 것은, 자신들이 대중을 공법적으로 대표한다는 믿음 속에서 의회 지도부에 내면화된 강자의 관습적 권리였기 때문이다.

의원단은 계서적으로 구성된다. 원내총무의 지배권은 어느 독일 정당에서나 강력하다. 특히 최고위 정부 기관과의 교섭은 원내총무가 독점한다. 1914년 독일 제국의회 의원 398명 가운데 350명은 지도자가 아니라 추종자에 불과했다고 말해진다. 의원들이 타당 의원들과 하등의 교류도 하지 않는 독일 정치 활동의 특징적 관습으로 인하여, 의원들의 원내총무에 대한 종속성은 더욱 강하다.[27]

원외 지도자의 권력

지구당이 그 지역구 의원과 그의 참모들을 추종하고, 또 의원들은 그들대로 원내총무를 추종하듯이, 전당대회 대의원들은 당 지도부를 추종한다.[28] 지도자가 흔들면 밀밭 전체가 흔들린다. 독일 사민당은 1904년

---

27) 예컨대 다음의 묘사를 참조하라. Abbé Wetterle, *Propos de guerre!* Paris, 1915, p.268. — "사회민주당이 자신에게는 본질상 낯설고 부르주아적인 의회민주주의의 무대에서 활동할 수밖에 없었기 때문에, 그 의회주의의 많은 관행을 본의 아니게 무의식중에 넘겨받았지만, 그것은 사민당의 민주주의적 특징과는 제대로 융합될 수 없었다. 사민당 의원단이 부르주아 정당에 대해서 뿐만 아니라 자기 정당 내부에 대해서까지도 일사분란하게 행동하는 것이 그 한 예라고 생각되는데, 전자의 경우는 전적으로 그럴 필요가 있다지만, 후자의 경우는 오히려 해가 될 수 있지 않을까?"(Rosa Luxemburg, *Sozialreform oder Revolution? Anhang: Miliz und Militarismus*, Leipzig, 1899, p.75).

브레멘 전당대회에서 총파업을 언어도단이라고 선언하였다가, 이듬해의 예나 전당대회에서는 당의 공식 무기로 치켜세우며 환호하였다.¹그런데 한 해가 지난 1906년 만하임 전당대회에서는 다시금 총파업을 유토피아 세계의 장난감이라고 성토하였다. 당 지도부의 노선이 그렇게 뒤틀릴 때마다, 전당대회장의 대의원들과 지역구의 일반 당원들은 아무런 생각이 없이 그저 충성에의 의무감 속에서 지도부의 노선을 충직하게 따랐다.

게드를 수장으로 하는 프랑스 마르크스주의 수뇌들은 권위주의에 경도된 나머지, 당 지도부인 전국위원회를 전당대회에서 투표가 아닌 일괄적인 박수로 선출하였다. 그들은 그들이 선임한 간부들을 당 대중이 거부할 수도 있다는 것을 상상할 수조차 없었던 것이다. 그들은 또한 그 누구도 연사(演士)를 통제하지 못하도록 하기 위하여, 당 언론인의 대회 참석을 막았고 의사록도 축약 형태로만 발간하였다. 프랑스 통합사회당의 태도도 대체로 동일하였다.²⁹⁾ 프랑스 사회당은 1914년 1월에 아미앵에서 치러진 전당대회에서 상임위원회 선출을 4일간의 대회 일정 가운데 맨 마지막에 배정함으로써, 대의원 대다수가 이미 그 도시를 떠났거나 남아 있는 사람들도 피곤에 지쳐버린 가운데 선거가 대충 대충 치러지도록 하였다.³⁰⁾

---

28) 지도자들의 폭압적인 자세가 크게 두드러짐에 따라, 당대회에서 대의원 대중이 일반적으로 갖고 있는 민주주의 가치는 비교적 적다는 점을 문제 삼아, 헤센 주의회 의원인 크라머(Cramer)는 언젠가 그 지역 당대회에 보고하는 자리에서 이렇게 불만을 토로한 적이 있다. 곧 '업무의 폭주로 인해' 당대회를 하루에서 이틀로 늘리자는 제안이 이미 이전 당대회에 접수되었음에도 불구하고, 완전 묵살되었다는 것이다. "솔직히 말해서, 지난번 당대회에서 선동적인 가치가 있다고 할 만한 것이라곤 거의 없었다. 이런 식의 황급한 일처리, 어느 정도 딱딱한 의사진행으로 인한 자유로운 발언의 제한, 기타 다른 여러 가지 사항으로 인해 그 당대회는 결코 좋은 모습을 보여주지 못했다"(*Mainzer Volkszeitung*, 1903년 9월 16일 자).

29) Georges Sorel, "Dove va il marxismo?" *Rivista critica del socialismo*, 1(1899), p.16.

독일 사민당의 전당대회와 그 의사록은 보통 고위직 대의원과 하위직 대의원을 뚜렷하게 구분한다. '보통' 대의원의 연설 기록은 대부분 아주 짧거나 생략된 사항이 많은 반면, '거물들'의 연설은 헛기침과 침 튀기는 소리까지 토씨 하나 놓치지 않고 세세하게 기록된다.[31] 당 언론 역시 당원들을 두 가지 잣대로 평가한다. 아이스너가 편집인으로 있던 시기에 『전진』지(紙)가 1904년에 베벨의 기고문을 게재하지 않자, 베벨은 천국과 지옥을 오가는 회유와 협박을 일삼았고, 의사표현의 자유를 침해당하였노라고 비판하면서 심지어 당원의 "기본권"까지 입에 담았다. 물론 베벨 자신은 당원의 기고문이 당 언론에 게재되는 가능성이 당 서열에 걸맞게 위로부터 아래로 내려갈수록 줄어든다는 점을 잘 알고 있었다. 베벨 같은 사람의 기고문을 거부함으로써 당에 그런 소란이 벌어졌다는 사실은, 지도자에 대한 복종의 원칙이 준수되지 않는 경우가 얼마나 예외적인가를 입증해준다.

민주 조직을 과두적 원칙에 의해 관리하려는 지도부의 노력과 지도자의 지배적 본질은 정당보다 노동조합 운동에서 훨씬 더 뚜렷한 형태로 나타난다.[32] 노동조합 운동이 발전하는 가운데 나타나는 양상들은, 중앙집권화된 관료제가 원래 민주적이었던 노동운동을 민주주의로부터 사실 얼마나 멀어지게 할 수 있는지를 잘 보여준다. 노동 조직의 관리들이 그들이 대표하는 조직 노동자들 대다수에 적합하지 않은 방식으로 조직을 운영하는 경향은, 정당보다 노동조합에서 훨씬 두드러지게 나타나는 것이다. 이는 노동절 행사를 거부하고 총파업에 대한 논의 자체를 금지한 1905년 쾰른 노동조합대회의 그 유명한 결정을 계기로 하여, 전

30) Compte-rendu XIème Congrès National, pp.430~434.

31) Eduard David, "Fraktion und Parteitag," Vorwärts, 22, Nr.131.

32) 로자 룩셈부르크에 따르면, "취급하고 있는 업무의 성격상, 곧 정치투쟁이 갖는 특성 때문에, 노동조합에서보다 오히려 사회민주당에서 관료주의(저자에 따르면, 노동조합운동은 관료주의에 종속되어 있다)가 더 적게 확산되어 있다"(Rosa Luxemburg, Massenstreik, Partei usw. p.61). 이처럼 조심스러운 표현일 경우, 이런 주장은 용인될 수 있다.

문가들 사이에서 되풀이하여 주장되고 반박되는 사실이다.[33]

노조연맹의 중앙 지도부는 이미 오래전부터, 노동자 조직과 관련 있는 것이라면 임금 문제는 자신들이 독점적으로 결정해야 한다고 요구하였고, '정당한' 파업과 부적절한 파업에 대한 결정도 자신들이 독자적으로 내려야 한다고 주장했다. 이탈리아에서도 그렇다.[34] 이는 사실 특정한 파업이 '보조금을 받을 자격이 있는지 아닌지'를 누가 결정하느냐에 대한 투쟁이다.[35] 노동조합이 상당한 자금을 비축하고 있기 때문이다. 그리고 이 파업 지원금 문제는 조합원들, 즉 '추종자들'의 민주적 자치권과 자율권의 핵심 사항이다. 만일 지도자들이 이 문제에 대한 결정권을 요구하거나 혹은 이미 그것을 장악한 뒤라면, 그것은 조합 지도자들이 과두적 지도자의 입지를 굳힌 반면 회비를 납부하여 그들을 부양하

---

33) 『전진』의 편집자인 하인리히 스트뢰벨(Heinrich Stroebel)도 그렇게 생각한다. "우리는 적어도 노동조합원의 대다수가 그들 관료들을 대변자로 내세우는 것 이외에 다른 어떤 전술도 원치 않는다고 생각한다. 유감스럽지만 실제로 노동조합 대중은 몇 년 전부터 감지되는 그 '중립성'으로 인해, 정치적으로 무관심하게 되었고, 사람들은 노동조합운동을 단지 아주 소소한 직업적이고 일시적인 이해관계에만 비추어 판단하게 되었다"(H. Stroebel, "Gewerkschaften und sozialistischer Geist," *Die Neue Zeit*, 23(1904), 제2권).

34) 이탈리아에서도 그렇다(Rinaldo Rigola, *Ventun mesi di vita della Confederazione del Lavoro*, Torino, 1908, p.62를 참조하라).

35) 실제로 연맹지도부들의 이런 요구는 거의 실현되고 있다. 파업 시행여부의 결정은 오늘날 거의 대부분 더 이상 지역 단체가 아니라 조합본부에서 맡고 있다. 노동조합의 실태에 정통한, 베를린 목수 출신인 오토 가이트너는 그런 경향을 정당화하려는 한 본부 소속의 노동조합 간부가 말한 논지를 지적하고 거기에 논평을 가했는데, 이것은 아주 타당한 것으로 보인다. 그 노동조합 지도자의 논지는 이러했다. "연맹지도부가 파업자금을 거의 다 충당해야 한다면, 그 파업결정권도 당연히 그들에게 귀속되어야 한다"(*Korrespondenzblatt der General-kommission der Gewerkschaften Deutschlands*, 7, 1897, Nr.28). 이에 대해 가이트너는, 이 말은 마치 가난한 연맹본부의 간부들이 임금투쟁비용을 위해 각 개인의 호주머니라도 턴 듯이 들리고, 또 자금문제가 노동조합운동의 핵심사안이라도 되고 임금투쟁은 그저 거추장스러운 무슨 부차적인 문제에 불과한 것처럼 들린다고 논평했던 것이다(Otto Geithner, "Zur Taktik der Sozialdemokratie, Betrachtungen eines Lohnarbeiters," *Die Neue Zeit*, 23(1904)).

고 있는 대중은 그들에게 복종해야 한다는 것을 뜻한다.[36]

지도자들의 행보는 전술적 차원과 그들의 전문가적 업무 능력이란 차원에서 정당화할 수 있기는 하다. 실제로 노조지도자들은 자신들이 시장의 경기변동 상황을 잘 알기 때문에 노동자 대중보다 임금 변화의 기회를 보다 적절하게 포착할 수 있다고 주장한다. 섣부른 파업은 조합의 재정을 향후 몇 년 동안 파탄으로 몰아갈 수도 있기 때문에, 그런 파국적 사태를 막기 위해서는 지도자들이 상황에 따라 파업을 봉쇄할 수 있는 권한이 주어져야 한다는 것이다. 그래야만 조용한 다수의 민주적 권리가 시끄러운 소수의 충동적 행동으로부터 보호받을 수 있다는 것이다.[37]

---

36) 일전에 독일 사회민주당 잡지에 "기업가들이 노조관료를 어떻게 평가하고 있는가"라는 표제를 단 아주 특이한 보도가 실린 적이 있었다. 거기에는 이렇게 적혀 있다. "대(大) 베를린(Groß-Berlin) 지역의 건축업 고용주 협회는 노동중재위원회의 신설에는 반대하지만, 그 법안이 통과될 경우를 대비해 주목할 만한 제안을 내놓았다. 곧 그럴 경우에 기업가들이 요구하는 바는, 고용주 및 고용인의 직업단체의 관료들도 대표자로 선출될 수 있다는 것을 법률로 제정토록 한다는 것이다. 그에 대한 근거란 이렇다. 아직 그 원래 직업에 종사하고 있기 때문에 노동중재라는 문제에 필수적인 숙련성과 독립성을 갖추고 있지 못한 노동자들을 상대로 협상하기보다는 교육받은 노동조합 관료들과 협상하는 것이 훨씬 더 수월하고 풍부한 결실을 얻을 수 있으리라고 생각하기 때문이다" (*Fränkische Tagespost*, 1909년 2월 26일 자). 이 보도를 통해 두 가지 결론이 도출된다. 첫째, 기업가 가운데 좀더 지적인 사람들이 보기에는, 노동조합 관료층은 노동조합으로부터 독립적이라는 것, 다시 말해, 지도자들이 그 노동조합을 이끌고 있다는 사실이다. 그리고 둘째, 노조지도자들은 주저하지 않고 추종자들에게 이런 생각을 사실로서 솔직하게 털어놓을 뿐만 아니라 그것을 자랑할 정도로 그들의 독자성이 이미 상당한 수준에 도달했다. 영국 노동조합 지도자들의 권한에 대해서는, Fausto Pagliari, *L'organizzazione operaia in Europa*, 제2판, Milano, 1909, p.54를 참조하라. "노동조합에서는…… 현실적으로 거역하기 어려운 관료주의가 등장하여 그 조직을 절대적으로 지배하고 있다. 그리고 그 관리체제의 거대한 통일성과 효율성은 노조 활동에서 조합원들에 대한 민주적인 보장책 및 교육을 희생한 대가로 얻어지고 있다."

37) 예컨대, 1908년 10월 금속노동자 지도자들이 만하임 투쟁에서 조합원들과 갈등을 겪으면서 그랬다(Adolf Weber, *Der Kampf zwischen Kapital und Arbeit*, Tübingen, 1901, p.30[제6판, 1954]).

정당에서도 당원들 사이에 현실적으로 존재하는 교육과 업무 능력의 차이가 당무(黨務) 할당의 양상으로 표현된다. 지도자들은 대중을 당무로부터 분리시키기 위하여 대중의 판단력이 부족하다고 주장한다. 당 안팎의 문제를 추적해왔고 또 그것을 판단할 수 있는 소수가 판단 능력이 전무한 다수에 의하여 수적으로 제압된다면, 당 이익에 도움이 되지 않는다는 것이다. 그래서 지도자들은 당원 전체투표에 반대하고, 이를 당에 적용하지도 않는다.

"행동을 개시해야 할 정확한 순간을 포착하는 전체적인 안목은 소수만이 보유한다. 대중은 순간적인 인상과 흥분에 휩쓸리기 쉽다. 소수의 당 관리들과 대표자들로 구성된 소모임이 반대 진영으로 정보가 유출될까 염려할 필요도 없고 윤색된 언론 보도의 영향을 받지도 않는 논의를 갖는다면, 그것이야말로 객관적 판단을 내릴 수 있는 조건 아니겠는가."[38]

당 지도자들은 또한 정치적 측면뿐만 아니라, 당 조직의 복잡성을 내세워 직접투표로 치러온 당 선거를 간접투표로 전환시키려 한다. 그러나 그들은 다른 한편 훨씬 더 복잡한 국가 조직과 관련해서는 인민발의권과 인민거부권을 보장함으로써 인민입법을 실현시키라고 요구한다.[39]

---

38) Eduard Bernstein, *Gewerkschaftsdemokratie*, p.86.

39) 예컨대 Hans Block, *Überspannung der Demokratie*, p.266을 참조하라. 이 저자는 당내 민주화투쟁을 위해 이용했던 논리들이 국가의 민주화에는 오히려 반대의 효과가 나타날 수 있다는 사실을 아주 잘 알고 있다. 따라서 그는 민주정치를 두 곳, 곧 당정과 국정에 각기 달리 적용해야 한다는 사실을 정립할 필요성이 있다고 역설했다. "우리의 강령은 직접선거를 요구하고, 간접선거를 거부하는 것이다. 그리고 여기에는 국민이 제안권 및 거부권을 통해 직접 입법해야 한다는 요구가 포함되어 있다. 그러나 물론 국정에서는 선거와 투표를 당 기구 내의 그것과 동일시해서는 안 된다. 국가의 선거와 투표는 전혀 다른 조건하에서 진행된다. 국정에서 문제시되는 사안들은 투표 훨씬 이전에 그 내용이 확실히 구체화되고, 또 이것을 운영하는 사람들도 이미 정해진 사람들이다. 따라서 그 안건들은 처음부터 확실하게 작성된다. 정당운영은 이와 전혀 다르다. 정당에서는 전당대회가 시작되기 전 일주일 동안에 중요한 제안과 신청안이 접수될 경우가 많은데, 그럴 경우 느슨하게 짜여진 선거조직형태로 운영되는 당 기구로서는 이것을 더 이상 처리할 수 없다"(p.265). 당 기구는 국가기구의 조직

그처럼 동일한 문제에 대하여 당정(黨政)과 국정(國政)에서 상이한 입장을 제시하는 이율배반적 태도는 노동자 정당 전체에 배어 있다.

노동조합과 정당의 권위주의가 그처럼 국가에 대한 정치적 태도와 모순됨에도 불구하고, 이에 인정할 만한 측면들이 있기는 하다. 사회학적으로 사고할 줄 아는 사람이라면 누구나 그러한 측면들을 전적으로 무시할 수는 없을 것이다. 그러나 그러한 시도를 참을 수 없는 것은, 사실을 있는 그대로 인정하지 않고 다음과 같은 시대착오적인 논리를 대중에게 설파하려 들기 때문이다. 1. 여러분은 지도자에게 지시를 내릴 권리를 갖고 있다(민주주의). 2. 그러나 만약 여러분이 우리의 의지 혹은 우리의 현명한 통찰과 어긋나는 결정을 내릴 경우에는, 충돌이 불가피함을 주지하라.[40] 후자는 전자가 뒤집힐 때에만 성립할 수 있다. 지도자의 '충돌 권리'는 복종을 거부할 권리에서만 비롯될 수 있기 때문이다. 그로써 국가적 과두체제(정부, 궁정 등등)와 프롤레타리아적 과두체제가 그리 다르지 않다는 점이 분명해진다.

독일의 경우 시사적인 것은, 사민당과 노조 운동 지도자들이 서로에 대하여 상대방은 명백히 과두적이지만 자신만은 과두정의 세균에 면역되어 있다고 주장한다는 사실이다.[41] 그들은 그러나 적대적인 집단이 행했다면 비민주적인 작태라고 격노하였을 일을 담합하여 저지른다. 사민당 총재단과 노총 중앙위원회는 내부적인 협의를 거쳐서, 노동절이라는 사회주의와 근원적으로 관련되는 진지한 문제에 대하여 공동의 입장

에 비하면 아주 작고 덜 복잡한데, 당 기구의 사안들이 국가기구의 사안보다 어째 더 복잡해야 하며, 이를 근거로 민주적 장치의 폐기를 왜 정당화시키는지 이해할 수 없다.

40) 예컨대 엘름(앞의 책, p.6)의 유명한 논문은 이런 논조로 일관되어 있다.

41) 그것을 확인하려면 한편으로 카우츠키, 스트뢰벨, 룩셈부르크, 파르부스(Parvus), 판네쾨크(Anton Pannekoek)의 기사들을, 또 다른 한편으로 당 내부의 정치적 입장(예컨대, 1905년 12월에 불거진 『전진』에 대한 분쟁)에 대한 노동조합잡지의 기사들을 보라. 거기에서는 우리의 주장을 뒷받침하는 수많은 증거를 찾을 수 있다.

을 정리하여 발표하였다(1908년). 그런데 이는 "지방 선거연합위원회 및 지구당 지도부에게 대단히 심각한 사안에 대하여 최소한 그들의 견해를 들어볼" 필요성조차 인정하지 않은 행위였고,[42] 당과 노조의 산하 조직들을 위로부터 억압하는 행위였다. 이러한 사태는 노동운동의 양대 기구가 서로를 비난하는 내용이 두 집단 모두에게 해당되는 것임을 입증해준다.

여기에서 잠깐 노동운동의 세 번째 기둥에 해당하는 협동조합 운동에 대해 짧게나마 언급하고 지나가는 것이 좋을 듯하다. 그중에서 생산협동조합은 특히 그 성격상 민주적 원칙을 구현하기에 가장 적합한 조직 형태이다.

소비조합은 민주적 대중 지배가 펼쳐지기에 적절한 장(場)이 아니다. 카우츠키가 이미 지적한 대로, 그것은 조합원 대중에게 전적으로 낯선 순수 상업적인 분야이기 때문이다. 따라서 조합원들은 조합의 주된 업무를 직원들과 전문적인 몇몇 대리인들에게 맡길 수밖에 없다. "우리가 구매 행위를 조합 활동으로 — 조합원은 조합의 주인인 동시에 고객이다 — 간주하지 않는다면, 조합원들은 주식회사의 주주와 다를 바가 없다. 그들은 대리인을 선발하고 일이 돌아가는 대로 방치하다가, 결과가 나오면 대리인에 대한 신임 여부를 결정하고 이어서 배당금을 챙길 뿐이다."[43] 소비조합은 대개 몇몇 특정 인물에 의하여 운영되는, 독재적 성향이 농후한 조직이다.

벨기에의 도시 겐트에 소재한 사회주의 협동조합 '부루이'는 에두아르 안젤르에 의하여 창립되었는데, 그의 측근조차 다음과 같이 말하였다. "조합이 그렇듯 발전하고 뛰어나게 관리되기 위해서는, 노동자들의 신성한 자유가 희생될 수밖에 없다. '부루이'의 면면에는 조합을 설립한

---

42) *Volksstimme*, Frankfurt, 19, Nr.22, 부록 3. 노동조합대회에서 이들 지역연합체가 직접 대변될 수 없다는 말은 결국 과두정치가의 집단이 확대된다는 것을 뜻한다.

43) Karl Kautsky, *Konsumvereine und Arbeiterbewegung*, p.17.

강력한 인물의 발자취가 뚜렷하게 각인되어 있다. ……보통 사람들은 책임 앞에서 끊임없이 망설이지만, 강력한 의지를 갖고 있는 사람은 책임을 기꺼이 걸머지고 앞으로 나아간다. 사실상 대기업가나 다름없는 안젤르 씨는 대부르주아 기업가들이 사용하는 격렬하고 명령적이며 거친 방식을 주저하지 않고 사용한다. 부루이 협동조합은 무정부주의 공화정과 달리 독재의 원칙에 기반하고 있다."[44]

생산협동조합은, 특히 그것이 소규모일 경우에 이론적으로는 민주적 협동이 기능할 수 있는 최고의 장(場)이다. 조합원들은 연령이 비슷하고, 모두 노동계급에 속하며, 동일한 직업을 갖고 있고, 동일한 생활수준을 영위하는 사람들이다. 그들은 또한 지도부를 둔다고 할지라도 지도부에 대한 통제 능력을 갖춘 상태이다. 동일한 직업적 전문지식을 습득하고 있는 그들은 '같이 토론하고 같이 행동할 수' 있기 때문이다. 정당에서는 당원 모두가 고도의 정치적 행위를 수행할 수 없다. 우리가 살펴본 대로, 정당에서 사병과 장군의 격차가 큰 것은 바로 그 때문이다. 그러나 예컨대 제화공 협동조합에서는 장화의 제조 과정과 작업 도구와 피혁의 종류에 대해서 조합원 모두가 너 나 할 것 없이 똑같이 안다. 조합원들 사이에 기본적인 전문능력의 격차가 없는 것이다.

생산협동조합이 그렇듯 순수한 민주적 기관이 되기에 최적의 조건을 갖추고 있음에도 불구하고, 생산조합은 일반적으로 모범적인 민주적 자치 기관이라고 결코 말할 수 없다. 로드베르투스는 한 번, 생산협동조합을 산업과 상업과 농업에까지 확대함으로써 모든 기업이 종업원 모두가 똑같은 결정권을 갖는 소규모 상사(商社)가 된다고 가정해보았다. 그가 얻은 결론은, 그렇게 되면 국민경제가 상사들의 둔중함 때문에 몰락할 수밖에 없으리라는 것이었다.[45] 실제로 생산협동조합의 역사는, 조합이 조합원들의 과다한 이의(異議) 때문에 갈등과 무기력에 빠져 몰락하거

---

44) *Poirquoi pas?*, Brexelles, 2, Nr.97〔여기에서 누락된 서지사항은 보충할 수 없었다〕.

나, 아니면 조합이 한 사람 혹은 소수의 의지에 복종하고 그로써 본래의 진정한 조합적 성격을 상실하게 된다는 것을 보여준다.[46]

어쨌거나 생산협동조합은 대부분 한 명 혹은 몇 명의 개인적인 이니셔티브에 의하여 설립된다. 그리고 조합은 때때로 한 명의 지도자가 독재권을 행사하는 소규모 군주정으로 탈바꿈한다. 그때 조합을 안팎으로 대표하는 지도자는, 만일 자신이 사망하거나 조합에서 손을 뗄 경우 조합이 해체될 위험에 직면하게 될 정도로, 조직 전체를 자신의 의지에 결합시킨다.[47]

생산협동조합의 반민주적 경향은 또한, 새로운 조합원이 가입하게 되어 조합의 규모가 커지면 조합원 개개인의 이익이 줄어들 위험이 대두한다는 점에 의해서도 강화된다. 그러므로 생산협동조합은 영원한 사회학적인 법칙에 의하여, 과거 길드가 걸었던 변형의 길을 갈 수밖에 없다. 다시 말해 조합은 기존의 이익을 독점하려는 유혹을 뿌리칠 수 없기 때문에, 발전해감과 동시에 점점 더 배타적으로 된다. 조합은 경우에 따라 가입자의 수를 오히려 크게 확대함으로써 조직을 간접적으로 닫아놓는 경우도 있다. 그러나 대부분의 조합은 신규 조합원을 받아들이지 않거나 최대 조합원수를 정관에 정해놓는다. 혹시 새로운 노동력이 필요할 때에 조합은 임금노동자를 고용하는데, 그때 노동자 협동조합은 일종의 주식회사가 되고 만다. 조합이 이사(理事)의 직접적인 소유물로 전락하는 경우도 있는데, 그때 조합은 이미 하나의 사기업이다.

두 가지 경우 모두가 카우츠키의 타당성을 입증해준다. 그는 노동자

---

45) Karl Rodbertus, "Offener Brief an das Komitee des deutschen Arbeitervereins zu Leipzig," F. Lassalles, *politischen Reden und Schriften*, 제2권, p.9에서.

46) 이와 비슷한 견해를 제시한 사람으로 프레데리크 반 에덴(Frederik van Eeden)이 있는데, 그는 암스테르담 근처에 공동체 마을을 창설하고 그것을 오랫동안 지도해온 사람으로, 한 인터뷰에서 생산협동조합에 대해 그렇게 피력했다. 협동조합잡지 *Die Volharding*, 5, Nr.8〔여기에서 누락된 서지사항은 보충할 수 없었다〕.

47) Lamberto Paoletti, *Un cimitero di cooperative*, pp.273, 274.

협동조합의 사회적 가치가, 몇 명의 프롤레타리아트를 보다 높은 계급
으로 상승하도록 해주는 수단에 있을 뿐이라고 말한 바 있다.[48] 로드베
르투스는 협동조합을, 노동자들이 관리하고, 토론하고, 그리고 일시적으
로나마 작은 세계에서 통치하는 법을 배우는, 노동자 신분의 교육기관이
라고 규정했다.[49] 우리는 이상의 서술을 통하여 로드베르투스의 견해가
제한적으로만 타당할 뿐이라는 점을 알게 된다.

지도력의 개인적 계기

민주주의는 개인적 계기(Moment)를 과소 평가할 수 없는 제도이다.
소규모 조직에서는 오히려 개인적 계기가 사실적 계기를 크게 능가한
다.[50] 대규모 조직에서는 사안이 복잡해짐에 따라 초기의 자잘한 개인
적 특성이 소실된다. 그러나 그렇다고 해서 일을 매듭지은 개인들이 영
향력을 전면적으로 상실하고 무의미한 존재로 전락하게 되는 것은 결코
아니다. 영국에서는 맥도널드, 키어 하디, 핸더슨, 클라인스 등의 서너 명
이 조직화된 대중의 신뢰를 집중시키고 있기 때문에, 어느 주의 깊은 관
찰자가 말했듯이, 그들을 거치지 않고서는 대중에게 영향력을 행사하는
것이 아예 불가능하다.[51]

---

48) Karl Kautsky, *Konsumvereine und Arbeiterbewegung*, p.6. 중부 이탈리아 생산
   및 노동자 협동조합의 운동은 여러 모로 주목을 받았고 또 중요했는데, 사회
   당 소속 역사가인 대학교수 살베미니(Gaetano Salvèmini)는 이것을 프롤레타
   리아트의 몸에 달라붙은 거머리, 또 전체를 희생하여 이득을 챙기는 지배적인
   기생 계층의 선발대라고 규정했다. 그의 연재 논문인 "Cooperative di lavoro e
   movimento socialista," *Avanti*, 14(1910), Nr.174를 참조하라.
49) Karl Rodbertus, *Offener Brief usw.*, 앞의 책, p.9.
50) 이것은 한 독일 사회민주당원의 증언으로도 입증된다. 오토 가이트너(Otto
   Geithner)는 이렇게 말했다. "나와 같이 노동운동의 현장에서 약간의 경륜도 쌓
   고, 또 근 15년 동안 현장을 지켜온 사람이라면 작은 조직에서는 객관적 요소
   보다 항상 인간적인 요소가 앞서고, 또 그것이 커다란 역할을 한다는 점을 알게
   된다"(*Vorwärts*, 23, Nr.137에 실린 한 논쟁에서).

이탈리아에서는 유능한 지도자가 만사를 통괄하는 노동조합만이 살아남을 수 있었다.[52] 독일에서는, 예를 들어 베벨이 보유하고 있는 권력은 그가 등장하는 곳이라면 어디에서나 대대적인 환영행사가 준비되어 있다거나, 전당대회를 앞둔 시점에서는 당내의 상이한 정파들이 그를 자기편으로 끌어들이기 위해 경쟁한다거나 하는 수많은 징후들 속에 똑똑히 기록되어 있다.[53] 1918년의 바이에른 혁명은 쿠르트 아이스너 한 사람, 혹은 그를 절대적으로 추종하는 아주 작은 무리의 작품이라고 평가해도 지나친 과장이 아니다.[54] 개인적 충성은 근대 정당운동에서도 일상적이다. 이는 지도자가 소속 정당을 바꿀 경우에 대중이 그를 따르고, 당원들이 동반 탈당하는 경우도 적지 않은 현상에서 잘 나타난다. 이탈리아만 그런 것이 아니다. 제1차 세계대전 이후의 독일에서도 마찬가지였다.[55]

---

51) 영국노동당 9차대회에 대한 베어(M. Beer)의 보고서를 참조하라. *Fränkische Tagespost*, 41(1909), Nr.28.

52) Rinaldo Rigola, "I funzionari dell'organizzazioni," *Avanti*, 14, 1910, Nr.341.

53) 바이드너(Albert Weidner)의 일목요연한 글을 참조하라. "Bebel," *Der arme Teufel*, 1903, Nr.21; Robert Michels, "Ausgust Bebel," *Archiv für Sozialwissenschaft*, 37(1913), pp.671~700.

54) 이것은 아이스너(Eisner) 자신도 인정한 바이다.

55) "자세히 들여다보면, 그 원인은 일반적으로 무엇보다도 영향력이 큰 지도자의 행동에 있다. 필자는 그런 개인적인 영향력이 결정적으로 중요하다는 것을 하노버 산업지대에 있는 한 소지역에서 목격했다. 그곳에서는 사회민주당이 혁명 당시 급속히 성장했는데, 전쟁이 끝난 후, 이 사회민주당은 그곳에 흘러들어온 어떤 노동자의 영향력하에 놓여 있었다. 나중에 밝혀진 것처럼, 그에게는 의심스러운 구석이 없진 않았지만, 그는 그 나름대로 선동역량이 있어서 곧바로 중요한 역할을 수행하게 되었다. 이 사람은 몇 달 후 독일공산당(KPD)으로 당적을 옮겼고, 이전에 사회민주당에 속하던 자기 추종자들까지 함께 데리고 갔다. 이 사람은 얼마 되지 않아서, 어떻게 사회민주당에 '자리'를 얻어 그곳으로 다시 되돌아왔고, 지금은 독일-하노버당(Deutsch-Hannoversche Partei)의 당원으로 있다. 그 지역 독일공산당 집단은 그 후에도 존재하긴 했지만, 거의 지리멸렬되었다. 이 지역의 모든 노동자들은 그때 입은 일종의 정신적 후유증에서 아직 완전히 벗어나지 못하고 있다. 그밖에도 필자는, 비록 이와 같이

정당의 분열이 객관적인 문제에 의해서 야기되는 경우는 '때때로' 있다. 그러나 '언제나' 문제가 되는 것은 지도자들의 내적 갈등이다. 그와 정반대로 갈등하던 지도자들의 화해를 대중이 방해하는 경우는 결코 없다. 왜냐하면 지도자들을 분열로 몰고 간 사안(事案)의 사실적 측면들은 대부분 대중의 협소한 이해관계나 판단력 바깥에 놓여 있기 때문이다. 대중은 적대적인 지도자들의 화해를 언제나 기쁨으로 받아들인다.[56] 왜냐하면 첫째는 대중이 갈등하던 지도자들의 화해를 기분 좋은 일로 받아들이기 때문이고, 둘째는 대중이 이제 지도자들 중 어느 한편을 선택해야 하는 달갑지 않은 상황으로부터 벗어나, 지도 받으려는 욕구를 복잡하지 않게 충족시킬 수 있기 때문이다.

지도자들은 가끔 대중에 대한 영향력을 전혀 모르는 듯 행동하기도 한다. 그러나 그들은 자신의 힘을 명확하게 인식하고 있고, 또한 그것에 자부심을 느낀다. 그들은 자주 정부에게, 대중에게 평화와 질서를 부여하고 있는 것은 자신들이며, 만일 자신들의 영향력이 없었다면 진작에 혁명이 발생하였을 것이라고 으스댄다. 이는 이탈리아 사회주의자들이 1902년에 졸리티 정부에 실제로 선언한 바이다.[57] 독일 사민당도, 독일

극단적이지는 않지만, 아주 비슷한 양상이 소도시의 부르주아 집단 내에서 벌어질 수 있다고 생각한다"(Carl Mennicke, "Massenbewußsein. Zur Soziologie der sozialistischen Bewegung," *Frankfurter Zeitung*, 67(1923), Nr.276, 4월 15일 자).

56) 메르마는 이미 1880년대 중반에 마르크스주의자와 가능주의자(Possibilisten) 사이의 투쟁에 대해 이렇게 말했다. "만약 지도자들이 서로 싸우기를 그친다면, 노동당의 통합은 완벽하게 이루어질 것이다"(Mermeix, *La France socialiste*, p.138). 이 견해는 1904년 그 정당성이 입증되었다.

57) 프람폴리니(Camillo Prampolini)가 1902년 3월 13일 이탈리아 의회에서 한 연설을 참조하라(*Tip. Op. Reggio Emilia* 1902, 24). 마찬가지로, Filippo Turati, *Il partito socialista e l'attuale momento politico*, Milano, 1902, 제3판, p.15. 그리고 그가 이탈리아 사회당 이몰라(Imola) 제7차 전당대회에서 한 연설(*Rendiconto*, Roma, 1903, p.54)도 보라. 이에 해당하는 독일측 관련사항에 대해서는 전쟁과 관련된 문헌을 참조하라. 예컨대, Richard Fischer, "Die Sozialdemokratie und der Krieg," *Züricher Volksrecht, Tägliche Rundschau*, 34(1914), Nr.38, 9월 16일 자에 실림.

군이 제1차 세계대전 초기에 연승을 거둔 까닭은 사민당의 규율과 질서 덕분이었다고 쉬지 않고 주장하였다. 사회주의 지도자들이 국정에서 수행하는 역할은 자주 헌병치안대와 같아 보인다.

지도자들 중에는 대중에게 열렬하게 다가가고 대중이 보내준 숭배를 몇 배로 되돌려주는 인사들이 있기는 하지만, 대개는 대중을 별반 존중하지 않는다. 대중과 지도자 사이의 애정 관계는 대부분 일방적이다. 지도자들은 재임 기간 동안 대중의 저열함을 가까이에서 관찰할 기회를 자주 갖는다.[58] 푸르니에는, 사민당 지도자들조차 자신들에게 삶의 소망을 맡기고 충직하게 따르는 대중을 손 안에 든 수동적인 도구, 즉 자릿수를 늘려주는 몇 자리의 영(零) 정도로 간주한다고 말했다. "끝자리에 영이 하나만 있으면 그 수는 십자리 수밖에 안 된다. 그렇지만 영이 여섯 개가 붙어 있다고 해보라. 그것은 백만 단위이다."[59] 언젠가 아들러는 샤이데만에게 다음과 같이 말했다. "수백만 명이면 나는 작은 인물이 아니지요. 그래서 나는 내 뒤에 있는 사람이 겨우 몇백에 불과할 때에도, 수백만 명이라고 말한 적이 한두 번이 아니랍니다."[60]

우리는 권한이 소수의 손에 집중되면 권력의 남용이 잦아지는 현상을 노동운동에서 자주 목격한다.[61] 자신이 불가결한 존재임을 깨달은 '대표자'는 곧장 인민의 봉사자로부터 인민의 주인으로 변신한다.[62] 원래는 대중의 피조물이었던 지도자가 대중의 지배자로 올라서는 것이다. 그것은 괴테가 이미 메피스토펠레스를 통하여, 인간은 항상 자신의 피조물에 의하여 지배당하게 된다라고 말한, 오래된 진리이다.

---

58) 차마츠는 '대중의 성격'(Massencharakter)을 갖지 않은 지도자들도 있다고 하면서 필자에게 이의를 제기했다(Richard Charmatz, "Dr. Julius Deutsch," *Neues Wiener Journal*, Nr.2049, 1919년 2월 12일 자).

59) E. Fournière, *La Sociocratie*, p.117.

60) Philipp Scheidemann, *Der Zusammenbruch*, Berlin, 1921, p.125.

61) pp.53, 54를 참조하라.

62) 이런 가능성은 카우츠키도 인정했다(Karl Kautsky, "Wahlkreis und Partei," *Die Neue Zeit*, 22(1904), 제2권, p.36).

조직화된 국가 권력의 공격에 저항하기 위하여 등장한 정당이 이제는, 조직화된 지도부 권력의 공격을 하나의 자연법칙처럼 받아들이게 된 것이다. 대중은 지도자보다 정부에 훨씬 저항적이다. 대중은 정부가 저질렀다면 결코 용납하지 않았을 처사를 지도자가 행하면 용인한다.[63] 사회 하층은 위로부터의 억압에 대해서는 격렬한 유혈의 저항으로 대응한다. 이는 자크리의 난, 독일농민전쟁, 1893년의 시칠리아 농촌 노동조합 봉기, 1917년의 러시아 혁명에서 입증된다.

그러나 그들은 자신들의 지도자들이 가하는 압력은 아예 느끼지도 못한다. 지도적 당 동지들이 민주주의의 이상(理想)에 대하여 자행한 강간 행위에 대하여 대중이 눈을 뜨게 될 때, 그들이 받을 충격과 경악은 상상할 수 없을 정도일 것이다. 그러나 대중이 당 권력에 저항하는 사태가 벌어진다 해도, 대중이 가하는 비판의 방식과 방향을 보면, 그들이 문제 자체에 대하여 전혀 무지하다는 것이 곧장 드러난다. 그들은 과두정의 원인이 당 권력의 중앙집중에 있다는 사실을 전혀 눈치채지 못한 채, 오히려 과두정을 제거하는 데 중앙집중화보다 나은 방법이 없다고 믿는다.[64]

---

63) "주지하다시피 민중들은 의회보다 국왕과 관계를 훨씬 더 쉽게 단절한다"(Karl Marx, *Neue Rheinische Zeitung*, 1848년 11월 11일 자).

64) 이런 어처구니없는 상황은 이미 언급한 노동절 슬로건에 대한 논쟁에서 극명하게 드러났다. 주지하다시피 당시 메링, 렌시(Lensch) 등의 영향을 받아 급진적이던 라이프치히의 한 당 지부는 이 슬로건이 나온 이후 회합을 갖고 이에 대한 입장을 정리했다. 그해(1908)에는 라이프치히 경찰 당국이 노동절 가두행진에 대해 어느 정도 양보를 약속했기 때문에, 그 축제는 어느 때보다 활기를 띨 것이 예견되고 있었다. 따라서 이 지부총회는 당 수뇌부와 노동조합 총위원회가 합의했던 노동절 결의안에 극렬하게 반대했다. 지부총회에서 통과된 한 결의안에는 이렇게 적혀 있다. "라이프치히 당원들은 이 협정(노동절날 직장폐쇄가 이루어질 경우 지원금을 지급하지 않는다는 사항)이 노동절 행사를 간접적으로 축소시키고, 노조로 하여금 각 단위노조의 결의사항, 곧 노동절에 직장이 폐쇄될 경우 지원금을 지불한다는 조항을 철회하게끔 하려는 조치로 여긴다. 이는 중앙에서 결의한 사항에 대한 책임소재와 업무처리를 각 지방 단위에 떠넘기려고 하는 시도로, 이는 중앙집중화의 원칙에 어긋나는 것이므로, 우리는 이를 거부한다. 우리 당원들이 한결같이 유감스럽게 생각하는 것은, 각 지역 당

민주주의가 자행하는 자의적 행위를 옹호하려는 과두주의자들은, 대중에게는 권리 침해에 대한 저항 무기로 지도자에 대한 통제권과 해임권이 주어져 있다고 주장한다. 그러한 권리가 이론적으로 유의미한, 지도자에 대한 감시 기구인 것만은 분명하다. 민주적이고 의회주의적인 나라에서, 혐오스러운 장관을 퇴진시키기에는 이론적으로는 국민 대중이 그에게 넌더리를 내고 있다는 사실 하나만으로도 충분하고, 특정 정당의 선거구나 지구당 위원회 역시 이론적으로는 신뢰를 잃은 대표자에게 후보 사퇴를 강요할 수 있고, 노동조합 총회의 다수는 지구 위원장을 해임할 수 있다.

그렇지만 현실에서는 일련의 보수적 경향이 원론적인 권리들을 막아서고, 자율적인 주권 대중의 최고권을 망상으로 만든다. 대중 하나 하나가 모두 간부가 될지도 모른다는 니체의 악몽은, 간부가 될 권리는 만인이 갖지만 간부가 될 능력은 소수에게만 있다는 현실 앞에서 몽상으로 스러진다. 지도부의 카스트적인 폐쇄성은 지도부의 형성과 더불어 시작되어, 장기간의 임기로 촉진되며, 결국 자체충원 인사제도(Kooptation)로 완결된다.[65]

기구들도 연맹수뇌부처럼 그 협정이 이루어지기 이전에 자기의사를 개진했어야 했는데, 그러지 못했다는 점이다. 우리 당원들은 다음 전당대회에서 노동절에 대한 결의가 이루어지기를 기대한다." 이 결의안은 프랑크푸르트 지역의 정당 및 노동조합 기구가 바로 그 문제에 대해 발표한 성명과 기본적으로 유사했고, 또한 플렌스부르크(슐레스비히 지역) 정당 및 노동조합 기구도 이에 가세했다(*Volksstimme*, Frankfurt a.M. 19, Nr.79를 보라). 그런데 이 결의안은 중앙집중화로 인해 생겨난 과두적이고 권위적인 결과를 저지하기 위해, 당원들은 오히려 중앙집중화의 원칙을 더 강력하게 추진해야 한다는 필요성을 역설한 셈이었다! 그렇다 해도 2 더하기 2는 항상 4이지 0이 아니다.

65) 이 책, p.242 이하를 참조하라.

지도자와 대중의 투쟁

개인주의가 두드러지고 정치적 교조주의가 광적이어서 지도부의 카스트적 폐쇄성이 발달하지 않은 프랑스 같은 나라조차, 지도자들은 내적으로 결속된 하나의 집단으로 대중 앞에 선다. 적어도 일단 대중이 심각한 분란을 일으키면서 지도부의 지배권을 위협할 때는, 언제나 그렇다. "지도자들은 분열된 당이 자신들의 수중에서 빠져나가지 않게 하기 위해서는 서로 화합해야 한다는 것을 재빨리 깨닫는다."[66] 민주주의 집단의 지도부는 내부 갈등이 제아무리 격렬하더라도, 대중에 대해서만큼은 언제나 분명한 집단의식을 드러낸다. 이는 당 기구가 가장 견고하게 조직되어 있고 보수적 경향이 가장 발달한 독일 사민당에서 특히 두드러진다. 지도자들은 담합을 통하여 대의원 제도를 규제함으로써, 대중을 모든 결정으로부터 사실상 배제시킨다. 그러한 담합이 상호보험에 가까운 경우도 흔하다.

독일 사민당 지구당 지도자들은 수년 전, 전당대회 등의 집회에 서로 돌아가면서 참석하기 위한 시스템을 개발하였다. 대의원을 선출하는 집회가 열리게 되면, 그들은 순번에 따라 특정 당원, 즉 '순번이 된' 사람을 추천한다. 한 번은 A가 B를 추천하고, 다음 번에는 B가 A를 추천한다. 당원들이 그러한 협잡에 반발하는 경우는 아주 드물다. 당원들 대다수는 그러한 술수가 숨어 있다는 사실조차 인지하지 못한다. 지도자들 사이의 담합은 적대적인 정당 지도자들 사이에 맺어져 대중에게는 비밀에 부쳐지기 때문이다.

그 전형적 경우가 사민당을 대표하던 샤이데만과 독일 정부를 대표하던 베트만 홀베크가 제1차 세계대전 중에 맺은 합의이다. 샤이데만 회고록은 그 두 사람이 사전에 비밀리에 만나, 제국의회에서 세계를 향해 선

---

66) Antoine Elisée Cherbuliez, *Théorie des garanties constitutionelles*, Tome II, Paris, 1838, p.253.

포할 각각의 입장을 얼마나 면밀하게 검토하였는지, 그 과정을 흥미진진하게 보여준다.[67]

우리는 미국의 상황도 똑같다는 이야기를 듣는다. 당 지도부는 미리 후보자 명단을 작성하여, 예비선거에서 대중 앞에 내놓는다. 대중 스스로가 후보들을 직접 선출하기에는 대중의 수가 너무 많다는 것이 그 이유이다. 선거가 총회에서 직접 이루어질 경우, 지도자들은 측근 인사나 휘하 인물을 당선시키기 위하여 모든 수단을 동원한다.[68] 이와 관련된 우스꽝스런 이야기 한 토막을, 1848년에 독일에서 활동하였던 사회주의자 슈테판 보른의 입을 통해 들어보자.

(의장인) 나는 그 친구를 끝끝내 당선시키고야 말았다. 규정에 위배되는 것이었지만, 나는 추천을 받은 그를 찬성하는 사람이 아니라, 반대하는 사람이 있으면 손을 들어달라고 요구했던 것이다. 이제 그런 술책에 넌더리가 난다. 엥겔스는 귀가길에 "잘했어요"라고 말했다. 그러나 그날 밤 나는 처음으로 깨달은 것이 있다. 곧 인간의 불평등이란 약자에 대한 강자의 폭력 기관인 국가기구에서만 찾을 수 있는 것이 아니라, 인간 자체에게도 놓여 있다는 사실을, 그리고 비록 문화수준이 높아지면서 불평등의 강도는 계속 줄어들 터이지만, 결코 사라지지는 않을 것이라는 사실도.[69]

지도자들 사이의 경쟁은 이러한 방식으로 제거된다. 어쨌거나 당 관료 기구에 편입되어 있지 않은 일반 대중이 고도의 당무(黨務)에 수동적인 것 이상으로 참여하는 것은, 언제나 봉쇄된다. 대중이야말로 당무를 금전적으로 가능하게 하는 유일한 존재임에도 불구하고 말이다.

---

67) Philipp Scheidemann, *Der Zusammenbruch*, p.30 이하.

68) M. Ostrogorski, *La Démocratie etc.*, 제2권, p.196.

69) Stephan Born, *Erinnerungen eines Achtundvierziers*, Leipzig, 1898, 제2판, pp.49, 50.

따라서 지도자와 대중이 불화를 빚을 경우, 지도자들이 자체적으로 어느 정도 합의만 볼 수 있으면 승리는 항상 지도자의 것이다.[70] 거대한 정치 투쟁이나, 대중이 지도자들의 의사에 반(反)하면서 일으킨 대형 경제 투쟁에서 지도자들은 곧바로 우위를 점한다. 그들은 필요한 경우 보수를 받는 지도부가 보수를 지급하는 대중들에게 져야 하는 모든 법적·논리적·경제적 의무를 무시하고, 민주주의의 모든 근본원칙을 파괴하면서까지, 대중의 명백한 의지에 반하여, 그리고 대중의 배후에서 적과 타협하면서, 대중에게 파업중단을 지시한다. 이탈리아에서 일어난 몇 번의 총파업에서도 그러하였고, 독일의 크리미차우, 스테틴, 만하임 등등에서 일어난 대규모 파업에서도 그러하였다.

그러나 대중은 투덜거리기는 했을망정, 단 한 번도 반발해본 적이 없다. 왜냐하면 대중에게는 지도부가 범한 삼중(三重)의 범죄를 처벌할 힘이 없기 때문이다. 그들은 민주적으로 정당한 그들의 분노를 집회에서 터뜨리기는 하였지만, 지도자들의 행위를 어김없이 사후적으로 승인함으로써 지도자 과두정의 치부를 가려주었다. 루르 광부들은 노조 지도부가 자신들을 무시하고 1905년 파업의 종결을 선언하자 분노에 떨었다. 이번에야말로 드디어 대중이 과두정과 일대 단판을 짓는 것처럼 보였다.[71] 그러나 그 후 몇 주가 지나도록 아무 일도 일어나지 않았다. 지

---

70) 니우웬후이스는 사회주의 정당조직을 양치기와 개가 돌보는 양떼에 비교했다. 양 한 마리가 무리에서 멀리 떨어지면, 개는 그 양을 다시 제자리로 쫓아보낸다는 것이다("Debat tusschen F. Domela Nieuwenhuis en H. Gorter over Sociaal-Demokratie of Anarchisme," gehouden te Enschede op 8 october, 1904, Enschede, p.17).

71) 하에니시(Konrad Haenisch)의 연재물 "파업 참관기"(Streikeindrücke)를 보라 (*Sächsische Arbeiterzeitung*, 16, Nr.51~58에, 그리고 *Leipzige Volkszeitung*, 1905, Nr.41~44, 61~63에 연재되었음). 하에니시는 다음과 같이 적고 있다. "그 순간 (지도자들이 느닷없이 대중의 허락도 받지 않고 결의안 내용을 공표하는 순간), 그 연설이 채 끝나기도 전에, 여러 사람들의 성난 외침, 곧 '파업 속행'이라는 외침이 들려왔고, 이어 한떼의 분노한 광부들이 그 옆문을 뚫고 연단으로 돌진해 나갔다. 나는 그 순간을 결코 잊을 수가 없다. 이 모든 것이 그저 눈 깜짝할 새

도자부는 추종자들을 무시했으면서도 추종자들의 대표로 건재하게 남아 있었다. 토리노의 파업 노동자들은 3일간의 총파업 끝에 집회를 갖고 (1907년 10월) 투쟁을 끝까지 밀고 나가기로 다수결로 결정했다. 그러나 노동자들의 결정에 따라야 하였을 지도부(토리노의 당과 노동조합 기구들)는 거꾸로 노동자들에게 작업 복귀를 요구하는 선언문을 발표하였다.[72] 그 뒤에 열린 당과 노조의 집회에서 노동자들은 지도부의 '규율위반'을 사후적으로 승인하였다. 그들은 지도자들이 사임할 경우, 유명하고 존경받는 명사들 없이 업무를 스스로 처리해야 하는 것을 두려워하

에 일어났다 — 그러자 장내 정리대원들이 그 '폭동자'들을 다시 제자리로 되돌려보냈다. ……대중들의 분노는 이제 다시 점점 끓어오르고, 그 결의안과 다른 것을 기대했던 사람들은 모두 거리로 뛰쳐나왔다. 그곳에서 25만 5천 장의 전단을 싣고 있는 차량을 급습했다. 그 전단들은 바로 어제 7인위원회의 위탁을 받아 어느 가톨릭 인쇄소에서 찍어낸 것이었는데, 거기에는 마치 지역회의 결과를 '미리 알고 있었다는 듯', 결의사항이 이미 찍혀 있었다. 절망감에 분노한 광부들 가운데 최소 3백 명은 작세(Sachse, 사민당 의원이자 광산조합 위원장으로 파업지도자 가운데 한 사람이었다-옮긴이)를 따라 역으로 향했는데, 그 뒤의 일은 이미 충분히 잘 알려져 있다. 에센(Essen) 전역에서도 매시간 외침소리가 터져나왔지만, 그 구호는 단 하나였다. '배신자!' 물론 그 외침이 별로 소용도 없었고, 또 부당하기까지 한 것이었지만, 그래도 그것을 통해 고통당한 민중의 영혼을 들여다볼 수 있었다. 더구나 그것은 수천 명이 혼신을 다해 한결같이 부르짖는 외침이었다"(Sächsische Arbeiterzeitung, 58). "연로한 동지들은 분노에 차 도르트문트의 편집실에 난입했는데, 이들은 베스트팔렌 지역에서 이런 일이 있으리라고는 단 한 번도 상상할 수 없었다는 표정이었으며 눈물까지 흘리고 있었다. 이들은 억제할 수 없는 절망감에 사로잡혀 우리에게 도저히 글로써 표현할 수 없는 욕설까지 퍼부었다. 에센에서도 25만 5천 장의 전단이 크게 성난 군중에 의해 찢겨졌는데, 이제 노조의 수많은 서적이 이와 똑같은 수난을 당했다. 이를 통해 그 대중들은 비조직적이고 규율이라고는 찾아볼 수 없는 사람들이었다는 결론을 내릴 수 있을 것이다! 목요일 저녁과 금요일 낮에 대중집회가 열린 곳이면 그 어디서나 할 것 없이 발생한 이런 장면들을 필자가 더 묘사할 필요는 아마 없을 것이다"(Leipziger Volkszeitung, 41). 이와 반대되는 묘사도 참조하라. Otto Hué, Unsere Taktik beim Generalstreik, Bochum, 1905.

72) 그 지방당국은 일반노동자들의 의도(파업속행)는 금지시킨 반면, 그들 지도자의 의도(업무재개)에 대해서는 가능한 한 모든 지원을 아끼지 않았다.

였던 것이다.

파업 노동자들이 파업의 개시와 종결을 결정할 권리를 요구하고, 노동자들이 단체협상에서 조직을 대표할 권리, 즉 노조에 대한 지배권을 요구한 경우는 많다. 독일에서 건설노동자들의 파업으로 공장폐쇄 조치가 취해졌을 때, 건설 노동자들은 심지어 총회의 상설화를 선언함으로써 기업주들과의 협상 결과에 대하여 스스로 표결할 수 있도록 하였다. 스위스 사민당 지도자부가 정부 및 기업 대표들과 새로운 공장법안에 합의하였을 때, 노동조합연맹 위원회는 법안에 대한 승인을 거부하였다. 법안에 노동자들의 요구가 충분히 반영되지 않았다는 것이었다(1913년 8월).[73]

영국 철도 노동자들은 1911년 8월에 철도원노조 지도부의 의지에 반하여 대규모 파업을 일으켰다. 이 파업은 흔히 대중이 지도자들에 대하여 승리를 거둔 경우로 언급된다. 이 지적은, 그 파업이 기존의 페이비언주의 노선(1883년 영국에서 조직된 페이비언 협회를 중심으로 사회주의자들이 그 이상을 점진적이고 합법적으로 실현하고자 한 흐름이다 – 옮긴이)으로부터 강력한 임금정책으로의 일시적 전환을 의미하는 한에서, 그리고 그 파업이 철도회사에 대한 반발인 동시에 노조 지도부에 대한 반발이라는 점에서 타당하다. 그렇지만 실제로 대중은 지도부 없이 파업에 돌입한 것이 아니었다. 있었던 것은 지도자의 교체였다. 다시 말해 북부지역(리버풀)의 파업 지도권이 그 시기에, 영국 노동운동에서 가장 과감한 인물 중 하나인 톰 맨에게 넘어갔던 것이다. 톰 맨은 1889년의 런던 부두파업에서 혁명가로서의 명성을 얻었고, 그 뒤에는 호주에까지 건너가서 자신의 선동 욕구를 충족시켰던 인물이다. 그리고 영국 철도파업의 목적이 지도부에 적대적이었던 것도 아니다. 목적은 오히려 철도회사에게 압력을 가함으로써, 그들로 하여금 노조 지도부를 인정하게 하고 그 지도부와의 협상에 신속하게 임하도록 하는 것이었다.[74]

---

73) Franz Klein, *Das Organisaionswesen der Gegenwart*, p.120.

대중이 지도부를 퇴진시키는 데 성공하는 경우는 아주 드물다. 1908년 만하임 금속노동자파업과 그 여파로 계속된 갈등에서, 대중은 노조 지부 직원들의 해임을 결정하였다. 파업 노동자들은 연맹에서 파견된 간부들과 지부 위원장을 퇴진시키고 싶었지만, 유감스럽게도 방법이 없었다. 그러나 지도자들은 노동자들의 행동에 대하여 하나같이 노골적인 분노를 터뜨렸고, 정관상 적법한 대중의 행위를 "대중의 범죄행위"로 비난하였다. 그리고 그들은 해직 당한 직원들에게 곧바로 새로운 일자리를 마련해주었다.[75] 따라서 지금까지의 역사가 보여준 바로는, 결정적 순간에 지도부를 제압하도록 대중에게 주어진 가장 과격한 두 가지 수단, 즉 대중 집회가 협상의 초점이 되도록 집회를 지속적으로 개최하는 것과 마땅치 않은 지도자를 해임하는 것이 전적으로 무기력하다는 사실이다.

대중은 또한 지도자들과의 투쟁에서 공권력이 지도자들을 지원한다는 사실에 봉착한다. 주당 40시간 노동제를 쟁취하기 위해 1919년 2월 초에 영국에서 일어난 파업에서, 노조지도자들은 공개 집회에서 기업가들과의 지루한 수다는 이제 집어치우라는 말을 들어야 했다. 글래스고 파업 노동자들은 심지어 정부 당국에게 자신들과 직접 협상하라고 요구하였다. 그러나 영국 정부는, 협상 상대는 규정에 의거하여 임명된 노동조합의 대표일 뿐이라는 근거를 내세워, 노동자들의 요구를 일축하였다.[76] 게다가 언론은, 기업가들이 조직화된 노동조합을 반드시 어떤 방식으로든 강화해야 한다고 주장한다. 만일 지도부가 내린 중대한 결정 사항이 광적인 다수에 의하여 하루아침에 번복되어 버린다면, 노조라는 커다란 조직체가 뿌리째 흔들릴 것이기 때문이라는 것이다.

---

74) 생디칼리스트인 배리슨의 유사한 보고를 참조하라. James Barrison, "L'Interna-zionale," Parma, 5, Nr.19, *Das Zentralblatt der Christlichen Gewerkschaften Deutschlands*, 11(1911), pp.289~292; Theodor Rothstein, "Der große Eisen-bahnerstreik in England und seine Lehren," *Die Neue Zeit* 30(1912), p.31.

75) Bernstein, bei Ad. Weber, *Kapital und Arbeit*, p.380.

76) *Basler Nachrichten*, 1919년 2월 8일 자.

민주 정당과 사회혁명 정당의 지도부는 위급한 경우, 당 전체의 의사에 절대적으로 독립하여 완전한 전권(全權)을 쥐고 독자적인 정치를 수행할 권리가 있다.[77] 확대 당직자회의(전당대회, 총회 등)에서 깨뜨릴 수 없는 것으로 의결된 전술적 사항을 지도부가 빈번하게 위반하는 행위,[78] 중요한 사안을 소위원회에서 결정하여 당 전체로 하여금 그 결정

---

77) 1896년 이탈리아 피렌체 사회당 전당대회는 당원들은 결코 결투를 벌여서는 안 된다는 결의안을 통과시켰다(Alfredo Angiolini, *Cinquant! Anni di Socialismo in Italia,* Firenze 1903(제2판), p.346. 그럼에도 불구하고 그 후로 몇 년 동안 사회주의자들이 연루된 결투만 해도 최소 6건이나 있었다. 프리메이슨 운동에 가담하지 말라는 금지조항 역시 그 누구도 지키지 않았다. 당 규율이 엄한 독일에서도, 당원들이 당 규정에 어긋나는 행동을 해서 지도자들이 그것을 알게 되었을 경우에도 크게 관용이 베풀어졌다. 바덴의 사민당 당원들은, 1910년 뉘른베르크 전당대회 결의문에 따라 부르주아 정부에 대한 지지를 금하고 있음에도 불구하고, 주의회는 정부에 신임표를 던졌다. 이에 베를린 당 수뇌부가 단단히 견책을 가하긴 했지만, 변한 것이라곤 아무것도 없었다. 이런 경우가 부지기수였을 것이다.

78) 소수로 이루어진 지도자집단(집행부)은 그보다 수가 더 많은 지도자 집단(당대회)의 결의에 따라야 한다는 규율이 전자에 의해 깨지는 경우가 아주 허다했다. 울리히(Ulrich)는 사회민주당원으로서는 처음으로 헤센 주의회에 진출했는데, 그것은 사실 당규율 위반이었다. 간접선거로 치러지는 선거에 참여하는 것은 금지되어 있었던 것이다. 바이에른, 뷔르템부르크, 바덴의 사회민주당원들도, 독일의 사회민주당 역사를 아는 사람이라면 누구나 알고 있듯이, 당대회 결의문을 아주 공공연하게 묵살하곤 했다. 1902년 뮌헨 전당대회의 결의에 따르면, 결선투표 때 좌파 부르주아 후보자를 지지하고자 할 경우, 무엇보다 그가 식민정책을 거부할 때 그렇게 하기로 되어 있었음에도 불구하고, 1903년 제국의회 선거 때 이 조항은 사실상 휴지조각에 불과했다. 1905년 예나 전당대회에서 총파업에 관련된 사항이 결의되었지만, 그것 역시 노동조합 총위원회와 맺은 특별협약에 의해 크게 변형되었다. 지도자들은 때때로 그 기본적인 민주주의 원칙을 위배하는 것을 아주 자랑스럽게 여겼다. 바덴 주의회의 사회주의자 의원단은, 1908년 뉘른베르크 전당대회에서 결의한 내용을 어기고 예산안에 찬성투표했다는 비난이 제기되자, 의원인 프랑크(Ludwig Frank)는 이렇게 답했다. "만일 당내에 시행될 수 없는 당규정을 실제로 시행되지 않도록 할 만한 그런 용기를 가진 사람들이 없다면, 그것은 아마 당에 바람직하지 않을 것이다"(*Volksstimme*, Frankfurt, 21, Nr.168에서). 당 규정이 항상 최후의 진리를 이야기하는 것도 아니고, 상황에 따라서는 약이 되기도 하고 병이 되기도 한

을 기정사실로 받아들이도록 하는 버릇(예컨대 당대회의 일정을 선거 '이후'로 잡음으로써 '선거구호'를 지도자들끼리 결정하는 것), 지도부 사이의 비밀 담합(이미 언급한 바대로 1906년 독일 사민당 최고위원회와 노총 총위원회가 노동절과 총파업 문제에 대하여 합의한 경우), 정부와의 비밀 협상 및 약속, 의원단이 상부(당 최고위원회)에 보고하지 않으면 부당한 것으로 여겨지지만 아래(일반 당원)에 대해서는 엄수해야 하는 의원단의 침묵 규정 등, 이 모든 것은 극성 과두 체제의 자연적 결과들이다.[79]

이렇듯 경험적으로 확인할 수 있는 정당 과두 체제의 권력이 조만간 분쇄되리라는 징후는 보이지 않는다. 지도자의 독자성은 그의 불가결성과 더불어 커지고 있고, 그의 영향력과 그 직위가 가져다주는 경제적 안정성은 갈수록 대중을 매혹시키고 있다. 이는 하위 계급 출신 중에서 재능이 가장 뛰어난 사람들의 욕구를 자극하여 이들을 노동운동의 특권적 관료 기구에 발을 딛도록 하고 있고, 이는 다시금 재능 있는 신진들이 구(舊)지도부에 대하여 잠재적 저항 세력을 형성할 가능성을 감소시키고 있다.[80]

비록 불철저하지만 정당도 권력분립의 원칙에 입각한다. 그러나 모스

다는 말은 옳다. 그렇지만 이것은 대의원 대중(제1차 집단)이 전당대회에서 그런 실현 불가능한 결의안을 가결한다는 것은, 그들이 미성숙하거나 군중심리(massenpsychologisch)[원문 그대로]에 따른다는 것을 드러낼 뿐이다. 그렇다고 하더라도 이 구속력 있는 규정을 제2차 집단의 지도자들이 제대로 지키지 않는다는 것은 민주주의 기본원칙에 대한 인식이 결여되어 있음을 보여주는 하나의 증거이다.

79) 1906년 2월 19일에서 23일까지 베를린에서 열린 노동조합 수뇌부 회의의 비밀의사록을 참조하라. *Geheimprotokoll der Verhandlungen der Gewerkschafts-Vorstände- Konferenz.* in: *Partei und Gewerkschaften, wörtlicher Abdruck aus dem Protokoll der Konferenz der Gewerkschaftsvorstände vom 19~23.* Februar 1906, Berlin.

80) 파레토도 이와 비슷하게 말했다. "만약 B(새로운 엘리트)가 A(구 엘리트)의 자리를 하나하나씩 차지하게 되면, 그리고 만약 이 사회적 순환의 움직임이 계속된다면, C(대중)는 봉기를 꾀할 수 있는 지도자를 빼앗기는 것이다(Vilfredo Pareto, *Les systèmes socialistes*, 제1권, p.35).

카, 하스바흐 등이 입증하였듯이, 만약 몽테스키외가 권력분립이 민주주의의 기본원칙을 보장하는 것이라고 주장하였다면 그는 잘못 생각한 것이다.[81] 켈젠과 같은 공법학의 대가는 권력분립이 민주주의의 주요 계명에 해당한다는 가정은 실제로 이론적 단견과 정치적 의도의 산물에 불과할 뿐이라고 명쾌하게 선언하고 있다.[82]

오늘날 대중은 거의 언제나 지도자의 명령에 따라 움직인다. 설사 대중이 지도자들과 불화를 빚으면서 특정한 행동에 돌입한다고 하더라도, 그것은 거의 언제나 대중이 지도자들을 오해하였기 때문에 발행한 것일 뿐이다. 1905년의 루르 광부파업은 노조 지도부의 의지에 반하여 발생한 사건으로, 그리고 대중 의지의 자발적인 표현으로 간주되어왔다. 그러나 추후 해니시에 의하여 명백하게 입증된 바로는, 노조지도자들이 몇 달 동안 광부들의 열정을 자극하는 선동 활동을 벌이면서 언제라도 광산주들에 대한 파업에 돌입할 듯이 광부들을 동원하였기 때문에, 실제로 투쟁에 돌입하였을 때에 광부 대중은 지도자들이 투쟁에 동의하지 않으리라고는 상상도 할 수 없었다는 것이다.[83]

대중은 가끔 의식적으로 봉기하려 하지만, 지도자들은 언제나 그들의 열정에 재갈을 물린다. 당 대중이 능동적인 배우로 역사의 무대 위로 등장하여 정당 과두세력의 권력을 제거하는 때는, 오로지 지배계급이 혼망 속에서 억압을 과도하게 증대시키는 경우뿐이다. 왜냐하면 별도로 다루어야 할 예외적인 경우를 제외하고는, 대중의 개입은 언제나 지도자들의

---

81) Mosca, *Elementi di scienza politica*, p.151; W. Hasbach, *Moderne Demokratie*, p.17.

82) Hans Kelsen, "Vom Wesen und Wert der Demokratie," *Archiv f. Sozialwiss*, 47(1920/21), p.66〔이와 반대로, 단행본, 제2판, 1929, pp.81, 82를 참조하라〕.

83) 위의 책 p.40 주를 참조하라. 물론 그 반대의 경우도 있다. 지도자들이 대중들을 이해하지 못해 대중들의 애매한 의사표현을 잘못 해석할 때도 있다. 그렇게 되면 정치는, 대중의 자연스러운 변덕에 따라 부침이 항상 계속되는, 곧 불안정한 감정의 기복이 지속되는 상태에 놓이게 된다(Mario Missiroli, *Satrapia*, Bologna, 1914, p.60).

의지에 반하여 이루어지기 때문이다. 그러나 이러한 일시적인 불연속을 제외하면, 조직의 자연적이고 일반적인 발전은 사회혁명적인 정당에게도 장기간 불변하는 틀을 부과할 것이다.

지도부의 자체 충원

지도자들은 대중으로부터 독립됨과 동시에, 지도부의 결원을 선거를 통해서 선출하는 것이 아니라 자체적으로 지명하고, 필요한 경우에는 지도부의 규모를 확대하려는 경향을 보인다. 지도부는 스스로를 카르텔처럼 조직하여 그 주위에 담을 둘러쳐서 폐쇄시키고, 마음에 드는 사람들만 그 담을 넘도록 허락한다. 그들은 후임을 대중으로 하여금 결정하도록 하는 것이 아니라 스스로 선택함으로써, 지도부 형성 문제를 직접적이든 간접적이든 자신들의 의지 행위로 만들려 하는 것이다.

이런 발전의 맹아를 우리는 이미 오늘날 잘 조직된 근대 노동운동의 거의 모든 부문에서 만난다. 이탈리아 제7차 노동조합총회(1908년 모데나)에 제출된 보고서는 지도부가 사람들을 평가하고 선발하여야 하고, 그 체제는 정부 인사 시스템처럼 작동하여야 한다고 선언하였다.[84] 그 바람은 영국에서 이미 실현되고 있다. 실제로 영국에서는 신임 노조 관리를 퇴임하는 노조 관리가 선발한다.[85]

노조 관리의 약 5분의 1이 노총 중앙본부로부터 보수를 지급받고 있는 독일 노동조합에서도 마찬가지이다. 노조 총회는 거의 조합 관리들로만 구성되고, 보직자가 아닌 조합원이 발언할 수 있는 길이란, 총회 바깥에서 신문에 기고하는 수밖에 없다.[86] 독일 사민당의 경우 주(州) 지구

---

84) Fausto Pagliari, *Le organizzazioni e i loro impiegati*, p.8.
85) S. and B. Webb, *The History of Trade Unionism*, 신판, London, 1907, 앞의 책, 제1권, p.87.
86) August Müller, 앞의 책, p.612; Paul Kampffmeyer, "Die Entwicklung der deutschen Gewerkschaften," *Annalen für soziale Politik und Gesetzgebung*,

당 집행위원회와 중앙당 총재단이 각 선거구에 입후보할 후보자에 대한 거부권을 갖는다.[87] 명백히 과두적인 그 특권은 당 총재단을 일종의 정부로 성립시키면서 지구당의 자결권을 정면으로 침해하는 것이다. 오스트리아 사민당의 1899년 브륀 전당대회는 당 강령을 기초할 극히 중요한 위원회 구성을 내부 인사(人事) 방식으로 처리하였다.[88]

프랑스 정당에서 위원회가 구성되는 방식과 관련하여 어떤 사람이 다음과 같이 비웃었다. "누가 그것을 위임합니까? 총회가…… 총회에서는 누가 그 위원회를 추천했습니까? 그 위원회가…… 누가 그 위원회를 임명했습니까? 최고회의가. 누가 최고회의를 소집했습니까? 그 위원회가…… 누가 그 위원회를 임명했습니까? 아무도 안 했습니다."[89] 가장 혁명적이고자 하였던 프랑스 노동조합 운동에서조차 노동총동맹 최고위원회 위원에 대한 추천권을 갖는 사람은 노동조합 서기이다. 최고위원회에 대표되지 않는 노동회관에 최고위원회 위원 후보자의 명단을 보내서 승인을 얻는 사람이 바로 노동조합 서기이기 때문이다. 물론 그때 그는 자기가 보기에 적절한 인물을 선택한다.[90]

1(1912), p.114 이하.

87) 이에 대해 하이네(W. Heine)는 이렇게 적고 있다. "우리는 민중이 스스로 통치하기를 바라고 있고, 우리의 당강령을 보더라도, 당의 가장 중요하고 시급한 문제는 직접표결에 따른 직접입법으로 결정되도록 되어 있다. 그런데도, 가장 간단하고 쉬운 문제, 곧 자기 대표를 뽑는 문제로 상급기관의 허가를 받아야 한다는 것이 말이 되는 소리인가? ……그럼에도 불구하고 당 관리가 직접 당 관리가 될 후보를 결정하기 시작한다면, 생생한 활력과 신선한 사고가 점점 더 사라지고, 당은 모든 과두정과 관료제의 특징인 고루화(固陋化)로 기울어지는 위험성에 노출되게 된다. 그것의 또 다른 결과는, 진취성이 사라지고, 당의 지적 활동에 대한 관심이 줄어들며, 자기 나름의 의미와 생각을 찾지 않고 기존의 것을 답습하려는 경향이 생겨난다는 것이다. 간단히 말해, 진전을 향한 발걸음이 멈추게 된다. 이런 의미에서 잘 기능하는 관료제는 잘 기능하지 않은 관료제보다 더 위험하다(W. Heine, "Demokratische Randbemerkungen zum Fall Göhre," pp.282, 284).

88) Leo Winter, *Der Brünner Parteitag der österreichischen Sozialdemokratie*, p.627.

89) Charles Benoist, *La crise de l'état moderne*, Paris, 1897, p.19.

지도부의 족벌주의는 선거구 후보를 결정하는 과정에서 특히 강력한 역할을 수행한다. 선거에 입후보할 후보자 지명은 거의 언제나 한 지역의 소수 고위 당직자 도당에 의하여 이루어진다. 물론 그들은 자기들 마음에 드는 사람들만 골라서 전체 당원들에게 후보자로 제시한다.[91] 선거구가 가문의 소유물로 간주되는 경우도 있다.[92] 민주적인 이탈리아에서도 아버지나 형이 사망하거나 유고일 경우, 선거구가 자동적으로 아들이나 동생에게 이전되는 현상이 심심치 않게 일어난다. 역설을 즐기는 사람이라면 아마도 그것을, 인민적 보나파르트주의와 유사한 체제가 세습군주제와 유사한 또 다른 체제로 서서히 전환되는 과정의 초기 징후로 파악할 수도 있을 것이다.

---

90) Fernand Pelloutier, *Histoire des bourses du travail*, Paris, 1902, p.150.
91) "당 강령을 작성하는 사람은 기껏해야 서너 명이고, 이들은 각 지역의 장래 대표자들까지 선정한다. 그 사람들은 정치적으로 출세할 길을 갖게 되는데, 이들은 권력이라고까지는 말하지 않더라도 무엇보다 지위를 원한다. 공직에 진출하려는 정치가들은 장기간의 노력을 기울이기보다 선거기구를 통해 그렇게 하는 것이 훨씬 더 간편하다"(프랑스의 상황에 대해 J. Novicow, *Conscience et volonté sociale*, Paris, 1897, p.65에서 인용한 제르맹Germain의 말). 또한 이 책 pp.233, 234도 참조하라.
92) 위의 책 서문, pp.14, 15를 참조하라.

4 노동운동의 관료화와 중앙집권화

관료화

국가 조직은 폭넓게 편제된 수많은 관료 기구들을 필요로 한다. 그러나 관료제는 정치적 지배계급이 권력을 유지하고 지속시키려는 다양한 노력의 강력한 계수(計數)이다. 근대 국가는 자아를 유지하기 위한 본능에 따라, 가능한 한 최대한의 관련자들을 끌어들여 자신에게 묶는다. 이는 단순한 의인화(擬人化)가 아니다. 국가 유기체의 인간 욕구는, 현대 사회질서의 결함, 아니 무목적성, 행정용어로 간단하게 말하자면 그에 대한 불만족에 대한 인식이 커가는 만큼 증가한다. 국가는 자신을 방어할 사람을 최대한 확보해야 하기 때문이다. 국가, 최소한 민주주의 국가는 그 필요성을 국가에 직접적으로 의존하는 수많은 관리 신분을 창출함으로써 충족시킨다.

이러한 경향은 현대의 국민경제에 의하여 더욱 촉진된다. 국가는 엄청난 수의 관직을 공급하고 국민들은 그보다 더 많은 관직을 수요하는 현상은 중간계급의 불안정성 때문이다. 그리고 중간계급(소기업가, 수공업자, 소상인, 농민 등)은 거대한 착취 자본주의와 조직화된 노동계급의 저항이라는 두 가지 흐름에 의하여 그 불안정성에 처하게 된 것이다. 근대 경제에 의하여 경제적 생존을 심각하게 위협받고 있다고 믿는 그들은 자식들을 가급적 경제 이외의 분야에 보내려 한다. 그들이 보기에 가장 적합한 것이 연금이 보장된 관직이다. 이러한 연관 관계 때문에 발생하는 관직 수요는 지식 프롤레타리아트의 등장으로 인하여 과잉 현상을 빚는다. 그리고 그 과정은 수적으로 크게 파동하는 인간 군(群)을 창출한다. 그리하여 공급은 수요의 과잉을 부른다. 그렇듯 지속적인 관직 공급으로 오히려 수세에 몰리게 된 국가는 관료제로 통하는 운하의 문을 더욱더 열어젖힐 필요성을 절감한다. 국가는 가끔씩 수천 명의 지원자들에게 관직을 제공함으로써 위험스러운 적을 국가의 적극적인 방어 세력으로 전환시키기 때문이다.

그리하여 두 부류의 지식인 계급이 나타난다. 하나는 운 좋게 국가기구에 정착한 사람들이고, 다른 하나는 스키피오 시헬레의 말을 빌리자면, 국가기구라는 요새에 들어가지는 못한 채 그 요새를 포위한 사람들이다.[1] 전자는 빵을 주는 국가를 방어하기 위해서라면 계급 이기주의의 발로에서건 개인적인 이기심(관직 상실에의 공포심)에서건, 그 어떤 문제에서도 국가를 방어하려고 하는 노예 집단이라고 할 수 있으리라. 이들은 의심할 나위도 없이 국가의 가장 충실한 수호자들이다. 후자는 국가의 결연한 적들이다. 그들 영원히 동요하는 정신들은 부르주아 야당을 이끌기도 하고 프롤레타리아트 혁명 정당을 선도하기도 한다.

국가 관리의 수는 불만족한 중간계급보다 느리게 증가하는 경향을 갖는다. 그래도 그 수는 계속해서 증가하고, 때로는 필요를 초과해서 증가하기도 한다. 따라서 관료제는 끝도 없이 나선형으로 증가하다가, 점차 공공선과 합치되기 힘든 지점에 도달하게 된다. 그렇다고 해서 관료제라는 기계의 필요성이 사라지는 것은 아니다. 왜냐하면 관료제만이 안정된 삶을 향한 지식인들의 요구를 충족시킬 수 있기 때문이다. 관료제는 따라서 국가의 자위(自衛) 수단이다. 혹은 국가란, 국가론에 대한 중요한 저작을 남기고 요절한 페루자 대학의 경제학자 아밀카레 푸비아니가 말

---

1) Scipio Sighele, *L'Intelligenza della folla*, Torino, 1903, p.160.

한 바처럼, 본질적으로 법적 토대가 취약한 소유권을 방어하고자 하는 욕구의 필연적인 결과이며, 공공 양심의 격발과 반발을 막는 수단이다.[2]

근대 국가의 관료제 경향은 의회주의에 의해 강화된다. 의원들은 포도주 뇌물(프랑스에서는 담배이다. 이것은 형태만 다를 뿐 어디서나 존재한다)로 인기를 유지해야 하기 때문이다. 최근 관료제에 반하는 강력한 경향이 대두하였다. 첫째는 제1차 세계대전 이후의 재정 파탄과 과다한 부채이고, 둘째는 새로 등장한 정부들이 과거 정권에서 임명된, 낡은 정신에 찌든 믿지 못할 관리들 대신 맹목적이고 충성스러운 개인적인 지지자들에게 의존하려는 경향을 보이는 것이다. 여기에 세 번째 요소가 부가된다. 악취가 풍길 정도로 더러운 부패를 청산하자는 윤리적 요청이 그것이다. 교차되어 나타날 수도 있는 그 세 가지 요소는 모두 '관리 감축'으로 귀결된다. 그러나 이러한 반(反)관료제 경향이 일시적 현상에 불과하다는 점이 멀지 않은 장래에 나타나게 될 것이다.

국가의 관료화 경향은 정당에서도 나타난다. 국가이든 정당이든, 엘리트가 소(小)집단으로, 다시 말해 실권을 장악한 소수의 과두주의자들로 구성될 경우, 대중의 민주주의적 열기가 폭발하는 순간 전복되어버릴 위험성이 있다. 그러므로 근대 국가와 근대 정당은 모두, 가급적 폭넓은 조직적 기반을 조성하고, 가급적 많은 사람들을 금전적으로 묶어놓으려 한다. 정당의 이러한 경향이 당무(黨務)의 증대 현상과 맞물리면서, 정당 역시 강력한 관료제를 육성할 필요에 처하게 된다.[3]

정당의 관료제가 강화되면 사회주의 이념의 근본적인 두 가지 요소, 즉 원대한 이상주의적 사회주의 문화에 대한 헌신과 국제적 다양성에 대한 이해가 약화된다. 이제 문제는 이념이 아니라 메커니즘이기 때문이다. 타국 노동운동의 특수성과 생존 조건을 정확하게 파악하는 능력은,

---

2) Amilcare Puviani, *Teoria della illusione finanziaria*, Milano-Napoli-Palermo, 1903, p.258 이하.

3) 이 책의 p.80 이하를 참조하라.

노동운동이 국가 차원에 고착되는 만큼 감소한다. 이는 사회주의 언론들이 지면 가득 서로를 비판하는 것에서 잘 나타난다.

이민자 사회주의의 시대만 하더라도 사회주의자들은 고전적인 국제주의의 관점 아래 원칙적인 고급정치를 추구하면 되었다. 그들은 거의 모두 일반적이고 개괄적인 분야의, 이른바 전문가들이었다. 그들의 삶, 즉 한가한 저녁 시간이면 끓고 있는 사모바르 주전자 주변에서 활발한 사상 토론을 전개하고, 언어가 다른 사람들과 끊임없이 팔꿈치를 맞대며, 고향의 부르주아 세계로부터 강제로 소외당한 채 '실천적' 활동이 불가능해져버린 그들이 생활이 그들을 고전적 국제주의로 이끌었다.

그러나 국내에 선동과 조직 활동의 문이 열리게 되자, 사회주의자들의 머리는 불멸의 원칙들 대신 일상적인 정당활동의 요건들에 대한 지식으로 가득 차게 된다. 그 과정에서 그들은 전문적인 지식을 얻지만, 시야의 너비와 무게를 잃는다. 그들이 날염공(捺染工)과 진주공예공과 솔제본공을 노동조합에 끌어들이면 끌어들일수록, 그리고 그들이 산재보험법과 퇴역보험법에서 저주스럽고 교활한 술수를 가려낼 수 있게 되면 될수록, 그리고 그들이 공장감독법, 영업재판소, 소비조합 점포의 두루마리 상표, 도시 가스 등의 가스 사용량 등등의 특수 문제들을 꿀벌의 성실성으로 파악하게 되면 될수록, 그만큼 그들은 노동운동의 의미를 협소한 의미에서조차 견지하기 힘들어 하게 된다. 또 생리학적·심리학적 법칙에 따라 거대한 역사철학적 연관성에 몰두할 시간과 흥미와 의미도 그만큼 줄어들게 되며, 국제적인 문제에 대한 판단력도 그만큼 더 흐려지고, 또한 그만큼 그들은 기술적인 관점을 넘어서는 고급의 시각에서 사태를 논하는 모든 사람들을 '주제넘은 자'로 낙인찍게 되며, 자신의 작은 문고판 사회주의와는 다른 토대와 방식으로 투쟁하려 하고, 또 그러한 투쟁으로 내몰린 모든 사람들을 이성적이지 못한 사람, 아니 사회주의 신념을 갖지 않은 사람으로 폄하하게 된다.

그처럼 사물의 근본을 꿰뚫는 '폭넓은' 사고를 상실하고 전문성 속에 함몰되는 경향은 근대적 발전 경향 그 자체이다. 오늘날에는 학문적인 연구 자료가 크게 늘어남에 따라 박식가가 사라지고 있다. 마치 일반 동물학자는 조류학자 및 곤충학자에게 자리를 내주고, 또다시 곤충학자는 나방학자 및 개미학자에 자리를 내주는 것처럼, 박식가는 역사적인 단일 주제 연구자에게 자리를 내주고 있는 것이다.

계서적인 정당 관료기구의 중하위 직책을 점하고 있는 하급 당직자들의 일부는, 알프레드 베버가 사회정책협회 빈 대회(1909년)에서 관료제에 대하여 설명한 바, 즉 관료제는 개인의 자유와 국내 정치에 대한 올바른 인식을 위협하는 최대의 적이라는 선언이 적용되는 집단이다. 중간 관리들이 고위 기관과 맺는 종속 관계는 그들의 개성을 망실시키고, 사회를 위선적인 속물 부르주아지의 사회로 만든다. 관료적 정신은 사람들의 기개를 마멸시키고 패거리 정신을 육성한다. 관료제에는 언제나 승진에의 열망에서 늘 상급자의 눈치를 보고, 아래를 향해서는 거들먹거리면서도 위를 향해서는 굽실대는 출세 지상주의가 횡행하는 법이다.[4]

정당에서의 개인적·지적 자유를 위해 싸우면서 "관료화와 개성의 억압 경향"을 지속적으로 경고하였던 볼프강 하이네는 심지어, 프로이센 국가의 끔찍한 망령이 정당에서 되살아나고 있다고 강조한다. 그가 보기에 프로이센 국가는 나름대로 모범적인 관료제에 의하여 통일적인 관점에 따라 통치되었으나, 그 모든 외적인 성공에도 불구하고 내적으로 퇴락함으로써 개성 있는 인물들을 배출하지 못하거나 아니면 적어도 그러한 인물들을 감내하지 못하였고, 갈수록 판에 박힌 진부함과 내적 발전에 대한 혐오감 속으로 함몰되어갔다는 것이다.[5]

---

4) *Protokoll*, p.283 이하 및 이 책, p.362의 주 47을 참조하라. 네덜란드의 기독교 사회주의자인 비세르(S. J. Visser)는 사적인 관료제란 위험하다고 생각하고, 관료제를 국가사회주의적 기능이라는 측면에서 학술적으로 옹호하려고 시도했다. 그러나 그의 노력은 완전히 실패로 끝났다고 할 수 있다(S. J. Visser, *Over Socialisme*, [M. Nyhoff]'s Gravenhage 1903, 제2장: Fonctionarisme en Démocratie, pp.116~165를 보라).

5) Wolfgang Heine, "Demokratische Randbemerkungen zum Fall Göhre," 앞의 곳.

중앙집권화

가장 발달한 관료제란 가장 억압적이고 가장 치밀한 관료제이다. 역사는, 다수의 업무가 빠르고 매끄럽게 처리되기 위해서는 업무 처리 기관의 통일성이 전제되어야 함을 가르쳐준다. 바로 이 점이 중앙집권화를 정당화시켜 준다. 분권적인 체제에서는 중요한 통계작업 하나 제대로 처리하는 것조차 불가능하다. 노동운동의 역사적 발자취를 더듬어 보면, 노동자 정당 구조의 외적 형태가 시간이 흐르면서 여러 차례에 걸쳐 그 모습을 바꾸었음을 알 수 있다.

독일 최초의 노동자 정당은, 독일인의 민족적 특성과 미숙한 정치 의식에 걸맞게 군주정 형태의 지도력, 즉 무제한적인 개인 독재로 출현하였다. 독일 최초의 노동자 정당은 원래 1863년에 창립되었다가 1875년에 '아이제나흐파'와 통합된 페르디난트 라살의 '전독일노동자협회'였다.[6] 당시 그 당은 라살이라는 걸출한 인물이 개인적으로 창당한 정당답게, 창설자의 특징이 각인되어 있었다. 그 당이 자유주의자들의 '민족협회'(1848년에 제기되었던 소독일주의적 통일 방안을 관철하기 위하여 1859년에 창설된 자유주의 정치 조직으로, 실레스비히 홀스타인 문제로 비스마르크와 대립했고 북독일연맹이 창설된 1867년에 해체되었다 - 옮긴이)를 모방하였다고 주장하는 학자들도 있다. 그러나 그 주장이 당의 하부 조직에는 타당할지 모르나, 지도부는 다르다. 그 당은 독일 전체에 걸쳐

---

6) 라살은 이미 학생시절 때부터 아주 이기적인 지배자의 기질을 소유하고 있었음을 드러냈다. 베를린에서 그는 어느 가난하고 나이 어린 먼 친척에게, 마음에 들기는 하지만 혼자서 부담하기에는 너무 비싸 보이는 집에 같이 입주하자고 권하였다. 나중에 그는 이 가련한 청년을 마치 자기의 '반(半)하인'인 양 부리고 있었다. 게다가 그 친척은 성심성의껏 방세를 같이 부담하고 있었지만, 라살은 그가 게으르거나 버릇이 없을 경우 또 어떤 식으로든 자신의 마음에 들지 않을 경우에는 곧바로 '자기' 집에서 쫓아버리겠다고 가차없이 으름짱을 놓았다("Briefe Lassalles an seinen Vater aus Berlin, 24. April 1844," *Intime Briefe Ferdinand Lassalles an Eltern und Schwester*, Berlin, 1905, p.23).

균일하게 조직된 통일적인 조직이었다. 독자적인 지부는 존재하지 않았고, 당원은 지구당에 소속되어 있어도 중앙에 직접적으로 종속되어 있었다.

전독일노동자협회의 중앙당은 민족협회처럼 여러 명의 위원들이 소속된 위원회가 아니라, 라살 개인 소속이었다. 라살과 그의 후계자 슈바이처는 협회의 의장으로서, 베네치아 공화국의 총독에 비견될 만했다. 게다가 라살의 권력은 베네치아 총독과 달리 견제적인 과두 기관들에 의하여 제한을 받지도 않았다. 그는 전적으로 군주정의 원칙에 따라 당을 운영하였고, 그 어떤 통제도 받지 않았다. 그리고 그는 부의장과 전권위임자를 자기 뜻대로 임명했다. 그는 명령했고, 나머지는 복종해야 했다. 이러한 구조는 라살 개인의 성격과 일치했다. 라살은 지배욕을 참지 못하는, 지독히 자기중심적인 천재였고, 또 그 때문에 사람을 제대로 볼 줄 모르는 사람이었다.

그가 이끄는 당의 현실적인 모습은 그의 당 조직론에도 부합되는 것이었다. 라살은 론스도르프 연설에서 다음과 같이 말했다. "어디를 가든 제가 노동자들로부터 언제나 듣는 이야기가 있습니다. 간단히 말하자면 이렇습니다. 우리는 우리의 모든 의지를 하나로 녹여 망치로 만들어야 한다. 그리고 그 지성과 인격과 선의를 우리가 전적으로 신뢰하는 한 사람의 손에 그 망치를 맡겨서, 그가 세상을 부수도록 해야 한다." 그러고는 그는 다음과 같이 덧붙였다. "우리의 정치가들이 지금까지 합치될 수 없는 대립적 원칙으로 간주하면서 그것의 합일을 현자의 돌이라고까지 여겨왔던 자유와 권위가, 우리 협회에서는 극히 긴밀하게 결합되었습니다. 그러므로 우리 협회는 추후에 도래할 사회질서의 모범적인 축소판이라고 할 것입니다."[7] 따라서 라살은 당 총재의 독재를 단지 어려움에 처한 한 투쟁 조직이 어쩔 수 없이 감수해야 할 체제로 파악했던 것이 아니

---

7) Ferdinand Lassalle, *Die Agitation des Allegemeinen Deutschen Arbeitervereins und das Versprechen des Königs von Preußen*, p.40.

다.[8] 독재는 그에게 노동운동의 궁극적 목표 그 자체였다.[9]

사실 라살 시대의 독일 노동운동은 아직 너무 취약하였고, 걸음마를 시작하는 아기와 같이 손을 잡아줄 아버지를 화급하게 필요로 하던 상태였다. 그 아버지는 세상을 떠나면서 유언으로 당의 후견인을 지정했다. 그렇듯 그 당시 독일 노동운동은 유언의 대상이었다. 독일 노동운동의 유년기적 특징, 즉 결정하는 권력과 행사하는 권력을 한 사람의 손에 집중시키는 구조적 특징은 라살 사후의 슈바이처 시대에도 정도만 약간 줄어들었을 뿐 그대로 존속되었다.[10] 그렇게 보면, 독일 노동운동의 대단히 권위적인 특징은 당시의 역사적 필연성에서보다 오히려 독일인들의 게르만적 전통과 윤리적 특징에서 비롯된 것으로 보아야 할 것이다. 그 특성은 시간이 지나면서 이론적·실천적 민주주의 때문에, 그리고 남독일과 북독일의 인간형과 욕구가 서로 달랐기 때문에 현저하게 약화되었다. 그러나 완전히 소멸된 것은 아니다. 아마 상황에 따라 그렇게 될 수도 있으리라.

독일의 라살주의자들이 통일적인 조직을 취했던 반면, 국제적 노동운동 조직은 그와 달랐다. 국제노동자연맹, 즉 제1차 인터내셔널(1864년)은 각국 지부들 사이의 견제가 심했기 때문에 자연히 일인독재 형태를 띨 수가 없었다. 그러나 그 최고 권력기관인 총위원회(Generalrat)가 회원국들 대표들로 런던에 구성되었을 때, 그 권한은 여러 면에서 독일의 라살처럼 거의 무제한적이었다.[11] 총위원회는 민주주의 원칙에 반하여, 소속 정당들이 당 총재를 독자적으로 선출하는 것을 금지하였다. 그들은 노동계급이 총위원회를 각국 정당을 통괄할 "공동의 통령부"로 만들었

---

8) pp.38, 39를 참조하라.

9) Gustav Mayer, *J. B. von Schweitzer*, p.256을 참조하라.

10) 또한 Hermann Oncken, *Lassalle*, Stuttgart, 1904, p.397〔제4판 증보판, Stuttgart und Berlin, 1923〕.

11) 바젤 대회의 결의안에 따르면 *Compte-Rendu du IVe Congrés, Intern. tenu à Bâle en sept. 1869*, Bruxelles, 1869, p.172.

다고 자랑스럽게 선언하였다.[12]

총위원회 위원들은 회계, 총서기, 그리고 각국 담당 통신비서 등의 사무처 관직을 스스로 차지하였다.[13] 그리고 총위원회는 필요한 경우에 한 사람에게 여러 직책을 맡기는 것조차 마다하지 않았다. 엥겔스는 한때 에스파냐, 이탈리아, 포르투갈, 덴마크 네 나라의 서기를 겸한 적도 있었다.[14] 서기의 수중에는 신입 지부의 공식 인정, 재정 지원의 승인, 논쟁의 중재 등과 같이 중요한 특권이 놓여 있었다.[15] 그러나 총위원회는 중요한 이론적 선언이나 조직 문제에서 수년 동안 사실상 카를 마르크스 개인의 강력한 의지에 종속되어 있었다.[16]

인터내셔널이 붕괴된 근본적인 원인은, 총위원회가 그처럼 과두적 원칙과 군주정적 실천 사이에서 찢겨졌던 사정에 있었다. 총위원회, 특히 마르크스는 야비한 지배욕 때문에 권위주의 원칙을 노동자 정치에 도입함으로써 사회주의를 전도(顚倒)시켰다는 비난을 들어야 했다.[17] 처음에는 그 비난이 밖으로부터, 즉 총위원회에 대표되지 못한 집단들로부터 쏟아졌다. 바쿠닌, 이탈리아인들, 쥐라인들(스위스 베른 주에 속한 주로

---

12) (Marx): "L'Alliance de la Démocratie Socialiste et l'Association Internationale des Travailleurs," *Rapports et documents*, Londres-Hambourg, 1873, p.23.

13) Carl Stegmann u. C. Hugo(Lindemann), *Handbuch des Socialismus*, Zürich, 1897, p.214를 보라.

14) "Brief von Fr. Engels an Sorge vom 17. März 1872," *Briefe und Auszüge aus Briefen von Joh. Phil. Becker, Jos. Dietzgen, Fr. Engels, Karl Mark u. A. an F. A. Sorge und Andere*, Berlin, 1906, p.54.

15) *Compte-Rendu du IVᵉ Congrés*, 앞의 책, p.172.

16) "임시 총위원회(Generalrat)의 위원들이 선출되었다. 그 핵심인물은 1872년 헤이그 대회 때까지 모든 총위원회를 장악했던 마르크스였다. 그 사건에 대해서는 다른 곳에서 다룰 것이다. 여기서는 다만 마르크스가 그 총위원회의 성명서, 곧 1864년 그 창립에서부터 1871년 프랑스 내란에 대한 문서들을 거의 모두 작성했다는 사실을 지적하는 것만으로 충분하다"(Stegmann u. Hugo, 앞의 책, p.500).

17) James Guillaume, *L'Internationale. Documens et souvenirs*, Paris, 1907, 제2권, pp.3~231.

프랑스어를 사용하는 주민들로, 정치적으로 베른 주에서 벗어나려는 정치 운동을 벌였다 – 옮긴이)이 그들이었다. 그들이 보기에 총위원회는 자신들을 지배하는 주인이었다. 1872년 헤이그 총회에서 권위주의자들은 권위적인 수단(대의원 축출, 각국의 전당대회를 적대자들이 접근하기 힘들거나 아예 갈 수 없는 곳에서 개최하는 방법)[18]을 동원하여 반(反)권위주의자들에 대하여 완전한 승리를 거두었다.

그러나 곧 총위원회의 위원들 사이에서조차 지배욕에 대한 비난이 등장했다. 마르크스는 프랑스의 혁명주의자들과 영국의 노동조합 지도자들과 독일의 망명객들이 차례로 자신을 떠나는 것을 지켜보아야 했다. 마르크스가 총위원회의 본부를 멋대로 뉴욕으로 옮기자, 이번에는 블랑키주의자들이 마르크스로부터 결연히 등을 돌렸다. 영향력 있는 영국 노조지도자인 오드거와 루크래프트는, 마르크스가 파리 코뮌에 대한 성명서를 총위원회 명의로 발표하면서도 위원회 위원인 자신들에게 서명을 요청하지 않았기 때문에 떠난다고 밝혔다. 융과 에카리우스는 마르크스와 엥겔스처럼 명령적인 인물들과는 함께 일할 수 없다고 선언하였다. 요컨대 과두정이 은폐된 군주정을 무너뜨렸던 것이다.

1889년에 소위 제2차 인터내셔널이 결성되었을 때, 다시 말해 열국(列國)의 사회주의 정당들이 공동으로 논의하고 때로는 결의권도 갖는 대회를 열기로 합의했을 때, 아에크의 말마따나 새로운 국제성 개념이

---

18) 같은 책, p.327. 또한 1872년 6월 21일 런던에서 마르크스가 조르주에게 보낸 편지를 참조하라. 그 편지에서 마르크스는 조르주에게 미국에서 온 몇몇 친구들의 이름을 거명하면서 그들을 위한 백지위임서를 보내달라고 부탁했다 (Briefe und Auszüge aus Briefen, 위의 책, p.33). 그 최후의 대회는 헤이그에서 개최되었는데, 이곳은 총위원회 체제에 아주 우호적인 영국인, 프랑스인 및 독일인들에게는 편리한 장소였지만, 바로 그런 만큼 바쿠닌적인 스위스인, 에스파냐인 그리고 이탈리아인들에게는 지리적으로 불리한 곳이었다. 그 때문에 스위스에 체류하고 있었던 바쿠닌조차 자기 주장을 직접 변호할 수 없었는데, 그것은 그가 독일이나 프랑스에서는 — 왜냐하면 헤이그로 가려면 이중 한 나라를 통과할 수밖에 없었던 관계로— 즉각 체포될 위험성이 있었기 때문이었다. 따라서 헤이그에서 대회를 치르는 것이 총위원회에게는 용이했다.

정립되었다. 제1차 인터내셔널의 목적은, "경제적 계급투쟁이 벌어지는 곳에 결집되고 조직화된 노동계급의 힘을 즉각적으로 투입할 수 있도록" 국제 프롤레타리아트를 가능한 한 엄격히 집중화시킨다는 것이었다.[19] 그에 반하여 제2차 인터내셔널은 한 국가 내에서는 엄격하게 결속되어 있지만 국제적으로는 서로 독립적인 다양한 조직들이 모여 만든, 마치 완전한 자치국가들의 회의체인 국제연맹처럼 대단히 느슨한 조직이었다.[20] 제1차 인터내셔널은 과두정으로 은폐된 일인독재였으나, 새로운 인터내셔널은 네덜란드의 연방체제와 비슷한, 독립적인 과두 체제들의 연방체였다. 런던의 구(舊)인터내셔널 총위원회는 전권(全權)을 쥐고 있었지만, 브뤼셀의 제2차 인터내셔널 서기국은 아무런 권위도 보유하지 못한 단순한 사무실에 불과했다.

때로는 아주 자신만만하고 강력한 특정 국가의 과두주의자들이 인터내셔널을 국제적 공세의 장(場)으로 이용하기도 하였다. 특히 독일 사민당은 1907년 슈투트가르트 인터내셔널 대회에서 마지막 시간에 수세에 몰릴 때까지, 특수한 독일적 상황에서 형성된 혁명주의 수사(修辭) 전술을 나머지 나라에게 강요하려고 시도하였다.[21] 그러나 허사였다. 그리고 독일 사민당이 [제1차] 세계대전의 와중에 이념적으로 붕괴하고 국제적인 신뢰를 송두리째 상실하자 이제는, 혁명에 성공한 러시아 사회주의가 자매 정당들의 지휘자이자 명령권자로 나섰다. 볼셰비키당은 독일 사민당보다 본질적으로 조야하고, 정부가 되어버린 정당으로서 더욱 절대적이라는 차이가 있지만, 결과가 장기적으로 부정적이라는 면에서는

---

19) Gustav Jaeckh, *Die Internationale*, Leipzig, 1904, p.218을 참조하라.

20) 1889년 파리 제2차 인터내셔널 대회에서 행한 빌헬름 리프크네히트의 연설도 참조하라(*Protokoll*, 독일어판, Nürnberg, 1890, p.7).

21) 독일 사민당이 제2차 인터내셔널에 소속된 다른 나라 정당들에게 이런 압력을 가하는 데 성공할 수 있었던 실제적인 상황과 복합적인 원인, 그리고 결국에 가서는 그들의 헤게모니가 쇠퇴한 경위에 대해서는 필자가 이미 1907년에 상세하게 다루었음을 여기서 지적해두고자 한다. "Die Deutsche Sozialdemokratie im Internationalen Verbande," *Archiv für Sozialwissenschaft*, 25(1907), p.148.

두 정당 모두 마찬가지이다.

사회주의의 전술을 국제적인 차원에서 단일화시키는 것은, 각국 과두주의자들의 욕구가 서로 상이하다는 사정에서 한계에 부딪친다. 따라서 각국은 독자적인 내적인 패권을 국제적으로 견지할 수 있다. 국제적인 독재 정당이 자신의 개별적인 결정을 국제적으로 관철시키는 것이 더 이상 불가능하기 때문이다. 각국 정당들은 스스로의 독립성을 공고히 하는 정도만큼, 국제적 독재 정당에 의하여 강간당하지 않으려는 조심성도 커진다.[22] 국제적인 중앙집권화가 개별적인 중앙집권화에 의하여 저지되는 것이다. 각국의 정당들은 타국 정당이 간섭하는 것을 지속적으로 경계한다. 따라서 국제 회의에서 결정된 규정이라 하더라도, 국제적으로 효력을 발휘하기에는 기반이 취약하다.

1904년 인터내셔널의 암스테르담 대회에서 벨기에의 안젤르는, 사회주의자들이 부르주아 정부에 입각하는 것을 금지한 인터내셔널 결의안을 절대적인 것으로 간주하지 않는다고 선언하였다.[23] 독일의 폴마르는 프랑스 사회주의자들이 독일 사민당의 군사정책에 개입해서는 안 된다고 선언하였고, 또한 독일 사회주의자들의 박수를 받았다. 폴마르는, 그러한 개입은 전쟁 발발시에 모든 나라의 사회주의자들이 취해야 할 태도를 규제할 국제적인 결의안이 상정되어야만 가능하다고 주장하였던 것이다.[24] 좀더 자세히 살펴보면, 이 국제 사회주의자들의 대회는 16/17세기 신분의회 국가의 의회에 비견될 수도 있을 것 같다. 그들은 제후(Prinz)라는 국제주의에게 자신의 '자유', 즉 신분적 특권을 빼앗기지 않는 것에만 온 노력을 집중하는 신분의회와 마찬가지인 것이다.[25]

---

22) 이미 1893년에 베른슈타인은 다음 책에서 그와 아주 유사한 주제를 다루었다. *Zur Geschichte und Theorie des Sozialismus*, Berlin-Bern, 1901, p.143.
23) 안젤르(Edouard Anseele)의 연설을 참조하라. *Protokoll des Int. Soz. Kongresses 1904*, Berlin, pp.47~49.
24) 폴마르(Georg von Vollmar)의 연설을 참조하라. *Protokoll des Int. Soz. Kongresses 1907*, Berlin, p.93.
25) 그러므로 국제사회주의에서 그 모든 연합전술이 실패로 돌아감으로써, 각 나

각국 사회당의 과두정치가들이 국제적 결의의 가치와 권리를 내세우는 경우는, 국제적 결의의 권위를 이용하여 당내의 성가신 반대파를 제거하려 할 때로 국한된다. 소수파 지도자들은 국제 기구를 통하여 자기들의 사회주의적 순수성을 특허받으려 하고, 다수파 지도자들은 국내에서 제압하지 못한 소수파 지도자들을 가능하면 국제적 무대에서 교살하려 한다.

첫 번째 경우에 대한 예증이 프랑스 소수파 사회주의자들인 게드파이다. 그들은 암스테르담 대회(1904년)에서 인터내셔널의 도움을 받아 이복형제에 해당하는 조레스에게 흠집을 내려고 시도했고, 실제로 그를 궁지에 몰아넣었다.[26] 두 번째 경우에 대한 사례는 독일 사민당과 이탈리아 사회당이다. 두 정당은 당내의 반(反)의회주의적이고 무정부주의적인 분파들을 제거하기 위하여 반복하여(1889년 파리 대회, 1893년 취리히 대회, 1895년 런던 대회) 인터내셔널을 이용하였다.

그 자체로 권력 이념인 정당의 중앙집권화는 현실적인 국가 형태의 형성에서도 중요한 역할을 한다. 구(舊)오스트리아의 노동자 정당들은 민족적(national) 차원에서는 국가의 정치적 분리를 주장하기에 내적으로 충분히 성숙되어 있었음에도 불구하고 오스트리아 국가의 유지를 지지하는 강력한 반(反) '이레덴타주의자'(이레덴타라는 말은 한 국가 내의 소수집단이 모국어가 같은 이웃나라와 통합하려는 정치적 운동을 가리키는데, 원래 이 말이 처음으로 등장한 것은 1877년으로, 오스트리아 내에 있던

라 '지부'는 이론적으로나 실제적으로 각자 제 갈 길을 가게 된다. 이쪽 지부에서는 보호관세를, 다른 지부에서는 자유무역정책을 위해 투쟁했고, 또 어떤 나라 지부에서는 가톨릭 교회와의 문화투쟁을 전개한 반면, 어떤 다른 나라 지부에서는 예수회에 반대하는 법률을 철폐시키고자 전력투구했다. 이에 대해서는 필자의 논문을 보라. "Le incoerenze internazionali nel socialismo contemporaneo," *Riforma Sociale*, XIII[여기에서 누락된 서지사항은 보충할 수 없었다].

26) 1904년 브레멘의 독일 사민당대회에서 행한 베벨(Bebel)의 연설을 참조하라. *Protokoll*, p.308.

이탈리아어를 사용하던 소수민족을 통일 이탈리아에 통합시킬 것을 요구하면서 나왔다 - 옮긴이)였다.

그들은 국가가 유지되어야만 당 권력의 파편화를 막을 수 있다고 보았고, 국가 체제의 변화가 몰고 올 '어둠의 나락'을 우려하였던 것이다. 오스트리아 사민당의 지도자들이 인종적으로는 비(非)독일인이 많음에도 불구하고 상당 부분 독일제국에 우호적인 까닭도 바로 이런 관점에서 이해될 수 있다. 오스트리아 사회주의자들의 정당활동 및 문필 활동의 반경은 사실, 오스트리아와 독일이 합병한다면, 특히 그 합병이 특정한 조건하에서 성사되고 또 탈(脫)베를린 운동과 결부된다면, 더욱 커지게 될 것이다. 우리는 똑같은 동기를, 라인 및 팔츠 지방의 노동운동이 그곳의 분리주의에 적대적인 나머지 심지어 범게르만적 애국주의처럼 행동하는 현상에서도 읽어낼 수 있다.

라인 지방의 사회주의자들은 작센, 튀링겐, 베를린, 함부르크 등의 중심지로부터 완전히 분리되면 자신들의 영향력이 크게 감퇴할 것이며, 게다가 프랑스의 포앵카레 체제가 가하는 속박은 민주적인 독일 정부보다 훨씬 강력할 것이라고 생각한다. 라인 지방의 가톨릭 정치운동도 중앙당의 영향력에 복속했다. 라인 지방을 상실하였다가는 정치적 입지가 급락할 수밖에 없는 가톨릭 당 중앙도 라인 지방에 대한 영향력을 지키기 위하여 총력을 다했다. 이는 객관적 논리이다. 애국주의도 한몫하였겠지만, 그것은 부수적일 뿐이다.

민주적 중앙집권화는 방언과 은어, 간단히 말해 모든 '분리주의적' 언어 현상들 역시 억압한다. 그것들이 정당의 통일성에 눈엣가시와 같기 때문이다. 거대 프롤레타리아 정당의 신문 및 선동 언어가 그토록 지방어와 일상어에 거리를 두는 것은 바로 그 때문이다. 요컨대 국제적인 분권화와 국가 차원의 강력한 중앙집권화가 병존하는 셈이다. 이 주장은 대체로 옳다. 그렇지만 유보할 것이 있다.

근대 노동운동은 오래전부터 민족국가에 토대를 둔 강력한 중앙집권화 경향 외에, 그에 대한 강력한 반대 경향도 보여주었다. 분권화 이념도 지속적으로 강화되어왔고, 그와 함께 중앙의 최고기관들에 대한 저항도 증가하였던 것이다. 그러나 그러한 원심적인 움직임을 자립성에 도달한 대중의 민주적 경향에서 비롯된 것으로 생각한다면 크게 오해하는 것이다. 분권화는 대중이 아니라 오히려 그 반대에서 추진된다. 즉 그것은 당 지도부에 복종하기보다 지역구로 낙향하는 길을 선택한 소수파 지도자들의 작품인 것이다. 그들은 의당 강력한 전국적 중앙집권화를 혐오한다.

그러나 사실 그들은 전국을 지배하려던 야망의 실현이 불가능해지자 서둘러 중앙당 다수파의 영향권으로부터 몸을 피해 지방으로 내려가서, 공간적으로 협소하기는 하지만 통제권을 거리낌없이 행사할 수 있는 안전한 권력 세계를 구축하려 하는 사람들이다. 로마에서 2인자 노릇을 하느니 차라리 갈리아의 일인자가 되려는 것이다. 제위(帝位)를 차지하지 못한 바이에른 왕이 제2플루트나 연주하러 베를린 오케스트라로 가지는 않는다. 그들에게는 베를린 중앙이 폴마르의 사회적 애국주의 체제이든, 혹은 루덴도르프(제1차 세계대전의 중반 이후 힌덴부르크와 함께 독일을 이끌었던 군인 – 옮긴이)의 독일 민족주의적(deutschvölkisch) 체제이든 상관없이 싫은 것이다.

다수파의 슬로건은 중앙집권이고, 소수파의 슬로건은 자치이다. 소수파가 자신의 목표를 달성하기 위하여 투쟁을 전개할 때, 그들은 때때로 자유를 위한 독립 투쟁의 형태를 취한다. 그들의 수사(修辭)는 전제(專制)에 대항하여 싸우는 자유 투사의 언어이다. 때때로 대단히 강력한 소수파 지도자들은 중앙 다수파의 정당성마저 부인하려는 시도를 감행하기도 한다. 1902년 이탈리아 사회당 이몰라 전당대회에서 수정주의 지도자인 투라티는 당내의 우호적인 인사들을 모아놓고, 낡아빠지고 권위적인 최고위원회제도를 폐지하고 지구당에 완전한 자치를 도입하는 대신, 세 명의 기술 관리로 구성되는 순전히 행정적인 집행 기구를 설치하자고 파격적으로 제안하였다. 당 전체를 위에서 아래로 지배하는 것은 자코뱅주의라는 것이었다.

이러한 민주적-연방제적 견해에 반대하는 사람들이 내세우는 가장 강력한 논거는 다음과 같다. 최고위원회가 해체되고 나면 통제받지 않는 유일한 당의 지배자는 의회 의원들이다. 의원단은 당의 의견을 구할 시간이 없는 촉박한 문제에 대해서 단독으로 전술 노선을 결정할 터인데, 그 의원단은 당원이 아니라 지역구 대중에 의해 선택된 사람들이다.[27] 그리고 당 최고위원회가 참된 민주주의라고 전제하면, 중앙집권화는 대중의 의지에 넘볼 수 없는 정당성을 부여하는 가장 적절한 형태인 반면, 분권화는 비민주적인 것이다. 이러한 관점에 서면 엔리코 페리가 가한 수정주의 비판이 전적으로 타당해진다. 당 최고위원회는 전당대회에서 자신의 권리를 행사한 대중 의지의 표현이기 때문에, 그 기관을 폐지하는 것은 당 대중의 주권을 침해하는 것과 같다는 것이다.[28]

중요한 것은 탈(脫)로마 운동과 탈베를린 운동이 과두주의의 원칙을 약화시키는 것은 결코 아니라는 사실이다. 중앙의 영향에서 벗어난 소수파는 지방 차원에서 곧바로 독자적인 중앙을 구성하고 그들의 적대자들과 다름없는 절대권을 행사하기 때문이다. 요컨대 그 운동은 권력을 분할함으로써 거대 과두체제를 다소의 소규모 과두체제들로 재편하자는 것이다. 프랑스와 이탈리아의 의원들이 각 선거구에서 소(小)군주정을 세우려 하는 것은 바로 그 때문이다. 국가권력과 행정구조가 파편화된 독일에서, 지방 정부가 독자적 관할 영역과 차별화를 요구하는 것과 병행하여 바이에른으로부터 헤센에 이르는 지구당들이 베를린의 총재단에 대항하여 자치(自治)에의 야망을 치켜들지만, 각 지방에서는 스스로 중앙권력으로 군림하는 것도 마찬가지이다. 이러한 주장들은 물론 이론가들이 제공하는 학문적인 외투를 두르곤 한다.[29]

---

27) 그리고 페리(Ferri), 롱고바르디(Longobardi) 등이 그렇게 주장했다. 이 문제를 놓고 행한 투표결과는 가부동수여서 당 수뇌부는 그대로 유지되었다(*Rendiconto del VII Congresso Nazionale del P. S. I., Imola, settembre 1902*, Roma, 1903, p.79).

28) *Rendiconto del VII Congr. Naz.*, p.79.

29) Arthur Schulz, *Ökonomische und politische Entwicklungstendenzen in Deutsch-*

실제로 독일 사민당 내부의 반중앙주의운동, 특히 남부 독일의 운동은 베를린에 대해서만 적대적일 뿐, 주(州) 내부에서는 그 어떤 분권주의적 흐름도 단호하게 배격한다.[30] 재정 문제에서 지방당은 중앙 재정으로부터 해방되어 독자적인 재정을 확보하려 한다. 1906년 슈바인푸르트에서 열린 바이에른 주 당대회에서 에르하르트는 다음과 같이 말했다. "결론은 그렇습니다. 베를린으로 가는 돈은 총재단이 관장해야 하지만, 여기에 남는 돈에 대해서는 우리가 결정권을 가져야 합니다."[31] 사민당의 프로이센화(化)에 가장 적대적인 인물 중의 하나이고 또 그만큼 연방주의를 옹호하던 후고 린드만 역시, 베를린에 그 많은 당비를 납부하여 퇴장(退藏)시키느라 남부 독일의 지방당 재정을 약화시키는 것은 언어도단이라고 열을 올렸다.[32]

중앙집권화와 분권화를 둘러싸고 민주 정당들이 현재 벌이고 있는 투쟁은 여러 가지 면에서 흥미롭다. 그리고 그 투쟁이 원칙뿐만 아니라 어느 정도는 도덕적 감정과도 관련된다는 사실은 부인할 수 없다. 여기에서는 다만 그 투쟁이 과두제에 대한 찬반, 혹은 인민주권 내지 당원 대중의 주권에 대한 찬반이라고 생각하는 견해만을 문제 삼고자 하는 것이다. 국제적인 사무소, 위원회, 총회 등의 포괄적인 권한에 반대하는 국제적 분권화 요구와, 개별 국가 차원에서 당 최고위원회에 대한 적대감을 통하여 표현되는 분권주의는, 보다 많은 개인적 자유에 대한 열망과 전혀 무관하다.

그러한 요구가 노동계급의 경제적·사회적 상황이 지역별로 상이한

---

land, München, 1909. 이 흥미로운 글의 부제(副題)가 말해주듯이, 저자는 이것을 "남부독일 사회민주당 지방조직들이 요구하는 자치 문제를 이론적으로 정립하기 위한 시도"로 규정했다.

30) 특히 슈바인푸르트(Schweinfurt)에서 열린 바이에른 주 사민당대회(1906)에서 브라운(Adolf Braun)이 이 사실을 지적하고 나섰다.

31) *Volksstimme*(Frankfurt), 1906년 3월 6일 자.

32) Hugo Lindemann, "Zentralismus und Föderalismus in der Sozialdemo-kratie," *Sozial. Monatshefte*, 7(1904), p.4.

현실에 의하여 정당화될 수는 있다. 겉으로만 민주적인 그 자치 운동은 사실 무엇보다도 생활환경적 현상이다. 독일 사민당의 남부 지역 당원들은 오랫동안 북부 당원들과 세계관이 다른 것처럼 주장했다. 그들은 프로이센이 권위적이고 봉건적인 잔재에 병들어 있는 반면 남부 지역은 오래되고 자랑스러운 의회주의 역사를 갖고 있는 만큼, 주(州) 정치에 적극적이고 긍정적으로 참여할 권리를 갖게 해달라고 중앙당에 정력적으로 요구했다. 그들은 경제구조에서의 심대한 차이점도 지적하였다. 남부 농업에서는 소농이 지배적인 반면 북부에서는 대농장이 압도적이므로, 부르주아 및 정부에 대한 사민당의 입장이 두 지역에서 각각 다를 수밖에 없다는 것이다.

남부와 북부가 격돌하면 언제나 곧바로, 상대방의 정치적 퇴행성과 이론적 미숙성을 주장하는 비난이 등장한다. 북부 사회주의자들은 남부의 당원들이 농민적 소시민성, 무감각, 무감동에 젖어 있다고 비난하면서, 선진적인 기술과 대기업적 경제질서를 갖춘 (대단히 마르크스적인) 북부 지역 출신인 자신들이 운동의 미래를 대표한다고 주장한다. 남부 출신 당원들은 정반대로, 남부 독일에서는 이미 극복된 융커 지배와 대농장이 여전히 압도적인 북부 독일은 문화적으로 퇴행적이므로 미래의 이상은 남부의 것이라고 주장한다.[33]

이탈리아 사회주의에서도 남북의 차이가 분명하게 나타난다. 여기에서도 남부 당원들은 자치를 주장하면서 양 지역 경제구조의 차이를 지적한다. 북부 지역의 경제는 마르크스의 계급이론이 타당한 구조이지만, 그와 다른 나폴리의 이탈리아에서 마르크스주의적 원칙을 설교하면 소농들이 사회주의에 반대한다는 것이다.[34] 남북의 대립은 무역정책에서

---

33) Arthur Schulz, *Ökonomische und politische Entwicklungstendenzen*, pp.11, 25, 67. 심지어 뉘른베르크 사회민주당 계열 신문인 『프랑켄 일보』(*Fränkische Tagespost*)는 1908년 남부독일에서는 그 내부의 모든 차이와 서로 화해할 수 없는 원칙상의 대립에도 불구하고, 프로이센의 융커 국가에 대해서는 함께 반대하는 연대감이 조성되어 있다고까지 주장했다.

도 드러난다. 롬바르디아와 피에몬테의 사회주의자들이 보호관세를 노동자 대중의 생활비를 인상시키는 것으로 단호히 배격하는 데 반하여, 남부의 사회주의자들은 보호주의를 주창한다. 그곳의 프롤레타리아가 작으나마 토지를 소유하고 있기 때문에, 자유무역은 이들에게 판매 위기를 초래할 것이기 때문이다.[35]

식민지 정책에서도 북부 사회주의자들은 열렬한 반대자들이고, 남부인들은 적극적인 옹호자들이다. 개혁주의적 세력조차 정부 정책을 지원하는 문제를 놓고 갈등을 벌인다. 예컨대 졸리티가 북부에서는 자유적인 태도를 견지했던 반면 남부에서는 지역 명사들에게 우호적인 정책을 추진하였을 때, 의견 대립이 격렬했다.[36]

그러나 지역 자치를 주장하는 사람들은 정당의 과두적 구조 그 자체에 대해서는 아무런 관심도 기울이지 않는다. 비록 지방주의가 거대한 과두정의 수립에 거스르는 면이 있기는 하지만, 그것은 사실 거대 과두정을 다수의 소단위 과두정들로 변모시키려는 것, 즉 권력이 미치는 범위를 공간적으로 좁히는 대신 좁혀진 지배영역 내에는 똑같이 강력한 과두정들을 창출하려는 것에 불과하다.

34) Francesco Ciccotti, *Socialismo e cooperativismo agricolo nell'Italia Meridionale*, Firenze, 1900, p.8.

35) 피렌체에서 열린 사회당 전당대회(1908. 9. 21)에서 살베미니(Gaetano Salvemini)가 행한 연설을 참조하라(*Resoconto*, p.122).

36) Alessandra Tasca di Cut , "Dell'opera antisociale del Ministero nel Mezzogiorno, und Sincerità," *Avanti!* 1902년 12월 4일 및 11일 자를 참조하라.

5 지도부의 권력투쟁

원인과 결과

민주 정당 지도자들의 권력이 무제한적이라는 필자의 주장에 유보할 점이 한 가지 있다. 지도자는 이론적으로 대중의 의지에 종속된다는 점이 그것이다. 대중이 눈을 한번 찡긋거리기만 해도 지도자는 물러나야 한다. 그는 언제라도 해임될 수 있고 대체될 수 있는 존재이다. 우리는 그 이론의 현실화에 여러 가지의 심각한 장애물이 있는 현실을 보았지만, 정당 민주주의는 전제적 지도자를 제거할 수는 없다고 해도 교체할 수는 있다. 지도자가 대중을 맹목적으로 믿는 것은 대단히 위험한 일이다. 민주적 지도자는 전제군주보다 대중의 공격에 훨씬 취약한 법이다. 민주주의의 고유한 특질은, 그 체제하에서는 누구나 그 어떤 관직에도 진출할 수 있는 고유한 권리를 갖는다는 것이다. 대중은 지배할 수 없지만, 대중 하나 하나는 필요한 능력만 있으면 대중의 지위를 벗어나서 지도자의 반열에 오를 수 있다.

새로운 지도자가 등장하면, 관직과 그에 결부된 권위를 갖고 있는 기존의 지도자는 자신의 직책을 빼앗길 수도 있는 위험에 처한다. 따라서 지도자는 언제나 대중의 분위기와 의견을 예의 주시하여야 한다. 자리 보전이 대중에게 달려 있기 때문이다. 지도자는 최소한 겉으로만이라도 대중을 존중하는 척해야 하고, 때로는 자신이 대중의 종복(從僕)임을 천명하여야 하며, 대중에게 굽실거려야 한다. 그럴 때 대중은 마치 진실로 지도자들을 지배하는 것처럼 보인다.

그러나 그 순간 실제 일어나고 있는 일이란 대부분, 새로운 지도자 혹은 새로운 지도층이 당 대중을 장악하여, 그들에게 기존 지도부와 대립되는 자신들의 이념을 심어주고 있는 것에 불과하다. 그러면 기존의 지도부는 대중의 뜻에 고개를 숙이고, 새로운 지도자를 자기 옆에 나란히 앉히든가 그들에게 자리를 넘겨주는 수밖에 없다. 그러나 좀더 자세히 들여다보면, 대중 앞에서 고개를 숙이는 것이 종종 신진 지도자의 영향력을 사전에 막으려는 수단에 불과하다는 것이 드러난다. 고개를 숙이는 것은 간접적으로는 대중의 변심에 대한 존중을 표현하는 것이고, 직접적으로는 배타적인 새로운 엘리트가 기존 엘리트 지도자들을 위협할 가능성을 사전에 예방하겠다는 표시이다.

민중혁명이 지도자들을 퇴진시키는 경우가 있다고 주장하는 학자들이 있다. 이탈리아의 콜라 디 리엔치, 미셸레 디 란도, 마사니엘로, 프랑스의 당통과 로베스피에르가 그 예라는 것이다. 그 주장을 일반화하려 하지만 않는다면 그러한 관찰이 옳은 것은 사실이다. 그러나 그렇다고 해서 대중의 저항이 지도자들을 퇴진시켰다고 주장하는 것은 잘못이다. 지도자들을 물러나게 한 것은 대중이 아니라 지도자들 자신이기 때문이다. 전형적인 예를 들자면, 당통은 로베스피에르에게 무너졌고, 로베스피에르는 당통파 잔당들에 의하여 몰락했다.

지도자들이 최소한 형식적으로나마 그들의 이론적 주인인 대중의 의지에 순응하는 것처럼 보이는 경우도 때로는 있다. 그러나 그것은 대중의 허약하고 통속적인 본성을 이용한 선동정치일 뿐이다. 선동가들은 대중의 의지에 아첨하는 자들이다. 그들은 대중을 앙양하고 저 낮은 곳으로 내려가는 대신, 마치 대중의 노예가 되어 대중 발끝에 엎드리는 것 이외에 그 어떤 야심도 없는 양 연극을 선보이면서, 실제로는 대중에게 멍에를 씌우고 대중의 이름으로 지배하려는 자들이다. 그들 중에서 보다 솔직하고 보다 윤리적인 자들의 성공 비결은, "자신들이 숙고하여 작성하고 실천한 계획에 대중의 강력하고 맹목적이며 걷잡을 수 없는 충동을 짜맞출 수 있었다"는 것뿐이다."[1]

강력한 지도자는 악천후에도 견뎌낸다. 그는 자신의 지배 권력이 공격당할지언정 꺾이지는 않는다는 것을 잘 알기 때문이다. 허약하거나 겁많은 지도자는 고개를 숙이고, 거짓말을 하고, 위선을 부리다가, 악천후가 지나가면 다시 고개를 치켜든다. 그때, 대중의 의지를 집행할 권리를 보유한 그에게는 최고위(最高位)를 회복할 기회가 제공된다. 그의 복종은 그저 잠정적이고 유보적인 것에 불과하다. 독일의 유명한 대중 지도자 한 명은, 대중의 지도자는 당이 혼돈에 빠진 시기에는 대중을 따라야 한다고 말했다. 이 냉소적 선언 속에는 하나의 깊은 심리학적 진실이 들어 있다. 명령하려는 자는 때로 복종할 줄도 알아야 한다는 것이다. "나는 너희들을 따라야 한다. 나는 너희들의 지도자이므로." 부정(不貞)한 자는 걱정을 하고, 강력한 자는 거스른다. 그러나 지배하는 자는 선동가이다. 그는 자신에게 주어진 인민의 위탁을 팽개치거나 겉으로만 수행하는 척하면서, 뒤에서 지배한다.

지도자들의 투쟁과 질투는 지도자들의 활동을 고조시킨다. 그리고 그 활동은 흔히 작위적이다.[2] 예컨대 의원들은 의정 업무에 몰두함으로써 원외(院外) 경쟁자들을 무안하게 만들고, 동시에 대중들의 존경심을 유지하려고 노력한다. 그것은 물론 민주정의 의무이지만, 다른 한편으로는 과두정을 유지하기 위한 예방 조치이기도 하다. 유권자와 당원들은 대부분 의원의 일에 대하여 정확하게 알지 못하므로 그들이 의원들에게 무위도식을 비난할 가능성이 크고, 의원들은 바로 그 때문에 자신의 존재를 각인시키기 위하여 업무 수행을 과시하는 것이다. 이를 위한 최선의

---

1) J. K. Kochanowski, *Urzeitklängeausw.*, p.10.
2) 사회당 의원인 포드레카(Guido Podrecca)는 이 활동의 다양성과 노력을 다음에서 재치있게 묘사했다. "Le gioje del deputato," *Avanti*, 14(1910), No.44.

수단은 자신이 바쁘다는 광고이다.[3]

　오늘날 모든 나라의 의회에서 으레 연출되는 장광설과 소동은 바로 광고의 필요성에서 비롯된 것들이다. 사실 대중의 관심을 끌고 대중이 지도자를 자랑스러워하도록 만드는 데, 인상적인 개인적 돌출 행동보다 좋은 것이 없다. 사람들이 이해하기 쉽고 또한 전파하기에도 용이한 것은 수력의 이용이나 아르헨티나와의 무역협정에 대한 학위 논문보다 바로 돌출적인 사건이다. 민주 정당 소속 의원들에게는 의회에서의 연설도 대단히 중요하다.

　이탈리아 사회주의 의원들은 1909년 3월 25일부터 7월 10일까지 총 212번이나 발언했다고 으스댔다. 사회주의 의원의 비율이 불과 8퍼센트인 데 반하여, 그들의 연설은 의회에서 행해진 발언의 20.4퍼센트를 차지하였던 것이다.[4] 의원들의 의회 연설은 정당의 체면을 세워줄 뿐 아니라, 외부의 적대자들과 내부의 경쟁자들에 맞서서 자신의 재선(再選)을 확실히 하는 수단이다.

　지도자들 내부의 투쟁에는 아주 다양한 원인들이 있을 수 있다. 나이 차이에서 비롯되는 시간적-생리학적-심리적 대립, 즉 청년과 장년의 갈등, 사회적 출신의 차이에서 비롯되는 대립, 즉 프롤레타리아 출신과 부르주아 출신의 갈등,[5] 분업에 따른 운동 내부의 상이한 활동에서 비롯되는 대립, 예컨대 정당과 노동조합, 의원단과 총재단의 갈등, 업무의 수평적 분할에서 비롯되는 대립, 즉 특정 부처의 관리들과 타 부처 관리들의 갈등이 그것이다. 또 지역적 편차에 따른 대립, 예컨대 바이에른과 프로이센, 프랑크푸르트와 하나우, 슈투트가르트 인터내셔널 대회에서 반(反)군국주의를 둘러싸고 벌어진 바이양, 조레스, 에르베를 중심으로 한 프랑스인들과 베벨과 폴마르를 중심으로 한 독일인들의 갈등이 그것

---

3) 또한 Pio Viazzi, "Le gioie della deputazione," *Rivista Populare* 14, No.II, in: Ciccotti, *Montecitorio*, p.664 이하를 참조하라.
4) *Avanti* 1909년 8월 12일 자에 게재된 모르가리(Oddino Morgari)의 기사를 보라.
5) 우리는 이것을 별도의 장(章)에서 다루었다(제4부 제6장).

이다.

최상층 지도자들 가운데에서도 투쟁이 벌어진다. 당내에서 성장한 지도자와 정당 관료제의 외부에서 성장한 지도자의 투쟁, '정상배'(Parteibonzen)와 뒤늦게 사회주의로 전향하여 급부상한 명망가, 문인, 예술가, 부르주아 정당 출신의 투쟁이 그것이다. 그 투쟁의 방법과 결말에 대해서는 이미 다른 곳에서 다루었다.[6] 이 투쟁과 유사한 것이 관료주의적 대중 지도자와 선동정치적 대중 지도자의 갈등이다. 물론 양자는 빈번히 서로 연대하거나 하나로 합쳐지기도 하고, 그들의 적대관계가 관료주의와 (전투적) 행동주의의 갈등인 것만도 아니다. 왜냐하면 그 갈등이란 것이 행동보다는 주로 말로 이루어지기 때문이다. 그러나 중요한 것은 위의 지도자 유형에 대응하는 '대중'과 '조직' 사이의 보다 깊은 대립이다.[7] 물론 우리가 조직(당대회와 국제 조직) 내에서도 대중 지도자로 아주 적합한 선동정치적 지도자 유형을 찾아볼 수 있기는 하다. 그러나 다른 한편 정당 내에는 무형(無形)의 대중과 조직화된 대중이 병존한다는 것, 그리고 추종 대중이나 신봉자들의 성격과 과제에 따라 지도자의 유형이 달라진다는 것 또한 사실이다.

그러나 지도자 집단 사이의 가장 큰 차이점은 두 가지의 동기에서 비롯된다. 첫째, 세계관 혹은 최소한 가까운 장래의 발전에 대한 견해의 사실적·원칙적 차이와 이에 따른 전술상의 차이가 있다. 수정주의, 마르크스주의, 생디칼리슴, 공산주의, 사민주의 등의 노선 차이가 바로 그것에서 비롯된다. 두 번째 동기는 사적인 것으로서 개인적인 감정, 시기, 악의, 음모, 최고 자리를 둘러싼 무자비한 투쟁 등이 그것이다. 엔리코 페리는 자신의 정적인 필리포 투라티에 대하여, "그는 나를 싫어한다. 왜냐하면 그는 닭장 하나에 닭 두 마리가 살기에는 너무 비좁다고 생각하기

---

6) 위의 책 p.69를 참조하라.

7) Gerhard Colm, *Beitrag zur Geschichte und Soziologie des Ruhraufstandes vom März bis April 1920*, Essen, 1921, p.90 이하.

때문이다"라고 말했다.[8] 지도자들 사이의 적대관계에서는 보통 그 두 가지 동기, 즉 객관적 동기와 주관적 동기가 뒤섞인 형태로, 그러니까 희석된 형태로 나타난다. 객관적 원인은 장기적으로 언제나 주관적 동기를 유발하고, 주관적 동기는 부끄럽게도 언제나 객관적 동기의 가면을 쓴다. 마지막으로 노동운동이 민족적으로 분열된 것처럼 보이는 곳에서도 지도자 사이의 투쟁이 나타난다. 오스트리아 사민당에서는 정부 관직뿐만 아니라 당직을 둘러싼 갈등도 민족적(national) 차원에서 전개되었다.[9] 체크인과 독일인이 노조 간부직과 당 최고위원직을 놓고 결사적으로 투쟁하였던 것이다.

민주주의에서 출현한 과두제의 존립을 위협하는 두 개의 적대적인 힘이 있다. 첫째는 대중의 민주주의적 저항이고, 둘째는 그와 관련되면서 그 결과이기도 한 군주정으로의 이행이다. 군주정의 성립은 과두 정치가들 가운데 어느 하나가 권력을 장악함으로써 이루어진다. 따라서 위험은 아래와 옆으로부터 오는 셈이다. 한쪽은 봉기이고, 다른 쪽은 찬탈이다. 따라서 근대의 모든 국민정당에는 진정한 동료애, 즉 인간적인 신뢰의 결핍과 그것에서 비롯되는 잠재적인 투쟁 상태, 다시 말해 민주주의의 가장 기본적인 특징 가운데 하나가 되어버린, 지도자들 간의 상호 불신에서 비롯된 흥분된 대치상태가 나타난다.

불신은 특히 자기 집단의 지도자 후보를 겨냥한다. 모든 과두주의자가 가장 경계하는 인물은 바로 자신의 후계자이다. 과두 지도자는 자신의 생전에 후계자가 자신을 대체할까 노심초사한다. 정신적이건 심리적이건, 오래된 소유는 과거를 자랑스러워하고 과거가 없는 소유를 얕보는 경향이 있다. 시칠리아의 몇몇 도시에서는 정당들이 뒤엉켜 싸우는 것을 놓고 일반인들은 부유한 사람들과 부유하게 된 사람들 간의 투쟁이라고

---

8) 수차라(Suzzara)에서 페리(Ferri)가 행한 연설에 대한 기사를 보라. *Stampa*, 47 (1909), No.358, 12월 27일 자.

9) Karl Renner, *Der nationale Streit um die Ämter und die Sozialdemokratie*, Wien, 1908(제2장, Das Recht auf das Amt, p.7).

조소한다. 다시 말해 그것은 귀족(귀족과 지주)과 졸부(상인, 공공사업 업자, 공장주 등)의 투쟁인 것이다.[10] 근대 민주 정당에서도 비록 금전적인 측면은 없지만, 그와 비슷한 투쟁이 벌어진다.

지도부의 권력유지 방법

지도자들의 투쟁은 언론과 사상의 자유를 위협한다. 이는 정돈된 정당 민주주의가 강력한 곳에서는 어디에서나 나타나는 현상이다.[11] 당권을 장악한 지도자들은 견해를 달리하는 소수파 지도자들의 의사 표현의 기회를 가급적 최소화하려 하고, 그 자연스러운 경향을 굳이 숨기려 하지도 않는다. 집권자들은 으레 규율과 복종을 정당제도의 본질적 특징으로 규정한다. 때때로 그들은 봉기의 혐의가 엿보이는 동료들이 독자적인 잡지를 운영하는 것을 금지하고, 오직 공식적인 매체, 다시 말해 당이 통제하는 신문과 잡지에만 글을 발표하도록 강요하는 등, 사실상 검열을 집행하기도 한다.

독일 사민당이, 사회주의 진영의 잡지라고 하더라도 개인 자본으로 창간되어 공식적인 당의 통제를 받지 않는 잡지에 기고하는 것을 삼가도록 요구하는 것은 전적으로 그러한 경향에서 기인한 것이다. 이는 또한 사민당이 부르주아 언론에 기고하는 것을 금지하는 조치에도 부분적으로 해당된다.[12]

직책보유자(détenteurs d'emploi)와 직책을 구하려는 사람(chercheurs

---

10) Giacomo Montalto, *La questione sociale e il partito socialista*, Milano, 1895, p.81. 게다가 귀족을 '부자'(富者)로 표기한 것은 좀바르트의 테제, 곧 귀족에게 서는 '부(富)'가 심리사회적인 전제이자 특성'이라는 테제에 크게 기여했다(W. Sombart, *Die deutsche Volkswirtschaft usw.*, p.542).

11) "유감스럽게도 경험에 따르면 타락한 민주주의에서는 언론 및 출판의 자유가 가장 먼저 사라진다"(W. Rocher, *Politik*, p.324).

12) 독일사민당의 뮌헨(*Protokoll*, p.255 이하) 및 드레스덴(*Protokoll*, p.158 이하) 전 당대회의 토론을 참조하라.

d'emploi), 미국에서 말하는 소위 주류(ins)와 비주류(outs),[13] 그리고 이탈리아어로 말하자면 지도자(capitani)와 지도자 지망자(aspiranti al capitanato), 독일에서는 지도자와 지도자가 되려는 자 사이의 투쟁은 정당의 일상적인 현상이다. 선전포고는 후자가 한다. 이때 후자는 투쟁의 동기를 원칙에서 끌어낸다. 그러나 그것은 기존의 지도자들을 제거하기 위한 가장 적절한 방법이 '객관성'의 동원이기 때문에 그런 것일 뿐이다. 그들은 당 집회에서 영원한 보편적 원칙의 옹호자요, 그 원칙을 순수하게 유지하거나 정화(淨化)하는 데에 헌신하는 사람인 것처럼 처신한다. 그러나 그때 그들은 당의 정상에서 군림하고 있는 적에게 강한 인상을 각인시킴으로써 자신에게 당권을 나누어주도록 압박하려는 것일 뿐이다. 만일 기존의 지도자가 위축되지 않고 계속해서 버티면, 젊은 도전자는 갑자기 공격을 중단하고 자신이 공격하던 적의 마차에 올라탄다. 이제 그들은 원래의 목표에 원래와는 다른 방식으로 도달하려 하는 것이다.

지도자들 사이의 투쟁에서 대중의 지지를 얻는 쪽은 대부분 젊은 도전자가 아니라 기존의 거물들이다. "소유하라. 그러면 정당해진다. 인민은 너를 신성하게 할 것이니." 노동자 정당의 대중은, 새로운 인물이 기존의 지도자들로부터 소개를 받거나 명백한 지지를 받은 인물이 아닐 경우, 특히 그가 다른 계급 출신일 경우 자연적인 불신감을 내보인다. 따라서 격렬한 공격을 피하고자 하는 자는 대기 시간을 길게 잡고, 자기 생각을 펼쳐 보일 수 있을 때를 기다려야 한다.

독일 사민당 지도자들이 비교적 고령인 점, 그 당의 원로들, 특히 당의 창설자 세대에 속하는 사람들의 도덕적 우위, 독일 노동운동사의 특별 사건인 사회주의자 탄압법의 여파, 특히 그것을 겪은 사람들은 불의 시련을 당당하게 이겨낸 사람으로 간주되는 사정 등은 그 당의 신진 세력의 대기 시간을 장기화하는 요인이다. 그리하여 8년 내지 10년 동안 가

---

13) M. Ostrogorski, *La démocratie etc.*, 제1권, pp.203, 206, 363.

슴 안주머니에 당원증을 끼고 다닌 사민당원도 당사에 가면 여전히 '젊은' 동지로 간주되는 경우가 허다하다. 이런 현상은 독일인에게 특유한, 연령과 위계질서에 대한 존경심 때문에 더욱 강화된다. 사민당도 그러한 독일적 특성으로부터 완전히 자유로울 수 없기 때문이다.

한 가지 요소가 더 있다. 강력한 관료제라면 모두 그렇듯, 독일 사민당 역시 본능적으로 배타적이다. 따라서 조직력이 취약한 다른 사회주의 정당들과 달리 독일 사민당에서는, 갓 입당한 '여우'뿐만 아니라 당직으로 먹고 살지 않고 개인적인 문필 활동 등으로 자신의 외적 독립성을 유지하는 당원들, 즉 당 기구에 편입되지 않은 사람들이 당내에서 영향력을 확보하는 경우가 아주 드물다. 사민당 일각에서 통탄해 마지않는 유능한 신진 세력의 부족 현상은 바로 그러한 구조 때문이다. 당적이 오래되지 않은 당원, 즉 신문 편집인이건 노동상담소 서기이건 노조 위원장이건 의료보험 관리이건, 노동운동 조직에 전문적으로 몸담고 있지 않은 사람은 설사 그가 지식인이라고 하더라도, 민주적 당규에 보장되어 있는 모든 형식적 권리에도 불구하고 명예로운 당직을 확보할 가능성이 거의 없다.

어떤 사람은 연례 전당대회를 차라리 관리(官吏)대회라고 부르자고 하는데, 이는 아주 잘못된 표현이 아니다. 실제로 대의원 가운데에서 당(혹은 노동조합) 관리가 차지하는 비율은 대단히 높다. 그러나 이 글에서 논의되고 있는 경향들이 가장 확실하게 드러나는 곳은 총재단이다.[14] 독일 사민당 총재단은 이탈리아처럼 젊은 당원이 아니라 '오래 봉사한' 나이든 당원들로 구성되어 있고, 또 프랑스처럼 자유 문필가들이 아니라 당 관리들로 구성되어 있다.[15] 대중의 보수적 감정은 기존 지도부의

---

14) 같은 책, pp.108, 109와 이 책, pp.197, 198을 참조하라.

15) 프랑크푸르트-노르덴트(Frankfurt-Nordend) 지역에서는, 1908년 중대한 뉘른베르크(Nürnberg) 전당대회에 대의원을 파견하기 위해, 각 지부 총회에서 나온 의견을 수렴하여 후보자 명단을 작성했는데, 후보자 11명 가운데 8명이 노동운동 관료(편집자 2명, 당비서 1명, 노동사무실 관리자 1명, 지역책임자 1명, 노조직

수구적 노력을 더욱 강화한다. 대중은 자기들 가운데 한 사람, 즉 직책도 존엄도 없고 정규 교육 과정을 거치지 않은 사람들에게 지도권을 맡기려 하지 않는다.

당의 다수파 지도자들은 소수파 지도자들을 격퇴하기 위하여 승리를 담보하거나 아니면 적어도 패배를 상당 기간 동안 늦출 수 있는 일련의 수단들을 본능적으로 알고 있다. 지도자와 도전자의 투쟁은 자주 책임지는 자와 무책임한 자, 혹은 전자의 표현으로는 책임을 맡길 수 없는 사람의 투쟁으로 묘사된다. 후자에 대한 전자의 비판은 언제나, 후자가 책임지지 않아도 되기 때문에 말은 잘한다는 것이다. 책임으로부터의 자유는 물론 전술적인 자유를 의미한다. 후자는 당직을 맡고 있지 않고 심지어 직업까지 없기 때문에 근엄한 모습을 보일 필요가 없고, 또한 기존 질서에 대한 민주적 통제 기능을 새롭고 직접적으로 행사할 수 있다.[16] 우리는 이미 다른 맥락에서 또 하나의 수단을 언급했다.[17] 당의 다수파 지도자들은 대중에게 반대파 지도자들이 무능하고 무식하고 소리만 지르고 당을 망치고 선동가이며 사기꾼이라고 몰아세우면서, 스스로는 대중 의지의 대변자로 자처하고, 반항하는 자나 그저 마음에 들지 않는 사람들에게 대중과 민주주의의 이름으로 굴종을 요구한다.

지도자들의 투쟁에는 자주 언급되는 것이 있다. 당 중앙의 특별권이 그것이다. 중앙의 지도부는 상황을 보는 통찰력과 시야와 사회주의적 교양과 감정을 내세우면서, 산하기관의 민주적 기능을 감시할 권리가 있다고 주장한다.[18] 독일의 급진주의자들은 당의 성장과 함께 불가피하게

원 1명, 의료보험직원 1명 및 조합관리자 1명)인 반면, 노조와 상관없는 임금노동자는 겨우 3명에 불과했다(*Frankfurter Volksstimme*, 부록, No.188, 1908).

16) 사회당 및 노조에 관련된 문헌에서는 문제의 이런 측면이 자주 논의되었다. Filippo Turati, *Il partito socialista e l'attuale momento politico*, Milano, 1901, 제3판, p.19; Paul Kampffmeyer, *Die Entwicklung der deutschen Gewerkschaften*, p.114 이하.

17) 같은 책, p.79 이하를 참조하라.

18) 이 책, 제3부 제2장을 참조하라.

나타나는 신입 당원들의 수적 우월에 대한 처방전으로 중앙의 집권적 권력을 주장하였다. 이는 지도자들이 자신이 원하지 않는 동료가 대중에 업혀 등장하는 일이 발생하지 않도록 감시하는 시스템이다. 사민당 정관에 지구당이 중앙당의 사전 동의 없이 제국의원 후보자를 교체할 수 없도록 규정되어 있는 것은 바로 그 때문이다.[19]

---

19) 이 주장을 옹호하기 위해 카우츠키는 이렇게 말했다. "우리의 득표수가 많아지고 후보자를 구하기가 어려워질수록, 또 사민당의 아성인 지구당의 활동이 경제적으로나 정치적으로 그리고 정신적으로 중앙당으로부터 멀어질수록, 후보자를 내세우는 절대적 자율권을 각 지구당이 가져서는 안 되며 후보선정 문제를 정당 전체의 문제로 간주해야 할 필요성은 더욱더 커진다. 따라서 가장 간단한 방법은 그 해당 지구당이, 주의회에 나서려는 후보자들에 대해서는 그 지부의 당 수뇌부 혹은 당원총회와, 그리고 제국의회의 후보자들에 대해서는, 지역구의 당 수뇌부 및 중앙의 당 수뇌부와 의견의 일치를 보는 것이다. 1876년에는 시간이 허락하는 한 전당대회에서 제국의회 후보자를 직접 선출했다. 시간의 제약 때문에 정하지 못한 나머지 후보자에 대해서는, 전당대회에서 선출된 중앙선거대책위원회에게 그 선정을 위임할 수밖에 없었다. 이를 보면, 후보자의 선별에 당 전체가 간여하는 방식에는 여러 형태가 있음을 알 수 있다. 어떤 형태가 가장 실제적인가 하는 것은 여기서 더 이상 다룰 수 없는 별도의 문제이다. 여기서 중요한 것은 무엇보다도 원칙, 곧 제국의회 후보자들을 선출하는 것이 해당 지구당뿐만 아니라 당 전체와 밀접하게 관계된 사안이라는 원칙을 인정하는 것이다."— '당 전체'라는 용어는 말할 것도 없이 중앙의 당 지도부와 동의어이다. 카우츠키는 후보자 선출이 당연히 오로지 최고기관, 곧 당 지도부 혹은 당 중앙선거대책위원회에 완전 좌우되어서는 안 된다고 주장하고서는 흥미로운 다음 두 마디를 덧붙이고 있다. "선거활동의 주된 업무를 해당 지구당의 당 동지들이 전적으로 맡고 있는 이상, 후보자의 당락여부는 그 누구보다 바로 이들에게 달려 있다. 이들이 호감을 갖고 있지 않은 어떤 후보자들을 강제로 밀어붙이려 한다면 그건 어리석은 짓일 터이다. 그러나 이 해당 지구당원들도 당의 다수가 크게 반대하는 국회의원을 당에 강요할 권리를 갖고 있지 않다. 그들은 자기 후보자를 스스로 선택해야 하지만, 그 후보자를 내세울 때 그에 대한 당원 전체를 대변하는 사람들의 동의를 구한 이후에 그렇게 하는 것이 당연한 순서이다."……"상황에 따라서는 물론 당 전체 또는 그 대표자들이 직접 각 선거구 후보자를 지명하는 것도 바람직할 수 있다. 이는 승리를 장담할 수 있는 선거구의 수가 아주 적은 나라에서 그렇다. 이런 나라에서는 후보자를 선택할 때, 그 해당 지구당의 판단에 전적으로 맡겨두어서는 안 된다. 곧 확실한 승리가 예견되는 지역구에서는, 그 당이 의회에서 절대적으로 필요한 사람을 그곳

권력을 장악하고 있는 기존의 지도자들이 도전자들을 물리치는 수단
은 또 있다. 카를 대제는 작센의 종족태공들에게 백작령을 분봉(分封)함
으로써 그 지역 정복을 마무리지었다. 대제는 그로써 그들의 지위를 드
높였을 뿐만 아니라, 그들을 제한된 테두리 내에서 자신의 권력에 동참
시켰던 것이다. 카를 대제의 방법은 그 후의 역사에서 반항적이지만 영
향력 있는 지도자들을 무마시키고 기존 정부에 대한 저항을 예방하는
방법으로 수없이 사용되었다. 그것은 군주이건 과두주의자들이건 마찬
가지였다. 프로이센 봉건국가조차 탁월한 부르주아 가운데 가장 반항적
인 인물들을 추밀원고문으로 임명하였다.[20] 에스파냐 정부는 1880년

의 후보자로 내세울 수 있는 권리가 당에 주어져야 하는 것이다. 해당 지구당이
무제한의 자율을 누릴 경우, 오스트리아 같은 나라에서 아들러(Victor Adler)와
같은 인물이 국회의원 선거에서 두 번이나 연거푸 실패하고, 또 차기 선거에서
그가 과연 의회에 진입할 수 있을 것인지가 의문시되는 상황이 빚어진다. 그러
나 당선이 확실한 선거구가 많은 독일제국에서는 이런 측면이 전혀 문제시되
지 않는다"(Karl Kautsky, "Wahlkreis und Partei," *Neue Zeit*, 앞의 책).

20) 신생 독일 부르주아층 가운데 여전히 귀족 및 전통적인 국가권력에 반대하는
인물들이 많았던 시기에는 이 경향이 정부에게는 커다란 고심거리였다. 뵈르
네(Ludwig Börne)는 1830년에 이렇게 말했다. "뛰어난 인재가 두각을 나타내
존경을 받게 되면, 사람들은 그를 학교에 남아 있도록 하거나 혹은 정부의 관료
로 채용함으로써 더 이상의 반항적인 행동을 취할 수 없게 만든다. 정부에 자리
가 꽉 차서 더 이상 사람을 받아들일 수 없는 상황일 때는, 그런 지식인들에게
최소한 국가의 제복을 입히고 칭호와 훈장을 달아준다. 그렇지 않으면 그들을
귀족의 궁정에 들어가게 함으로써, 일반 국민이 사는 곳으로부터 떨어져 있도
록 만든다. 그 어느 나라보다 관료들이 궁정에서 할 일이 가장 적은 바로 이 독
일에서 궁정관료들이 가장 많은 까닭이 바로 여기에 있다(L. Börne, *Aus meinem
Tagebuche*, Leipzig, Reclam, p.57). 그러나 이 정책이 아직도 봉건주의적 사고에
사로잡혀 있는 국가에만 국한된 것이 아니다. 금권주의가 무제한으로 지배하
는 국가들에서도 이러한 부패는 변하지 않고, 단지 부패한 자들만 바뀔 뿐이
다. 미국인 루이스(Austin Lewis)도 단호한 어조로 이렇게 지적했다. "정치권의
지도자 가운데에는 중간계급과 피지배계급 출신자들도 있지만, 이 지도자들
은 자기 출신 집단의 업무를 실행하는 데 필요한 정치적 능력도 왕성한 활동의
욕도 갖고 있지 않다. 중간계급 출신의 몇몇 머리 좋은 사람들은 이미 대자본
가들에 의해 매수되었다. 재능 있는 사람들은 주요 산업 및 재정 분야에 고용

대 중반에, 선거에 대한 국민의 무관심 덕분에 선거를 완전히 수중에 장악하고 있었음에도 불구하고, 만일의 경우를 대비하여 신중을 기하고자 약간의 야당 후보들이 선출되도록 배려하였다고 한다.[21] 최근에는 특히 민주주의 국가들의 지배계급이 혁명적인 노동운동의 성장을 막고자, 뛰어난 운동 지도자들을 입각시키고 있다. 이는 혁명 운동 지도자들을 일정한 한계 내에서 권력에 동참시킴으로써 혁명적 추진력을 제어하기 위함이다.

근대 민주 정당의 과두 정치가들도 껄끄러운 소수파를 길들이기 위하여 똑같은 방법을 자주 사용하였다. 만일 소수파 지도자들이 추종 대중이 없지는 않기 때문에 위험하긴 하지만 동시에 수가 그리 많지 않다면, 다수파 지도자들은 그들과의 화해를 통하여 그들을 무력화시키고 중립화시킨다. 그 과정에서 소수파 지도자들은 높은 당직과 명예를 얻지만 당권 다수파에게 무해(無害)한 존재로 전락해버린다. 이는 특히 그들이 제공받는 자리가 최고위 직책이 아니라 별반 영향력이 없는 제2열의 직책이고, 지도부 내부에서 무기력한 소수에 불과한 그들이 이제는 집단 명의로 이루어지는 지도부의 행위에 대해서 책임을 공유하기 때문이다.[22]

됨으로써, 중간계급이 경제적 위치를 다지기 위해 불확실한 노력을 통해 벌어들일 수 있는 것보다 훨씬 더 많은 보수를 받을 수 있다. 직업 정치가가 되는 길은 지배적인 과두정을 통해서만 가능한데, 그 과두정을 통하기 위해서는 국가의 제복을 걸칠 수밖에 없다. 이 과두정에 봉사함으로써 젊은이의 모든 물질적 열망은 채워지고, 이 과두정은 관료나 예수회의 일원이 될 만한 능력을 갖고 있는 사람을 뽑는 데 대체로 어긋남이 없다"(Austin Lewis, *The Rise of the American Proletarian*, Chicago, 1907, pp.189, 190).

21) *Denkwürdigkeiten des Fürsten Hohenlohe*, p.376.

22) 독일 및 오스트리아 정당사에는 이런 사례들이 비일비재하다. 1904년 오스트리아 잘츠부르크(Salzburg) 전당대회에서, 그리고 1904년 독일 브레멘(Bremen) 전당대회에서, 당 지도부에 대해 반기를 들었던 사람들은 그 후 각각 의회에 진출했고, 그 이후 당내 반대자로서의 색채를 싹 거두었다. 그 전형적인 예를 네덜란드의 사회민주주의의 주류가 행한 시도(1909년 봄)에서도 찾아볼 수 있는

기존의 지도자들은 항상, 강력한 지도자를 부각시키지 못하고 있는 새로운 운동들을 자신에게 유리하도록 묶어둠으로써 새로운 사상 노선의 성장 가능성을 애초부터 차단시키려 한다. 독일 사민당과 노조는 청년노동자운동이 탄생하자 의심의 눈초리를 거두지 않고 있다가, 그 운동의 발전이 멈추지 않을 것임을 알아차리자 단호하게 그 운동의 지도부에 뛰어들어 지도권을 장악하였다. 그 청년운동을 이끌기 위해서 독일청년노동본부가 설립되었는데, 그것은 사민당 총재단, 노총 총위원회와 청년단에서 각각 4명의 대표자들로 구성되었다. 따라서 기존 세력이 위원회의 3분의 2(기존 세력의 대표 8명에 청년 대표 4명)를 차지하게 되었던 것이다.[23] 그들은 그 후견제의 근거를 명징한 논리가 아니라, 청년 대중이 또래 지도자들의 의지를 감당해내지 못한다는 기회주의적 변명으로 정당화시켰다.[24]

개별적 이탈에 대한 지도부의 예방수단

지도자들의 권력 투쟁에서 역사적으로 가장 흥미로운 장(章)의 하나는 지도자들이 자기 집단 내부의 규율, 다시 말해 다수 의지의 강제적 힘을 유지하기 위해 취하는 예방조치들이다. 미국 하원에서 각 당은 특별위원회를 만들어 의원들의 회의 참석을 단속하고, 대단히 중요한 결정이 논의되고 표결에 부쳐지는 회의에는 불참하지 않도록 환기시킨다. 중요한 법안이 상정되면, 그 특별위원회는 비밀간부회의를 소집하여 문을 걸어잠그고 소속 의원들이 법안에 대해 어떻게 표결해야 하는지를 결정한

데, 이들은 비주류 노선을 위한 당 기관지를 창간함으로써, 특히 이들이 두려워하는 몇몇 비주류 인사들의 비판을 어느 정도 통제하려고 했다.

23) *Fränkische Tagespost*, 39, Nr.191, 부록 2.

24) "그와 반대로 당원들은 (그들의 지도자들을 제지할) 아무런 힘이 없다. 그들은 대개 이 지배권을 스스로 장악할 만한 역량도 없고 또 그렇게 할 만큼 노련하지도 않다"(Max Kette, "Die Jugendbewegung," *Die Neue Zeit*, 28(1909), 제1권, pp.316~320).

다.[25] 비밀간부회의의 결정은 의원들에게 의무적인 구속력을 갖는다.[26] 항명 사태가 발생하더라도 물론 그 회기 중에 당장 그에 대한 별다른 조치가 취해지는 것은 아니지만, 항명 의원은 다음 선거에서 의원직을 잃게 되는 것이 확정적이다. 워싱턴 중앙당이 해당 의원의 선거구 동료들에게 그 의원의 규율 없는 행동에 대하여 통고하기 때문이다.

물론 모든 법안에 대해 의원단이 처음부터 의원들의 표결 방향을 결정하는 것은 아니다. 별로 중요하지 않은 법안에 대해서는 의원들은 각자 소신에 따라서 투표한다. 그렇지만 격동기에 의원들은 비밀간부회의의 결정에 순종해야 하는 것 외에도, 공인된 당 지도자들의 권위에 개인적으로 복종해야 한다. 이는 특히 하원에서 심하다. 상원의원들은 보통 상호적인 절대적 동등권을 고수한다. 그러나 비밀간부회의의 중요성은 상원이 오히려 더 크다. 하원의 경우 비밀회의가 어떤 때는 200명도 넘는 의원들로 구성되지만, 상원의 경우에는 50명 이상을 넘기는 때가 드물고, 따라서 그 기능이 더욱 원활하기 때문이다.[27]

독일 사민당 의원단도 우리가 다른 맥락에서 살펴본 것처럼, 조직의 원칙에 엄격하게 종속되는 내부구조를 갖고 있다.[28] '당론'(Fraktions-zwang)은 다수파가 결정한다. 다시 말해 의원총회가 제국의회(혹은 주의회)에서 다루게 될 개별 사항에 대하여 다수결로 의원단의 입장을 확정하면, 의원들은 그 결정을 의무적으로 따라야 한다.

프랑스 사회당은 아주 다르다. 프랑스 사회당 의원들은 게드파와 조레스파의 혈육 투쟁으로부터 추후의 통합 사회당에 이르기까지 보통 개별

---

25) 같은 책 p.111을 참조하라.

26) 비밀간부회의 가운데 가장 중요한 것은 국회의장을 선출하기 직전에 열리는 것이다. 국회의장의 견해와 입장이 위원회의 구성방식과 차후 국회운영에 결정적이기 때문에, 그를 뽑는 선거가 그 무엇보다 중요하다. 따라서 선거에 앞서 몇 주 동안 이에 대한 전술이 난무하고, 표 모으기 작전이 행해진다.

27) James Bryce, *The American Commonwealth*, 축약본, New York, 1907, pp.152, 153.

28) 같은 책, pp.140, 141을 참조하라.

적으로 투표하였다. 독일 사민당은 사회주의와 관련된 문제뿐만 아니라 개인적인 가치판단에 따라 결정되어야 할 사회주의와 전혀 상관없는 문제조차, 언제나 하나의 공통된 입장을 확정하고 표결에 임하였다. 언제나 조직의 효율성이 중요한 곳에서 의견의 자유는 중요시되지 않는다.

소수파 지도자들을 제어하기 위한 예방 조치들이 통제력을 발휘하지 못하는 경우도 있다. 이는 사회주의 의원단 내부의 갈등이 소수파와 다수파 사이에서 벌어지지 않고, 의원단 다수의 의견에 불복하는 몇 명 혹은 한 명의 의원이 전국적으로 유명한 지도자의 지원을 받을 경우에 나타난다. 이는 선거구민들이 통상적으로 출신 의원의 변신을 철저하게 추종하기 때문에 나타나는 현상으로, 사회주의자 의원들의 선거구도 이 점에서는 마찬가지이다. 중앙 정부에 입각하였던 브리앙, 비비아니, 밀랑은 프랑스 사회당으로부터 출당당했지만, 그들 선거구의 사회당 조직들은 오랫동안 그들을 추종하였다. 영국의 존 번스(배터시)와 이탈리아의 엔리코 페리(만투아)도 마찬가지였다. 독일 사민당 역시 막스 시펠과 파울 괴레를 각각 켐니츠와 미트바이다 지역의 당원들로부터 격리시키기 위하여 총재단의 권위를 총동원해야 했다.

의원이 당 위에 군림하는 경향은 당이 강력하게 조직되어 있는 곳, 다시 말해 근대 노동자 정당, 그중에서도 특히 수정주의 노선에서 가장 분명하게 나타난다. 수정주의 의원들은 당내 다수가 자신들을 지지하지 않는 한 투쟁을 계속함으로써, 당과 노동자 대중의 영향력으로부터 벗어나고, 그들의 충성 관계를 현장의 당 조직으로부터 좁은 의미의 유권자로, 다시 말해 그 '자신'의 사적(私的)인 유권자로 옮기려 한다. 그 유권자들은 당연히 조직되어 있지 않고 성향이 모호하며 다소간 무차별적인 대중이다.[29] 수정주의 의원들은 당내 적대자들의 영향력 아래 놓여 있는 조직된 대중이 아니라 유권자 대중에 의거하여, 자신들은 오로지 혹은 일차적으로 그들 유권자 대중에게만 책임을 질 뿐이라고 주장한다.

---

29) 같은 책, p.134 이하를 참조하라.

유권자의 위임은 당원의 위임보다 엄격한 민주적 감정 및 이념의 틀에서 내세워지는 것이다. 1893년 제2차 인터내셔널 런던 대회에서 프랑스 의원 네 명은 대회 참가 규정에 따라 발부된 당과 노조의 대표 자격을 사용하지 않고, 단지 사회주의 의원 자격으로 대회에 참석할 수 있었다. 여기에서 원칙적인 문제가 제기된다. 사회주의 의원을 선택한 유권자들은 사회당 지구당 혹은 노동조합 지회와 동등하게 취급받아야 하는 것이 아닌가? 특히 지구당과 노조 지회의 회원수가 단 몇 명에 불과할 경우는 더욱 그렇지 않겠는가?[30] 실제로 어떤 상황에서는 사회당에 조직되지는 않았지만 감정만큼은 사회주의적인 유권자들이, 소부르주아와 변호사 몇 명으로 구성된 소규모 지구당보다 더 견고한 민주적 기반을 제공하는 것이 사실이다. 거대 지구당이라고 할지라도 대의원 선출 집회의 참석률이 저조한 경우도 마찬가지이다.[31]

당권 도전자들의 투쟁수단

새로운 지도자의 권력을 향한 길은 험하기 짝이 없다. 길은 곳곳에 덤불숲을 비롯한 장애물들로 가득하다. 그리고 그 길을 평탄하게 닦아줄 수 있는 것은 오로지 대중뿐이다. 신구(新舊) 지도자들 간의 투쟁이 기성 세력의 완전한 퇴진으로 끝나는 경우는 드물다. 투쟁의 끝은 보통 엘리트의 교체가 아니라 엘리트의 통합, 즉 다시 말해 두 세력의 융합이다.

---

30) Hubert Lagardelle, "Les origines du syndicalisme en France," *Le Mouvement Socialiste*, 11(1909), 제5권 3호, p.249.

31) 이탈리아 노동조합 총위원회 (사회주의 경향의) 서기(의장)인 리골라(Rinaldo Rigola)는 사회주의 정당 모두를 과두정이라 규정하고, 따라서 그 정당들이 후보자를 지명하고 프롤레타리아트에 관련된 정책을 좌우하는 데 이의를 제기한다. 그에 따르면, 노동조합이 그 기능을 넘겨받아야 하는데, 그것은 노동조합이 사회민주당보다 조직원 수가 더 많아, 독자적으로 노동당을 구성할 수 있기 때문이다(Rinaldo Rigola, "Discutendo di un partito di lavoro," *Avanti*, Anno XIV, No.172).

도전자들은 새로운 노선이 제 발로 서기가 어려운 시기에는 기존의 노선에 의해 찢겨지지 않기 위해 기꺼이 샛길을 택한다. 그들은 새로운 노선이 기존의 원칙의 논리적 귀결로서 다수파의 견해와 별반 다르지 않다고 거듭 주장하면서, 구(舊)지도부가 민주적 감각이 부족해서 자신들의 견해를 받아들이지 않는다고 비켜간다. 그들은 자신들에게 가해지는 공격을 피하기 위하여, 막강한 적의 등 뒤에 비열하게 숨어서 분노한 적에게 그와 의견이 같다고 확약하고 그와 행동을 전적으로 함께한다고 맹세하는 것이다.

정당대회의 역사는, 열세에 처한 소수파, 특히 대의원수에서뿐만 아니라 추종 당원수에서도 열세에 처하게 된 소수파 지도자들이 후일을 기약하기 위하여, 개인적인 자존심도 포기한 채 다수파가 자신들을 타도하기 위하여 정식화한 격문에 동의하는 예들을 보여준다. 심지어 열악한 소수파 지도자들이 기존의 노선을 선동하는 경우도 없지 않다.[32]

---

32) 독일 수정주의자들은 1903년 드레스덴에서 열린 전당대회에서 소위 유명한 '드레스덴 결의안' 찬성투표를 했다. 그런데 그 결의안이 수정주의자에게는 명약관화하게 불리한 조항을 담고 있었다. 수정주의자 가운데(대의원 268명) 단지 11명만이, 자신들의 정치적 정직성 혹은 인격에 대한 존중이라 생각하고, 그 결의안에 반대했다. 이들과 가까운 입장에 있었던 아들러(Victor Adler)는 후에 대다수 수정주의자들의 이런 정치적 행보에 대해 빈의 『노동자 신문』(Arbeiter-Zeitung)에서 이렇게 논평했다. "그들의 찬성투표가 의미하는 바는 이렇다. 곧 소위 수정주의자 집단은 자신들의 견해를 확실하고 분명하게 밝히기에는 아직 시기상조이며, 더구나 자신들의 수가 외부에 알려지는 것을 꺼려했다. 실제로는 이들의 수가 아주 적어 그냥 다수 속에 파묻혀 있는 것이 좋다고 생각했던 것이다"(Mainzer Volkszeitung, 1903, Nr.225에서 발췌). 이와 좋은 짝을 이루는 예를 우리는 1906년 로마 사회당 전당대회에서 이탈리아 수정주의자들이 보인 태도에서 엿볼 수 있다. 여기서도 이들 수정주의자들은 자신들에게 명백히 불리한 결의안에 찬성함으로써 패배를 겨우 모면했는데, 달리 표현하자면, 자신들을 겨냥한 공격권으로부터 도망침으로써 그들로부터 벗어난 셈이다. 또한 이곳에서도 이 외교적 전술이 객관적인 사실과 모순되고 또 정치적으로도 명예롭지 못한 것으로 여겨, 결의안에 반대한 사람은 얼마 되지 않는다. 그 가운데는 사서인 갈리(Galli), 대학교수 그라치아데이(Graf A. Graziadei), 그리고 국회의원 쿠토(Prinz Al. Tasca di Cut) 등이 있다.

활시위가 너무나 팽팽하여 끊어지는 경우는 오로지 두 가지 경우뿐이다. 첫째, 둘 중 어느 한쪽이 평균 이상으로 사실을 중시하고 전술적인 광신에 사로잡히거나 체면 혹은 자아도취와 독선이 지나칠 경우, 달리 말하자면 양측을 가르는 객관적인 요소들을 지나치게 예민하게 받아들이고 이를 가감없이 선언하는 경우이다. 두 번째는 대중을 둘러싼 지속적인 투쟁에서 어느 한편이 한 단체 속에서 타인과 공존하는 것을 심리적으로 용납하지 않는 경우이다. 그때 대중은 조직적으로 분리된 정당들로 분열되는데, 물론 각 조직은 우리에게 익숙한 과두적 모습을 다시 드러내게 된다.

소수파로 밀려나게 된 가톨릭과 마찬가지로 — 이는 비스마르크 치하의 문화투쟁과 프랑스에서 지난 10년 동안 격렬하게 진행된 교회와 국가의 투쟁에 대한 가톨릭의 정치적 문헌들을 일별하는 것만으로도 충분히 입증된다 — 사회주의 정당의 소수파 지도자들은 열광적인 자유 신봉자들이다. 그들은 당권 세력의 편협성과 감시벽에 저항하고,[33] 진정으로 민주주의를 신봉하는 태도를 과시한다.[34] 그러나 그것은 그들이 다수파의 압력으로부터 벗어나고 당원의 복종 의무를 최소한으로 축소하려는 시도에 불과한 것이다. 목적을 달성하고 나면, 다시 말해 익명 대

---

33) 『전진』(*Vorwärts*)지의 분쟁에 관해서는 다음 소책자를 참고하라. 이 소책자는 그 분쟁 때문에 해고당한 편집진이 발간했다. *Der Vorwärtskonflikt. Gesammelte Aktenstücke*(München, 1905). 여기에는 다음과 같은 내용이 담겨 있다. "여기서 문제가 되는 것은 당내 편집자의 도덕적 입장이 아니다. 그보다 지금의 갈등구조는 독일 노동자운동 조직 내에 있는 모든 내적인 건강성을 좌우하는 것이다. 곧 여기서 문제가 되는 것은 민주주의 내에서 직책을 맡고 있는 모든 대표자들의 존엄성이다. 독일 사회민주당은 절대적인 공개성이라는 원칙 대신에 비밀 결정이라는 수단이, 공개발언 대신에 교활한 의심이, 당원의 신망 대신에 음흉한 모략이, 이성적인 사고 대신에 맹목적인 감정이, 확실한 사실 대신에 자의적인 분위기가 지배하도록 그냥 놔둘 것인가, 결국 다시 말해 가벼운 선동정치, 개인적 탐욕, 그리고 매정한 출세지향적 근성이 활개치도록 그냥 내버려둘 것인가 하는 문제를 결정하는 기로(岐路)에 놓여 있다."
34) 같은 책, p.12와 이 책, pp.251, 252를 참조하라.

중의 권리가 훼손되었다는 명목으로 선임자들의 증오스러운 폭정을 타도하는 데 성공하여 권력의 자리를 넘겨받게 되면, 그들은 변하기 시작한다. 그 변화의 끝에 선 그들의 모습은, 형태는 다를지 몰라도 실체에서는 권좌에서 쫓겨난 참주(僭主)들과 전혀 다르지 않다.[35] 역사가 우리에게 전해주는 그 변화 과정은 분명하다. 군주정에서 왕자들을 중심으로 형성되는 정치적 반대파는 왕권 자체를 그리 심각하게 위협하지 못하는 법이다. 마찬가지로 기존 지도자에 대하여 지도자 후보가 반기를 드는 것은, 정당 조직 그 자체와 체제로서의 지도자 지배에게 위험한 것이 아니다. 현재의 혁명가는 장래의 반동이다.

우리는 지도권을 둘러싼 투쟁의 복잡다단한 양상 속에서 다음과 같은 특성을 확인할 수 있다. 국제 노동운동사는 연륜이 비교적 짧음에도 불구하고 그 어떤 근대 사회계급의 역사보다 거만하고 권위적인 지도자들을 배출하였다. 근대 프롤레타리아트의 역사는 자기편에게 버림받아 쓰러지고 먼지 속으로 사라져간 용병 대장들의 사례들을 전해준다. 그러나 그런 경우는 드물다. 대중이 지도자보다 강력하다는 것을 입증한 사례는 극히 드문 것이다. 그보다는 오히려 기존의 지도자들과 갈등에 빠져든 새로운 지도자가 대중의 지지를 등에 업고 힘있는 자로 거듭나는 경우, 즉 새로운 지도자가 기존의 지도자를 끌어내리고 그를 대체하는 데에 성공하는 경우가 통상적이다.[36] 그러나 그 과정 속에서 민주주의가

---

35) 만약 그가 수중에 권력을 가지게 되면, 자신의 권력을 다지는 데 유용했던 법률은 무시할 것이다"(Giambattista Casti, *Gli animali parlanti, Poema*, Lugano, 1824, 제1권, p.30).

36) 칼베르(Richard Calwer)는 사회민주당 언론에 보낸 한 해명서에서 자신이 어떻게 당 지도부에서 물러나게 되었는지를 이렇게 묘사했다. "『전진』(*Vorwärts*)지와 『라이프치히 인민일보』(*Leibziger Volkszeitung*)는 이 사건을 원칙의 문제로만 간주하고 있다. 곧 이들은 브라운슈바이크(Braunschweig) 제국의회 제3선거구 지구당이 내린 결정, 곧 필자의 입후보를 더 이상 인정하지 않으려는 결정에 동조하고 있다. 그런데 그 지구당은 그런 결정을 내림으로써 자신들이 오히려 당에 무능함을 내보이고 있다는 사실을 알아차리지 못하고 있다. 곧 이들은 지구당 동지들이 나의 정치경제적인 견해에 점점 더 불만의 도를 더해간다고 주장

거둔 성취는 신속하게 무로 돌아가고 만다.

했다. 그렇다면 내가 그 선거구에서 처음으로 입후보한 이래 지난 16년 동안, 곧 바로 일년 전까지만 해도, 지구당 동지들이 나에 대해 불만을 토로한 적이 전혀 없었다는 사실은 이상스럽기 짝이 없다. 왜냐하면 나는 그 오랜 기간 동안 내 입장을 숨겨본 적이 전혀 없다. 오히려 내 입장은 이전부터 지구당 동지들에 게 잘 알려져 있었으므로, 그들이 다름 아닌 바로 그 이유 때문에 나를 더 이상 신임할 수 없다는 생각은 하지 않았을 것이다. 주지하다시피 그 '원칙적인' 차 이가 생겨난 것은 지금으로부터 채 일년이 못된 시점이었고, 그것은 안트리크 (Antrick) 동지가 브라운슈바이크 지구당 비서로 온 바로 그때부터이다. 이들 동지들이 어떤 이유에서 나를 적으로 삼고 '원칙적으로' 투쟁해야겠다는 생각 을 갖게 되었는지에 대해서 나는 아는 바가 없다. 그러나 어찌되었든 나는 그런 개인적인 음모를 파헤치고 또 안트리크 동지와 티격태격할 기분도 아니었으며 그럴 시간도 없었고, 지금도 역시 마찬가지이다. ……베를린, 1907년 8월 14일, 칼베르." (*Volksstimme*, 1907년 8월 15일 자). 같은 책, p.183을 참조하라.

3
대중 지도의 심리적 영향

"과두적 구조가 고도로 발전하면 지도부는
본조직뿐만 아니라 산하기관들의 재산까지도
자신의 재산으로 간주한다. 그렇듯 공공 소유와
사적 소유를 혼동하는 것은 정당 과두정과
국가 과두정 모두에게서 공통적으로 나타나는 현상이다."

1 지도자의 심리변화

대중은 지도를 욕구하지만 지도권에 무관심한 것[1]과 대조적으로, 지도자에게는 타고난 권력욕이 있다. 그리하여 조직의 기술적 논리 때문에 발생한 과두 민주주의는 권력욕이라는 지도자의 보편적인 인성에 의하여 더욱 강화된다. 조직, 관리, 전략의 필요에서 시작되었던 것이 심리에 의하여 완성되는 것이다.

노동자 정당의 지도자들은 다른 정당 지도자들에 비해 도덕적으로 저열하지 않다. 오히려 우월하다.[2] 이는 사회주의에 단호히 반대하는 사람조차 때때로 아무 이의 없이 인정하는 사항이다.[3] 그러나 대중 지배라는 지도자의 기능은 지도자의 도덕성에 근본적으로 부정적인 영향을 미친다. 특정한 관점에서 보면 역설적이게도 그것이 반드시 부정적인 것만은 아니다. 라 브뤼에르가 루이 14세 치하의 귀족들을 빗댄 신랄한 지적은 현재의 거대 민주주의 운동의 귀족들에게도 그대로 적용될 수 있다.

---

1) 위의 책, p.46 이하를 참조하라.
2) 이를 보여주는 이탈리아에 관한 문헌으로서는 다음을 참조하라. Roberto Michels, *Il proletariato e la borghesia nel movimento socialista italiano*, Torino, 1908, pp.28~58, 68~76, 105~114; "Der ethische Faktor in der Parteipolitik Italiens," *Zeitschrift für Politik* 3(1910), pp.56~91.
3) Vilfredo Pareto, *Les systèmes socialistes*, 제1권, p.61; W. Sombart, *Dennoch! Zur Theorie und Geschichte der gewerkschaftlichen Arbeiterbewegung*, Jena, 1900, p.107.

귀족들이 선한 인간이 되고자 하는 생각까지 한다면, 귀족에 대한 대중의 숭배와 모방욕이 우상숭배로 발전하지 않을까 우려된다는 것이다.[4]

당연한 것으로 생각할 수 있는 바이지만, 대부분의 지도자들은 적어도 경력 초기에는 자신이 대변하는 원칙을 확신한다. 르 봉의 말은 아주 적절하다. "지도자는 처음에 대체로 일개 추종자에 불과하다. 그러다가 그는 스스로 사도가 되려는 마음을 품는다."[5] 지도자는 대중으로부터 나오고, 대중 가운데 하나였으며, 그의 본능적인 행위가 나중에 어떤 결과를 가져올지 모른 채, 또 그 어떤 개인적인 속셈도 품지 않은 상태에서 부지불식간에 지도자가 된다. 아마도 그는 단지 더 강력한 의지, 더 단련된 인격, 더 따뜻한 인간애를 통하여 공동의 목표를 냉철하게 바라보았고, 그것을 더욱 정열적으로 느끼고 원했기 때문에 지도자의 자리에 올랐을 것이다.[6] 이것은 물론 대부분 지도자가 어떤 확고한 정당 조직으로부터 중요한 직책을 제의받았을 때가 아니라, 자신이 직접 정당을 창립해야 하는 경우에 해당되는 이야기이다. 그러나 확고한 당 조직이 자리잡고 있다고 하더라도, 장차 지도자가 되기 위한 첫 단계를 밟기 위해서는 그 지도자의 개인적인 열의가 전제되어야 한다.

우리가 앞으로 살펴보게 되겠지만, 부르주아 출신 노동지도자들은 대부분 윤리와 정열, 혹은 프롤레타리아트에 대한 학문으로 시작한 사람들이다.[7] 그때 그들은 혈기방장하고 낙관으로 가득 찬 시절을 보낸다.

---

4) La Bruyère, *Caractères*, Paris, Ed. Penaud, p.156.
5) Gustave le Bon, *Psychologie des Foules*, Paris, 1899, p.106(독일어판 *Psychologie der Massen*, Leipzig, 1908[신판, 1953]; Hobson, *Boodle and Cant*, p.585). 시인과 박애주의자들이 처음으로 전당대회에 참석해 받았던 낙관적인 인상을 적은 글, 예컨대 이탈리아인이 쓴 다음과 같은 화려한 글을 보라. Edmondo de Amicis, "Discordie Socialiste," *Avanti* 8(1907), Nr.2665. 네덜란드의 경우는 Domela Nieuwenhuis, *Van Christen etc.*, p.100을 참조하라. 투라티(Turati)에 따르면, 정당에 처음 입당했을 때는 황금시기, 곧 사도(使徒)와 순수한 이념의 시대이다 (Filippo Turati, *Il Partito Socialista Italiano*, p.10).
6) Ettore Ciccotti, *Montrcitorio*, p.54.
7) 입당의 원인에 대한 분석은 나중에 상세하게 다루어질 것이다. 이 책의 제4부 제

그 시절 그들은 하늘을 향해 눈을 크게 뜨고, 거대한 문제들을 논리적으로 따져가며 탐구하고, 거기서 생겨나는 어려움을 관망하거나 약삭빠르게 피해가는 대신 정면으로 맞서 씨름하는 데서 이성적인 기쁨을 느낀다. 때로는 겨우 초등학교만 마친 사람도 있겠지만, 대다수 아직 중등학생이거나 대학생인 이 질풍노도의 청년들은 이제 거보를 내딛는다. 그들은 바리케이드를 세우고 싸우고, 일하고, 패배를 맛보고, 또 성공을 거둔다. 그곳에서 그들은 자기가 태어나고 교육받은 계급에 반대하는 무리의 지도자이다.

그렇지만 이 부르주아 출신의 전향자들은 곧 탈진한다. 그들은 조직된 노동자들의 대열에 젊고, 신선하고, 활기차게 들어섰다. 그리고 곧바로 지도자로 부상한다. 그러나 그렇게 화려하였던 그들의 성공은 끝나버리고, 삶은 힘들고 고달프며, 명성으로 채워진 모든 일이 그러하듯 신경이 소진되어간다. 이제 청년기는 지나갔다. 이제 그들은 시든다. 그들은 찬란하게 빛나던 시절을 당 또는 이상에 대한 봉사로 바람에 날려보냈다. 노년기를 알리는 길고긴 전주곡의 최초의 가락이 울려 퍼진다. 일상 투쟁의 번거로움 속에서, 그리고 과거의 신념과 어긋나는 새로운 지식을 통찰해가는 가운데, 젊음과 더불어 젊은 시절의 이상도 사라져버렸다. 대중의 광채도 스러졌다. 인류애와 이론도 실천 현장에서 빛을 잃었다. 지도자들은 이제 사회주의의 가장 중요한 요소에 대하여 내적으로 거리를 갖는다. 그들은 때로는 그런 자신의 회의주의와 힘겹게 싸우기도 하고, 때로는 의식적으로든 무의식적이든 어린 시절이나 부모와 함께 지냈던 시절의 (비사회주의적) 이상으로 되돌아가기도 한다.

그렇지만 그 낙담자들은 되돌아갈 수 없다. 이들은 더 이상 '말(馬)을 바꾸어 탈' 수 없는 것이다. 과거는 그들을 외적으로나 내적으로나 움켜쥐고 놔주지 않는다. 게다가 전향 이전의 직업은 이미 생소해져버린 상태이다. 특히 직업으로서의 정치를 포기하면 그 생소함은 더더욱 크다.

2장을 참조하라.

물론 예외는 있다. 변호사의 경우, 그가 설령 정당활동을 포기한다 하더라도 잃을 것이 별로 없다. 오히려 모든 정치적 투쟁은 변호사의 존재 방식을 견지시켜 준다. 연설과 논리 전개에 대한 흥미, 목청을 크게 높이는 법, 현란한 제스처가 그대로 보전될 뿐만 아니라, 그것이 발전되기까지 한다.

반면에 정치에 뛰어든 학자들은 몰락의 길을 걷는다. 한때 유명했던 학자는 언론인, 선동가, 의원으로 정치판에서 활동하기 시작한 뒤 자신의 학문적 역량이 점차 줄어드는 것을 감지한다. 자신의 학문 세계에서 그는 이미 죽은 몸이나 다름없다. 그동안 정치적인 일상 활동에 몰두하느라 학문적인 심화와 지속적인 연구를 소홀히 했기 때문이다. 따라서 학계로 되돌아간다는 것은 어림없는 일이다. 더구나 드높은 정치적 명성 때문에라도 그는 별수없이 지금까지의 생활을 지속한다. 그래서 그들은 겉으로는, 그들이 한때 진심으로 투신했던 바로 그 일에 여전히 충실한 것처럼 보인다. 그렇지만 그는 이상주의자에서 기회주의자로 바뀌었고, 확고한 신념의 소유자에서 무(無)신념의 사람으로 변했으며, 따뜻한 마음으로 다른 사람에게 베푸는 것만을 생각하던 이타주의자로부터 분명하고 냉정한 계산을 일삼는 이기주의자로 변신한 지 오래이다.

그들 지도자들이 부유한 집안 출신이 아니거나 혹은 달리 풍부한 수입원을 갖고 있지 않다면, 그들은 경제적인 이유에서라도 현재의 자리에 눌러앉게 된다. 그들은 그동안 가정을 갖게 되었고, 따라서 호구지책을 걱정하지 않을 수 없다. 흔히 그들은 직업적, 정신적인 이유 때문만이 아니라 재정적인 이유에서도 자리를 박차고 나설 수 없는 것이다. 아무래도 이제까지 해온 일이 더 쉬워 보인다. 그들의 유일한 존재 가치는 노동 지도자로서의 본분에 있게 된 것이다. 따라서 그 자리를 잃는다는 것은 경제적인 파산을 의미한다. 자신이 과거에 갖고 있던 관계로 되돌아가는 것은 대부분 불가능하다.[8]

---

8) 이 책의 제4부 제5장을 참조하라.

게다가 그들이 지도자로서 조그마한 권력 행사의 장점과 화려함에 맛을 들인 이상, 예전의 관계 속에서는 심리적인 안정을 유지할 수 없다. 기술적으로도 그들은 한때의 숙련을 잊어버렸다.[9] 따라서 그들은 당 조직 밖에서는 그 어떤 일도 제대로 할 수 없다.[10] 손바닥에 박혔던 못의 흔적도 사라지고, 손에 경련이 일어나기까지 한다. 그들은 이제 사회주의의 미래에 대한 믿음이 없음에도 불구하고 자신이 몸담고 있는 사회주의 정당과 평생을 같이해야 한다.

그런데 그 지도자들이 신념의 차원과 유리된 채 낭에 대한 충성을 유지하는 숭고한 정치적 이유가 있다. 에른스트 귄터처럼 사회민주주의를 날카롭게 통찰하는 사람들이 발견한 사실에 따르면, 중요하고 존경받는 인물로 인정되는 사람들이 당과 갈등할 경우 그들이 택하는 길은 당과 절연하는 것이 아니라, 당의 의지에 "겉으로만 복종하는" 것이다. 그 이유는 대체로 다음과 같은 사실에서 기인한다. 당과 관계를 단절할 경우 그는 자신의 정치적 몰락을 각오해야 할 뿐만 아니라, "자신의 영향력을 행사하고 노동자의 이해를 대표할 수 있는" 가능성 자체를 포기해야 한다.[11] 그가 사민당 당원이라는 단순한 사실은 그 자체로, 그가 자신의 이상을 확산시키기 위한 과소평가할 수 없는 무대를 갖고 있음을 의미한

---

9) "그들은, 모든 다른 일에서 실패를 거듭한 뒤에 비로소 직업운동가가 되었으며, 마치 일종의 생존경쟁이라도 하듯, 운동의 헤게모니와 지도권을 빼앗기지 않도록 하기 위해 투쟁에 몰입했다"(Ettore Ciccotti, *Psicologia del movimento socialista*, p.117).

10) 이것은 "당 문헌 가운데 몇 구절을 외워 앵무새처럼 되풀이하거나, 사람들에게 고함을 쳐대는 것말고는 좋은 점이라곤 전혀 없는 게으른 치들"에게만 해당되는 것이 아니다. 이것은 그런 사람들은 근절시키고자 작정한 사람들에게도 똑같이 해당된다. 예컨대, 좀바르트에 따르면, 노동자들이 그러한 게으른 사람들로부터 해방되기 위해서는, 곧 그런 사람들을 근절시키기 위해서는, 진지하고 더욱 실질적인 업무가 특히 절실하다고 했는데(Werner Sombart, *Dennoch!* p.91), 이것은 바로 이 진지한 노조관료들에게도 역시 해당되는 지적이다.

11) Ernst Günther, "Die revisionistische Bewegung in der deutschen Sozialdemokratie," *Jahrbuch für Gesetzgebung* usw.(Schmoller), 30(1906), p.253.

다. 그리고 사민당이 노동자의 이해관계를 대변하는 아주 중요한 도구라는 사실 역시 분명하다.

시간이 경과하면서 지도자들에게 나타나는 심리적인 변화에는 또 다른 원인이 있다. 대중의 지휘관이 된 사람 모두가 과거 한때, 지휘관이 되기를 꿈꾸었던 사람인 것은 아니다. 프랑스 격언에도 있지 않은가. "성공한 사람 모두가 출세주의자인 것은 아니다." 사실 지도자가 되려는 분명한 의식적, 무의식적 의지를 가지고 입당하는 사람은 그리 많지 않다. 대부분은 그저 희생 정신과 투쟁 정신, 혹은 기존의 관계 및 그 책임자들에 대한 혐오감 때문에 운동에 참여한다. 그들은 이상주의자답게 모든 당원들을 형제로 간주하고, 모든 당 집회를 이상으로 가는 도정의 정거장 정도로 생각했을 것이다. 그리고 그들은 운동의 와중에 천부적 혹은 습득된 능력 때문에 지도자가 된다.

그렇게 하여 일단 지도자로 올라선 사람은 결코 정치적 지위가 낮았던 과거로 되돌아갈 수가 없다.[12] 이는 사회적 모세혈관의 법칙에 반(反)하는 것이다. 모든 권력 의식은 과대망상을 부여한다. 게다가 인간의 가슴에는 좋건 나쁘건 권력에의 욕망이 깃들어 있다.[13] 이것은 심리학의 기초적 상식이다. 지도자가 자신의 가치를 인지하게 되고, 동시에 그가 대중 역시 지도자를 욕망한다는 사실을 간파하게 되면,[14] 그의 지배자로

---

12) 이탈리아 의회에서 가장 정직한 의원 가운데 한 사람인 형법전문가 비아치(Viazzi, 공화당 소속 의원)는, 일단 한번 선출된 사람은 그 다음부터 재선되기 위해 온갖 수단을 다 강구한다고 말한 적이 있다(Pio Viazzi, "Le gioie della deputazione," *Rivista Popolare*, 제4권 9호).

13) "권력에 대한 욕구는, 독립 및 자유에 대한 욕구처럼, 인간에게 내재된 열정이다"(Holbach, *Système social, ou principes naturels de la morale et de la politique*, Paris, 1822, 제1권, p.196).

14) "각자 자기 의사를 잘 드러내야 하는 곳이면 그 어디에서나, 개성이 필수불가결함은 말할 나위가 없다. 사람들은 의사표현을 통해 능력을 발휘하고, 또 그렇게 함으로써 개성을 향유한다. 사람이 자기 외모처럼 자기 개성도 다른 사람과 바꾸고 싶어하지 않는 것, 그것은 곧 습관이기도 하고, 또 자기애이기도 하다. 왜냐하면 그는 자기 잘못에 익숙해져 있고 또 자기 장점을 잃고 싶지 않기 때문

서의 천성이 발휘되기 시작한다.[15] 그리하여 한때 이상주의자였던 그가 몇 년 뒤에는 온갖 종류의 권력 욕망에 사로잡히고 만다. 이제 그는, 애초부터 대중을 오로지 자신의 목적과 음모의 수단으로 간주했던 자들, 사회주의에 입문한 유일한 이유가 대중을 자신의 명예욕에 이용하기 위함이었던 자들과 똑같아진다.

권력은 권력을 확장하려는 경향이 있다. 권력을 수중에 넣은 사람은 일반적으로 자신의 권력을 강화하고 확대하며 권력 지위를 방어하기 위하여 끊임없이 새로운 요새를 쌓아올리고, 대중의 주권과 통제로부터 벗어나기 위하여 노력한다.[16] 사회주의 아나키즘의 창시자인 바쿠닌은, 권력을 소유하게 되면 심지어 가장 위대한 자유 투사라 해도 압제자로 변한다고 주장했다. 헤르첸은 비슷한 방식으로 프루동을 평가했다. "프루동이 재정부 장관 혹은 대통령이 되면 보나파르트 같은 자가 될 것이다."[17]

확실한 것은, 권력은 권력을 장악한 자의 인간적 성격까지 변화시킨다는 점이다. 인간을 예리하게 파악할 줄 알았던 알퐁스 도데는 다음과 같은 뛰어난 말을 남겼다. "정치가 타락하면 우리의 성격도 아주 빨리 그리고 아주 나쁘게 변화한다. 열정이 위선이 되고, 웅변이 수다와 허풍으로 되며, 회의적인 태도가 사기가 되고, 광채에 대한 애호가 호화와 사치에 대한 탐닉이 되며, 타인에게 유쾌함을 선사하려는 사교성은 타인에 대한 비겁과 허약과 변설이 된다."[18]

지도자 개인의 인격도 일정한 역할을 하는 것이 분명하다. 사람들이 비슷한 환경에 대해 보이는 반응은 천차만별이다. 똑같이 나쁘고 퇴폐적

이다"(Eduard von Hartmann, "Gedanken über Individualismus," *Türmer-Jahrbuch*, 1903, p.215).

15) Ugo Foscolo, *Ultime Lettere di Jacopo Ortis*, Roma, 1892, p.143에 실린 나폴레옹 1세의 행적에 대한 세밀한 심리적 관찰을 보라.

16) Michail Bakunin, *Il socialismo e Mazzini*, 제4판, Roma-Firenze, 1905, p.22.

17) Alexandre Herzen, *De l'autre rive*, 제3판, Genève, 1871, p.186.

18) Léon A. Daudet, *Alphonse Daudet*, p.179.

인 환경에서 자랐다고 하더라도 처녀들은 내재한 감수성과 습득된 도덕 교육에 따라 순결한 처녀, 반(半)처녀, 타락한 처녀가 되는 법이다. 지도 자들에 내재한 인격도 마찬가지이다. 지도자적인 성품이 타고난 것이 아니라 습득된 것인 한, 그 성품은 정당활동에서 부딪치는 수많은 유혹 속에서 사람에 따라 다르게 나타난다.[19]

목표에 도달했을 때 갖게 되는 일반적인 성취감 역시 사람마다 다르다. 비민주적인 상황이나 자기 입장에 적대적인 새로운 상황에 적응할 때도 마찬가지이다. 한편에는 새로운 상황에 겁을 먹고, 현재의 지위에 오르기까지 입에 달고 다니던 계급투쟁과 집단주의 등의 단어를 더 이상 입에 올리지 않는 사회주의자들이 있다.[20] 반면에 새로운 환경에 접하게 될 때마다 오랜 신념에서 우러나오는 용기를 발휘하고 적절한 전술을 발견하는 사람도 있다. 그런 힘은 문서상의 규정에서 나오는 것이 아니다. 그러나 대부분은 변절한다.

프레촐리니는, 요셉 같은 사람도 습관적으로 홍등가를 드나들다보면 순결을 지키지 못하는 것처럼, 의원들 역시 의회라는 환경에서 사회주의적 순수성을 유지하기가 힘들다고 말했다.[21] 그것은 과장된 것이지만 그럼에도 불구하고 확실한 것은, 일반 당원에서 하위 지도자로, 하위 지도자에서 상위 지도자로 상승하면서 시야가 대단히 변화한다는 사실이다. 그리고 그 변화는 흔히 완벽한 변신에 가깝다.[22]

---

19) 이 점은 라브리올라(Arturo Labriola)도 솔직히 인정하고 있다(*Rif. e. riv. soc.*, p.225).

20) Ett. Ciccotti, *Psicologia del mov.* soc., p.292.

21) Giuseppe Prezzolini, *La teoria sindacalista*, Napoli, 1909, p.65.

22) 독일 사회민주당 프랑크푸르트 전당대회(1894)에서 노조지도자들의 임금을 인하해야 한다고 주장했던 사람은 바로 나중에 거대한 독일 노동조합의 지도자가 된 뵈멜부르크(Bömelburg), 레긴(Legien) 그리고 팀(Timm)이다(*Protokoll*, p.69를 참조하라). 1870년대에 푸르니에르(Eugène Fournière)는 루이 블랑의 사상에 격렬하게 반대하고 나섰다. 그는 곧 모든 당의원들이 국회의원 자격으로 수령하는 세비 9천 프랑 전액을 즉시 당비로 넘겨야 한다는 사회주의적 기본 이념을 옹호했다(Jean Allemane, *Le socialisme en France*, Paris, 1900, p.7). 20세

지도자는 자신이 변신하게 된 것은 단지 환경이 바뀌었기 때문이라고 주장한다. 시대가 변했기 때문에 새로운 전술과 이론이 필요하고, 시대가 성숙해지면 판단력도 성숙해져야 한다는 것이다. 수정주의 내지 개혁주의 사회주의에서 많은 흐름은 지도자의 변신을 심리적으로 설명하고 변호하려는 필요성에서 비롯된 것들이다. 이탈리아 교권주의의 한 탁월한 지도자는, 승승장구하는 수정주의가 그 노선의 점진성과 합법성에서 정통 생디칼리슴보다 장점이 많다고 주장하고 나서 이렇게 덧붙였다. "수정주의적 사회민주주의의 가장 본질적인 측면은 인간 및 역사에 대한 유물론적 입장이다. 이는 다른 사회주의와 다를 바가 없다. 그러나 수정주의의 유물론적 본질은 부르주아 세속주의의 회의적이고 향락적인 요소에 영향을 받아서 대단히 퇴영적인 형태를 띠게 되었다. 그리하여 사람들은 아마도 수정주의가 정통 생디칼리슴의 혁명적 비타협성보다 기독교 정신과 더 모순된다고 주장할 수 있을 것이다."[23] 이 말에는 진정한 핵심이 들어 있다.

수정주의는 자주 스스로를 선험주의에 대한 건전한 반란으로, 사이비 혁명주의의 조야한 상투어에 대한 학문적인 대응으로 자처한다. 그러나 그것이 타락한 부르주아 문사들의 어줍잖은 거만함과 논리적인 인과적 관련성을 맺고 있음은 분명하다. 수정주의는 한편으로 미리 준비되고 신중히 검토된, 또한 대중심리적으로나 역사적으로나 심화되고 성숙된 형태의 사회주의이고, 주어진 어려움과 난관을 제대로 파악할 줄 아는 사회주의이다. 그러나 다른 한편 그것은 흔히 실망한 자들, 지쳐버린 자들, 그리고 믿음을 잃어버린 자들이 갖게 된 회의감의 이론적 표현, 즉 사회

기 초 사회당 전당대회는 의원단에게 세비 일부를 당비로 내놓으라는 결정을 내렸는데, 이에 대해 그 사이에 국회의원이 되어 있었던 푸르니에르는 자기 세비(세비가 그동안 1만 5천 프랑으로 인상되어 있었음에도 불구하고) 가운데 단 한 푼도 내놓을 여유가 없다고 말했다.

23) Filippo Meda, *Il partito socialista in Italis. Dall' internazionale al riformismo*, Firenze, 1909, p.46.

주의적인 과거를 가진 비사회주의자들의 사회주의이기도 한 것이다.

특히 야당에 머무르던 노동지도자가 갑자기 공권력에 참여하게 되면 그들의 심리가 변화한다. 당이 국가 및 사회로부터 정치적인 추방과 박해를 받던 시기에 당 지도부의 도덕적 수준이 높게 유지되는 것은 당연하다. 왜냐하면 그 시기에 이기적이고 편협한 공명심에 사로잡힌 사람은 당으로부터 거리를 두기 때문이다.[24] 그와 정반대로 승리와 평화의 시기에 당 지도자들의 윤리적 수준이 저하되리라는 것 역시 분명하다. 어두움에 익숙한 구(舊)지도자들이 권력의 햇빛을 받게 되면 본래의 특성이 상한다. 그리고 프롤레타리아트적인 목표를 위한 열정을 완전히 잃지는 않는다고 할지라도 변색되는 것은 피할 수 없다. 그에 따라 지도자의 색깔은 대중의 색깔과 뚜렷한 대조를 보이게 된다.

그러나 그러한 변화가 그들에게만 해당되는 것이 아니다. 새로운 지도자들, 즉 당에 햇빛이 드는 것을 보고 나서야 새로 등장한 지도자들도 마찬가지이다. 억압당하는 자의 편에 서서 투쟁하는 것이 가시관을 쓰는 것인 한, 사회주의로 전향한 부르주아지들은 자기 자신의 개인적 이익과 관계없는 역할만을 담당할 수밖에 없다. 그 전향 사회주의자들이 사회주의에게 위험해지는 때는, 근대 노동운동이 기존의 원칙들을 감추고 타협정책이라는 부드러운 길로 방향을 바꿀 때이다.

따라서 베벨이 인터내셔널 암스테르담 대회에서 조레스를 향해 소리쳤던 것은 정곡을 찌르는 말이다. "사회주의 정당이 일부 부르주아지와 손을 잡고 정부 정책을 수행하려 든다면, 그 당은 가장 탁월한 투사를 당으로부터 축출하여 그들로 하여금 아나키즘 혹은 독자 노선을 걷도록

---

24) 그런 시기에 사회주의자들은 지도자들의 이런 숭고한 도덕성을 기꺼이 선동수단으로 이용한다. 라인 지방의 사회민주주의자인 게베르(Wilhelm Gewehr)는 1894년 소책자, *Warum der Kampf gegen die Sozialdemokratie?* (Elberfeld, p.32)에서 다음과 같은 말로서 끝맺고 있다. "가난한 민중에 충실하고 정직한 사람은 자기 이상을 위해 투쟁하고 희생하는 사회주의자 편에 설 것이다!" 그런 발언이 투쟁기에는 결코 우스꽝스럽게 들리지 않는다. 이탈리아에 대해서는 필자의 "Der ethische Faktor usw.," p.68 이하를 참조하라.

강요하는 것입니다. 또한 그 당은 전혀 무가치한 일부 부르주아지들의 뒤꽁무니만 따라다니게 될 것입니다."[25] 이탈리아에서도 박해의 시기에는 모든 학자들이 노동지도자들의 도덕성을 아주 높이 평가했다. 그러나 이탈리아 사회민주주의가 정부에 우호적인 정책으로 완전하게 노선을 전환하기도 전에(1900년경) 이미, 지도자들의 자질이 나빠졌다는 비난이 여기저기에서 터져나왔다. 특히 정당을 출세의 발판으로 삼아 공공 행정기구의 주요 직책을 차지한 지도자들에 대한 비난이 높았다.[26] 러시아 혁명 역시 승리한 뒤 그와 비슷한 전철을 밟았다.

---

25) 이는 『인민』(*Het Volk*), 제5권 1341호에 나오는 보도에 따른 것이다. 독일어로 출판된 의사록(이 의사록은 여러 면에서 부실하다는 점을 여기에 첨부해둔다)에는 이 사항이 누락되어 있다. 베벨의 이 같은 지적은 그가 제국의회 연설에서 자주 행하곤 했던 발언과는 모순된다. 곧 그는 제국의회에서 사회주의가 승리한 이후에, 각 행정부서가 국가관료 출신의 능력 있는 많은 인사들로 충원됨으로써, 사회주의로의 이행이 본질적으로 쉬워질 것으로 생각한다고 말했다(Bebel, *Zukunftsstaat und Sozialdemokratie*, p.13, 1893년 2월 3일 제국의회에서 행한 연설). 프랑스에 대해서는, Paul Lafargue, *Le socialisme et la conqu te des pouvoirs publics*, Lille, 1899, p.25.

26) 필자의 *Pro. e. Borgh.*, p.348 이하를 참조하라. Romeo Soldi, "Die politische Lage in Italien," *Die Neue Zeit*, 21(1903), 제2권, p.116; Giovanni Lerda, *Sull' organizzazione politica del partito socialista italiano. Bericht zum italienischen sozialistischen Kongreß 1902*, Imla, 1902, p.10; Filoppo Turati, *Il partito socialista e l'attuale momento politico*.

2 보나파르트주의

　나폴레옹 1세는 인민이 선택한 국가원수로 간주되기를 원했다. 황제로서의 공적 활동에서 그가 자신의 권력이 오로지 프랑스 인민의 의지에서 비롯되었음을 과시하였던 것은 그 때문이다. 이집트에서의 피라미드 전투를 승리로 이끈 뒤 명성이 절정에 다다랐을 때, 그는 종전까지 입법부 의원들에게만 주어지던 인민의 제1대표라는 칭호를 자신에게 수여하여야 할 것이라고 명령조로 요구하였다.[1] 그리고 인민투표에 의하여 황제가 되었을 때, 그는 자신의 권력이 오로지 인민 대중에 근거한다고 선언하였다.[2] 인민에 의하여 헌법적으로 승인된 일인독재, 이것이 바로 인민주권에 대한 보나파르트주의적 해석이다.

　카이사르주의를 인민주권의 원칙 위에 정립하기는 나폴레옹보다 그의 조카가 더했다. 런던을 방문한 그가 왕권을 요구하면서 프랑스 국민의회에 보낸 1848년 5월 24일의 서한에서 그는, 1848년 2월혁명의 와중에 보통선거권에 입각하여 출현한 공화국을 인정하면서도 동시에, 자신에게는 축출된 루이 필립에 대한 사후적인 왕위 찬탈권이 있다고 주장

---

1) Louis Napoléon Bonaparte, *Idées Napoléoniennes*, 1839(이탈리아어판, 1852, Torino, p.74).
2) 같은 책, p.119.

하였다. 공화국을 인정하면서 동시에 왕위를 요구하는 그 논법은 모순된 것 같지만, 사실은 동일한 원칙을 논리적으로 변형시킨 것에 불과하다.

그는 그 서한에서 자부심과 겸손함을 동시에 내보이며 이렇게 선언했다. "2백 명의 의원이 선출하는 국왕의 문제에 대해서 본인은 프랑스 국민 4백만 명의 동의에 근거한 제국의 상속자임을 상기시키고자 합니다. 인민주권(보통선거권의 결과)과 관련해서 본인은 본인의 프랑스 시민으로서의 권리를 요구할 수 있을 뿐이고 또한 그렇게 요구하고 싶을 뿐입니다."[3]

나폴레옹 3세는 인민주권을 인정하였을 뿐만 아니라, 바로 그것에서 정치적 성공의 열쇠를 발견하였다. 그가 혁명 프랑스에서 인기를 얻었던 것은, 선거로 표현될 인민의 의지를, 그것이 어떤 결정으로 나타나든 간에 인민의 명령으로 알고 따르겠다고 말했기 때문이다.[4] 그는 교묘한 방식으로 언제나 자신을 대중의 도구요 대중의 피조물로 내세웠다. 대통령으로서 그는 연설 중에 간간이, 자신은 물러나든 남아 있든 항상 준비가 되어 있다고 말하였다.[5] 이 보나파르트주의 정신은, 1870년 여름 파리 코뮌의 소용돌이 속에서 국새상서(國璽尚書)인 올리비에가 의회에서 행한 선언에서도 잘 나타난다. "우리는 당신들에게 속해 있습니다. 원한다면 당신들은 우리를 체포할 수 있고, 우리는 항상 당신들의 비난과 질책을 받아들일 자세가 되어 있습니다."[6]

보나파르트주의는 인민의 의지를 무조건적으로 인정한다. 이는 인민의 의지가 스스로 자살할 권리가 있다는 주장에서 절정에 이른다. 다시 말해 인민주권은 인민주권 자체를 해체시킬 수 있는 권리조차 보유한다

---

3) Eugéne Tenot, *Paris en Décembre 1851. Etude historique sur le coup d'État*, Paris, 1868, p.10.

4) Victor Hugo, *Napoléon le petit*, Londres, 1852, p.54.

5) E. Tenot, *Paris en Déc.*, 1851, p.26.

6) Garnier-Pagés, *L'Opposition er l'Empire, Dernières séances du corps législatif 1870*, Paris, 1872, p.157.

는 것이다. 바로 그 때문에 나폴레옹 시대의 민주주의자들은, 인민주권이란 양도할 수 없는 권리이고, 따라서 그것은 아버지가 포기한다고 아들까지 보유할 수 없게 되는 윤리적 권리가 아니라고 주장하였다. 인구증가를 고려하면 인민주권의 자살권은 비논리적이고 불공평하기까지하다는 것이었다. 그리하여 그들은 오히려 역설적으로 인민주권의 권한을 헌법적으로 제한함으로써, 스스로를 해체시킬 수 있는 인민주권의 권리를 폐지하고자 전력을 기울였다.[7]

보나파르트주의는 전체의지에서 기원하였으되 그 기원으로부터 해방되어 스스로 주인이 된 개별의지에 대한 이론이다. 그것은 지배의 기원이 민주적이기만 하면, 지배의 행사는 결코 비민주적일 수 없다는 이론이다.[8] 로마제국의 한 재사가 지적하였듯이, 카이사르 정부는 인민주권의 합법적 기관이다. "그것은 인격화된 민주주의, 인간이 된 국가이다."[9]

---

7) G.B.A. Godin, *La souveraineté et les droits du peuple*, Paris, 1874, p.115 이하.

8) 『프랑스어 사전』(*Dictionnaire de la langue fran aise*)(Paris, 1863)을 만든 리트레(Emile Littré)는, 카이사르주의(Césarisme)를 "민주주의에 의해 통치권을 장악했지만, 절대권력을 휘두르는 제1인자"로 풀이하고 있다(제1권, p.534).

9) Edouard Laboulaye, *Paris en Amérique*, 제24판, Paris, 1869, p.381. 인민주권을 바라보는 보나파르트적 입장이 민주주의적이지는 않지만, 그렇다고 정통 군주제를 바라보는 정치적 입장과 일치하는 것도 결코 아니다. 프로테스탄트 목사인 쥐리에(Jurieu)는 17세기에 이미 절대군주제를 이론적으로 인민주권의 토대 위에 정립시키려는 시도를 했다. 그러나 그 시도는 실패로 끝났다. 루이 14세 치하 때 국가론의 대(大)이론가인 보쉬에는 그런 시도를 다음과 같이 조롱조로 거부했다. "인민이 주권자를 형성하고 주권을 위임한다. 그러므로 인민은 최고의 권력을 쥐게 되고, 그것을 아주 더 고도로 소유하고 있다. 왜냐하면 어떤 것을 위임받는 사람은 그것을 위임하는 사람보다 더 완벽하게 소유하는 법이기 때문이다. 그것은 곧 주권자를 형성하는 사람이 더 이상 주권을 제대로 행사할 수 없다는 뜻이다. 따라서 그런 주권을 한 사람이 독단적으로 행사한다는 것은 그 주권이 인민으로부터 나왔다는 것을 부정하는 꼴이다"(Bossuet, *Cinquième avertissement aux protestants sur les lettres de M. Jurieu contre l'histoire des variations*, Paris, 1743, Oeuvres, 제4권, p.280). 이미 살펴본 바와 같이, 아주 최근에 기회주의자들이 군주정을 민주주의적인 관점에서 정당화하려고 시도했던 것은, 비록 그 형태는 다르지만, 쥐리에의 실패한 노력을 다시 시도하려는 것이다. 독일에서는 프리드리

그것은 민주주의와 독재가 하나가 되는 것이지만,[10] 선거로 선출된 독재자에게 그것은 모순이 아니다. 게다가 그는 인민 다수의 의지를 구현하고 있는 존재이기 때문에, 오히려 그에 반대하는 것은 모두 비민주적이 된다.[11]

히 나우만(F. Naumann)이 "민주정과 제국"이라는 슬로건을 만들어냈다. 이탈리아에서는 급진 부르주아 정당의 지도자인 사키(Ettore Sacchi)가 군주정을 지지했는데, 그는 그 이유를 이렇게 밝혔다. 군주정은(이탈리아에서) 일종의 민주적 기구인데, 왜냐하면 그것은 이미 인민에 의해—— 곧 인민투표(1860년)를 통해—— 확실하게 승인받았으며, 또 오늘날에도 역시 암묵적으로 인정받고 있기 때문이다. 물론 이 문제가 된 국민투표에서 소공국 제후로부터 해방되려는 인민들이 실제로 사보이(Savoyen, 프랑스 남동지방인 사부아 지역의 영주로서 출발하여 근처 북이탈리아 피에몽드 지방을 중심으로 세력을 형성했고, 1860년 이탈리아 통일 때 국민투표를 통해 이탈리아 왕실로 추대받았다-옮긴이) 왕가를 지지한 것은 분명하다. 그런데 거기서 인민들은 부분적으로 제한된 선택을 강요받았음(이들은 곧 오로지 왕정이냐 아니면 파국이냐 하는 두 가지 가운데 하나를 선택할 수밖에 없었다)을 잊어서는 안 된다(Giuseppe Rensi, *Gli <Anciens Régimes> e la democrazia diretta*, Bellinzona, 1902, p.7). 사키처럼 암묵적인 허용을 인정으로 해석해버리는 원칙에 따르면, 피지배자가 공공연한 반란을 꾀한 시대를 제외하고, 그 모든 정치적 세력관계는 민주적 토대에 기초한 것이라고 해야 할 것이다. 이는 논리적으로 잘못된 민주주의로서, 마치 악한 정부가 다음과 같은 이중적인 궤변의 딜레마를 늘어놓은 것이나 다름없다. 곧 머콜리(Macaulay)가 연설에서 말한 것처럼, 만일 인민이 소란스러우면, 그것은 그들이 자유를 얻을 만큼 성숙하지 않았다는 뜻이고, 만일 그들이 조용하면, 그것은 그들이 자유를 요구하지 않는다는 뜻이다.

10) 호엔로에(Hohenlohe)가 1874년 파리에서 대사로 재직하고 있었을 때, 어떤 사람이 그에게 프랑스 사람은 민주적이며 권위적이라고 말했다고 한다. 그가 보기에 프랑스인에게는 제국이 최고의 통치형태이자 미래의 희망이었다(*Denkwürdigkeiten*, 제2권, p.126). 나폴레옹 3세 자신도 보나파르트주의의 본질을 아주 제대로 규정했다. 그에 따르면, 보나파르트주의는 계서적이지만 민주정에 그 본질을 두고 있는데, 그것은 모든 권력이 오로지 인민 자체로부터 나오기 때문이다. 그런데도 그 조직이 계서적이어야만 하는 이유는, 한 사회 내에 잠재된 모든 능력을 일깨우기 위해서는 하나의 체계적 구성이 요구되기 때문이라는 것이다(*Idées Nap.*, p.83).

11) 나폴레옹 1세 시대에는, 단어 émaner(……에서 나오다)와 résider(……에 있다) 간에 아주 미묘한 차이가 있었다. 1814년 몰레(Molé) 백작은 황제에게 의회의

민주적 지도자는 무오류이다. 왜냐하면 "6백만 표에 의해 당선된 자는 인민의 의지를 실현하고 그들을 배반하지 않기" 때문이다. 정부의 적대자는 항상 인민주권에 의거하여 분쇄된다. 왜냐하면 선출된 독재자는 당연히, 인민주권이 자진해서 스스로를 위임했기 때문에 자신이야말로 인민주권을 대표한다고 주장할 수 있기 때문이다.[12] 그렇다. 그에게 엄격함, 권력행사, 중앙권력을 요구한 사람은 유권자들이다.[13] 인민의 의지

성명서에는 1793년 원칙(1793년 프랑스 혁명 때 제정된 보통선거권, 노동권 및 생존권까지 규정한 민주적 헌법을 가리킴 ─ 옮긴이)을 연상시키는 몇몇 위험스런 단어들이 슬며시 끼어 들어가 있는 것 같다고 아뢰었다. "그 성명서는 '모든 주권은 인민에게 있다'라는 말로 시작됩니다. 그 원칙에 따르면, 인민은 정부와 군주정을 언제든지 교체할 수 있다는 뜻입니다. 인민이 제 마음대로 왕권을 부여하기도 하고 철회하기도 한다는 말이지요. 말하자면 전하의 후손에게 왕권을 물려주는 것을 거부할 수도 있다는 말이 됩니다. 그런데 만약 '있다'는 말 대신 '나온다'라는 말이 있으면, 인민이 일단 한 사람에게 그리고 한 가문에 주권을 위임하면, 그들에게는 그 위임을 철회할 권리가 없어지는 것입니다. 그렇지만 '있다'라는 단어에는 이런 정치제도 및 왕권의 변동을 저지할 만한 제한장치가 허용되지 않습니다." "경의 관찰은 아주 정확하오. 짐은 감동했소"라고 황제는 답했다(Comte Molé, *Les Cent-Jours, Documents inédits, Revue de la Révolution*, 1888, 제11권, p.95). 때때로 인민주권에는 그것 자체를 송두리째 부정하는 궤변적 의미가 들어 있기도 하다. 나폴레옹 1세는 세인트 헬레나 섬에서 이렇게 말했다. "제1인자의 최고의무는 인민이 원하는 것을 행하는 것이다. 그렇지만 인민이 원하는 것은 대부분, 인민이 말하는 바, 그것이 아니다. 인민의 의지, 그들의 요구는 그들의 입에 있는 것이 아니라, 제1인자의 가슴에 존재한다"(Emmanuel Augustin Dieudonné Las Cases, *Mémorial de Ste-Hélène*, Paris, 1821, 제2권, p.82). 이 말은 근대 당 지도자의 발언에서 매우 자주 찾아볼 수 있다. 같은 책, pp.139, 140을 참조하라.
12) 루이 나폴레옹이 종신대통령으로 당선된 직후 리옹에서 행한 연설에서도 이와 비슷하게 말했다(E. Tenot, *Paris en Déc.*, 1851, p.26). 그는 이미 1848년 12월에 대통령직을 위임받으면서 의회에서 이 기본원칙을 분명하게 강조했다. "나는 프랑스 전체가 확립시켜놓은 것을 불법적으로 변화시키려고 하는 사람들을 모두 조국의 적으로 간주한다"(V. Hugo, *Napoléon le petit*, p.16).
13) 나폴레옹 3세에 따르면, 나폴레옹 1세가 그 입법기구를 폐지하지 않았던 것은 바로 그의 민주주의적 본능 때문이었다. 그가 그것을 폐지시킨다고 했어도, 인민은 그에 반대하지 않았을 것이라고 나폴레옹 3세는 주장한다(*Idées Nap.*, p.71).

가 권력자에게서 구현된다는 논리로 추론할 때 유의할 것은, 양자 사이에 놓여 있는 요소, 특히 관료기구가 권력자(그 자체는 다시금 인민에게 종속되어 있다고 생각된다)에게 절대적으로 종속된다는 점이다.[14] 그러므로 관리들이 이동의 자유와 의사의 자유를 주장하는 것은 인민의 주권에 반하는 저항 행위이다. 권력은 오로지 인민의 직접적인 의사에 근거하기 때문이다. 따라서 보나파르트주의에는 매개 기구가 없다.

나폴레옹 3세는 1851년 12월 2일의 쿠데타를, 인민을 의회의 압력으로부터 해방시킨 행위로써 선언하였다. 물론 곧 인민투표를 통하여 인민의 의사를 묻는다는 전제하에서였다. 빅토르 위고는 나폴레옹 3세 치하에서의 의회와 정부 사이의 관계를 주인과 하인의 관계에 비유했다.[15] 그럼에도 불구하고 기묘하게 주인은 황제에 의해 임명되고, 하인은 인민에 의해 임명되었다는 것이다. 이것은 사실로 보자면 옳은 이야기이지만, 이론적으로는 그릇된 것이다.

보나파르트주의의 모든 행보는 그것이 설사 시민의 피를 부르는 한이 있더라도 이론적으로 정당화된다. 인민투표라는 정화수에 몸을 한번 적시고 나면, 원칙적으로 모든 비합법성이 정당화되기 때문이다. 나폴레옹 3세 자신도, 그가 인민투표에서 승리했음을 장엄하게 선포하던 순간, 자신이 얼마 전에 쿠데타를 통하여 법률을 파괴했음을 자인했다. 다만 그는 권리를 확고하게 하기 위해 그랬다는 것이다. "본인은 오로지 권리를 되찾기 위해 법을 어겼다."[16] 7백만 표가 그를 무죄로 선언했다는 것이다. 그리고 네 번이나 반복된 인민투표와 무수히 많은 열광적인 대중 동조시위를 통하여 정부에 대한 인민의 지지가 확고해지자, 이를 구실로 삼아 기회주의적인 공화주의자들이 왕당파로 변신하였다. 실제로 인민적 카이사르주의는 그들이 그렇게 원하던 공화국과 동일한 토대 위에

14) 같은 책, p.38.

15) V. Hugo, *Napoléon le petit*, pp.79, 80.

16) E. Tenot, *Paris en Déc.* 1851, pp.206, 207.

세워진 것이 아닌가?

에밀 올리비에는 정부 형태를 두 가지 범주로, 즉 자기목적적인 정부와 인민의 대표자로서의 정부로 분류하였다. 후자에서 "정부 수반은 사회적 권리를 행사하는 인민의 대표자이다."[17] 그는 그러한 방식으로 공화주의적인 양심을 순수하게 간직하면서도, 카이사르주의로의 전환을 학문적으로 그리고 원칙적으로 정당화할 수 있었다.

근대의 민주적인 혁명 정당들과 노동조합의 역사는 보나파르트주의와 유사한 면모들을 드러낸다. 원인은 자명하다. 보나파르트주의가 성공할 수 있는 곳은 언제나 민주적 대중이 존재하는 곳이다. 왜냐하면 보나파르트주의는 대중에게 자신들이 지배자 위에 군림하고 있다는 환상을 심어주고, 인민 대중의 권력 위임이 마치 인민이 법적으로 자신의 '권리'를 행사하고 투쟁한 것인 양 나타내기 때문이다. 즉 여기에서는 권력위임을 통한 인민의 주권 포기가, 보기 싫은 정통 세습 군주정처럼 형이상학적인 신(神)의 도움이 아니라 인민의 의지를 통하여 적법하게 이루어진다. 따라서 선출된 국가 수반은 대중의 자유로운 의지 행위, 즉 대중의 자의적 행위를 통하여 출현한 대중의 창조물이다. 이는 대중 개개인에게 자족감을 안겨준다. "내가 그를 그렇게 만들지 않았으면, 그는 지금의 그가 되지 못했을 거야." "내가 그를 뽑았어."

민주주의가 웬만한 참주정(Tyrannis)과 대단히 잘 부합될 수 있는 또하나의 심리적, 역사적 원인이 있다. 대중은 그들 중 일부가 권력에 접근할 수 있고 또 그 속으로 진입할 수 있다면 참주적 지배라도 쉽게 받아들인다. 19세기 중반 프랑스의 민주적인 시민과 농민들은 군주정을 증오했지만, 나폴레옹 3세에게는 기꺼이 동의하였다. 그때 그들은 그의 삼촌 나폴레옹 1세 시대에 그들의 계급 동지 가운데 많은 사람이 쉽게 고관대작이 되었던 사실을 염두에 두고 있었던 것이다.[18] 정당도 마찬가지이

---

17) Emile Ollivier, *Le 19 Janvier. Comte-rendu aux lecteurs de la 3ᵉ circonscription de la Seine*, 제7판, Paris, 1869, p.119.

다. 원칙적으로 누구나 적법하게 과두정에 참여할 수만 있으면, 사람들
은 그 과두정을 억압적인 것으로 생각하지 않는다.

선출된 지도자는 민주적인 선출 과정에 힘입어, 자신이 혈통적인 귀족
지도자보다 훨씬 전체의지를 표현하는 존재라고 주장하고, 그에 따라 자
기 개인의 의지에 대한 굴복과 복종을 요구한다. 근대의 정당 지도자들
은 비민주적이라는 비판에 직면하면, 나폴레옹이 그랬듯이 대중의 의지
에 호소한다. 이때 그는 자신이 선출되고 선택된 자라는 사실에 호소한
다. 대중에 의하여 선출되고 재선되는 한, 자신은 대중 의지의 정당한 표
현이고, 따라서 자신의 의지와 대중의 의지는 일치한다는 것이다.[19]

과거의 군주정에서는 그 누구도 군주의 명령을 거역할 수 없었다. 군
주에 대한 불복종은 신에 대한 범죄였기 때문이다. 근대 민주주의에서는
그 누구도 과두 정치가의 명령을 거부할 수 없다. 그것은 그 자신이 자유
롭게 양도한 자신의 의지를 거스르는 것이기 때문이다.[20] 다시 말해 그

---

18) Alexandre Herzen, *De l'autre rive*, 제3판, Genève, 1871, p.119. 바야르(Bayard)
와 방데르뷔그(Vanderburgh)의 『파리의 말괄량이』(*Le Gamin de Paris*)라는 희
극에서는 한 장군의 입을 통해, 프랑스 하층민이 나폴레옹을 어떻게 생각했는
지가 표현되어 있다. "우리는 파리의 자식이요…… 인쇄공이요…… 수레제작
공의 아들이다. 우리는 용기를 갖고 있다. ……만약 황제가 없다면 우리는 아마
중도에서 멈춰서고 말 것이다! ……황제가 함께 하고 있다. ……우리는 그가 일
으킨 소용돌이에 휘말리고 있다. ……기회가 왔다"(Bielefeld, 1861, 제4판, p.77).

19) 사회민주당 지도자들은 이런 논법을 연설에서 부지기수로 이용했다. 이들의
논리는 이렇다. 곧 지도자가 지도자로 남아 있다는 사실 그 자체가, 대중이 그
들을 지지하고 있다는 것을 이미 입증해주고도 남음이 있다. 그렇지 않다면
"지도자들은 벌써 그 자리에 있지 않을 것이기 때문이다"(예컨대, 독일 사민당
예나(Jena) 전당대회에서 레긴(Carl Legien)이 그렇게 말했다. *Protokoll*, Berlin,
1905, p.265를 보라. 또한 P. J. Troelstra, *Inzake Partijleiding, Toelichtungen en
Gegevens*, p.97도 비슷한 견해이다).

20) 제2제정기에도 인민의 지지에 기반한 황제권을 옹호하는 데 이와 똑같은 논법
이 사용되었다는 것을 우리는 알고 있다. 주지하다시피 나폴레옹 3세의 진영에
합류했던 몇 안 되는 민주적인 작가 가운데 한 명인 아부(Edmond About)는 이
렇게 적고 있다. "자기가 만든 법을 준수하는 것, 그리고 자기가 선출한 지도자
에 대해 약속을 이행하는 것은 복종하는 것이 아니다. 그것은 자기가 스스로에

것은 민주주의의 원칙을 스스로 전복시키는 행위이다. 민주주의에서 위로부터 자기에게 부과되는 명령은 적어도 간접적으로는 자기가 자기 자신에게 내린 명령이다.[21]

독일 사민당의 한 신문이 밝힌 바와 같이, "총재단은 당 스스로가 만들어놓은 권위이다. 따라서 당의 권위는 총재단의 권위 속에서 구현된다. 그 권위를 존중하는 것은 가장 기본적인 민주주의 계명이다."[22] 조직화된 대중이 지도자에게 의무적으로 바쳐야 하는 절대적인 순종은 양자 사이의 민주적 관계에서 나온다. 그것은 자신이 세운 집단의지에 집단적으로 복종하는 것이다.[23] 그렇듯 민주주의는 지도부의 명령권이 곧 대중의 민주적 전권(全權)이라는 허구에 기반한다. 모든 당 관리는 대중에 의해 임명된 존재이다. 따라서 그의 존재와 직책은 대중의 호의에 의존한다. 그러므로 지도자들이 대중에게 복종을 요구하는 것은 이론적으로 전혀 문제가 되지 않는다.

그렇지만 현실에서는, 비록 항상 그런 것은 아니지만, 대중에 의한 지도자의 재선출은 항상 결정의 자유를 심각하게 제약시키는 방법과 암시와 강박관념 속에서 이루어진다.[24] 정당의 역사는, 민주주의 체제가 실제로는 결국 몇몇 사회주의 대가들이 강조한 대중의 권리, 즉 지배자를 선출하고 그에 절대적으로 복종한 뒤 정해진 시기에 다시 그를 선출하는 권리로 축소되었다는 점을 분명하게 드러낸다.

정당과 노동조합의 지도부는 어느 나라에서나 동일한 사고방식을 내보인다. 지도자들은 대중에게 복종을 요구한다. 자기들이 최선의 지식과

게 명령하는 것이다"(Edmond About, *Le progrès*, Paris, 1864, p.67).

21) 민주정 일반과 절대주의 사이의 관계, 그리고 이 양자에 존재하는 중앙집권화라는 공통점을 새로 다시 발견하게 된 것은 프랑스인 소렐(Georges Sorel)의 공헌이다. 특히 그의 저작, *Le illusions du progrès*, Paris, 1908, p.9 이하를 참조하라.

22) *Düsseldorfer Volkszeitung*, 1905년 11월 13일 자.

23) 이런 사상이 아주 잘 표현된 것은 Rienzi(van Kol), *Socialisme et liberté*, p.249.

24) 이 책, pp.100~102, 231, 232를 참조하라.

양심에 따라 부과한 명령을 대중은 침묵 속에서 받아들이고 수행해야 한다는 것이다. 따라서 그들은 당 최고위 기관의 행위에 대하여 비판이 제기될 수 있으리라고는 상상조차 하지 못한다. 그들에게는 자신이 동지들 전체, 즉 당의 비판을 넘어서는 존재라는 신념이 골수에 박혀 있다. 추상적 민주주의에 대한 감각이 탁월하였던 엥겔스는, 직책과 명성을 보유한 사람이 다른 사람들보다 안락한 대우를 받아서는 안 된다고 하면서, 독일 사민당 지도자들이 이에 적응하지 않고 있다고 개탄하였다.[25]

따라서 지도자들은 정신적으로 자신들에게 종속되어 있는 추종자들이 자신들의 제안과 경고를 거부하면 분노한다.[26] 그들은 갈등 후에 작성하는 보고서에도 분노를 터뜨린다.[27] "스스로 선출한 지도자의 충고를 짓밟는 것"은 당의 화합과 예의를 침해한 폭거라는 것이다. 1906년 2월 19일부터 23일에 열린 유명한 노동조합 간부회의에서 노동조합 관료인 파울 뮐러는 사민당의 급진적인 당원들에게, 그들이 "노동조합원

---

25) 엥겔스의 1891년 3월 21일 자 편지. 마르크스의 1879년 9월 19일 자 편지도 이와 비슷하다(*Briefe und Auszüge aus Briefe usw*,. pp.166, 361을 보라).

26) 같은 책, p.141을 참조하라. 때때로 당원들은 자신들이 뽑은 당대표기관의 권위를 존중하라고 공식적으로 권고받기도 한다. 한 벨기에 노동조합 기관지를 보면, 조직원들이 지켜야 할 십계명 가운데 다음과 같은 주의사항이 들어 있다. "1. 무관심한 사람을 끌어들이기 위해 선전 작업을 행하라. 2. 집회에 참석하여 지식을 쌓아라. 3. 조합비를 매달 규칙적으로 내라. 4. 술집에서 자기가 선출한 지도자에 대해 비판하지 마라"("Journal des Correspondances," *Organe officiel des Syndicates affiliés à la Commission Syndicale*, 2, 1905, p.110).

27) 작센 지방의 켐니츠(Chemnitz)에 있는 제국의회 제16선거구 지구당에서는 지도자들이 당보의 구독료를 인상하려는 안건을 제안했는데, 당원총회는 이것을 다수결로 부결시켰다. 이에 대해 그중 한 지도자는 이렇게 적고 있다. "구독료를 단 10페니히만 추가 인상한다고 했더니, 당원들의 분위기는 한결 나아졌다. 그러나 그런 도움조차도 일시적일 뿐이었다. 사무총장인 란드그라프(Landgraf) 동지의 객관적인 보고도, 동지 노스케(Noske), 헬트(Held) 그리고 언론위원회 위원 차이직(Zeisig)과 리만(Riemann) 등등 언론분야에 오랫동안 종사하면서 깊은 지식을 갖춘 사람들의 정확한 설명도, 10페니히 인상이 절대적으로 필요하다는 사실을 전체당원 다수를 확신시키지 못했다. 지도자들은 이것을 부분적으로 개인적인 위신의 실추로 받아들였다"(*Volksstimme*, Frankfurt, 21, Nr.37).

과 그들이 직접 선출한 지도자들 사이를 소원하게 만들고 있다"고 격렬하게 비난했다. "그들은 조합원들이 자신의 지도자에게 반(反)하도록 획책하였습니다. 그들은 공공연하게 규율을 위반할 것을 요구하였습니다. 집회에서 조합원들에게 지도자들을 거부해야 한다고 말하는 것이 그것이 아니고 무엇을 뜻하겠습니까?"[28]

당내에 새로운 반대 기류가 나타나면, 지도자들은 그것을 즉각 선동정치로 격하시킨다. 당 체제에 만족하지 못한 사람들이 대중에게 직접 호소하는 것은, 그 동기가 아무리 고결하다 하더라도, 예컨대 전술적인 확신과 같이 세상에서 가장 명예롭고 객관적인 동기에서 비롯된 것이라 할지라도, 그리고 그것이 모든 민주주의의 기본권으로 간주되어야 함이 마땅함에도 불구하고, 무례, 간섭, 당 규율을 저해하려는 악의에 찬 시도, 음해 등으로 낙인찍힌다.[29] 여기에서 유의해야 할 사항은, 권력의 수단과 그에 따른 실제적인 권력을 소유하고 있는 지도자는 항상 합법성의 빛을 받는 반면, 반항하는 하급 지도자와 대중은 언제나 불법성의 그림자 속에 갇힌다는 사실이다. 귀찮은 문제에 부딪칠 때 강력한 지도자들이 사용하는 오래된 주문(呪文)이 있다. 전체의 이익이 그것이다. 군대의 수사법도 열성적으로 이용된다. 추종자들은 전술적인 이유에서라도, 다시 말해 적과 대치한 상황에서 전투에 필수적인 단결력을 보존하기 위해서, 헌신적인 지도자들에 대한 믿음과 신뢰를 잃어서는 안 된다는 것이다.

특히 그 어느 조직보다 권위주의적인 독일 노동조합 지도자들은 노조 내부의 반대파에게 걸핏하면 "범죄적인 의도"가 엿보인다고 비난해왔다. 그들은 오로지 "노동조합의 규율을 해체시키고자" 획책하고 있다는 것이다.[30] 노조 관료의 행정용어가 아니라 정부 관료의 용어로 표현

---

28) *Protokoll*, p.4에는 P.G.로 나와 있는데, 이는 Partei(정당), Gewerkschaften(노동조합)의 약어이다.

29) 같은 책, pp.188, 189를 참조하라.

30) 렉스호이저(Rexhäuser)는 1906년 2월 19일부터 23일까지 열린 노동조합 집행

하면 그것은 "국가에 반하는, 신민들에 대한 사주 행위"라는 것이다. 비판자가 당에 확고한 직책을 갖고 있지 않은 재야 학자, 혹은 당에 우호적인 인사에 불과한 경우, 공격받는 당 지도자들은 그들을 불청객, "무자격자," 말하자면 처음부터 아예 그 어떤 판단력도 인정할 수 없는 인간들로 간주한다. "인민에게는 종교가 있어야 한다! 이것은 기본원칙이다. 그리고 운동은 곧 종교이기 때문에, 운동의 객관적인 문제점에 대한 준열한 비판은 자해 행위로 낙인찍히고, 반대파는 근본적으로 당의 파괴자이자 적대자로 비판받는다."[31]

따라서 근대 민주 정당 지도부의 일반적 태도를 보나, 지도자들이 내뱉는 수백 수천, 아니 무한정한 고백을 들어보거나, 우리가 세계사에서 보나파르트주의로 알고 있는 체제, 즉 인민투표에서 생겨난 지배권이 장기적인 구속력을 얻으려 하고 또 그것을 요구하는 체제는 신의 은총의 반열에 오른, 인민의 은총에 의거하는 체제이다.[32]

부 회의에서 이렇게 말했다. "대중에게 스며든 이 독이 점차 퍼지게 되면, 당신들이 어느 날 공격이나 대규모 행동을 취하고자 그 동지들을 결집시킨다고 해도, 그들 사이의 규율은 완전히 해이해지고 당신들의 말은 전혀 안중에도 없을 것이다"(*Protokoll*, pp.23, 24).

31) 로자 룩셈부르크가 노조지도자에 대해 한 말이다(*Massenstreik, Partei und Gewerkschaft*, p.61).

32) 마사리크는 민주정, 특히 민주적 과두정과 카이사르주의에서는 결국 도덕 및 종교에 의해 규정된다는 견해를 피력했다(Masaryk, *Rezension*, p.605). 따라서 그는 이러한 자기견해의 정당성을 필자의 주장, 곧 정당의 민주정을 '왕권신수설'로 되어버린 인민은총설'로 규정했던 필자의 주장에서 확인했다. 게다가 그는 이와 관련해서 필자가 강조한 바 있는 대중의 숭배욕구도 지적했다. 이 점은 분명 우리가 이 책에서 내세울 수 있는 아주 중요한 핵심이며, 이것을 특히 구(舊)지도자층과 더 밀접하게 관련지어 상세하게 분석할 수 있었던 것은 베버의 공헌이다(Max Weber, *Wirtschaft und Gesellschaft*, p.124).

3 당과 개인의 동일시(내가 곧 당이다)

우리는 이미 혁명적 노동운동이 내부 투쟁에서 사용하는 전술과 실천이 '부르주아' 정부의 그것과 별반 다르지 않다는 점을 지적하였다. "비열한 자"를 쫓아내기 위해 쓰는 용어도 어투만 약간 바꾸면 똑같다. 반란자들에 대하여 퍼붓는 비난도, 현상을 유지하기 위해 사용하는 논거도 동일하다. 양자의 차이점은, 부르주아 정부의 목표는 기존의 국가 질서를 유지하는 것에 있고 혁명적 노동운동의 목표는 기존의 정당 질서를 유지하는 것에 있다는 것뿐이다. 사건과 인물, 개인과 집단의 관계를 설정하는 데서 나타나는 개념의 혼란도 동일하다. 독일 사민당에서 공식 대표자의 권위주의는 부분적으로 당 조직을 일사분란하게 움직일 필요성 때문에 나타난 것이다.

그러나 그 면모는 독일제국 정부의 공식 대표자들이 보여주는 권위주의적 면모와 아주 흡사하다. 빌헬름 2세는 "불평꾼들"에게 자신의 제국에서 사는 것이 싫으면 신발에서 먼지를 털어 버리고 독일을 떠나라고 말했다. 사민당의 베벨은, 당은 당내에서 불평만 늘어놓거나 선동만 일삼는 자들과 결별해야 한다고 말하면서, 당 지도부의 방침에 동조하지 않는 자들은 "떠나버려야" 할 것이라고 협박하였다.[1] 양자 사이에 자발

---

1) 베벨(August Bebel)의 드레스덴 전당대회 연설에서. *Protokoll*, p.308.

적인 조직(정당)과 비자발적인 조직(국가), 말하자면 사람들이 가입하는
조직과 사람들이 태어나는 조직이라는 점을 제외하고 도대체 어떤 차이
가 있는가?[2]

　거의 모든 당 지도자들이 베벨처럼 생각하고 행동한다. 격정적이고 솔
직한 지도자는 아예, 자신이 태양왕 루이 14세라도 되는 양 "내가 곧 당"
이라고 말한다.[3] 그렇듯 한 사람의 이해관계와 다른 모든 사람이 갖는

----

[2] 우리는 본문에서 지도자들과 대중의 관계를 설명할 때, 그 전형적인 사례로 자
　주 베벨의 이름을 거명하곤 했다. 그렇지만 베벨을 전형적인 지도자로 간주하는
　것은 잘못이다. 베벨이 일반 다른 지도자들과 다른 점은, 그가 고상한 정신적 자
　질을 갖추고 있을 뿐만 아니라 아주 강건하고 건전한 성품에서 나오는 솔직함으
　로 인해, 다른 사람 같으면 조심스럽게 덮어두거나 혹은 그냥 지나칠 수도 있는
　것조차 들추어내어 대책을 세우곤 한다는 것이었다. 바로 이러한 연유에서 그는
　"황제 베벨"이라는 별명을 얻을 정도로 고압적인 태도를 취하는 일이 비일비재
　했고 따라서 비(非)민주적인 사고방식을 갖고 있다는 혐의를 자주 받아야 했다.
　그럼에도 불구하고, 일련의 중요한 사태에서 그가 보여준 성격과 태도를 상세하
　게 분석한 바에 따르면, 그는 강한 자만심과 지배욕구를 갖고 있긴 했지만 민주
　주의적인 성향 역시 갖고 있었으며, 따라서 그가 솔직하기 때문에 권위적인 기
　질을 드러냈던 것처럼, 이 점에서도 역시 그는 여타의 보통 동료들과는 다르다
　는 사실이 입증되었다. 이에 대해 여기서 더 상세한 분석을 가할 수 없지만, 그에
　대한 본문의 서술이 너무나 간단히 언급되었기 때문에 이 중요한 인물의 복잡한
　성격에 대해 어떤 오해가 생기지 않을까 하는 노파심에서, 여기서 그 점을 환기
　시켜두고자 한다. 결국 베벨은 자기 정당의 아주 뛰어난 대변자였을 뿐이다.
[3] 이것은 모든 탁월한 정당 지도자들이 입증하는 바이다. 마르크스에 대해서는 필
　자의 *Storia del marxismo in Italia*, Roma, 1909, p.19 이하를 보라. 라살에 대
　해서는 Vahlteich, *Ferdinand Lassalle*, p.42를 참조하라. 빌헬름 리프크네히트
　의 공식 전기에 따르면, 그는 아주 격정적인 기질의 소유자여서 상황과 인간
　을 항상 제대로 구분할 수 있었던 사람은 아니었다고 한다(Kurt Eisner, *Wilhelm
　Liebknecht*, 제2판, Berlin, 1906, p.100). 베벨에 관해서는 이렇게 기록되어 있다
　(H.v. Gerlach, *August Bebel*, pp.59, 60). "그의 삶은 오로지 당을 위한 것이었다.
　그는 당과 자신을 완전히 일치시켰다. 이것이 그의 장점이었지만, 때로는 그것
　이 약점이 되기도 했다. 비스마르크가 자신의 명예를 모독하는 그 모든 것을 곧
　바로 독일 제국의 안녕을 해치는 행위로 보았던 것처럼, 베벨도 자신의 전술을
　비판하는 그 모든 것을 당의 이익을 가로막는 위협으로 간주했다. 따라서 그의
　행동에는 엄청난 무게가 실려 있었다. 그렇지만 이로 인해 그는 또한 아주 심한
　오류에 빠지기도 했다. 그가 자기 적대자들을 정말로 공정하게 평가할 때란 아

이해관계의 동일시, 정당 관리들과 당 전체의 동일시는 완벽하게 이루어
진다. 따라서 당 관리들은 객관적인 비판조차 자기 자신에 대한 인신 공
격으로 받아들인다. 거의 모든 지도자들이 당내 반대파의 비판을 객관
적으로 바라보는 능력이 놀랄 만큼 떨어지는 이유는 바로 그 때문이다.[4]
그가 언제나 객관적인 비판을 인신 공격으로 느끼는 것은 부분적으로는
솔직한 것이고, 부분적으로는 의도적인 것이다. 그는 그렇게 투쟁의 장
(場)을 개인의 영역으로 옮기고, 대중의 공공 여론 앞에 자신을 무고하게
공격받은 자로 내세우면서 이론적인 적대자들의 비판을 개인적인 적대

주 드물었고, 당 내부의 적대자들도 그렇게 대했다. ……그는 항상 자기를 당 이
익의 수호자로, 다른 사람들은 당 이익의 가해자로 바라보았다. 그의 주관성은
정말이지 끔찍했다……." 폴마르가 1903년 드레스덴 전당대회에서 베벨의 특징
에 대한 말한 것도 참조하라. *Protokoll*, p.321 이하. 이것은 치보르디(Zibordi)가
페리의 행동을 날카롭게 지적했던 바를 상기시킨다. 곧 그 사람은 항상 자신에
대해, '자기' 어머니, '자기' 부인, '자기' 자식들에 대해, 곧 항상 자기와 관련시
켜서만, 자신의 능력, 자신의 경력, 자신의 적대자, 자신의 노련함, 자신의 장점,
자신의 건강에 대해서만 이야기한다. 그에게서는 노동자, 사회주의, 정치, 조국
등이 항상 마치 자기 개인의 일부인 것처럼 다루어지고 있다(Giov. Zibordi, "La
tournée oratoria di Enrico Ferri," *Secolo*, 1911년 4월 25일 자). 이러한 행동은 쓸데
없이 자만심이 크기 때문이 아니라, 대중 위에 군림하고 있는 거물급 정당 지도
자 상(像)이 반영된 까닭이다. 프루동 자신도 국회에서 행한 연설에서 자신을 프
롤레타리아트와 동일시했다. "제가 당신들 앞에서 연설할 때면, 저는 저를 프롤
레타리아트와 일치시킵니다"(P. J. Proudhon, *Confessions d'un révolutionnaire pour
servir à la révolution du février*, 신판, Paris, 1868, p.154).
4) 이에 대한 전형적인 사례들로는 다음과 같은 것들이 있다. 마르크스는 1870년
대 초 이탈리아에서, 주로 대(大)부르주아지 및 귀족 가문 출신으로서 투철한 이
상과 희생정신을 갖고 있었던 사회당 지도자들을(이들이 바쿠닌을 추종하고 자신
을 따르지 않은 데에 대한 노여움 때문에) 인터내셔널에서 '출구'를 찾는 방탕한
학생들로 규정한 바 있다(Roberto Michels, *Proletariato e borghesia etc.* pp.63~76을
참조하라). 엥겔스는 당내 '신진' 비주류에 속하던 뮐러(Hans Müller), 에른스트
(Paul Ernst), 빌레(Bruno Wille), 파울 캄프마이어(Paul Kampffmeyer), 하르틀레
벤(O. E. Hartleben) 등을 가리켜 이렇게 규정했다. "그들 가운데 경찰관료가 숨어
있는 것은 아주 확실하고, 또한 한 부류는 우리들을 조용히 전향시키려고 하는
가장한 아나키스트들이며, 그밖에도 우둔한 사람, 교만한 학생, 공천받지 못한
사람, 허풍선이 등도 있다"(*Briefe und Auszüge*, p.370).

감 탓으로 돌린다.[5]

만일 지도자가 실제로 인신 공격을 받으면, 그는 당장 그 비난을 당 전체에 연결시킨다. 이러한 태도가 단순히 외교적인 고려, 다시 말해 당 전체의 지원을 담보하고 대중의 힘을 빌려 비판자를 넘어뜨리려는 목적에서 나오는 것만은 아니다. 그것은 그가 당의 극히 작은 일부인 자기 자신을 당 전체와 동일시하고 있기 때문이기도 한 것이다. 그리고 그러한 동일시의 원인이 어떤 뚜렷한 확신에 대한 맹목적인 광신에만 있는 것도 아니다.

네차예프는, 혁명가는 자신의 방식과 목적에 동의하지 않는 모든 인간을 착취하고, 속이고, 약탈하고, 여차할 경우에는 파멸시킬 수 있는 권리를 갖는다고 주장하였다. 혁명가에게 그들은 단지 "음모의 미끼"에 불과하기 때문이다. 혁명가의 유일한 기준이란 자기 세계관의 독단성이다. 내가 곧 혁명이다! 바쿠닌은 그러한 주장 뒤에 숨겨진 논리를 예리하게 지적하였다. 바쿠닌은 네차예프에 대하여, 그가 자기도 모르는 사이에 명예욕에 지배당하고 있다고 평가하였던 것이다.[6]

지도자의 독단성[7]이 철두철미한 지배욕과 비열한 이기주의의 소산이

---

5) 노조지도자인 요차데(H. Jochade)는 당내 마르크스주의자와의 논쟁에서 그렇게 말했다. "우리는 최근의 이런 비방이 그 어떤 의미인지 정말이지 진지하게 자문해보아야 한다. 스캔들을 만들고 싶어서 그런 것인가, 아니면 원고지를 몇 장 더 늘리려는 수작인지, 그렇지 않으면 악의와 교활함이 숨어 있는 것인가? 방금 말한 이런 특징들은 노조지도자들을 공격하려는 의도에 모두 들어 있다." "Krieg gegen die Gewerkschaftsbeamten!" *Korrespondenzblatt der Generalkommission der Gewerkschaften Deutschlands*, 18(1908), p.810.

6) James Guillaume, *L'Internationale*, 제2권, p.62.

7) 심리학적으로 기묘한 현상의 하나는 조직의 거물급 지도자들이 자기 주위 사람들과의 관계에서는 커다란 약점을 드러내고, 그 지도자로서의 자질과는 아주 맞지 않은 결점을 안고 있다는 사실이다. 위대한 조직가인 라살은 성급하게 맺은 약혼을 행복한 결혼으로 이끌지 못하는 무능력을 드러낸 채 삶을 비참하게 마감했다. 사회주의 지도자들은 전반적으로 가정생활에서 아주 불행했다. 조직과 지도에 특출한 이들 지도자들의 능력이 가정에서는 전혀 발휘되지 못했다. "이들이 다른 사람들은 잘 이끌면서도, 훨씬 더 간단한 상황에서는 사태 판단과 지

아닌 경우도 자주 있다. 이때의 독단성은 자신이야말로 공동의 목적에 가장 적합한 인물이라는 진지한 확신의 발로이다. 그러나 가장 독단적인 관료제는 의무에 충실하고 직책에 정통한 관료제이다. 볼프강 하이네 역시 독일 사민당에 존재하는 "짐이 곧 국가이다"라는 개인적 감정과 관료 기구의 객관적 유용성 사이의 관계에 주목하였다. "우리 당 간부들의 청렴성과 성실성 그리고 목표에 대한 극진한 애정이 그런 결과를 막는 방어벽이 되리라는 사실에 대해서 나는 아무런 이의가 없다. 오히려 그 반대이다. 우리 당 관리들은 자신의 일을 이해하고 전체의 최고선을 위하여 사심 없이 봉사하고자 노력하는 사람들이다."[8]

독일제국의 부패하지 않은 탁월한 관리들에게도 개인과 사실을 동일시하는 과대망상적 경향이 있다. 이는 부분적으로 사실에 대한 그들의 애정과 능력에서 비롯된 것이다.[9] 이들 관리들은 거의 모두, 어쩌다가 누가 자기 개인에게 손가락질이라도 하면 그것을 사랑하는 국가에 대한 범죄로 간주한다. 관리들이 서로에 대하여 떼려야 뗄 수 없는 유내감을 갖는 이유도 그 때문이다. 그들 모두는 각자가 국가 전체의 한 부분을 구현하고 있으므로, 다른 한 부분의 권위가 훼손되면 나머지도 손상을 입

휘 능력을 제대로 발휘하지 못하는 것 같다"(Gustave le Bon, *Psychologie des foules*, p.110). 사회주의 지도자들의 결혼생활을 보면, 이들은 대부분 뚜렷한 방랑기질을 드러낸다. 곧 이혼한 사람과 소위 자유연애를 실천한 사람들이 높은 비율을 차지하고 있다. 그 뛰어난 지도자 가운데 행복한 결혼 생활을 영위하는 사람(마르크스, 베벨, 페리)의 수가 너무나 적어, 이들의 결혼 생활이 사회주의자들 간에는 칭송의 대상이 될 정도이다.

8) Wolfgang Heine, "Demokratische Randbemerkungen zum Fall Göhre," *Sozial. Monatshefte*, 18(1904), 제1권, p.284.

9) "이 국가는 관료공화국이 되어가는데, 이곳에서는 관료만이 온전한 시민이고, 다른 사람들은 겉으로는 헌법상의 권리를 갖고 있지만 실제로는 통치를 받으며 그 관료기구의 비용을 대는 사람들이다. 제아무리 관료제가 전체선이라고 떠들어도, 또 그 전체선을 촉진시킨다고 해도, 그 관료제의 위험성이 사라지는 것은 아니다. 권력에 잔뜩 눈독들이고 있는 사람이야말로 그것이 항상 피지배자들에게 최고라고 말한다"(Wolfgang Heine, "Die Beamtenrepublik," *März* 3, p.175).

을 수밖에 없다고 여기는 것이다.[10] 그리고 그들은 경솔하게도 대중의 욕구가 무엇인지 대중 자신보다 잘 알고 있다고 믿는다.[11]

이것이 개별적으로는 타당할 수는 있다. 그러나 그것은 대부분 어리석은 자만심과 자기과시적인 과대망상이 어중간하게 섞여 있는 것일 뿐이다. 그래도 당 관리는 국가 관리에 비해 부패에 물들고 타성에 젖을 소지가 훨씬 더 적다. 그들은 대중 집회에 연사로 활동하는 경우가 잦은 탓에 박약하나마 대중과 접촉하는 기회가 많기 때문이다. 그러나 다른 한편 갈채를 받는 데 익숙해진 습성은 허영심을 부채질하기도 한다.

과두적 구조가 고도로 발전하면 지도부는 본조직뿐만 아니라 산하기관들의 재산까지도 자신의 재산으로 간주한다. 그렇듯 공공 소유와 사적 소유를 혼동하는 것은 정당 과두정과 국가 과두정 모두에게서 공통적으로 나타나는 현상이다. 예를 들어 이탈리아 제노바의 한 노동지도자는 조직 노동자들을 등에 업고 거물로 성장하여 노동 동지들의 전폭적인 신뢰에 힘입어 온갖 권한과 명예직을 차지하였는데, 그는 단체협상 등 자신이 주도한 협상에서 노동자들에게 돌아가야 할 이익 이외에 자신의 몫이 배당금으로 지불되어야 한다고 주장하였다.[12] 독일 노동조합 지도

---

10) Edmond About, *Le progrès*, p.232.

11) 베버는 사회정책협회(Verein für Sozialpolitik)의 빈 대회(1909)에서 지방자치제의 경제활동에 언급하면서 이렇게 말했다. "대중들의 복지를 위해 무엇이 좋은 것인지 관료가 '멍청한 대중'들보다 더 잘 알고 있다고 생각하지 않는다면, 그는 관료로서 자격이 없다"(*Protokoll*, p.285〔*Soziologie und Sozialpolitik*, Tübingen, 1924, p.415에 실림〕).

12) 변호사인 무리알디(Gino Murialdi)는 젊은 시절 이 운동을 위해 많은 희생을 했던 사람이다. 그는 노동조합 및 협동조합으로부터 자신의 업무에 대한 월급을 받고 있으면서도, 임금협상 체결과 같은 특수한 사안이나 업무를 취급할 경우에는 고용주로부터 자신의 노력에 대한 보상을 따로 챙겨도 좋다고 생각한 사람이었다. 이것이 말썽이 되면, 그는 자신이 고용주와의 협상에서 자신이 따로 보상을 받아도 무방할 만큼 엄청난 이익을 노동자들에게 안겨주었다고 답했다. 무리알디의 이런 행동에는 부패의 혐의가 농후해 그는 그를 시기하는 다른 제노아 지도자들과의 격렬한 충돌을 빚었고, 그 이후 사회당은 그의 제명을 결정했다. 이 경우는 지도자가 독특한 과대망상에 걸린 특이한 사례로 꼽힌다. 이

부는 경제투쟁에서의 선전포고권을 놓고 조합원들과 갈등을 벌이면서, 그 권한은 법적으로나 관습적으로나 지도부에게 있다고 주장하였다. 이 때 지도부가 내세운 주요한 근거는, 지도부가 "재원까지 마련한다"는 점이었다.[13] 이에 대하여 한 비판적인 논자는, "그것은 마치 가난한 조합 간부들이 사재를 털어서 파업 비용을 부담하는 것처럼 들린다"고 평가했다.[14] 그러나 그것은 단지 살아 있는 민주적 사고를 근절시켜버리는 과두 이데올로기의 최종 단계요, 그 결말일 따름이다.

사태에 대해서는 잡지 *Avanti* 13(1901), No.1 및 24에 실린 공식문서와 해설을 참조하라.

13) *Korrespondenzblatt der Generalkommission der Gewerkschaften Deutschlands*, 7(1897).

14) Otto Geithner, "Zur Taktik der Sozialdemokratie: Betrachtungen eines Lohnarbeiters," *Die Neue Zeit*, 13(1885), p.65.

4
지도자에 대한 사회적 분석

"환상가, 인정받지 못한 천재, 몽상가, 문학적 보헤미안,
갖가지 사회적 만병통치약을 만들어낸 무허가 발명가,
인생 낙오자, 환쟁이, 뜨내기 배우, 돌팔이 의사,
장터의 약장수들 몽상가―이런 사람들은
대중 교육에는 무관심하고 거물급 지도자가 될
야심을 품고 있지는 않다 하더라도, 자신의 자아를
드높이기 위하여 프롤레타리아트 운동에 가담한다."

1 서론: 계급투쟁과 부르주아지의 분화

대중은 무딘 존재이다. 대형 사건들은 그들 곁을 스쳐 지나가고, 경제와 기술에서 발생한 혁명은 그들 감성에 본질적인 변화를 일으키지 못한다. 긴 세월이 흐른 뒤에야 비로소 그들은 새로운 조건에 반응하고 흥분하기 시작한다. 따라서 그들은 정치적으로 가장 낙후된 상태, 즉 인민대중의 법적, 도덕적 발전을 극심하게 저해하는 조건들을 수십 수백 년동안 감수한다.[1] 따라서 경제는 변화하는데, 과거의 경제에 뿌리를 둔 정치제도와 국법질서는 장기간 동안 불변하는 경우가 있다. 가장 좋은 예가 전쟁 이전[1914년 이전]과 부분적으로는 전쟁 이후[1918년 이후]의 독일이다. 그때 독일의 정치는 지나가버린 경제 단계에나 적합한 봉건 귀족적인 형태여서, 너무도 명백히 산업 자본주의적인 경제의 '내용'에 여전히 적응하지 못하고 있었다.

이러한 현상은 비정상적으로 보일 수도 있다. 그러나 그것은 겉보기에

---

1) 로테크는 『프랑스혁명사』 서문에 이렇게 적고 있다. "이 민족들은 압제자의 모든 억압과 착취를 수백 년 동안이나 그리고 지금도 여전히 무심하게, 간간이 가벼운 한숨이나 내쉬면서, 또 더 나은 상태란 전혀 생각하지 못한 채 견뎌내고 있다. 마치 동물들이 자기를 마음대로 부리는 주인이 디밀어주는 적은 양의 사료를 만족스럽게 혹은 감사하게 받아먹는 것처럼 말이다"(Carl von Rotteck, *Allegemeine Geschichte usw.*, p.81).

만 그럴 뿐이다. 그러한 역사적 현상의 원인은 두 가지이다. 첫째, 과거의 경제 형태를 대표하면서 그 시기의 정치적·도덕적 권력을 상당 부분 장악하고 있던 계급 혹은 계급 층위들이, 추후의 경제적·문화적 발전에 밀려나고 또한 그 뒤 상당한 시간이 경과하였음에도 불구하고, 인민 다수의 단호한 의지에 반하면서까지 정치권력과 지배권을 상당 기간 동안 유지하는 데 성공하기 때문이다. 물론 그들은 지배권을 계속 보존하기 위해서, 자신과 본질은 상이함에도 불구하고 기꺼이 종복이 되어 자신의 지시에 따르는 다른 집단들을 필요로 한다. 그러나 그보다 더 흔한 것은 두 번째 현상이다. 경제적으로 과거에 속하는 계급이 추후에도 헤게모니를 유지하는 이유는, 경제적으로 현재에 속하는 계급들, 혹은 늦든 빠르든 미래의 경제를 장악하게 될 계급들이 자신들의 국가적, 경제적 중요성 및 권력 지위를 '인식'하지 못하기 때문이다.

더욱 중요한 요인은 그들이 현재 자신에게 가해지고 있는 불이익과 멸시를 문제시하지 않는다는 것이다. 그리고 그늘의 의식을 그처럼 결정적으로 마비시키는 것은, 자신이 무기력한 존재라는 슬픈 믿음이다. 이러한 숙명론적 무기력증을 떨쳐버리지 못하는 한, 그리고 한 계급에 가해진 사회적 부조리에 대한 의식이 각성되고 첨예화되지 않는 한, 해방을 위한 그 어떤 노력도 경주될 수 없다.

억압상태가 '존재'하는 것 그 자체가 아니라, 억압받는 사람들이 그것을 '의식'하는 것이 계급투쟁의 역사의 동인(動因)이다.[2] 따라서 근대 프롤레타리아트가 즉자적(卽者的)이고 대자적(對者的)으로 존재하는 것만으로는 '사회문제'가 대두하지 않는다. 계급투쟁이 혼몽한 잠복 상태에서 영원히 머무르지 않기 위하여 필요한 토대는 계급의식이다. 이것이야말로 계급투쟁의 필수적인 조건이다.[3] 주지하다시피 프롤레타리아트

---

2) 이것은 예컨대 정치적으로 아주 신중한 사람인 콘라트(Johannes Conrad)조차 고백한 사실이다. *Grundriß zum Studium der politischen Ökonomie*, 제2부: Volkswirtschaftpolitik, 제2판, Jena, 1898, p.48.
3) 필자는 이미 다른 곳에서 계급의식의 분석에 대한 견해를 피력한 바 있다.

로 하여금 생생한 계급의식을 느끼고 생각할 수 있도록 만드는 것은, 프롤레타리아트 계급의식의 필연적 적대자인 부르주아지이다.

인류의 발전사는 역설로 가득 차있다. 부르주아지의 비극적 숙명은, 경제적으로나 사회적으로나 자신의 영원한 적대 계급인 프롤레타리아트의 스승이 되어야 한다는 것이다. 왜냐하면 마르크스가 이미 『공산당 선언』에서 설명하고 있는 바대로, 부르주아지는 "처음에는 귀족에 맞서 싸우지만, 그 뒤에는 산업의 발전 방향과 이해관계에서 입장을 달리하는 부르주아지 분파와 맞서 싸우고, 그리고 다른 모든 나라의 부르주아지와 항상 대립할 수밖에" 없는 "지속적인 투쟁 상태"에 처해 있기 때문에, "프롤레타리아트에게 호소하고 그들의 도움을 받아들이며, 그렇게 함으로써 그들을 정치운동에 끌어들이도록" 되어 있기 때문이다. 이 과정에서 부르주아지는 프롤레타리아트에게 "지적인 요소, 말하자면 자신들을 공격할 무기"를 제공한다.[4]

부르주아지는 다른 측면에서도 프롤레타리아트의 스승, 혹은 투쟁의 교사이다. 프롤레타리아트와의 지속적이고 밀접한 접촉을 통하여 일부 부르주아지들은 부르주아지로부터 떨어져 나와, 자신의 지식과 정신을 노동 대중을 위하여 사용하고 노동자들로 하여금 기존의 현실을 부조리한 관계로 느끼고 인식하며 그에 대항하여 투쟁하도록 고무한다. 부르주아지 계급으로부터 떨어져 나온 그들 전향 부르주아지는 언제나 상대적으로 소수이다. 그러나 그들은 최악의 부르주아지가 아니라 초인(超人)이다.

다시 말해 그들이 자기 계급의 평균치를 '초월하는' 인간애와 동정심과 윤리적인 분노를 갖고 있다는 의미에서, 혹은 여타의 부르주아지들보다 역사에서 작용하는 힘을 이론적으로 깊이 있게 통찰하고 자신의 인

"Psychologie der antikapitalistischen Massenbewegungen," 제3부(*Grundriß der Sozialökonomik*, 제9장, p.271 이하).

4) Karl Marx, *Das Kommunistische Manifest*, 제6판, Berlin, 1901, p.16.

식을 현실로 옮기기 위한 고도의 논리적 힘과 일관성을 보유하고 있다는 의미에서, 그들은 초인이다. 어쨌거나 그들은 자기 계급의 평균치를 '넘어선다.' 태어나고 교육받은 원래의 계급으로부터 이탈한 그 부르주아지들은 이제, 아직 잠들어 있는 프롤레타리아트의 본능에 해방을 위한 노력을 기울일 의식적인 방향을 제시한다.

프롤레타리아 대중은 자신들을 짓누르는 억압을 처음에는 본능적으로만 감지한다. 교육을 받지 못한 그들로서는 미궁과도 같이 어지러운 세계사의 방향을 결코 통찰할 수 없다. 심리적 역사법칙이라고 간주할 만한 것이 있다. 오랜 문화적 소외와 권리의 박탈로 인하여 쇠잔해지고 스스로에게 절망해버린 계층과 계급은, 자신의 계급 동지 외에 '상위'(上位)— 이 기계적인 단어를 계속 쓰자면— 계급이 함께 말할 때 비로소 강력한 행동을 취하기 위하여 몸을 일으킨다는 것이다. "우리가 부당하게 대우받고 있다는 사실을, 우리처럼 무지한 대중뿐만이 아니라 세계의 동향을 우리보다 더 잘 알고 판단할 수 있는 사람들, 즉 높은 신분의 교양인들도 말하고 있다. 그러므로 우리의 해방 의식은 결코 자기 기만이 아니다!"[5] 과거의 역사에서 거대한 계급 운동을 불러일으켰던 힘은 바로 그러한 생각이었다.

사회주의 이론은 철학자, 경제학자, 사회학자, 역사학자 등 지식인들의 저술에서 나온 것이다. 수많은 사회주의 강령에서 지식인의 언어가 아닌 단어는 단 하나도 찾아볼 수 없다.[6] 사회주의의 태두들은 몇몇의

---

5) 이런 사고는 너무나 당연한 것이어서 누구나 다 이해할 수 있는 것이다. 렉스너는, 비록 피상적이긴 하지만, 베를린 노동운동에 대한 심리학적 연구에서 이 점을 언급했다(Otto von Lexner, *Soziale Briefe aus Berlin. 1888~1891*, Berlin, 1891, p.147).

6) 올덴베르크도 이렇게 적고 있다. "역사적으로 보아 사회민주당은, 가장 고도의 철학적-학문적인 영역에서 나온 이상주의적 환상이 프롤레타리아트 머리에 기계적으로 이식된 것이다. 라살이 나중에 '학문과 노동자의 결합'이라고 정의를 내렸듯이, 이것은 애초부터 서로 어울리지 않은 결혼과 같은 것이다"(Karl Oldenberg, *Die Ziele der deutschen Sozialdemokratie*, *Evangelischsoziale Zeitfragen*,

예외를 제외하고는 일차적으로 지식인들이었다. 좁은 의미에서의 정치가들은 이차적이었다. 사회주의자들이 등장하기 이전에도 자발적인 프롤레타리아트적(proletaroid) 운동은 있었다. 그러나 그것은 다만 정신적, 경제적 생활수준의 개선을 선망하던 본능적 움직임이었을 뿐이다. 그것은 저주스러운 현실의 객관적 원인을 인식한 인간의 행위였다기보다, 현실에서 자동적으로 나타나는 불만들을 기계적으로 분출해버리는 운동에 불과하였던 것이다. '프롤레타리아트적' 운동이 '사회주의' 운동으로 바뀌고, 무의식적이고 무목적적이며 본능적인 반란이 비교적 분명하고 명시적인 목적을 달성하려는 의식적인 노력으로 전환한 것은 노동자들에게 지식이 결부되었던 때였다.

이는 과거의 모든 계급투쟁에서 확인된다. 역사상 모든 거대한 계급운동은 그 운동의 타도 대상인 계급에 속하는 사람들의 자극에 의하여, 그리고 그들의 도움과 주도하에서 발생하였다. 고대 로마에서 노예 해방을 위하여 떨쳐 일어났던 스파르타쿠스는 비록 노예였지만, 원래 출신은 트라케 태생의 유산 자유민이었다. 튀링겐의 농민전쟁을 주도하였던 토마스 뮌처는 농민이 아니라 지식인이었고, 플로리안 가이어는 기사였다. 프랑스 혁명 초기에 제3신분의 해방 운동을 이끈 탁월한 지도자들, 곧 드 라파예트, 드 미라보, 드 롤랑, 아베 시에예스는 특권 신분에 속했고, "국왕 시해자"인 평등공 필립은 심지어 왕실의 일원이었다.

근대 노동운동의 역사는 그 법칙으로부터 한 치도 벗어나지 않는다. 테오도르 린드너는 사회주의 운동이 비노동자에 의하여 "태동되었다"고 주장한다.[7] 이 평가는 완전하게 타당하지는 않다. 그 말은 한편으로 마술사의 요술지팡이를 연상시킨다. 다시 말해 "노동자 운동이여, 이루어질지어다! 그러자 노동자 운동이 이루어졌다"라는 인상을 풍기기 때문이다. 게다가 린드너의 말은 그 "태동"의 본질적인 측면을 드러내지

Leipzig, 1891, p.58).

7) Theodor Lindner, *Geschichtsphilosophie*, 제2판, Stuttgart, 1904〔제4판, 1921〕.

못하고 있다. 노동자의 운동은 결코 무에서, 그리고 그 유명한 "위대한 사람" 한 명에 의하여 태동할 수 없기 때문이다. 다시 말해 그 "태동"은 역사주의적 역사 '인식' 이론의 유일한 초석인 위대한 사람에 의하여 이루어지는 것이 아니다. 그것은 그 수준에 도달하지 않고는 어떤 운동도 태동할 수 없는, 특정한 사회경제적인 발전 수준을 전제로 한다.

그러나 린드너가 관찰한 바는 옳다. 이미 1872년에 하인리히 폰 지벨이 주목한 바처럼, 근대의 대규모 노동운동의 전령은 대부분 "교양신분"이었다.[8] 정치적 사회주의의 위대한 선구자인 동시에 철학적 사회주의의 위대한 대표자인 생시몽과 푸리에와 오웬, 정치적 사회주의의 창시자인 루이 블랑과 블랑키와 라살, 과학적·국민경제적 사회주의의 대부인 마르크스, 엥겔스, 로드베르투스는 모두 부르주아 지식인이었다. 프롤레타리아트 운동의 이론과 실천에 미친 국제적 중요성을 놓고 판단하자면, 견습 재단사였던 빌헬름 바이틀링과 독학 철학자였던 피에르 르루는 그들에 필적할 수 없다. 다만 식자공이었던 프루동만이 고고한 벽살나무처럼 두드러지는 인물이다.[9]

근자에 와서도 노동자문제에 대한 논의를 실질적으로 선도하는 인물들은 대부분 부르주아지 출신이다. 노동계급 출신은 예외적 존재이다. 그리고 부르주아지 출신으로 위대한 사회민주주의 정치가가 된 사람들을 열거하자면 수십 페이지를 채우고도 남을 것이다. 반면에 프롤레타리아트 출신으로 프롤레타리아트의 역사에 불멸의 이름을 남겨놓은 노동운동 지도자들은 한 손으로 꼽을 수 있다. 브누아 말롱, 아우구스트 베벨, 에두아르 안젤르 등이 그들이다. 그러나 그들조차 위대한 실천가이자 조직가이긴 하지만, 창조적인 이론가는 아니다.

---

8) Heinrich von Sybel, *Die Lehren des heutigen Sozialismus und Kommunismus*, Bonn, 1872, p.91.
9) 그러나 그에 대해 또한 이런 말도 언급되고 있다. "그러나 그가 지도적인 자리에 올라섰을 때, 그는 이미 작가였다. 그는 작가로서 노동지도자가 되었지, 노동지도자로서 작가가 된 것은 아니다"(Ed. Bernstein, *Arbeiterbewegung*, p.144).

부르주아 계급의 이탈자들이 프롤레타리아트 정당의 결성에 참여하는 현상은 모든 나라의 정치적 노동운동사에 대한 면밀한 연구에 의해 확인되는 역사적 사실이고,[10] 또한 일본과 브라질의 사회주의를 보면 알 수 있듯이[11] 사회주의의 나무에 새로운 가지가 돋아날 때마다 반복되는 현상이다. 우리는 그것을 역사 발전의 논리적 결과로 간주할 수도 있을 것이다. 그뿐만이 아니다! 우리가 밝혀냈다시피, 부르주아 이탈자들이 투쟁적인 프롤레타리아트 정당에 단순히 참여할 뿐만 아니라 프롤레타리아트 해방 투쟁에서 지도적인 역할을 맡는 현상 역시 역사 발전의 결과이다.

이제 그동안 빈번하게 제기되어온 질문을 다시 한 번 던져보자. 부르

---

10) 이것은 거의 모든 나라에서 연구를 통해 명확히 입증되었다. 이탈리아에 대해서는 필자의 *Proletariato e borghesia nel movimento socialista italiano*, pp.19~118, 영국에 대해서는, William Edward Hartpole Lecky, *Democracy and Liberty*, London, 1899, 제2권, p.370, 러시아에 대해서는 러시아 법무장관 그라프 팔렌(Graf von der Pahlen)이 작성한 공식 보고서가 들어 있는 비밀문서("Eine geheime Denkschrift über die nihilistischen Umtriebe vom Jahre 1875")를 보라(*Deutsche Rundschau*, 7, 1881, pp.351~365). 혁명적인 측면에 대해서는 1900년 인터내셔널 사회주의 파리대회에서 러시아 사회민주당 분파를 대표하여 『라보체예 드엘로』(*Rabotscheje Djelo*)의 편집장인 크리체브스키(Boris Kritschewski)가 쓴 사회민주주의 운동에 대한 보고서를 참조하라(Bericht an den Internalitionalen Sozialistischen Kongreß in Paris 1900 über die Russische Sozialdemokratische Bewegung). 거기에는 러시아 사회민주주의당의 선전담당부서가 1890년대에 "처음으로 거의 지식인 대표들로 구성되었다"(p.5)라고 적혀 있다. 프랑스에 대해서는 Mermeik, *La France socialiste*, p.52를 참조하라.

11) 일본의 사회주의 태동에 대해서는 다음의 논문이 유용하다. Gustav Eckstein, "Die Arbeiterbewegung im modernen Japan," *Die Neue Zeit*, 22(1905), 제1권, p.667 이하. 브라질 사회주의노동자당은 1902년 상파울루(São Paulo) 제2차 전당대회 때 처음으로 확고한 조직을 갖추었으며, 당 지도부를 설치하는 강령을 내놓았는데, 그때 지도부 7명 가운데 최소한 3명(Ascendino Reis, Ludgero de Souza, Paranhos)이 박사학위 소지자였다(Paul Löbe, "Die sozialistische Partei Brasiliens," *Die Neue Zeit*, 20, 1902, 제2권, p.529). 우리가 알고 있는 바에 따르면, 그 당 수뇌부 가운데 2명, 곧 강령초안자인 데 암브리스(De Ambrys)와 벨리(B. de Belli)는 이탈리아 태생으로 지식인이다.

주아지로부터 프롤레타리아트로 변신한 수많은 사람들의 존재는 '계급 투쟁이론'의 무용성을 입증하는 것은 아닌가? 달리 말해서 계급을 철폐하게 될 대망의 미래 국가가, 계급적 특권들이 사회적으로 불평등하게 배분되어 있다는 점을 부르주아지가 깨달아가는 점진적인 심리적 변화에 의하여 실현되는 것은 아닐까? 사회주의자와 헌법학자, 도덕가와 무정부주의자, 신기독교도와 신형법학자 등이 막연하게 그려왔던 그 국가가 그렇게 자연스럽게, 계급투쟁을 거치지 않고 실현되는 것일까? 사태가 그렇다면 계급의 '이해관계'를 정치에서 대변하는 계급 '정당' 역시 엄격하게 구분할 필요가 없을 것이다. 정당을 엄격하게 계급별로 구분하는 것은 쓸모없고 혐오스러운 악취미에 불과한 것일 터이다.

『윤리문화』지(紙)의 루돌프 펜치히는 한때 부르주아지로부터 사회주의로 넘어간 사람들을 아무런 유보도 없이 "선구자"로 칭하는 오류를 범했다.[12] 이 표현이 논리적으로 전제하고 있는 가정은, 역사적인 인내의 시간이 얼마간 지나면 마치 종자가 기수를 따르듯, 부르주아지 대중이 대오를 이탈한 선구자의 뒤를 좇아 자신들의 경제적·사회적 무덤으로 몰려가리라는 것이다. 우리는 그것을 할복자살의 이론이라고 부를 수도 있을 것이다. 만일 할복자살이 자발적으로 행해지는 것이 아니라, 상부의 명령이라는 외부적 강제에 의하여 발생하는 것이라는 사실이 알려지지만 않았다면 말이다. 그 이론의 타당성을 간략하게 살펴보자. 기독교 사회주의자들과 생시몽주의자들은 항상 이념의 윤리적 힘을 믿었고, 그것을 통해 적대자들을 전향시킬 수 있으리라고 생각했다. 그리하여 그들은 부르주아지에게 지치지 않고 호소했다. 루이 블랑은 무엇보다도 노동의 권리, 그리고 정부가 사적(私的) 자본주의를 막기 위해 재정적으로 뒷받침해주는 생산협동조합적 사회주의를 내세웠다. 블랑은 이를 위하여 『노동의 조직』서문에서 모든 계층의 단결을 촉구하였다.[13]

---

12) Rudolph Penzig, "Die Unvernunft des Klassenkampfes, Eine Antwort auf R. Michels' Aufsatz: Endziel, Intransigenz, Ethik," *Ethische Kultur*, 12(1903), Nr.52.

현대의 사회주의에서도 기업가들이 노동운동에 합류할지 모른다는 가정이 그리 낯선 것은 아니다. 사회주의 시인 에드몬도 데 아미치스가 사회주의 세계관이 최종적인 승리를 거두게 되는 결정적인 원인으로 꼽은 것들을 보자. 그것은 대규모의 총체적인 산업 위기가 발생한 뒤에 나타나는 전(全)사회적인 피로감, 소유 계급이 자신들의 특권을 둘러싼 끊임없는 투쟁에 대하여 갖게 되는 극심한 혐오감, 자신을 가련한 존재로 강등시켜버릴 철혈(Blut und Eisen)의 혁명에 대한 불안한 우려감, 그들 자신의 내부에서 솟아나는 청춘과 이상(理想)에 대한 이름 모를 욕구, 간단히 말해 "이미 사멸해버린 세계의 폐허 속에서 살아야 한다는 것에 대한 경악"이었다.[14]

이와 비슷한 사고방식을 우리는 이미 50년 전의 시인 하인리히 하이네에게서 찾아볼 수 있다. 잘 알려져 있다시피 하이네는 사회주의자로 분류될 만한 모든 것을 갖고 있는 인물이었다. 그에게 부족한 것은 강력한 지지기반뿐이었다. 그는 정치, 예술, 국민생활에 대한 파리 보고서의 부록에 1843년 6월 15일 자로 이렇게 적었다. "나는…… 여기에서 특히 공산주의의 적대자들이 그 모든 권력을 보유하고 있음에도 불구하고 스스로에 대한 하등의 도덕적 확신을 갖고 있지 못한 것이 공산주의에게 얼마나 유리한 상황인지 말하고자 한다. 현 사회는, 마치 목수의 아들이 왔을 때 썩은 대들보가 내려앉은 과거의 사회처럼, 자기 정당성에 대한 믿음, 그러니까 아무런 자기 존중도 없이 순전히 현실적 필요성으로만 명맥을 유지하고 있는 것이다."[15]

우리는 위에서 인용된 구절의 여러 부분을 놓고 그 시인들과 논쟁을 벌일 수도 있을 것이다. 소멸해가는 부르주아 사회가, 프롤레타리아트의 최종적 승리를 저지하지는 못한다고 하더라도 그것을 늦출 수 있으

---

13) Louis Blanc, *Organisation du travail*, 제4판, Paris, 1845, p.V 이하.
14) Edmond de Amicis, *Lotte civili*, Firenze, 1899, p.924.
15) Heinrich Heine, *Lutetia, Sämtliche Werke*, Hamburg, 1890, 제10권, p.93.

리라는 희망 속에서 무기를 집어들고, 이미 무너진 소유권이지만 그것을 필사적으로 방어하고자 하지 않을 것이라는 아미치스의 주장은, 곧 설명이 되겠지만 대단히 의심스러운 것이다. 마찬가지로 소위 오늘날의—1843년에!—부르주아 사회가 자신의 도덕적 정당성에 대한 신뢰를 이미 크게 상실했다는 하이네의 주장 역시 분명히 여러 면에서 취약점을 안고 있다.

모든 나라의 부르주아지들이 대체로 명백한 오류와 취약점과 결점을 갖고 있는 것은 아마 사실일 것이다. 그러나 그들의 실제 모습은, 사회주의자들이 전통적인 희화(戲畵)에서 그려놓는 뚱뚱하고 사악하고 비겁한 부르주아지 상과는 거리가 멀다. 그들은 더욱 강하고 더욱 자신만만하고 더욱 열정적이고 더욱 큰 도덕적 활력을 갖고 있다. 그들은 더더욱 이상지향적이고 더욱 희생적이다. 그들 가운데 지식인들이 특히 그렇다. 전쟁 중에 보여준 부르주아 지식인들의 태도는 아무리 찬양해도 지나치지 않을 정도였다(대학생들의 사망률을 보라).

그럼에도 불구하고 데 아미치스와 하이네가 공유한 기본적인 생각은 옳다. 자신의 정당성에 대한 믿음을 상실한 사회는 정치적 빈사 상태에 빠진 사회이다. 그러나 특권 계급이 특권에 집착하는 것은, 그들의 독특한 특성들, 특히 무모함과 활력이 여전히 살아 있다는 것을 전제로 한다. 그 특성들은 잔인함 및 비양심과 함께 나타나는 것이기는 하지만, 그것들은 자신의 정당성에 대한 믿음이 존재하고 있을 때에 비로소 드높게 자라날 수 있는 것이기도 하다. 지배자들이 인도주의적 사고를 내면화하고, 그에 따라 자신의 도덕적 정당성을 회의하게 될 때에야 비로소 그들의 사기는 저하되고, 빌프레도 파레토가 말했던 것처럼[16] 지배적 지위를 방어할 수 없게 된다.

이 법칙은 민족국가에도 해당된다. 어떤 민족 집단이 자기 존재의 정당성에 대한 믿음을 갖고 있고, 또한 그 믿음이 하나의 확신, 다시 말해

---

16) Vilfredo Pareto, *Les systèmes socialistes*, 제1권, pp.37, 57.

도덕적 기반에 뿌리를 두는 곳에서는 어디에서나 그 법칙이 유효하다. 자기 정당성에 대한 신뢰의 부재는 데카당스와 몰락을 의미한다. 민족, 법률, 제도, 사회계급은 그 대표자들이 자신의 존재에 대한 특별한 정당성을 갖지 못할 때 비로소 소멸된다. 이는 하나의 역사적 법칙으로 간주될 수도 있다. 우리는 이 책 초판에서 다음의 사실을 지적한 바 있다. 폴란드인들은 세 동강으로 잘리고 피투성이가 되었음에도 불구하고, 자기 민족과 자신에 대한 믿음, 그리고 자기 민족의 권리를 보전하였다. 그들 가슴속에 자기 민족의 존재 정당성에 대한 의식이 살아 있는 한, 세계의 그 어떤 권력도 민족으로서의 그들을 멸망시킬 수 없을 것이다. 우리의 이러한 생각은 제1차 세계대전의 결과에 의하여 전적으로 확인된다.

그와는 반대로 폴란드인과 똑같은 슬라브족인 벤트족은 그들이 겪은 격동의 세월과 그 격동의 역사적 사건들이 진행된 특수한 상황들로 인하여 민족적 자의식을 유지하지 못하였다. 물론 그들은 그것을 가져본 적도 없었다. 그리하여 벤트족은 스프레발트 지역에서 독자적인 언어를 보존하기는 하였지만, 결국 별수없이 게르만족의 문화 속에 파묻혀 문화사적으로 소멸해버리고 말았다. 독일의 상당히 넓은 지역에 퍼져 살고 있는 그들의 후손은 빈번히, 자신들이 슬라브족의 순수혈통을 이어받았다는 사실을 알지도 못한다. 그들은 독일인과 슬라브족 사이에 투쟁이 벌어지면 인종적으로 자신의 동족인 슬라브족에 대항하여 가장 용맹하게 싸웠다. 그들이 독일인들과 공유하고 있는 것은 혈통이 아니라, 그들의 조상이 독일인 정복자들로부터 받아들였던 관습과 언어이다.

역사 속의 사회투쟁 역시, 타도의 대상이 자신감을 유지하고 있을 경우에는 언제나 승리하는 데 많은 시간이 요구되었다. 프랑스 혁명이 일어날 수 있었던 까닭은, 부르주아지가 귀족을 부(富)에서 일찌감치 앞질렀기 때문이었다.[17] 그러나 프랑스 혁명은 또한 볼테르, 달랑베르, 루소,

17) Victor Riquetti de Mirabeau, *L'ami des hommes, ou le traité de population*, Hambourg, 1758, 제1권, p.458 이하, p.511 이하.

돌바흐, 디드로 등이 프랑스 제1신분이 누리던 특권 경제의 '부도덕성'을 날카롭게 파헤치는 열정적인 저작들을 내놓음으로써 가능하였다. 그로 인하여 성직자와 귀족의 역사적 정당성이 크게 흔들렸기 때문이다. 루이 블랑은 혁명에 대하여 이렇게 말했다. "18세기 이념의 거대한 실험장이었던 백과사전이 거대한 영향을 미쳤기 때문에, 1789년에는 도덕적으로 이미 몰락한 영지 소유자들을 더 이상 물질적으로 단죄할 필요가 없었다."[18]

이는 일곱 나라로 찢겨져 있던 이탈리아가 통일되는 과정에서도 드러난다. 그 나라는, 외부의 적들과 벌인 투쟁을 별도로 하면 최소한의 유혈투쟁만을 겪고 통일을 달성하였다. 그리고 이탈리아 통일왕국이 건설된 뒤에 반도의 그 어느 누구도 쫓겨난 지배층에 대하여 애도하지 않았다. 프로이센의 독일 통일과 판이하게 다른 그 상황이 가능하였던 것은, 이탈리아의 행정적 통일에 훨씬 선행하여 감정의 통일이 이루어졌기 때문이었다.[19] 미국의 남북전쟁이 남부 흑인노예에게 유리하게 끝났던 것은, 북부의 군사적 우월성 덕분만이 아니다. 그것은 전쟁이 끝나갈 무렵 남부의 노예 주(州)들 내부에, 자신들이 도덕적으로 옳지 않다는 의식이 확산되었기 때문이기도 하였다.[20] 이러한 예를 들자면 한이 없을 것이다.

---

18) Louis Blanc, *Organisation du travail*, p.XIII.
19) 로마 교황령에서는 그 몰락 직전까지도, 유대인 공동체가 가혹한 세금에 대해 이의를 제기하면, 유대인들은 예수를 죽음에 이르도록 했으니까 그 세금을 내도 마땅하다는 이유를 붙여서, 그 이의를 받아들이지 않았다. 민속축제 때 유대인들은 돼지 한 마리를 제물로 바쳐야 했는데, 사람들은 이 돼지를 가져다 재미 삼아 테스타키오(Testaccio)에서 아래로 밀쳐서 떨어뜨렸다. 클레멘스 9세가 자비를 베풀어 이 풍습을 바꾸기 이전까지, 그곳에서 떨어뜨려진 것은 돼지가 아니라 유대인이었다. 로마에서 일반적으로 행해지던 이런 유대인에 대한 차별 사례 및 그와 유사한 편견들에도 불구하고, 로마 교황령이 이탈리아 왕국으로 편입된 직후에 로마 사람들은 많은 유대인들을 지방자치단체장, 주의원, 국회의원 등으로 선출했다. 왜냐하면 "사고의 혁명이 먼저 일어나, 그런 결과들에 방해가 될 만한 것들이 일소되었기" 때문이다(Aristide Gabelli, "Roma e i Romani," *Nuova Antologia*, 26(1881), 제16권 제2호, p.420).

선동의 가장 중요한 과제의 하나는 적대자의 자신감을 동요시키는 것이다. 그리고 그것의 절대적 전제는, 적대자가 자신에게 제시되는 논거를 유의미한 것으로 인정하고 수용하는 것이다. 사회주의는 언어의 진정한 힘과 신념의 압도적인 위력을 결코 과소평가해서는 안 된다. 사회주의는 바로 그 힘 덕분에 막대한 성공을 거두어왔다. 그러나 설득력에는 자연적인 한계가 있다. 바로 사회관계이다. 인민 대중, 즉 인민 계급들로 하여금 자신의 이익을 위한 운동에 가담하도록 하는 일은 일상적인 조건에서는 설득 기법만 알면 쉽게 성공할 수 있다. 그러나 만일 어떤 계급에게 그들이 누리는 높은 경제적, 사회적 지위를 포기하라고 설득하는 일은 실패할 수밖에 없다. 이는 사회 투쟁의 역사에서 이론의 여지가 없는 것으로 입증된 사실이다.

개별자로서의 인간은 경제적인 표지가 아니다. 인간의 삶은 한편으로는 계급성이라는 경제적으로 조건지어진 필연성과 다른 한편으로는 계급을 '초월한', 즉 계급 및 신분의 저편에 존재하는 '피와 살'로서의 삶 사이의 끊임없는 투쟁이다. 전자는 어떤 특정한 신분과 전통적인 이해관계에의 귀속성인 반면, 후자는 자기 내부에 있는 열정을 곧추세워 자연적인 경제의 길로부터 벗어나 자신이 발견한 태양을 향하여 달려가도록 하는 충동이다.[21]

개별자로서의 인간과 달리 대중이란 트럼프 카드이다. 물론 대중이 쉽사리 휘말리는 심리 상태가 있으나, 그것이 경제적인 금전 문제라면 오래 가지 않으므로 여기에서는 논외로 할 수 있다. 대중이 수행하는 노동과 그 노동이 야기하는 욕구는 정신과 육체를 직업에 얽매이게 한다. 대

---

20) Woodrow Wilson, *A History of the American People*, New York and London, 1903, 제4권, p.311.

21) 인간을 둘러싼 다양한 부류의 연대 투쟁에 대해서는, Georg Simmel, *Über soziale Differenzierung, Soziologische und psychologische Untersuchungen*, Leipzig, 1890, pp.100~106. 그리고 *Soziologie*, Leipzig, 1908, p.411을 보라. 영국 극작가 골스워디(John Galsworthy)는 자신의 드라마 『충성』(*Loyalties*)에서 이 주제를 잘 다루었다(*Plays*, 제5권, London, 1922).

중의 피와 살에는, 마치 양떼에게 그 주인의 낙인이 찍혀 있듯이, 흐릿하지만 경제적인 이해관계의 압박이라는 인장이 찍힌다. 따라서 양들의 등 위에 찍힌 낙인이 종종 양들의 삶과 죽음을 갈라놓는 것처럼, 대중에게 찍힌 인장이 개개인을 위하여 더 올바른 것인지 더 합목적적인지 하는 문제는 제기될 필요가 없다.

우리는 '부르주아지의 자식들' 중에 사회주의의 이념을 받아들임은 물론 사회주의 사상에 심취하다 못해, 자신의 깨달음이 지시하는 대로 인간 해방의 목표에 자신의 삶을 조건 없이 바치기 위하여 친구, 친척, 부모, 사회적 지위, 사회적 명예 등을 포기해버린 사람이 많다는 사실을 안다. 그러나 그들은 초년생들이다. 그리고 그들은 생업에 전적으로 얽매이는 사람이 아니다. 게다가 그들이 속하는 계급 자체는 그들의 이탈에서 별반 영향을 받지 않는다. 전체로서의 계급은 결코 특권적인 지위를 자진해서 내놓지 않는다. 왜냐하면 계급은 '가련한 형제'를 위하여 퇴장해야 할 만한 그 어떤 도덕적 동기도 인정하지 않기 때문이다. 그것은 '계급 이기주의'가 용납하지 않는다.[22] 하나의 계급으로서 프롤레타리아트 역시 계급 이기주의를 갖는다. 그러나 역사적인 이유로 인하여 프롤레타리아트의 특수한 계급이해는 궁극적으로— 적어도 이념에서는— 인류의 무계급 이상(理想)과 일치한다.[23]

---

22) 계급이기주의가 불러일으키는 연대의식은, 귀속적 유대감(국가, 군대 등)을 제외하면, 우리가 알고 있는 가장 강력한 것이다. 공동체생활은 공동의 적대자에 대항하고자 하는 욕구에 의해서만 생겨난다(이에 대해서는 1909년 8월 베른 사회학국제회의에서 행한 필자의 발표문, "Sur la solidaritéen Allemagne"를 참조하라. 이것은 *Annales de l'Institut International de Sociologie*, Paris, 1910의 제10권에 수록되어 있다). 부르주아 그리고 또한 사회주의적 도덕가의 격렬한 반대여론을 무릅쓰고, 한 네덜란드 사회주의자가 논의한 것처럼, 그 어떤 계급에서나 계급의식이 상승하면, 사회의식은 감소하여 타(他)계급에 속한 사람들에 대한 도덕성은 줄어드는 반면, 자기계급 구성원에 대한 도덕성은 커진다는 것은 명백한 사실이다(Herman Gorter, *Het Historisch Materialisme, voor Arbeiders verklaard*, Amsterdam, 1909, p.72).

23) "과거에 지배권력을 장악한 모든 계급들은, 사회전체가 자기계급의 착취구조

계급 이기주의는 지배하고 소유하는 계급의 다양한 층위에서 다양하게 발전한다. 오늘날에도 여전히 토지 자본가들, 특히 프로이센의 융커들과 대기업가들(좁은 의미에서의 자본주의적인 금융 및 주식업에 종사하는 계층은 자명한 이유에서 일반적으로 좀더 관용적이긴 하지만)은 경제적 영역에서건 사회적 영역이나 정치적 영역에서건, 자신들의 특권을 위협하는 도덕적 요구를 내세우는 사람들을 감옥이나 정신병자 수용소에 보내야 한다고 주장한다. 그러나 그런 부류는 수적으로 한 줌밖에 되지 않는다. 계급 이기주의가 그들만큼 적나라하지도 적대적이지도 않은 계급들은 그들보다 사회정의에 개방적이다. 그러나 그들이 개방적일 때는, 사회정의라는 개념이 그들이 본능적으로 감지하는 계급적 이해관계를 첨예하게 침해하지 않는 경우로 한정된다.

사회개혁의 한계는 여기에 그어진다. 그리고 그 한계는 확고하고 변경 불가능하다. 프로이센의 보수주의자들은 노동자보호법에 호의적이었지만, 산업노동자층이 성장하게 되면 농촌에 인력이 부족해진다는 사실을 인식한 후에는 태도를 바꾸어버렸다. 그때부터 그들은 산업노동자의 상태를 개선하려는 그 어떤 조치에도 적대적인 태도를 취했다.[24] 그러므로 프롤레타리아트가 지식, 건강, 소유에 대한 계급 독점을 없앨 수 있는 유일한 방법이 계급 대 계급의 투쟁이라고 상정하는 것, 다시 말해 단일한 계급운동으로서의 프롤레타리아트가 부르주아지를 내부의 다양한

에 기여하게끔 만듦으로써, 그 계급이 이미 쟁취한 위치를 군건하게 다지고자 했다. 그렇지만 프롤레타리아트는 현존의 소유방식, 곧 지금까지의 모든 소유방식을 철폐함으로써만, 그 사회적 생산력을 쟁취하게 된다. 따라서 프롤레타리아트는 지켜내야 할 만한 그 어떤 것도 소유하고 있지 않다"(Marx, *Komm. Manifest*, Berlin, 1901, p.17).

24) 이에 대해서는 리히트호펜(Elisabeth v. Richthofen, 결혼 후에는 남편의 성을 따라 Jaffé로 불렸다)의 탁월한 소논문(박사논문)을 참조하라. "Über die historische Wandlung in der Stellung der autoritären Parteien zur Arbeiterschutzgesetzgebung und die Motive dieser Wandlungen," Heidelberg, 1901. 그녀는 남작 가문 출신으로 나중에 바덴의 공장감독원이 되었다.

노선 차이에도 불구하고 단일 계급으로 설정하고 그에 대항하여 투쟁하려 하는 것은 당연한 논리적 귀결이다.

그러나 프롤레타리아트가 부르주아지를 축출해야 한다는 역사적인 불가피성과, 그 투쟁 과정에서 인권을 중점적으로 강조해야 할 절대적 요청 사이에, 흔히 주장되는 것처럼 모순이 있는 것은 아니다. 설득이 권력 장악을 위한 수단이기는 하지만, 그것만으로는 부족하기 때문이다. 한 계급이 원하든 원하지 않든 적의 견해가 명분이 뚜렷하고 도덕적으로도 가치 있는 것이라고 설득 당하는 경우, 그 계급의 투쟁력은 내적으로 약화된다. 그로써 그들은 자기 정당성에 대한 자명한 믿음, 즉 자신의 투쟁에 도덕적인 존재 이유를 부여할 수 있는 유일한 믿음을 잃어버리기 때문이다. 그러나 적에게 보다 높은 정당성을 인정하고 또한 이를 통하여 스스로 무기력해진다고 하더라도, 계급 이기주의는 그 계급을 지속적인 투쟁으로 몰고 간다. 이때 그들을 쓰러뜨릴 수 있는 것은 언어의 힘이 아니라 사실의 힘이다.

그러므로 우리는 중요한 요소 세 가지를 확인할 수 있다. 첫째, 부르주아지들이 프롤레타리아트 정당에 가입하는 것은 언제나 주로 심리적인 동기에 의해 이루어지는, 자발적인 선택 과정이다. 둘째, 조직 노동자들의 계급 정당 속으로 들어가는 부르주아 구조대는 오늘날 우리가 겪고 있는 역사적 발전 단계의 논리적 귀결로 간주될 수 있다. 셋째, 부르주아지 계급의 부분적인 이탈이 곧 부르주아지의 자기 해체를 위한 전주곡인 것은 아니다. 왜냐하면 이탈을 감행하게 된 특별한 동기들도 문제이려니와, 이탈을 통하여 적대자들에게 자기비하의 감정과 열등감을 주는 것이 아주 중요하긴 하지만 오직 그 방식만으로는 지속적인 승리를 거둘 수 없기 때문이다. 또한 그렇기 때문에 경제적 이해관계의 대립에 기반한 거대 계급들의 투쟁은 개개인의 이탈에 의하여 결판날 수 있는 성질의 것이 아니다.

2 부르주아지 출신의 사회주의 지도자

입당 동기

사회주의 정당의 지도자들을 사회적으로 분석해보면, 그들 대부분이 프롤레타리아트 혹은 부르주아지, 특히 부르주아 지식인 출신이라는 점을 알 수 있다. 하위 중간계층, 소시민층, 독립 소농민층, 수공업자층 및 소상인층 출신의 지도자는 비교적 적다. 그들은 특정한 조건하에서는 노동운동에 동참하긴 하지만, 그들이 지도적 위치에 도달하는 경우는 거의 없다. 그런데 부르주아지 출신 지도자는, 성분은 노동운동에 낯설지만 그들의 이상주의는 프롤레타리아트 출신 지도자의 평균적인 수준보다 낮지 않다.

이는 심리학적으로 쉽게 설명될 수 있다. 입당은 자발적이다. 거기에는 어떠한 강제성도 없다. 그것은 그 자체로 자유로운 의지 행위이다. 그러나 다른 한편 사회주의는 환경현상(Milieuerscheinung)이기도 하다. 어떤 노동자 집단에서는 사회주의가 절대적인 정신양식이다. 그로부터 벗어나는 것은 일종의 탈영이고 위험이다. 독일 사민당의 베를린 제4지구에서는 당에 소속되지 않는 것이 당을 위해 일하는 것보다 어려운 일이다.[1] 비록 어디에서나 그런 것이 아니고 또 모든 프롤레타리아트 계층이 그런 것도 아니지만, 프롤레타리아트가 스스로를 사회주의자로 '발전'시킬 필요가 없이 곧바로 사회주의 사상 속으로, 사회주의 정당 속으로 '출생'하는 것은 더 이상 드문 일이 아니다. 자본주의 경험이 오랜 나라에서는 많은 노동자 집단, 아니 모든 범주의 노동자들에게 체계적인 사회주의 전통이 존재한다. 할아버지가 아들에게 계급 사상을 물려주고, 아들은 그것을 다시금 자기 아들에게 물려준다. 사회주의는 그들의 '핏속에' 흐르는 것이다.

게다가 오늘날의 경제관계는 프롤레타리아트를 노동자 정당 속으로 몰아넣는다. 왜냐하면 사회주의 사상 체계에 반대하는 사람조차, 그 경제관계의 고유한 계급투쟁으로부터 벗어날 수 없기 때문이다. 이들에게 사회주의란 계급 감정과 모순되지 않는다. 오히려 사회주의는 계급 감정의 가장 순수하고 명백한 표현이다. 임금노동자인 프롤레타리아트가 사회주의자가 되는 것은 전적으로 자신의 현실적인 이익과 부합되는 일이다. 사회주의 정당에 소속된 사실이 알려지면, 그는 물질적인 피해를 입을 수도 있고, 일자리를 잃을 수도 있다.

그러나 바로 그렇기 때문에, 그의 사회주의는 바로 건전한 계급 이기주의의 표현이고, 그가 그 때문에 감수해야 하는 고통은 자신의 계급을 위한 것이 된다. 그의 계급 동지들은 바로 그것 때문에 그를 인정하고 그에게 감사한다. 그 사회주의적 프롤레타리아트의 행동은 일종의 계급행위이고, 그 덕분에 그는 아주 많은 경우 물질적인 손해를 보는 것이 아니라 반대로 이득을 본다.[2]

이 모든 동기는 사회주의 정당에 가입한 부르주아 출신 사회주의자에게 해당되지 않는다. 그들 가운데 그 어느 누구도 노동자들처럼 그 정당속으로, 그 당이 대변하는 사상 속으로 출생하지 않는다. 그들이 자라난 가정은 대대로 정치적으로는 명백히 노동자에게 적대적이거나, 최소한 사회주의적 경향을 경시하고 그에 냉담한 태도를 취하는 가정이다. 또

---

1) *Volksstimme*(Frankfurt) 1906년 7월 17일 자.
2) 이 책 제4부 제4장을 참조하라.

한 이런 가정에서 아들이 그 아버지로부터 물려받는 계급 사상은 프롤레타리아의 아들이 물려받는 계급 사상과는 반대되는 것, 즉 부르주아적 계급 사상이다. 그러므로 그의 '핏속에' 흐르는 것은 사회주의가 아니라 자본주의의 여러 성향 가운데 하나이며, 우월감에 사로잡힌 주지주의이다.

더욱이 그가 처한 경제관계와 그가 학교에서 받는 교육 내용은, 부르주아 자식은 사회주의적 사상을 지닌 노동자층의 움직임에 대하여 적대적이어야 한다고 가르친다. 경제관계는 부르주아 자식들로 하여금, 조직된 제4신분이 부르주아지의 재산을 강탈하려 한다는 데 치를 떨도록 하고 그들 내부의 계급이기주의를 개인적 증오로 첨예화시키며, 교육은 그들 '젊은 주인들'의 우월감을 공적으로 인정된 학문의 권위를 통하여 확인하고 강화한다. 학교와 생활환경이 청년에게 미치는 영향은 막대한 것이어서, 비록 그가 이미 정당 사회주의적으로, 말하자면 지적·도덕적으로 노동자문제에 친숙한 집안의 출신이라고 해도, 그의 부르주아적 본능은 사회주의적 가계(家系)의 전통보다 강하다. 마르크스, 롱게, 리프크네히트, 몰켄부어 및 그 외 몇몇 인물들의 자식들을 보면, 문필 활동을 이어받는 경우는 많지만 부친의 사회주의 경력을 뒤따른 사람은 극히 드물다.

이런 결과가 나오는 데에는 그들의 교육이 여러 면에서 전혀 사회주의적이지 않다는 점이 중요한 역할을 하는 것으로 보인다. 이는 사회주의 가정에서 자주 목격할 수 있는 바이다. 그러나 사회주의 의식의 발전을 가로막는 그런 장애물이 없다고 하더라도, 부르주아 출신은 사회주의적 사상 세계에 이질적인 성장 환경으로부터 영향을 받는다. 왜냐하면 부르주아지는 사회민주주의로 전향했다 하더라도 경제적으로는 당연히 부르주아지에 속하기 때문이다. 비록 그들이 가슴과 머리로 프롤레타리아트 편에서 계급투쟁을 한다고 해도, 경제적으로 그들은 좋은 싫든 부르주아지 편에서 계급투쟁을 벌여야 하고, 집안의 하인들에 대한 관계 등에서 고용주의 범주에 속한다. 이런 측면에서 그들은 정치적으로 부르주아 편에 선 사람들과 동일한 입장에 있는 것이다. 다시 말해 그들은, 속된 의미에서는 그렇지 않다고 해도, 역사적인 의미에서는 '착취자'에 속한다.

그러므로 부르주아지가 사회민주주의로 전향하는 것은 자기계급으로부터의 소외를 뜻한다. 게다가 그 소외가 심각한 사회적, 정신적, 물질적 불이익을 몰고 오는 경우도 많다. 소부르주아지가 계급 의식적 프롤레타리아트 정당으로 전향할 경우, 그건 그래도 조용하게 이루어지는 편이다. 그들은 사회적으로나 정신적으로나 프롤레타리아트에게 가까운 편이고, 프롤레타리아 가운데 최고의 임금을 받는 부류와는 더욱 가까워서, 양자를 분리하는 것은 상상적인 신분적 편견에 불과한 경우가 대부분이다. 부르주아지는 다르다. 가계(家系)의 전통이 강하면 강할수록, 가족 구성원의 사회적 위치가 높으면 높을수록, 재산 등등이 많으면 많을수록, 사회민주주의로의 전향은 어려워진다. 대부르주아지, 고급 관료층, 도시 및 봉건 귀족의 자제들에게 전향은 곧 파탄이다.[3] 그들이 애매한 '휴머니즘'에 경도되는 것과, 최악의 경우에는 스스로를 '사회주의자'로 내세우는 것조차 점잖지 못한 것으로 받아들여지는 터에, 그들이 노동자 정당의 당원임을 공개적으로 드러내고 '불온한' 대중과 발맞춰 전진하려 하면, 그들 계급의 이탈자들은 즉시 편집증 환자 혹은 무뢰배로 낙인찍힌다.

그들의 사회적 위신은 땅에 떨어지고, 계급 내의 가족적 교류가 불가능해지며, 친인척과의 친숙하기 그지없던 끈이 그 즉시 단절된다. 종종 부모와 친척들은 영원히 등을 돌려버린다. 그는 자신의 과거 전체와 단절된 것이고, 계급 전체의 증오심이 집중되는 변절자가 된 것이다. 사회주의적 정당이 일시적으로 권력을 잡으면, 사람들은 잠시 숨을 돌리고,

---

3) 예컨대, 귀족가문의 출신(von Kretschmann)으로 어느 장군의 딸인 브라운(Lily Braun)은 1909년 『한 여성 사회주의자의 회상』(Memoiren einer Sozialistin)이라는 책을 출간했는데, 이 책은 이 점에 대해 많은 것을 시사해주고 있다.

멀어졌던 사촌도 그와의 친척 관계를 기억해낸다. 물론 위험한 시간이 지나가버리고 나면, 그 관계는 다시 부인된다. 여기에서는 유감스럽게도 이러한 태도가 나라마다 어떻게 다른지를 서술할 수 없다.[4]

지식인들이 노동자 정치운동에 참여하게 되는 동인(動因)에는 다음과 같은 두 가지 주요 유형이 있다.

1. 학자. 그는 일반인에게는 비실용적이고 종종 괴팍하게 비쳐지곤 하는 객관적인 목표만을 추구하는 사람이다. 그는 학문과 연구의 결과에 모든 것을 종속시킬 수 있는 존재이다. 따라서 그의 동기는 이상주의적이다. 물론 그는 학문 속에서 강한 이기주의를 좇는다. 다만 그의 이기주의는 고귀한 것으로 승화된 이기주의이다. 그에게는 학문적 일관성이 정언명령(Imperativ)이다. 심리학적으로 명백한 사실은, 인간이란 자신의 천품에 따라 살아야 만족감을 얻는다는 점이다. 학자인 사회주의자가 당에 바치는 희생은 그의 개인적 만족의 총합을 증가시킨다. 그 부르주아지가 사회민주당에 입당함으로써 감수하게 되는 외적인 피해가 아무리 크다 하더라도, 그는 양심을 충족시키는 성과를 얻는다. 살아 있다는 느낌이 커지고, 활력도 증가한다. 그 느낌은 또한 자신의 능력을 극대화하고자 하는 욕망으로 발전할 수도 있다. 그것은 외적인 재화(경력, 재물)의 축적에만 몰두하는 야만적인 욕심과는 아무 관련이 없는 욕망이다.

2. 내적인 열정으로 가득 찬 대단히 감정적인 인물. 이 유형에 속하는 사람들은 대부분 젊은 나이에 사회주의로 전향한다. 피가 끓고 쉽게 타오르며 계산과 속셈을 모르고 감격할 줄 아는 젊은 날의 충동이 나이와 물질적 신고(辛苦)에 방해받지 않으면, 그는 신앙고백의 용기와 선(善)을 향한 보편적 욕구에 이끌린다.[5] 그에게는 불의에 대한 고결한 혐오

---

4) 이탈리아에 대해서는 필자의 *Proletariato e borghesia*, p.210 이하를 참조하라.

5) 이런 충동은 감수성이 예민한 젊은이들의 정서 때문에 흔히 아주 강하게 나타난다. 물론 이것은 때로는 지속적으로 유지되어, 원래 목표와는 전혀 동떨어진 훨씬 더 작지만 단기적인 목표에 매진하게 한다. 그런 묘사로는 하르틀레벤(Otto Erich Hartleben)의 『일기』(*Tagebuch*, München, 1910)를 참조하라. 그는 여기에서

감, 약자에 대한 동정심, 위대한 이상을 위한 헌신 의지가 보다 직접적
인 동기이다. 그의 이상은 나약하고 심드렁한 그의 본성에 용기와 투지
를 불어넣는다.[6] 그 속에는 한편으로는 턱없는 낙관주의, 운동의 이상적

자신의 성장사(成長史)를 솔직하게 내보이고 있다. "살아오면서 나는 오랫동안
자연스럽게 기쁨을 누리고 있다는 데에 대해 부끄러워했다. 내가 비록 결코 예
수와 같을 수는 없지만, 종종 사회민주주의자가 되어야만 한다고 믿었고, 내 정
열을 좋은 대의를 위해 바쳐야 하는 것을 의무처럼 여겼다. 이제 그런 시기는 지
나갔다. 나는 인간이 그 좋은 대의 그 자체임을 깨달았고, 그래서 이제 나 자신
을 위해 모든 노력을 경주하고 있다"(p.228). 하르틀레벤은 이것을 "궁극적으로
자기 자신에 대한 흥겨운 믿음으로 나아가는 내적 발전"이라고 규정했다. 이탈
리아에는 유복한 가정의 젊은 자녀들이 근대 노동운동이라는 대의에 헌신하는
것을 다룬 사회소설이 많은데, 이런 소설을 쓴 작가들은 항상 정의심과 동정심
을 그 동기로 내세우고 있다. 아미치스는 많은 묘사를 했으며(*Lotte civili*, Firenze,
1899, 특히 화려한 묘사는 "A una signora," p.53 이하), 비아니치(G.B. Bianichi, 이
이름은 정신과 교수인 Piertro Petrazzani의 익명이다)와 빈첸초 비치라카(Vincenzo
Vicirca)도 역시 각기 소설(진자, *Il primo maggio*, Milano, 1901, 후자, *L'Apostata*,
Ravenna, 1906)에서 그렇게 했다. 스웨덴의 시인인 게이제르스탐(Gustaf af
Geiljerstam)이 생애 말년에 사회주의에 합류한 것도 바로 이와 같은 동기에서
이다. 『프랑크푸르터 차이퉁』(*Frankfurter Zeitung*)지는(1910년 7월 11일 자) 이
에 대해 이렇게 보도하고 있다. "아주 보수적이고 귀족으로 전혀 손색이 없는 게
이제르스탐이 왜 사회주의 진영으로 넘어갔을까? 한편으로는 분명 그가 자신
의 유년기를 보낸 스트린트베르크(Strindberg) 지방의 분위기에서 영향을 받았
기 때문이다. 그러나 무엇보다도 그의 양심 때문이다. 모든 나라에서 사회적 양
심의 의미가 점차 증대되고 있었지만, 그의 작품에서 그것은 아주 독특한 의미
를 지녔다. 소설 『여성의 힘』(*Frauenmacht*)에 나오는 한 남자는 비천한 출신의 투
박스러운 한 처녀와 결혼을 하게 되는데, 그것은 그녀가 그의 자식을 낳았기 때
문이었다. 이것으로는 그리 특별한 바가 없다. 그러나 그날 결혼식을 치른 날 밤
에 그 남자는 한동안 뭔가를 골똘히 생각하는 듯하다가, 그녀가 그를 부르자 그
녀에게 용서를 빈다. 마치 그가 그녀에게 오로지 신만이 아는 어떤 죄를 범하기
라도 한 것처럼 말이다――그가 바로 게이제르스탐이다." 귀족 출신의 유명한 네
덜란드 여성 사회주의자인 호이헨스(Cornélie Huygens)의 소설(*Barthold Meryian*,
Amsterdam, 제1판 1897, 제3판 1901)에 나오는 남자 주인공은 젊은 부르주아 출
신 지식인으로 놀라운 희생정신을 보여준다.

6) "여러분이 보시다시피, 나는 운동선수와 같은 육체도, 사자와 같은 힘도 갖고 있
지 않습니다. 정신적인 면에서도 나는 투쟁가로서의 자질이 부족합니다. 나는 원
래 기질상 평화, 평온함을 사랑합니다. 그래서 사회주의적 신념으로 인해 억지

역량에 대한 과대평가, 자신에 대한 과대평가 등과, 다른 한편으로는 목표하는 이상과의 거리, 발전 속도, 난관에 대한 오판이 뒤섞여 있는 것이 보통이다. 미적인 감수성도 한몫한다. 사회적 고통의 크기와 깊이를 곧장 느끼고 인식하는 감수성, 대상과의 거리가 멀면 멀수록 더욱 커지는 시적 구상력, 환상, 상상력, 그리고 이해한 것을 신속하고 생생하게 말로 표현하게 해주는 격정적 기질이야말로 그들을 사회주의자로 만드는 가장 강력한 동인이다.[7] 열정적이며 격정적인 열혈한들, 특히 시인들이[8] 노동 해방을 위한 투쟁의 대열에 나서는 이유는 바로 그것이다.

사회주의로 가는 문턱을 넘어선 사람 가운데 학자가 많은가, 낭만주의자가 많은가 하는 물음에 답하기란 쉽지 않다. 아마도 중등학생이나 대학생으로 가입한 사람 가운데는 낭만주의자가,[9] 나이가 든 뒤에 비로소 가입을 결정한 사람들의 가운데는 학자가 많을 것이다. 노동운동에서는

로 오늘의 투쟁에 나서지 않았더라면, 아마도 나는 겁쟁이이자 무기력한 사람으로 남아 있을 것입니다. 사회주의적 신념은 불의와 횡포에 대한 뿌리깊은 반감인 동시에, 그것들이 틀림없이 소멸될 것이라고 강하게 믿는 확신이며, 또한 우리가 그 불의와 횡포에 종지부를 찍도록 힘을 주는 거역할 수 없는 요구입니다." 새로운 이탈리아 사회주의의 핵심인물 가운데 한 명인 프람폴리니(Camillo Prampolini)는 이렇게 말했다(그의 저작을 보라. *Resistete agli arbitrii! Che cosa avrei detto ai giurati*, Modena, 1900, p.11).

7) Ettore Ciccotti, *Psicologia del mov. soc.*, pp.45, 46, 85도 참조하라.

8) 전투적 사회주의에 속하는 아주 유명한 인물들 몇몇을 거명해 보자면 다음과 같다. William Morris, Bernard Shaw, Henry George Wells, Oscar Wilde, Jack London, Upton Sinclair, George D. Herron, Georges Sand, J.B. Clément, Clovis Hugues, Anatole France, Victor Margueritte, Roman Rolland, Henri Barbusse, Cornélie Huygens, Herman Gorter, Henriette Roland-Holst, Jules Destrée, Georg Herwegh, Ferdinand Freligrath, Wilhelm Holzamer, Kar Henkell, Emil Rosenow, Paul Ernst, Bruno Wille, Arno Holz, Ernst Toller, Walter Hasenclever, Fritz v. Unruh, Edmond De Amicis, Ang Cabrini, G. Romualdi, Virgilio Brocchi, Tommaso Monicelli, Diego Garoglio, Maxim Gorki, Gustaf af Geijerstam.

9) 라가르델르(Hubert Lagardelle)는 그 저작에서 이렇게 시사했다. *Les intellectuels devant le socialisme*, 2ᵉ cahier de la 2ᵉ série des Cahiers de la Quinzaine, Paris, 1900, p.57.

일반적으로 양자의 혼합형이 크게 두드러진다. 베네데토 크로체가 주목한 대로, 부르주아 학자들은 오래전에 윤리적인 관점에서 사회주의에 동조했으나, 다시 말해서 사회문제를 정의롭게 해결할 수 있는 유일한 방법으로 사회주의를 선택하고 있었으나, 그들이 실제로 사회주의에 발을 들여놓을 때는 학문의 도정에서—종종 애초의 생각과는 달리—사회주의야말로 그들의 가슴에 간직되어 있던 윤리적 여망을 실현시킬 수 있다는 현실적 확신을 얻을 때이다.[10] 이는 감성과 인식의 종합이라고 할 것이다.

1894년 이탈리아의 저명한 학자들과 예술가들을 대상으로 사회주의에 대한 여론조사를 실시하였는데, 이때 제시된 설문 가운데 하나는, 그들이 사회주의의 목적에서 느끼는 공감, 무관심 혹은 반감이 학문적 연구의 결과인가, 아니면 복합적인 감정의 표현인가 하는 것이었다. 이에 응답한 사회주의자 가운데 대다수는, 자신의 사회주의적 신념은 원래의 정신적 성향이 사실적 확신에 의하여 강화됨으로써 생겨났다고 답하였다.[11] 이는 마르크스주의자들에게도 마찬가지이다. 그들은 감상과 동정

---

10) "예를 들어, 이론적으로는 선의 승리를 추구하면서도, 현실 상황에 대한 불완전한 인식으로 인해 악의 승리에 기여하는 이상주의자가 있다. 이것을 우리는 그가 자기 개인적인 이해관계 때문에 그렇게 한다고 할 수 있을까? 그 어디에 개인적인 이해관계가 있단 말인가? 오히려 그것은 지적인 오류에서 나온 것이다. 이와 마찬가지로, 위기의 순간에 혁명적 계급에 봉사하는 사상가들과 이상주의자들이 늘어나는 것은, 부분적으로 그리고 많은 사람들의 경우에, 의식적 혹은 무의식적으로 그런 개인적인 이해관계를 염두에 두고 있기 때문일 것이다. 그러나 대부분 그리고 많은 경우에 있어서 이런 행위는 이상적인 열망에서 기인한 것이다. 곧 이전에는 실현 불가능하다고 믿었던 이상적 열망들이 이제 새로운 상황 속에서 실현 가능성을 발견하게 된다는 느낌을 이들이 갖기 때문이다. 때로는 출구가 없으리라 믿었던 곳에서 가야 할 길이 눈앞에 분명하고 뚜렷하게 나타나기도 한다. 사회운동의 역사가에게는 이런 심리적 차이가 부차적인 중요성을 지닐 수도 있을 것이다. 그러나 윤리학자에게는 그것이 전부이다"(Benedetto Croce, *Materialismo storico ed economia marxistica. Saggi critici*, Milano-Palermo, 1900, p.57). 베른슈타인도 이와 비슷하게 말했다. *Zur Geschichte und Theorie des Sozialismus*, Berlin, 1904, 제4판, p.42 이하.

심을 경멸하는 듯이 의도적으로 행동하곤 하지만, 최소한 정당활동에서 개인적으로 상승하거나 좌절하지 않은 한 그들의 과시적인 엄격한 유물론 속에는 빈번하게 진정한 이상주의가 내포되어 있다.[12]

물론 사회주의적 감정을 갖고 있다는 것, 그리고 자신의 학문이 사회

---

11) *Il socialismo giudicato da letterati, artisti, e scienziati Italiani.* Inchiesta, con Prefazione di Gustavo Macchi, Milano, 1895. 한때 그 자신 스스로가 인터내셔널의 소속원이었기도 한 마치(Macchi)는 지식인 사회주의자 21명을 대상으로 그들이 왜 사회주의자가 되었는지에 대한 설문조사를 실시했다. 그들 가운데 9명은 그런 행위가 우선 오로지 윤리적인 요소에서 비롯되었다고(이들 대부분은 나중에 이것이 학문을 통해 더 단련되었다는 첨언까지 달아놓았다) 답했고, 4명은 "이성과 가슴, 두 가지가 동시에 작용하여" 사회주의자가 되었다고 했다. 어떤 한 사람(소설가 Giov. Cena)은 프롤레타리아트 자식이었기 때문이라고 간단히 답했고, 다른 사람(시인 Diego Garoglio)은 우선 판사였던 자기 아버지의 업무를 눈여겨보다가 그런 계기를 얻게 되었고, 또 부분적으로는 기독교의 영향 때문이라고 말했다. 다른 한 사람인 페리는 자기가 사회주의자가 된 경로는 복잡하다고 답했다(그는 성향상 인문주의적 감성이 있었는데, 그런 문제를 논구하다보니 점차 발전되어 결국에는 더 심오한 과학적 신념으로 굳어졌다고 했다). 단지 5명만이, 주로 혹은 전적으로, 사회주의자에 대한 학문적인 인식 때문에 그 길을 택하게 되었다고 주장했다. 그 가운데 한 명인 그라프(Arturo Graf)는, 자기의 경우 사회주의로의 전향이 대체로 연구와 확신의 결과여서, 그것이 자기 주변환경, 곧 자기 개인적 성향, 기호, 생활방식과 아주 크게 모순됨으로써 겪는 어려움을 토로했다. 또 다른 사람인 말라고디(Olindo Malagodi)는 사회주의에 대해 일반적으로 공감하지만, 때때로는 병적일 정도로 무관심할 때도 있다고 말했고, 세 번째 사람인 레르다(Giov Lerda)는 학문적 인식이라는 토대 없이 열정만으로 사회주의에 뛰어든 사람은 유해하다고 지적했는데, 이는 과히 틀리지 않은 말이다. 투라티는 어떻게 감성을 이성과 구분해야 할지 모른다고 답함으로써, 그 물음을 회피했다(같은 책, pp.9, 12, 14, 18, 21, 26, 30, 34, 41, 56, 61, 65, 68, 70, 79, 83, 87을 참조하라).

12) "그들은 제기된 목표에 대한 충직성을, 그것이 나아가는 길에 어떤 어려움이 닥치더라도 흔들리지 않을 정도로 충직성을 보여주었다. 더 나은 이상적인 사회를 집요하게 추구하는 '유물론자'들은 '전진! 무슨 일이 일어나더라도'라고 외친다. 이것은 더 이상 수사적(修辭的)이고 열광적이며 헛된 이상주의가 아니다. 이것은 곧 행동의 이상주의이다. 이것은 다양하고 폭넓은 일상적인 삶을 간결한 개념으로 정리한 것이다"(Charles Rappoport, *La philosophie de l'histoire comme science de l' volution*, Paris, 1903, p.V).

주의의 원칙과 일치한다는 것만으로 사회주의 정당에 실제로 입당하게 되는 것은 아니다. 낯선 사람들에 대한 미묘한 두려움이 합류를 가로막는 경우도 종종 있다. 대중의 낮은 교육 수준과 지적 능력, 그리고 그들의 불결한 의복과 신체에 대하여 거의 체질적인 혐오감을 갖는 지식인도 적지 않다. 필자는 지식인들로부터 다음과 같은 말들을 자주 들었다. "사회주의는 전적으로 마음에 든다. 사회주의자들만 없다면!" 사회주의자가 없는 사회주의는 많은 이들에게 엄청난 매력을 발할 것이다. 그러나 행동에의 강한 충동과 양심의 괴로움과 명예심은 예민한 후각을 압도한다. 사람이 많으면 고약한 냄새가 나지만 따스한 법이다.[13] 그렇게 그 고결한 사회주의자는 합류한다. 그리고 의심과 공포가 극복되고 나면 그는 정당 사회주의자가 된다. 부르주아 지식인은 그러한 과정을 거쳐서 프롤레타리아트를 위해서라면 무엇이든 희생하려 하는 사회주의자로 변신한다. 물론 사회주의자들을 싫어하는 만큼이나 사회주의를 사랑하는 그는 프롤레타리아트의 '냄새'를 여전히 싫어한다. 원인은 과잉 유미주의일 수 있다. 그는 감각 없는 옷차림이나 문법에 맞지 않는 말투를 역겨워한다.

그러한 유형은 이중적인 삶을 꾸려가는 경우가 많다. 이념적으로 그는 철저히 사회주의를 따르고, 자신의 사고를 총체적으로 지배하는 그 이념 속에서 살고 행동한다. 그러나 외적인 삶에서 그는 부르주아지로 남는다. 그는 하인들로 둘러싸여서 살고, 살롱을 출입하고, 부족한 것이라곤 없을 뿐더러, 소화할 수 없을 정도로 많은 일에 간여한다.[14] 대략 이런 분위기는 20년 전 사회주의가 팽배했던 베를린 서부의 여러 지역에서뿐

---

13) "그들(대중)은 나쁜 냄새를 풍기지만, 따뜻하다"(Romain Rolland, *Le buisson ardent*, Paris, p.34. 여기서는 사회주의적이며 민족주의적인 지식인이 행하는 변절에 대해 다양하고도 탁월한 분석이 이루어져 있다). Grete Meisel-Hess, *Die Intellektuellen*, Berlin, 1911, p.230.

14) "이들은 해방투쟁에 오로지 이데올로기적으로 참여할 뿐, 사회학적으로는 참여하지 않는다"(Alfred Meusel, "Die Abtrünnigen," *Kölner Vierteljahreshefte für Soziologie*, 3(1923), p.155).

만 아니라, 밀라노, 빈 등의 사회주의 집단에서도 지배적이었다. 어떤 사람은 타성 때문에 입당을 주저하기도 하고, 어떤 사람은 근거가 있든 없든 간에 입당과 함께 겪게 될 불이익에 대한 우려 때문에 입당을 주저하기도 한다. 이러한 경우 최종적인 결정을 하기 위해서는 외부의 자극이 필요하다. 그것은 처절한 사회적 불의에 의해 촉발된 집단적 격분일 수도 있고, 혹은 주저하고 있는 그 자신이나 친척에게 닥친 부당한 사건일 수도 있다.[15] 후자의 경우에는 개인의 의지가 이타주의 원칙들로 승화된다.

　다른 많은 경우에는 인간의 운명, 악의, 무분별이 빚어내는 어쩔 수 없는 상황으로 말미암아 마치 실수인 듯 루비콘 강을 건넌다. 비밀사회주의자들의 경우가 바로 그들이다. 입당을 망설이던 사람이 부르주아 계급 동지들 앞에서 명예가 훼손되는 일종의 '치욕'을 겪는다거나, 신중하게 비밀로 유지해온 사회당 당적이 공공연히 드러나게 되는 수가 있다. 혹은 어쩌다가 무심코 집회에 한번 가본 것을 가지고 부르주아지 신문이 사회주의자라는 악의적인 음해를 퍼뜨리는 경우도 있다. 그는 이제 굴욕적이지만 그것을 부인함으로써 물러나거나, 아니면 남몰래 간직하고 있던 믿음을 솔직하게 고백해야 한다.[16] 이제 그들은 원치 않았는데도 '처녀가 아이를' 갖게 된 것처럼 당원증을 받는다. 일찍이 러시아의 허무주의자인 네차예프는 가면 벗기기를 겨냥한 아주 악랄한 선동계획을 구상

---

15) Ettore Ciccotti, *Psicologia el mov. soc.*, p.47.
16) "신문기사 하나가 너의 부르주아지 생활에는 사형선거가 될 수 있다. 그런데도 너는 그것이 별다른 의미가 없다고 여기는가? 네가 일단 그런 불명예를 받게 되면, 다른 사람들은 너에 대해 전혀 관심을 기울이지 않는다. 너는 아마도 현명하고 아름답고 성숙하고 쾌활하고 호의적이고 친절할지 모른다. 그러나 네가 일단 정말 그런 불명예를 뒤집어쓰면, 너는 전염병 환자 취급을 당할 것이다. 공공장소에서 네 곁에 있던 사람이, 길거리에서 너와 같이 걷던 사람이, 카페에서 같이 수다를 떨던 사람이, 너와 함께 있으면 체면이 깎인다고 생각하여 너를 피하려 들 것이다"(Max Tobler, "Ihr, die Ihr den Weg finden sollt!" *Zeitschrift Polis*, 2, p.10).

한 적이 있다. 네차예프는, 혁명가란 그의 이념에 거의 동의하긴 하지만 아직도 완전히 공유하고 있지 않은 사람들의 위신을 공개적으로 손상시 킴으로써, 적대자와 연결되어 있는 마지막 끈을 끊고 "성스러운 대의"에 온전히 헌신하도록 만들 의무를 갖는다고 주장하였다.[17]

타인과 자연스럽게 대화하는 성격이 결여되어 있기 때문에 문제가 되는 경우도 있다. 사실 남유럽 국가 사람들이라고 해서 아무나 다 사교성이 있는 것은 아니다. 단순하고 평이하게 생각하고 느끼는 사람들을 이해시키고 감동시킴으로써 대중의 호감을 얻어내는 능력이 결여되어 있는 사람도 있다. 이런 사람들은 감정이입의 능력이 결여되어 있거나,[18] 아니면 대중 속에서 편안함을 느낄 수 없거나 느끼고 싶어하지 않기 때문에 대중을 두려워한다. 그들 중 많은 사람들은 그 상황 때문에 고통을 겪는다. 특히 정당에 가입하려는 유혹을 스스로 느꼈을 경우에는 더욱 그렇다.

이제 더 넓은 범주에 속하는 지식인을 논해야겠다. 그들 중에는 조국의 고난에 부딪쳐 깊은 고통이나 쓰라린 실망을 맛본 나머지, 사회주의를 구원의 마지막 가능성이자 확실한 희망의 닻이라 여기면서 입당한 애국자들이 있다. 따라서 국가 전체가 절망에 사로잡힌 시기는 종종 수많은 지식인이 사회주의로 전향한 시기이기도 하다(물론 전후[1918년 이후] 독일의 역사에서 보듯 항상 그런 것만은 아니다). 이탈리아의 가리발디 추종자들이 강한 사회주의적 경향을 드러낸 것은 1870년 이후, 즉로마 정복으로 애국주의자들의 희망이 거의 다 이루어진 뒤였다. 그들이 그 시점에 사회당에 입당한 것은, 갓 통일된 이탈리아가 유럽에서 패권을 장악하기에는 너무도 뒤떨어져 있었기 때문이었던 것으로 보인다.[19]

---

17) James Guillaume, *L'Internationale, Documents et Souvenirs (1864~1878)*, 제2권, p.62.

18) 조르주 소렐(Georges Sorel)은 생디칼리슴 노동운동의 선구자로서, 일생 동안 단 한 번도 집회장에 들어선 적이 없다.

19) Robert Michels, *Sozialismus und Fascismus*, 제2권, p.32 이하를 참조하라.

그들처럼 실망감에서 사회주의로 전향한 사람들은 본질에서는 사회주의자라기보다 애국자이다. 무의식적이긴 하지만, 그들에게 사회주의는 그 자체로 목적이 아니라 수단이다. 따라서 재전향은 전혀 놀랄 만한 일이 아니다. 이는 특히 국가가 초긴장 국면에 처하여, 사회주의 없이도 과거의 애국주의적인 목적들이 전부 혹은 부분적으로 이루어질 수 있을 것처럼 보일 때 그렇다. 그때 과거의 신(神)으로 되돌아가는 고통스러운 전환 과정이 진행된다. 대부분 무의식적으로 일어나는 치졸한 왜곡이 진행되는 것이다. 그런 예들은 이루 헤아릴 수조차 없다.

트리폴리 전쟁(1911년)(이탈리아가 아프리카에 있는 터키 지역이었던 트리폴리를 점령하기 위해 시작된 전쟁으로, 이로써 이탈리아는 식민지 경쟁에 뛰어들었다 – 옮긴이)의 와중에 이탈리아의 사회주의 학자들이 사회적 애국주의자로 전환한 것이나,[20] 제1차 세계대전이 발발할 즈음에 상당수의 독일의 사회민주주의 지식인들이 취한 태도가 아마 가장 전형적일 사례일 것이다. 이때 전환은 번개와 같이 순식간에 이루어진다. 그런 식의 후퇴가 민족적인 단결 의식보다 사회적인 계급의 연대를 더 중요시하는 사회주의자에게 배반으로 비치는 것은 당연하다.

첨언하자면, 위기의 시대에는 민족주의적이지 않은 사회주의자도 민족주의자로 변신할 수 있다. 이는 흔한 현상이다. 다만 원인은 다르다. 그것은 당에 대한 사랑에서, 즉 그런 방식을 통하여 곤경에 처한 당 조직을 구할 수 있기 때문이기도 하고, 전략적인 기회주의 때문일 수도 있으며, 굴욕적이지만 개인적인 두려움이나 공황 심리 때문일 수도 있다. 사회적 애국주의자들의 배신을 비판하는 것은 객관적으로 옳다. 그러나 주관적으로는 어리석은 짓이다. 그들의 비판과는 달리 사회적 애국주의자들은 과거와 단절한 것이 아니다. 그들의 배반은 오히려 사회주의로 전

---

20) Robert Michels, *Le prolétariat et la bourgeoisie dans le mouvement socialiste italien particulièrement des origines à 1906. Essai de science sociographico-politique*, Paris, 1921, pp.338~347.

향하도록 만들었던 궁극적인 동기가 발전한 논리적 결과이다. 배반을 저질렀다면 그것은 사회적 애국주의로 나아가게 만들었던 정치적 상황, 그 싹을 열매로 키워준 그 상황이 저지른 것이다. 아니면 정반대로 동지들의 애국주의적인 본질을 인지하지 못할 정도로 완고한 자들의 인간과 사물에 대한 몰이해가 저지른 것이다.

그와 비슷한 발전 경향은 흥미롭게도 부르주아 민주 정당의 역사에서도 찾아볼 수 있다. 독일 부르셴샤프트 운동(독일 대학생조합운동으로 특히 1815년 이후 나타난 자유주의적이고 민족주의적인 운동을 가리킨다 - 옮긴이)이 민족자유주의운동으로 발전한 예가 그것이다. 나폴레옹 전쟁 직후와 프로이센-러시아의 반동 시기에 활동하였던 독일의 애국자들은, 마치 비스마르크 시대 사람들이 사회주의자가 되었던 것과 아주 비슷한 동기에서 민주주의자가 되었다. 그들은 실망한, 혹은 분노한 애국자였던 것이다. 그들 마음속 깊숙이 자리잡고 있었던 것은 기본적으로 민주주의라기보다 애국주의였다. 따라서 통일이라는 민족적 소망이 성취되는 순간(1870년), 단지 우연히 갖게 되었던 민주주의적 소망들은 즉각 그리고 거의 완전히 철회되었던 것이다.

이를 하나의 원칙으로 정리해보자. 많은 젊은 부르주아지들이 가슴속에 선한 의지의 지순한 불꽃을 품고 갈채와 명예와 돈을 도외시한 채 사회주의에 뛰어든다. 이유는 단순하다. 그들은 자신의 양심을 평화롭게 하기 위하여, 그리고 그들의 내적 확신을 외적으로 표현하기 위해 발걸음을 내디디지 않을 수 없었던 것이다.[21] 그들은 두 가지 유형, 즉 부드럽고 모든 것을 이해하며 모든 인간을 감싸안는 사도(使徒) 유형[22]과 불

---

21) 모미글리아노(Felice Momigliano)는 로마의 한 잡지(*Ragione*)에 게재된 기사에서 그렇게 주장했다. 이 기사는 다음에 재수록되어 있다. *Coenobium*, 4(1910), p.139[이 논문은 제시된 그 자리에 실려 있지 않다].

22) "이들은 경멸과 박해에도 굴하지 않으며, 오히려 이것들은 그들을 더 자극시킬 뿐이다. 개인 및 가족의 이해관계 그 모든 것이 희생된다. 존재하려는 본능 그 자체마저 사라져, 이들은 흔히 순교자가 되는 것을 유일한 보상으로 생각한다" (Gustave Le Bon, *Psychologie des foules*, p.106).

같고 단단하며 타인과 자신 모두에게 엄격한 광신자 유형으로 구분할 수 있다.[23]

이들 외에 다른 부류의 부르주아 사회주의자들도 있다. 즉 개인적으로 불만이 있는 사람,[24] 야심가, 성격적으로 만족하지 못하는 사람, 신경쇠

---

23) 또한 Curt Geyer, *Der Radikalismus in der deutschen Arbeiterbewegung*, Jena, 1923, p.51을 참조하라.

24) 좀바르트(Werner Sombart, *Der proletarische Sozialismus(Maxismus)*, 제10판, Jena, 1924, 제1권, p.55 이하, 제2권, p.141 이하)에 따르면, 그 원인을 규명하는 데에는 이러한 범주의 인간들이 중요하다. 이들이 사회주의로 전향하게 된 까닭은 주로 적대감 때문이며, 위대한 모든 사회주의자들은 분명히 언제 어디선가 좋지 않은 경험을 했기 때문에 사회주의자가 되었을 것이라는 주장을 입증하기 위해, 좀바르트는 일련의 인과론을 펼쳤다. "루이 블랑의 아버지는 1830년 혁명으로 가난해졌다. 대영주였던 생시몽은 낭비로 인해 가난해지자 필경사로 전락했다. 푸리에는 21살 때 투기에 실패해서 전재산을 잃었으며, 프루동의 인쇄소는 파산했고, 카베(Cabet)는 코르시카 지사의 자리를 잃었다. 마르크스는 학문의 길이 막혔고, 헤스, 라살, 바쿠닌은 각자 자기 직업에서 출세하지 못했다. 자유사상가 집단의 설교사였던 고드윈(Godwin)은 종교관의 변화로 그 직업을 그만두어야 했다." 그러나 이런 식의 인과론을 주장하는 것은 좀 성급하다. 좀바르트는 이런 실패한 사람들이 사회주의자가 되었다고 말했다. 이것은 일종의 '데카당스' 이론으로서, 마르크스도 때로는 이것을 자기의 강력한 적대자들에게 적용하기도 했고, 우리는 이미 이탈리아 인터내셔널의 역사에서 몇몇 사례를 뽑아 그들의 전기(傳記)를 밝힘으로써 그에 대한 반론을 제기했다(*Il proletariato e la borghesia*, p.63 이하). 그렇지만 그것이 마르크스에게서는 논쟁상 하나의 술수에 불과했던 것인데, 좀바르트는 그것을 액면 그대로 받아들였다. 좀바르트는 부르주아적인 삶이 끝났기 때문에 사회주의의 사상을 받아들인 것이라고 주장하는데, 여기서 그는 그 반대의 경우가 될 수도 있다는 점을 미처 생각하지 못하고 있다. 좀바르트가 제시한 그 사례의 수로 볼 때, 그가 역사연구에 필요한 형식을 제대로 갖추어서, 그들의 일생 및 특징을 제대로 면밀히 검토했더라면, 그들이 어떻게 사회주의적 세계관을 수용하였는지에 대한 모습이 밝혀질 수도 있었을 것이다. 그는 다른 곳에서(pp.136~145) 우리가 여기서 시도하려는 것과 아주 유사한 방식으로 비(非)프롤레타리아트 출신자들이 사회주의 운동에 가담하게 되는 원인이 아주 다양함을 지적했으며, 그 인과관계에 대해서도 다음과 같이 올바로 분석했다. 1. 이상에 대한 헌신, 곧 가) 종교적인 동기, 나) 윤리적 동기, 다) 인위적인 동기 2. 공감 3. 세계 및 인간에 대한 부정적인 사고방식에 나오는 동기군(動機群), 곧 시기심, 불만, 증오, 반항

약자, 까다로운 성격의 사람 등이 그들이다. 국가의 권위를, 그것을 장악할 수 없다는 이유만으로 의식적으로든 무의식적으로든 혐오하는 사람은 많다.[25] 이는 높이 매달린 포도와 여우에 관한 우화와도 같은 것이다. 그 우화는 시기심과 만족되지 못한 지배욕을 나타낸다. 이것은 대가족 속에서 자라난 어느 가난한 방계(傍系) 출신의 후손이 부유하고 권세 있는 사촌에 대해 느끼는 증오와 질투이며, 귀족적인 로마에서 둘째가 되느니 차라리 프롤레타리아트적인 갈리아에서 첫째가 되려는 자존심이다.

부르주아지의 관심을 끌고 그들의 정신을 풍부하게 하는 데 실패하여 실망해버린 사람들과 인내심이 부족한 사람들도 마찬가지이다. 그들은 공식 교육이 부족한 프롤레타리아트 사이에서 두드러질 수 있고, 따라서 그곳이라면 쉽게 '자리를 차지할 수 있으리라'는 기대와 어두운 본능에 이끌려서 프롤레타리아트의 목을 잡고 늘어지면서 법석을 떤다.[26] 환상가, 인정받지 못한 천재, 몽상가, 문학적 보헤미안, 갖가지 사회적 만병통치약을 만들어낸 무허가 발명가, 인생 낙오자, 환쟁이, 뜨내기 배우, 돌팔이 의사, 장터의 약장수들 몽상가 — 이런 사람들은 대중 교육에는 무관심하고 거물급 지도자가 될 야심을 품고 있지는 않다 하더라도, 자신의 자아를 드높이기 위하여 프롤레타리아트 운동에 가담한다.

이미 언급된 유형들과 비슷한 또 다른 사람들이 있다. 우선 히스테릭한 사람들과 외톨이들을 들 수 있다. 낮은 곳에 있는 사람이 봉우리로 향하는 것은 자연스럽게 비쳐진다. 그러나 위에 있으면서도 아래를 동경하는 사람들도 있다. 위가 너무 좁다고 느끼는 사람들은 아래가 더 자유롭고 통풍이 잘 된다고 믿으며, 그들이 이상화시킨 '자연'이나 '인민'을 찾

심리 및 범죄심리 4. 자기성취에서 나온 원인, 곧 가) 순수한 사업적 이해관계, 나) 재산보호, 다) 센세이션에 대한 욕구, 라) 명예심, 마) 편집광적인 세계개조 욕구 5. 정신적 감화 6. 전통, 습관, 그리고 유산.

25) Jules Destrée, *Révolution verbale et révolution pratique*, Bruxelles, 1902, p.5. 그리고 Giorgio Arcoleo, *Forme vecchie, idee nuove,* Bani, 1909, p.196을 참조하라.

26) Giuseppe Prezzolini, *La teoria sindicalista*, Napoli, 1909, p.90을 참조하라.

아 나선다. 이들은 비틀린 이상주의자들이다. 드문 경우이긴 하지만 때로 상류층에 속하는 사람들이 지배계급의 속물 근성에 강렬한 의식적인 혐오감을 가질 수도 있다. 발자크는 "단지 하층민들과 더 잘 어울리려는 생각에서 아무 생각 없이 공화주의자가 된 이상한 귀족"에 대해 언급한 적이 있다. 오늘날에도 그와 똑같은 사람들이 존재한다.[27]

정당의 발전은, 공식 정치에서는 문제가 다르지만 적어도 인민 대중에게는 당의 위신을 상승시킨다. 그리고 이는 다시금 사람들에게 대단한 흡인력을 발휘한다. 따라서 독일인처럼 집단 본능이 강하게 발달한 민족에게서 소규모 정당이 성장하는 것이 불가능하다.[28] 그래서 많은 부르주아지들은 "부르주아 정당에게서 얻을 수 없는 것을 거대한 사회주의 정당에서 발견하게 될 것"이라고 믿는다.[29] 게다가 정당이 야당으로부터 정부 참여로 선회하는 시기에는,[30] 그 정당을 오로지 더 큰 성공을 위한 발판으로 간주하는 사람들이 늘어난다. 그들은 그곳에서의 성공을 달성된 목표로 간주하지도 않고, 목표로 가는 길 위의 한 구간으로 간주하지도 않으며, 또 자신의 업적에 대한 월계관으로도, 이상을 향한 끈질긴 노력에 대한 보상으로 간주하지도 않는다. 그들은 다만 자기를 위해, 자신의 그 보잘것없는 인물을 드높이기 위하여 성공을 추구한다.

아르콜레오는 그들을 가리켜 다음과 같이 말했다. 사람들은 그들이 승리할 경우 그 굶주린 야생동물의 먹이가 되지 않을까 두려워하지만, 자세히 들여다보면 그들은 약탈적이긴 하지만 그래도 무해한 연체동물과 같은 집단이다.[31] 권력을 장악한 사회주의는 기생적인 인간들에게 엄청난 매력을 발산한다.[32] 이는 국가보다 훨씬 작은 차원에서도 마찬가지

---

27) Roman Rolland, *Le bussion ardent*, p.27.
28) 1904년 선거 이후 민족사회협회(Nationalsozialen Verein)의 해산에 즈음해서 나온 나우만의 공개서한을 참조하라.
29) Aug. Bebel, "Ein Nachwort zur Vizepräsidentenfrage und Verwandtem," *Die Neue Zeit* 1903(pp.20, 21에서 발췌).
30) 이 책의 p.295 이하의 서술을 참조하라.
31) G. Arcoleo, *Forme vecchie, idee nuove*, p.80.

이다. 협동조합과 도시 정부와 인민은행이 노동자 정당에게 장악되고 지식인들에게 높은 수입과 영향력 있는 지위를 제공하는 곳이면 어느 곳에서나, 사회주의에 대한 지식과 애정이 전혀 없는 장사꾼 사회주의자들이 몰려든다.[33] 어디서나 항상 그렇듯이, 민주주의에 있어서도 이상주의의 성공은 곧 그 죽음이다.

직업 분포

통상적인 견해에 따르면 사회주의 사상은 전공 분야 및 직종에 따라 상이하게 수용된다. 철학, 역사, 경제학, 신학, 법학과 같은 좁은 의미에서의 정신과학은 보수적인 풍토가 너무도 강하여 전공자들이 전복(顚覆) 사상에 아예 마음을 닫아버리고, 법률 관련 직업은 질서에 대한 경외감, 기존의 것에 대한 애착, 형식에 대한 존중, 절차의 점진성, 교류 범위의 제한성이 체질화되어 있어서 가벼운 잘못을 놓고도 민주주의에 대하여 엄격한 태도를 보인다는 것이다.[34] 마찬가지로 관념적이고 연역적인 학문들은 철두철미하게 권위적이고 귀족적이기 때문에 소장학자들이 반동적인 교조주의에 기울어져 있고, 실험적이고 귀납적 학문에 종사하는 사람들은 사물을 관찰한 뒤 점차적이고 조심스럽게 일반화하는 방법을 사용하다보니 진보적인 목표에 개방적이라는 것이다.[35] 직업상 인간의 고통과 끊임없이 맞서 싸우는 의사들은 사회주의 사상의 씨앗을 자체 내에 보유하고 있다는 것도 일반적인 선입견 중의 하나이다.[36]

---

32) 볼세비키들도 부분적으로는 이 문제에 직면했다. Leo Trotzki, *Arbeit, Disziplin und Ordnung werden die sozialistische Sowjet-Republik retten!* Basel, 1918, p.18.

33) 이탈리아에 대해서는, Giovanni Preziosi, *Cooperativismo rosso piovra di stato*, Bari, 1922. 그리고 *Uno stato nello stato*(*Lacooperativa Garibaldi della Gente di Mare*), Firenze, 1922; Maffeo Pantaleoni, *Bolcevismo Italiano*, Bari, 1922.

34) W. Roscher, *Politik*, p.385.

35) Michèle Bakounine, *Les endormeurs*, Paris, 1900, p.11; Ettore Ciccotti, *Psicologia del mov. soc.*, p.51.

그러나 그 공식은 사회주의 정당에 가담한 지식인들의 직업 분포를 보면 확인되지 않는다. 단지 이탈리아와 프랑스 사회주의에서만 의료계 인사들이 수적으로 많은 것을 발견할 수 있다. 그러나 그 수는 그들 나라의 정신과학 출신들, 특히 실무 법률인 및 변호사들에 훨씬 미치지 못한다. 네덜란드에서는 사회민주주의 노동당을 약자(SDAP)를 따라 "학생-목사-변호사의 정당"이라고 빈정댄다.[37] 여기에서 유추할 수 있는 사실은 그 정당에 지식인들이 대단히 많다는 것뿐만 아니라, 지식인들 중에 다시금 정신과학자들이 압도적이라는 사실이다.

독일에서도 의사들 중에서 수입이 별로 좋지 않은 의사들(의료보험조합 의사)과 노동운동의 관계는 그리 호의적이지 않다. 의사는 일반적으로 사회주의에 대하여 추상적인 철학자나 심지어 자유직업 법률가들보다 훨씬 더 냉담하고 편견적이고 소원한 태도를 취한다. 지난 40년간 의사들이 가장 애호한 정신세계, 즉 보수적으로 해석된 유물론적 다윈주의와 헤켈주의(동물학자인 헤켈의 교리를 말함. 그는 다윈의 진화론을 옹호했고 발전시켰다 - 옮긴이), 이기주의로 경도되기 십상인 의사들의 냉소주의는 사회주의의 본질과 목표에 대한 그들의 이해를 차단시켰다. 경악하리만큼 많은 의사들이 냉소주의에 빠지는 것은, 그들의 진료 행위와 관련된 문제에서 비롯된 것이라기보다, 오히려 그들의 직업에 감도는 곰팡이 냄새에서 벗어나 삶의 활기를 찾고자 하는 노력에서 비롯된 것이기도

---

36) Ettore Ciccotti, 같은 책, p.52.

37) J.H. Schaper, *Op de Bres, Alfabetisch Strijdschrift voor de S. D.*, Den Haag, 1905, p.23. 독일, 영국, 네덜란드의 사회주의 의원단에는(1910년 현재), 법률가들은 제법 많지만, 자연과학자나 의사는 단 한 명도 들어 있지 않다. 이탈리아 의원단에는 1904년 의사가 4명뿐이었지만, 법률가들은 17명이나 되었다. 그리고 그 4명의 의사 가운데 2명이 대학강사, 곧 이론가였다(더 상세한 것은 필자의 *Proletariato e borghesia usw.*, p.90 이하를 참조하라). 1910년 프랑스 통합사회당의 의원의 구성은 일반노동자 및 노동관료(대부분 노조지도자) 31명, 소농 7명, 학교장 3명, 사업가 및 상점주 5명, 대학교수 8명, 언론인 7명, 기술자 1명, 화학자 1명, 변호사 7명, 의사 및 약사 6명으로 이루어져 있었다(*Humanité* 6, 1910년 7월 1일 자).

하고, 인간의 사악함과 어리석음과 허약함의 반사 현상이기도 하다.

네덜란드, 스위스, 영국, 미국과 같은 몇몇 개신교 국가에서는 수많은 목사들이 사회주의에 가담했다. 이는 가톨릭 국가나, 프로이센-독일과 같이 루터파 국가교회가 관용적이지 않고 또 경계심이 많은 나라에는 해당되지 않는다. 신학자들이 사회주의에 발을 내딛는 이유는 대개 이웃 사랑과 사회적 책임감 때문이다.[38] 물론 거기에는 더 높은 차원을 지향하게 하는 무의식적 충동이 작용할 때도 많을 것이다. 그 충동은 설교자인 목사에게 첨예하게 발달된 연설 능력과 신자와 불신자에 대한 구세주요 지배자인 자의식을 자극함으로써, 그로 하여금 인민대중의 정당에 몸을 맡기도록 한다.

유대인

유대인은 사회민주주의 정당과 여타의 혁명 정당 지도부에서 유난히 두드러지는 존재이다. 유대인들의 특성, 즉 그 민족에게서 매우 빈번하게 나타나는 일반적인 광신주의, 대중을 흡인하는 광적인 열정, 자기 자신(예정)에 대한 확고하고 세뇌적인 믿음,[39] 연설과 대화에서의 뛰어난 유연성,[40] 자신의 능력을 드러내고자 하는 강력한 욕구와 충동, 그리고

---

38) Karl Vorländer, "Sozialdemokratische Pfarrer," *Archiv für Sozialwissenschaft und Sozialpolitik*, 30(1913), p.455 이하를 참조하라.

39) Nathan Birnbaum(Mathias Acher), *Ausgewählte Schriften zur jüdischen Frage*, Czernowitz, 1910, 제1권, p.46.

40) 파트리지(Patrrizi, *L'Oratore etc.*, p.390)는 유대인은 위대한 대중선동가가 못된다고 말했다. 곧 유대인으로서 그런 축에 드는 사람이라곤 오직 라살 한 명밖에 없었다는 것이다. 이것은 틀렸다. 연설가란 실험심리상으로 입증될 만큼 아주 많은 에너지를 소모하며 따라서 유대인은 보통 허약하기 때문에 그렇게 많은 에너지를 갖출 수 없다는 말은 맞다. 연설가들에게는 많은 활동성이 필요한데, 그것이 정신적인 유대인들에게는 존재하지 않는다. 흔히 유대인들에게 발견되는 혀 놀림의 미숙함, 중얼거림, 치음(齒音) 등등도 연설에 방해로 작용하는 요소들이다. 그렇지만 다른 한편으로 유대인들은 연설가가 되는 데 필요한 일련

무엇보다도 무한한 적응력, 바로 이런 특성들이 유대인들을 타고난 대중 지도자이자 조직가인 동시에 선동가로 만든다.

지난 75년 동안 여러 민족의 정치운동에서 유대인이 주도하지 않은 것이란 없었다. 그들의 작품이라고 해야 할 운동도 많다. 혁명을 조직하는 사람도 유대인이고, 반동을 조직하는 사람도 유대인이다. 사회주의와 보수주의는 유대인의 손에 의해 모양을 갖추었고, 곳곳에 유대인의 정신이 배어 있다. 한편에는 혁명의 불쏘시개를 휘젓는 마르크스와 라살이 있는가 하면, 다른 한편에는 1848년의 봉건 반동을 뒷받침한 독창적인 이론가인 율리우스 스탈과 영국의 프림로즈 연맹(1884년 처칠 등이 창설한 보수적인 조직. 이것은 보수당의 중요한 선거조직으로 디즈레일리의 상징인 앵초(primrose)를 상징으로 하였다 – 옮긴이)의 창설자이자 보수당을 쇄신한 디즈레일리 또한 유대인이다.

게다가 서로를 극단적으로 증오하는 온갖 민족 운동의 선두에 유대인들이 서 있다. 베네치아에서 다니엘레 마닌은 오스트리아에 맞서 자유의 깃발을 높이 쳐들었다. 보불전쟁에서 프랑스의 강베타는 조국 방어를 이끌었다. 영국에서는 디즈레일리가 대영제국의 통합이란 슬로건을 만들어냈다. 독일에서는 짐손과 밤베르거와 라스커가 민족 감정 앞에서 색이 바래버리고 통일제국의 대부 역할을 한 자유주의 일파를 이끌었다. 오스트리아에서는 유대인들이 거의 모든 국수주의적 국민 정당에서 선구자 역할을 하였다. 독일계 보헤미아인들, 이탈리아의 이레덴타주의자, 폴란드 민족주의자, 특히 마자르주의자들 중에서 목소리가 가장 큰 사람은 유대인이었다. 유대인들이 조직하고 유지할 수 없는 것이라곤 아무것도 없다. 심지어 반유대주의 지도자들 중에도 그 출신이 이스라엘에 가까운 사람들이 있다.

의 자질을 구비하고 있다. 곧 이들은 정신적으로 생각하고 이야기하기를 좋아한다. 게다가 이들은 '메시아적'이고 집요한 선교활동가들이다. 또한 명예심도 많고, 권력 및 위신에 대한 욕구도 일반 다른 '인종'들의 평균수준을 넘는다. 유대인 선동가들의 역사에는 강베타, 루차티 등이 한 자리를 장식하고 있다.

그러나 유대인의 적응력과 정신적 활력이라는 일반적 현상만을 가지고는, 노동자 정당에 유대인들이 존재할 뿐만 아니라 양적으로나 질적으로나 두드러진 것을 충분히 설명할 수는 없다. 독일 노동운동의 양대 시조인 라살과 마르크스, 그리고 그들보다 연장자이자 동시대인인 모제스 헤스는 유대인이다. 구형(舊型) 자유주의자들 중에서 사회민주주의에 가담한 최초의 중요한 인물인 요한 야코비도 유대인이다.

독일어 최초의 사회민주주의 잡지를 창간(1885)했던 사람도 프랑크푸르트의 부유한 복권판매자의 아들인 유대인 카를 회흐베르크였다〔Karl Höchberg가 잡지 『미래』를 창간한 것은 1877년으로, 이 잡지는 약 1년 가량 지속되었다. 따라서 미헬스가 본문에 기입한 연대는 오류이다〕. 사회민주당을 분열 직전까지 몰고 갔던 수정주의 논쟁을 유발한 사람도 역시 유대인이었다〔에두아르트 베른슈타인〕. 사민당 전당대회에서 관례적으로 의장을 맡던 사민당의 돈줄 파울 징어도 유대인이다.

1903년 제국의회 선거에서 선출된 81명의 사민당 의원들 가운데 유대인은 국민 전체 인구와 노조원 및 당원 가운데에서 유대인이 차지하는 비율에 비해 상당히 많은 숫자인 9명이었고, 게다가 그중 4명(스타트하겐, 징어, 부름, 하제)은 유대교 신앙을 유지하고 있었다. 유대인들은 이론가로서(에두아르트 베른슈타인, 아돌프 브라운, 야코프 슈테른, 시몬 카첸슈타인, 브루노 쇤랑크), 저널리스트로서(그라드나우어, 아이스너, 월간지 『사회주의월보』의 편집자 요제프 블로흐), 그리고 사민당의 모든 활동 영역에서 지도자이자 조언자로서(도시정치 전문가 후고 하이만, 선거권 전문가 레오 아론스, 청년운동 조직가인 루드비히 프랑크) 사회민주당에 많은 기여를 하였다. 거의 모든 지구당 조직에서도 유대인들은 지도부에 포진하고 있다. 지난 몇 년 동안의 다양한 사회주의 노선을 주로 혹은 거의 독점적으로 주도한 사람들도 유대인이었다. 란트베르크, 브라이차이드, 톨러, 란다우어 등이 그들이다.

오스트리아 사회주의 운동에서 유대인들이 행한 역할은 더욱 두드러진다. 빅토르 아들러, 엘렌보겐, 프리츠 아우스터리츠, 프리츠 아들러, 오토 바우어, 막스 아들러, 헤르츠, 테레제 슐레징어-에크슈타인 등이 그들이다. 미국에서도 그들의 역할은 컸다. 모리스 힐퀴트, 시몬스, 운터만이 바로 그들이다. 역할이 상대적으로 약간 작은 편이지만 네덜란드에서도 금속세공노동지도자인 헨리 폴락, 독립 마르크스주의자인 빈쿠프, 멘델스가 한몫했다.

이탈리아에는 엘리아 무사티, 클라우디오 트레베스, 모딜리아니, 리카르도와 펠리체 모미글리아노, 도나토 바치, 학자인 체사레 롬브로소가 있고, 물론 상당히 적은 규모이긴 하지만 프랑스 사회주의 운동에서도 에드가 미요, 레옹 블룸, 그리고 1904년 『위마니테』지(紙)의 주주들이 유대인이다. 그밖에도 프랑스에서는 유대인들이 사회주의 노동자 정당의 창립에 참여했다. 노동당(Partie ouvrier) 창당 제1차대회(1879년)는 강베타 휘하에서 알제리의 총독을 지냈던 유대인 이삭 아돌프 뢰뫼가 기부금을 희사함으로써만 성사될 수 있었다.[41]

러시아, 루마니아, 특히 폴란드와 헝가리와 같은 나라에서도 노동자 정당의 지도부(러시아 농촌혁명가들을 제외하고)는 거의 예외 없이 유대인의 수중에 놓여 있었다. 이런 사실은 국제 대회 참가자들이 이미 직접 확인해준 바 있다. 게다가 러시아에서는 많은 유대인 노동자 지도자들이 (자발적으로) 해외의 자매정당으로 대거 이주했다. 즉 독일의 로자 룩셈부르크와 이스라엘의 헬판트 박사, 프랑스의 샤를 라포포, 이탈리아의 안나 쿨리쇼프, 안젤리카 발라바노프, 스위스의 라이헤스베르크 형제, 그리고 영국의 비어, 로스틴이 그 예에 속한다. 더 나아가 비(非)유대인 출신의 탁월한 노동운동 지도자와 사회주의자들이 유대인 여성 지식인들과 결혼한 경우가 많다는 사실도 주목할 만하다. 마지막으로 유명한 독일어권 아나키즘 지도자들 상당수가 유대인이라는 것 또한 언급할 만하다. 란다우어, 지그프리트 나흐트, 피에르 라무스, 제나 호이(요한네스 홀츠만)가 바로 그들이다.

---

41) Mermeix, *La France socialiste*, p.69.

이렇게 많은 유대인이 등장한 이유는──주지하다시피 이것은 몇몇 드문 에피소드를 제외하고는[42] 결코 '유대인화(化)', 즉 해당 정당이 유대──자본주의 당원의 돈에 종속되어 있다는 것을 뜻하지 않는다──적어도 독일과 동부 유럽의 경우에는 과거와 현재에 유대인이 처해 있는 특수한 사정으로 설명될 수 있다. 그 지역은 유대인의 법적 해방에 뒤따라야 할 관습적 해방과 사회적 해방이 이루어지지 않은 곳이다. 독일 민족에게는 아직도 유대인에 대한 혐오와 박해가 널리 퍼져 있으며, 유대인에 대한 기이한 경멸감이 생생하다.

유대인은 불과 얼마 전까지만 해도 직업적으로 불이익을 감수해야 했다. 그들은 판사, 장교, 정부 직책으로부터는 배제되다시피 했다. 더욱이 유대인의 가슴속에는 여전히 자기 민족에게 가해진 오랜 불의에 대한 한이 끓고 있다. 그 한은 극단적인 유대 인종에게 내재한 이상주의적인 토양에서 게르만 민족보다 더 쉽게, 모든 불의에 대한 순수한 거부감으로 승화되고, 세계를 근원적으로 변혁하려는 혁명적 충동으로 고양된다.[43] 물론 그 한은 다른 한편으로는 개인적인 분노와 극한적으로 상처받은 명예심이란 유쾌하지 않은 형태로, 때로는 악마적으로 나타나기도 한다.

따라서 적어도 중동부 유럽의 유대인은, 부유한 경우에도 현존하는 정치적-경제적-정신적 체제가 동일한 경제적 수준에 위치한 기독교도에

---

42) 같은 책, p.100을 참조하라.

43) 빌헬름 리프크네히트는 한 연설에서 이렇게 말했다. "그렇다고 노예들의 사기가 꺾이는 것은 아니다. 이들은 더 성숙해지고 강력해지면서, 이상주의자들과 반항자들을 배출한다. 우리가 알고 있듯이, 유대인들 가운데서도 이처럼 고상한 성품을 지닌 사람들이 있고, 이들은 어려운 처지를 경험하여 자유와 정의의 중요성을 오히려 더 일깨우며 혁명정신을 고양시키고 있다. 또한 인구비율로 볼 때 유대인들은 비(非)유대인들보다 이상주의자들이 더 많다"(Wilhelm Liebknecht, *Über den Kölner Parteitag mit besonderer Berücksichtigung der Gewerkschaftsbewegung*, Bielefeld, 1803, p.33).── 유대인들의 혁명적이고 이상주의적이며 정열적인 요소에 대해서는 뛰어난 다음의 분석을 참조하라. Guglielmo Ferrero, *L'Europa giovane*, Milano, 1897, p.358 이하.

게 제공하는 이점을 사회적(사교계와 여론 등등에서)으로 온전히 누리지 못한다. 바로 이 점에 유대인들이 혁명 정당에 가담할 조건이 마련되어 있음은 의문의 여지가 없다. 또 다른 요인은 유대인의 국제적 성격이다. 국제주의는 자신의 논리적, 자연발생적 느낌에 충실한 유대인들에게 아주 자연적으로 구조화되어 있는 것으로, 그들은 그 때문에 "조국 없는 자식들"이라는 사회민주주의에 가해지는 비난을 가볍고 태연하게 받아넘길 수 있다. 물론 민족적 위기가 발생하거나 전쟁이 발발하면 그 어디에도 의지할 수 없는 유대인들은 대부분, 그 나라를 휩쓸고 있는 민족주의에 필사적으로 매달린다. 민족주의 깃발 아래서 자신의 이질성을 가장 잘 숨길 수 있기 때문이다.[44]

유대인 지식인이 사회민주주의로 넘어가는 경로는 대개, 독일의 '아리아' 지식인이 사회주의 사상에 입문하기까지 거치는 길보다 짧다. 그렇다고 해서 사회민주주의가 유대인 지식인들에게 각별히 감사해야 할 필요가 줄어드는 것은 아니다. 왜냐하면 같은 유대인이라고 하더라도 사업에 종사하는 부르주아지는 대부르주아지이건 소부르주아지이건 선거에서는 종종 사회민주주의를 지지하지만, 경제활동에 종사하는 한 사회민주주의의 조직만은 철저하게 외면하기 때문이다. 그들에게는 기본적으로 계급 이익이 인종적 혐오감보다 중요하다.

사회민주당을 지원하는 유대인 기업가들도 가끔 발견된다. 그러나 그것은 유대 민족의 독특한 기업가 정신으로 설명할 수 있을 것이다. 노동자 사업에 잘만 투자하면, 흔히 말하는 대로 대박을 터뜨릴 가능성이 있는 것이다. 아마도 유대인 지식인의 20~30퍼센트가 사회민주주의에 속할 것이다. 사회민주주의가 지금까지 내부로부터 불거져 나오기도 하는 반(反)유대주의적 경향의 유혹을 성공적으로 이겨냈던 까닭은, 일체의 '민족적' 오만과 어리석은 인종적 편견에 대한 이론적 적대감 때문만은 아니다. 그것은 유대인에 대한 감사의 마음, 그리고 유대인에 대한 정신

---

44) Eduard Bernstein, "Überschätzte Friedensmächte," *Friedenswarte*, 1915년 6월.

적 연대감 및 종속성에서 비롯된 것이기도 하다.[45]

---

45) 주지하다시피 '반(反)유대주의적 사회주의'는 이미 1870년대에 홀연 등장했다. 당시 베를린 대학의 국가학 시간강사이던 뒤링은, 마르크스와 그 동료들의 '유대교' 사회주의와 민족적으로 구별되는 '독일'사회주의를 구상하고 있었다 (1871년에 베를린에서 출간된 그의 저작 *Kritische Geschichte der Nationalökonomie und des Sozialismus*, p.589 이하를 참조하라). 이 '독일' 사회주의는 곧 철저히 반유대적인 색채를 갖게 되었다. "유대교" 사회주의는 "지배적인 유대인과 유대인 우호자들의 이익을 도모하기 위해 국가를 통해 강제노동을 일반화시키고 확산시킬 수밖에 없다"(Eugen Dühring, *Sache, Leben und Feinde*, Karlsruhe, 1882, p.207을 보라). 1870년대 중반에는 뒤링에게 모여든 베를린 사회주의자들이 적지 않았고, 그 가운데는 모스트와 베른슈타인도 끼여 있었다. 그러나 그의 영향력은 학문적 동료인 '유대인 마르크스'와 엥겔스와의 논쟁으로 시험대에 올랐다(엥겔스의 글, "Herrn Eugen Dührings Umwälzung der Wissenschaft"가 1877년 라이프치히에서 『인민국가』(*Volksstaat*)지의 후신인 『전진』(*Vorwärts*)지에 처음으로 실림). 그의 반유대주의가 분명해지는 것과 비례하여 그의 영향력도 시라졌다. 1878년 뒤링은 사회민주주의로부터 정치적인 사망선고를 받고 생매장당했다. 그와는 반대로 1894년 당시 브라운슈바이크(Braunschweig) 지역 『인민의 벗』(*Volksfreund*)의 편집장이었던 칼베르(Richard Calwer)는 강한 민족주의적인 경향을 띠면서(이미 언급한 그의 저술, *Das kommunistische Manifest* 등에서) 강렬한 반유대주의적 색채를 드러냈다. "성실한 유대인 작가는 극히 적은 데 비해, 글을 제대로 쓸 줄도 모르고 그들의 글은 단조롭기 짝이 없으며 무엇보다도 사회주의를 별로 아는 것이 없는 유대인이 태반이다(p.41)." 그러나 당원들 사이에서는 이에 대한 큰 반향이 없었다. 그보다 약 1년 전에 소(小)부르주아지적인 반유대주의가 전국을 휩쓸어 그에 따른 희생자까지 생겼을 때에, 사회민주당은 쾰른 대회(1893년 10월)에서 이런 정신사조에 대한 입장을 밝혔다. 베벨이 그 대표연사로 나섰다. 물론 반유대주의 경향의 사람들은 그의 연설에서 강력한 반유대적인 발언이 나오기를 기대했겠지만, 그의 연설은 비록 그리 뚜렷하지는 않았어도 전반적으로 친유대적인 논조였다. "유대인 학생은 대부분 대학교에 다니는 동안 연구에 열중한다. 반면 '게르만' 학생들은 술집, 운동실, 또는 내가 여기서 더 이상 말하지 않아도 다 알 만한 곳을 전전하고 있다(우레와 같은 폭소)"(*Protokoll*, p.234). 빌헬름 리프크네히트는 앞서 언급한 빌레펠트 연설에서 그 전당대회에 있었던 반유대주의에 반대하는 분위기를 더욱더 강하게 역설했다. 그 이후 독일 사회민주당은 국내 정치에 횡행하던 인종차별이라는 독버섯으로부터 벗어날 수 있게 되었다. 비록 원칙적으로서가 아니라 아마도 실수로 빚어진 몇몇 예외를 제외한다면 그렇다. 기억력의 약화에 따른 실수로 심각한 사태가 발생하는 경우도 있었다. 변호사인 하이네(Wolfgang Heine)

재산가

사회주의에 금권주의적인 인물들이 다수 참여하는 매우 기이한 현상에 대하여 몇 가지 언급하기로 한다. 배부른 사람들 중에서 온순한 자들은 경우에 따라 자신의 개인적인 상황에 걸맞는 인류애를 과시할 필요성을 느낀다. 자신들이 누리고 있는 안락함이 이웃에게도 나누어질 수 있기를 원하기 시작하는 것이다. 그들은 부유한 박애주의자들인 셈이다. 그들의 가장 내적인 충동은 흔히 감수성, 감상벽(癖), 즉 고통받고 있는 것을 바라볼 수 없다는 감정이다. 이는 그들이 고통받은 사람들에 대해 진정한 동정심을 느끼기 때문이라기보다, 이웃의 고통이 자신의 신경을 건드리고 자신의 미적 감성에 고통을 주기 때문에 나타나는 감정이다. 이것은 많은 사람들이 비둘기가 살육되는 장면은 감히 쳐다보지 못함에도 불구하고, 살육된 비둘기 고기를 먹고 그것에서 영양을 섭취하는 것은 거부하지 않는 것과 매한가지이다.

보통 사람보다 아홉 배나 부유하고 아홉 배나 똑똑한 사람들 중에는, 망령이 그를 압박하여 사회주의의 품안으로 뛰어드는 비정상적인 사람도 몇 명 있다. 그들은 사회주의 내지 강력한 노동자 정당을 지지하고 그 수뇌와 좋은 관계를 유지하는 것이, 앞으로 다가올 혁명에서 분노에 찬 혁명가들이 자신의 재산을 몰수하는 것을 막을 수 있는 유일한 방법이라고 믿는다. 그들은 가난한 사람들의 분노가 자신의 목숨마저 위태롭게

는 1901년 뤼베크(Lübeck) 전당대회에서 파르부스(Parvus) 및 룩셈부르크와 논쟁하는 가운데 독일학생협회(Verein deutscher Studenten)의 지도적인 인물로서 보냈던 자신의 청년시절을 회상하는 도중에 실언을 했다. 몰지각한 적대자들로부터 '유대인 혹은 유대인 친구'의 정당이라는 누명을 아무렇지 않게 넘겨받을 만큼 되었다는 것이다. 반유대주의자들은 물론이요 독일 대중들도, 만약 사회민주당 후보들이 그 이름에서— 다비드, 아우어(Auer)— 벌써 약간이라도 유대인의 피가 섞여 있는 사실을 풍기면, 그들을 "유대인" 혹은 "유대인 피보호자"로 낙인찍고자 시도하여 아직도 여전히 깊이 스며들어 있는 인종차별의식을 선거에 이용하곤 한다.

하리라고 두려워한다.[46] 아마 더 흔한 경우는, 버나드 쇼가 지적하였던 대로, 그 어마어마한 부자에게 더 이상 즐길 만한 새로운 것이 없기 때문에, 다시 말해 이제는 사는 것에 신물이 나서 사회주의를 달리 바라보게 되고 그에 접근하는 경우이다. 삶의 무료함이 그의 계급의식을 해체시켰거나 혹은 그의 계급 본능이 활동하는 것을 막아버렸던 것이다.[47]

유대인들 가운데 부유한 금리생활자들이 노동정당에서 차지하는 비율이 상당히 높은 것도 이와 관련된 현상이다.[48] 그것은 한편으로는 이미 언급한 유대 민족에 고유한 특성에서 비롯된 것일 수도 있지만, 다른 한편으로는 방금 스케치한 무료한 부자들의 심리 때문이기도 하다.

---

46) "오, 부자들이여…… 당신들이 그들의 불행(프롤레타리아트의 불행)에 천사와도 같은 연민을 보이는 것은 공포감 때문이며, 또한 장차 그들의 해방에 동정을 보이는 것은 당신들의 이익 때문이다"(Louis Blanc, *Organisation du travail*, p.25).

47) Bernard Shaw, *Socialism for Millionaires*, London, 1901.

48) G. Sorel, "Illusions du progrès," 앞의 책, p.206 이하. Nieuwenhuis, *Van Christen*, p.322.

3 조직에 의한 사회적 변화: 노동운동의 소시민화

프롤레타리아트 조직이 조직원에게 불러일으킨 사회적 변화, 혹은 조직에 가입한 새로운 인물들에 의하여 운동 전체가 겪게 되는 변화는 노동자 정당의 '부르주아화'라는 개념으로 묶을 수 있다. 이 변화는 세 가지의 근본적으로 서로 다른 현상들의 복합체로 이루어진다.

소시민의 쇄도

그 첫 번째 현상은 주로 당의 선거 전략 때문에 당이 소시민에게까지 확대됨에 따라 나타난다. 노동자 정당이 '국민'정당으로 되는 것이다. 이 정당은 더 이상 "작업복 차림의 노동 형제들"이 아니라 "생업에 종사하는 모든 국민" 혹은 "노동하는" 국민에 호소한다. 이제 무직의 금리 생활자를 제외한 모든 계급과 직업 계층이 호소의 대상이 된다.[1]

사회민주주의에서 소시민이 점점 우위를 확보해가고 있다는 주장에 공감하는 사람은 사회주의 지지자와 비판자 모두에서 찾아볼 수 있다. 1890년대 초의 소위 "청년파"와의 투쟁이 그 예이다. 청년파는 사민당

---

1) 위의 책, p.8과 무엇보다 필자의 *Psychologie der antikapitalistischen Massenbewegungen*을 참조하라.

내부의 권력이 프롤레타리아트로부터 소시민으로 완전히 이동하였다고 주장하였다. 반대파는 그 주장을 중상모략으로 몰아세웠다. 우리가 역사 연구에서 얻는 변함없는 가르침 하나가 있다. 정당은 비록 대단히 중요한 윤리적, 사회적 사상을 견지하는 조직이기는 하지만, 자신에게 불편한 사실은 잘 참아내지 못한다는 것이다. 정당은 특별한 의도가 없는 객관적인 연구도 공연히 분규를 일으키려는 시도로 낙인찍어버린다. 그러나 사회주의 정당의 부르주아화라는 주제를 고의적이고 거칠게 음모로 몰아버리는 것과, 거대한 '사회민주주의 소시민 정당'이 절대적이고 필연적이라고 읊어대는 것, 그 두 가지는 모두 객관적이고 철저한 사실 분석 앞에선 무력해진다. 부르주아화는 슬로건 몇 개로 봉쇄하거나 해결하기에는 너무도 복잡한 현상인 것이다.

우리가 통계적으로 뒷받침하는 데 성공하지는 못했지만, 남부 독일의 사민당 지구당 가운데 소시민 당원이 수적으로는 아니더라도 영향력 면에서는 조직을 지배하는 경우가 여기저기 눈에 띈다. 심지어 당대회조차 그럴지 모르겠다. 이는, 사민당의 일각에서 당이 소시민 인사들을 배려하다가 당의 프롤레타리아적 본질을 손상시킬지도 모른다는 고백이 나오고 있다는 사실에서도 드러난다. 카를 카우츠키 같은 마르크스주의자조차, 사민당이 노동자 소비조합에 대하여 입장을 정할 때 항상 소매업을 우선적으로 고려할 수밖에 없는 상황에 처해 있다고 말했다. 소매업이 사민당의 활동 근거가 되는 지역에서 노동자 소비조합을 설립하려는 계획은 그 지역의 소매업이라는 "정치적 고려"에 부딪칠 수밖에 없다는 것이다.[2] 이는 실제로 그렇다.

물론 사회주의 정당 당원의 직업 및 계급 분석이 가능한 곳에서 내려지는 결론들은 대체로, 부르주아 및 소시민 당원이 상당한 비율을 점하기는 하지만 결정적이지는 않다는 것이다.

---

[2] Karl Kautsky, "Der Parteitag von Hannover," *Die Neue Zeit*, 18(1900), pp.11~19.

이탈리아 사회당의 공식 통계에 따르면 1904년 당원의 사회적 성분은 다음과 같다. 산업노동자 42.27퍼센트, 농촌노동자 14.99퍼센트, 농민 6.1퍼센트, 수공업자 14.92퍼센트, 공무원 3.3퍼센트, 재산소유자(금리 생활자를 비롯한 모든 종류의 재산 소유자) 4.89퍼센트, 대학생 및 학술관련 직업종사자 3.8퍼센트 등이다.[3] 독일 사민당의 프롤레타리아트 비율이 지속적으로 상승하고 있다는 사실은 필자가 몇 년 전에 상세하게 증명한 바 있다.[4] 블랑크가 적절하게 입증한 것처럼, 독일 사민당을 지지하는 유권자에서는 프롤레타리아트의 압도적 우위가 전혀 드러나지 않지만,[5] 우리가 조사할 수 있었던 당원의 사회적 성분은 당의 프롤레타

---

3) R. Michels, *Proletariato e borghesia nel movimento socialista Ital.*, p.136.

4) R. Michels, "Die deutsche Sozialdemokratie, Parteimitgliedschaft und soziale Zusammensetzung," *Archive für Sozialwissenschaft und Sozialpolitik*, 23(1906), pp.471~559.

5) R. Blank, "Die soziale Zusammensetzung der sozialdemokratischen Wählerschaft Deutschlands," *Archiv f. Sozialw.*, 20(1903), p.507 이하. 블랑크는 거기에서 한 가지 오류를 범했는데, 그는 곧 "독일 사회민주당은 그 구성에 따르면 결코 계급 정당이 아니다"(p.535)라고 결론을 내렸던 것이다. 대신 그는 '지지유권자들의 구성에 따르면'이라고 말했어야 했다. 이 마지막 결론은 거의 20년이 넘는 경험에 의해 완전 입증되었다. 사회민주당원이 어디에 사는가, 아니 달리 표현하자면 '단순지지자'층이 누구인가에 대해서는 다음과 같이 중요하고도 상세한 내용이 전해지고 있다. "지난 제국의회 선거에서 킬(Kiel)의 제30선거구에서는 자유당 후보자가 57표, 우익정당이 96표, 가톨릭중앙당이 3표, 그러나 사회민주당은 121표을 득표해서 사회민주당은 총유권자의 거의 44퍼센트를 얻었다. 그리고 이 선거구는 그 도시 내에서 부유한 지역이었다. 이것은 조그마한 7가구가 줄지어 있는 판자촌을 제외하면 모두가 버젓한 빌라로 된 지역(Düstenbrookerweg, Schwanenweg, Klaus-Groth-Platz, Bescher-Allee)에서 일궈낸 결과이다. 이 지역을 모두 망라해도, 노동자, 수공업자, 하층관료는 기껏해야 20명에 불과하다. 이 유권자 가운데 선거담당요원을 제외시키면, 그 사회민주당이 얻은 121표는 총투표자의 거의 절반에 해당된다! 해당 선거본부장도 깜짝 놀란 이 결과는 이 도시에서 가장 큰 주목을 끌었다. 여기서는 사회민주당의 득표수 대부분이 노동자나 하층관료로부터 나온 것이 아니라, '상층'으로부터 나왔다는 사실은 명백하다. 다른 곳에서는 비록 그렇게 뚜렷하게 증명되지 않지만, 같은 결과가 나왔음에 틀림없다." 엘자스-로트링엔 사회민주당 기관지인 『자유언론』(*Freien Presse*)

리아적 본질을 대단히 분명하게 드러낸다.

사회주의 정당을 선거에서 강력하게 만들고 또한 다른 정당들에 결핍되어 있는 응집력을 부여하는 것은 다름 아닌 당원들의 상대적인 사회적 균질성이다. 독일의 여타 정당, 특히 좌파 정당에 항상 결여되어 있던 것은 바로 그 균질성이었다. 독일 자유주의는 최소한 제국통일이 완성된 이래 언제나 계급들의 혼합체였으며, 그 정치운동은 공통된 경제적 욕구에 의해서라기보다 공통의 이데올로기에 의하여 결속되어 있었다. 사민당은 새로운 세계의 도래를 위하여 낡은 세계를 근본적으로 개혁할 간부진을 필요로 한다. 그런데 그들은 자유주의와는 달리 필요한 인적 자원을 기본적으로 그 계급, 즉 그 투쟁의 경제-사회적·수적 전제조건을 충족시킬 능력이 있는 유일한 프롤레타리아트 계급에서 충원한다. 눈이 어두우면 꽉 잡기라도 해야 하는 법이다. 독일 사회주의의 아직 고갈되지 않은 원천은 독일의 프롤레타리아트, 독일 임금노동자들이다.

아나키즘 사회주의자들과 부르주아적 급진주의자들은 수공업 장인들과 소상인들이 사회민주주의에 몰려드는 현상으로부터 최대한의 결론을 끌어낸다. 노동자 정당이 "부르주아화"되었다는 것이다. 그러나 그 주장은 과장된 것이다. 노동자 정당의 부르주아화는 실제로 진행되지만, 그것은 중간계급에 속하는 사람들이 전투적인 프롤레타리아트 정당에 수백 명씩 합류하는 현상을 가리키는 것이 아니다. 부르주아화는 다른 발전 과정에서 나타난다. 파르부스는 아주 흥미로운 소논문에서 사람들이 다음의 두 가지 사실을 혼동한다고 말한다. 소시민이 노동자 정당으로 쇄도하는 것과 정당이 스스로 소시민들을 창출하는 것이 그것이다. 이 두 가지 사항은 별도로 다루어져야 될 문제이다.[6]

6(1909), No.213에 재수록.

6) Parvus, *Die Gewerkschaften und die Sozialdemokratie. Kritischer Bericht über die Lage und die Aufgabe der deutschen Arbeiterbewegung*, Dresden, 1896, 제2판, p.65.

노동운동 조직의 소시민 창출

계급투쟁은 계급투쟁에 봉사하는 기구들을 창출한다. 문제는 그 기구들이 정당 내부에 사회적인 변화와 변형을 일으킨다는 데 있다. 그 기구들을 통하여 프롤레타리아트 가운데 수적으로는 아주 적지만 질적으로는 대단히 중요한 일부가 낮은 지위로부터 벗어나 점차 부르주아 계급으로 이동한다.

독일 노동운동은 노동자들에게, 가톨릭 교회가 일부 소시민과 농민들에게 행하던 것과 동일한 역할을 수행한다. 가톨릭 교회와 노동운동 모두, 각 계급의 가장 지적인 부류가 사회적으로 상승하는 지렛대 역할을 하는 것이다. 과거에 모든 지적, 학술적 직업이 봉건귀족 아니면 최소한 금전귀족의 신분적 특권이었을 때도, 교회는 농민의 자식에게도 지적인 직업의 문을 열었다. 교회는 농민 자식의 사회적 상승이 이루어지던 통로였던 것이다. 군대 지휘관과 정부 수반 가운데는 농민 자식이 한 명도 없지만, 주교들 중에는 그 수가 상당하다. 얼마 전까지만 해도 농부의 아들이 베드로의 의자에 앉았다[1903~14년, 교황 피우스 5세]. 교회가 농민과 소시민에게 주는 것을 사회민주주의는 지적인 노동자에게 준다. 비교적 쉬운 상승의 길이 제공되는 것이다.

노동자 정당의 사회적 변화 양상과 여러 면에서 유사한 기관이 또 있다. 과거의 프로이센 군대가 그것이다. 직업 군인으로 입대한 부르주아지의 자식은 자신의 계급으로부터 소외된다. 귀족 서임을 받든 그렇지 않든, 탈(脫)부르주아지화된 그는 새로운 환경의 행동과 사고방식을 받아들이고, 그럼으로써 봉건화된다. 여기에서 부르주아 장교 집단의 봉건화는 독일 부르주아지 전체의 귀족화 경향의 한 면에 불과한 것이지만,[7] 그들에게서 그 과정은 보다 가속적이고 의식적으로 이루어진다. 수백 명의 대부르주아지 가문의 자식들과 더 많은 중간 부르주아지 가문의 자

---

7) 이 책의 p.55 이하를 참조하라.

식들이 해마다 군대에 투신하는 이유는, 장교직이 자신의 사회적 지위와 위신을 높일 수 있다고 믿기 때문이다.[8] 근대의 노동운동에서도 원인은 전혀 다르지만 결과는 동일한 현상이 반복하여 나타난다.

이탈리아에서처럼 수많은 부르주아지들이 자기 계급으로부터 이탈하여 노동자 정당에 가입한 나라에서, 노동자 조직의 관리직은 대부분 지식인들이 차지한다. 그러나 영국과 독일처럼 노동자들이 필요 인력을 직접 공급하는 곳에서는 상황이 다르다.[9] 그곳에서 사회민주주의 조직을 장악하는 것은 노동자들이어서, 프롤레타리아트의 야심은 당 관리의 대열에 진입하는 것이 된다. 한때 독일 사민당의 당원이었다가 추후 부르주아 정당에서 일하게 되면서 과거의 동지들을 풍자하는 역할을 도맡아 수행한 사람이 하나 있다.[10] 그런 그가 한 번은 사실과 그리 어긋나지 않는 주장을 내세웠다. 사민당의 전체 조직은 "군대를 모델로 하여" 편제되어, 선동 업무를 맡은 상하위 조직들이 단계적으로 편성되어 있고 당원들은 "근무 연한을 기준으로" 승진한다는 것이다. 여기에서 특히 정곡을 찌르는 말은, 모든 당원이 지휘봉이 들어 있는 배낭을 메고 다닌다는 것이다. 이는 누구나 입당과 함께 점차 높은 자리로 올라갈 가능성, 조건이 각별히 유리할 경우에는 제국의회 의원 직함까지 차지할 가능성을

---

8) 메링(F. Mehring)은 이렇게 말했다. "이런 현상은 아주 심각해, 군대가 부르주아지의 돈이나 지식 없어도 존재할 수 있는 시대에도 부르주아지 청년들은 그런 봉건적 신분제에 편입되는 것을 가장 명예로운 것으로 알고 있을 정도였다" ("Der Krieg gegen die Troddeln," *Leipziger Volkszeitung*, 11(1898), No.4).

9) 예컨대 1903년부터 1906년까지 제국의회의 사회민주당 의원단은 다음과 같은 구성을 보였다.
정치에 입문하기 이전의 직업: 학자 13명(16.05퍼센트), 소시민 15명(18.52퍼센트), 숙련노동자 54명(65.43퍼센트).
의원이었을 당시 갖고 있던 직업: 자유업 17명(20.99퍼센트), 부르주아지 5명(6.17퍼센트), 소시민 24명(29.63퍼센트), 관료 35명(43.21퍼센트)(대다수 당과 노동조합 관료).

10) Abel, *Vorwärts* 11, No.182, 1904년 8월 5일 자; Max Lorenz, *Die marxistische Sozialdemokratie*, p.226 이하.

갖는다는 뜻이다.

프롤레타리아트 정당 및 노동조합의 지도자들은 대공업의 간접적 산물이다. 일찍이 초기 자본주의 시대에, 일부의 지혜롭고 야심적인 노동자들은 강철과 같이 근면하고 주어진 기회를 영리하게 이용하는 데다가 행운의 도움까지 받아서 기업가로 상승하였다. 기업과 재산이 집중되고 가장 기본적인 공구조차 값비싼 오늘날에는, 그런 식의 변신은 북아메리카의 일부 지역에서나 가능한 일이다. 미국에서 사회주의가 발전하지 못하는 이유는 바로 그 '부분적인' 가능성 때문이다.

유럽에는 대기업 노동자들보다 소상인을 폭증시켰던 전시(戰時)의 투기 열풍을 제외하고는, 새로 개척할 영역이 없다. 따라서 유럽에서 자수성가란 선사시대의 이야기가 되고 말았다. 그러므로 사회적 상승을 염두에 둔 노동자들이 잃어버린 희망의 낙원을 대신할 대체물을 찾는 것은 너무도 당연한 일이다. 오늘날 적지 않은 노동자들이, 기계적인 손놀림만을 요구하는 단순하고 협소한 대공장에서 자신의 능력이 제대로 발휘되지 못하고 있다고 생각한다.[11] 그런 사람들은 과거에는 '노동'이 제공해주던 사회적 상승의 가능성을 이제는 근대적인 '노동운동' 속에서 찾고 또 발견한다. 노동운동은 그들에게 새로운 생계 수단과 새롭고 높은 생활수준을 제공하고, 사회적 상승의 사다리까지 되어준다. 그리고 그 기회는 조직의 성장과 더불어 증가한다.

사민당 당직은 거의 모두 유급직이다. 노동자 신분 출신의 젊고 부지런한 당원들은 입당 원서를 제출하는 날부터 그 사실에 대단한 자극을 받는다. 정치적으로 활발한 노동자들과 글 쓰기와 연설에 재능이 있는 노동자들은, 그들의 재능을 내보이고 펼칠 수 있는 장(場)이 넓게 마련되어 있는 정당의 마술적인 흡인력으로부터 벗어날 수 없다. 따라서 페레로의 촌평은 논리적으로 이론의 여지가 없이 타당하다. 우리가 알다시피

---

11) Heinr Herkner, *Die Arbeiterfrage*, p.186. 이탈리아에 대해서는 Angelo Mosso, *Vita moderna degli Italiana*, Milano, 1906, pp.249, 262, 263.

독일 노동자 정당의 정열적인 예찬가였던 그는 이미 1894년에, 물론 어느 정도의 능력과 행운이 전제되어야 하기는 하지만 사민당 입당은 프롤레타리아트 출신 노동자에게 사상적·이상적·계급 이기주의적 동기에서뿐만 아니라, 원대하게 계획된 개인적인 이기주의에서도 가치 있고 유익한 것이라는 적절한 지적을 하였다. 사실 지적인 노동자들이 자신을 끊임없이 "발전시키는" 방법에는 사민당 입당보다 빠른 길이 존재하지 않는다.[12]

그 길을 제대로 알아본 최초의 사람들 가운데 한 명, 좀 극단적으로 표현하자면, 그것을 자신의 특수한 정치적 목적에 이용한 사람이 바로 오토 폰 비스마르크였다. 사민당과 격렬한 투쟁을 벌이던 시기에 그는 다음과 같이 말했다. "오늘날 사회주의 선동가의 자리는 다른 모든 자리와 마찬가지로 수익 높은 사업 분야입니다. 과거에는 사람들이 대장장이나 목수가 되었다면, 요즈음은 선동가가 되고 대중 연설가가 됩니다. 이 직종을 택하면 경우에 따라서는 원래 있었던 자리에 계속 머물러 있는 것보다 훨씬 더 잘 살게 되고, 어떤 곳에서는 안락하고 자유로운, 어쩌면 존경까지 받는 삶을 영위합니다."[13]

사민당 선동가의 "안락하고 자유로운" 삶에 대한 언급은 빌헬름 2세가 크루프 사(社) 스캔들과 관련하여 말한 "안전한 은신처"를 연상시킨다. 빌헬름 2세는 사민당 편집자들이 그 안전한 은신처에서 중상모략을 하고 있다고 토로한 적이 있다. 비스마르크의 '안락하고 자유로운' 생활이라는 말은 사실과는 거리가 멀지만, 사태의 급소를 찌른 것이다.

사민당처럼 탁월하게 조직된 거대 정당은, 근대 노동운동의 다른 기둥인 노동조합이 그런 것처럼 그 규모에 걸맞게 많은 사람을 필요로 한다. 그 사람들이 하는 유일한 일은 그 괴물 기구를 작동시키는 것이다. 그들

---

12) Guglielmo Ferrero, *L'Europpa giovane*, p.72 이하.
13) 1898년 10월 9일의 제국의회 회의: *Fürst Bismarcks Reden, mit verbindender geschichtlicher Darstellung von Philipp Stein*, 제8권, Leipzig, Reclam, p.110을 참조하라.

은 출판 편집자, 당비서, 회계원, 서점 관리인 등이다. 우리가 이미 살펴본 바와 같이, 그리고 우리가 이미 지적한 이유들 때문에, 노동운동에 투신한 부르주아지들이 그 모든 자리들을 채울 수는 없다. 수가 충분치 않기 때문이다.

당에 설치되고 책정된 자리 중 거의 대다수를 배움에 대한 열망과 근면성을 통해 당원들의 신뢰를 얻은 노동계급 출신이 차지하는 것은 다음과 같이 설명할 수도 있을 것이다. 프롤레타리아 엘리트들은 사민당의 정당 메커니즘을 기반으로 하는 일종의 적자생존의 과정을 통하여 자신의 사회적 기능을 대단히 신속하게 변화시킨다. 즉 그들은 과거의—비록 아주 부정확하고 그래서 약간 오해의 여지가 있음에도 불구하고 대체로 명백하고 이해하기 쉬운 표현을 쓰자면—'육체' 노동자에서 '정신'노동자가 되는 것이다. 이러한 변신은 당사자에게, 전체적으로 부인할 수 없는 정신 노동의 장점은 차치한다 하더라도, 아주 중요한 이점을 제공한다.

자본주의 기업가와 공장의 기업가 대리인에게 직접적이고 인신적으로 종속된 임금노동자였던 그가, 이제 비개인적 기업의 정신노동에 종사하기에 이른 것이다. 게다가 그는 대단히 강한 물질적 동기에서 그 기업에 가담했지만, 문외한인 사람이 보면 아마 어리둥절한 느낌이 들 정도로 많은 사건들에도 불구하고, 그 기업은 평범한 기업들에 비해 그를 훨씬 더 인간적으로 대우한다. 그뿐만 아니라 그와 그 기업은 이념과 투쟁의 공동체라는 강력한 연대로 묶인다. 정당은 그의 고용주일 뿐만 아니라, 사업상의 파트너는 아니라 하더라도—이런 말을 써도 된다면—이념적인 파트너인 것이다. 사업 파트너가 아닌 이유는, 그 정당이 영리 기업이 아니어서 그가 배당금이 아니라 고정된 임금을 받기 때문이다.

그러한 삶이 신이 창조한 지구에서 가장 아름다운 삶인 것처럼 보일지도 모른다. 그러나 사실은 그렇지 않다. 오히려 정반대이다. 이미 다른 곳에서 했던 말을 되풀이하자면,[14] 그들은 당이 당 관리에게 제공하는 넉넉지 못한 빵을 얻기 위하여 믿을 수 없을 정도로 많은 노동을 해야 한다. 그 노동은 그들의 힘과 건강을 급속도로 소진시킬 정도로 고되다. 그러나 한때 노동자였던 그가, 이제는 '생계'를 꾸려가기에는 충분한 보수는 받는다. 그가 고정 봉급을 받는 당 관리가 됨으로써 그의 생계는 보장되고, 내적으로도 더욱 안정된다. 그가 옥고를 치르는 시기에는 당이 그와 그의 가족을 보살펴주고, 박해를 받으면 받을수록 당연히, 그가 사민당의 관료 계서제에서 가속적으로 승진할 가능성은 커진다.

여기서 이런 흥미로운 질문 하나가 제기될 수 있겠다. 사민당 관리의 규모는 조직 대중에 비해 어느 정도였을까? 당 관리 한 명에 당원 몇 명이 해당하는가? 관리의 개념에 대개 무보수로 일하는 기초 단체 당 의원까지 포함시킨다면, 때로는 아주 기묘한 결론이 나올 수도 있다. 예컨대 당원이 불과 7,332명에 달했던 바덴 사민당은 이미 1905년에 기초단체 의원의 수가 이미 1천 명을 넘어섰다고 자랑했다.[15] 그렇다면 바덴의 사민당 당원 7명 중 한 사람이 당의 대표자가 되는 명예를 누린 것이다. 총재단 스스로가 전당대회 보고에서 비정상적인 것으로 평가하였던 그 같은 사례가 남서부 독일에만 해당되지는 않을 것이다. 그러나 그것은 엄밀한 의미에서의 당 관리라기보다, 넓은 의미에서의 당 지도부와 당원의 수적 비율을 나타내는 것일 뿐이다.

당 관리의 개념을 엄격하게 정의하여, 공공 조직 업무에서 상임직(常任職)을 담당하는 사람에 국한시킨다고 하면 상황이 달라진다. 당 관리의 규모는 다음 보고서를 보면 대략 짐작할 수 있다. 1904년에 사회당 기관지의 회람 기록에 따르면,[16] 329명의 편집인들과 발송자들이 당 기관지의 업무를 맡고 있었다(이들 이외에도 1,476명의 인쇄담당 직원들이 있었는데, 그 당시에 이미 그들 가운데 약 3분의 2 정도가 8시간 노동제로 근무했고, 또한 휴가 권리를 누렸다). 이 정치 신문은 (1909년에) 약 1백만

---

14) 같은 책, p.58 이하. 그리고 p.117을 참조하라.

15) *Protokoll der Verhandlung des Parteitags zu Jena* 1905, p.16.

16) *Mitteldeutsche Sonntagszeitung*, 11(1904), No.14.

부의 발행부수를 자랑하는 신문으로 성장했다. 대부분 주간(週刊)으로 발행되는 노동조합 신문은 그보다 빠른 속도로 성장했다.[17] 이렇듯 사민당과 노동조합 모두 유급 관리의 수가 크게 늘어난 것이다.

유럽 노동운동 역사상 최초의 유급 상근직 관리는 1840년에 영국의 금속노조가 임명한 조합 관리였다. 1908년경에 영국의 노동조합에는 1천 명이 넘는 직원이 채용되어 있었다.[18] 독일의 노동조합 관리의 수는 1898년의 104명에서 1904년까지 677명으로 늘었는데, 그중 1백 명은 금속노조에 소속되어 있었고, 70명은 벽돌공 및 석공 노조 소속이었다. 이러한 발전은 조합원의 수적 증가 이외에, 특히 조합원 복지를 담당하는 다양한 기구들이 발전함으로써 가속화되었다.[19] 노조의 중앙연맹은 총회를 열 때마다 거의 언제나 관리의 신규 채용을 논의했고 결정했다. 이는 노조 기능이 다변화함에 따라 불가피한 일이었다. 조합원들에게는 기업의 새로운 제도와 기술에 발맞추고 기업 회계를 검토하기 위하여 전문가들이 필요하다고 설득하였고, 산하 전문위원회에 행정, 외교, 선동, 조직, 회계, 노동자 복지, 파업, 경제학자, 기술자, 통계요원 등을 채용했다.[20]

독일 사민당에서도 동일한 경향이 확인된다. 1909년 총재단의 보고에 따르면, 몇몇 소규모 구역(Bezirk)을 제외한 모든 구역에 서기가 채용되었다. 같은 해 구역 서기의 수는 43명이었고, 군(Kreis) 담당 서기의 수는 1년 안에 41명에서 62명으로 늘어났다.[21]

사회민주주의 노동자들의 '육체'노동으로부터 '정신'노동으로의 전환은 자신의 존재 전체를 포괄하는 폭넓은 변신 과정으로 연결된다. 해

17) Karl Kautsky, *Der Weg zur Macht*, Berlin, 1909, p.56.

18) Fausto Pagliari, *Le organizzazione e i loro impiegati*, pp.8, 9.

19) Ernst Deinhardt, "Das Beamtenelement in den deutschen Gewerkschaften," *Sozialist. Monatshefte*, 9(1905), p.109. 그리고 p.99를 참조하라.

20) Adolf Braun, "Gewerkschaftliche Verfassungsfragen," *Die Neue Zeit*, 29(1910/11), 제1권, pp.662~670.

21) *Protokoll der Verhandlungen des Parteitages zu Leipzig*, Berlin, 1909, p.20.

당 노동자가 프롤레타리아트에서 이탈하여 점차 소시민에 편입되는 것이다. 우선은 다만 직업적, 경제적으로만 그러하다. 정당으로부터 받는 봉급은, 비록 약소하지만 그가 노동운동의 관리가 되기 이전에 받던 평균임금에 비하면 월등히 큰 액수이다. 그것은 보통의 소시민적 생활을 가능하게 할 정도는 된다. 정당이나 노조의 관리직이 노동자를 곧장 자본가로 만드는 것은 아니지만[22] 노동계급으로부터 벗어나도록 하기는 하였기 때문에,[23] "상승한 노동자"(gehobene Arbeiterexistenz)라는 사회학적으로 적절한 용어가 생겨난 것이고, 마르크스 역시 노동운동 지도자들을 "보다 높은 계급"(Höherklassige)과 "노동자"로 (인용부호를 사용하여) 분류하였다.[24]

그들은 비록 노동 대중과 지속적으로 접촉하지만, 그들에게는 심리적 변화가 발생한다. 그리고 그 변화는 우리가 언급한 경제적 변화를 넘어선다.[25] '생활수준이 상승한 노동자'가 언제나 새로운 환경의 유혹을 물

---

22) 그렇지만 여기서 지적해야 할 사항은, 노동자 출신 지도자들이 당으로부터 받은 많은 직책들이 부르주아적이고 아주 우아한 것으로 보이지만, 실제로는 그렇지 않다는 것이다. 가령 '인쇄업'의 업무를 받게 된 당 지도자의 경우, 실제 그 인쇄소는 당이 소유한 것으로, 그는 그 법적인 소유자일 뿐이다. 따라서 그는, 그 직책을 수행함으로써 받는 봉급 이외에, 그 인쇄소 운영으로 얻어지는 수익금은 단 한푼도 챙기지 못한다.

23) 의원이 된 많은 노동자들의 경우, 비록 이들이 연설할 때는 노동자생활에 대한 전문지식이 드러나지만, 그렇다고 이들이 노동자로서 계속 남아 있을 수 없다는 것은 자명하다. 오후 3시에 가옥건축 현장에서 미장공으로 일하다가, 4시가 되면 제국의회에서 증권법안에 대해 연설을 한다는 것은 도저히 불가능한 일이다. 국회의원의 직무를 수행하기 위해서는 연구와 전문지식이 필요하고, 또 당 지도자로서의 역할을 하기에도 만만치 않다. 게다가 경제적인 이유에서도 국회의원은 노동자 신분으로 남아 있을 수 없다. 육체노동자로서 일하면서 국회의원의 임무까지 동시에 수행하려는 지금까지의 그 모든 시도는 물거품이 되었다. 가톨릭 중앙당은 최근 몇 년까지만 해도(1906년 6월) 한 공장노동자를 노동자로 일하면서도 바덴 주의원으로 활동하도록 허용했다. 그런데 어느 날 그 의원을 고용하고 있던 고용주는 그를 해고시킬 수밖에 없다고 밝혔다.

24) Karl Marx, *Briefe und Auszüge usw.*, p.159.

리칠 수 있는 도덕적 힘을 갖고 있는 것은 아니기 때문이다. 그의 사회정치적 교양 수준이 그를 변화된 생활수준으로부터 보호할 만큼 높은 것도 아니다. 따라서 그의 계급적 순수성과 이념적 통일성은 위협받을 수밖에 없다. 그 위험성을 반복해서 지적한 사람이 다름 아닌 사민당 총재 베벨이었다. 프롤레타리아 출신 당 관리들은, "이제 막 자신들의 삶에 하나의 획을 그은 사람들"이라는 것이다.[26] 자세히 살펴보면 그 사회적 의미가 대단히 막중함을 알 수 있다. 필자가 보기에 이는 당 안팎으로부터 합당한 주목을 받지 못한 측면이다.

사민당은 임금노동자의 일부에게 계급상승 기제이다. 이 합성어가 좀 기괴하긴 하지만 의미는 분명하다. 그리고 그 기제는 당의 관료제가 확대되고 분화됨에 따라 작동한다. 그것이 담당하는 역사적 임무는 가장 유능하고 가장 현명한 프롤레타리아트를 탈프롤레타리아트화시키는 것이다. 유물사관에 따르면 사회적·경제적 소외는 정신적 소외로 이어진다.[27] 사회경제적으로 "상승한" 구(舊) 프롤레타리아트는 평생 이념에서는 "사회주의자"로 남는다.[28] 그러나 그때 그는 부르주아 계급에서 전향한 사람들과 마찬가지로 '이데올로그'이다. 즉 그의 심성이 그의 사회적 지위에 상응하지 않는 것이다. 그러한 부르주아화 과정이 바람처럼 빠르게 진행되는 경우도 있다. 물론 그 과정은, 그의 가슴속에 사회주의 교리가 뿌리내리고 있으면 느리게 진행된다. 게다가 사회주의 신념이 대를 이은 상속에 의하여 안정되는 경우,[29] 즉 생활수준의 변화에도 불구하고 자녀와 자녀의 자녀들이 노동자 정당의 전투적 당원으로 남을 경우, 그 과정은 중화될 수도 있다. 그러나 그런 경우는 논리적으로나 경험

---

25) 같은 책, pp.264, 265.
26) August Bebel, 1903년 드레스덴 전당대회 연설에서, *Protokoll*, Berlin, 1903, p.230.
27) 앞서 언급한 드레스덴 전당대회에서 베벨도 그렇게 주장했다. *Protokoll*, p.230.
28) 같은 책, pp.202, 203.
29) 같은 책, pp.236, 237.

적으로나 극히 예외적이다.

설령 탈프롤레타리아트화된 사회주의자 스스로가 사민당 신문 편집인이나 의회 의원으로 명예롭게 늙어가면서 노동해방의 진정한 투사로 남아 있다고 할지라도, 그 자녀들, 즉 딸뿐만 아니라 아들 역시 역시 아버지의 사회적 상승이 그들에게 가져다준 새로운 계급으로 살아간다.[30]

이는 물질적으로만 그런 것이 아니다. 그들은 이념적으로도 새로운 계급에 곧바로 동화된다. 예컨대 그들은 프롤레타리아트가 아니라 새로운 계급 출신과 결혼한다. 그리고 아버지와 노동계급을 연결해주던 유일한 연결 고리였던 공통의 정치-사회적 이념에 대한 믿음은 자식들에 이르러서는 정치적 무관심으로 바뀌어버린다. 요컨대 노동자를 가족 단위로 고찰하면 구(舊)노동자는 빠르든 늦든 새로운 환경에 흡수되고 마는 것이다.

부르주아적으로 성장하고, 아버지보다 훨씬 좋은 학교에 다녔으며,[31] 부르주아적인 관심 속에 살아가는 자식들은 극히 예외적인 경우에만 부르주아화 이전의 반부르주아적 기원을 생각해낸다. 혁명적 노동자들이 부르주아지에 대항하기 위한 가장 효과적인 수단으로 자신들 한가운데 상승시킨 노동자 가족들이, 부르주아지 속에 흡수되고 마는 것이다.[32]

---

30) 물론 이것을 결정적인 현상이라고는 결코 할 수 없다. 아버지가 비교적 아주 급 '상승한' 경우, 그 아들들은 다시 임금노동자가 되고 싶어하는 경우도 있고, 특히 자녀가 많을 경우, 아버지의 봉급이 그 아이들을 '그 새로운 신분에 어울릴 만한' 교육을 시키기에 충분치 않으면, 그 자식들은 임금노동자가 될 수밖에 없는 경우도 많다. 우리가 알고 있는 사회민주당 의원이나 편집장 가운데, 그 아들은 공장에서 연마공으로 일하고, 딸은 극장에서 (무용수와 같은) 낮은 직급에 종사할 수밖에 없는 경우도 있다.

31) 독일 노동조합 관료 가운데는 자기 동료들의 평균수준에도 훨씬 못미치는 교육을 받았고, 자신의 말마따나 자주 문법에 맞게 않게 이야기하는 사람이 있는데, 그는 자기 아들의 장래 이야기가 나오자 이렇게 말했다. "아, 물론 실업계 고등학교까지는 보내야죠. 그것까지는 아마 문제없을 겁니다."

32) 유명한 사회주의 지도자의 아들들이 정치계와 완전 무관하게 지내지 못하고 있다가 현재 일어나는 정치문제에 대해 어떤 혐오감을 느낄 경우, 그들은 종

아버지의 사회주의 사상으로부터 등을 돌리는 이와 똑같은 행위를, 우리는 이미 지식인 출신의 노동운동 지도자들의 자녀들에게서 살펴보았다.[33] 양자 간에 차이가 있다면, 그것은 전자의 경우에는 원래의 출신 계급을 '망각'하는 반면, 후자는 그것을 다시 '기억'한다는 점이다.

그리하여 우리는 부르주아지가 부르주아지에 대항하는 운명적인 아이러니와 비슷한 것을 노동운동사에서도 발견할 수 있다. 부르주아지 가운데에서 가장 지적이고 가장 유능하고 가장 유연한 자들이 부르주아 계급으로부터 이탈하여, 경제적으로 부르주아지에 가장 적대적인 사람들의 선두에 서서 그들을 자극하고 조직하면서 부르주아에 대한 투쟁을 이끄는 것처럼, 프롤레타리아트는 착취자를 전복시키기 위한 격렬한 투쟁을 전개하는 가운데 그 투쟁을 이끌기 위하여 자기 계급 중에서 가장 명석한 두뇌와 예리한 눈을 갖고 있는 자들을 위로 끌어올려, 힘을 모아 그들에게 모루와 망치 대신 펜을 쥐어주었다.

그러나 그렇게 함으로써 그들은, 원래 특권계급을 전복시키기로 하였던 자들을, 아니 그들 자신은 아니라 하더라도 적어도 그 후손들만은 강력한 적의 품안으로 던져준다. 진정 비극적인 운명이 아닌가. 이쪽에는

종 공공여론에서 사회주의의 가장 강력한 적대자로 나서는 경우가 있는데, 이는 그리 특이한 현상이 아니다. 사회민주당 의원인 울리히(Karl Ulrich, 과거에 금속노동자였다)의 아들, 사망한 사회주의 지도자 브라케(Wilhelm Bracke)의 아들(그는 브레슬라우 출신으로 변호사로서 극우파에 속해 있고 제국협회(Reichverband: 독일 기업가들이 연합하여 결성한 단체인 독일산업협회를 말한다 - 옮긴이)에 아주 깊숙이 관여하고 있는 인물이다) 등등이 바로 예이다. 사회주의자 자식들이 그 아버지와는 다른 길을 가는 것은, 물론 그 불행한 가족관계 때문이기도 하다. 곧 부르주아 출신으로 사회주의 지도자가 된 사람들의 가정은, 과거에 그들이 갖고 있었던 반(反)사회주의적인 세계관을 그대로 유지하고 있다. 예컨대 장 조레스는 반(反)가톨릭주의자였지만, 그 부인과 딸은 엄격한 가톨릭 신자였다. 심지어 그 딸은 한동안 수녀원에 들어갈 생각까지 품었다고 한다. 그녀는 그러한 희생을 통해 자기 아버지의 정치적 행동에 대한 하느님의 노여움을 달래려고 했었다는 것이다.

33) 앞의 책, p.237, 238.

과거에 부르주아지였던 사람, 저쪽에는 과거에 프롤레타리아트였던 사람! 자본과 노동을 대표하는 계급 간의 장렬한 정치적 투쟁이 역설적이게도 '계급 간의 사회적 교환'으로 끝나는 것이다. 마치 경쟁적 경제의 이쪽과 저쪽이 수요와 공급, 투기, 개인적 수완에 의하여 결정되는 것처럼 말이다.

사회적 투쟁의 표면 밑에 자리잡고 있는 그 상호 교환의 물결이 사회적 갈등을 제거하기는커녕 경감시킬 수도 없다는 사실은 말할 나위도 없다.[34] 그리고 양 진영의 사회적 교환에는 분명히 극소수만이 참여한다. 그러나 바로 그 점에 그 과정의 사회학적 의미가 있다. 그들은 영향력이 가장 큰 사람들이다. 바로 자수성가한 그 지도자들 말이다.

사회주의적 노동자 연대의 소시민 창출

일부 프롤레타리아트의 부르주아지화는 노동자 정당, 노동조합, 소비조합에 의해서만 이루어지는 것이 아니다. 모든 해방운동의 본질에 놓여 있는 그 과정은 프롤레타리아적(proletaroid) 소시민의 형성 속에서도 진행된다. 이것 역시 아래로부터 위로의 상승이고, 조직 노동자들이 수행하는 사회적 해방 투쟁의 부산물이다. 다만 이것은 사회주의 조직의 외부에서 일어난다. 여기에서 말하는 프롤레타리아적 존재란 다음과 같은 부류들이다.

이들은 노동운동 조직이 취약하거나 약화되는 투쟁기, 예컨대 독일에서 사회주의자 탄압법이 실시되던 시기에 당과 노조에 대한 충성심 혹은 그들의 사회주의적인 '불온한' 성격 때문에 기업가들의 보복을 받아 실업자로 길거리로 밀려나, 이제 그 어디에서도 생계를 이어갈 방도가 없게 되자 '자영업자로' 변신한 사람들이다. 다시 말해 그들은 과거의 직종을 포기하고, 야채가게, 지물포, 열대식품가게, 담배가게 등등 생각

---

34) 같은 책, p.227 이하.

할 수 있는 모든 종류의 소매업 점포를 열거나 행상에 나서거나 술집을 차린 사람들이다.[35]

그들은 대부분 과거의 계급 동지들의 놀랄 만한 연대(連帶)로부터 도움을 받는다. 노동자들은 불우한 처지에 빠진 투쟁 동지들을 외면하지 않는 것이 의무라고 생각하면서 그들의 고객이 되어주고, 그로써 그들이 근근하나마 연명해 갈 수 있도록 도와준다. 그리고 이렇게 해서 탄생한 소시민들 가운데 많은 사람이 중간계급에 편입되고 흡수되는 데 성공한다. 노동자들의 연대가 새로운 소시민층을 자동적으로 창출한 것이다.

자신의 출신 계급으로부터 등을 돌리는 노동자들 중에는 해방 투쟁의 결과 불가피하게 그 길을 가는 사람들 외에, 사회적 상승을 위한 투기적 동기에서 추동력을 얻는 자들도 다수 있다. 과거에는 프롤레타리아트였지만 지금은 소시민이 되어, 신이 내려준 권리라도 있는 양 동지들에게 고객이 되어 자신을 부양해줄 것을 의무로서 요구하는 자들이 대단히 많은 것이다. 이런 존재들은 자신의 근면성과 선의(善意)와 관계없이 대부분 사회적 기생 집단이나 다를 바 없다. 게다가 그들은 자본이 부족하기 때문에 고객, 즉 그 지역의 임금노동자들에게 대부분 질은 나쁘면서 값은 비싼 물건을 판매한다.

독일 사민당에서 당원이면서 술집주인인 사람, 소위 당원주점 주인(Parteibudiker)이 한 역할은 적지 않았다. 사회주의자 탄압법이 실시되던 시기에 그들의 정치적 임무는 분명했다. 오늘날에도 수많은 소도시에서 술집주인이 담당하는 기능은 여전히 매우 중요하다. 그들의 술집은 정당의 본부이자 만남의 장소이다. 그곳은 사민당과 노조가 발행하는 신

---

35) 칼베르(R. Calwer, *Das kommunistische Manifest und die heutige Sozialdemokratie*, p.8 이하)는 이 '소부르주아지적 사회민주당원'을 아주 통렬하게 비난했다. 그는 여기서 아주 날카롭게 이렇게 지적했다. "오늘날에는 인간의 모든 필수품, 그러니까 옷에서 담배에 이르기까지 그 모든 것이 소부르주아지적인 사회민주당원의 상점에서 구할 수 있는 것으로 알려져 있다." 물론 그가 이렇게 말할 때는 부분적으로는 소비자협회까지 염두에 두고 한 것이다.

문이 비치되어 있는 유일한 장소이고, 또한 집회를 열 만한 다른 공간들을 정치적인 적대감이나 두려움으로 인하여 이용할 수가 없을 때, 노동자 집회를 열 수 있는 유일한 장소이다. 그래서 술집은 지역에서 정치투쟁을 전개하기 위한 필수 불가결한 도구인 경우가 많다.[36]

그러나 대도시의 주점들은 그 비위생적인 환경 때문에 당의 두통거리가 되어버렸다. 그럼에도 불구하고 그들은 자기생존을 위한 벌거벗은 생존투쟁 때문에 사민당을 거칠게 압박한다. 그리고 그들이 당에 미치는 영향력은 적지 않기 때문에 그들의 요구는 진지하게 받아들여진다. 문제는 그들의 영향력이 대부분 프롤레타리아트의 이익에 반하는 방식으로 나타나고 있다는 것이다.

그들은 오랫동안 노동조합 건물을 건축하는 데 강경하게 반대했다. 노동조합에 대한 '추상적인' 공감에도 불구하고 그들이 자신의 계급적 상황에 따라, 그 건물을 맥주 판매에 악영향을 미칠 위협적인 경쟁자로 간주했기 때문이다. 또한 "노동자들로 하여금 건강에 해로운 초라한 술집 대신 새로 개점한 대형 맥주홀을 찾도록 하려는 움직임"은 당연히 "그들 사이에 크나큰 반감을" 불러일으켰다.[37] 따라서 그런 시도는 언제나 그런 것은 아니지만 대부분 허사로 돌아갔다.[38] 1910년만 해도 인구가 2만

---

36) 이 당원주점에서 발생하는 심리학적으로 흥미로운 이런 문제에 대해 외국인들이 쓴 글도 있다. 그 가운데 생생한 묘사가 돋보이는 것으로 미요(Edgard Milhaud, 프랑스 사회주의자로서 제네바 대학의 국민경제학 교수)의 대작, *La démocratie socialiste allemande*, Paris, 1903, p.148 이하를 보라. 그리고 사회주의자 탄압법 시절에 대해서는 다음을 참조하라. Otto von Leixner, *Soziale Briefe*, p.325. 이 글은 필치는 날렵하지만 내용은 그만큼 크게 윤색되었다.

37) R. Calwer, 앞의 책, p.9.

38) *Das Korrespondenzblatt der Generalkommission*(1906년) 제29호에는 노동조합 위원회의 활동에 대한 많은 통계수치가 실려 있는데, 우리는 그것을 근거로 그당시 노동조합건물이 있었던 지역을 알 수 있다. 그 지역은 다음과 같다. Berlin, Braunschweig, Brelsau, Kassel, Charlottenburg, Köln a. Rh. Dresden, Elberfeld, Feuerbach, Frankfurt am Main, Hanau, Heidelberg, Kiel, Leipzig, Leignitz, Mannheim, Mühlhausen, i. Th., Offenbach a.M. Plauen i. V., Solingen, Stettin,

명에서 3만 명 정도의 도시 중에, 오로지 당원주점이 존재한다는 이유 하나만으로 당사 건설 계획이 실행되지 못하고 더 넓은 집회 장소를 확보하는 데 실패한 경우가 적지 않다.

당원주점 전체를 당의 병폐로 간주해야 할 또 다른 이유가 있다. 노동자 절제운동의 일환으로 추진된 금주운동이 지난 20년 동안 크게 발전하였는데, 이에 반대하는 극복할 수 없는 세력이 바로 당원주점이다.[39]

Stralsund, Stuttgart, Trier, Wilhelmshaven, Zittau. 비록 이러한 노동조합건물 및 '인민의 집'(Volkshaus)이 모두 그 노동조합위원회에 의해 세워진 것은 아니지만, 이런 건물을 설립하려면 그 해당지역의 노동조합, 그리고 부분적으로는 또 정당조직의 협력이 있어야만 가능하다. 영국, 이탈리아, 북프랑스 그리고 특히 벨기에에서는 무엇보다도 소비자협동조합이 그런 역할을 담당했으며, 벨기에에서 이것은 물론 당에 필수불가결한 구조였다.

39) 1905년 예나(Jena) 독일 사회민주당 전당대회에서 노동자금주연맹(Arbeiter-Abstinenten-Bund)은 자신들의 기관지인『금주 노동자』(Der abstinente Arbeiter, 편집장 George Davidsohn)를 배포했는데, 그 기관지는 이렇게 보도하고 있다. "베를린 사회민주당 요식업자협회에 요식업체의 개혁에 관한 회의를 개최할 생각이 있는지 두 번이나 물었다. 아직까지 아무런 답변이 없다! 후에 당원 아무개씨가 다시 세 번째로 그 회의에 참가할 의사가 없는지 물었다. 그러면서 그는 이 모든 것을 다음과 같은 생각에서 추진한다고 밝혔다. 곧 이 당 산하의 두 조직 사이에 불필요한 오해가 생겨 반목으로 치달을 것만 같은 이런 상황에서, 그 중차대한 문제들을 결코 좌시하지 않을 동지, 곧 객관적으로 판단하는 동지들에게 호소한다고 밝혔다. 그렇지만 이에 대해서도 아무런 답이 없다!!"

"자유요식업체연맹의 샬로텐부르크 지부장은 이 문제를 토의하겠다는 의사를 표명했지만, ── 당원전체 회의가 그것을 거부했다! 그렇다면 음주판매자들은 그렇게 해서 금주운동이 확산되는 것을 저지할 수 있을 것이라고, 또 세계의 대세를 거꾸로 돌릴 수 있다고 믿는단 말인가? 이들은 그 어느 것도 성공할 수 없을 것이고, 그런 망상을 계속하면 이들은 결국 그에 대한 대가를 치르게 될 것이다.

몇몇 당원이 운영하는 요식업체가 우리 당활동에 미치는 악영향을 아주 잘 보여주는 사건 하나를 여기서 짤막하나마 구체적으로 소개하는 것이 좋겠다. 8월 22일에 베를린에서는 예나 전당대회에 대한 입장을 정리하기 위한 전체 당원회의가 열렸다. 제국의회 베를린 제4선거구 동지들은 준비를 아주 철저히 해서, 그 전체 당원회의에 음주문제에 대한 전단 600여 장과 수많은 소책자를 뿌렸다. 불과 3년 전만 해도 감히 상상할 수 없었던 일이 여기에서 벌어진 것이다. 거의 모든 탁자에 물병이 놓여 있었고, 시중드는 사람들은 주문받은 그 '알 사민당이 몇 년 전의 에센 전당대회(1907)에서 금주운동 방침을 공식적으로 확정하고 금주운동을 보다 강력하게 추진하였더라면, 지금에 와서 당원주점의 폐해를 우려할 필요가 없었을 것이라는 점은 당 주변에 떠도는 공공연한 비밀이다. 다시 말해서 금주에 대한 일반적인 권고를 넘어서는 강력한 방책을 미리 확정하였더라면, 영향력 있는 술집주인들이 받을 타격에 그리 민감하게 반응하지 않아도 되었을 것이라는 이야기이다.

노동자들의 임금투쟁과 기업가들의 정치적 억압에 의하여 자영업자, 즉 '소시민'으로 변신한 사람들의 수를 개략적으로나마 통계적으로 파

코올 없는 물'(Leichenwasser)을 나르기 위해 여기저기 뛰어다니다시피 했다. 이런 열띤 분위기로 보아, 우리가 제안한 두 가지(하나는 167A지역구에서 제기되었고, 또 다른 하나는 이 전체회의에서 서명을 대대적으로 받아 채택되었다), 곧 차기 전당대회에서 음주문제를 당대회 안건으로 채택하자는 제안은 무리 없이 통과될 수 있었다. 그러나 힘있는 사람들의 농간에는 전혀 당해낼 재간이 없었다! 이 회의에서 다른 제안사항은 각각 하나씩 낭독된 다음 토의에 부쳐졌는데, 우리의 제안사항은 거론도 되지 않은 채 그냥 지나쳐 버렸던 것이다. 그때 나는 그 두 안건에 대한 이유를 설명하기 위해, 막 단상에 오르려던 참이었다. 그런데 갑자기 의장 — 그는 요식업자이다 — 이 "이제 두 번째 문제로 넘어가겠다"고 선언하며 대의원 선출로 들어가버렸다. 그 순간 의장의 자리 바로 위에 있었던 나는, 우리가 제안한 두 안건에 대한 낭독을 요구했다. 그러나 그는 이미 '너무 늦었다'면서, 이미 대의원 선출에 대한 제안을 받고 있었다. 다른 제안에 비해 두툼했던 우리의 두 안건이(우연히도 두 안건 모두) '눈에 띄지 않아서' 결국 휴지조각이 되어버렸다는 것이다! 사전에 우리의 안건을 읽어보았던 당 지도부 3명이 그것을 — 모두 다 한결같이 — 깜박 잊었다니! 내가 항의하자, 의장은 대의원 선출이 끝나면 다시 그 안건을 상정해보겠다고 말했지만, 정황으로 보아 나중에는 불가능한 일이었다. 왜냐하면 벌써 밤 12시가 넘었고 대의원 선출이 끝나자 당원들은 의장이 총회를 종결시키기도 전에 이미 모두 밖으로 나가려고 야단이었기 때문이다! 우리의 항의에 대해 그 의장은 고작 "그 안건은 이미 몇 년 전에도 제안되었던 것이었고, 아마 오늘도 다시 부결되었을 것입니다"라는 답변만 늘어놓았다. 그러한 평계가 노동운동의 직책을 맡고 있는 사람의 입에서 나오고 있다. 이 보수주의적인 요식업자들이, 최소 이 동베를린 지역에서, 당 간부의 압도적인 다수를 차지하고 있다는 사실을 생각하면, 거기에 어떤 가능성이 있겠는가?" *Der abstinente Arbeiter*, 제3권 No.18.

악하는 것은 불가능하다. 특히 담배, 식료잡화 등을 취급하는 소상인들은 통계적으로 확실하게 잡아낼 수 없다. 우리는 단지 술집주인에 대해서만 역사적인 추정 근거를 몇 가지 갖고 있을 뿐이다.

사회민주당 소속 제국의회 의원 중에 술집주인은 1892년에 4명(전체 35명 가운데 11.4퍼센트), 1903년에 5명(전체 58명 가운데 8.6퍼센트), 1905년에는 6명(전체 81명 가운데 7.4퍼센트)이었다. 그들의 수는 당원 가운데도 상당했다. 라이프치히에서는 1887년에 모두 30개의 "당원 주점"이 있었다. 1900년 라이프치히-행정구에서 술집주인인 사민당 당원이 84명(약 4,855명의 당원 가운데 1.7퍼센트), 1905년 라이프치히-선거구에서 그 수는 63명(전체 1,681명 가운데 3.7퍼센트), 1905년 오펜바흐에서는 2명의 병맥주 판매상을 포함해 76명(전체 1,668명 가운데 4.6퍼센트), 1906년 뮌헨에서는 유류, 담배, 치즈 등을 취급하는 상인들과 한 범주로 묶인 포도주 상인을 제외하고도 369명(그중 4명이 카페 주인이었다)(전체 6,704명 가운데 5.5퍼센트)이었다. 1906년 프랑크푸르트에서는 12명의 병맥주 판매상 및 담배장수를 제외하고도 25명(전체 2,620명 가운데 1.0퍼센트)이 술집주인이었고, 1906년 마르부르크에서 그 수는 2명(전체 114명 가운데 1.8퍼센트)이었다. 베를린 근교에 있는 라이니켄도르프-오스트에서는 18명(전체 303명 가운데 5.9퍼센트)이 식당 주인이었다. 이 숫자를 보면 몇몇 도시에서 술집주인 한 명당 당원수가 20명도 채 못된다는 것이 입증된다. 그런데도 그 술집주인들은 자신의 주고객인 동료 당원들만 믿고 장사를 했던 것이다.

술집주인이 사민당에서 점하는 수적인 힘과 중요성을 가장 잘 나타내주는 사실은, 그들이 심지어 강력한 독자적 조직인 "베를린 사회민주당 요식업주협회"를 결성하였다는 것이다. 여기에서 분명히 해야 할 것이 있다. 그 조직이 결성되기에 이른 중요한 동기는, 같은 술집주인이라도 사민당 당원이라면 그 과제와 의무가 보통의 '부르주아' 술집주인들과 다르다는 생각이었다. 물론 그들이 사민당의 안정을 위해 핵심적인 집단이고 정치적 선동과 동원에서 크나큰 공헌을 했다는 것은 말할 나위가 없다. 그러나 그 협회는 경제적 이익집단이고, 그런 한에서 그 협회는 부르주아적인 주점협회뿐만 아니라 사민당의 동료 당원들에 대해서도 자신의 이익을 관철시킨다. 따라서 그들은 당 안의 또 하나의 당으로 변질되는 경향이 있다.

1906년 여름에 맥주 판매세로 인하여 맥주 가격 인상 요인이 발생하자, 술집주인들은 그것을 소비자에게 전가해버렸다. 이에 독일 노동자들은 전국 각지에서 소위 "맥주전쟁"을 선언하고(외국인들은 독일 노동자에게서 원하는 것이라면 모두 얻을 수 있지만, 맥주만은 안 된다고 비아냥거렸다), 맥주를 비싸게 파는 주점들과 몇몇 양조회사들을 보이콧하였다. 그러나 부분적으로 대단히 강경하게 진행된 이 투쟁에서 조직 노동자들은 당원 술집주인들의 저항에 부딪쳤다. 술집주인들은, 보이콧을 통하여 소비자들이 생산자에게 세금을 부담하도록 하는 데 성공한다면, 정부가 새로운 소비세를 도입할 것이라고 주장하였다. 그들은 그렇게 노동 동지들을 협박하였고, 노동자들의 방어 행위가 위험한 일이라고 설득하였던 것이다. 게다가 그들은 심지어 그것이 사회주의를 위한 전술적 관점이라고 주장하기도 하였다.

프롤레타리아트에서 기원한 소시민들은, 비록 그들의 생활조건이 과거 자기가 속했던 원래 계층에 비해 반드시 더 나아진 것이 아님에도 불구하고 당면한 소시민적 경제 지위를 반영한다. 그들은 정신적으로는 당에 소시민적 경향을 유입시키고, 물질적으로는 자신들의 특수 이익을 위하여 여러 가지로 노동 대중의 전진을 막는다.

4 노동자들의 변별 욕구

개인으로서의 노동계급은 언젠가 보다 안락하고 보다 편안한 삶을 보장해줄 상위의 사회계급으로 상승하리라는 희망 속에서 산다. 노동자의 최종 목표는 소시민으로의 상승이다.[1] 문외한의 피상적인 눈으로 보더라도 오늘날의 사회주의 정당의 노동자들은 여러 측면에서 이미 소시민의 삶을 살고 있다. 그리고 노동자들의 정신 역시 그러한 사회적 생활 환경으로부터 벗어날 수 없다. 예컨대 독일의 노동자들은 임금수준의 향상과 더불어 독일 속물 부르주아지의 선천적 질병에 전염되어 버렸다.

노동자들은 자신의 임금으로 감당할 수 있는 한 클럽 활동에 전력으

---

1) 도리아(Tullio Rossi Doria, "Le forze democratiche d il programma socialista," *Avanti*, 14(1910), No.30)에 따르면, 임금인상을 위한 모든 투쟁 역시 바로 이런 목적을 갖고 있다. 그렇지만 임금인상투쟁은 대체로 노동조합에 의해 수행된다. 따라서 노동조합 그 자체는 소(小)부르주아지를 만들기 위해서가 아니라, 노동자의 위치를 개선하기 위해 진력한다. 그 조합원들은 소부르주아지처럼 살아갈 수는 있지만, 경제적으로 소부르주아지의 기능을 수행하지는 못한다. 곧 이들은 노동자로 남아 있다. 레벤슈타인이 설문조사한 결과에 따르면, 노동자들은 연금수혜 대상자가 되기를 간절히 바라고 있다. 이와 더불어 이들은 그 무엇보다도 자기 아들의 미래를 걱정하고 있다(Adolf Levenstein, *Aus der Tiefe, Arbeiterbriefe*, Berlin, 1909). 이것 역시 안정론(Stabilitätslehre)에 기여하고 있다(Gerhart von Schulze-Gaevernitz, "Nochmals: Marx oder Kant," *Archiv für Sozialwissenschaft*, 30(1913), p.520).

로 참여한다. 그 때문에 대부분의 대도시와 일부 중소 도시들은 노동자 체육 클럽, 노동자 음악 클럽, 노동자 연극 클럽, 노동자 흡연 클럽, 노동자 볼링 클럽, 노동자 조정(漕艇) 클럽, 노동자 육상 클럽 등으로 범람하고 있을 지경이다. 문제는 그 클럽들이 사민당의 깃발을 든다고 해서, 그 클럽에 내재해 있는 자족적인 소시민적 정신이 위축되는 것은 결코 아니라는 점이다. 스케이트 클럽은 설령 "자유 스케이트 클럽"이란 명칭을 갖는다고 해도 여전히 스케이트 클럽인 것이다.

프롤레타리아트는 자신의 유일한 상품인 노동력을 판매함으로써 살아간다. 따라서 사민당에 소속된 노동자들은 모두 최소한 이론적으로는 생산수단의 소유자들과 그들의 국가에 적대적이라는 점에서 일치한다. 이는 매우 중요한 관점이다. 그러나 다양한 범주의 노동자들이 끊임없이 접촉하는 현재의 공장 체제에서 노동자들의 감정이 분화되고 있다는 점 또한 명백한 사실이다.[2] 따라서 사회민주당에 소속된 노동자들을 동질적이고 통일적인 하나의 회색 대중으로 상상해서는 안 된다. 이는 부르주아지가 내적으로 다양한 것과 똑같다. 노동자 대중 내부에는, 그들과 접촉할 기회가 없는 사람이 쉽게 식별할 수 없는 강력한 '변별 욕구'가 자리하고 있다.

노동자들은 생활방식 및 기호에 따라 여러 층으로 나뉜다. 이는 인종이나 기후의 차이 때문이기도 하고, 노동 방식과 임금 수준의 격차 때문이기도 하다.[3] "노동자들 사이에는 여러 부류와 하나의 귀족계급이 존재한다. 인쇄공이 등급상 제일 높고, 넝마주이, 오물 수거인, 하수도 청소부가 가장 낮다."[4] 이는 1860년대에 나온 말이다. 한 나라의 인쇄공과

---

2) Robert Michels, "Psychologie der antikapitalistischen Massenbewegungen," *Grundr. d. Sozialökonomik*, Tübingen, 1925, 제1부 제9장, pp.247, 248.

3) 이 두 가지 원인에서 나오는 차이점에 대해 필자는 다음의 연구에서 상세하게 다루고자 시도했다. "Wirtschaft und Rasse," *Grundriß der Sozialökonomik*, Tübingen, 1925, 제1부 제2장, pp.124~187.

4) Edmond Abaut, *Le progrès*, pp.51, 52.

이웃나라의 소장인 사이에는 문화적, 사회적, 경제적으로 현저한 차이가 난다. 그러나 이는 같은 나라의 인쇄공과 일용노동자 사이에서도 마찬가지이다.[5] 빌헬름 리프크네히트는 어느 회의석상에서 높은 임금을 받는 당원들 다수를 지칭하여 다음과 같이 말한 적이 있다. "지금 여기에 앉아 있는 여러분들 가운데 일부는 귀족 노동자입니다. 수입이 그렇습니다. 작센의 광산 노동자들이나 슐레지엔의 직조공들은 여러분들의 수입을 재산가의 수입으로 여길 것입니다."[6]

조직 대중이 여러 측면에서 서로 다른 사회계층으로 분화되고 있다는 사실은 노동운동에서도 나타나고 있다. 이는 심지어 노조 운동에서도 두드러지는 현상이다. 그리고 그러한 귀족적인 노동자들, 즉 부르주아지에 가까운 상당 수준의 임금을 받는 노동자들은 현실에서나 전술에서나 독자노선으로의 경향이 강력하다. 인쇄 노조의 정책은 어디에서나(독일, 프랑스, 이탈리아) 여타 노조나 사회주의 정당보다 우경화되어 있고, 기회주의적이며 타협적이라는 사실을 우리는 익히 안다. 그래서 인쇄 노조 위원장 자리에 독일에서는 렉스호이저 같은 사람이, 프랑스에서는 쾨퍼 같은 사람이 앉았던 것이다. 벨기에와 네덜란드의 다이아몬드 가공 노동자들 역시 비사회주의적이고 비프롤레타리아트적이며 독자적이다.

정치적 노동운동의 역사에도, 몇몇 프롤레타리아트 분파들이 독자적인 욕구로 인하여 완전히 또는 일시적으로 전체 운동으로부터 벗어나 부르주아지에게 접근한 사례가 대단히 많다. 예를 들어 군수(軍需)공장 노동자들은 계급의 동지들이 주장하는 반군국주의를 이론적으로만 이해할 뿐이다. 1910년 영국 독립노동당의 런던대회에 국제적인 분쟁을 막기 위한 중재재판소 판정의 의무적 성격을 규정하고 군비를 축소하도록 촉구한 결의안이 제출되었을 때, 대규모 병기고가 위치해 있는 울위

---

5) 1911년 사회정책협회 뉘른베르크 대회에서 헤르크너(Heinrich Herkner)가 행한 흥미로운 보고를 참조하라(*Protokoll*, p.122).
6) *Protokoll des Parteitags zu Berlin*, 1892, p.122.

치 출신 대의원들이 격렬하게 반대하였다.[7] 1911년 식민정책(트리폴리 전쟁)에 반대하여 벌어진 베네치아 총파업은 군수산업 노동자들의 맹렬한 반대에 부딪쳐 실패로 돌아갔다.[8] 심지어 노동절에 부분적으로 휴업을 하자는 제안을 놓고도 노동자들은 두 진영으로 갈렸다. "첫 번째 부류는 상대적으로 지위가 높거나 기타 유리한 사정 덕택에 노동절을 '기념할 수 있는 여유가 있는' 사람들이고, 두 번째 부류는 극도로 가난하거나 사정이 허락지 않아 일해야 하는 사람들이다."[9]

집단의 규모가 커지면 변별 욕구도 커진다. 숙련 노동자와 미숙련 노동자의 차이는 본질적으로 순전히 경제적인 것이다. 그것은 보통 노동조

---

7) *Volksstimme*(Frankfurt) 1910, No.76, 부록 4.

8) *Avanti*, 16(1911), No.85. 그렇지만 이 전쟁의 종결 후 1912년 3월 보궐선거에서, 베네치아 군수업 노동자들이 거주하던 지역에서는 급진사회주의자인 엘리아 무자티(Elia Musatti)가 당선되었다.

9) 작센 지역에서 가장 큰 한 산업도시에서 어떤 통신원이 A. Er.이라는 이름으로 프랑크푸르트의 『인민의 소리』(*Volksstimme*)지에 보낸 기사를 참조하라("Die Maifeier am ersten Maisonntag," in der Maifest-Nummer 1910, 부록 7). 이 가사에서 우리는 또한 보수가 나은 노동자들은 노동절을 때때로 정말 자본주의적 관점에서 바라보았다는 사실을 접하게 된다. 거기에는 이렇게 적혀 있다. "돈과 원칙의 문제에 대해 몇 마디 더해보자. 나는 직업상 그리고 당주점의 아들로서 노동자들의 삶을 자주 접해왔고, 또 정당 및 노동조합에 가입한 노동자들(이들 가운데 일부는 주당 45마르크를 벌고 있다)에게 '노동절'을 어떻게 생각하는지를 자주 물었다. 거기에서 필자가 얻은 확신은, 가장 지적인 노동자들조차, 그들의 이상주의 및 희생정신에도 불구하고, 자신의 일당을 '노동절' 때문에 희생할 생각이 없다는 사실이다. 전체수입에서 하루 일당을 희생하더라도 그것이 실제적 혹은 이상적 성공에 그 어떤 보탬도 되지 않는다! 그래서 내려지는 결론이란 바로 보수를 많이 받는 이들 노동자들이 노동절날 일하지 않는다는 것은 바보와 같은 짓이다. 왜냐하면 일당 6마르크 내지 7마르크를 받던 사람이 그날 일을 하지 않으면(휴업조치를 포함하여) 여러 지원금을 받아도, 3 내지 4마르크 버는 사람보다는 훨씬 더 손해를 보기 때문이다. 많이 버는 사람이 적게 버는 사람보다 더 많은 것을 희생해야 하는 것이 당연하다. 그렇지만 기왕이면 이 지원금을 더 좋은 곳에 사용하여 노동절을 더 화려하고 뜻깊게 기릴 수 있을 것이다." 이 기사의 필자가 이 말에서 시사하고 있는 바는, 노동절날 행사로 낮에 업무를 중단하고 시위하는 것 대신 저녁에 축제를 벌이는 것으로 바꾸자는 것이다.

건의 차이로 표현된다. 그러나 경제적 차이는 곧 계급적 차이로 나아간다. 고임금의 숙련 노동자들은 스스로를 저임금의 미숙련 노동자들로부터 사회적으로 분리시킨다. 전자는 종종 노동조합에 가입된 사람들이고, 후자는 파업 기간에도 쉬지 않으려는 사람들이다. 양자 간의 치열한 사회경제적 갈등은 최근의 사회사에서 가장 흥미로운 현상들 중의 하나이다. 심리학자 안젤로 모소가 "먹이터 싸움"이라 명명한 이 투쟁은 대단히 격렬하게 진행된다.[10]

조합원들은 비조합원들에게 엄격한 연대를 요구한다. 그들은 기업가들과의 투쟁이 첨예할 때 비조합원들도 노동을 해서는 안 된다고 주장한다. 그 주장을 수용하지 않으면 비조합원들은 파업파괴자라는 치욕적인 별명을 얻는다. 오늘날 그 욕설은 거의 학술용어의 반열에 올라섰다. 그들은 루이 필립 치하의 프랑스에서는 'bourmonts'과 'ragusa'라는 단어로 불렸고, 오늘날 독일에서는 Streikbrecher로, 이탈리아에서는 krumiri로, 영국에서는 blacklegs로, 미국에서는 scabs로, 현재의 프랑스에서는 jaunes, renards, sarrazins, bédouins 등으로,[11] 네덜란드에서는 onderkruipers, 에스파냐에서는 esquirols, 엔네고스의 광산지대에서는 gambes de bos로 불린다.

파업에 참여하지 않고 일을 계속하려는 자들에게는 계급적 연대성이 결여되어 있는 것이라는 조합원들의 비난이 사실인 경우는 물론 많다. 그러나 그 먹이터 싸움은 소위 모범 노동자와 불량 노동자 사이의 내적인 불화가 아니다. 그것은 오히려 고임금 프롤레타리아트와 비참한 저임금 프롤레타리아트 사이의 갈등이다. 후자는 기업가들에게 맞서 임금투쟁을 벌일 만큼 경제적으로 강하지 못한 사람들이다. 그들은, 파업 노동자들이 받고 있다는 "기아임금" 정도면 생활을 충분히 꾸릴 수 있다고

---

10) Angelo Mosso, *Vita moderna degli Italiani*, p.178.

11) 이탈리아에서는 1890년경 'beduini'라는 용어가 사용되었다. W. Sombart, "Studien Statistik," 6(1894), p.235; "Zur Entwicklungsgeschichte des italienischen Proletariats," *Archiv für Soz. Gesetzg, u, Statistik*, 6(1894), p.235.

생각한다.

한 열성적인 프랑스 여성 사회주의자는 영국의 파업파괴자에 대해 다음과 같이 말한 일이 있다. "만약 사람들이 자기 눈으로 영국에 닥친 실업문제의 참담함을 두루 보았다면, 그 파업파괴자들의 배신을 용서하게 될 것이다. 남부와 서부의 대항구도시에는 부두의 담벼락을 따라 수천 명의 가난한 사람들이 창백한 얼굴을 하고는 추위에 떨면서 하역노동자로 고용되기를 희망하며 줄지어 서 있다. 그러나 실제로 필요한 사람은 그들 중 고작 몇십 명에 불과하다. 따라서 문이 열리면 한바탕 소란이 일어난다. 진짜 전쟁판이다. 최근에는 그 와중에 한 사람이 사람들 사이에 끼여 질식사하는 불상사마저 일어났다."12)

게다가 조직 노동자들은 실직과 같은 공동의 위기가 닥쳐도 비조직 노동자들에 대하여 연대의 의무를 지지 않는다. 예컨대 독일 노동조합연맹은, 몇몇 도시들이 공공기금으로 제공하는 실업퇴치 보조금(소위 스트라스부르크 제도)이 실직한 조합 노동자들에게만 돌아가야 한다고 주장하였다. 비조직 노동자들은 보조금을 받을 자격이 없다는 것이었다.13) 게다가 형편이 좋은 노동자들은, 저임금을 받는 계급 동지들이 제기한 사소한 요구가 자신들의 경제적 향상을 저해할 수도 있을 경우, 모든 수단을 동원하여 그것을 막으려 한다. 그리고 그들의 수단은 경제적 이해관계의 차이에서 생겨나는 모든 적대관계가 그런 것처럼, 윤리에 괘념치 않은 것들이다. 그뿐만이 아니다. 그들은 종종 저임금노동자들과의 관계를 끊어버린다. 조합에 가입하게 해달라는 요구마저 거부하는 경우도 흔하다.

영미(英美)의 비교적 규모가 큰 노동조합들은 거의 모두 조합주의

---

12) Madame Sorgue, "Retour d'Angleterre," *La Société Nouvelle*, 16(1911), p.197.
13) 이 문제에 대한 상세한 자료로는 필자가 필자의 아내와 같이 쓴 다음의 논문을 참조하라. "Das Problem der Arbeitslosigkeit und ihre Bekämpfung durch die deutschen freien Gewerkschaften," *Archiv für Sozialwissenschaft*, 31(1910), pp.479~481.

(Korporativismus)의 경향, 즉 노동귀족의 경향을 드러낸다.[14] 이미 성장한 노동조합은 더 이상 선전활동을 벌이지 않는다. 가입을 촉구하지도 않는다. 그들은 오히려 타인이 접근할 수 없도록 주변에 철조망을 치고, 가입비를 인상하거나 전문적인 직업교육 이수 증명을 요구하는 등의 방법을 사용하여 조직의 외적 성장을 막는다. 이는 명백히 동일 업종에 종사하는 여타 노동자들을 희생시킴으로써 자신의 특권을 지키려는 의식적인 시도이다. 외국인 혐오증, 특히 미국과 호주 노동자들의 외국인 혐오증도 이와 똑같은 배타적인 직업이기주의에서 나온 것들이다. 그들은 이민금지법과 같은 법적인 방법을 통하여 외국인 노동자들의 유입을 막는다.[15] 노동조합은 원치 않는 자들의 입국을 차단하기 위하여 공공연하게 '애국주의적인' 정책을 주장하기도 하고 서슴지 않고 '계급국가'에게 지원을 요청한다. 그들이 자국 정부에 가하는 압력은 노동자 이민을 받아들이는 외국 정부에 대한 선전포고에 가까울 정도로 강력하다.[16]

유럽에서도 파당 및 도당의 형성(과두적 경향)이 활발하다. 이는 사회주의 이론가들과 그 이론에 영향 받은 실천적 인물들이 다양한 방법으로 제동을 걸어도 소용없다. 나폴리의 군수 노동자들은 정부에게, "노동자를 교체할 때 새로 채용되는 노동자 중 최소한 3분의 1은 현재 근무중인 노동자 가족, 즉 아버지와 동일업종에서 성장한 사람들 중에서 뽑아야 한다"고 요구했다.[17] 그 노동자들은 우리가 피상적으로 생각하듯 그

---

14) 특히 Daniel de Leon, *The Burning Question of Trades Unionism*, New York, 1906, p.13을 참조하라.

15) 이탈리아에서 보수당 출신의 한 국민경제학자가 이 현상을 제대로 파헤쳤다 (Giuseppe Prato, *Il protezionsmo operajo e l'excusione del lavoro straniero*, Torino, 1910). 그렇지만 이 저작은 이것을 과장시키는 경향이 있으며, 특히 오늘날까지 유럽 대륙의 노동조합원들 사이에서는 이 현상에 반대하는 이데올로기적이며 사회주의적인 경향이 있다는 사실을 고려치 않았다. 이에 대한 뛰어난 새로운 저작으로서는 다음을 참조하라. J. Delevsky, *Antagonosmes sociaux et antagonismes prolétariens*, Paris, 1924, p.255 이하.

16) 미국과 일본이 여러 번 전쟁 일보직전에까지 치닫게 될 정도로 그 긴장이 악화된 데에는 미국 노동조합이 아주 큰 역할을 했다.

렇게 세상 물정에 어둡거나 뒤처진 사람들이 결코 아니다. 계급투쟁이 민주주의를 통하여 귀족정을 억누르는 것이 아니라, 오히려 민주주의 집단이 귀족화되는 것이라는 사실은 어디서에서나 확인할 수 있는 현상이다.[18)]

노동자보호법이 대표하는 사회개혁 정책도 현실적으로 모든 노동자에게 동일한 지원을 제공하지 않는다. 공장 노동의 최소연령을 상향 조정하는 법률의 영향도 노동조합의 힘, 임금 수준, 노동시장의 상태에 따라, 산업 또는 농업의 업종에 따라, 그리고 직종에 따라 서로 다르다. 어떤 경우에 그것은 프롤레타리아트의 생활수준에 일시적으로 압박을 가하기도 하고 그 압력을 지속적으로 증대시키기도 한다.[19)] 그러므로 사회개혁조차 국가, 지역, 기술의 차이에 따라 이미 존재하는 프롤레타리아트 내부의 계층 구조를 한층 강화시킬 수 있다.

간단하게 요약하자면, 노동자의 태내에서 '아래'에 대하여 거리를 두려는 경향이 분명하게 인지된다는 것이다. 제4신분의 모태에 이미 제5신분이 태동하고 있는 것이다. 사회주의에 대한 가장 본질적인 위험성 중의 하나는 다음과 같은 부인하기 어려운 가정이다. 사회 전체의 부가 증가하는 가운데 노동자들이 계급 상황을 개선시키기 위하여 힘써 노력한 결과, 노동자신분 중 여러 부류가 점차 현상에 만족하는 부르주아화의 길을 가게 된다. 즉 그들은 제아무리 백만장자라 하더라도 완전히 사라지지는 않는 부족감이라는 보편적인 인간적 감정에서 벗어날 수는 없지

17) Angelo Mosso, *Vita moderna degli Italiani*, p.191.

18) Raoul de la Grasserie, "Des luttes sociales," *Annales de l'Institut Intern. de Sociologie*, 11(1907), p.185.

19) 그러므로 논쟁의 결과를 일방적으로, 곧 절대적인 긍정이나 혹은 부정으로 판단하는 것은 아주 잘못이다. 가령 이탈리아에서 특히 열렬하게 그리고 생산적으로 진행되었던 노동자보호법의 도입이 유용한지 해로운지에 대한 논쟁, 혹은 노동자 주거문제에 대한 논쟁이 바로 그런 예이다. 특히 다음 잡지에 실렸던 롬브로소(Gina Lombroso)와 도리아(Tullio Rossi Doria) 사이의 논쟁을 보라. *Il Socialismo* 5(1907)〔여기에 누락된 서지사항은 보충할 수 없었다〕.

만, 현실의 궁핍 때문에 현재와는 근본적으로 다른 사회체제를 선망하던 일을 점차 그만두게 되어가는 것이다.[20] 이렇게 사회적으로 만족한 집단이 계급으로부터 이탈하는 과정을 통하여, 임금노동자는 끊임없이 교체되는 불평등한 부분들로 나뉘게 된다.

노동자의 변별 욕구는 사실 노동자 내부의 개인적 차이가 만들어낸 노동자의 분화 과정을 가속화시키는 것일 뿐이다. 최근에 공산주의자들과 사회주의자들 사이의 대립과 숙련 노동자들과 미숙련 노동자들 사이의 대립을, 성격의 차이(성찰적인 성격과 성찰적이지 않은 성격, 질서적인 성격과 무질서한 성격, 고참 노동자와 견습 노동자)에서 비롯된 갈등으로 파악하려는 시도가 있다.[21] "모든 것을 심각하게 받아들이면" 기회주의로 기울어지고, 정당의 선택은 "라이프스타일"의 결과적 현상이라는 것이다.[22] 그러나 라이프스타일의 차이는 직업적 차이에서 나온다. 여기에서 원인과 결과를 분리시키기는 대단히 힘들다.

이 문제에 대하여 한 전문가는 이렇게 말했다. "미숙련 노동자가 급진주의로 기울어지는 경향을 보면, 임금은 결코 일차적인 원인이 아니다. 운수노동자(대체로 미숙련 노동자)는 인쇄공보다 임금이 월등히 높다. 그러나 공산주의자는 십중팔구 인쇄공이 아닌 운수노동자들에게서 발견된다. 결정적인 것은 노동관계이다. 이것은 한눈에 알아볼 수 있다. 미숙련 노동자는 옷차림만 너절한 것이 아니다. 태도도 마찬가지이다. 그

---

20) "노동자의 생활수준이 개선되면 개선될수록, 그들은 더욱더 현실주의적으로 되어간다. 물론 불멸의 마르크스 흉상에 월계관도 바치고, 노조에 지금보다 더 많은 비용을 기부하지만 말이다!"(Friedr. Naumann, "Das Schicksal des Marxismus," *Die Hilfe*, 14(1907), No.41).

21) 급진주의가 특히 낮은 프롤레타리아트 계층에서 생겨난다는 주장에 대해 가이어는 반대했다(Kurt Geyer, *Der Radikalismus und der deutschen Arbeiterbewegung*, Jena, 1923, p.73 이하).

22) Günther Dehn, *Großstadtjugend*, Berlin, 1919, p.40; Carl Mennicke, "Massenbewußsein: Zur Psychologie der sozialistischen Bewegung," *Frankfurter Zeitung*, No.276, 1923년 4월 15자.

는 걷는 것과 서는 것과 앉는 것이 다르다. 무슨 일을 할 때 그는 처음에 좀 망설이다가는 와락 달려들어 허둥댄다. 거기에서 숙련 노동자의 빈틈 없는 확실성과 철저함이란 전혀 찾아볼 수 없다. 숙련 노동자는 스스로 움직이지만, 미숙련 노동자는 지시이든 암시이든 누가 몰아대야만 움직인다."[23]

---

23) Mennicke, 같은 책.

5 프롤레타리아트 출신의 노동지도자

　주권 대중이 지도자에 의해서 지배당하는, 이 해결할 수 없는 문제를 그래도 해결하려는 시도들이 있다. 그런 시도의 하나로서 자주 강력하게 제시되는 대표적인 제안이, 노동운동의 지도부에서 지식인들을 멀리하고 노동자들로 하여금 그 자리를 넘겨받도록 하라는 것이다. 정도의 차이에도 불구하고 어느 시대 어느 나라를 막론하고 똑같이 추진되었던 이러한 노력의 절정은, 노동자 출신의 순수 노동지도자를 인위적으로 만들어내자는 것이다. 이는 일반적인 원칙 몇 가지를 잘못 이해하였거나, 너무 좁게 설정하였거나, 소심하게 해석하였기 때문이기도 하다. 그러나 가장 큰 원인은 1866년 제네바에서 열린 제1차 인터내셔널 대회에서 정립된 방침, 즉 노동자의 해방은 단지 노동자 자신의 작품일 수 있고 또 그래야만 한다는 원칙에서 볼 수 있는 바와 같이, 프롤레타리아트 출신 지도자와 프롤레타리아트 대중이 본질적으로 유사하다는 가정에 있다. 프롤레타리아트 출신 지도자의 생각과 느낌은 프롤레타리아트의 생각과 느낌에 더 가깝다는 것이다.

　실제로 프롤레타리아트 출신 지도자들은 더 이상 육체 노동에 종사하지 않는다고 하더라도, 몸소 겪었던 개인적 체험에 비추어 대중의 경제적인 욕구를 판단한다. 그들은 과거 자신이 몸담았던 협소한 직업에 관련된 특수한 문제들에 대하여 전문적인 판단을 내릴 수 있을 뿐만 아니라, 노동자의 일반적인 삶에 근거하여 논의를 전개할 수도 있다. 독일 사민당처럼 의원들 가운데 많은 사람이 노동자 출신인 경우, 관세율같이 소소한 문제에 대한 논의에서 과거 노동자였던 의원이 발언자로 나서 부르주아지 출신 의원들을 압도할 수 있다. 노동자 출신은 관련 문제를 직접적인 체험에서 흰히 꿰뚫고 있는 데 반하여, 부르주아 의원은 오늘날 대개 그렇듯 기업가 출신이 아니라면 그렇지 못하기 때문이다. 프롤레타리아트 출신 지도자들이 타고난 프롤레타리아트답게 프롤레타리아트의 대중 심리를 여러 가지로 정확하게 알고 또 그에 걸맞게 다룰 줄 안다는 것 역시, 그들이 부르주아 출신 지도자들을 앞서는 측면이다.

그러한 사실로부터 때로 도출해내는 결론은, 과거 노동자였던 지도자만이 노동 대중과 견실하고 확고한 접촉을 유지할 수 있으며, 가장 현실적인 전술을 선택할 줄 알고, 대중을 낯선 영역과 잘못된 길로 인도하지 않는다는 것이다.[1] 노동운동은 그처럼 아주 다양한 관점에서 프롤레타리아트 출신 지도자들을 친자(親子)로 대한다. 따라서 노동운동과 관련된 문헌에서 노동지도자 가운데 노동조합 지도자가 가장 우호적인 평가를 받는다.

그런데 그러한 문헌과 사회와 관련된 문헌, 특히 책의 형태로 된 문헌은 지식인과 문필가들이 작성한다. 그들은 보통 정치적 노동운동 지도자들보다 노조지도자에게 더 우호적이다. 왜냐하면 노조지도자는 정당의 지도자와 달리 지식인의 분야에 간여하려 하지도 않고, 전수된 이론과 세계관에 무관심한 그들은 이데올로기 영역을 침해하지도 않기 때문이다. 그러므로 학술 서적에 나오는 정당 지도자들에 대한 비판이나 노조지도자들에 대한 찬사는 모두 똑같이 일단 어느 정도 감안해서 받아들여야 한다.

---

1) 예컨대, 밀라노노동당이 1882년 그리고 그 후 몇 년 동안 육체노동자만을 당원으로 받아들이자고 결의를 했던 것도 바로 이런 취지에서이다(R. Micels, "Eine exklusive Arbeiterpartei in Norditalien(1882~92)," *Archiv für die Geschichte des Sozialismus und der Arbeiterbewegung* 1(1911), pp.285~315).

사람들은 흔히 노조지도자들을, 말로 혁명을 꾀하는 정치적 노동운동의 수다스러운 지도자들과 의식적으로 대비시킨다. 그리하여 역설적으로 본질적으로 비정치적인 노조지도자들이 정치적 의미를 부여받는다. 노조지도자들은 끔찍하게 복잡한 정치경제적 삶에 대한 통찰력을 갖고 있기 때문에 정치적으로 도달 가능한 것을 올바르게 이해한다는 것이다. 똑같은 맥락에서 대부분의 수정주의자들과 개혁주의자들은 노조지도자들을, 정당 사회주의의 혼란과 섣부른 "과격한" 행위의 혼돈에서 빠져나올 수 있는 희망의 표시로 과대 평가한다.[2] 그러나 이러한 비교를 통하여 우리가 얻을 수 있는 것은, 노조지도자들이 사회주의 지도자들과 여러 가지 측면에서 완전히 상이한 유형의 지도자들이라는 기초적인 사실뿐이다. 사람들은 또한, 노조지도자는 노동자와 기업가 사이에서 중개자 역할을 수행하는 가운데 대단히 유연하고, 성실하고, 인내심 있고, 추진력 있고, 강인하고, 개인적으로 고결한 성품을 갖게 되었다고 말한다. 그들은 심지어 성적(性的)으로도 깨끗하고 순진하다는 것이다. 마치 페레로가 발견한 유명한 심리적 보상법칙에 의거하여 그것이 지도자로서 응당 갖추어야 하는 어떤 천성이라도 되는 것처럼 말이다.[3]

---

2) Werner Sombart, *Dennoch! Aus Theorie und Geschichte der gewerkschaftliche Arbeiterbewegung*, Jena, 1900, pp.90, 91; Arturo Salucci, *La teoria dello sciopero*, p.152; Heinrich Herkner, *Die Arbeiterfrage*, p.186; Beatrix and Sidney Webb, *Industrial Democracy*, p.152; Paul de Rousiers, *Le tradeunionisme en Angleterre*, Paris, 1897, p.368; Eduard Bernstein, *Die Arbeiterbewegung*, p.147.

3) Arturo Salucci, *La teoria dello sciopero*, Genova, 1902, p.151. 이 저자는 더 나아가 이렇게 주장했다. 경험상으로 보아 노동조합지도자들은 젊어서 결혼하는 경향이 있는데, 그들이 그렇게 하는 것은 혼인의 성적(性的)인 기능 때문이 아니라, 지속적인 선동을 해야 하는 이들의 생활에서 어떤 안정을 찾고 싶어하기 때문에 그렇게 한다. 그렇지만 이러한 노동조합 지도자들의 심리상태에 대한 여러 분석은, 특히 여행가들의 이야기처럼, 그 진실이 의심스럽다. 곧 여행가들은 낯선 나라에서 돌아와 낯선 인간들, 곧 우리와는 아주 다르고 낯설고 부자연스러운 행동을 하는 천차만별의 인간들에 대해 무엇인가 알려주고 싶어한다. 그러나 그 이야기 속에 비록 용(龍), 켄타우루스, 혹은 다른 형상물과 같이 명백히 허구적인 것이 등장하지 않는다고 해도, 우리는 이 이야기들의 진실성을 정말이

노조지도자로서 필요한 자질은 노동조합의 발전 단계마다 다르다.[4] 조직의 주된 활동이 이념의 전파와 파업의 지도에 있는 재정적으로 빈약한 조직과, 산하에 복지 기구도 많고 파업은 절박한 경우로만 한정시킬 뿐 주된 활동 목표는 협상의 타결에 있는 조직을 지휘하는 자질은 각각 다르다. 전자에게는 특히 열정과 웅변술이 중요하다. 사특한 사람들은 그들이 아주 무식한 것도 나쁘지 않다고 주장할 정도이다.[5] 어쨌든 선동 방식은 낭만적이고 감정적이며, 그 목표도 물질적이라기보다 일차적으로 '도덕적'이다.

그렇지만 이 모든 것은 시간과 함께 변화한다. 유아기를 벗어나자마자 노조의 업무는 복잡해진다. 또한 조직 구조가 재정과 행정으로 기울어짐에 따라, 필요한 것은 선동가가 아니라 전문지식을 갖춘 교육받은 관료들이다. 계급투쟁이라는 상품을 팔던 외판원이 상상력이라고는 전혀 찾아볼 수 없는 건조한 회계원으로 교체되고, 열렬한 이상주의자가 냉정한 물질주의자로 교체되며, 최소한 이론에서만은 투철한 민주주의자가 사신만만한 독재자로 교체된다.

실제로 오늘날의 노조지도자들 대부분에게서 확연히 두드러지는 것은 사실적인 엄격성이다. 이는 거대한 물음들은 방치한 채 무미건조한 행정 영역에 국한된 문제만을 처리하는 사람이 직접적인 책임감은 대단히 강력할 경우 나타나는 현상이다.[6] 결국 연설 활동은 뒷전으로 밀려나고, 관리 업무가 전면에 나서게 된다. 따라서 이 두 번째 국면의 노조

지 한번 제대로 의심해볼 필요가 있다고 한다(David Hume, *An Inquiry concerning Human Understanding*, 제8판, 1920, p.83. 독일어본 Leipzig에서 출간).

4) 같은 책, p.32 이하.

5) Fausto Pagliari, *Le organizzazione e i loro impiegati*, p.6.

6) 심지어 노동운동 내의 반대자들조차 이것을 부정하지는 않는다. 그래서 론고바르디는 이탈리아 노동총위원회의 전술을 비판하는 논문에서 그에 소속된 위원들의 전문지식, 노동자생활에 대한 풍부한 경험, 그리고 놀라운 성실성을 높이 평가하지 않을 수 없었다(Ernesto Cesare Longobardi, "La crisi nelle organizzazioni operaie," *Il Viandante*, 제1권, 1909년 12월 19일 자).

를 이끄는 일은 덜 떠들썩하고, 그리 빛나지 않으며, 그리 영예롭지도 않다. 그러나 그 대신 지도력은 더욱 확고해진다. 조직의 지도가 주로 전문지식에 기반을 두고 이루어지기 때문이다. 그들은 전문 영역에 대한 넓은 시야와 능숙함을 갖고 있다는 점에서 추종 대중과 다르다. 그러나 그들이 추종자들을 지배하는 것은 무엇보다도 그들이 정관 규약을 꿰고 있기 때문이다.[7] 행정 기술이 본연의 업무가 되는 것이다. 독일 금속노조의 규약은 47쪽에 걸쳐 기록된 39조(條)로 이루어져 있고, 항(項)이 10개 내지 12개나 되는 조도 많다.[8]

근대의 노조 행정, 특히 중앙노조의 대표로서 노조를 관리하기 위해서는 해당 산업분야에 관련된 사항 전체에 대하여 정확한 지식을 갖추어야 하고, 매 순간마다 적대자에 대하여 조직의 힘을 동원할 수 있어야 한다. 지도자는 그가 속한 산업의 기술적인 측면뿐만 아니라 국민경제적측면(원료의 생산지와 가격, 그 산업에서 생산되는 상품의 생산비, 시장의 일반적인 동향, 각 지역 노동자들의 임금수준 및 생활상태)까지 정확하게 알고 있어야 한다. 상황은 그가 전략적 천재임과 동시에 외교적 천재이기를 요구하는 것이다.[9]

지금까지 설명한 유형의 노조지도자와 사뭇 다른 유형이 있다. 바로 생디칼리슴 지도자들이다. 생디칼리슴 이론의 핵심은 직접행동이다. 직

---

7) 당 관리들이 참조해야 하는 정관 및 규정들이 산더미처럼 불어남으로써 관리가 지배할 수 있는 주된 근거가 되었다는 사실은 역사적으로도 확인될 수 있다. 이런 서류더미는 영향력을 행사하고 협박을 가하는 중요한 요소들이다. 콜베르(Colbert)는 일찍이 프랑스의 관료들이 법조항에 얼마나 광적으로 집착하는지 알아차렸다. "그들의 규정은 성가시고, 쓸데없이 장황하고, 세밀하고, 예컨대 파리 목재상에 대한 법률 하나만 해도 로마 법전 전부에 맞먹을 정도로, 법조문의 미로 속에 빠져 있다"(Lé Montey, *Eaasi sur l'établissement moartchique de Louis XIV*, p.339).

8) Herkner, 앞의 책, p.116. 예컨대, 노동조합과 관련된 문제는 아주 쉽기 때문에, 그 어느 노동자라도 말로서 의사를 표현하여 그 문제를 처리하는 데 전혀 어려움이 없다는 견해(가령 Octors, *Katechismus*, p.21)가 있는데, 이는 잘못된 것이다.

9) 또한 파글리아리(F. Pagliari)의 책, p.7을 참조하라.

접행동이란 무엇보다도, 노동조합이 부르주아 계급 출신의 사회당 지도자들의 정치적인 후견 일체로부터 벗어나, 오로지 자신에게만 의존하고 그것에 만족하는 것이다. 다시 말해 직접행동이란 프롤레타리아트가 의회를 통하여 간접적으로 대변되는 것을 거부하고 스스로 움직이려는 것이다. 이는 흔히 프롤레타리아트 자치의 절정이라고 말해진다.

직접행동에서 중요한 것은 개별 노동자의 역량과 진취성과 대담성이다. 이들 자유의 사수(射手)들은 타성에 빠진 무능한 당 관리들로 이루어진 참모부를 필요로 하지 않는, 자발적이고 독자적이며 자신감에 넘치는 부대이다.[10) 시를 산문으로 옮기자면 이렇다.

전술적인 차이를 논외로 하면, 가장 근본적인 생디칼리슴과 사회민주주의 사이의 차이점은 오직 지도자의 사회적 성분이 다르다는 데 있을 뿐이다. 생디칼리스트들은 노동자 스스로가 노조를 이끈다는 사실로부터, 조합 지도자들의 정치는 프롤레타리아트의 정치와 일치할 수밖에 없으리라는 냉정한 결론을 도출해낸다.[11) 그들에 따르면 생디칼리스트 노조의 업무를 수행하는 노동자들은 도덕적으로나 지적으로나 엘리트 노동자라는 것이다.[12) 따라서 노동자 출신의 노동지도자는 위기의 구세주이고, 그에게는 최고의 지도자가 될 가능성이 최소한 잠재되어 있다는 것이다. 그러므로 여타의 모든 차이점에도 불구하고 노조지도자의 기능에 대한 생디칼리슴의 평가는 영국이나 독일의 노조와 다를 바가 없다고 할 것이다.

노조지도자들의 직업적 덕성이 그러하다는 것은 말할 나위 없이 옳지만, 그것은 민주주의와 거리가 멀다. 오히려 민주주의와 필연적으로 대립된다. 우선 프롤레타리아트가 보통의 변호사나 의사 대신 자기 계급 출신들에게 업무를 대행하도록 하면 그것은 자신의 이해관계를 중개자

---

10) Edouard Berth, *Les nouveaux aspects du socialisme*, Paris, 1908, p.30.
11) Emile Pouget, "Le parti du travail," Paris, 1903, *Bibliothèque Syndicaliste*, No.3, p.12.
12) Fernand Pelloutier, *Histoire des bourses du travail*, p.86.

없이 자신이 직접 처리한 것이나 마찬가지라고 생각한다면, 그것은 착각이다. 근대의 노동운동 지도자들은 자신이 원래 속했던 육체적인 직업에 끝까지 머무르지 않는다. 조직이 공장 출신의 동지에게 정기적으로, 그것도 일정한 봉급을 주면서 추종 대중의 업무를 대행하도록 위탁하는 순간, 그 동지는 의도와 달리 노동계급으로부터 벗어나 관리라는 새로운 계급에 편입된다.[13]

그와 함께 프롤레타리아 출신 노동지도자는 노동자이기를 멈춘다. 그는 돌을 두들겨 깨거나 신발에 구두창을 대는 일을 그만둔다는 기술적인 의미에서뿐만 아니라, 심리적이고 경제적인 측면에서도 동료 지도자들인 변호사나 의사와 똑같이 전문적인 중개자가 된다. 다시 말해 프롤레타리아트 출신 지도자가 대의원 및 대표자로 활동하게 되면 그는 노동지도자로 전향한 부르주아지와 똑같이, 우리가 이미 서술한 과두적 경향을 따르게 되는 것이다.

오히려 지배의 열정이 고도로 발달하는 쪽은 통상적으로 과거에 노동자였던 사람들이다. 자본에 봉사하는 임금노동자라는 예종의 사슬로부터 방금 벗어난 그는 대중이 부과하는 예종의 사슬에 묶이는 것을 그 누구보다도 싫어한다. 그는 오히려 자유사상가[14]라도 된 양 방종에 빠져든다. 모든 나라의 경험으로 미루어, 프롤레타리아트로부터 성장한 노동지도자들이야말로 두드러지게 자의적이고, 추종 대중의 반론을 결코 용납하지 않는다는 사실을 알 수 있다. 그들이 오만하고 이기적이라는 점, 이제 갓 소유하게 된 권위를 지키기 위하여 전력을 기울인다는 점, 자신에 대한 비판은 무엇이건 굴욕과 멸시로 간주하고 더 나아가 자신의 지난 시절을 상기시키려는 악의적인 시도로 받아들이는 것 등은 바로 벼락 출세자의 특징이다.

기독교 세례를 받은 유대인이 자신의 개종을 가급적 회상하고 싶어하

---

13) 이 책의 pp.143, 144를 참조하라.
14) 이 단어는 원래 모든 것에 대한 회의(懷疑)를 의미한다.

지 않는 것과 마찬가지로, 노동자 출신의 노동지도자들은 자신이 새로운 관리 업무를 맡으면서 과거의 노동을 포기하게 되었고 계급 또한 바뀌었다는 사실을 상기시켜주면 불쾌해한다.

자수성가한 사람이 모두 그렇듯 노조지도자들의 허영심도 대단하다. 그들은 자기 자신과 동료들이 이룩한 것을 "이해하려 하지 않고 오로지 스스로 경탄할 뿐"이다.[15] 그들의 지위는 전문지식에 기반을 둔다. 그러나 그들에게는 지배계급 속에서 태어난 자가 갖는 자신감은 물론 일반 교양과 웅대한 세계관이 결여되어 있다. 그리고 그들은 부르주아지의 열렬한 칭찬과 관심에 약한 모습을 보이기 일쑤이다.[16]

엥겔스는 영국으로부터 독일의 조르게에게 보낸 편지에 이렇게 썼다. "여기에서 가장 역겨운 것은 부르주아적인 '체통'이 노동자들에게 하나의 근성으로 자리잡았다는 사실입니다. 영국 사회는 당연한 것으로 인정되는 수많은 차등 집단들로 구성되어 있습니다. 그리고 그들은 스스로에 대한 긍지를 갖는 동시에, 자신보다 '우수한 자들'(betters)과 '월등한 자들'(superiors)에 대하여 천성적인 존중심을 갖고 있습니다. 이것은 아주 오래되고 확고히 굳어진 것이어서, 부르주아지가 이용하기에 더할 나위

---

15) Parvus, "Der gewerkschaftliche Dokrtinarismus und die Unternehmerverbände," *Die Neue Zeit*, 26(1908), 제1권, p.709 이하.

16) 오늘날 노동자들이 정치에 참여함으로써, 또 지식문제에 간여하기 시작하면서 프롤레타리아트는 약간의 문화를 접하게 되고 또 얼치기 지식인이 되는 경우도 많아졌다. 그러나 좀바르트가 '독단주의'(Dogmatismus)(Werner Sombart, *Das Proletariat*, Frankfurt, 1906, p.84)라고 ─ 필자의 생각으로 이것은 그다지 맞는 표현이 아니다 ─ 표현한 이 현상은 그들의 정신적 해방을 가져올 수 없다. 이는 당연하다. 왜냐하면 오늘날 노동자는 이루 말할 수 없는 정신적이고 육체적인 수고를 해가며 약간이나마 지식을 쌓았지만, 그나마 배우고 익힌 이 지식이 제대로 된 것인지 평가하는 것은 고사하고, 그것을 더욱 연마하고 심화시켜 귀중한 것으로 만들 만큼 여유가 있는 것도 아니며, 또 제대로 된 학교교육을 받을 수 있는 것도 아니기 때문이다. 그렇게 공들여 배운 그 소중한 것이 안팎에서 나오는 그 어떤 회의나 비난에도 아랑곳하지 않고 잘 간직되어야 함에도 불구하고 말이다.

없이 좋은 미끼가 됩니다. 예컨대 존 번스가 과연 추기경, 시장, 부르주 아지가 아니라 자신의 본래 계급에서 인기를 얻고자 할는지요. 저는 그 렇게 생각하지 않습니다. 제가 가장 견실한 인물로 생각하는 톰 맨조차 시장과 점심을 같이하리라는 것을 자랑스럽게 이야기합니다."[17]

'계급의식'에 투철한 독일 노동자들 중 빌헬름 2세를 개인적으로 알현한 몇 명의 노동자 중의 하나는, 황제를 알현하는 자리에서 감히 자신의 신념을 표현하거나 자기 당의 원칙을 천명할 엄두를 내지 못했다.[18]

노동자 출신의 지도자들은 자신에게 쉽게 만족하기도 하지만 환경에 대한 포만감에도 쉽사리 젖어든다. 자기 자신에 대한 만족감이 주변에 대한 만족감으로 확대되는 것이다. 그들 중 많은 사람은 민주주의의 전진에 무관심하고 때로는 적대적이기까지 하다. 그리고 그들은 기성의 체제에 적응하고 그와 화해한다.[19] 그들이 사회혁명의 교리에 무슨 관심을 갖겠는가? 그들은 이미 '자신의' 사회혁명을 성취한 사람들이다. 그들의 무의식적인 생각은 근본적으로 오직 한 가지에 집중된다. 그들은

---

17) *Briefe und Auszüge*, pp.324, 325.

18) 도르트문트의 『노동자신문』(*Arbeiter-Zeitung*) 1903년 9월 16일 자. "1900년 제국보험 당국의 대표들은 베를린에 모여 웅장한 건물을 개관하고, 곧바로 황궁으로 가 황제를 알현했다. 노동조합에서 명성을 날리던 주물청소부인 부흐홀츠(Buchholz)도 동료들과 함께 그 알현식에 참석했다. 철십자군훈장까지 받던 그가 빌헬름 2세와 인사말을 주고받게 되었을 때의 일이다. 사회민주당원인 부흐홀츠의 정치적 성향을 틀림없이 알고 있었을 황제는 이렇게 물었다. '그래, 사회민주당원은 모두가 군주제 반대자들이지.' 그 인사말에 부흐홀츠는 즉시 이렇게 답했다. '폐하, 모두가 그런 것은 아닙니다.'"

19) 막스 베버는 언젠가 독일 제후들에게 이렇게 충고했다. 만약 그들이 사회민주당에 대한 공포에서 벗어나고 싶으면, 사회민주당 전당대회를 관람함으로써 다음과 같은 확신을 얻어야 한다. 그 전당대회에 군집한 혁명가들은 '뚱뚱한 음식점 주인 모습', 곧 소(小)부르주아적인 인상을 아주 역력하게 풍기며, 그들에게서는 그 어떤 혁명적인 열정도 감지할 수 없다는 사실을 몸소 확인해야 한다("Max Webers Rede auf der Magdeburger Tagung des Vereins für Sozialpolitik," Kopie des Stenogramms vom 2. Okt. 1907, *Zur Soziologie und Sozialpolitik*, Tübingen, 1924, p.410).

자신에게 임무를 부여하고 자신을 부양해주는 프롤레타리아가 계속해서 존재하기를 바랄 뿐이다.[20] 그래서 그들은 끊임없이 조직하는 것이라는 가장 중요하다는 기본원칙을 내세우고, 노동자의 이상은 최후의 노동자가 조직에 가입할 때 비로소 실현된다고 주장한다. 부자들이 그렇듯, 그들에게도 투쟁 정신이란 더 이상 없다.

가령 영국의 노동지도자들은 노동자와 기업가가 업무상 일종의 동맹 관계를 맺고 있다고 생각하는 경향이 있다. 즉 노동자는 상품을 정해진 가격으로 시장에 판매하는 기업에서만 일할 수 있고, 기업가들은 오직 노조에 가입한 노동자들을 고용할 의무를 가지며, 이 동맹을 통하여 양자는 공동으로 수행한 사업의 수익을 현재로서는 동등하지 않은 비율로 나누어 갖는다는 것이다. 이에 따르면 노동자에게 할당되는 몫인 임금은 기업의 전체수익에 따라 달라진다.

임금연동론에서 나온 이 교리는 현존하는 모든 계급 갈등을 희석시키고, 노동 조직의 업무를 순전한 경영기술로 채색한다. 투쟁이 불가피하게 되면, 지도자들은 장기적인 협상에 돌입한다. 협상 기간이 길면 길수록, 노동지도자의 이름이 빈번하게 사람들 입에 오르내리고 경우에 따라서는 신문에 나기도 한다. 그때 그가 어쩌다 '이성적인 견해'라도 밝히면, 적대자들의 박수갈채는 물론이고 추종 대중의 경탄에 찬 감사가 따른다.

이기적이고 태만하며 비겁한 그들은 경험을 쌓는다. 사실 현실에서는 그러한 태도와 경험을 구분하기란 어렵다. 양자는 종종 식별할 수 없을 정도로 하나로 얽힌다. 경험이 쌓이면, 프롤레타리아트 출신의 노동지도

---

20) Madeleine Pelletier, "La fin du guesdisme," *La Guerre Sociale*, 3(1909), No.4, p.2. 펠티에는 프랑스 노동지도자의 변화에 대해 이렇게 말했다. "그렇지만 나이가 들고 병이 생겨나고 기력이 쇠해졌다. 그 지도자 주위로 몇몇 추종자들의 집단이 생겨나면, 이들은 계급투쟁을 통해 국회의원, 도의원, 시의원, 구청장, 부시장이 된다. 그들은 이제 그런 안락에 심취해서, 매일 힘들게 몇 푼 벌던 때보다 사회혁명의 필요성을 그리 간절히 느끼지 않는다. 비록 그렇다고 해도 그것을 드러내놓고 감히 이야기하지 않지만 말이다."

자들 가운데 성격이 괄괄한 사람들마저 조용하고 침착해진다. 과거에 그들은 즉흥적인 감정에 휩싸여 무엇을 얻기는커녕 그때까지 일궈온 모든 것을 위험에 몰아넣는 행동을 하였지만, 이제는 분명한 확신 속에서 그런 행동을 자제한다.

개인적 성향과 사실적 경향은 대부분 동시적이고 상호적으로 진행된다. 어느 한쪽이 다른 한쪽보다 더 중요하고 덜 중요한, 그런 종류의 문제가 아니다. 이 과정은 프롤레타리아트 출신 노동지도자들에게 현실 안주적인 타성을 부여한다. 독일의 한 노동조합 관리는 이를 아주 솔직하게 털어놓았다. "이는 비난이 아닙니다. 그것은 오히려 당연한 일입니다. 만일 우리 모두가 오늘날에도 여전히 공장에서 일하면서 얻는 쥐꼬리만한 임금에 만족해야 한다면, 사회질서의 변화에 대한 우리의 관심은 현재보다 훨씬 높을 것입니다."[21]

이러한 정서는 과거에 노동자였다가 현재 문필가로 활동하게 된 사람들에 의하여 더욱 강화된다. 그는 경탄해 마지않는 노력을 기울임으로써 상당량의 지식을 쌓았다. 그러나 기본적인 소양이 없는 그는 지도적인 이념 체계를 독자적으로 정립하기는커녕 학문적 교리의 내용을 온전히 받아들이고 정리하고 소화할 능력조차 없다. 따라서 그 개인의 평온함은 (예컨대 지식인 출신 마르크스주의자들에게서 흔히 나타나는 것처럼) 강력한 이론의 역동성에 의하여 중화되지 못한다. 1877년 10월 19일에 마르크스는 조르게에게 다음과 같은 편지를 보냈다. "노동자들이 노동을 그만두고…… 직업 문필가가 되면 항상 '이론적인' 해악을 끼친다."[22]

---

21) 1906년 베를린 노조 집행부회의에서 인쇄업자인 지도자 클로트(Kloth)가 행한 연설(*Protokoll*, p.10). 이 회의록에는 또한 이 말에 대한 강력한 반대가 있었을 뿐만 아니라, 다음과 같은 말까지 터져나왔다고 적혀 있다. "그것은 사회민주당 관료들에게 더 해당되는 말이다!" 이 책, pp.222, 223을 참조하라.

22) *Briefe und Auszüge aus Briefen usw.*, p.159. 지식인들이 압도적으로 많은 노르웨이의 노동운동에서도 학자들은 이론적으로 경도되고 또 일관성을 보이는 데 비해, 기본적으로 프롤레타리아트의 성격을 띤 덴마크의 노동운동에서는 경험주의적이고 기회주의적인 특징이 지배적이다(Edward Bull, "Die Entwicklung

노동조합 관리에 대한 평가는 아주 다양하다. 노조 관리는 당원들뿐만 아니라 부르주아 개혁가들로부터도 찬사를 받지만, 그들은 그만큼 자주 적대자들의 반감과 비판의 표적이 된다. 적대자들 가운데에는 이론가, 사회주의적 청교도, 마르크스주의자, 사회혁명가, 생디칼리스트, 무정부주의자 등이 있다. 노조지도자들에 대한 비우호적인 평가 중에는 물론 무시해버릴 것도 많다.

한때 노동자였던 사람이 지도자가 되어 맞는 새로운 환경은 그를 엄청나게 변화시킨다. 그의 외양은 세련되고 부드러워진다.[23] 상류사회 인사들과의 일상적인 접촉은 그에게 예절을 함양시킨다. 노동지도자들, 그 가운데 특히 노동조합과 협동조합의 지도자들은 업무의 성격상 다른 계급과 접촉해야 한다. 그 접촉은 그에게 '세련'을 선사한다. 사실 상위 신분이 하위 신분의 지도자들을 동화시키고 흡수하는 것은 하나의 법칙이므로, 노동지도자들이 비난을 받아야 할 이유는 없다. 17세기의 제후들은 환경이 인간의 개성에 미치는 영향을 잘 알고 있었다. 작센-폴란드의 아우구스트 2세는 정치적 유언장에서 해외 파견 외교관을 자주 교체하라는 특이한 충고를 남겼다. 그렇지 않으면 외교관들이 새로운 환경의 영향을 받아 외국 왕실의 이해관계 속에 포섭된다는 것이었다.[24]

일부 노동자 출신 의원들은 자신에게 발생한 그러한 내적 변화를 감추기 위하여, 자신의 과거 신분을 드러내주는 표지를 과시적으로 달고 다니기도 한다. 원추형 실크해트의 착용을 요구하는 영국 의회에서, 일

der Arbeiterbewegung in den skandinavischen Ländern," *Archiv f. d. Geschichte des Sozialismus*, 10(1921), p.355).

23) "58명의 사회민주당 의원 가운데 최소한 30명은, 공장에서 기계를 만지다 오거나 수공업자 출신으로서, 이들의 성향은 엄격한 사교계 훈련을 시켜도 전혀 바뀌지 않았다. 그런 이들이 항상 점잖게 행동하고 회의를 거의 중단시키지 않는다는 것이 부르주아지에게는 의외처럼 여겨질 것이다"(Maximilian Harden, *Die Zukunft*, 1902년 12월 6일 자).

24) Paul Haake, "Ein politisches Testament König August des Starken," *Historische Zeitschrift*, 87(1901), p.7.

부 걸출한 노동지도자들은 여전히 모양 없는 모자를 눌러쓰고 블라우스를 걸치고 빨간 넥타이를 맨 채 등단한다. 그들 중에는 예컨대 솔직한 성격의 키어 하디도 끼여 있었다. 그러나 그들만 그랬던 것은 아니다. 지식인이면서 제1차 인터내셔널에서 활약했던 안드레아 코스타가 이탈리아 의회에서 부의장으로 선출되었을 때, 그 직책에 선발된 사람이 실크 해트를 착용하는 관습을 마다하고 계속해서 남부 이탈리아 압루체스 지방의 테가 넓은 소프트 해트를 착용하였다. 사회민주주의, 기독교 민주주의, 노조 등에서 노동자 신분 출신의 지도자들이 대중연설을 하는 모습을 보면, 그들은 스스로를 여전히 노동자로서 규정하고 싶어한다는 것이 드러난다. 차

그처럼 대중과 동류의 신분임을 강조하는 것은, 추종 대중에게 자신을 친근하게 보여줌으로써 대중을 자신에게 묶으려는 수단이다. 1848년의 프랑스 국민의회 선거에서는 후보자들이 노동자로 자처하는 것이 유행이었다. 그때 노동자란 영광의 작위였고, 동시에 기회의 작위였다. 실제로 그들 가운데 21명이 당선되었다. 최근 프랑스, 이탈리아 등지의 사회민주주의자 후보 등록 명부를 보면, 멀쩡한 함석 수공업 장인과 소매상(즉 소시민)이 얼토당토않게도 함석 노동자 등으로 둔갑하는 사태가 자주 일어나는데, 이것도 마찬가지 이유에서 나온 것이다. 그들 중에는 노동자들을 겨냥한 선거 유세에서는 노동자임을 주장하고, 부르주아지를 겨냥한 유세에서는 장인임을 내세우는 사람도 있다.

그러나 사람들이 그처럼 프롤레타리아트 출신임을 외면적으로 강조한다고 해도, 전체적인 현상이 약화되는 것은 아니다. 이와 관련하여 조레스는 사회주의에 투신하기 전에 이렇게 지적했다. "의회에 진출한 노동자들은 나쁜 의미에서 곧장 부르주아지화된다. 최초의 활력과 정기를 잃어버린 그들에게 남는 것이란 의회의 연단에 서게 되었다는 감상뿐이다."[25]

---

25) Jean Jaurès, *Dépêche de Toulouse*, 1887년 11월 12일자.

따라서 부르주아 출신의 노동지도자 대신 프롤레타리아트 출신의 지도자들이 들어선다고 해서, 지도자들의 정치적·도덕적 신뢰가 더 이상 실추되지 않는다는 보장은 없다. 이는 이론적으로(말하자면 사회주의적인 관점에서)만이 아니라 실질적으로도 그렇다. 주지하다시피 1848년 프랑스 임시정부가 주관한 선거를 통해 의회에 진출한 11명의 노동자 출신 의원 가운데 10명이, 자신들이 의원으로 선출되는 데 크게 기여한 노동자 프로그램을 외면하였다.[26] 주로 부르주아지와 귀족 출신 지도자들로 구성된 인터내셔널 이탈리아 지부(1868년부터 79년까지)에는 인간적 미덕으로 가득 찬 일화들이 많았다. 예외가 두 가지 있었는데, 바로 노동자 출신의 일이었다. 스테파노 카포루소와 카를로 테르차기가 바로 그들인데, 전자는 모범적인 노동자로 자처했음에도 불구하고 자기가 대표로 있던 나폴리 사회주의 협회의 금고를 약탈하였고, 후자는 토리노 지구당 위원장으로 있으면서 경찰의 앞잡이 노릇을 했던 것이 밝혀져 당에서 축출되었다.[27]

노동운동사가 일반적으로 가르쳐주는 바는, 사회주의 정당이 프롤레타리아적인 배타성을 띠면 띨수록 그만큼 더 주변의 영향을 많이 받는다는 사실이다. 프롤레타리아트, 즉 육체노동자들만을 당원으로 받아들인 밀라노의 노동당이 최초의 의원을 당선시켰을 때(1882), 그 당사자인 활자주조 노동자인 안토니오 마피는 다음과 같은 해명과 함께 곧바로 당적을 바꿔 좌파 부르주아지 의원단에 가입했다. 노동자 한 명이 의원으로 선출되었다고 해서, 그가 여타의 사회계급에 반대하는 야당의 역할을 해서는 안 된다는 것이었다.[28]

나폴레옹 3세 치하의 프루동주의 지도자였던 금속세공사인 앙리 루이 톨랭과 인쇄공인 프리부르는 제1차 인터내셔널 제1차 대회(1866년

26) Arthur Arnould, *Histoire populaire et parlementaire de la Commune de Paris*, Bruxelles, 1878, 제2권, p.43.

27) 졸저, *Prol. e. Borgh, usw.*, p.72 이하를 보라.

28) Alfredo Angiolini, *Cinquant' anni*, pp.180, 186.

제네바)에서, 인터내셔널 협회 정관에 지식인과 부르주아 출신을 배제한다는 부칙을 삽입시키기 위하여 진력하였던 인물들이다. 그렇지만 정작 1871년에 그들은 파리 코뮌에 반대하고 티에르와 손을 잡았고, 그 때문에 제1차 인터내셔널로부터 배반자로 낙인찍혀 축출되었다. 그 뒤 톨랭은 보수적인 제3공화정에서 상원의원으로 활동하였다.

제1차 인터내셔널 총위원회 위원이었던 영국의 노동지도자인 오드거는 파리 코뮌 이후 인터내셔널을 떠났다. 그것은 부분적으로는 인터내셔널을 지배하던 마르크스주의자들의 권위적인 행태 때문이기도 하였지만, 다른 한편으로는 그가, 마르크스의 비판처럼 인터내셔널을 이용하여 노동자들의 인기를 얻는 데에만 관심을 쏟았기 때문이었다. 그는 사회주의 원칙이 자신의 정치적 성공을 방해한다는 것을 알아차리자 인터내셔널로부터 등을 돌렸던 것이다. 총위원회 위원이었던 또 한 명의 영국 노동지도자인 러크래프트 역시 오드거를 따라 인터내셔널을 떠났는데, 그는 후에 장학사로 출세했다.[29]

요약하자면, 노동자의 거친 손이 노동운동을 지도하는 곳에서는 다른 사회계급 출신 지도자가 조직을 이끄는 곳보다, 지도부가 불안하고, 지도부의 활동 역시 노동자들의 목적에 맞지 않게 이루어진다는 것이다. 어느 프랑스 비판가는, 부르주아지의 교육과 교양을 갖지 못한 노동지도자들의 도덕적, 지적 자질이 부르주아 지도자들에 비하여 낮다는 명제는 특히 '정치'에 입문한 프롤레타리아트 지도자들에게 적용된다고 말했다. 그들 가운데 많은 이들이 보여주는 태도는 진정 반(反)의회주의 사상 교육을 위한 교재가 될 수 있을 지경이다.

"봉건제의 지배가 끝난 뒤 우리는 부르주아지의 지배를 받고 있다. 그런데 부르주아지 이후에도 우리에게 지도자가 필요한가? 라퐁텐은 우리의 적은 바로 우리의 지도자들이라고 말했다. 그러나 가장 두려운 지도자는, 우리와 같은 계층 출신으로 허위와 술책을 써서 권력의 자리에 오

---

29) G. Jaeckh, *Die Internationale*, p.152.

른 사람들이다."[30]

어떤 이들은 프롤레타리아트가 세계의 무대에 힘차게 등장한 사실과, 그와 연관된 부수 현상들(공공권력은 물론이고 자체의 조직에 대해서도 지속적이고 끈질기게 통제하고, 그 통제 활동이 책임감의 고양에 의하여 더욱 강화되는 현상)로부터 윤리적인 쇄신의 힘을 기대한다. 그러나 그 힘은 프롤레타리아트 자체에 존재하는 과두적 경향에 의하여 크게 훼손당한다. 체사레 롬브로소는 이탈리아 사회당의 기관지에 게재한 한 사설에서, 부르주아지의 부와 권력에 접근할수록 프롤레타리아트는 부르주아지로부터 악덕이란 악덕은 모조리 넘겨받아 타락의 도구가 된다고 썼다.

"여기에서 소위 인민정당의 다양한 측면이 나타난다. 그 정당은 부르주아 정당의 모든 악덕을 그대로 넘겨받는다. 당은 대중의 인기를 위하여 열성을 기울인다. 그러나 그 당은 동시에 자유주의적이라는 이름이 붙은 부패한 권력으로 나아가는 수단이 되기도 한다."[31]

이 글은 반박되지 않았다. 유럽 노동운동의 역사에는 정당 지도부를 '프롤레타리아적'으로 유지하기 위하여 취한 인위적 조치들이 결국은 정치적 수구의 도구로 발전해버린 사례가 최근에 이르기까지 비일비재하다. 모든 나라의 조직 노동자들은 이러한 현상을 심각하게 경계해야 한다. 조직 노동자들은 사회민주주의의 거의 모든 문제점들이 프롤레타리아트 정당에 부르주아지들이 넘쳐나기 때문이라고 시끄럽게 불평한다. 그러나 그것은 그들이 우리 시대의 전체적인 역사적 연관관계에 무지하기 때문에 나온 불평들이다.

민주 정당 지도부의 성격은 어디에서나 상이하다. 왜냐하면 민주 정당

---

30) Flax(Victor Meric), "Coutant(d'Ivry)," *Les hommes du jour*, No.32, Paris, 1908.

31) Cesare Lombroso, "I frutti di un voto," *Avanti*, 10(1904), No.2987. 나폴리 귀족출신인 형법학자 가로팔로 남작은, 부르주아지는 '타락한 귀족'을 대신하는 소위 '신선하고 참신한' 세력임을 자임하고 나섰지만 오히려 그 전임자의 오류와 타락을 훨씬 더 광범위하게 행하고 있을 뿐이라고 전제하고, 따라서 노동자들도 이 부르주아지와 똑같은 전철을 밟게 될 것이라고 전망했다(Raffaele Garofalo, *La superstizione socialista*, Torino, 1894, p.178).

을 규정하는 경향들이 각기 다른 환경(민족성, 기후, 역사적 전통)에 의하여 지배되기 때문이다. 미국은 그 어느 곳보다 공공생활이 금전욕에 의하여 지배되는 나라이다. 그런데 자본의 무제한 권력은 그 자체로 부패를 내포한다. 따라서 미국은 폭증하는 부패가 아예 하나의 사회적 제도로 자리잡은 나라이다.[32) 유럽 국가에서는 부패가 분노와 처벌을 가져오지만, 미국에서 그것은 무관심과 아이러니를 자아낸다. 레키는 공공활동에서의 태도로만 평가하자면, 미국인은 가장 저질스럽고 부정의한 민족이라고 말했다.[33)

그러므로 노동지도자의 권력 지향이 미국에서 가장 노골적으로 발전한 것은 그리 놀랄 일이 아니다. 미국의 환경이 예를 찾을 수 없을 정도로 물질적이고 거칠기 때문이다. 미국의 노동지도자들 역시 미국의 지배

---

32) 미국의 국회의원들 사이에 부패가 얼마나 만연되었는지는 다음의 기사가 아주 잘 보여준다. 이 기사에 따르면, 워싱턴에서는 국회의원들의 착취로부터 자신들을 보호하려는 이색적인 노동조합이 결성되었다. 이 노조의 명칭은 소위 '개인비서노조'이다. 미국 하원의 국회의원들은 연 세비로 7천5백 달러를 받는 것 이외에도 비서를 채용하는 비용으로 1천5백 달러를 추가로 지급받고 있다. 국회의원들은 이 돈을 자신들이 직접 받아 지출하고, 후에 그 비용을 비서에게 지불했다는 증명서를 제출하도록 되어 있다. 계산에 아주 밝은 많은 정치가들은 속기록 업무를 담당할 젊은 사람을 약 500달러를 주고 한 회기 동안만 채용하고는 그 나머지 돈은 자기가 직접 챙긴다. 또 어떤 사람은 가족 가운데 한 사람을 개인비서로 기용함으로써, 그 돈이 가족 밖으로 나가지 않도록 하고 있다. 또 어떤 사람들은 공동으로 하는 비서 한 사람을 채용하는 방식을 도입했다. 예컨대, 국회의원 다섯 명이 비서 한 명을 공동으로 두고, 그에게는 보수를 두 배로 주는 것이다. 그러면 다섯 국회의원은 원래 비서봉급으로 책정된 1,500달러 가운데 900달러를 챙길 수가 있다. 이처럼 그 방식은 가지가지인데, 그 모든 방식에서 이들 개인비서들의 보수를 넘보는 위험성은 사라지지 않고 있다.

33) William Edward Lecky, *Democracy and Liberty*, 제1권, pp.113, 114. 브룩스 (Robert Clarkson Brooks, *Corruption in American Politics and Life*, New York, 1910, p.54)에 따르면, 이 나라에서 부패가 횡행하고 있다는 사실은 그만큼 공공활동에 대한 신뢰성이 크다는 것을 말해준다. "만약 군주제가 민주정보다 덜 부패하다고 한다면, 그것은 군주제가 민주정보다 그 국민들의 기본 양심을 믿지 않고 있기 때문에 생겨나는 결과이다."

적인 경향을 쫓을 수밖에 없기 때문에, 그들의 행태는 철저히 금권정치적이다. 노조 관리들은 임금협상을 비롯한 각종의 협상이 만족스럽게 끝나면 정장 차림으로 기업가들과 어울려 풍성한 여흥을 즐긴다. 노조대회에서 새로운 대의원에게, 심지어 그의 부인에게까지 값비싼 선물(귀금속)을 건네는 것도 예사이다. 때로는 보수를 엄청나게 인상시킴으로써 노조 관리의 공로를 치하하기도 한다.[34]

확실한 소식통에 따르면 미국의 노동지도자들, 특히 노동조합 지도자들은 자신의 직책을 으레 개인적인 출세의 기반으로 간주한다. 그들은 자신의 계급동지와 노동자 동지 덕분에 얻은 그 직책을 뻔뻔스럽게 이기적인 목적에 이용하는 것이다. 그곳의 사정에 정통한 사람들은 미국에는 노동계급으로부터 존경받을 만한 지도자가 거의 없고, 사회주의자들은 노동지도자들을 어리석고 간악한 인간들로 간주한다고 말한다.[35] 어떤 미국의 사회민주주의자는 미국의 사회주의 지도자들을 다음처럼 부정적으로 묘사하였다. "그는 자신의 개인적인 잘못을 사회적인 문제인 양 떠드는 사람이다. 그는 신중하지 않고 떠벌리기를 좋아한다. 그는 대체로 교육받은 사람이 아니며, 그의 요구와 주장은 대부분 무지의 소치이다."[36]

미국의 노동지도자들이 그렇기 때문에, 반듯하고 명석한 노동자들은 노동자 조직으로부터 거리를 두거나 잘못된 길로 빠져든다. 자본가들은 그런 노동지도자들을 장악하고 있고, 교양 없는 그 벼락 출세자들은 자본가들의 칭찬에 아주 약하다.[37] 그렇지만 자본가의 칭찬에 허물어지는 것은 그들이 저지르는 실수 중에서 그나마 가장 경미한 것에 속한다. 그

---

34) 노동조합문제 때문에 대법원으로부터 유죄판결을 받은 세 사람, 곰퍼스(Gompers), 메리슨(Marrison) 그리고 미첼(Mitchell)은 1909년 미국 노동조합대회에서 각각 상금으로 2만 마르크를 받았다.

35) Austin Lewis, *The Rise of the American Proletarian*, p.200.

36) Gaylord Wilshire, *Wilshire Editorials*, New York, 1906, p.140.

37) Austin Lewis, *The Rise of the American Proletarian*, p.202.

들이 자본의 유급 노예와 다름없이 행동하는 경우도 흔하다.

노조 관리는 자기가 보호해야 할 사람들의 적대자 편으로 넘어가 그 선봉에 서고, 파업파괴자, 혹은 대단히 적절한 용어를 따르자면, 자본가 계급의 노동자담당 부관이 된다.[38] 가장 견고하게 조직된 몇몇 노동조 합은 소비자에게서 착취하고 강도질한 것을 배분하기 위하여 자본가 집 단과 정식 계약을 체결하기도 했다.[39] 자본가 A의 돈을 받은 노조가 임 금협상을 A에게는 유리하게, 자본가 B에게는 불리하게 진행하는 경우 도 흔하다. 노조가 어쩔 수 없이 감행한 파업조차 기업주가 파업 지도자 들에게 연금을 보장해주면 막을 내린다.

벨기에의 유명한 대자본가이자 저술가인 어떤 사람은,[40] 노동조합에 조직된 미국 노동자들을 지적(知的)으로 극단주의자들이 아니라고 칭 찬한 뒤, 게으르고 타락한 유럽 노동자들의 본보기로 치켜세웠다. 그러 나 미국의 노동자들은 자신의 지도자들에게 우롱당하면서도, 그 지도자 들이 무슨 짓을 했는지 전혀 모르는 사람들이다. 게다가 그들은 자기 동 료들을 쫓아내는 데 이용되기까지 한다. 노조지도자의 실태를 파악하여 공개적으로 거론한 현명한 동료들을 거명하면서 그들과는 함께 일할 수 없다고 악을 씀으로써 그들을 일터에서 쫓아내는 것이다.[41]

부패의 양으로 말하자면, 조직화된 미국 노동계급의 역사는 대자본가 계급에게 조금도 뒤지지 않는다.[42] "양자의 경우 모두 지저분하고 불쾌

---

38) Daniel de Leon, *The Burning Question of Trades-Unionism*, pp.10~12, 41~43.

39) George D. Herron, *The Day of Judgement*, Chicago, 1904, p.17. 또한 Werner Sombart, *Warum gibt es in den Vereinigten Staaten keinen Sozialismus?* p.33을 보라.

40) Em. Cauderlier, *L'évolution économique du XIX siècle*, Bruxelles-Paris-Stuttgart, 1903, p.209.

41) Daniel de Leon, 앞의 책, p.12.

42) 우리가 여기서 언급하고 있는 속물적이고 이기적인 부패상 이외에도, 이상주 의로부터 나오는 부패라는 것도 있는데, 이것을 전자와 혼동해서는 안 된다. 가 령 지도자가 어떤 적대적인 정당을 공격하는 조건으로 제3의 정당이나 국가에 서 뇌물을 받는 경우가 바로 그것이다. 이것은 지도자들이 돈의 출처에 구애받

제4부 지도자에 대한 사회적 분석 413

지 않는다(non olet — 이 말은 원래 라틴어 *Pecunia non olet*("돈은 냄새를 풍기지 않는다")라는 귀절에서 나왔다 - 옮긴이)는 것을 전제하고 있다. 그런데 이 일은 지도자가 정당의 안녕과 정당을 위해 하는 일이다. 거기에서 나온 돈은 단한푼도 지도자의 주머니 속으로 들어가지 않는다. 한 미국의 국민경제학자는 이런 부패행위가 때로는 영웅적인 희생정신으로 높이 숭상되기도 한다는 점을 환기시켰다. 왜냐하면 외부의 돈으로 자기 정당에 이롭게 한다고는 하지만, 그래도 그 지도자는 시끄러운 고소사건이나 누명, 그리고 어쩌면 자기의 정치생명까지도 감수해야 하기 때문이다. 따라서 그는 바로 당이 명예로운 인물로 추켜세울 수 있을 만한, 희생정신에 투철한 사람이다(Brooks, *Corruption*, p.165). 예컨대, 자유주의자들은 정치에 참여하는 노동지도자들이 부패했다고 — 그리고 국제 노동운동의 역사에서 그런 사례는 적지 않다— 자주 비난하는데, 그것은 바로 노동지도자들이 보수주의자들이나 정부로부터 돈을 받아 자유주의자 혹은 급진주의자들을 공격하는 경우를 말한다. 영국의 사회민주연맹(Socialdemocratic Federation) 지도자들은 1885년 의회선거에서 런던 선거구 가운데 두 군데에 자기 당 후보를 내세웠는데, 거기에 드는 비용 중 많은 부분을 토리당으로부터 받은 돈으로 충당했다. 토리당은 반대표를 분산시켜 영국 선거제도에 규정된 결선투표를 피함으로써 자유주의자들을 패배시키고자 했던 것이다(Stegmann & Hugo[Lindemann], *Handbuch d. Soz.*, p.180). 이때 받은 돈을 사회민주당 후보가 받은 득표수와 견주어보면, 그것은 한 표당 8파운드에 해당할 정도로 큰 돈이었다(Bernard Shaw, *The Fabian Society: what it has done; how it has done it*, London, 1892, p.6). 밀라노 노동당(Partito Operajo)의 지도자인 라차리(Constantino Lazzari)는 선거에 출마하여 부르주아 급진주의자와 대결하는 대가로 정부로부터 500리라를 받음으로써 그의 개인적인 명예가 크게 실추될 정도로 비난을 받았다(Angiolini: *Cinquant' Anni*, p.135). 전(全)독일노동자총연맹의 의장이었던 슈바이처(Schweitzer)도 의장직 말년에 소위 유명한 독직사건에 연루되었고, 그에 대해 베벨은 맹렬한 비난을 가했지만, 결국 슈바이처는 선의(진보당의 말살)에서 그렇게 했던 것으로 보인다(최소한 마이어가 쓴 책의 여러 대목을 살펴보면, 이런 추측이 그럴 듯해 보인다. Gustav Mayer, *J.B. von Schweitzer*, pp.129, 161, 181, 195, 321, 379). 이 모든 경우에 당 지도자들이 부패했다는 것은 '옳지 않다.' 왜냐하면 그들이 돈을 받은 것은 개인적인 착복을 위해서가 아니라 당의 목적을 위해 그렇게 한 것이기 때문이다. 그런 행위가 정치적으로 현명한가 하는 것은 또 다른 문제이고, 또 그것이 도덕정치의 발전이라는 측면에서 어떤 의미를 갖고 있는가 하는 문제 역시 마찬가지이다. 물론 이것이 대중의 교육이라는 측면에서는 좋을 것이 없다. 게다가 지도자의 도덕성 그 자체가 위험해질 수 있다. 떳떳한 부패가 허용되면, 떳떳하지 못한 부패가 생겨나게 마련이다. 그런 행동을 정당정치의 '훌륭한 덕목'으로 받아들이게 되한 이야기들뿐이다. 다른 나라의 노동운동에서 영웅주의와 감성이 두드러진 역할을 한다. 그러나 미국의 조직 노동자들에게서 그런 미덕은 실망스러울 정도로 미약하다. 미국의 자본가와 프롤레타리아트 모두에게 돈에 뿌리를 둔 문명의 냉소주의가 골수에까지 박혀 있는 것 같다."[43] 1906년 암스테르담 대회에 참석한 베벨은 사석에서, 마르크스와 엥겔스가 언젠가 런던에서 이렇게 이야기했다고 전했다. "맞습니다. 미국의 자본가들이 노동지도자들을 매수함으로써 노동운동을 억압할 정도로 교활하지 않았더라면, 미국의 사회주의는 지금보다 훨씬 더 전진하였을 것입니다."[44]

영국의 노동자 출신 지도자들은 평균적으로 미국의 동료들에 비해 존경을 받을 만하다. 그러나 경제와 인종이 같기 때문에 환경은 유사하고, 또한 그 때문에 두 나라의 노동지도자들 사이에는 유사점이 아주 많다. 영국의 경우에는 다만 정치적 교류 형태가 보다 점잖고 세련되어 있을 뿐이다. 사회민주연맹의 마르크스주의 지도자 힌드먼은 매우 유복한 부르주아 출신으로 좋은 교육을 받았고, 사회주의를 위해 자신의 외교관 경력을 포기하기도 했던 사람이다. 그는 자신의 정치적 경험을 담은 회고록에서 다음과 같이 썼다.

그는 많은 노동지도자들, 특히 그 가운데 활동적이고 재능이 출중한 사람들로 하여금 당에 참여한 학자들에게서 정규적인 정치교육을 받도록 조치하였는데, 교육을 이수한 노동지도자들은 즉시 사회주의로부터 이탈하더라는 것이다. 그 지식을 부르주아지에게 팔기 위해서였다. 그런데 일반 노동자들은 그런 행위를 나쁘게 여기기는커녕, 변절자들의 영리

면, 영리하긴 하지만 양심 없는 지도자들은 그 뇌물의 일부를 개인적으로 착복하면서도 당원들 사이에서는 가장 양심적이고 가장 이타적인 인물로서 또 당 자체에 '유익한' 존재로 자처하는 일이 생기게 된다(또한 R.C. Broocks, p.20). 그렇게 되면, 이것은 모든 예의범절의 종말이 시작됨을 의미하고, 정당이 금권정치로 나아가는 문을 열어주는 격이 된다.

43) Austin Lewis, *The Rise of the American Proletarian*, p.196.
44) Daniel de Leon, *Flashlights of the Amsterdam Congress*, New York, 1906, p.41.

함에 감탄하더라는 것이다. 그리고 영국의 프롤레타리아트들은 자신들이 노동지도자들의 정치적 출세를 투표로 도왔다는 사실에 흡족해한다고 했다.[45] 영국 노동당의 개혁주의 노선에 가까운 문필가인 홉슨에 따르면, 노동지도자들 중에는 노동운동을 꺾여버린 명성의 납골당(도살장이라고 하는 편이 더 나으리라)으로 보려는 사람이 많다.[46]

노동운동에 영향력이 큰 사람들에게 직책이나 직위를 부여하여 그들을 묶어두는 것은 영국 자유주의의 전술에 속한다. 그리하여 영국에는 유능한 노동자 대표였던 사람들 중에 유혹의 순간에 약하게 무너져내려 프롤레타리아트로부터 영원히 사라져버린 인물이 많다.[47] 따라서 우

---

45) H.M. Hyndman, *The Record of an adventurous life*, London, 1911, p.433.

46) Hobson, *Boodle etc.*, p.588.

47) "이러한 골치 아픈 인물 가운데 한 명이 예전에 카디프(Cardiff) 시장(市長)을 역임했던 크로스먼(William Crossman) 경(卿)이다. 그는 웨일스 지방의 중심지인 이 도시의 모든 노동자 조직을 해체시켰다. 빈의 노동자 신문은 그에 대해 이렇게 적고 있다.

"크로스먼은 일개 석수장이에 불과했으나, 카디프 지역노동자들의 도움으로 마침내 그 시의 시장까지 되었다. 자유주의에서 사회주의로 점차 변화하는 일반 노동자와는 달리, 그는 항상 공공연하게 자유주의의 선봉장으로 자처했으며, 또한 자기 업무도 그런 방향으로 진행시켰다. 2년 전 그는 국왕으로부터 기사로 서임되었고, 그로써 그의 신상에 커다란 변화가 생겼다. 기지가 넘치는 어떤 의원은, 귀족서임을 받은 다음날 한 친구로부터 그 새로운 작위를 받은 기분이 어떻느냐는 질문을 받고, 이렇게 답했다고 한다. '평민과 귀족 사이에 그런 차이가 있는 줄은 꿈에도 짐작하지 못했다.' 크로스먼 씨에서 크로스먼 경으로의 변신은 그 시장의 세계관과 행동에서 뚜렷이 드러났는데, 이는 카디프 노동자들을 격분시키기에 충분한 것이었다. 이에 노동자조직들은 우선 그에게 더 이상 봉급을 줄 수 없다고 선언했다. 그런데 노동자대표로서 기묘했던 그의 행동 가운데 더욱 볼 만했던 것은, 얼마 후 치러진 카디프 시의원 보궐선거에서 노동자후보를 공개적으로 반대하고 자유주의 후보를 지지했던 점이었다. 이 행동에 대해 카디프 노동조합연맹은 당장 그에게 입장표명을 요구했던 것이다. 그 연맹의 이러한 결정이 있고 난 후, 크로스먼 경은 카디프 노동자 대표직을 떠나기로 했고, 대신 그의 봉급은 그해 연말까지 지불하기로 합의를 보았다. 어찌되었든 간에, 그의 뛰어난 지도력에 대한 감사의 표시로 말이다.

크로스먼은 영국의 자유주의적인 노동자대표의 전형이다. 다행히도 이런 부

리는 미국에서, 그리고 정도는 약하지만 영국에서도 달갑지 않은 유형의 "출세한 노동계 인사"를 보게 된다. 몇몇 매우 모범적인 사례가 없지는 않지만, 일반적으로 얼치기 교양인이면서 거만하고 이기적인 부랑자 집단인 그들을 디드로가 이미 예상하기라도 한 것인가. 디드로는 자신의 룸펜 기질을 이렇게 표현했다. "나는 대단한 부랑자가 될 것이다. 나는 사람들이 지금껏 보아온 사람들 중에 가장 거만한 사람이 될 것이다."[48]

류의 사람들은 사라지는 추세에 있다. 크로스먼을 포함한 이들은 보통 종교적으로는 비국교도에 속해 있으며, 정치적으로는 자유당에 소속된 한 파벌로서, 의회에서 비생산적인 종교투쟁을 일삼고 있는 그런 부류의 사람이다. 그는 물론 광적인 선교자인데, 예컨대 일요일에 노동자 집회에 참석하기 위해 교회에 가지 않는 그런 사람 앞에서는 특히 그렇다. 그에게는 자기 종파의 이익이 가장 중요하다"("Arbeitsaristokratie in England," *Volksstimme*(Frankfurt), 1909년 9월 18일 자, 부록 1, No.218).

48) Denis Diderot, *Le neveu de Rameau, Oeuvres de Diderot*, Paris, 1877, p.44.

6 노동자 정당과 지식인 문제

사회주의 노동운동의 지식인 비판은 상반되는 두 가지 관점에서 이루어진다. 한편에서는 지식인들이 노동운동을 "천박하게 하고", "약화시키고", "부르주아화"하며, 프롤레타리아트로부터 남성적인 힘을 빼앗아 기회주의와 순응주의로 몰아가려 한다고 비난한다. 이는 독일, 특히 대베를린, 작센, 라인란트, 베스트팔렌 등지의 급진적이고 비타협적인 노동 대중 사이에서 커다란 반향을 얻는 비판이다. 다른 한편에서는 '급진주의자들'의 영구불변의 원칙이 마땅치 않은 점진주의자들과 기회주의자들이, 지식인들은 노동운동과 그 필연성에 대해 전혀 아는 바가 없고, 학창 시절에 접하게 된 설익은 지식을 가지고 노동운동의 정상적인 진로를 방해하는 아마추어 방해꾼이요 화석화된 교수에 불과하다고 비판한다.[1]

한쪽에서는 지식인 대부분을 수정주의자, 즉 부르주아 취향의 극우 사회주의자들로 분류하고 싶어하는 반면, 다른 쪽에서는 정반대로 그들을 급진 사회주의자, 즉 아나키즘 취향의 극좌 사회주의자들로 분류하고자

---

[1] 이들 지식인들이 노동자들과 같은 정치노선을 취하고 있어도, 이는 마찬가지이다. 베른슈타인은 총파업이론을 들고 나왔지만, 쾰른 노동조합대회에서 독일 노동조합지도자로부터 미성숙하고 부적격한 문제인물로 취급당했다.

한다.

이탈리아 사회당의 지식인들은 대략 1902년부터 양쪽으로부터 집중 포화를 맞았다. 한편에서는 농민 노조의 건강한 프롤레타리아의 대변인을 자처하는 개혁주의자들이 지식인들을 부르주아지와 소시민으로 구성된 "야심가 집단"으로 몰아세웠고, 다른 한편에서는 공업노동자의 프롤레타리아트적 계급의식을 내세우는 혁명주의자들이 지식인들을 당 관료제의 핵심 부류요 부르주아적 지도자라고 비판하였다. 두 진영 모두 지식인들을 당의 모든 실책과 태만에 대한 속죄양으로 삼았던 것이다.[2] 우리는 프랑스 노동운동에서도 비슷한 장면을 본다.[3] 독일에서도 지식인에 대한 극히 신랄하고 엄중한 고발장이 접수되었다. 독일 사민당의 역사에는 대단히 복잡한 사회주의 전술 문제가 '지식인 문제'로 환원되는 것처럼 보였던 시기가 있었다. 드레스덴 전당대회를 생각해 보라. 그 당시 지식인은 당 전체의 경멸의 표적이었다. 다른 나라의 노동자 정당, 예컨대 루마니아의 정당에서도 비슷한 상황이 연출된다.[4] 〔제1차〕 세계

---

2) Michels, *Proletariato etc.*, p.357 이하.

3) *Die Neue Zeit*, 제28호 및 제29호(1910년 및 1911년)에 실린 라포포르트(Charles Rappoport)의 기사들을 참조하라.

4) 부카레스트의 사회주의 계열 신문인 *Lunea Noua*의 편집장을 지냈던 루마니아 사회주의자인 리브레스쿠(B. Librescu)의 견해에 따르면, 이러한 비난에 따른 부작용으로 인해, 루마니아 사회당은 완전 쇠퇴하여 과거의 흔적이라고는 거의 찾아볼 수 없을 정도가 되었다. 루마니아 사회당은 1880년대 초반과 중반에만 해도 인터내셔널 대회에서 크게 활약했고, 의회에도 이미 2명을 진출시키고 있었다. 그는 이렇게 말했다. "몇몇 지식인들이 더 좋은 자리에 욕심을 내서 사회당을 떠남으로써 이제 당내에서 지식인들은 경멸의 대상이 되고 있다. 사람들은 그들에게 신뢰를 보내지 않는다. 이런 불신은 너무나 커서 '지식인'이라는 단어 자체가 욕설로 들릴 정도이다. 그렇지만 우리의 이 교양 있는 동지들은 그렇게 어렵게 획득한 노동자대중을 다시 잃고 싶지 않기 때문에, 이들은 책잡힐 만한 일은 하지 않으며, 또 노동자들의 잘못에 대해서는 감히 그 어떤 비난도 하지 않으려고 한다. 노동자는 그 무엇을 해도 그대로 용인된다. 그러나 점차 이러한 경향으로 인해…… 무관심과 냉담이라는 아주 참담한 상황을 맞이하게 되었다" (B. Librescu, "Il socialismo in Rumenia, sua vita e sua morte," *Il Socialismo*, 2(1903), p.184). 때때로 부르주아 출신의 사회주의자들이 내비치는 자기비하 현상 또한

대전 직후의 혁명적 시기에서도 볼셰비키 지식인(intellektuell) 지도자들은 온건 사회주의 지식인 지도자들을 학자(Akademiker)로 낙인찍으려 했다.[5]

지식인에 대한 공격은 대단히 그릇된 전제에서 출발한 것들이다. 특히 부르주아 출신이 노동자 정당의 극우파에 가담할 동기는 상상하기 힘들다. 비록 논리가 완전하지는 않지만, 심리적으로나 역사적으로 적절한 가정은 오히려 정반대의 가정이다.

1. 심리적 측면: 카우츠키는 "교양층 스스로가 사회주의를 범죄 행위 내지 미친 짓으로 낙인찍었던" 시기에 한정시켜서, 사회주의로 전향하기 위해 동원하는 정력과 혁명적 열정과 확신은 프롤레타리아트보다 부르주아 전향자에게 더 많았을 것이라고 대단히 적절하게 지적한 적이 있다.[6] 카우츠키는 그러한 시기가 그가 말하던 시점에 이미 종결된 것

우스꽝스럽다. 사회주의 정당의 역사를 보면, 부르주아 출신자들은 프롤레타리아트 당원이 자신들을 모욕할까봐 노동자인 척하는 경우가 있었다. 또 우스운 현상은 사회주의자들은 부르주아 적대자들에게 자기 진영에 부르주아 출신들이 많다고 말하는 것을 꺼렸다는 점이다. 이에 대한 전형적인 예는 네덜란드 사회민주당 중앙기관지(*Het Volk*, 1904년 4월 21일 자)가 보여준다. 1900년 8월 암스테르담에서 열린 인터내셔널 대회를 다룬 한 기사("Overwegingen van Jan Ralebas over het Internationaal Kongres")에는 어느 농민에 대한 묘사가 나온다. 그는 자기 반대자에게 인터내셔널 지도자들은 모두 부르주아지라고 말한 적이 있었다. 그런데 그는 대회 단상에 나온 사람들의 면모를 보고 자신이 알고 있는 것이 사실이 아니라는 점을 깨달았다. 몰켄부어(Molkenbuhr)는 연초 노동자이고, 뮐러(Paul Müller)는 선원이고, 제트킨은 '과거에 재봉사였다!' 그런데 이 기사의 작성자는 국제 프롤레타리아트의 뛰어난 인물들이 실제로는 부르주아지 출신들임을 고백하는 대신 그 농민(그리고 독자!)을 현혹시키고 있다. 곧 그 인터내셔널 대회의 주된 연설자들이 누구였는지에 대해서는 입을 다물었던 것이다. 교수 출신인 반데르벨데(Vendervelde), 페리(Ferri), 조레스, 그리고 박사 출신인 룩셈부르크와 아들러 등은 거명하지 않은 채, '순수 프롤레타리아트' 출신으로 몇몇 잘 알려지지 않은 이름들을 제시하는 술책을 썼는데, 게다가 그는 교사였던 제트킨을 재봉사로 둔갑시키는 실수까지 저질렀다.

5) 헝가리에 대해서는, Paul Szende, *Die Krise der mitteleuropäischen Revolution*, Tübingen-Wien, 1921, p.37.

으로 보았는데, 필자의 생각으로는 그것은 좀 성급한 판단으로 보인다. 사실 부르주아지 출신, 그중에서도 특히 최상층 출신의 인사들은 사회주의자로 거듭나기 위하여 힘겨운 내외의 투쟁의 시간을 보냈고, 그때의 고통스러운 낮과 불면의 밤들은 그에게 프롤레타리아트 동지들에게서는 찾아보기 힘든 확고한 신념과 활력과 정열을 배태시켰다. 그는 부르주아지 세계로 이어지는 모든 다리를 끊어버리고, 부르주아지를 화해 불가능한 불구대천의 원수로 대한다. 따라서 그들은 부르주아지와의 투쟁에서 급진적인 노선으로 쉽게 경도된다.[7]

그러나 과거의 부르주아지들을 비타협적인 사회주의자로 몰고 간 까닭이, 그들이 자신의 계급으로부터 벗어나는 과정에 수반되는 정신적 갈등과 그로부터 얻어지는 고도의 열정과 활력 때문만은 아니다. 그들의 역사적인 교양과 부르주아지의 본질에 대한 포괄적이고 내밀한 지식 역시 중요한 역할을 수행한다.[8] 프롤레타리아트 출신이 적의 힘과 투쟁수단을 가늠하기란 쉽지 않은 일이다. 그들은 부르주아지가 내적으로 벌이는 사회적 노력에 순진하게 감동하고, 부르주아지의 일개 층위 혹은 개개인이 연출하는 진지한 혹은 기만적인 치료 마술에 시골장터에 나온

---

6) Karl Kautsky, *Die Soziale Revolution, I. Sozialreform und soziale Revolution*, Berlin, 1902, p.27; "Republik und Sozialdemokratie in Frankreich," *Die Neue Zeit*, 23(1905), p.333.

7) 이 책의 p.335 이하를 참조하라.

8) 이탈리아 드라마 작가인 노벨리(Augusto Novelli)는 프롤레타리아트 출신으로 한때 식자공(植字工)이었는데, 그는 자신의 고향인 피렌체에서 오랫동안 사회당 당원으로 활약했다. 그의 한 작품 속에서는 이런 대목이 나온다. 한 노동자가 어떤 중대한 상황하에서 그와 그 동료들이 경제적인 적대자를 물리치려면 어떻게 해야 하는가 라는 질문을 받는다. 그가 그 문제를 해결하기 위해서는 노동자와 지식인들로 구성된 위원회를 만들어야 한다고 답하자, 그 질문한 사람이 다시 묻는다. "왜 합쳐서 해야 합니까? 당신들 단독으로는 할 수 없습니까?" 그러자 그 노동자는 다시 답한다. "우리에게는 좀 공부한 누군가가 필요하지요. 그렇지 않으면 우리는 사기당할 것이 뻔하니까요!"(A. Novelli, *La Chiocciola*, Firenze, 1901, p.117).

농부처럼 넋을 놓기 일쑤이다.[9)]

그러나 과거에 부르주아였던 사람은, 한때 자신이 속했던 계급이 벌이는 노력이 노동운동을 잠들게 하기 위한 것이라는 점을 정확하게 파악한다. 전문가인 그는 부르주아지의 진정한 동인을 쉽게 간파하는 것이다. 그들은 프롤레타리아트 당원이 적의 호의와 환대로 간주하는 것이 사실은 야비한 영향력을 행사하기 위한 아첨 행위에 불과하다는 사실을 통찰한다. 프롤레타리아 당원들이 최종 목표를 향한 거대한 진보로 간주하는 것도, 그들은 끝없이 긴 투쟁의 길에 놓인 미미한 한 단계로 평가한다.

동일한 이념의 담지자임에도 불구하고, 프롤레타리아트 세계에서 자라났느냐 아니면 부르주아 세계에서 성장했느냐에 따라 발전 과정이 그토록 현저한 차이를 보이기 때문에, 이념을 외부로 표현하는 방법과 정당의 적대자와 우호적인 사람들을 대하는 전략에서도 그들은 두드러지게 서로 다른 태도를 취한다. 같은 사회주의자들이라 하더라도 출신성분에 따라 상이하게 진행되는 그 심리적 과정은 논리적으로도 밝혀낼 수 있다.

정당에서 직책을 맡지 않은 일반 당원인 프롤레타리아트는 자신이 열정적으로 투쟁해온 사상이 가능한 한 모든 곳에서 구현되는 다양한 진보를 확인하고, 그 정당의 성장을 바라보며, 또 가능한 곳에서는 임금 상황의 개선을 몸소 체험한다. 정당 밖에서 그는 노조 조합원이고, 아마 소비자조합에도 가입되어 있을 것이다. 거기에서 얻어진 인상과 체험은 그에게 상대적인 만족감을 제공한다. 그는 상황의 진전을 장밋빛으로 바라보고, 따라서 자기계급의 역사적 업무가 이행될 때까지의 모든 과정을 대단히 낙관적으로 바라보려는 경향을 갖기 쉽다. 그는 후퇴를 배제하지는 않지만 그래도 현실적이지 않은 것으로 여기고, 후퇴 현상이 나타나더라도 이를 일시적인 현상으로 치부한다. 이러한 전반적인 정서로 인하여 그는 적에게 부드럽고 양보적이며, 어느 정도까지는 계급 화해적이다. 정당의 직책을 보유한 프롤레타리아트에게서는 그러한 경향이 의당

---

9) 같은 책, pp.290, 294, 297.

훨씬 더 농후하게 나타난다.[10]

2. 역사: 역사는 우리가 감지한 바를 확인해준다. 특히 바쿠닌, 크로포트킨(둘 다 아나키스트다), 엥겔스,[11] 마르크스[12] 등 귀족과 대부르주아지 출신들이 그러하다. 요컨대 역사적 연구는 심리 분석의 정당성을 확인해주는 것이다. 일반적으로 부르주아지 출신의 사회주의자는 당의 모든 중대한 문제에 대하여 보다 더 비타협적이고 보다 더 원칙적인 해결책을 선호한다. 베른슈타인은 언젠가 통상적인 견해와 달리 영국의 차티스트 운동에서도 지식인들이 강렬한 급진주의를 드러냈다는 점을 부각시켰다.

"차티스트들의 논쟁을 보면 급진은 항상 프롤레타리아트의 것이고 온건은 항상 부르주아지의 것이라는 등식은 결코 현실과 부합하지 않음을 알 수 있다. 급진적인 노선의 유명한 대표자들은 문필가 등등 부르주아 계급에 속하는 사람들이었고, 노동자계급 출신의 지도자들 가운데 많은 이들이 보다 더 온건한 전략을 주장하였다."[13]

---

10) 같은 책, pp.290, 291.

11) 엥겔스는 바르멘(Barmen) 지역의 유복하고 오랜 전통을 가진 공장주 가문 출신으로, 봉건적인 수비포병대에서 일년 동안 자원병으로(1841년) 복무했다. 그의 오랜 친구인 라파르그가 아주 흥미롭게 표현한 대로(P. Lafargue, "Persönliche Erinnerungen an Friedrich Engels," *Die Neue Zeit*, 13(1895), 제2권), 그는 일생동안 부유했고, 학문을 애호했을 뿐만 아니라, 운동을 좋아했고, 사교적인 데도 관심이 많았던 사람이었다.

12) 마르크스는 주지하다시피 유대인이었기 때문에, 그 출신성분으로 보자면 그 당시로서는 — 아마 오늘날에도 그렇겠지만 — 최고는 아니었다. 그러나 그 아버지는 귀족적이며 전통 있는 유대교 가문출신이었고, 고상한 부르주아 문화를 영위하고 있었다. 그래서 마르크스의 학창 시절은 유대인 해방 운동의 가장 중요한 시기와 서로 겹쳐져 있었다. 그때야말로 유대인들에게는 사회적 상승이 가장 수월할 때였다. 게다가 젊은 마르크스는 제니 폰 베스트팔렌(Jenny von Westfalen)과의 (연애)결혼으로 프로이센 귀족 가문의 인척이 되었다. 마르크스의 처남은 프로이센의 유명한 반동적 대신(大臣)이었다.

13) Ed. Bernstein, *Zur Theorie und Geschichte des Sozialismus*, 제4판, Berlin, 1904, 제2부, p.18.

물론 노동운동사가 우리에게 가르쳐주는 또 다른 측면은, '수정주의적' 흐름들 역시 '지식인적' 특성을 강하게 보여주었다는 사실이다. 독일에서 움튼 수정주의가 비록 "사회주의 학생협회"라는 소집단에서 시작된 것은 아니지만, 겉으로 보면 그들로부터 상당히 두터운 지원을 받았다는 사실에는 이론의 여지가 없다. 그러나 마찬가지로 분명한 것은, 독일 사민당의 개혁주의 노선을 자극한 것은 궁극적으로 수정주의적인 지식인들이라기보다 오히려 노조 운동 지도자들, 즉 프롤레타리아트 출신자들이었다는 사실이다.

　　그럼에도 불구하고 운동을 프롤레타리아트에 국한시키려는 배타적인 노동운동이 얼마나 자주 등장하는가! 이미 언급한 바 있는 프리부르와 툴랭을 중심으로 한 제1차 인터내셔널 프랑스 그룹, 영국의 노조주의자들, 원래 임금노동자 출신의 온건한 인물인 말롱이 주도한 잡지『사회주의 논평』을 중심으로 한 소위 통합파(이들은 처음에는 괄괄한 의사인 폴 브루스를, 그 다음에는 영국인 의사인 라파르그와 문학을 공부한 쥘 게드와 같은 비타협적 마르크스주의자들을 공격하였다), 노동대표위원회로부터 출발한 영국의 독립노동당, 극우파 사회주의의 후견인이었던 도장공 피에트로 치에사 및 농업 노동자인 레기오 에밀리아를 중심으로 한 제노바 그룹이 그들이다. 따라서 누가 옳은가를 더 이상 따지지 않고 그저 위의 사실을 가지고 대략적인 일반화를 시도한다면, 노동운동의 우경화에 경도된 사람들은 대체로 노동자 출신의 지도자들이었다는 것이다. 레긴, 안젤르, 리골라는 그런 사람들이었다. "가능주의 노동자"라는 단어는 결코 악의에 찬 발명품이 아닌 것이다.

　　물론 사회당에서 부르주아 출신들이 수정주의보다 혁명주의를 옹호하였다는 사실을 숫자상으로 확인시켜 줄 수 있는 통계가 있는 것은 아니다. 그래도 이탈리아에서는 몇 년 전에 위의 가정과 반대되는 것이 옳다고 증명할 만한 아주 흥미로운 세금 통계가 나왔다. 이것이 우리 물음에 대한 정확한 수치를 제공하는 것은 아니지만, 그 통계가 나오게 된 상황으로부터 추론해나가면 그것을 숫자상의 증거로 삼을 수도 있다.

밀라노 사회주의자들의 공식적인 당 조직인 밀라노연맹은 1903년 당원 대부분이 당비를 체불함으로써 재정이 부족해지자, 그것을 메우기 위해 이탈리아 사회주의에서 대체로 통용되는 해결책을 제안했다. 즉 월간 당비를 모든 당원이 동일하게 납부할 것이 아니라 누진세처럼 재산의 정도에 따라 납부하도록 하자는 제안을 하였던 것이다. 이미 오래전부터 급진 노선이 주도하던 당에 염증을 느끼던 수정주의자들은 그동안 모양새를 갖추어 탈당할 수 있는 기회를 찾고 있었다. 따라서 그 인상안은 그들에게 좋은 구실이 되어주었다. 따라서 그들은 사회주의적 감정에 충실한 그 인상안이 올바르지도 정의롭지도 않다는 성명을 발표하고 당비 납부를 거부하였다. 그러자 당은 그들의 이름을 당원 명부에서 삭제하였다. 그런데 이때 제명된 사람들이 대부분 재산가였다는 사실이 드러났다. 이를 통하여 수정주의자들 중에 재산가들, 즉 부르주아지들이 있었음이 확인되었다.

이는 또한, 그 사건이 벌어지기 직전에(약 1901년부터) 이탈리아 사회주의자들 가운데 지식인들의 대다수가 수정주의로 넘어가, 투라티의 기회주의 노선에 무조건적으로 투항하였다는 사실을 확인시켜준다.[14] 이는 우리가 조금 전에 설정한 명제, 즉 부르주아지로부터 넘어온 사회주의자는 통상적으로 순응주의를 거부한다는 것과 모순되는 것처럼 보인다. 그렇지만 그것은 다만 그렇게 보이는 것일 뿐이다. 여러 번 지적했다시피 부르주아 출신 인사의 비타협성이란 무엇보다도, 프롤레타리아트 정당으로 넘어가는 길에서 만나는 격렬한 투쟁과 수많은 피해를 이겨내기 위해서는 이상(理想)에 대한 이례적으로 강한 헌신이 요구된다는 점에서 비롯된다.

그러나 시간이 지나면서 부르주아에서 사회주의로 넘어가는 길이 점차 더 평탄해지자, 혁명적인 힘을 촉발시키는 창조적인 토대가 약해지거

---

14) *I Casi di Milano. Memoriale presentato dalla federazione Nilanese alla direzione del partito e ai compagni d'Italia*, Milano, 1903, p.18.

나 소멸되어버린 것이다(이탈리아의 사정도 마찬가지이다). 토양과 지대가 바뀌면 거기서 나는 열매도 달라지는 법이다.[15] 우리는 최근의 정당사에서 지식인들이 모든 진영에 골고루 퍼져 있음을 본다. 독일에서도 집합명사로서의 지식인은 급진주의자의 동의어도 아니고 수정주의자의 도 동의어도 아니다.

사회주의 정당이 지식인을 배격하는 데에는 여타 다양한 원인들이 있다. 지식인들 사이의 당권 투쟁이 원인인 경우도 있다. 지도이념을 둘러싼 투쟁——적응이냐 이론적 일관성이냐, 타협이냐 비타협이냐, 노조 중심의 노동조합주의냐 역사철학적 교리 그 자체로서의 마르크스주의냐——은 때로 지식인이라는 소집단에 대한 투쟁으로 변환되기도 한다. 그러나 지식인에 대한 투쟁에서 명성을 드높인 사람이 항상 순수 노동자였던 것은 아니다. 당원 대중에 대한 지식인의 영향력이 당내 지식인의 증가와 함께 줄어든다는 것은 의심할 나위가 없는 사실이다. 그들의 영향력은 사회주의 변호사와 문필가의 수가 적을 때가 그들의 수가 많을 때보다 크다. 이는 수요공급의 문제이다.[16]

사회적으로 이질적인 인물들에 대한 노동자들의 불신은 언제나 존재한다.[17] 클라라 체트킨이 말한 것은 옳을 게다. "부르주아 세계로부터 전향한 자는 자신의 투쟁동지들 사이에서는 여러 모로 고독하고 이해받지 못하는 존재이다. 교육 및 생활관습에서 아직도 그 끈을 놓지 못하고 있는 소유계급의 세계로부터 벗어나오는 과정에서도 그랬지만, 신념에서 일체감을 느끼는 프롤레타리아트 세계에 서 있을 때에도 낯설음과 친숙함이 교차하기는 마찬가지이다."[18] 특히 전통의 힘은 교양인들을

---

15) 같은 책, p.207 이하, 그리고 이 책, pp.350~352.
16) 네덜란드 사회민주당 초창기에, 이미 당내에 소속되어 있던 소수 지식인들은 새로운 지식인들의 입당을 전혀 반기지 않았다(Frank van der Goes, "Van de Oude Partij," *Na tien Jaar*, p.52).
17) 이 책, pp.270, 271을 참조하라.
18) Clara Zetkin, *Geistiges Proletariat, Frauenfrage und Sozialismus. Nach einem Vortrages*, Berlin, 1902, p.32.

무겁게 내리누른다.[19] 따라서 새로운 세계에서 만나는 불신은 그를 이중으로 괴롭힌다. 이상을 찾아 정당에 들어온 지식인들은 굴욕을 느끼고 실망한다.[20] 대중은 그가 입당을 위하여 감수하여야 했던 희생의 무게를 알아주지 않는다.

파울 괴레가 드레스덴 전당대회에서 자신이 정당활동을 위해 직업, 수입, 사회적 지위, 가족을 잃었노라고 말하였을 때, 당 언론의 반응은 차가웠다. 정중하게 표현하기는 했으나, 그 모든 것은 감상에 불과하며, 노동자들은 그런 류의 감상에 대해 야유를 보낼 만하다는 것이었다. 그는 노동자를 위해서가 아니라 자기 자신을 위하여 "희생"을 한 것이라는 투였다.[21] 당원들은 지식인들이 노동자 당원을 위해 바친 희생이 얼마나 큰지, 아무런 느낌도 갖지 않는다. 지식인과 프롤레타리아트는 서로를 이해하지 못하는 것이다.

오늘날의 지식인 사회주의자들 중에, 자신의 사회적 출신과 교육이 대단함에도 '불구하고' 가끔씩이나마 대중을 향하여 자신이 선량한 사회민주주의자임을 분명하게 입증해 보일 필요를 느끼지 않는 사람은 거의 없다. 덧붙이자면, 그때 그들은 자신을 위대한 영웅으로 내세우지 않는다. 다만 그들은 자신의 사회적 성분을 기꺼이 부정하면서 못투성이의 손을 자랑스럽게 내보일 뿐이다. 그러나 메를리노의 아이러니컬한 지적은 정곡을 찌른다. 그런 상태는 오직 그들이 그 운동의 지도자로 부상하

---

19) "1866년 반체제인사로 내몰렸던 사람들은, 조그마한 종파의 지류에 매몰되지 않고 문화의 대양을 주유하고자 했기 때문에, 자신들이 갖고 있던 내적인 고독감을 이제 이중으로 느끼게 되었다. 그들은 우선 기독교와 초자연적인 종교를 포기해야 하는 고통을 맛보았다. 또 그들은 이제 우리의 모든 제도, 생활습관 그리고 의사소통형태가 기독교 전통에 얼마나 깊이 젖어 있는지를 깨달았다" (Max Maurenbrecher, *Die Gebildeten und die Sozialdemokratie*, Leipzig, 1904, p.26).

20) P.J. Troelstra, *Inzake Partijleiding*, p.103; G. Zepler, "Radikalismus und Taktik" (Nachwort zum Vorwärtskonflikt), München, 1905, p.6.

21) *Protkoll*, p.236 이하. *Leipziger Volkszeitung* 1903년 9월 27일 자에 실린 기사들.

는 데 성공할 때까지만 계속된다는 것이다.[22] 그 뒤 그들은 적어도 대중과의 관계에서는 자신을 노출시키지 않는다. 그때에 가서도 그들이 자주 선동적인 태도를 취하곤 하는 이유는, 부르주아 정당의 비판, 특히 노동계급 출신 경쟁자들의 비판 때문이다.[23]

비지식인들이 지식인들을 '도덕적인' 의미에서 멸시하는 것은 전적으로 부당하다. 왜냐하면 나라와 시대를 막론하고,[24] 부르주아 출신은 혁명적 노동계급의 정당, "전복"의 정당, "독일인이라고 부를 만한 가치가 없는 조국이 없는 불한당"(빌헬름 2세)에 가담함으로써, 노동자 출신의 비지식인 동료들 대부분이 오직 계급 이기주의적인 동기에서 출발하여 자신의 계급 정당에 합류하여 사회경제적으로 얻는 만큼, 사회경제적으로 잃어버렸다는 것은 명백한 사실이기 때문이다.

정치적으로 투쟁하는 노동자들은 분명 프롤레타리아트 대중의 지휘관으로 성장할 자기 계급 출신을 필요로 한다. 그런 사람이 있다는 것은 좋은 일이다. 따라서 노동계급이 자신들 가운데에서 선발한 지도자들의 생계를 보장해주고 그들에게 확고한 자리를 마련해주는 것은 당연한 일이다. 그러나 그렇다고 해서 부르주아지 신분에서 대부분 자기 선택으로 '하락한', 즉 자발적으로 스스로 강등된 동지들을 거만한 몸짓으로 얕잡아보는 것은, 이러한 '출세한' 노동자에게 결코 바람직한 것이 아니다. 벼락 출세한 그들이야말로 아래로 내려온 지식인들을 얕잡아보아도 될 마지막 사람들이다.

그럼에도 불구하고 비록 부분적으로 인위적으로 만들어지는 것이긴 해도, 지식인에 대한 대중의 불신에 정치적으로 긍정적인 측면도 있다는

---

22) F.S. Merlino, *Collettivismo, Lotta di Classe e……ministero! Controreplica a. F. Turati*, Firenze, 1904, p.34.

23) 이 책의 p.264 이하를 참조하라.

24) 예컨대, 북독일 지방, 대다수 독일어를 사용하는 스위스 주, 프랑스 노르(Nord) 주, 일본, 1914년까지의 트리에스트(Triest: 이탈리아 도시-옮긴이), 이탈리아 1920년 이후 등등.

점은 간과할 수 없다. 이는 사회민주주의에 합류한 지식인들 중에 황당하고 변덕스러운 부류들이 대중의 불신에 부딪쳐 곧바로 탈당하기 때문만은 아니다.[25] 그보다는 지적인 오만을 용인하는 것보다 나쁜 것은 없기 때문이다. 대학 교육의 혜택은 재능이 뛰어난 자에게 자연적으로 돌아가는 것이 아니다. 그것은 거의 언제나 경제적으로 혜택을 받은 계급의 특권이다. 따라서 대학생들은 자신의 능력과 지식을 자랑스러워할 권리가 없다. 이름 앞에 붙은 박사 칭호가 그 사람을 명예로운 인간으로 만들어주는 것은 아니다. 평균적인 프롤레타리아트 출신이 그에 필요한 재정적인 지원을 받았더라면, 그 역시 평균적인 지식인과 마찬가지로 쉽게 학위를 취득하였을 것이다. 게다가 무엇보다도, 부르주아 출신에 대한 노동자들의 불신이 적절한 수준 이상으로 표현되는 것이 프롤레타리아트 운동의 건강에도 좋을 것이다. 프롤레타리아트가 지도자들을 너무 믿었다가 언젠가 한번 크게 기만당하느니 불신하는 편이 낫기 때문이다. 불신이 실망을 배제한다면 말이다.

그럼에도 불구하고 의심할 여지가 없이 분명한 사실은, 기술적으로 대단히 발전한 독일 노동운동조차 반드시 지식인을 필요로 한다는 점이

---

25) "그 당시(사회주의자 탄압법 시기의 후반기)에, 소유계급 출신으로 양지바른 곳을 찾아 사회당을 택한 사람들이 모두 뛰어난 사람들이었던 것은 결코 아니다. 인정받지 못한 발명가 및 개혁가, 종두(種痘) 반대자, 자연치료사 등 기묘한 천재들이, 자신들이 다른 곳에서는 받아보지 못한 인정을 이제 활기차게 솟아오르는 이 노동계급에게서 받아보고자 애썼다. 계급의식에 충만한 프롤레타리아트는 부패한 세계를 바꾸려는 열망에서 이들을 환대했고, 이 후원자들의 실질적인 능력보다도 그 좋은 의도를 높이 샀다. 특히 지식인 계층에서 물밀듯이 줄지어 몰려들었다. 원래 학생층에서 많은 사람을 충원했던 정치적 분파는 부르주아 급진주의로서 과거 부르셴샤프트 운동이 있던 때부터 그렇게 했다. 그렇지만 진보당(Fortschrittspartei)의 정치적 부패로 인해 그런 식의 충원은 더 이상 없어졌다. 따라서 학생들은 그들의 성격, 출신, 또 사회적 환경에 따라, 저속한 출세주의를 선택해 기껏해야 반(反)유대주의적인 수다를 떨든가, 아니면 사회민주당에 입당해야 했다"(F. Mehrung, *Geschichte der deutschen Sozialdemokratie*, 제4권, p.120. 그리고 이 책, p.162를 참조하라).

다. 우리가 보아온 대로, 비록 독일 사민당의 전체 구성과 지도부에 프롤레타리아트가 상당 부분을 차지하고,[26] 또 그들 지도자 가운데 아우구스트 베벨과 같은 거물과 이그나츠 아우어, 요하네스 팀, 마르틴 제기츠, 아돌프 폰 엘름, 오토 후에 등이 프롤레타리아트 및 유사(類似) 프롤레타리아(proletaroid) 출신이라고 하더라도, 지식인들을 빼놓는다면 정신적으로나 정치적으로 엄청난 공백이 생기는 것은 분명하다고 해야 할 것이다.

투쟁하는 프롤레타리아트의 사회적 실천에는 지식인의 도움이 그다지 필요하지 않다고 주장하는 사람이 많다. 그들은 말한다. "만일 지식인들이 이론 없는 실천을 원한다면 그들은 노동운동의 무의미한 부록이 될 것이다. 이는 실천에 밝은 수백만 명의 노동자에게 실천에 어두운 수백 명의 지식인이 가담하는 꼴이 될 것이기 때문이다." 그들은 지식인이 사회 이론을 구성해내는 한에서만 프롤레타리아트에게 유의미하다고 주장한다.

지식인들의 존재 이유는, 프롤레타리아트를 위하여 노동운동과 전세계의 역사적 관련성을 해명하고, 노동운동이 부단하게 성취해 가야 하는 궁극적 목표인 세계 변혁과 관련하여 노동운동의 각 부분들이 어떻게 계획적으로 움직여야 하는지 노동자들에게 인지시키는 데에 있다는 것이다. 요컨대 지식인들의 임무는 "노동운동의 원대한 목표를 생생하게 유지시키고, 임박한 프롤레타리아트의 승리를 기약해주는 사회적 관계를 노동자들에게 인식시켜주는 데"에 있다는 것이다.[27]

우리가 여기에서 노동운동에 지식인이 필요하다는 역사적 사실을 강조하는 것이 경우에 따라서는 투쟁하는 프롤레타리아트의 지적 능력을 의심하는 것이라는 비판에 대하여 논할 필요는 없을 것이다. 어느 정도

---

26) 같은 책, pp.258, 259를 참조하라.

27) (Lensch 혹은 Mehring?), "Akademiker und Proletarier, II," *Leipziger Volkszeitung* 11, 1897, Nr.95.

의 인식 관심을 가지고 노동운동사를 추적한 사람이라면 누구나, 투철한 계급의식을 갖고 자신의 해방을 위해 투쟁하리라 결심한 프롤레타리아트가 얼마나 많은 의욕과 능력을 소유하고 있는지 안다. 그런 사람은 또한 모든 나라의 프롤레타리아트가 얼마나 지적이고, 책임감이 있으며, 묵묵하고 성실히 노력하는지 안다. 협동조합 지도자, 노조 관리, 당 기관지 편집자로서 활약하는 프롤레타리아트는 여러 면에서 보아, 즉 기술적으로 보나 업무에 임하는 근면성과 성실성으로 보나, 비슷한 자리에 있는 부르주아 출신 동료들에게 모범이 될 정도이다.[28]

이 모든 것에도 불구하고 노동자 정당에서 과거에 노동자였던 사람이 부르주아 출신 동료에게 이론 문제의 해결과 개발을 맡기고, 또한 때로는 자신이 가장 능력을 발휘할 수 있는 실천적인 일상정책에 대한 최

---

28) 기에스베르츠(Giesberts)가 편집하던 서(西)독일 노동자신문은 1910년 8월 독일 제국이 사회민주당에 가한 비난을 일축하면서 이렇게 썼다. "사회민주당 노동자들이 당을 위해 바치는 희생정신은 하나의 귀감이 될 만 하다. 다른 정당보다 왜 사회민주당에 유독 출세주의자들이 많은지에 대해서는, 그에 대한 자료가 없어 우리는 판단할 수 없다. 그렇지만 사회민주당 노동자들이 그들의 '유급'지도자들에게 요구하는 것은 고도의 정신 및 선동업무이며, 우리는 지도자들이 그런 업무를 대체로 잘 처리하고 있다는 인상을 갖고 있다. 그렇지만 궁극적으로 선동비용이 어떻게 쓰일 것인가를 감시하는 것은 사회민주당 노동자들의 업무이다." 이와 비슷한 판단은 Annibale Marazio, *Del governo parlamentare italiano*, Torino, 1904, p.88에서 찾아볼 수 있다. 또한 이 책의 p.514 이하도 참조하라. 한 부르주아 신문은 헤센 지방의 사회민주주의자들에 대해 이렇게 말했다. "그들은 분명 아주 뛰어나다고 할 만하다. 이들은 의회업무를 처리하기 위해 열심히, 정말로 가장 열심히 일을 한다. 게다가 이들은 때때로 지도적인 역할도 담당한다. 예컨대, 오펜바흐(Offenbach) 출신인 사회민주당의 금속장인 출신인 울리히(Ulrich)는 재정위원회 간사로 일하면서 대학교와 학교의 요구사항을 검토했고 또한 모든 문화발전을 위해 가장 열정적이고 가장 친정부적인 사람으로 손꼽히기 때문에, 다른 정당들의 의원들에게도 모범이 될 만하다." 이 구절이 들어 있는 사회민주당 신문(Mitteldeutscher Sonntagszeitung, 12, Nr.46)의 기사는 유권자들에게 사회민주당을 찍으라고 강력히 권유하는 데 이용되었다. 왜냐하면 이 정당은 헤센 공국의 '가장 친정부적인' 정당이기 때문이라는 것이다[여기에 빠져 있는 서지사항은 보충할 수 없었다].

고 지휘권까지 맡기는 것은, 투쟁하는 노동자들에게 지적 능력이 결여되어 있기 때문이 아니다. 그에 대한 자연스러운 설명을 우리는 다음과 같은 상황에서 발견한다. 설령 어떤 임금노동자가 부대 조건들이 유리하여 지성을 충분히 발전시킬 수 있다고 하더라도, 현재의 상품생산을 통해 규정된 경제질서가 최고 문화재의 독점, 말하자면 검열된 교재(ad usum Delphinorum)만을 허용하고 있기 때문에 임금노동자 가운데 극소수만이 지성을 닦을 수 있는 여가와 기회를 가질 수 있다.[29]

오늘날의 대(大)생산은 분명히 총명한 노동자를 필요로 한다. 대생산은 그러나 지적인 노동자, 즉 훈련된 지성을 보유한 노동자도 필요로 한다. 그러나 그 지성은 노동자들에게 대생산자들의 지배체제와 족벌주의를 깨닫게 한다. 그러므로 노동자들에게 교육의 문을 활짝 여는 것은 사적으로 소유된 대생산에게 결코 이익이 되지 않는다. 잘 알려져 있다시피 농업노동에서는 어차피 가장 멍청한 노동자가 최고의 노동자이다. 부르주아지 출신 사회주의자는, 오늘날의 프롤레타리아트에게 어쩔 수 없이 결여되어 있는 그 모든 것을 갖고 있는 인물이다. 다시 말해 폭넓은 정치 활동을 펼치는 데 없어서는 안 될 요소들인 정치 교육을 위한 시간과 돈, 교통수단, 물질적인 독립성을 그는 갖고 있다.

1894년 독일 사민당 프랑크푸르트 전당대회에서 농업 문제를 조사하기 위한 위원회가 구성되었는데, 전체 위원 15명 가운데 지식인이 9명이나 되었다. 독일 사민당 지도부에 노동자 출신이 부르주아 출신보다 훨씬 많은 것을 감안한다면, 이는 눈에 띄게 불균형적인 것인데, 이는 학술적인 문제는 학술적으로 교육받은 사람들만이 해결할 수 있다는 점을 생각하면 금방 해명된다. 법률적·철학적·경제적인 문제, 간단히 말해 정규 대학 교육을 전제로 하는 문제들을 분과 학문의 지식을 갖고 처리해야 할 때는 언제나 마찬가지이다. 일상의 문제에서도 독학만으로 충분하지 않은 경우가 많다. 지적인 지도자의 필요성은 국가기관의 민주화와

---

29) 같은 책, pp.291, 292.

집단적인 기업 형태의 사회화, 그리고 노동조건의 개선과 함께 아마 점차 줄어들 것이다. 그러나 그렇다고 해서 노동운동이 받아들일 부르주아지 전향자의 수가 당장 줄어들 것 같지는 않다. 그것은 먼 미래의 문제이다. 그러나 근대 프롤레타리아트 운동은, 필요한 선도자들을 자체적으로 공급할 수 있을 정도로 성숙해질 때까지 마냥 기다릴 수만은 없다.

그러므로 사회민주당의 부르주아 인사들은 감소하지도 축출되지도 않을 것이고, 처음부터 끝까지 무시되는 일도 발생하지 않을 것이다. 그들은 존재할 정당성을 갖고 있을 뿐만 아니라, 운동의 필수 불가결한 구성요소이다. 부르주아 탈영병이 없는 정치적인 노동운동이란, 그 운동을 담당할 '계급의식이 투철한' 프롤레타리아트가 없는 노동운동이나 마찬가지로 역사적으로 불가능하다. 이는 특히 노동운동이 탄생하는 시점과 초창기에 해당되는 것이지만, 우리가 아는 그 이후의 모든 시기에도 해당된다.

5

지도자 권력을 제한하기 위한 예방 조치들

"설령 투표가 매끄럽게 진행된다고 하더라도
인민투표에는 결과만 있지 내용은 없다.
토론에서 광채를 발휘하며 설득력을 행사하는 연설이
인민투표에는 결여되어 있기 때문이다.
마지막으로, 인민투표는 행정부를 변화시킬 수 없다."

1 인민투표

민주적 헌정(憲政)의 절정은 스위스의 경우에서 보듯, 인민투표와 인민발의권으로 총괄되는 제도들이다. 이런 체제에서 인민은 직접투표로 헌법과 관련된 문제를 결정하고 대의(代議) 기구에서 마련된 법안에 대하여 영향력을 행사한다. 스위스의 경우 유권자 3만 명 혹은 8개의 주(州)가 요구할 경우에는 법안이 인민투표에 부쳐지고, 그 결과에 따라 법안은 승인되거나 취소된다.[1] 스위스 국민들은 직접적인 입법권도 보유한다. 그래서 스위스에서는 헌법으로 정한 일정 수의 국민들이 기존 법률의 폐기 또는 새로운 법률의 도입을 요구할 경우, 이를 인민투표에 부쳐야 한다. 또한 스위스의 많은 주에서 행정 관리들은 직접 선출된다.

이러한 제도들은 미국에도 존재한다. 그러나 그러한 민주적 장치를 통하여 거두는 현실적 성과는 미미한 정도이다. 대중의 직접투표(인민투표)의 사회적, 민주적 효과는 대체로 대의제에 미치지 못한다. 이 때문에 일부 탁월한 사회주의자들은 민주주의 헌정을 극렬하게 비판하기도 한다.[2] 그러나 사회주의자들 중에는 그러한 제도들이야말로 헌정 문제를

---

1) Theodor Curti, *Geschichte der schweizerischen Volksgesetzgebung*(*zugleich eine Geschichte der schweizerischen Demokratie*), 제2판, Zürich, 1885, p.238 이하; Paul Lang, *Karl Bürkli, ein Pionier des schweizerischen Sozialismus*, Zürich, 1920, p.101 이하.

궁극적으로 해결하는 방법이고, 또한 과두정의 보편적 불가피성에 대한 현실적인 반대 증거라고 주장하는 인물들이 있다.[3]

민주 정당들은 대부분 직접적인 인민주권의 원칙을 정당에 적용하지 않거나, 적용한다고 하더라도 불가피하게 예외적인 경우에 국한시킨다. 따라서 민주 정당들의 민주주의적 실체는 스위스의 주에도 미치지 못한다고 할 것이다. 독일 사민당의 일부 지구당은 한때 전당대회에 파견할 대의원을 당원들의 직접투표로 선출하였다. 그러나 곧바로 문제점이 노출되었다. 일반 당원이 순수한 사실적 판단에 의거하여 대의원을 선출할 수 있기 위해서는, 잦은 당 집회 참석을 통하여 전당대회의 쟁점과 그에 대한 대의원 후보들의 입장을 숙지하여야 하는데, 그런 당원은 소수에 불과하였던 것이다. 그리하여 사민당은 사전 지식이 충분치 않은 대중을 투표에 참여시키는 것은 선거 행위를 조직의 본질로부터 분리시키는, 부적절한 일로 간주하기에 이르렀다. 당원 전체의 직접투표가 정당정치에 부적합한 것으로 간주되었던 것이다.[4]

이에 따라 독일 사민당은, 당원 대중의 대표자들의 회의체인 전당대회에서 결의된 사항을 당원 대중이 추인하거나 취소할 수 없도록 만들었다. 더욱이 각 대의원이 자신이 대표하는 지구당의 당원 수에 비례하여 전당대회 표결권을 갖는 이탈리아 및 프랑스와 달리, 독일 사민당은 전당대회에 참석한 모든 대의원이 자신이 대표하는 당원의 수가 얼마가 되든 그와 무관하게 동일한 투표권을 행사하도록 규정하고 있다. 따라서 독일 사민당에서는 대의제가 민주주의와 대립하는 셈이다.

사민당에서 당원의 발의권은, 모든 당원이 매년 열리는 전당대회에 결의안을 제출할 권리를 갖는 형태로 보장되어 있다. 그러나 그것은 순전

2) Karl Kautsky, *Der Parlamentarismus, die Volksgesetzgebung und die Sozialdemokratie*, Stuttgart, 1893, p.12 이하; Arturo Labriola, *Contro il referendum*, Milano, 1897; Ramsey MacDonald, *Socialism and Society*, London, 1905, p.XVII.

3) Giuseppe Rensi, *Gli 'anciens régimes' e la democrazia diretta*, p.231.

4) *Volksstimme*, Frankfurt 18, 1908, No.188, 부록 1.

히 형식적인 권리에 불과하다. 농촌에 거주하는 당원 몇 명이 제출한 결의안이 전당대회에서 대의원 토론에 부쳐진 적은 거의 없고, 수용된 경우는 단 한 번도 없었다. 따라서 발의권을 행사하는 당원은 특이한 사람들로 여겨진다. 그리고 전당대회에서 결의안을 동의하려면 10명의 서명이 필요하다.

이탈리아 사회당의 경우 당원들의 전체투표 제도가 얼마 동안 존재했다. 전체투표는 그 직전에 열렸던 전당대회에서 상정되지 못하였거나 충분히 논의되지 못한 안건이 있을 경우에 사용되도록 규정되어 있었다. 1904년과 1906년 사이의 기간에 그 권리는 네 번 이용되었다. 한번은 당내 소수파가 지방 당 차원에서 다수파 조직으로부터 독립된 독자적인 지구당을 조직할 권리가 있는가 하는 문제를 두고 전체투표가 진행되었다. 그런데 총 1,458개 지구당 가운데 단지 778개(166지구당 찬성, 612지구당 반대)만이 응답했다. 또 다른 경우는 프리메이슨과 사회주의가 합치될 수 있다고 판단할 것인가, 그리고 사회당 당원들이 프리메이슨에 가담하는 것을 허용해야 하는가에 관한 문제였다. 이 문제에 답변한 지구당의 수 역시 적었고, 답변을 보내온 지부들은 대부분 반대 견해를 밝혔다.[5] 또 한 번의 전체투표는 밀라노의 국지적인 문제에 관한 것이었고, 나머지 하나는 전당대회 개최지에 관한 문제였다. 따라서 이탈리아 사회당의 전체투표 제도 역시 대단히 제한적으로 사용되었으며, 성과 또한 미미하였다고 할 것이다.

네덜란드 사회당은 전체투표로 당 총재단을 선출한다. 그러나 1909년의 경우 전체투표에 앞선 시기에 당에 당의 핵심부가 흔들릴 만큼 격렬한 갈등이 벌어졌음에도 불구하고, 당원들의 참여는 투표권자의 절반에도 미치지 못할 만큼 저조했다.[6] 스위스 사회당도 당 정관에 당 전체의

---

5) Ernesto Cesare Lingobardi, *Relazione morale e politica della direzione del partito*, Frascati, 1906, p.5 이하.

6) *Het Volk*, 11, 1910, No.3081.

통일적인 의지를 창출하려는 의도를 분명하게 표출하고 있다. 그러나 지구당의 정관에는 전당대회의 결정이 최종적인 구속력을 갖지 못한다고 규정되어 있다. 베른 주의 사회당은 당대회 참석 당원의 3분의 1이 전체투표를 요구할 경우에 전체투표가 즉시 실시되어야 하며, 3개 지부가 요구한다면 1개월 이내에 전체투표가 시행되어야 한다고 규정하고 있다.

스위스 사회당의 민주적 성격은 또 다른 제도로도 표현되어 있다. 3개 지부 혹은 3백 명의 당원이 발의하면, 그 발의는 일반 당원의 전체투표에 회부되어야 한다는 규정이 그것이다.[7] 이 제도는 중앙당 차원에도 수용되었다. 사회당은 1917년 아라우 전당대회에서 정관을 수정하여 9조 6항과 11조 2항에 당원의 전체투표를 규정하였다. 스위스 사회당은 또한 유럽의 노동자 정당으로서는 아마 유일하게, 전당대회에서 결정된 중대 사안이 당원들의 전체투표에 의하여 뒤집힌 경우를 보여준다. 스위스 사회당이 제3(모스크바)인터내셔널에 가입하기로 했던 전당대회의 결정이 1919년 9월의 당원 전체투표에 의하여 번복되었던 것이다. 물론 그것은 항구적이지 못하였다. 그것은 오히려 곧바로 다가올 당 분열의 전주곡이었다.

덧붙이자면 여타 사회주의 정당들의 당규에는 당원 발의권과 유사하기는 하지만 그것과는 의미가 아주 다른 제도가 규정되어 있다. 일정 수 이상의 지구당(독일에서는 15개 지구당, 이탈리아에서는 전체 지구당의 10분의 1,[8] 벨기에서는 2개 지역 혹은 20개 지구당[9])이 특별 전당대회를 요구하면, 당 지도부는 전당대회를 소집해야 한다는 규정이 그것이다.

전체투표 제도가 강력했던 곳은 사회주의 정당보다 노동조합이다. 그러나 영국의 노동조합 대부분은 전체투표가 조직의 안정을 해치고 재정

---

7) Wilhelm Hasbach, *Die moderne Demokratie*, p.508.

8) "Statuto del pertito socialista Italiano," (1900) *Gennaro Messina, Il manuale del socialista*, Firenze, 1901, p.164.

9) *Programme et statuts du parti ouvrier Belge, adoptés dans les congrès de Bruxelles 1893 et de Quaregnon 1894*, Bruxelles, 1903, p.14.

에 손실을 입히며 행정 체제에 불안을 가져온다고 하여 그것을 다시 없애버렸다.[10] 독일의 경우, 예컨대 솔제조공 노조는 1911년까지도, 정관에 명확하게 규정되지 않은 사안에 대해서는 전체투표를 실시하도록 규정하였다. 영국의 증기기관공 노조와 이탈리아의 목공 노조 역시 비슷하다.[11] 독일의 연초(煙草) 노조는 임금투쟁 여부를 특정 위원회에서 결정하지만, 그 결정은 전체투표를 통하여 대중의 승인을 받도록 규정하고 있다. 그 제도는 조합원들의 참여도는 낮았지만 정기적으로 시행되고 있다.[12]

전체투표 제도는 노조지도자들에 의해 이용되기도 한다. 지도자들은 대의원 총회에서 대의원 다수가 자신들과 다른 견해를 갖고 경우, 전체투표로 대중에게 직접 호소함으로써 적대적인 대의원들을 제압하려 하는 것이다. 독일 금속노조 관리들이 1923년 7월에 전체투표를 실시한 것이 그 예이다. 대의원 총회가 파업을 결정하자 그들은, 약 30만 명의 노동자들이 고용되어 있는 베를린 금속산업에 파업이 미칠 위험성과 경제적인 파장의 심각성을 내세워, 전체투표를 통하여 금속노조가 정부 중재위원회의 임금 판결을 받아들일 것인지 아니면 실제로 파업에 돌입할 것인지 결정하기로 하였던 것이다.[13]

따라서 민주 정당에서의 전체투표의 역사는 간헐적으로 사용되었으되 성과는 신통치 않았다고 요약할 수 있을 것이다. 성과가 부진하였던 이유는 무엇보다도 발의 방식이 난잡하고 대중의 참여 역시 저조하였기 때문이었다. 사회주의 정당이 대중에게 직접적으로 호소하는 일이 그처럼 드문 것은 스위스 부르주아 국가가 동일한 제도를 빈번하게 사용하는 것과 대조되는 기묘한 모습이다. 그것은 또한 모든 사회주의자들이 국가에게, 인민 발의권과 거부권을 통하여 인민의 직접적인 입법 활동을

10) Fausto Pagliari, *Organizzazione operaia in Europa*, 제2판, Milano, 1909, p.54.

11) von Elm, pp.8, 122.

12) von Elm, p.10.

13) *Basler Nachrichten*, 1923년 7월 4일.

보장하라고 요구하는 것과 명백하게 모순된다. 민주 정당이 당원들의 전체투표를 거부할 때는, 사민당의 적들이 사민당을 공격할 때 사용할 법한 보수적인 논거를 그대로 사용한다.

폰 엘름은 언젠가 이렇게 썼다. "인민투표는 인민의 목소리일 뿐 이성의 목소리가 아니다. 독일 노동대중 역시 전체투표에서 서로 완전히 어긋나는 결정을 내리기도 한다. 그들은 예컨대 당비의 인하를 요구하는 한편 후원금의 증액을 주장하는 것이다."[14] 사회민주당 지도부는, 정당이나 노조의 지도권을 전체투표를 통하여 무식한 대중에게 넘겨주는 것은 단지 추상적인 민주주의에게만 좋은 것이 아닌가 하고 조소적으로 질문한다.[15] 그 질문에 정당이란 단어 대신 국가라는 단어를 사용한다면 보수주의자들은 전적으로 동의할 것이다.

모든 형태의 직접적인 인민 통치에 가해지는 비판은 인민투표에도 고스란히 적용될 수 있다.[16] 대중 의지의 항구적인 표현 수단으로서 인민투표가 갖는 결정적인 약점은 대중의 미성숙에 있다. 설혹 대중이 성숙하다고 하더라도 인민투표를 실시하려면 많은 시간이 소요된다. 이는 또한 베른슈타인이 강조했던 것처럼, 장차 닥칠지도 모르는 사회주의 체제에서도 심각한 문제이다. 설사 최소한의 정치·행정 문제만을 인민투표

---

14) von Elm, p.8.
15) 이 책, pp.220~222를 보라. 이탈리아 좌파 사회주의자들도 이와 똑같이 생각했다. 물론 당시에는 아직 생디칼리스트가 아니었던 라브리올라는 이렇게 말했다. "다른 곳과 마찬가지로 정치에서도 다수가 옳다는 전제에서 다수에게 권력을 부여하는 것은 민주적이지 않다. 사회생활의 복잡한 인과관계를 더 잘 판단할 수 있는 사람들에게 권력을 부여하는 것이 좋을 것이다. 그리고 또한 정치 활동에서 브렌노(로마 제국 시대 갈리아의 통치자-옮긴이)의 역할을 농민들처럼 본성상 보수적인 전통에 훨씬 더 사로잡힌 사람들에게 맡긴다는 것은 분명 혁명전술이 아니다 — 국민투표라는 것도 바로 그런 것이다. 국민투표 그 자체는 사회주의에 의해 올바로 관리되어야 할 것이다"(Arturo Labriola, *Contro il referedum*, p.24). 이 문장에는 민주주의에 대한 의도적인 거부감이 아주 날카롭게 표현되어 있다.
16) 같은 책, 제I부 A, 제2장, p.27 이하, 제3장, p.38 이하와 p.144.

로 해결한다고 하더라도, 그 좋은 시절의 행복한 시민이 매주 일요일마다 책상 위에 놓여 있는 설문지 뭉치를 읽어야 한다면, 민주주의에 대한 호감이 즉각 소멸될 것이다.[17)]

또한 인민투표는 특히 신속한 결정이 요구되는 상황에서 활동하는 정치적이고 투쟁적인 정당에게 성격적으로 적합하지 않은 제도이다. 그것은 오히려 순발력을 저해할 뿐이다. 게다가 중대한 사건, 가령 전쟁이 발발했을 때 사회주의 정당이 전체투표로 당의 입장을 정하려 했다가는 국가가 그것을 막아버릴 것이다. 국내정치의 갈등이 격심한 시기에도 전체표결은 적에게 자신의 패(牌)를 보여주는 것이나 마찬가지이다. 그러면 상대방은 투표에 앞서 선수를 칠 것이고, 따라서 전체투표의 결과는 무용지물이 되고 말 것이다.[18)] 마지막으로 그리고 무엇보다도, 지도자들은 교묘한 질문을 이용하여 대중을 손쉽게 기만할 수도 있고,[19)] 불분명하게 질문함으로써 답변을 불분명하게 유도한 뒤 그 결과를 자신에게 유리하게 해석할 수도 있다. 전체투표는 절대적이며 비판을 허용하지 않는 그 본질로 인하여 능란한 사기꾼의 지배를 용이하게 해주는 것이다. 따라서 상드는, 대중의 능력이 뒷받침해주지 않는 한 인민투표는 민중의 자유에 대한 암살 행위라고 말하였다.[20)] 실제로 보나파르트주의 지배체제는 인민투표에서 기인했다.[21)] 그 밖에도 인민투표는 아주 신뢰할 만

---

17) Ed. Bernstein, *Zur Geschichte und Theorie des Sozialismus*, Berlin, 1901, p.204.

18) Karl Kautsky, *Parlamentarismus und Sozialdemokratie*, Berlin, 1911, p.81.

19) 1860년 이탈리아 소공국(小公國)들이 모여 하나의 단일국가를 이룬 통일과정은 인민투표에 의해 최종 결정되었다. 그 인민투표에서 이탈리아 국민은 그들이 증오해서 쫓아낸 과거 소(小)제후들을 그냥 계속 유지할 것인가, 아니면 엠마누엘(Victor Emanuel) 왕정을 받아들일 것인가 하는 양자선택의 기로에 서게 되었다. 따라서 이탈리아 통일을 원하긴 하지만 공화정부까지 원했던 대다수 국민들은 그 인민투표에서 의사표현의 기회를 박탈당했다. 이 책의 p.149 이하, 그리고 p.116을 참조하라.

20) Georges Sand, *Journal d'un voyageur pendant la guerre*, p.306.

21) 나폴레옹 1세 치하의 국민투표 결과(Louis Napoleon Bonaparte, *Idées Napoléoniennes*, p.19에 의거함).

한 관료제의 존재를 전제로 한다. 선거제도의 역사를 보면 선거 결과를 날조하는 것이 얼마나 쉬운지 잘 알 수 있다.[22]

설령 투표가 매끄럽게 진행된다고 하더라도 인민투표에는 결과만 있지 내용은 없다. 토론에서 광채를 발휘하며 설득력을 행사하는 연설이 인민투표에는 결여되어 있기 때문이다. 마지막으로, 인민투표는 행정부를 변화시킬 수 없다.

	총투표수	찬성	반대
1791년 헌법	국민투표에 회부되지 않았음		
1793년 헌법		1,801,018	11,600
혁명력 3년 헌법		1,057,390	49,977
혁명력 8년 통령 취임	3,012,569	3,011,007	1,562
종신 통령(1802)	3,577,259	3,568,888	8,374
세습 황제(1804)	3,524,253	3,521,675	2,579

나폴레옹 3세 치하의 국민투표 결과

	총투표수	찬성	반대
대통령선거(1848)		5,500,000	1,500,000: 카베냐크 (Cavaignac) 표
대통령선거 10년제(1851)		7,500,000	
세습 황제(1852)		7,800,000	

22) 주지하다시피 위고는 나폴레옹 3세가 시행한 1851년 국민투표에 대해 그 유명한 비판을 가했다. "누가 개표합니까? 갑(甲)이 하지요. 누가 감시원입니까? 을(乙)이지요. 누가 참관합니까? 병(丙)이 합니다. 누가 집계합니까? 정(丁)입니다. 누가 확인합니까? 진(辰)입니다. 누가 선언합니까? 우리가 합니다. 상스러운 사람이 개표하고, 비굴한 사람이 감시하고, 교활한 사람이 참관하고, 위선자가 집계하고, 매수된 사람이 확인하고, 거짓된 사람이 선언한다는 말이군요"(Victor Hugo, *Napoléon le petit*, p.313).

2 자아의 포기

지도자들의 민주 의식이 와해되는 현상은 이데올로기의 힘을 통하여 비록 완전히 막을 수는 없어도 지연시킬 수는 있다. "당의 지도와 표상이…… 위대한 사회주의 전통 속에서 살아온 사람들의 손에 놓여 있는 한,"[1] 다시 말해 강력한 민주·사회주의 '이념'이 지도자들을 지배하는 한, 민주주의 의식이 유지될 '가능성'이 있고, 권력을 보유하고 있는 자신이 그 권력의 원천인 대중에게 봉사하는 일꾼에 불과한 존재라는 의식이 지속될 수도 있다.

권위적인 지도부가 성립되는 것을 저지하기 위한 노력은 순수한 이념적 측면에서부터 현실적인 측면에 이르기까지 다양한 차원에서 이루어져왔다. 우리는 이미 프롤레타리아트의 부르주아지화를 막기 위하여 극적인 방안들이 동원되었음을 설명한 바 있다.[2] 그렇지만 프롤레타리아트의 부르주아지화를 막는 일 못지 않게 중요한 것은 부르주아지 출신 지도자들을 프롤레타리아트화시키는 작업이다. 몇몇 사회주의 노선이, 사회적 모세관현상을 억제하는 것보다 상위계급 출신을 사회적으로 퇴

---

1) Heinrich Ströbel, "Gewerkschaften und sozialistischer Geist," *Die Neue Zeit*, p.563.
2) 같은 책, 같은 곳을 참조하라.

행시키거나 강등시키는 것, 다시 말해 사회주의 지식인들로 하여금 사회주의적 혹은 사회주의로 규정되는 프롤레타리아트 속으로 소멸되도록 하는 것을 더욱 중대한 과제로 설정했던 것은 바로 그 때문이다.

그 거대한 실험실은 러시아였다.[3] 러시아 사회주의는 이미 1870년대와 1880년대에 지식인 출신 사회주의자들의 재전향 가능성을 차단하기 위하여, 지식인들 스스로가 대중의 수준으로 내려와 자신의 외적인 행동 방식을 프롤레타리아트 대중에게 완전히 동화시켜야 한다는 주장을 제기하였다. 이는 지식인들의 외관을 프롤레타리아트와 가능한 한 전혀 구별되지 않도록 만듦으로써 지식인들의 지배 본능을 제거하려는 시도였다.

그 주장에는 인류의 역사적 경험과 기억이 진하게 배어 있다. 사람들이 결혼, 공동 주거, 공동체 생활 등을 통해 함께 살게 되면, 상호 간에 공감이 이루어지고 계급 갈등은 약화된다. 감정에서만큼은 계급 갈등이 완전히 제거되기도 한다. 예수회가 건국하고 통치한 평등국가 파라과이인들은 성직자들의 통치를 받았지만, 그들이 성직자들과 똑같은 옷을 입고 똑같은 주택에서 거주하였기 때문에 성직자들과 같다고 느꼈다.[4] 프랑스 혁명 당시 농민들은 곳곳에서 귀족들의 성을 공격했지만, 방데 지방만은 예외였다. 방데에서는 귀족과 농민이 서로 손을 잡고, 파리의 혁명 정부에 대항하여 끝까지 투쟁하기로 결의하였다. 그 이유는, 그곳의 농민들이 귀족들과의 가부장적인 공동 생활, 공동 식사, 공동의 사냥 등을 통하여 심리적으로 귀족들에게 견고하게 묶여 있었기 때문이었다.[5]

---

3) Pierre Lavoroff, *La propagande socialiste, son r le et ses formes*, Paris, 1898, p.17; Iwan Turgenjeff, *Die neue Generation*, Leipzig, 1920. 여기에서 투르게네프는 기득권을 포기함으로써 나타나는 온갖 괴로움을 묘사했다.

4) J. Guevara, *Historia de la Conquista de Paraguay*, Buenos Aires, 1885.

5) Adolphe Thiers, *Historie de la Révolution Française*, 제2권, Leipzig, 1846, p.395, 396; H. de Vaissière, *Les gentilshommes campagnards de l'ancienne France*, Paris, 1903, p.203; Journal des Goncourts, *Mémoires de la vie littéraire*, Paris, 1896, 제4권, p.250; Karl Kautsky, *Die Klassengegensätze von 1789*, Berlin, 1889, p.17.

이탈리아 농촌에서도 성직자들에 대한 적대감은 일반적으로 뚜렷하지 않다. 농촌 성직자들은 비록 교양을 갖추지는 못했을 망정 유순하고, 일반 농민들과 별반 구분되지 않으며, 생활방식과 오락은 물론 어떤 경우에는 가난까지도 함께 나누기 때문이다.[6] 그렇다고 해서 생활방식의 차이가 반드시 이해관계의 차이까지 규정하는 것은 아니다. 막스 베버가 올바르게 지적한 것처럼, 생활방식이 완전히 동일함에도 불구하고 이해관계는 극단적으로 대립될 수 있기 때문이다.[7]

러시아의 오랜 혁명사에서 자기희생, 겸양, 부르주아적 생활방식의 포기는 언제나 노동지도자의 필수적인 덕목으로 여겨졌다. 네차예프의 악명 높은 혁명 교리문답(1871)의 첫 번째 계명은, 진정한 혁명가는 스스로를 "봉헌된 사람"으로 간주해야 된다는 것이다. "그에게는 사적인 이해관계도, 용무도, 감정도, 애정도, 소유물도, 심지어 이름 같은 것도 없다. 그 모든 것은 오로지 유일한 이해관계, 유일한 사상, 유일한 열정, 곧 혁명에 바쳐진다."[8] 이는 부르주아적인 전생(前生)을 완전히 입멸하고자 하는 시도이다. 이러한 내면적인 공상적 고행보다 더욱 심각한 것은 외면적인 과시적 고행이다. 러시아 사회주의자들은 외적인 고행을 사회적 영향력을 얻기 위한 수단으로 간주했다.

바쿠닌은 이탈리아 학생들에 대하여 논하는 가운데, 부르주아지 출신

---

6) 이탈리아 농촌에서 존재했던 농민과 사제 간의 긴밀한 관계에 대해 바쿠닌은 1871년 다음과 같이 정확히 묘사했다. "교회에 비교적 가까운 가족 혹은 적어도 먼 사촌이라도 없는 농민은 거의 없을 것이다. 사제들은 농민들을 온후하게 대하고, 농민들과 함께 삶을, 심지어 농민들의 불행까지도 함께 나눈다. 그들은 농민들에 대해 부르주아지가 보이는 그러한 극도로 놀라운 경멸감을 지니고 있지 않으며, 친근하게 호인처럼 그리고 종종 수다스러운 익살꾼처럼 살아간다. 농민들은 자주 그들을 비웃곤 하지만, 그것은 그들이 마치 자기 머릿속에 있는 수많은 서캐처럼 친근하기 때문에 그런 것이지, 그들을 미워하기 때문에 그런 것이 아니다"(Michèle Bakounine, *Il socialismo e Mazzini*, p.49).

7) 저자에게 보낸 개인 편지.

8) "Le Catéchisme Révolutionnaire," *L'Alliance de la démocratie socialiste et l'association internationale des travailleurs*, Londres-Hamburg, 1873, p.90.

으로 프롤레타리아트 진영에 넘어온 사람이 가져야 할 역할을 다음과 같이 강조하였다. 공부를 한 젊은이들은 제4신분의 사회운동에서 지도자, 선구자, 교육자, 의사, 창조자 등의 역할 등을 맡아서는 안 된다. 그들은 오로지 "인민의 삶 속에서 태어나는 사상의 산파"여야 한다. 그들의 임무는 다만 프롤레타리아트의 무의식적인, 또한 그렇기 때문에 강력한 염원을 혼란의 단계로부터 명료한 단계로 끌어올려야 하는 것에 있을 뿐이다.[9]

바쿠닌은 이탈리아와 러시아의 정치적 노동운동은 부르주아지들, 그 중에서도 교양 부르주아지들이 그에 실천적으로 참여하느냐 마느냐에 생사가 달려 있다고 간주하던 인물이다. 그럼에도 불구하고 그는 출생과 환경에서 사회주의의 적일 수밖에 없는 부르주아지 출신들에게 엄격한 규칙을 부과하고자 하였다. 이 점에서 우리는 그를 톨스토이의 선구자로 규정할 수도 있을 것이다. "삶의 방식이 이념의 세계를 지배하고 의지의 방향을 규정한다." 사적 유물론과 정확하게 일치하는 것은 아니지만 유사하기는 한 그 명제를 통하여 바쿠닌은 자신의 입장을 분명하게 밝힌 셈이다.

"부르주아 환경에서 태어나고 자란 사람이 진정 노동자의 진솔한 친구가 되고자 한다면, 다시 말해서 노동계급의 해방을 자신의 목적으로 삼는 사회주의자가 되고자 한다면, 그에게는 오로지 하나의 길이 있을 뿐이다. 부르주아의 생활과 관계된 일체의 습관과 모든 허영심을 영구히 포기하고 무조건적으로 노동자 편에 서서 부르주아지에게 영원한 투쟁을 선포하는 것이 그것이다. 이것이 불가능하다면, 그는 비교적 평화로운 시기에는 윤리적인 동기에서 노동자의 대의를 지지하겠지만, 심각한 투쟁의 단계에 들어서게 되면 부르주아 계급에의 귀속 감정이 되살아나게 될 것이다. 그리하여 그는 처음에는 자기 자신을 속이고, 나중에는 노

---

9) M. Bakounine, "Lettre inédite à Celso Cerretti," 1872, *La Société Nouvelle, Revue Internationale*, 22(1896), p.179.

동자 정당을 배신하게 될 것이다."[10]

바쿠닌의 이러한 요구에는 환경이 내면 세계에 결정적 영향을 미친다는 심리학적 관점이 깔려 있다. 그가 청년 지식인들에게 내린 처방전 역시 "인민 속에서의 호흡"이었다.[11] 이 의무 규정은 러시아 사회주의 역사를 오랫동안 지배했고 그것의 가장 직접적인 특징이 되었다. 이를 잘 보여주는 것이 바로 종종 최고의 귀족 가문 출신의 혁명적 청년들이 "인민 속으로 뛰어드는 것", 다시 말해 프롤레타리아트의 외적인 생활조건을 완전히 수용하고 그 속에 해체되고자 하였던 운동이다. 이것이 러시아 청년들이 거대한 희생정신을 발휘하여 실천적 결과를 얻으려 하였던 나로드니체스트보, 즉 "인민주의" 운동이다.

그리하여 러시아의 학자들과 교사들과 여성들, 유대인 여대생들과 귀족 처녀들이 사회적 지위, 도시의 문화생활이 주는 온갖 장점들, 심지어 학업의 지속과 부르주아적 경력까지 포기하면서 외딴 마을로 향했고, 그곳에서 농업노동자, 달구지 수리공, 금속공, 대장장이 등등으로 노동하면서, 인민을 철두철미하게 이해하고, 그들의 신뢰를 얻고, 혁명적인 목적을 위하여 그들에게 모든 분야에 걸친 조언을 하였다.[12]

---

10) Michèle Bakounine, *L'Empire knouto-germanique et la révolution sociale*, *Oeuvres de Michèle Bakounine*, Paris, 1907, 제2권, p.370. 게다가 바쿠닌은 1869년에, 곧 이탈리아에서 받은 인상이 아직도 기억에 생생할 즈음에 팸플릿 『학생들에게 보내는 메시지』(*Paroles adressées aux étudiants*)(제네바)라는 글에서 학생들이 사회혁명의 전위로서 해야 할 역할을 심도 있고 아주 명확하게 밝혔다. 물론 이 글에 담긴 내용은 주로 러시아 상황을 극단화한 것이다. 곧 예전의 톨스토이를 방불케 하듯이, 그가 젊은 학생들에게 아주 정열적으로 권장했던 구원의 방식은 바로 "신성하고 축복받은 무지(無知)"였다. 그와는 반대로, 역시 바쿠닌의 영향력하에 있었던 이탈리아 혁명집단인 스투덴테스카(Studenteska)는 지식이야말로 사회주의적 그리고 사회윤리적(이들에게는 '사회주의적'이나 '사회윤리적'이라는 말은 똑같은 의미이다) 행동을 위해 가장 필요한 것이라고 밝혔다.

11) Michèle Bakounine, *Il socialismo e Mazzini*, p.24.

12) Adolf Braun, *Rußand und die Revoluti*, als Mskr. gedruckt, p.4[이 참고문헌은 불충분하지만, 더 이상 보완시킬 수 없었다]. 이 시기 러시아 자유투쟁가들

이는 아마도 오로지 이상주의자들에게만, 그것도 강력한 집단적 격동의 시기에만 적용될 수 있는 정치 전술일 것이다. 그리고 그러한 전술은 다음과 같은 심리적 통찰에 기초한다. 인위적으로 만들어진 것이라고 하더라도, 사회혁명 정당에 소속된 모든 사회 계층과 부류들을 아우르는 '사회적 동질성'이 있어야만, 고질적인 지도부의 해악 몇 가지를, 그 싹까지 잘라버리지는 못한다고 하더라도 현저하게 약화시킬 수 있는 예방책이 된다는 것이다. 그러므로 생활방식의 평등은 윤리적 요청이기만 하였던 것이 아니다. 그것은 노동자 정당의 과두적 경향의 발전을 막거나 멈추도록 하는 출구로 간주되고 있었던 것이다.

러시아와 같은 움직임은 비록 정도는 달랐지만 1870년대의 다른 나라 사회주의 '지식인들' 사이에서도 나타났다. 특히 이탈리아 지식인들이 그러하였는데, 격분한 마르크스는 그들을 부당하게도 "계급적으로 강등된 자들"이라고 일컬었다. 비방과 다를 바 없는 마르크스의 조소는 그들을 오해하도록 만든다. 바쿠닌은 그들의 '계급강등'을 역사적인 사실로 파악한 것이 아니다. 계급강등은 바쿠닌에게 오히려 비프롤레타리아트 출신 인사들이 사회주의적으로 행동하기 위하여 갖추어야 할 심리적 조건이었다. 따라서 그들은 사회의 "쓰레기"나 파산자 혹은 타락한 천재, 한마디로 말해 비자발적으로 몰락한 사람들이 아니다. 정반대로 그들은 자신의 계급과 본질적으로 상이한 생활 환경에 적응하기 위하여 자진하여 아래로 내려온 사람들, 즉 스스로를 낮춘 사람들이다.

물론 이런 행위는 목적이야 어떻든 언제나 그들의 높은 희생 정신과 철저한 신념을 증언하는 것이며, 따라서 경외감을 불러일으킬 만한 것이다. 여기에서 상론할 수는 없지만 우리는 역사적으로, 이탈리아의 초기 노동운동에 헌신하였던 부르주아지들이 마르크스가 말한 바가 아니라 바쿠닌이 말한 의미에서 자신의 계급강등을 꾀한 사람들이었음을 안다.

의 수많은 문헌에 대해서는 다음을 참조하라. "Geheime Denkschrift über die nihilistischen Umtriebe im Jahre 1875," *Deutsche Rundschau*, p.352 이하.

이탈리아 인터내셔널에서 가장 유명한 지도자는 거대한 부를 축적한 고급 귀족 가문 출신인 카를로 카피에로였다. 자신의 전재산을 당에 헌납하고 가난한 보헤미안으로 살았던 카피에로야말로 이상주의적 사회주의자의 원형이다.[13]

오늘날 지도자들에게 자신의 모든 것을 버리고 대중 속으로 소멸되라고 요구하는 사람은 아나키즘 계열에 속하는 사회주의 소설가 몇 명에 불과한 실정이다. 그것도 대부분 소극적이고 완곡한 방식에 그치고 있다.[14] 그러나 당원들 모두가 심리적으로 부르주아 세계로부터 완전히 벗어나서 정당활동에 전념하라는 요구는 오늘날 자아포기의 변형된 형태라고 말할 수 있을 것이다. 예컨대 영국 공산당은 당원들에게, 당 지도부가 내린 지시에 헌신할 태세를 언제나 갖추고 있어야 한다고 요구한다.[15] 그리고 북부 프랑스의 게드파 사회주의자들은 1907년의 당대회에서, 의원들은 하루도 빠짐없이 "동지들 가운데에서 살아야" 한다고 결의했다.[16] 독일 사민당이 당원들에게 부르주아 신문에 기고하는 것을 금지하고 부르주아의 취미 서클에 참여하지 말도록 주문하는 것도 동일한 맥락에 속한다.

많은 사람이 지적하듯이, 볼셰비키가 러시아 인민 속에서 거둔 성공의 열쇠 가운데 하나는 아마도 그들의 인민적이고 일상적인 언어 구사와 소박한 생활방식에 있을 것이다. 이는 특히 레닌에게 해당된다.[17] 그러

---

13) 필자의 *Borghesia e prol. nel mov. soc. Ital.* p.68 이하를 참조하라.

14) 식자공 출신으로 이탈리아 여류작가이자 무정부주의 선동가인 폴리(Leda Rafanelli Polli)는 흥미로운 한 심리소설에서, 지식인들이 자기 출신성분을 포기할 때 비로소 완벽한 사회주의자가 될 수 있다는 주장을 내세웠다. 만약 그들이 이것을 감행하지 못한다면, 그들이 언젠가 프롤레타리아트를 배신할 것이라고 확신해도 좋다는 것이다(Leda Rafanelli Polli, *Un sogno d'amore, Romanzo sociale*, Firenze, 1905, p.171 이하).

15) *Daiiy Mail*, 1924년 8월 4일 자.

16) *Compte-rendu officiel du IIIe congrès département de la fédération du nord du parti socialiste, tenu à Loos 1907*, Lille, 1907, p.41.

17) A. Charasch, *Lenin*, Mit Vorwort von A. Axelrod, Zürich, 1920, p.16.

나 그러한 경이로운 시도는 이데올로기적인 영역만을 건드리는 것이고, 기껏해야 정당에 대한 광신을 낳을 뿐이다. 그것으로 지도자들이 대중의 사고와 현실 속으로 소멸되는 것은 결코 아니기 때문이다.

3 생디칼리슴

생디칼리슴의 중요성은 압도적으로, 부르주아 민주주의 위험성을 간파한 그 명료함과 날카로움에 있다. 생디칼리슴의 진정한 과학적 회의주의는 민주주의의 국가체제가 명명백백한 '소수의 지배'임을 폭로하였고, 그것이 노동자의 요구와 첨예하게 대립된다는 점을 밝혀냈다.[1] "민주주의는 한 줌도 안 되는 지식 전문인들을 통하여 생산자 대중을 지속적으로 착취하는 체제이다."[2] 국제 생디칼리슴이 독일 사민당, 이탈리아와 프랑스의 지식인들, 그리고 국가를 모델로 하여 조직된 노동조합 등을 상대로 하여 투쟁을 전개할 때마다, 그들이 목표로 삼았던 것은 결국 선동적 정상배의 혁파였다.[3]

생디칼리슴은 프롤레타리아트 혁명 운동의 중심이 정당으로부터 노동조합으로, 정치적으로는 중립적이지만 세계관과 목표에서는 사회주의적인 노동조합으로 바뀌어야 한다고 주장한다. 따라서 그들의 문제는 노동운동의 원칙으로서 조직 그 자체를 없애자는 것이 아니다. 정반대로

---

1) 좀바르트는 저작 『사회주의와 사회운동』(*Sozialismus und soziale Bewegung*, 제6판, Jena, 1907, p.129)에서 생디칼리슴의 이런 측면에 커다란 중요성을 부여했다.
2) Georges Sorel, *Les illusions du progrès*, p.263.
3) 소렐(Georges Sorel)이 엔리코 레오네(Enrico Leone)에게 보낸 편지. *Divenire Sociale*, 5(1909).

생디칼리슴은 조직이 필수 불가결하다는 인식에 전적으로 기반한다. 조직에 내포된 위험성을 제거하기 위하여 조직 자체를 폐지해서는 안 된다는 그들의 인식은 타당하다. 이는 마치 피에 독이 들어갔거나 혈액순환에 장애가 생겼다고 해서 몸에서 피를 뽑아내서는 안 되는 것과 마찬가지이다. 돌팔이 의사가 그렇게 한다면, 환자는 죽음(후자는 인간의 몸의 죽음을, 전자에서는 사회적이고 정치적인 몸의 죽음)을 맞이할 것이다.

해야 할 일은 오히려 조직에 내재한 오류, 즉 소수에 의한 다수의 지배를 새로운 지도 엘리트의 형성을 통해 시정할 적절한 방법을 찾는 것일 수 있다. 생디칼리슴처럼 수많은 사상가와 교육가와 활동가가 들어 있는 거대한 학파조차, 자신들이 권위적인 민주주의에 대한 해독제를 발견했다고 오해한다.

물론 조직의 과두적 경향을 막는 수단이 대의제의 원칙 위에 두 발을 딛는 것일 수는 없다. 따라서 생디칼리슴은 명백한 이율배반에 부딪치게 된다. 생디칼리슴은 그 어떠한 권한 위임이나 대표 체제도 피할 수 없는 해악을 오로지 의회주의적 민주주의 탓으로 몰아붙이기 때문이다. 생디칼리슴이 사회민주주의에 가하는 비판은 부분적으로 생디칼리슴 스스로가 기반하고 있는 원칙에도 해당된다.[4] 생디칼리슴은 사회민주주의와 권위적 노동조합을 "민주주의"로 공격한다. 그것들이 노동운동의 민주주의적 기본 원칙을 희화(戲畵)로 왜곡시키고 민주주의의 토양에서 과두주의라는 열매를 거두어들이고 있다는 것이다.

그렇지만 생디칼리슴이 무게 중심을 조합적 행동에 두려 하면 할수록, 생디칼리슴 스스로가 여러 면에서 과두정으로 귀결될 위험성은 커진다. 혁명적인 노동조합 집단에서조차 지도자들이 추종 대중을 우롱할 만한 구실은 얼마든지 있다. 파업 회계인, 노동조합 서기, 심지어 음모 조직원

---

4) 생디칼리스트인 파올로 만티카(Paolo Mantica)도 어느 기사(F. Dalpadulo, "Elezionismo o antielezionismo?" *Divenire Sociale*, 6(1910), p.272)에 대한 부기에서 그렇게 밝혔다.

이나 바리케이드의 선도 투사들이 그들에게 권력을 위임한 대중을 배신하는 것은 의원이나 사민당 지구 대표보다 쉽고, 그 결과 역시 훨씬 심각할 수 있다.[5)]

프랑스 생디칼리스트들은 빈번하게, '직접행동'이야말로 노동계급이 대표되는 대중으로서가 아니라 자주적인 대중으로 나설 수 있는 유일한 방법이라고, 그리고 배신, 탈선, 부르주아지화에 불과한[6)] 모든 대의체제를 원천적으로 봉쇄할 수 있는 유일한 방법이라고 강력하게 주장하였다. 그렇지만 생디칼리스트들은 그 일방적인 이론을 정당에만 적용시키는 자의적인 우를 범한다. 그들의 이론이 극히 혁명적인 노동조합을 포함하는 노동조합 운동에는 적용되지 않기라도 하듯이 말이다. 그들은 자신들만은 보편적인 사회학 법칙의 작용에서 예외라는 듯이 행동한다.[7)] 그러나 노동조합도 조직의 구조에서 노동자 정당과 동일한 기본 원칙에 입각한다.[8)] 대중의 이해관계가 몇몇 선출된 자에 의하여 대변되는 것이다.

---

5) 어떤 생디칼리스트도 이것을 고백한 바 있다. Angelo Oliviero Olivetti, *Problemi del socialismo contemporaneo*, Lugano, 1906, 제1권, p.52.

6) 예컨대, Edouard Berth, "Bourgeoisie et prolétariat dans le mouvement socialiste italien," *Le Movement Socialiste* 9(1907), 제2권, p.165. 그에 대한 필자의 답변, "Controverse socialiste," *Le Movement Socialiste*, 9, p.282 이하 또한 참조하라.

7) 대다수 생디칼리스트들의 생각이 얼마나 순진한지를 보여주는 전형적인 사례는, 첩자로 밝혀진 러시아 혁명가 아체페(Azeffe)의 사건에 대해 에르베(Gustave Hervé)가 언급한 내용이다. 한 논문에서("L'Affaire Azew," *La Guerre Sociale*, 3(1909), No.7, p.1)에서 에르베는 우선, 아체페의 정체가 폭로됨으로써 "모든 혁명가들은 비밀조직에 가담하고 싶은 마음이 일지 않을" 것이라고 논평했다. 그런 다음, 그는 계속해서 소규모의 비밀 지도자집단의 필요성을 누누이 강조했다. 그는 이렇게 말했다. "그 어떤 투쟁조직에서든지 그 지도부를 가능한 소수로 구성된 중앙 집행위원회에 포진시키는 것이 절대적으로 필요한데, 이때 이들 지도자들은 투쟁성이 높고, 욕심이나 야심 따위와는 거리가 멀고, 게다가 공포와 겁을 모르는 사람이어야 한다." 그는 또다시 "그 중앙 핵심부는 용기와 신중함, 검소함 그리고 공정함이 몸이 배인 동지들로 구성될 필요가 있다"라고 적고 있다. 이렇게 에르베는 지도부의 위험성을 이미 알아차렸음에도 불구하고, 생디칼리슴은 그 모든 위험성을 극복할 만한 훌륭한 성품을 지닌 지도자들을 갖게 될 것이라는 식의 고정관념으로 위안을 삼고 있다.

임금 투쟁의 결정적인 순간에 대중은 스스로를 능동적으로 대변하지 못하고 '수동적으로' 대변된다. 대표 없는 노동조합, 그 어떤 형태의 행정요원이 없는 노동조합이란 존재하지도, 상상할 수도 없다.[9]

생디칼리스트들은 파업을 프롤레타리아트가 벌이는 직접행동의 만병통치약으로 간주한다. 그러나 파업은 정치적인 인물이 자신의 조직적 재능과 지휘 능력을 만천하에 드러낼 수 있는 절호의 기회이다. 정치 파업인 총파업에서 그것은 말할 나위가 없다.[10] 전문적인 노동지도자에게 경제파업은 직업 군인에게서의 전쟁과도 같은 것이다.[11] 파업과 전쟁은 그들에게 신속하고 빛나는 상승의 기회를 제공한다. 노동지도자들 중에는 거대 파업을 주도하여, 영어로 말하자면 경영하여(manage) 인민의 눈을 붙잡고 여론과 정부의 주목을 받음으로써, 최고의 명예직과 생계 수단을 확보한 인물이 많다.[12]

영국의 존 번스는 바로 파업을 통하여 정치적 지위를 얻은 인물이다. 그는 자신이 주도한 대(大)부두노동자 파업에서 뛰어난 전략으로 여론

---

8) 바로 이런 이유에서 생디칼리스트들이 민주적 의회정치에 가하는 비판도 자주 왜곡되곤 한다. 푸제(Emil Pouget)는 자신의 책에서(*La confédération générale du travil*, Paris, 1908, p.35) 사회민주주의와 생디칼리즘 사이에 존재하는 '방법상의 커다란 차이'를 이렇게 설명했다. 생디칼리즘의 행동은 깨우친 소수, 곧 조직된 사람들의 결정인 것으로 볼 수 있는 반면, 사회민주주의는 일반 선거권이라는 기제를 사용하기 때문에 그 지도부가 몽매한 다수 혹은 그들의 선동가의 수중에 놓여 있다는 것이다. 그러나 이런 주장과는 반대로, 노동조합이나 선거제도가 실제로는 동일한 원칙, 말하자면 자유로운 선거권이라는 원칙을 통해 지배되고 있다. 의회와 같은 공공기관 선거에 참여할 수 있는 유권자 비율이 아마 노동조합 지도자의 선출에 참여하는 노동조합 조직원들의 비율보다 더 높다고 할 수 있겠지만, 그렇다고 해서 이런 사소한 사실로 인해 '민주주의'에 무슨 원칙적인 약점이 있다는 식의 결론을 도출하려는 것은 위험천만한 발상이다.

9) 이 책, p.395 이하의 서술을 참조하라.

10) 수정주의 사회주의자인 아들러(Viktor Alder, 오스트리아)는, 사람들이 총파업을 두려워하기 때문에, 그 두려움을 이용하면 의회에 진출한 노동자대표들의 위상을 더 강화시킬 수 있다고 보았다.

11) Vilfredo Pareto, *Les systèmes socialistes*, 제1권, p.71.

12) 이 책, pp.402~405를 보라.

의 인정을 받을 수 있는 확고한 기반을 구축하였고, 또한 핵심적인 조직 노동자들의 신뢰를 얻었다. 일개 기계공 출신인 그가 추후 일약 중앙정부의 장관으로 도약한 것은 그 덕분이었다.[13) 이는 파업이 평등한 대중의 활동의 장이 아니라, 흔히 대중의 분화(分化)를 강화하고 지도 엘리트의 형성을 촉진시키는 것임을 보여주는 많은 사례들 가운데 하나이다.[14)

생디칼리슴은 사민당보다 훨씬 투쟁적이다. 게다가 대규모 투쟁을 선호한다.[15) 따라서 그들이 정당보다 더욱 강력한 지도부를 필요로 한다

---

13) "1889년 부두대파업에서 그(번스)는 뛰어난 조직가임을 보여주었다. 그 이후 그는 영국 모든 정당들에서 가장 중요한 공인(公人) 중 한 명으로 대우받았다"(Carl Stegmann und C. Hugo [Lindemann], *Handbuch des Sozialismus*, 1897, p.191). "노동운동은······ 무엇보다도 존 번즈 씨가 주로 지도하고 조직한 일련의 대파업에서······ 강력한 추동력을 얻었다. ······이(런던 부두노동자들의) 파업은 번스 등에 의해 탁월하게 지도되고 조직되었다"(Sidney Webb, *Socialism in England*, London, 1890, pp.48, 53); Hyndman, *Record*, p.407 이하를 참조하라.

14) 생디칼리스트들은 1908년 파르마(Parma)에서 농업노동자를 조직하여 대파업을 일으켰는데, 이때 이탈리아의 모든 신문들은 그때까지 전혀 알려지지 않았던 데 암브리스(Alceste de Ambris)라는 이름을 떠들썩하게 보도했다. 이 천재적인 파업주동자가 불과 몇 주 만에 에밀리아(Emilia) 지역 농민들 사이에서 차지한 위치는 17세기 초 마사니엘로(Masaniello)가 나폴리에서 라차로니(Lazzaroni: 나폴리 지역 프롤레타리아트 성향의 품팔이노동자를 가리키는 옛 명칭으로 누가복음에 나오는 병든 나사로의 이름에서 기원했다. 이들은 제1차 세계대전 후 소멸했는데, 특히 파시즘이 모든 노동을 조직화함으로써 이 비조직적인 품팔이노동자들은 그 존재할 곳을 잃었다─옮긴이) 사이에 누렸던 그것에 버금가는 것이었다. 암브리스는 실제로 자신의 주민들 사이에서 르네상스 시기의 영웅처럼 떠받들어졌고 권력을 완전 독점했다. 그에게 우호적이었던 신문인 『국제』(*L'Internazionale*)에 실린 한 기사("periodico della Camera del Lavoro di Parma")를 보면, 그가 어떻게 숭배되고 있었는지 알 수 있다. "데 암브리스는 고대의 장군과 같은 반열에 올라선 사람 가운데 한 명이다. 그가 파르마 지역 파업의 영웅적인 싸움을 지도한 지휘자임에도 불구하고, 이곳의 많은 사람들은 그가 풍기는 권위의 무게에 짓눌려서가 아니라, 그 지도력을 오히려 자발적으로 받아들이기 때문에, 그는 우리에게 더욱더 환영받는 그런 지도자이다." 물론 데 암브리스의 인기는 그의 정치적인 위법사실에 따른 유죄결과와 미국으로의 도주로 인해 최소한 잠정적으로는 그 막을 내렸다.

는 사실은 놀랄 만한 일이 아니다. 특정한 전제조건하에서는 파업과 직접행동의 '이념'을 이론적으로 선전하는 것만으로도, 대중 지도자가 권력과 영향력을 확보하고 대중의 어깨 위에 올라서서 생명의 나무에서 황금 사과를 따기에 충분하다.

낭트의 한 한미한 상인 가문 출신의 브리앙은 파리에서 사회당에 입당한 뒤, 당내 노동 대중 사이에서 총파업과 군대파업 이론의 옹호자이자 대변자로 명성과 지위를 쌓았고, 이러한 방식으로 얻어진 명성을 업고 빠른 시간 안에 장관 자리에까지 올랐다.[16] 브리앙이 걸었던 승리의 길의 출발점은 낭트 노동조합대회(1894년)였다. 그곳에서 자신의 지적인 프롤레타리아적 품성을 공식적으로 인정받으려 하였던 그는, 자신이 가구 하나 살 수 없을 정도로 가난하다는 점을 노동 동료들 앞에서 강조하였고, 또한 총파업을 프랑스 노동조합의 공식 이념으로 채택하도록 하는 데에 성공하였다.[17]

생디칼리스트들은 관료제를 거부한다. 그들은 관료제 대신 "지도자들의 검증된 능력에 바탕을 둔 혁명적 자유 전사들의 보다 공격적인 전술"을 내세운다. 근대의 노동지도자는 결코 관리가 되어서는 안 된다는 것이다. 오늘날의 위대한 파업 지도자는 과거의 위대한 혁명 지도자들처럼 어둠으로부터 불현듯 등장한다는 것이다.[18] 그러나 그 이론이 역사적

---

15) 오라노(Paolo Orano)는 데 암브리스를 무(無)에서 강력한 운동을 창출한 마술사로 추앙하면서도, 이 운동이 진정으로 프롤레타리아트의 행동이었음을 강조했다. 곧 이 운동의 참여자들은 그 어떠한 지식인의 중개역할 없이 스스로 투쟁할 줄 알았다는 것이다(잡지 *La Cultura Sociale*, 1(1898), No.5에서 발췌). 이런 논리적 오류는 생디칼리스트들이 지도자문제를 거론할 때 자주 범하는 것이다.

16) Flax(Victor Méric), Aristide Briand, *Les hommes du jour*, Paris, 1908, No.26(팸플릿).

17) Hubert Lagardelle, "Les origines du syndicalisme en France," *Le Movement Socialiste*, 11(1910), pp.245, 246.

18) Alfondo de Pietri-Tonelli, "Il sindacalismo come problema della libertà operaja," *Pagine libere*, 3(1909), pp.437~454.

사실과 일치한다고 해도,[19] 그것이 설명할 수 있는 것은 기껏해야 지도 자의 생성(生成)뿐이다. 생디칼리슴이 그 이상의 어떤 것을 제공하기 위해서는, 지도자가 어둠으로부터 갑자기 등장할 수밖에 없다고 하더라도 파업이 끝나면 그가 즉각 다시 어둠 속으로 사라진다는 증거를 제시해야 한다.

우리가 현실에서 보는 것은, 그들이 파업으로 차지한 자리를 발판으로 삼아 높은 지위의 권력으로 솟아오르는 장면이다. 그리고 어떤 방식으로 파업을 조직한다고 하더라도, 선동가들이 불을 토하는 것과 자율적인 지도부가 수립되는 것을 막을 수는 없다.[20] 실제로 오늘날 노동조합의 지도적 지위는 정치 경력에 대단히 유리한 디딤돌 역할을 하고 있다. 1908년에 독일에서는 35명이, 영국에서는 17명이 노조지도자로서 의회에 진출했다. 프랑스에서는 금속노조 최초의 상임직 서기 두 명이 의원으로 변신하였다.[21]

생디칼리슴만큼 조직 대중의 자치 능력과 권리를 강조하는 운동은 없다.[22] 프랑스처럼 운동 지도부가 일시적으로 조직 대중에게 장악되어 있는 곳에서, 생디칼리스트들은 지도부의 권한을 주권 대중이 집회에서 결정한 사항을 집행하는 것으로 국한시키고자 하였다. 그들에 따르면 파리에 위치한 노동총동맹(CGT)은 노동계급의 혁명 활동을 지휘하는 기관이 아니라 그것의 질서를 세우고 확대하는 기구이다. 따라서 노동총동맹은 중앙주의나 권위주의 모두로부터 벗어나 있다.[23] 모든 추진력은 대중에게서 나오고, 동맹은 대중의 표현에 불과하다. 연맹위원회

---

19) 이 책 p.171을 참조하라.

20) 이 책 pp.396~398, 402~404를 참조하라.

21) *Union Fédérale des Ouvriers Métallurgistes de France*, Paris, p.16.

22) 생디칼리슴에 대한 최고 저작으로서는 필자의 제자인 발터의 박사논문을 들 수 있는데, 유감스럽게도 이 논문은 지금껏 사람들에게 잘 알려져 있지 않다 (Walter Gottsched, *Die sozialen Grundlagen und theoretischen Grundanschauugungen des französischen revolutionären Syndikalismus*, Neuenstadt, 1917).

23) Emile Pouget, *La confédération générale du travail*, pp.7, 23, 24.

(Comité Confédéral)는 파업을 직접적으로 지휘하는 게 아니라 연대(連帶)를 매개하고 활기를 돋우고 집중을 도모할 뿐이다.[24] 이러한 주장은 그러나 이론일 뿐이다. 현실에서 대중은 결정적인 문제에 직면하면 상부의 결정을 기다린다. 만약 결정이 내려지지 않으면 그들은 지도자들이 방관만 하고 있다고 불평한다.[25]

민주주의 이데올로기를 과시적으로 표방하는 집단이 모두 그런 것처럼, 생디칼리슴의 지도자 지배는 통상적으로 비밀스런 형태를 취한다. 프랑스 생디칼리스트들은 노조를 외부와의 불순한 접촉으로부터 보호하기 위하여 조합 지도자들이 의원으로 선출되는 것을 금지하였다. 그들은 또한 지도자의 활동이 추종 대중과의 지속적인 연관 속에서 투명하게 이루어져야 한다고 주장한다. 그렇지만 노조가 정상적으로 기능하기 위해서는 노조지도자들이 특별한 경우에 국가기관과 접촉해야 한다. 따라서 생디칼리슴의 반(反)의회주의란 흔히, 협상의 장소가 최소한 부분적으로는 추종 대중이 가까이 가볼 수 있는 의회라는 공개적인 대로로부터 비밀스러운 뒷계단과 복도로 옮겨지는 것을 의미할 뿐이다.[26]

---

24) 같은 책, p.30.

25) 드라베유(Draveil)에서 파업자들과 진압군들 간의 유혈충돌(1908)이 발생한 이후, 기대했던 총파업은 일어나지 않았다. 이에 대해 푸제는 유혈충돌이 있고 난 직후 프랑스 노동조합 중앙기관지인 생디칼리슴 경향의 『인민의 소리』(1908년 6월 중순)에 이렇게 적고 있다. "비록 이론적으로는 총파업의 이념이 프랑스에서 구체화되었지만, 실제에 있어 우리는 불행하게도 다른 나라에 뒤지고 있다. 곧 이점에 있어서 이탈리아 노동자가 우리를 앞서고 있다는 사실을 우리는 기꺼이 인정할 수밖에 없다. 그 오류, 그 결정적인 오류는 너무나 중앙만 바라보고 있다는 점, 그리고 또 중앙의 명령을 기다리고 있다는 데 있다. 그것을 기다리고 있는 사람은 후회하게 될 뿐이다. 혁명가의 관점에서 보면 국가에 대한 맹신처럼 위험한 것도 없다. 사람들이 위로부터 지시를 기다리면…… 호기(好機)는 사라진다!"

26) 벨기에 사회주의자인 드 브루케르는 한때 생디칼리스트에 반대하면서 이렇게 올바로 지적했다. "밀담 체제는 분명 의회제도보다 아주 저급한 것이다"(Louis de Brouckere & Huysmans, *L'affiliation des syndicats au parti ouvrier. Discours*, Bruxelles, 1907, p.40). 어쨌거나 생디칼리슴은 민주정 국가에 대해 전혀 일관

생디칼리슴의 대중이론에는 주목할 만한 이면(裏面)이 있다. 노동조합에는 전체적으로 항상 조직 가능한 노동자들 중 일부만이 가입한다. 노조 조직률은 1908년경 이탈리아에서 11퍼센트, 영국에서 23퍼센트였고, 비율이 가장 높은 스웨덴에서도 43.21퍼센트에 불과했다.[27] 그리고 조합원들 중에서 노조 활동에 실제로 참여하는 사람은 소수에 불과하다.[28] 논리적으로 가닥을 잡을 수 없을 정도로 생각이 뒤섞인 생디칼리스트들은 그러한 사실에 개탄하면서 동시에 환호한다. 그들이 기뻐하는 이유는, 그로써 그들이 무관심하고 미성숙한 미가입 대중이 주는 죽음 같은 부담으로부터 벗어날 수 있기 때문이다.[29]

이러한 생각에는 아마 구(舊)블랑키주의적인 발상, 즉 정신적으로 통일되지 않은 거대 대중의 둔중함은 다만 행동을 마비시킬 따름이며, 싸울 준비가 되어 있고 싸울 능력이 있는 자는 각성된 소수에 불과하다는 생각이 깔려 있을 것이다. 생디칼리슴의 사고 방식을 일관되게 밀고 나가면 사실, 근대 프롤레타리아트 대중운동은 각성된 소수 프롤레타리아트의 운동이라는 결론에 닿는다.[30] 다만 우리 시대의 민주주의적 기본

성 없는 태도를 취한다. 이들은 노동자보호를 위한 법률안이 기본적으로 프롤레타리아트에게 해로운 것이거나 혹은 중요하지 않은 것으로 여긴다. 따라서, 이들 내부에서 찬반이 엇갈리고 있는 8시간 노동제를 별도로 한다면, 이들은 그 법안을 성취시키기 위해 손가락 하나 까딱하지 않는다. 그러나 만약 그 법률안이 시행되면, 이들은 그것이 준수될 수 있도록 사력을 다한다(A. Keufer, "La crise syndicaliste," *Le Mouvement Socialiste*, 27(1910), 제12호, pp.262~275).

27) 영국, 벨기에 그리고 독일에서는 비조직원 수에 대한 노동조합에 가입된 노동자 수의 비율이 최소 50퍼센트 정도는 된다. 미국에서는 그 수치가 1900년에 3.5퍼센트, 1910년에 5.6퍼센트, 1920년에 12퍼센트이다. 홉킨스 대학 교수인 버네트(George Barnett)에 따른 것이다. *Revue internationale du travail*, 6(1922) 〔이 논문은 제시된 곳에 게재되어 있지 않다〕.

28) 위의 책, p.50을 참조하라.

29) E. Pouget, 앞의 책, pp.7, 34.

30) 여기에서 생디칼리슴과 파레토의 엘리트 이론을 접하게 된다. 소렐도 수용했던 이 파레토의 이론은 나중에 파시즘으로 넘어가게 된다(자세한 것은 필자의 *Sozialismus und Faschismus*, p.305).

경향이 생디칼리스트들로 하여금 그러한 관점을, 특히 실천에서 드러내 놓고 주창하지 못하도록 막고 있을 뿐이다. 만일 그렇지 않다면 그들의 이론은 민주주의에 대한 적대감을 극단으로 몰고 갈 것이요, 결국에는 민주주의의 토대 자체를 포기하고 과두주의 체제를 주창하게 될 것이다. 그때의 과두주의는 사회민주주의처럼 대중에 대한 지도자의 지배로 나타나는 것이 아니라, 극소수 대중이 전체 대중을 지배하는 형태로 나타날 것이다. 생디칼리슴의 몇 안 되는 이론가들은 실제로 지도자 엘리트의 행위 외에도[31] 노동자 엘리트에 대하여 드러내놓고 논하고 있다.[32]

생디칼리슴 운동의 과두적 성격은 또한, 비록 민주주의와는 아주 거리가 먼 원인에서 비롯된 것이긴 하지만, 대중에게 복종을 요구하는 데서도 드러난다. "무관심한 사람들은 그들이 자신의 의사를 밝히기를 게을리했다는 사실 하나만으로도 타인이 내린 결정에 복종해야만 한다."[33] 실제로 혁명적 생디칼리슴을 신봉하는 프랑스 노동조합도 독일과 영국의 개혁주의 노조와 다를 바 없이 비조합원에 대한 조합원의 명령권을 주장한다.[34]

그러나 우리가 인정해야 할 것은, 좁은 의미에서의 프랑스 최고위 노동지도자들이 다른 나라, 특히 독일의 지도자들이 보유하고 있는 정도의 지배권을 갖고 있지 않다는 사실이다. 이는 부분적으로 다양한 원인들 (민족성, 조직의 취약성 등등)에서 비롯된 것이다. 그럼에도 불구하고 여기에서도 이론과 실천은 전혀 다르다. 프랑스 지도자들은 특히 대중에게는 봉쇄된 언론 매체를 통하여 대중에게 강력한 영향력을 행사한다. 하부 지도자들과의 고리 역시 존재한다. 노동총동맹에 가입한 노동조합의 조합원 총수는 1908년에 약 35만 명이었다. 그러나 동맹의 중앙 기관지

---

31) 위의 책, p.287 이하를 참조하라.

32) *Pagino liebere*, 1909~1910에 수록된 올리베티(Angelo Oliviero Olivetti)와 폴레드로(Alfredo Polledro)의 논문을 참조하라.

33) Emile Pouget, *La confédération générale du travail*, p.7.

34) 위의 책, pp.278, 279.

『인민의 소리』(*Voix du Peuple*)의 구독자는 단 7천 명에 불과했다. 이들은 "가장 투쟁적인 행동대원, 조합의 위원회와 사무실 직원들로서…… 본부의 생각을 확산시키는 요원들"로 묘사된다.[35] 따라서 우리는 이곳에서 생디칼리슴의 이론과 배치되는, 위로부터 아래로 흐르는 정신적인 지도 관계의 관절을 만난다.

프랑스에서는 원래 총파업 역시 하나의 계서적인 절차로 파악되었다. 앞서 언급한 낭트 대회(1894년)에서 채택된 결의문은, 총파업이 11명으로 구성된 위원회와 수많은 지방 하부위원회에 의하여 준비되어야 하고, 그들 위원회로부터 처음에는 파업의 슬로건이, 다음에는 파업의 지도부가 형성되어야 한다고 선언하였다. 이 견해는 오늘날의 생디칼리스트들에 의하여 자코뱅주의적인 것으로 배격된다.[36] 그러나 실천에 돌입하면 그들은 이론과 달리 그에 따라 행동을 취하지 않을 수 없다. 게다가 우리는 프랑스 생디칼리슴의 몇몇 미학적인 이론가들, 특히 베르트에게서 그 자코뱅주의적인 씨앗이 이론적으로 만발하고 있음을 목격한다.[37]

프랑스 생디칼리슴에서도 세력이 확대되면 될수록 모든 대의체제에 고유한 현상들이 나타나고 있다. 지도부가 등장하고, 그 지도부는 두둑한 봉급을 받는 영국의 노동조합 지도자들과 다를 바 없이 내부에서 터져나오는 비판에 대해 아주 민감하게 반응한다.[38] 지도자의 권위주의에

---

35) Emile Pouget, *La confédération générale du travail*, pp.30, 33.

36) H. Lagardelle, 앞의 책, p.247.

37) 가령, 우리는 권력정치와 과대망상에 매우 심취한 전형적인 구절을 다음에서 찾아볼 수 있다. "부르주아지는 항상 자기계급의 이익 속에서 국민의 이익을 발견했다. 이들은 항상 자기의 부(富)를 국가의 부, 그리고 국가의 이성과 동일시했다. 그러므로 강력하고 창조적인 모든 의지는 자연히 일반의지의 형태를 취하여 뻔뻔스럽지만 합법적으로 자기이익을 전체이익으로 승화시킨다"(Edouard Berth, "Revue critique: Un Marx inédit!" *Le Mouvement Socialiste*, 6(1904), 제2권, p.100).

38) 주지하다시피 프랑스 생디칼리슴의 최고 실천가 가운데 한 사람인 그리퓌엘 (Victor Griffuelhes)은 당시 프랑스 노동조합의 총서기였는데, 『뤼마니테』지와 가진 인터뷰에서 자기의 적대자들을 야유꾼(braillard)이라 칭했다. 그의 적대자

반대하여 생겨난 새로운 생디칼리슴도 과두적 경향으로부터 결코 벗어 날 수 없다.[39] 생디칼리슴에서도 이제는 지도부를 장악하는 것이 최고 법이 되었다. 이를 위해서 과거에 오랫동안 추구해오던 전술, 즉 시위를 선동하고 영웅과 예언자의 언어를 사용하는 전술을 포기하고, 외교적인 배려와 신중함으로 업무를 처리해야 한다는 원칙이 정립되었다.[40]

들이란 특히 잡지 『사회전쟁』(*Guerre sociale*)을 중심으로 한 분파를 말하는데, 이들이 그를 기회주의자로 몰아부쳤던 것이다. 그는 그 적대자들의 행동 방식 이 오로지 '선동'하는 데 혈안이 되어 있기 때문에 그들을 경멸한다고 말했다. "이들은 노동총동맹(C.G.T.)〔Confédération générale du travail〕에 기회주의가 증대되고 있다고 말하고 싶어한다. 그런 것은 아무래도 좋다! 나는 그런 선동에 개의치 않을 만큼 충분한 용기가 있다." 이는 바로 대중에 호소하는 것을 불손 한 것으로 취급하는 모든 권력자들의 상투적인 말이다.

39) "생디칼리슴의 의회주의도 사회주의적 의회주의만큼이나 위험하다. 프랑스에 서는 소수 지도자들이 곧바로 정치권력의 우두머리와 같은 태도를 취하게 된 다"(Hubert Lagardelle, "Les difficultés du syndicalisme," *Le Mouvement socialiste*, 14(1912), p.163).

40) 모로코 전쟁(제1차 모로코 사건을 뜻하는데 1905년 3월 31일 독일 황제 빌헬름 2세 가 프랑스의 영향 아래에 있던 모로코의 탕헤르 항(港)을 방문하여 모로코의 영 토 보전과 문호개방을 요구하는 연설을 함으로써, 프랑스와 독일이 극도의 대 립상태가 되었던 사건—옮긴이) 때 노동총연맹은 반(反)군국주의적 선전을 강 화했는데, 수상 클레망소는 이에 맞서 많은 노동조합 지도자들을 고소했다. 1907/8년 겨울 다른 사람들과 같이 그리퓌엘도 이 반전주의 소송사건에 연루 되었다. 그러자 그는 전술을 바꾸었다. 그가 이런 전환을 꾀한 까닭은 우선 지 도부를 자기 수중에 넣을 필요성이 있었고 또 무죄판결을 받아내야만 그해 가 을 마르세유에서 열리는 프랑스 총노동조합대회를 개회할 수 있고 또 그 대회 에서 개혁주의 경향에 제동을 걸 수 있다고 생각했기 때문이었다. 따라서 노 조지도자들은 법정변호에서 판사에게 좋은 인상을 주려고, 그때까지 쓰지 않 았던 잔재주를 있는 대로 다 부렸다. 이들은 법정에서 예전에 어느 노병(老兵) 이 했던 말을 상기시켰다. 그는 자기 부대가 전쟁터라기보다는 대량학살장에 끌려간 것과 같은 수치감을 맛보았다고 토로했다. 이 노조지도자들은 자신들 이 군대를 비난할 때의 심정이란 바로 그 병사와 같은 것이었다고 주장했다(*La Guerre Sociale*, 2, 1908, Nr.11과 Nr.12의 관련기사들을 참조하라).

4 아나키즘

정당의 조직화가 계서적이고 과두적인 결과를 낳는다는 점을 끊임없이 지적한 최초의 이론가들은 아나키스트들이다. 이들은 사회민주주의자들이나 생디칼리스트들보다 훨씬 더 명료하게 조직의 위험성을 통찰하였다. 그들은 권위를 부자유와 예종, 아니 지구상의 모든 해악의 전주곡으로 간주하고 배격한다. 그들에게 강제란 "감옥 및 경찰과 동의어"이다.[1] 그들은 지도자의 개인주의가 얼마나 쉽게 추종 대중의 사회주의를 억제하고 마비시키는지 알고 있다. 그들은 그들이 명료하게 통찰한 그 위험에 빠져들지 않기 위하여, 온갖 종류의 실천적인 불이익을 감수하면서까지 좁은 의미에서의 정당을 조직하지 않는다. 그들은 추종 대중을 고정된 틀 속에 조직하지도 않고, 정관을 마련하지도 않으며, 선거, 당비, 배타적인 집회 등의 의무와 업무를 추진하지도 않는다.

이러한 성격 때문에 아나키스트 지도자 유형은 최근 35년 동안〔1910년〕 사회민주주의 정당의 지도자 유형과 판이한 발전 양상을 보였다. 아나키즘에는 유급(有給)의 당 직책도, 명예로운 의원직도 없다. 따라서 갈등도 유혹도 개인적인 그릇된 욕심도 그만큼 적다. 그러므로 아나키즘

---

1) Ferdinand Domela Nieuwenhuis, "Der staatssozialistische Charakter der Sozial-demokratie," *Archiv für Sozialwissenschaft und Sozialpolitik*, 28(1916), p.144.

지도자들에게서 사회민주당 지도자들보다 강력한 이념적 면모가 부각되는 것은 자연스러운 일이다. 이는 환경에 대한 그들의 이론에서 도출되는 것이기도 하다. 아나키즘 지도자들은 직업적 정치를, 유혹과 충동과 열정으로 둘러싸인 것으로 간주하고 거부한다.

따라서 인간과 사물에 대한 평가에서 그들은 한편으로는 보다 객관적이고 관조적이며 완결적이고, 다른 한편으로는 몽상적이고 비현실적이며 광신적이다. 그러므로 우리는 아나키즘 지도자들 가운데에서 성실하고 학구적이고 사심 없는 사람들, 박애의 진정한 의미를 잃어버리지 않고 그것을 각별한 애정을 갖고 돌보는 사람들, 크로포트킨, 엘리제 레클뤼, 크리스티안 코르넬리센, 에리코 말라테스타 등과 같은 원대하고 진솔한 인물들을 만나게 된다.[2]

그러나 아나키즘 지도자들이 정치의 장에서 움직이는 조직화된 정당의 지도자들에 비해 평균적으로 훨씬 더 도덕적이라고 해서, 그들에게 지도자의 특성과 욕구가 전무한 것은 아니다. 이는 그들 각 개인의 심리를 분석해보면 드러난다. 수많은 탁월한 아나키스트들이 생애의 수많은 날들을 바쳐가면서 지도자의 권위를 배격하는 이론 투쟁을 벌였지만, 그들 내부에 있는 자연적인 지배 욕구를 소멸시킬 수는 없었다. 그들과 정당 지도자들과의 차이점은, 정당에서는 이미 과거의 유물이 되어버린 지배의 수단을 아나키즘 지도자들이 사용한다는 데 있을 뿐이다. 그것은 사도(司徒)와 연사(演士)의 수단들, 다시 말해 사상의 정열적인 힘, 희생의 위대함, 확신의 깊이 등이다.[3] 그들은 기술적인 필요성에 입각하여

---

2) 몇몇 아나키스트 지도자들의 특성을 아주 잘 서술한 것으로는, Peter Kropotkin, *Memoirs of a Revolutionist*, London, 1899, 제2권, p.196. 그리고 Edmondo de Amicis, *Lotte civili*, Firenze, 1904, p.128 이하. 또한 Richarda Huch, *Michael Bakunin*, Berlin, 1922를 참조하라.

3) 이것이 경우에 따라서는 공허한 언사에 그치고 만다. "심정을 토로하고 싶은 욕구, 곧 확신시키고 싶은 욕구는 흔히 설왕설래에 불과하거나 혹은 미래사회를 위한 단순한 선언으로 전락하곤 한다. 게다가 이보다 더 나쁜 것은 토론장에서 섣부른 지식을 제멋대로 사용하여, 조화니 사랑이니 혹은 기술이니 하는 단어들

조직을 지배하는 대신, 추종 대중의 감정을 지배하는 것이다.

아나키스트들은 생디칼리스트들보다 한층 더 "직접행동"을 "윤리적 원칙"으로 선양한다. 그 윤리적 원칙이란, "대표 협상, 제도적 차원의 상호 양해, 대의제에 기반하는 정당과 달리 노동자들의 직접적인 자조 활동에 의하여 생활수준의 향상과 자본주의 및 중앙주의로부터의 해방을 도모하는 것이다."[4] 그러나 문제는 아나키스트들이 정당의 결성은 배격하지만 경제의 영역에서는 결속의 원칙을 고수한다는 점이다.[5] 어떤 아나키스트는 대중을 기술적으로 지도할 필요성이 있음을 분명하게 인정한다.[6] 또 다른 아나키스트는 지도자의 기능을 엄격하게 순수한 행정 문제에 제한시킨다면, 조직에 해를 끼치는 지도자와 추종자 사이의 모든 반목이 단번에 제거될 것이라고 주장하기도 한다.[7] 이는 마치 지도자가 기술적, 행정적 우위를 점한다고 해도 그것만으로는 대중에 대한 지배권이 수립되지는 않는다는 듯한 주장이다.

바쿠닌 스스로가 조직의 원칙도 배제하지 않았고 규율의 원칙도 배제하지 않았다. 다만 조직과 규율이 자동적으로 이루어지는 게 아니라 자발적으로 이루어져야 한다고 주장하였을 뿐이다.[8] 그가 염두에 둔 아나키즘이란 바리케이드 해방구의 연맹체를 상설화하는 것이었다. 다시 말

이 난무하는 꼴이다"(Zo d'Axa, "A Paterson," *La revue blanche*, 29(1902), 제13권, p.10). 특히 진지함과 성실성이 결여된 공허한 언사가 난무하는 것에 대해서는 이탈리아 무정부의자 가운데 가장 강한 신념의 소유자 가운데 한 사람이 쓴 다음의 비판적인 글도 참조하라. Domenico Zavattero, *Gli anachici nel movimento sociale in Italia*, Ravenne, 1906, pp.30, 84 이하.

4) Erich Mühsam, "Die direkte Aktion im Befreiungskampfe der Arbeiterschaft, Generalstreik," *Monatsbeilage des Freien Arbeiters*, Oktober, 1905.

5) Christiaan Cornelissen, *Op Weg maar een nieuwe Maatschappij. Beginselen en Taktiek van den Klassenstrijd*, Amsterdam, 1902, p.242.

6) S. Merlino, *Pro e contro il socialismo*, Milano, 1897, p.268.

7) Luigi Fabbri, *Sindicalismo y anarquismo, Traduccion de José Prat*, Velencia, 1907, p.169.

8) Michele Bakounine, *Oeuvres*, 제2권, p.297.

해 각 바리케이드와 도로와 지구가 대의원을 한 명이나 두 명씩 파견함으로써 혁명적 코뮌 평의회를 구성하고, 코뮌 평의회는 다시금 코뮌의 혁명 행정을 담당할 특별 집행위원회를 분야별로 선출한다는 것이다. 이렇게 혁명 코뮌으로 바뀐 봉기자들의 도시는 이제, 나머지 지역 역시 혁명 코뮌을 구성하고 그 대표를 지정된 곳에 파견하라고 선언한다. 그렇듯 봉기 협의체, 코뮌, 연맹을 구성함으로써 하나의 혁명 권력이 수립되면, 그것은 그 어떤 반동도 진압할 수 있을 정도로 강력하게 되리라는 것이다.

그러나 마르크스가 올바르게 지적했듯이, 집행위원회가 무엇인가를 집행하기 위해서는 권력을 보유하고 공공 권력의 지원을 받아야 한다. 연맹이라는 것도 공권력을 조직해내야만 유의미하다는 것이다. 게다가 연맹이나 코뮌이 행정권력을 한 개 혹은 여러 개의 집행위원회에 위임할 수 있다는데, 그렇게 되면 집행위원회는 별수없이 지배의 성격을 띠게 될 것이고, 그것은 투쟁의 필요성 때문에 점점 강화될 것이다. 간단하게 말해서 바쿠닌의 구상도 전적으로 권위적인 성격을 보유하고 있는 것이다.[9]

아나키즘은 양도할 수 없는 인간의 권리 개념에 근거하는 자유 운동이다. 그러나 그것이 자유로운 사상의 영역을 벗어나고, 그 신봉자들이 정치 활동을 목표로 하는 단체를 구성하자마자, 그것은 사회민주주의와 마찬가지로 권위주의의 법칙에 굴복하고 만다.[10] 개인주의에 크게 경도된

9) (Karl Marx): *L'alliance de la démoncratie socialiste et l'association internationale des travailleurs, Rapports et documents publié par order du congrès internationale de la Haye*, Londres, Hambourg, 1873, p.14. 바쿠닌의 권위적인 경향에 대해서는 또한 pp.3, 9, 10, 11, 18, 24, 25를 보라.

10) 아나키스트들은 다른 정당의 노동지도자들이 권위적이고 전제적인 욕망을 갖고 있다고 비난하지만, 이들도 이와 똑같은 욕망을 갖고 있다는 뚜렷한 증거를 우리는 다음과 같은 데서 확인할 수 있다. 나흐트(Siegfried Nacht)는 언젠가 스위스 격주간 잡지인 『기상』(*Der Weckruf*)에 글을 기고했는데, 거기에서 그는 베벨과 레긴 등이 제시한 사회민주주의 국가의 청사진에 언급하면서 이렇게 말

노년의 사회적 아나키스트 니우웬후이스는, 아나키즘이 실천의 장(場)에 발걸음을 내딛으면서 부딪치게 되는 위험성을 예리하게 지적한 바 있다. 1907년 암스테르담에서 개최된 아나키스트 인터내셔널 창립 대회에서 그는 이탈리아의 바쿠닌주의자 에리코 말라테스타와 설전을 벌였다.

말라테스타는 부르주아 사회의 권력을 염두에 두면서, 조직화되지 않은 노동 대중이 존재하는 것을 보는 것만큼 부자들에게 즐거운 일은 없기 때문에, 부자들의 막강한 조직에 맞서서 더욱 강력한 빈자들의 조직을 구성해야 한다고 주장하였다. 그러자 니우웬후이스는 "친애하는 동지여, 당신이 정 그렇게 생각한다면 마음놓고 사회민주주의자들에게 가시오. 그 사람들도 당신과 똑같은 말을 하고 있소"라고 응수하였다.[11] 믿을 만한 소식통에 따르면, 아나키스트 인터내셔널의 그 첫 번째 대회에서 이미 권위적인 정당 지도부에게 고유한 외교술의 징후가 나타났다.[12]

오스트로고르스키는 정당 조직은 언제나 비민주주의적인 형태로 귀결되므로, 정당 대신 하나의 특정한 실천적 목적을 위한 임시적인 단체를 구성하고 그 목표가 달성되면 곧바로 그 단체를 해체시키자고 제안하였다(연맹체제).[13] 그러나 그런 방식을 이용하여 역사적으로 형성된

했다. "인류의 가장 위대한 자유투쟁의 결과가 새로운 독재군주화로 흐르는 것을 막기 위해서, 진정한 혁명가들이 첫 번째로 해야 할 의무란 독재할 가능성이 있는 사람을 모두 처단하는 것이다." S. 〔Nacht〕, "Tod den Schurken!" *Weckruf*, 3(1905), No.2.

11) Ferdinand Domela Nieuwenhuis, "De Nieuwe Inernationale," *Wochenblatt De Vrije Socialist*, 10(1907), No.71.

12) 니우웬후이스(같은 책)는 그것을 다음과 같이 상세히 다루었다. "서로 의견을 좁히기 위한 과정에서 사람들이 보여준 모습은 필자가 의사당에서 목격했던 것과 똑같았다. 곧 여러 결의안이 제시되었고, 사람들은 머리를 맞대고 그에 대한 논의를 벌였다. 참석자들은 거의 모든 사람들이 동의할 때까지, 그것을 다시 다듬고 수정했다. 이렇게 해서 나온 결의안은 결국 무의미한 것이었다. 필자가 『텔레그래프』(*Telegraph*)지에 서술한 바와 같이, 그 11명의 아나키스트들은 오로지 권력의 집중을 피할 수 있는 해결책에만 매달렸다."

정당 체제를 넘어서는 것이 가능하다고 하더라도, 아나키즘의 행태를 보면 오스트로고르스키의 제안 역시 결정적인 진보를 의미하는 것은 아니라는 점이 입증되는 것으로 보인다. 비록 아나키즘이 가장 이상주의적이고 추상적인 형태의 미래상을 제시하고 그 어떤 권력 집중도 배격하는 질서를 약속한 것은 사실이지만, 그것 역시 실천적으로 적용 가능한 형식을 이론에 부여하지 못하고 있는 것이다.[14]

---

13) M. Ostrogorski, *La démocratie et l'organisation des partis politiques*, Paris, 1903, II, p.618 이하. Hubert Lagardelle, "La démocratie et les partis politiques," *Le Mouvement Socialiste*, 37 제14권(1912), p.315 이하.

14) "모스트는 한때 이렇게 말했다. 아나키즘의의 강적은 단지 지배욕과 노예근성을 갖고 있는 사람뿐이다. 우리가 여기서 '단지'라는 말을 문제 삼지 않는다고 하더라도, 내 견해로서는 그 말에는 무정부주의가 심리학적 근본을 잘못 파악하는 중대한 오류가 들어 있다. 왜냐하면 인간이 갖고 있는 성품으로 보아, 거의 모든 사람이 모스트가 거기에서 특징지웠던 바로 그 두 유형 가운데 한쪽에 속할 것이 뻔하기 때문이다"(Walter Borgius, *Die Ideenwelt des Anarchismus*, Leipzig, 1904, p.58).

470

6
종합: 조직의 과두적 경향

"민주주의의 본질은 각 개인의 정신적 비판 능력을
강화하고 촉발시킨다는 데에 있다. 비록 민주주의 조직이
관료화되면서 그러한 통제 능력이 크게 약화되지만,
본질은 그렇다. 특히 노동운동은 지도자들의 뜻과는 달리
자유로운 개인들을 창출하여왔다.

이 자유로운 개인들은 기존의 권위들을
항상 새롭게 '수정하고', 모든 인간 제도의
궁극적인 원인을 지치지 않고 반복해서 묻는다."

1 조직의 보수적 토대

이제 두 가지의 결정적인 물음이 제기된다. 첫째는 민주 정당의 과두적 질병이 치유될 수 있는가 하는 물음이다. 이 문제는 다음 장에서 다루어질 것이다. 둘째는 조직의 과두적 본질이 그 조직체의 과두적인 존재 표현, 즉 과두 정치를 규정하는가 하는 물음이다. 민주 정당이 민주적인 정치를 추구하고, 혁명 정당이 민주주의 속에서 혁명적인 정치를 추구하는 것이 불가능한 것인가? 사회주의만이 아니라, 그와는 약간 다른 '사회주의적인 정치'마저도 유토피아일 뿐인가? 이제 잠시 그 질문에 답해 보자.

물론 과두적인 민주 정당도 일정한 범위 내에서는 국가에 민주적인 영향을 미칠 수 있다. 구(舊)정치계급, 특히 '국가'가 사상적으로나 실천적으로나 어느 정도의 가치 전환이 필요하다고 여기게 되는 것은 바로 민주 정당의 역할 덕분이다. 그에 따라 국가는 선동가들이 이끄는 대중을 존중하게 되고, 입법 기구와 행정 기구들도 위로부터의 압력뿐만 아니라 아래로부터의 압력에 반응하게 된다.

그러나 이는 현실에서 거대한 해악을 가져올 수도 있다. 이를 우리는 반(反)의회주의적인 파시즘이 등장하기 훨씬 이전인 최근의 의회주의 역사에서 발견할 수 있다.[1] 이론적으로 보자면, 그러한 가치의 전환은 국가의 헌정 체제를 윤리에 보다 가깝게 접근시키는 귀중한 진보이다.

그렇지만 지배계급이 극좌 반대파를 국가에 협조하도록 만드는 순간, 그 가치의 전환 과정은 멈추어버린다. 이제는 과거의 투쟁 정치 조직이 권력을 견지하게 되었기 때문이다. 권력에의 참여는 언제나 보수화를 부른다. 그 어떤 경우에도 전투적인 야당이 국가기구에 미치는 영향력은 느리게 발휘되고 자주 중단된다. 그리고 그 한계는 민주주의 제도의 한계 때문이다.

그러나 그러한 결론을 내리는 것으로 우리의 답변이 끝나는 것은 아니다. 이제까지의 설명에 따르면, 정당 조직의 당내 정책은 오늘날 명백히 그 어떤 조직보다 보수적으로 되어버렸거나, 아니면 보수적으로 되어가고 있다. 그렇지만 내적으로는 보수적인 조직이 대외적으로는 급진적이고 격정적일 가능성은 있다. 그리고 권력을 소수의 당 지도자 수중에 비민주적으로 집중시킨 것이, 특정한 순간에 적들을 보다 용이하게 제압하기 위한 전술적 장치일 수도 있다. 게다가 과두적 지도자들은 대중을 혁명으로 교육시키는 임시적인 임무만을 수행하고 당은 넓은 의미의 블랑키주의를 실현하는 조직일 수도 있다. 그러나 그러한 가능성은 정당 조직의 본질, 즉 당은 최대 다수의 대중을 조직화하려 한다는 것과 정면으로 어긋난다.

비대한 조직은 거대한 원칙을 위한 투쟁을 전개하지 못한다. 우리는 오늘날, 민주 정당의 심각한 내부 갈등이 순수한 이론을 무기로 하여 치러지는 원칙의 투쟁이기를 멈추고 곧바로 사적인 싸움으로 변질되어, 결

---

1) 이탈리아에 대해서는 고전에 속하는 다음 글을 참조하라. Marco Minghetti, *I partiti politici e la ingerenza loro nella giustizia e nell' amministrazione*, 제2판, Bologna, 1881, p.17 이하. 민중의 과두주의자(국회의원)와 관료층의 최고 과두주의자(정부) 사이가 밀접해짐에 따라서 국가기구의 제2인자, 특히 총리는 종종 의원들에 종속되곤 한다. 국회의원들은, 만약 자기들의 마음에 들지 않는 도지사가 자기 선거구에서 빨리 자리를 뜨지 않으면, 여당으로 옮겨갈 것이라고 위협하거나, 혹은 그럴 것이라고 넌지시 암시를 준다. 의회에서 다수를 잃을까봐 전전긍긍하는 총리는 이런 의원들의 요구에 굴복하는 것이다. Annibale Marazio, *Del governo parlamentare Italiano*, Torino, 1904, p.168을 또한 참조하라.

국에는 부지불식간에 표면으로부터 사라지는 현상을 목격한다. 이러한 '은폐정치'는, 정치 조직이 관료화되고 정치 활동의 주안점이 선동에 놓이게 되면 불가피하게 나타나는 현상이다. 선동의 가장 중요한 목표가 최대 다수의 당원을 끌어들이는 것이 되어버리자, 이념 투쟁은 방해물로 인식되고, 따라서 가능한 한 회피되어야 할 것으로 간주되는 것이다.

그러한 경향은 정당의 의회주의적 지향에 의하여 더욱 강화된다. 의회주의란 가능한 한 많은 표를 얻고자 하는 노력이고, 정당이란 가능한 한 많은 당원을 얻고자 하는 조직이다. 그래서 프랑스 사람들은 정당을 가리켜 반농담조로 "유권자 대중을 체계화하는 조직"이라고 부른다. 사회민주당은 그 두 영역에서 활동한다. 따라서 사민당은 당원의 가입과 득표에 의존한다. 당원과 표와 의석의 감소는 정당의 정치적 위상을 약화시킨다. 이러한 상황에서 새로 입당한 혹은 입당시킬 사람들, 다시 말해 사회주의나 민주주의의 이념에 무관심한 단순 가담자들(이들을 나라에 따라 "공감하는 사람들" 혹은 "정신적으로 가까운 사람들"로 부르는 것은 흥미로운 현상이다)[2]을 고려하는 일은 그 자체로 이념의 원칙에 입각하는 정치를 배제한다. 게다가 조직의 양적 성장은 조직의 질적 저하를 가져온다. 선거권이 계급 선거권에서 보통선거권으로 바뀌면서, 민주 정당들은 중간 혹은 상위계급 출신의 가담자나 합류자들로부터 독립적으로 되고, 단순 가담자들에게는 의존적으로 된다.

혁명을 표방하는 정당이 보수적인 내적 본질을 갖기에 이르는 기나긴 사슬의 마지막 고리는 정당과 국가 사이의 관계이다. 중앙집권적인 국가 권력을 타도하기 위해서 탄생한 정당은, 국가 조직을 장악하기 위해서는 노동계급 역시 거대하고 견고하게 조직되어야 한다고 믿는다. 따라서 노동자 정당은 고도로 중앙화된다. 그리하여 그들이 자랑하는 자신의 조직 원리는 타도의 대상인 국가의 조직 원리와 동일하게 된다. 그 원리는 권

---

2) 이탈리아어로는 simpatizzanti, 네덜란드어로는 geestverwanten, 영어로는 sympathizers이다.

위와 규율이다.[3]

그렇게 하여 노동자 정당은 축소판 국가로 조직되고, 현실의 국가를 언젠가 인수하게 되리라는 기대 속에서 존립한다. 이처럼 정치적, 혁명적 대중 정당은 국가 속의 국가가 되어,[4] 현존하는 국가를 잠식하고 전복하여 그것을 근본적으로 상이한 새로운 형태의 국가로 대체하려는 이론적인 목표를 추구한다.[5] 그 이론에 따르면 사회주의의 조직은 사회주

---

3) 셰플레는 사회주의가 현 상태에서 군사적으로 중앙집중화된 권력을 넘겨받기 위해서는 뛰어난 장군 단 한 명으로도 충분하다고 말했다(Albert Schäffle, *Quintessenz des Sozialismus*, 제7판, Gotha, 1879, p.68).

4) (프랑스식) 혁명적인 노동조합에서도 그러하다. " '국가 속의 국가', 그것이 실제 추구해야 할 목표이다. 그 어떤 사태에서도 노동자조직이 재빨리 일사불란한 행동을 취하고 또 유사시에는 공격을 감행할 수 있도록 해야 한다"(Eugène Guerard, "La confédération du travail," *Le Mouvement Socialiste*, 1(1899), p.555).

5) 사회민주주의는 '계급국가'의 강한 외형적 기구들에 너무나 많은 힘을 기울인 나머지, 그 계급국가를 지배하고 있는 정신적 측면에는 주목하지 않고 있다. 이 정신적 요소를 소홀히 한다는 것은, 민주적 원칙, 특히 그 원칙이 심리적인 것에 기반한 것일 경우, 더 불행을 좌초하는 일이다. 프리데베르크(Raphael Friedeberg)는 사적(史的) 유물론이 '물질생활의 생산방식을 모든 사회학적 사건의 유일한 원인으로 보는 엄청난 기본적인 오류'를 저질러서 모든 정신적인 능력을 왜곡시키고, 따라서 모든 사회주의적 사고의 형성에 악영향을 미쳤다고 비난했다. 또 이런 사적 유물론에 맞서는 소위 사적 유심론(historischer Psychismus), 곧 "프롤레타리아트가 계급지배의 모든 내적인 조건들로부터 정신적으로 해방되어야 한다"는 주장을 내놓았다(Gustave Hervé, *Leur patrie*, Zürich, 1907, p.VII의 독일어본, *Das Vaterland der Reichen*에 실린 그의 서문을 보라). 그러나 이 비난이 그다지 정확하다고 할 수 없는데, 왜냐하면 사적 유물론은 계급사상에 근거하여, 곧 노동자계급은 지배계급과 경제적으로 대립되어 있다고 보고, 노동자계급의 정신생활 — 곧 '상부구조' — 또한 부르주아지의 정신생활과 화해할 수 없는 대립관계에 놓여 있거나 혹은 그럴 수밖에 없다고 가르치고 있기 때문이다. 프리데베르크는 다른 곳에서도 마르크스주의에 반론을 제기했는데, 그는 곧 인간이 자신의 물질적 생산영역에 근거한 사고체계로부터 벗어나 정신적으로 계급적 전향이 이루어진다는 사실에 기반하고 있는 계급투쟁에 반대한다고 했다. 그는 더 나아가 인간의 사고가 독립적으로 되면 될수록, 마르크스주의의 오류는 더 분명해진다는 주장까지 서슴지 않았다(Raphael Friedeberg, "Historischer Materialismus und Klassenkampf," *Polis*, 1(1907), No.5). 이러한 그의 논의는 오류이다. 왜냐하면 마르크스주의가 분명히 인식하고 있듯이, 프롤레타리아트가 부르주아에 대

의의 목표를 실현하기 위한 도구이다. 사회주의 조직의 유일한 존립 근거는 국가라는 현재의 조직 형태를 파괴할 도구를 체계적이고 적절하게 준비하는 데 있는 것이다.

전복 정당은 사회혁명을 조직한다. 정당의 업무, 즉 정당의 위상을 확고히 하고, 당 관료기구를 확장시키고, 자금을 축적하는 등의 일상적인 노력은 모두 사회혁명을 위한 일들이다. 새로이 임명된 지구당 위원장과 당 서기는 이론적으로는 모두 혁명을 위한 새로운 첨병들이고, 새로운 당 지구는 혁명을 위한 새로운 대대(大隊)이며, 당비, 당 신문을 통해 벌어들인 돈, 당과 가까운 인물의 헌금 등은 모두 적과의 투쟁을 위한 비축금이다. 그렇지만 권위적인 국가와 똑같은 수단으로 조직된 그 혁명 조직의 지도자들은 결국 다음과 같은 결론에 도달하게 된다.

국가라는 거대 조직에 대립하는 자기 정당은 비록 조직 문제에서는 기적을 연출해낼지 모르지만, 국가에 비해서는 여전히 취약한 축소판에 불과하며, 따라서 조만간 획기적인 사건이 발생하지 않는 한 국가와의 모든 힘 겨루기는 결국 자신들의 처절한 패배로 끝나게 될 뿐이라는 것이다. 결국 당의 설립자들이 창당할 때 내걸었던 희망과는 정반대되는 결론에 도달한 것이다.

오늘날 우리는 정당의 조직 역량과 강도가 커지면서 혁명적 동력이 강화되는 것이 아니라, 오히려 정반대로 조심성과 우려가 그만큼 커지는

한 적대의식을 갖게 되는, 곧 '계급투쟁'에 이르는 길로 나아갈 수밖에 없는 모든 요소는, 프롤레타리아트의 계급적 상황에 존재하기 때문이다. 노동자계급이 정신적으로 물질적인 생산영역의 세계에서 벗어난다는 것은 바로 노동자가 자신에게 낯선 심성구조를 갖는다는 것, 다시 말해 '부르주아지'가 된다는 것을 의미한다고 그는 주장했다. 실제로 이런 경우가 오늘날 제법 생기고 있지만, 그것은 사적 유물론에 따른 결과가 아니라, 주로 '부르주아화된' 지도자들이 은연중에 노동자들의 의식에 영향을 미치기 때문이다. 물론 사적 유물론에서도 이러한 '부르주아화' 자체는 설명이 가능할 것이다. 예컨대 그런 현상은, 지도자의 생활방식 및 생활수준이 변화했고, 계급투쟁을 이끌기 위해서는 조직화가 불가피하기 때문에 나타나는데, 이것은 바로 지금 우리가 분석하고 있듯이 조직체 내에서 발생하는 현상들이다.

현상을 목격한다. 당 조직의 확대와 당 정치의 조심성 사이에는 내적인 인과 관계가 존재한다. 국가로부터 위협받으면서도 존립의 근거를 국가에서 찾는 정당이 비대해지자, 그 정당은 국가를 과도하게 자극할 만한 일이라면 무엇이든 회피하려고 불안하게 노력하는 것이다.[6] 그들의 이론, 다시 말해 그들의 학문 역시 필요에 의해 약화되고 외적 조직의 운명이 요구할 때에는 왜곡되기도 한다. 유일한 생명선은 조직 그 자체이다.

그 정당이 혁명적 본질을 강조하였던 초창기에 그들의 목표는 혁명이었다. 그리고 그들이 혁명적 수단을 원칙적으로 선호하는 것은 아니었지만, 부득이한 상황에서 그들은 수단도 혁명적이라고 외쳤다. 그 정당이 이제 연륜이 쌓이자, 혹은 정치적으로 성숙해지자, 혁명에 대한 본래의

---

6) 사회민주당의 뛰어난 이론가들까지도 사회주의 조직을 보호하는 데 노심초사하는데, 사회주의적 이론이 그 때문에 얼마나 왜곡되고 있는지를 보여주는 전형적인 사례는, 엥겔스가 1895년 마르크스의 저술 『1849/49년 프랑스 계급투쟁』을 사후 편찬하면서 붙인 유명한 서문과 관련된 이야기이다. 그는 이 서문에서 사회주의 전술은 비합법적인 수단 및 혁명을 통해서보다는 합법적인 수단을 통해 더 발전할 것이라는 화전론(和戰論)적인 설명을 하고 있고, 사회주의 혁명에 대한 마르크스의 개념을 확실하게 폐기함으로써, 국제적으로 열띤 찬반논쟁을 일으켰다. 이것은 또한 수정주의자들이 독일 사회민주주의에서 최초로 강력하게 모습을 드러내는 계기를 제공한 것으로 간주되고 있다. 얼마 후에야 비로소 카우츠키는 엥겔스의 편지 하나를 공개하여 엥겔스가 그런 사실을 부인했음을 밝혔다. "내 글의 몇 군데는 그 당시 상황을 고려했던 것이다. 당시 우리 베를린 동지들은 정부당국의 반동정책을 우려하고 있었다"(Karl Kautsky, *Der Weg zur Macht*, Berlin, 1909, p.42). 이에 따르면, 그 당시 사회주의에서는 아주 새로운 이 이론, 곧 사회민주당은 의회의 길을 통해 목표를 달성할 수 있다는 이론은 ── 왜냐하면 이것이 엥겔스가 쓴 그 서문의 핵심이었으니까 ──, 그러한 목표를 위한 수단인 사회민주당 조직을 국가의 침해로부터 보호하려는 우려에서 나온 결과적인 현상에 불과하다. 그러므로 한편에서는 엥겔스를 현실주의자요 경고자로서 추켜세웠지만(예컨대, Werner Sombart, *Friedrich Engels, ein Blatt zur Entwicklungsgeschichte des Sozialismus*, Berlin, 1895, *Zukunft*의 별쇄본, p.32를 보라), 다른 한편에서는 평화주의 몽상가라고 비난했다.(예컨대, Arturo Labriola, *Riforme e riv. soc.*, pp.181, 224). 실제로 엥겔스는 무엇보다 조직의 우위를 강조한 전술의 희생양이었다. 그는 분명 정당형태에 대해 이론적으로 다른 생각을 품고 있었음에도 불구하고 기꺼이 그런 전술을 따랐다.

신념이 수정된다. 자신들의 정당은 "최선의 의미에서" 혁명적일 뿐이라는 것이다. 다시 말해 그 당은 검찰이 주시하는 수단에서는 혁명적이지 않고, 오로지 회색의 이론과 흰색의 종이 위에서만 혁명적이라고 서슴지 않고 선언하는 것이다.[7)]

한때 프랑스를 제압한 군대의 화약 연기 자욱한 총구 앞에서도 파리 코뮌에 대한 열렬한 지지를 소리 높여 외쳤던 독일 사민당이[8)] 추후에는 모든 형태의 반군국주의 선동을 거부한다고 세계를 향하여 선언하였다. 군국주의에 반대하는 선동을 한다고 하더라도 형법에 저촉되는 당원이 겨우 몇 명에 불과하였을 터였지만, 사민당은 그로부터 야기되는 결과에 책임질 생각이 없었던 것이다. 의회주의가 강화되자 갑자기 사민당에 책임감이 용솟음치기 시작하였다. 사민당은 그 책임감을 내세워, 그동안 방치하고 있었던 당내 급진적 조류를 당의 모든 권위를 동원하여 억압하였다.[9)] 그 책임감이라는 이름으로 사민당은 반군국주의를 배격하였고, 총파업으로부터 등을 돌렸으며, 과거의 모든 대담함과 선명성을 부인하였다.[10)]

정당의 조직이 커지면 정당의 행동은 둔화된다. 이는 국제 노동운동사

---

7) 하르덴(Maximilian Harden)에 따르면, 닭은 자기 부리 앞에 백묵으로 선을 그어 놓으면, 그것을 마치 넘어설 수 없는 벽처럼 생각하고 꼼짝 않고 서 있다고 한다. 국가 공권력에 대한 혁명정당의 생각도 마치 이 닭과 같다고 했는데, 이는 가히 틀리지 않는 말이다.

8) 주지하다시피 베벨은 1870년 제국의회 총회에서, 이미 완전히 결정된 사항인 알자스-로렌 지방의 병합에 반대했다. 그를 지지한 사람은 단지 리프크네히트 뿐이었으며, 베벨은 파리 코뮌에도 찬성했다. 바쿠닌은 독일인에게 우호적인 인물도 아니었고, 또 마르크스주의자도 아니었지만, 베벨의 이러한 용기 있는 행동을 칭찬하지 않을 수 없었다(Bakunin, *Socialismo e Mazzini*, p.9).

9) *Protokoll des Internationalen sozialistischen Parteitages in Stuttgart*, 1907(불어본, p.139).

10) 게다가 이런 행적은 다른 정당들까지 불안하게 만들어, 이들조차 온순하고 조심스러운 정당이 되었다(Martin Spahn, *Das deutsche Zentrum*, Mainz, 1907, p.16 이하).

의 수많은 사례들이 입증해주는 것이다. 노동자 정당은 혁명적 역동성을 상실한데다, 느리고 둔탁해지며, 행동에서뿐만 아니라 생각에서도 게을러지는 것이다.[11] 그럴수록 그 정당은 자신을 키우고 살찌웠던 '과거의 영광스러운 전술'에 매달린다. 그리고 이제 공격적인 행동 방식에 대한 두려움은 극복할 수 없을 정도로 커진다. 이 정당이 아는 전략은 이제 단 하나뿐, 바로 느림보 파비우스 장군의 지연작전이다.[12] 반동에 대한 두려움은 자신의 힘을 과시할 모든 행동을 금지하고, 모든 힘을 일상투쟁에 집중시킨다. 그러한 게으름을 무슨 말로 변명을 하건, 미래를 위해 힘을 비축한다는 변명은 더 이상 합리적이지 못하다.

결국 소유가 그 내적인 논리를 정당에 관철시키게 되는 것이다. 당은 반세기 동안 모범적인 조직을 창출하는 데에 땀과 진을 쏟았다. 이제 3백만 명의 노동자들이[1907년!], 사람들이 기대했던 것보다 훨씬 더 많은 그 노동자들이, 그리고 적을 완전히 괴멸시키기에 필요하리라고 여겼던 것[13]보다 훨씬 더 많은 수가 조직되었고, 의무감, 정확성, 엄격한 상하관

---

11) 여기에서 우리가 확인할 수 있는 사실은 바로 이렇다. 사람들은 흔히 현재와 과거를 대비시킴으로써 사회민주당의 지적 수준이 떨어졌으며 위대한 사상가를 길러내거나 혹은 영입하지 못하는 무능력을 보인다고 한다. 슈타인은 이렇게 밝혔다. "사회민주당의 지적인 성장은 그 외형적인 성장과는 반비례하고 있다. 엥겔스 사후 ─ 그 얼마나 커다란 손실인가! 투표수로 환산하면 수백만 표가 될 것이다 ─ 에는 단 한 사람도 없다! 예전에는 존경할 만한 사람이 상당히 있었다. 지금은 단 한 사람도 없다! 오늘날 『신시대』지를 장식하고 있는 주제들은 대부분 무미건조한 알렉산드리아주의(Alexandrinismus: 헬리니즘 시대, 특히 문헌학적 연구의 중심이었던 알렉산드리아의 학문경향을 말함 ─ 옮긴이)이다." 그는 이어 "당내 책임자들은 그런 지식인들을 찾아나서는 대신, 사회주의에 대한 새로운 철학적인 규명을 내세우는 움직임조차 그 씨앗부터 말살하고 있다"(Ludwig Stein, *Die soziale Frage im Lichte der Philosophie*, Stuttgart, 1897, pp.438, 439). 비슷한 내용이 W. Sombart, 앞의 책, p.16의 주 6에도 들어 있다. 이러한 비난으로부터 입증되는 최소한의 사실은 사회주의 정당의 후속세대 주자들이 대체로 약하고 정신적으로 천박하다는 점이다.

12) 이 책의 pp.95~97을 참조하라.

13) 1893년 빌레펠트에서는 쾰른 전당대회의 보고를 위한 연설회가 열렸는데, 여기에서 리프크네히트는 사회민주주의적 정치운동과 노동조합 운동을 비교했

계에서 국가와 겨룰 만한 관료제가 창출되었으며, 당의 금고가 가득 찼고,[14] 재정적·심리적 이해관계의 복합체가 전국에 구축되었다.

이제 만일 강력하고 대담한 전술을 택한다면 그 모든 것이 위태로워질 것이다. 다시 말해 수십 년간에 걸친 노력과 수천 명에 달하는 당내 상하위 간부진, 한마디로 '당' 전체가 위태로워지게 될 것이었다. 따라서 대담한 전술을 구사한다는 것은 점차 상상할 수조차 없는 일이 되어간다. 이미 성취한 것에 대한 집착, 자신의 사회적, 경제적 삶이 당의 존재에

다. "나는 독일 노동조합 조직이 언젠가는 영국과 비슷한 수준의 발전을 이룩할 것이라고 생각하지 않습니다. 그렇지만 그 정도로 발전하기 이전에 이미 붉은 깃발이 자본주의의 바스티유 감옥과 독일 부르주아지의 성채를 뒤덮을 것입니다"(Wilhelm Liebknecht, *Über den Kölner Parteitag usw.*, p.18). 오늘날 [1911] 독일은 노조원 수에서 영국 노동조합운동에 필적할 만한 정도가 되었고, 사회민주주의 운동은 13년 만에 약 두 배로 성장했지만, 승리와 권력장악을 향한 길은 예전에 비해 훨씬 더 요원해졌다.

14) 똑같은 법칙이 노동조합에도 해당된다. 노동조합연맹의 총수입은 1906년에 이미 약 1천6백만 마르크였다. 가장 부유한 인쇄노조는 437만 4,013마르크. 그 다음은 미장공노조로서 209만 1,681마르크였다. 금속노조는 154만 3,353 마르크, 목재노조는 145만 2,215마르크였다(Karl Kautsky, "Der neue Tarif der Buchdrucker," *Die neue Zeit*, 25(1907), 제1권, p.129). 나중에 몇 년간의 경제위기로 인해 실업자부양기금이 증가했음에도 불구하고, 노동조합의 재정상태는 훨씬 더 좋아졌다. 1909년의 재정상태를 보면, 인쇄노조 792만 9,257마르크, 미장공노조 636만 4,647마르크, 금속노조 624만 8,251마르크, 목재노조 343만 4,314마르크(*Statistisches Jahrbuch für das Reich*, 31(1910), pp.376, 377). 이러한 높은 재정수입으로 인해 노동조합은 방어적인 태세를 취한다. 이에 비해 공격적인 활동공간은 너무나 좁다. 노동조합이 자금을 집적하는 정책으로 자본주의를 타도한다는 것은 완전히 모순일 것이다. 왜냐하면 모든 노동조합의 기금들을 합한 것보다 더 많은 돈을 수중에 갖고 있는 자본가들이 어느 나라에나 수두룩하기 때문이다. 또한 그 돈을 모아서 사(私)금융기관에 저축할 경우, 그 이익은 노동조합이 아니라 노동계급의 적대자인 그 은행의 주주들에게만 좋은 일을 하게 된다. 따라서 이런 돈은 "결국 노동운동을 저지하는 데 쓰이게" 된다(Bruno Buchwald, "Die Gewerkschaftsbank," *Die neue Gesellschaft*, 3, 제10호)[이 참고문헌은 완전하지 않지만 더 보충할 수 없었다]. 이에 따라 노동조합의 기금은 적대자를 강화시킬 것이다. 게다가 오래전부터 [1911] 이런 불리함을 피하고자 노동조합에서는 자체의 노조은행을 창립하려는 계획이 있었다.

거의 전적으로 매여 있는 수많은 성실한 가장(家長)들의 개인적인 욕심, 또한 전시(戰時)에 빈번하게 나타나듯 국가가 당을 해산해버린다면 일자리를 잃고 경제적으로 파탄을 맞게 되리라는 불안감, 부당한 감상주의와 정당한 이기주의, 이 모든 것이 작용함으로써 당에는 일말의 과감성도 찾아볼 수 없게 된다.

이렇게 하여 조직은 목적을 위한 수단으로부터 목적을 위한 목적으로 바뀌게 된다. 기관(Organ)이 유기체(Organismus)의 우위에 서게 되는 것이다. 그리하여 원래 당 기구의 활동을 원활하게 만들기 위하여 마련된 제도들, 예컨대 하위 부서들의 통괄과 일사불란한 협조 체제, 서열 관계, 비밀 엄수의 의무, 정확성 등이 이제는 당 기구의 생산성 자체보다 중요한 의미를 갖게 된다. 당의 최고법은 당 기구라는 수레바퀴의 회전을 중단시키거나 그 외적 형식, 즉 조직을 위협할 수 있는 것이라면 그 어떤 것이든 멀리하는 것이다.

당이 수세에 처하게 되면, 당의 '명예를 손상시킬' 수도 있는 방어 수단을 동원하여 적의 공격을 막기보다, 필요한 경우에는 차라리 예전에 정복하였던 거점들이나 과거의 권리를 포기하는 쪽을 선택한다. 이는 당이 휴식의 욕구가 커지면서 혁명의 독아(毒牙)를 잃어버리는 것이고, 보수적인 정당이 되는 것을 의미한다. 여전히 혁명적인 언어가 사용되지만 현실에서 그 당은 기껏해야 입헌적인 야당의 임무를 다하는 정당으로 전락한다.[15] 여기에서도 결과는 원인보다 오래간다. 이것이 제1차 세계대전 이전 독일 사민당의 상태였다.

---

15) 나우만(Naumann)은 이미 1908년에 비꼬는 투로 이렇게 말했다. "'세계의 노동자여 단결하라!'라는 구호는 효과가 있었다. 프롤레타리아트 운동의 조직원 수가 예전에는 그 누구도 가능할 것으로 생각할 수 없었던 정도로 많아졌고, 금고마저 두둑해졌다. 이제 마지막 타격을 가할 때가 되었다고 생각할 만하지 않은가? '묘혈을 파는 사람'이 아직 충분하지 않은가, 아직 충분히 조직되어 있지 않은가? 왜 이리 주위가 조용한가? 쇠로 만든 신발을 끄는 소리는 어디에 있는가?"(Friedrich Naumann, "Das Schicksal des Marxismus," *Die Hilfe*, 14(1908), p.657).

이 모든 것은 카를 마르크스가 원한 것이 아니었다. 그리고 이 모든 것은 더 이상 마르크스주의가 아니다. 마르크스가 아직 살아 있었다면 아마 이에 격분하였을 것이다. 물론 그가 만일 어떤 경축 행사에서 3백만 명의 지지 대중이 한 목소리로 자신에 대한 맹세를 하는 소리를 듣는다면, 유혹에 빠져 침묵하였을 가능성은 있다. 전례를 보면 마르크스는 아마 그렇게 행동하였을 것이다. 마르크스는 적어도 대중 앞에서는 1870년대 독일 사민당의 행동에 대한 비판을 자제했다.[16]

마르크스 아류들의 시대에 당은 당원의 증가에 초점을 맞춘 조직으로 기능한다. 그 당은 절대 다수의 정당이면서 동시에 국가에 대적하고 있는 취약한 처지로 인하여, 현존 국가의 파괴라는 과거의 목표 대신 당 조직을 국가에 침투시킨다는 새로운 목표를 추구한다. 지배계급의 정당들과의 대립 관계는 더 이상 근본적인 것이 아니다. 이제 그것은 경쟁적인 관계로 파악된다. 즉 혁명 정당이 집권을 놓고 부르주아 정당들과 경쟁하게 되는 것이다. 그러므로 그 정당은 집권에 유용하거나 경쟁력을 강화시킬 수 있는, 즉 당원을 증가시킬 수 있는 모든 사항에 스스로를 개방한다.[17]

---

16) Karl Kaustky, "Vorrede zu Karl Marx: Randglossen zum Programm der deutschen Arbeiterpartei(1875)," *Die neue Zeit*, 9(1891), p.568 이하.

17) 모파상의 소설 『내 삼촌 소스테네』(*Mon Oncle Sosthène*)에서 주인공인 조카가 프리메이슨의 존재를 설명하기 위해 했던 말이 아마 현재 국제사회민주주의에—약간 변형시킨다면—그대로 적용될 수 있을 것이다. "당신은 경쟁을 없애는 대신에 그것을 조직화한다고 한다. 그로써 희생이 줄고, 게다가 만사형통이다. 당신들은 자유사상가만을 받아들인다고 말했지만, 모든 사람들을 받아들이고 있다. 당신들 가운데는 가톨릭교도도 많고, 정당 지도자들도 있다. 비오 9세도 교황이 되기 전에는 당신네 일원이었다. 그래서 당신들이 이 조직을 교권주의에 반대하는 보루로 만든다는 것은 가당치 않다. …… 아! 물론, 그렇게 하는 것이 현명할 것이다! 프랑스의 프리메이슨이 선거를 위한 도구라고 말한다면, 나도 그에 동의한다. 그리고 만약 그것이 다양한 경향을 띤 후보자를 뽑도록 하려는 조직이라고 한다 해도, 나는 그에 결코 개의치 않을 것이다. 프리메이슨이 사람을 속이는 기구가 아니라, 마치 병사들을 전선에 보내듯, 사람들로 하여금 투표소에 가도록 하기 위한 것이라고 한다면, 난 당신들의 견해에

당이 증오하는 첫 번째 대상은 더 이상 '세계관'의 적이 아니다. 그 대
상은 이제 집권이라는 동일한 목표를 놓고 겨루는 두려운 경쟁자들이
다.[18] 이 경쟁 속에서 정당은 다양한 이질적인 요소들과 관계를 맺음으
로써 정치적 처녀성을 잃어버린다. 게다가 그 과정 속에서 그 정당은 정
당으로서의 본질을 ─ 정당이라는 용어는 그 구성원들이 사실적으로나
시간적으로나 동일한 목표를 지향하는 의지로 결집된다는 것을 전제한
다[19] ─ 잃어버리고, 다만 하나의 조직으로서 존재할 위험성에 빠지게
된다.[20]

동의한다. 그것이 또 모든 회원을 선거인으로 변화시켜서 정치적 야심을 갖고
있는 모든 사람에게는 유용하고 필수적인 것이라고 한다면, 나는 찬성할 것이
다. 이것은 명약관화하다! 그렇지만 프리메이슨이 군주정의 정신을 파괴할 것
이라고 당신들이 주장한다면, 나는 당신들을 비웃지 않을 수가 없다"(Guy de
Maupassant, *Mademoiselle Fifi*, Paris, 1907, p.69).

18) 이런 특징은 선동에서, 특히 사회주의 정당이 소위 정치적으로 성숙한 발전 단
계에서 하는 선거운동에서 가장 잘 드러난다. 이때 정당들은 그 적대자들과 투
쟁하는 것이 아니라 단지 그들을 능가하고자 할 뿐이다. 그래서 항상 반복되는
이들의 주장 가운데는 원칙에 어긋나 보이는 것들(이것들은 본래 근거 없는 것
이다)이 있다. '우리'는 민족주의자가 아니라 최고의 애국주의자이다, '우리'는
지주가 아니라 농부의 최고 친구이다, 등등. 여기서 곧바로 확실히 알 수 있는
것은, 특히 신규회원 가입을 겨냥한 노동조합들의 슬로건들에서 이런 경쟁적
인 구호는 훨씬 더 강도를 더해간다는 사실이다. 특히 중립을 표방하는 소위 독
일의 자유노조는 원칙적으로 어떤 특수한 정치관과 세계관에 종속되려고 하지
않는데, 따라서 아주 미소한 용어상의 특징만 제외하면, 자유노조와 기독교노
조의 상이점은 오로지 그 소속기업이 다르다는 사실뿐이다. 사람들이 보고 있
는 것은 단지 자유인과 기독교인 사이의 논쟁과 토론일 뿐이다. 이들은 원칙을
주장하지도 않고, 이론적인 논쟁점도 없으며, 오로지 개인적 비방과 비판(배
신자!)만 하고 있을 뿐이다. 그렇지만 이것은 경쟁의 무기이다. 사족으로 한 마
디 더하자면, 『신시대』지에 실린 한 논문 제목이 이를 잘 보여준다. "Zur Taktik
gegenüber den gewerkschaftlichen Konkurrenzorganisationen," *Die Neue Zeit*,
25(1906/07), 제1호, pp.170~172, K. Kl.로 서명되어 있음.

19) Antonio Labriola, *Scritti vari di filosofia e politica*(racocolti da B. Croce), Bari,
1906, p.321.

20) 브라운(Lily Braun)이 1905년 영국의회의 사회주의 지도자인 스코틀랜드 출신
하디(Hardie)가 소속된 영국 평화협회의 초청으로 친선유대차 영국을 방문했

민주적인 대중정당이 노환(老患)에 빠져드는 현상은 독일 사민당이 1918년에 일시적으로 권력을 장악한 뒤에도 변치 않고 반복되었다. 우선 지적할 것은 독일 사민당이 권력을 '장악'한 것은 아니었다는 사실이다. 권력은 마치 썩은 나무에서 썩은 과일이 떨어지듯 사민당에 떨어져 내렸을 뿐이다. 그때까지 사민당은 병든 나무가 하늘까지 자라기만을 기다리고 있었다. 그런데 그 나무가 도달한 하늘은 사회주의 하늘도 아니요, 민주주의 하늘도 아니었다.[21] 둘째, 사민당은 국가 권력을 단독으로

다. 이 여행에는 여러 경향의 독일 신문편집자들이 동행했다. 그 당시 독일 사회주의 언론은 이 여행을 한결같이 못마땅하게 생각했다. 사회민주당 사람들이 그 여성동지의 여행에서 불쾌하게 생각한 것은 — 이 논쟁에서 쉽게 확인되듯이 — 아마 여성 사회주의자가 이 여행에 동참하여 군국주의적인 독일의 군주, 곧 구체적으로는 빌헬름 2세를 축원하는 연회에 참석했고, 게다가 그 상황에서 어쩔 수 없었다고는 하지만 자리에서 일어나 축배까지 들었다는 사실이라고 추측할 만하지만, 사실은 그게 아니다. 문제는 그녀가 사회민주당과 전면전을 벌이고 있는 부르주아지 신문의 편집자들과 같은 식탁에 앉을 정도로 경솔했다는 데 있었다. 대다수 당원들에게는 사회주의 원칙을 훼손시킨 것은 눈에 들어오지 않고, 오로지 소위 조직의 체면을 깎았다는 것만이 중요했다.

21) 그때의 사고방식이란 이런 것이다. 독일의 패배는 대중의 무한한 고통, 실업, 그리고 경제적인 파탄을 가져온다. 그러므로 노동계급의 적법한 대표들이 전쟁의 결과를 독일측에 유리하도록 온갖 노력을 다하는 것은, 우리의 이익에 부합하는 것이다. 따라서 공권력 — 황제, 정부, 군대 — 과 독일 노동자계급 사이에는 일종의 이익공동체가 성립하고 있다. 이 이익공동체는 물론 독일노동자들이 계급국가의 군사적, 외교적 목표를 무조건 강력하게 지지할 것을 요구한다. 경제적 관점에서 볼 때 이런 사고방식은 논란의 여지가 없다. 이것은 곧 일정 시기나 공간에서 나타나는 계급의 이해관계와는 일치하는 것이다. 그러나 그 때문에 전쟁기간 내내 사민당의 손발이 군대에 묶인 꼴이 되었다. "이 나라 땅에서 그리고 각 정복지역에서 날이면 날마다 그 어떤 비열한 폭력이 난무하고 있는지를 당신들은 모르는가, 아니면 끝끝내 알고 싶지 않은 것인가? 매시간마다 수천 명의 인권이 유린되고 있다는 사실을 모르는가? 그 당시에는 '일절 보도금지'라는 쪽지 한 장으로 충분했다. 그러면 전국민에게 모든 소식이 차단되었다. 따라서 아무 일도 일어나지 않았다. 공장, 기업, 판매점에서 선

장악하지 못하고, 초라하게 다른 정당들과 나누어야 했다. 그로써 사민당은 다른 정당들의 죄를 자신의 죄로 받아들여야 하였고, 자신의 죄는 다른 정당들에게 부가하여야 하였다. 그리고 권력 장악은 조직과 그 조직의 행정 기구에만 유용했을 뿐, 그 이외의 유용성은 없었다. 셋째, 사민당은 공동 정부에 참여하는 대신 자기 진영의 내부 분열과 수많은 지지자들의 이탈 및 러시아화라는 비싼 대가를 치렀다. 그리고 한쪽의 러시아화는 다른 쪽의 프로이센화와 짝하는 것이었다.

이탈리아 사회당은 전쟁 직후 국가 권력과 거의 맞닿을 정도로 밀착해 있었다. 그러나 파시즘이 등장하였을 때,[22] 특히 1920년 가을의 성공적인(정말 성공하였다는 것을 주목하라) 공장점거 이후 사회당은 경악하여 뒤로 물러났다. 이를 비난한 사람들은 대담한 지식인들, 소작업장 노동자들, 참전용사 등 한 줌밖에 되지 않았다. 사회당의 태도는 첫째, 데 아미치스와 프람폴리니의 절충주의와 비폭력주의의 원칙 때문이었고,[23] 둘째는 산업주의는 자동적으로 사회주의로 귀결된다는 교조적 마르크스주의의 운명론적인 믿음 때문이었다. 세 번째 원인은 전쟁산업 노동자들의 향방이었다. 그들 다수는 전쟁의 의미가 일순간에 사라지자, 곤봉과 화염병을 들고 설치는 열성 파시스트들에게 가담하였던 것이다. 그러나 이탈리아 사회주의자들의 패배를 완성시킨 것은, 사회주의 대중이 적의 대담성에 질려 격렬한 공포에 사로잡혔기 때문이 아니었다. 패배주의의 결정적 원인은, 적에 대한 저항이 조직이라는 우상을 위태롭게 할지

동하는 사람이 있으면, 국가에 충성하는 사람이 곧바로 전화통으로 뛰어가 "저 놈 좀 잡아가세요. 전선으로 보내세요."라고 신고했다. 만약 그에 항의하는 사람이 있으면, 항의해보았자 소용없다고 위협을 가하기만 하면 그만이었다. 전쟁보고서에 따르면, 많은 사람들이 반역자로 간주돼 포탄과 독가스의 공포에 시달리지 않기 위해, 이런 적(敵)을 비방하고 나섰고, 포슈(Foch: 독일군을 격퇴시키고 승리를 일궈낸 프랑스 장군—옮긴이)의 군대를 섬멸시켰다고 한다."
Maximilian Harden, "Der Götterfunke," *Die Zukunft*, 27(1918), p.189.
22) 필자의 책, *Sozialismus und Fascismus usw.*, 제2권을 참조하라.
23) 같은 책, 제1권, p.304를 참조하라.

도 모른다는 사회당 지도자들의 공포였다.

러시아 사회주의자들은 국가 권력을 완전히 장악하는 데에 성공하였다. 그러나 그곳에서도 대중은, 레닌과 그 추종자들의 천재적인 기습이 성공을 거둔 뒤에야 그 행동을 용인하고 승인하였다. 따라서 우리가 아는 한, 대중은 결코 러시아 혁명의 전제조건이 아니었다. 다른 말로 표현하자면, 그 목표를 완성시킨 것은 '백만 명의 대중정당'의 형태를 띤 노동자 민주주의가 아니라 블랑키주의적인 의미의 결연한 소수 엘리트였던 것이다.[24]

---

24) 이와 대비되는 것으로는 볼셰비키의 권력장악에 대한 트로츠키의 보고서를 참조하라(Leo Trotzki, *Von der Oktober-Revolution bis zum Brester Friedensvertrag*, Bern, 1919, p.56 이하). 리프크네히트가 감옥에서 보낸 최후의 편지에는, 뒤늦게나마 '늙은 블랑키의 정치적 명예를 구해줄' 필요성이 언급되어 있다(Karl Liebknecht, *Briefe*, Berlin, 1919, p.123).

2 민주주의와 과두정의 철칙

사회주의 학자들은 대부분 민주주의의 실현이 미래에는 가능할 것이라고 믿는다. 귀족주의적인 세계관을 갖고 있는 사람들 중에서도, 민주주의가 사회적으로는 해롭지만 실현 가능하다고 진단하는 사람들이 제법 많다. 그러나 그 가능성을 영구히 부인하는 보수적 학자들도 많다. 이미 언급한 대로[1] 특히 이탈리아에서 영향력이 큰 이 노선은, 모든 인간 사회에는 본질적으로 '정치계급', 즉 정치적으로 지배하는 소수계급이 불가피하다고 주장한다. 민주주의의 신(神)을 부인하는 그들은 민주주의를 하나의 아동용 우화로 규정하고, 국가, 시민, 인민대표, 민족 등과 같이 대중의 지배를 함축하는 모든 언어 표현들이 다만 법적인 원칙만을 의미할 뿐, 그 어떤 진실을 말하는 것이 아니라고 말한다.

그들의 이론에 따르면, 역사 속에 존재하는 귀족정과 민주정 사이의 영원한 투쟁은 사실, 지배권을 지키려는 구소수집단과 권력 장악을 시도하여 그들에게 합류하거나 혹은 그들을 권력의 자리에서 밀어내고자 하는 야심적인 신소수집단 사이의 투쟁일 뿐이다. 그러므로 모든 계급투쟁의 결과는 하나의 소수집단이 다른 소수집단에게 대중에 대한 지배권을 넘겨주는 교환일 따름이라는 것이다. 따라서 궁극적으로는 경제적인 적

---

1) 같은 책, p.33을 참조하라.

대관계 때문에 역사의 무대 위로 올라와서 우리의 눈앞에서 거대한 투쟁을 주고받는 사회계급들은, 무용곡에 맞추어 교대로 춤을 추는 두 개의 무용단에 비견될 만하다.

이러한 정치 사상을 대표하는 탁월한 학자로는 토리노의 공법학자인 모스카와 제네바 사람으로 최근에[1927] 타계한 로잔 주립대학의 경제학 교수 파레토가 있다. 파레토는 저서 대부분을 접근이 한결 용이한 프랑스어로 발간하였기 때문에, 이탈리아를 포함하는 학계 전체에서 모스카보다 더 큰 명성을 누렸다. 거기에는 물론 이탈리아 사람들의 속물근성도 얼마간 작용하였다. 이탈리아인들은 알프스를 넘어오거나 알프스 저편에서 인정받은 책을 존중하기 때문이다. 주지하다시피 파레토는 자신의 발상을 엘리트 순환론으로 확대시켰다. 지배계급은 원칙적으로 지배권을 쥐고 있는 것처럼 보이지만, 실제로는 점차 세력이 약화되어 해체 과정에 빠져들다가 끝내는 도덕적으로나 육체적으로 몰락해버린 뒤 새로운 정치계급에게 자리를 내준다는 것이다. 물론 파레토의 엘리트 순환이론의 사슬은 단 몇 개의 고리로만 이루어져 있을 뿐이다. 왜냐하면 그 과정은 실질적인 교체라기보다, 과거의 계급에 새로운 계급이 융합되는 것이기 때문이다.[2]

엘리트의 순환이 동일한 거대 사회계급 내부에서 그리고 정치의 장에서 발생하는 한, 파레토적 현상은 예전에도 이미 알려졌던 현상이다. 순수한 대의제 국가에서 소위 입헌주의 야당은 기존 집권 여당의 완전한 말살이 아닌 순환, 즉 집권 정당의 교체만을 겨냥한다. 야당은 집권 여당과 똑같은 간단하지만 저항력 있는 내적 구조를 갖추고, 영국과 미국의 정당처럼 명확하게 정식화되어 있으면서도 눈앞의 현실에 관련된 요구를 내용으로 하는 강령에 입각하며, 엄격한 규율 체계를 구축하고, 하등의 이론적 깊이도 없이 그저 전술 능력만을 갖춘 상관의 명령에 따라 움

---

[2] Robert Michels, *Probleme der Sozialphilosophie*, p.150 이하를, 그리고 이 책의 p.264 이하를 참조하라.

직이는 직업 하사관들, 즉 보스와 졸개들로 구성된다.

야당은 집권 여당을 축출하기 위하여 전력을 기울인다. 그러나 그들이 실제로 시도하는 것은 만사를 기존의 상태로 방치한 가운데 권력만을 장악하는 것에 불과하다. 다시 말해 지배계급의 한 도당이 다른 도당으로 교체되고, 시간이 지나면 쫓겨난 도당이 다시 권력에 복귀하는 것에 불과한 것이다. 그리하여 도당들 사이의 경쟁은 빠르든 늦든 항상 화해로 막을 내리고, 지배권은 그렇게 유지되거나 공유된다.

사람들은 흔히 프랑스 혁명 혹은 1870년 이후의 제3공화정으로 프랑스의 제1신분이 최종적으로 축출되었다고 믿는다. 그러나 이는 전적으로 그릇된 생각이다. 프랑스의 귀족들은 1908년에도 공화국의 기병 연대와 외교부에서 인구 비례를 훨씬 능가하는 비율을 차지하고 있었다. 그리고 대략 비슷한 시기에 독일 보수당의 제국의회 의원단 58명 가운데 31명이 귀족이었던 것과는 달리, 프랑스 의회에는 비록 명백한 보수적 귀족 정당이 존재하지는 않았지만 하원의원 584명 중에서 최소한 61명 이상이 구귀족(대검귀족 및 법복귀족) 출신이었다.[3] 그리고 몇몇 예외를 제외하고는 그 나머지는 구혁명주의자들 및 그 후계자들이었다.

---

3) Buisson, Larroumet, Stanislas Meunier, Hector Denis(ed.), *Politique du dix-neuvième siècle*, 제10권, Paris, 1899, p.151에 나오는 명단에 의거한 것이다. 그중에는 유명한 황실가문인 루이 14세 및 15세의 후손들, 그리고 다음과 같은 이름이 들어 있다. Rohan 공작(그는 제1차 세계대전에서 최초로 사망한 사람이다), Broglie 공작, Solages 후작, Salignac-Fénélon 후작, Chambrun 백작, Grandmaison 백작, Kerjégu 백작. 그 외 왕자이자 공작인 사람도 셋이 있다(Prince d'Arenberg, Prince d'Hénin, Duc de Broglie). 나폴레옹의 은총에 힘입은 귀족가문 가운데 몇몇도 여기에 속한다(Lannes de Montébello, Baron Reille-Soult, Duc de Damatie). 의회에서 높은 지위를 차지하고 있는 귀족도 적지 않다(Baudruy d'Asson, Paul de Cassagnac, Comte de Castellane, de Lanessan, Comte de Mun, de Beauregard). 1910년 7월 선거에서 귀족 출신의 의원 수는 56명이었다(다음의 공식명단에 의거했음, *Liste par Order Alphabétique et par Départements de Mrs. les Députés etc.*, Paris, 1910, Imp. de la Chambre). 거기서 우리는 당시 유명한 귀족들을 찾아볼 수 있다(Gontaut-Biron, De La Trémo lle, de Ludre).

민주주의는 주요 문제를 결정할 때면 근엄함을 좋아한다. 민주주의는 또한 광채와 권력을 탐한다.[4] 그 모두가 민주주의의 내적 본질에서 유래한다. 자유로워진 영국 시민들은 귀족정을 유지하기 위하여 모든 것을 바쳤다. 글래드스턴은 영국인들이 사랑하는 것으로, 자유에 필적할 수 있는 유일한 것은 귀족정이라고 말한 바 있다.[5] 마찬가지로 사회민주주의가 최고로 자랑하는 것은, 다수가 어느 정도까지는 자발적으로 소수의 명령에 복종한다는 것, 혹은 다수의 위탁을 받은 소수의 시행방침에 다수가 복종한다는 것이다. 파레토는 사회주의를 노동하는 계급의 품안에서 새로운 엘리트를 생산하기 위한 가장 적절한 수단으로 간주하였다. 박해와 억압에 맞서 끝내는 그것을 성공적으로 극복하는 사회주의 지도자들의 능력이야말로 그들 내부에 가득 차 있는 힘의 징후, 즉 새로운 '정치계급'의 가장 중요한 조건이라는 것이다.[6]

지도적 사회집단의 존재가 필연적이라는 명제가 처음으로 주장된 것은 사람들이 보통 생각하는 것보다 훨씬 이르다. 그러한 사회학 이론을 파레토 이전에 주장하였고, 따라서 그 이론에 대한 학문적 권리를 주장할 수 있는 모스카는 자신의 선구자로서 이폴리트 텐과 루드비크 굼플로비치를 거명하였다.[7] 그런데 흥미롭지만 거의 알려지지 않은 사실은, 모스카-파레토 이론을 가장 이른 시기에 주장하였던 중요한 지적 선구자들은 바로 보수적인 학자들이 즐겨 공격하였던 학문 노선이었다는 점이다. 아나키즘 계열의 사회주의 학자들이 바로 그들이다. 그리고 프랑스의 초기 사회주의자들은 그들보다 한 걸음 더 앞서 있었다. 실제로 우리는 그들에게서 모스카와 파레토가 독자적인 사회학 이론을 가다듬고

---

4) W.E.H. Lecky, *Democracy and Liberty*, 제1권, p.267.

5) J. Novicow, *Conscience et volonté sociales*, p.42에 의거함.

6) V. Pareto, *Les systèmes socialistes*, 제1권, p.62 이하.

7) Gaetano Mosca, "Piccola polemica," *Riforma sociale* 17(1908), 제14권, pp.329~331; Carmelo Caristia, *Analisi odierna del costituzionalismo*, Torino, 1908, p.229도 또한 참조하라.

있었을 때 겪었던 사상적 내용들의 명확한 흔적을 발견할 수 있다.

생시몽주의자들은 계급 개념을 일체의 경제적 속성들로부터 해방시킬 수 있다고 오해하였지만, 무계급 사회를 상정한 것은 결코 아니었다. 그들이 겨냥하였던 것은 출생에 따른 특권이 아니라 획득된 특권에 근거하는 새로운 계서제의 창출이었다. 특권은 "사회의 신속한 발전의 살아 있는 화신들로서 광활한 무대 위에서 사회를 이끌 능력을 갖춘 사람들, 가장 자애롭고 가장 지적이며 가장 유능한 사람들"에게 주어져야 하는 것이었다.[8] 그 사회주의 국가의 최고 지위에는 각 개인들의 사회적 노동을 지시하는 총독이 자리잡고, 개인들은 그 초인(超人)의 권위적인 판단에 따라 가능한 한 자신의 재능에 적합한 노동을 수행한다.[9]

그 "새로운 군주정"을 열렬히 옹호하던 한 확고한 생시몽주의자는, 생시몽주의가 전제정에 길을 열고 있다는 비난에 대하여, 인간 대다수는 능력의 권위에 복종하는 법이라고 거침없이 응수하였다. 인간은 경외감에서건 자기애에서건 권위에 복종하며, 특히 인간은 정신적으로는 고립되어 있지만 실질적으로는 의지할 그 무엇을 필요로 하기 때문에 복종한다는 것이었다.

그들은 한편에는 권위가 다른 한편에는 복종이 불가피하다는 주장에 형이상학적인 논거를 제시하였다. 단언컨대 권위란 단지 "인간을 신에게 연결시켜주는 사랑의 정치적 변형일 뿐이다. 당신은 인간의 감정과 의지와 노력을 분열시키는 그 보잘것없는 독자성, 과장해서 말하자면 신이 창조한 것 가운데 가장 악한 속성인 이기심에 불과한 그 독자성을 신보다 높은 곳에 올려놓겠는가?"[10] 생시몽주의자들의 체계는 처음부터 끝까지 권위적이며 계서적이다. 실제로 생시몽의 제자들은 대부분 나폴

---

8) E. Barrault, *la hiérachie. Religion Saint-Simonienne, Recueil et prédications*, 제1권, Paris, 1832, p.196.

9) "Oeuvres de Saint Simon et Enfantin," XLI, *Doctrines Saint-Simoniennes, Exposition par Bazard*, Paris, 1877, p.275.

10) E. Barrault, *La hiérachie*, p.196.

레옹 3세의 카이사르주의에 별다른 거부감을 갖지 않았다. 그리하여 그들은 황제에게서 경제적, 사회개혁적인 동력을 발견했다고 믿는 순간부터 기꺼이 그에게 합류하였다.

푸리에주의는 한 걸음 더 나아간다. 푸리에는 거대한 다기적(多技的) 총체를 고안해낸 인물이다. 그런데 그 세밀함이 너무 지나쳐 현학적일 뿐더러 기괴한 면모까지 보이고 있어서, 우리가 오늘날 푸리에 사상 체계의 그러한 측면을 보고 있노라면 실소를 금치 못할 정도이다. 그는 '아나키'로부터 '절대적 지배'에 이르는 모든 지배 형태들을 수천 개의 "영역별 계서제"에 도표로 표시하였다. 여기에서 영역이란 특별한 권위와 기능을 보유하는 조직이다.[11] 소렐은 루이 블랑 이전의 사회주의가 나폴레옹 1세와 갖고 있던 긴밀한 관련성을 통찰하였다. 소렐은 생시몽주의와 푸리에주의의 유토피아가, 그 위대한 코르시카인에 의하여 새로운 광채를 얻게 된 '권위'의 이념 위에서만 성장하고 번영할 수 있었다고 강조한 것이다.[12] 베르트는 푸리에의 체계가 기능하기 위해서는, 보이지는 않지만 실질적인 푸리에 개인의 현전(現前)이 필수적으로 전제되어야 한다고 평가하였다. 다시 말해 푸리에의 사회주의는, 푸리에가 전쟁의 신인 나폴레옹과 유사한 존재가 되어 다양한 정열들을 풀어놓고 조화시키는 사회주의라는 것이다.[13]

후대 사회혁명가들은 추상적 실체로서가 아닌 구체적 실체로서의 다수파 정부를 거부하였다. 바쿠닌은 노동자가 보통선거에 참여하는 것을 반대했다. 그는 인민, 즉 임금노동자 대중이 소수 유산자계급에 의하여 경제적으로 지배되는 사회에서는 가장 자유로운 선거법조차 망상일 수

---

11) Ferdinand Guillon, *Accord des principes. Travail des coles sociétaires. Charles Fourie*, Paris, 1859, p.97.
12) Vorrede von Georges Sorel zu Fernand Pelloutier, *Historie desébourses du travail*, p.7 이하.
13) douqrd Berth, "Marchands, intellectuels et politiques," *Le Mouvement socialiste*, 22(1907), 제9권, p.385.

밖에 없다고 확신하였다. "권력, 지배, 지배론은 모두 억압받는 대중의 존재를 전제한다."[14] 바쿠닌이 보기에 민주주의는 부르주아 지배질서 가운데 가장 나쁜 질서이다. 프루동에 따르면, 우리가 부르주아 민주주의의 최고형태로 간주하는 공화정이야말로 가장 편협하고 가장 광신적인 통치 이념(zèle gouvernemental)의 체제이다. 공화정은 자신의 전제(專制)는 공동의 이익에 따른다는 편리한 구실 아래, 그 무엇이든 방해받지 않고 행할 수 있다고 믿는 체제라는 것이다.[15] 프루동은 정치혁명은 오로지 "권위의 이전"을 의미할 뿐이라고 주장하였다.[16]

사후(死後)에 정치심리학 분야에 막대한 영향을 끼쳤던 러시아의 사회주의자 알렉산드르 헤르첸은 다음과 같이 논하였다. 인간이 사실상 소유의 부속품으로 전락한 뒤, 즉 삶이 돈을 둘러싼 항구적인 투쟁으로 되어버리고 난 뒤 부르주아적 세계는 두 개의 정당 집단으로 나뉘었다. 그것은 수백만의 지폐 다발에 맹렬하게 매달리는 소유자들과 그들의 재산을 빼앗으려 하지만 그럴 힘은 없는 무산 시민, 다시 말해서 탐욕스러운 자들과 시기하는 자들로 갈라졌다. 그 뒤의 역사 발전은 오로지 그 두 조류가 번갈아 승리하는 것일 뿐이다. 다시 말해 "소유와 지위를 차지한 자는 시기로부터 탐욕으로 옮아간다."[17]

낡은 것이건 새로운 것이건, 그처럼 '정치적' 계급의 지속적 존재가 본질적으로 필연적이라고 주장하는 모든 이론에 진지하게 대립한 유일한 학문적 교리는 마르크스주의이다. 마르크스주의는 국가를 지배계급과 동일시한다. 바쿠닌은 그로부터 가장 과격한 결론을 도출해낸 사람이다. 마르크스주의가 보기에 국가란 지배계급의 "집행위원회"이고, 올리베

---

14) Michèle Bakounine, *L'mpire knouto-germanique et la révolution sociale. Oeuvres*, 제2권, p.126.

15) P.-J. Proudhon, "Idée générale de la révolution au XIXe siècle," 제10권, *Oeuvres complètes de P.* Paris, 1868, p.65.

16) P.-J. Proudhon, *Les confessions d'un révolutionnaire*, p.24.

17) Alexander J. Herzen, *Erinnerungen*, Otto Buek(번역 및 편집), Berlin, 1907, 제2권, p.150.

티의 말로 하자면 기존 지배자들의 특권을 방어하기 위하여 구축된 신디케이트다.[18] 그런데 이 주장은, 세계관이 다르기 때문에 찬송가를 부르지는 않았겠지만 어쨌거나 보수주의 이론가인 모스카의 생각과 그리 다르지 않다.

추후 정부에 입각하게 되는 프랑스 사회주의자 브리앙은, 마르크스주의 국가론을 극단으로 몰고 갔다. 노동자들은 파업이라는 고립적이고 지방적인 경제투쟁을 포기하고, 정치적인 총파업을 통하여 국가에 대한 총공격을 단행해야 한다는 것이었다. 국가에게 타격을 가하는 것만이 부르주아지를 타격하는 것이기 때문이다.[19]

국가의 본질에 대한 마르크스주의의 학설은 노동자 대중의 혁명적인 폭발력과 생산수단의 사회화가 갖는 민주적 영향력에 대한 믿음과 연관된다. 따라서 마르크스주의가 제시하는 미래의 사회질서는 모스카 학파에게는 유토피아로 비쳐진다. 마르크스주의자들은 자본주의 생산양식이 대부분의 인간을 프롤레타리아트로 전환시키고 그로써 자동적으로 스스로의 무덤을 파는 존재라고 생각한다. 축적되고 집중된 대기업의 어깨 위에서 성장하는 프롤레타리아트는 성숙하자마자 정치 권력을 장악하고 개인 소유를 국가 소유로 선포할 것이다. 이를 통하여 모든 계급 격차와 계급 대립이 소멸된다. 그로써 프롤레타리아트 역시 소멸된다. 다시 말해 프롤레타리아트는 국가의 자격으로 국가를 해체시키는 것이다. 계급으로 분화되어 있는 자본주의 사회는 지배계급을 조직화하고 생산수단을 유지하고 프롤레타리아트를 착취할 수 있기 위하여 반드시 국가를 필요로 한다. 그러므로 국가의 종말이란 지배계급의 존재의 종말과 동의어이다.[20]

---

18) Angelo Oliviero Olivietti, *Problemi del socialismo contemporaneo*, p.41.

19) Aristide Briand, *La grève générale et la révolution. Discours réédité en 1907*, Paris, p.7.

20) Friedrich Engels, *Die Entwicklung des Sozialismus von der Utopie zur Wissenschaft*, 제4판, Berlin, 1891, p.40.

그러나 국가의 무덤 위에서 들어서게 될 미래의 무계급 집산주의 사회
에서도 선거는 필요할 것이다. 적어도 루소가 『사회계약론』에서 제기하
였고 프랑스 혁명의 인권선언에 수용된 모든 예방조치들, 그중에서도 권
한을 부여받은 자들에 대한 항시적인 소환 가능성, 다시 말해 인민의 은
총이라는 다모클레스의 칼 아래 놓인 모든 권한의 시간적 제약은 필요
할 것이다.[21] 그리고 사회의 부(富)를 관리하는 것도 확대된 관료제의
창출을 통해서만 만족스럽게 진행될 수 있을 것이다. 이러한 측면을 논
리적으로 밀고 나가면, 우리는 무계급 국가의 가능성을 전면적으로 부인
하는 결론에 도달하게 된다. 엄청난 자본을, 그것도 전체에 속하는 돈을
관리하는 것은, 최소한 자기 자본, 즉 사적 소유를 관리하기 위하여 필요
한 양만큼의 권력을 관리자들에게 부여할 것이다.

마르크스주의 사회질서를 비판하는 사람들은 이렇게 묻는다. 사회주
의 국가에서는 공공 재산과 재화의 관리자들이, 사유재산 소유자들이 축
적된 재산을 자식에게 유산으로 넘겨주는 것과 똑같은 본능에 의하여,
자신의 막대한 권력을 이용하여 자기 관직의 후임에 자기 자식을 임명
할 가능성이 없겠는가?[22]

---

21) 홉슨에 따르면, 사회주의 국가는 지금까지 알려진 다른 국가형태보다 더 많은
   지도자, 또한 더 많은 정치지도자를 필요로 할 것이라고 했는데, 이는 널리 알
   려진 사실에 불과하다(Boodle, pp.587, 890). 베른슈타인은 장래 국가의 행정기
   구는 오랫동안 현재 국가기구의 행정체계와 그리 다를 바 없을 것으로 전망했
   다(*Zur Geschichte*, p.212).

22) Gaetano Mosca, "Antwort auf eine Enqu te über den Sozialismus," *Bios*(연보,
   Marescotti 편집), Mailand, 1904. 집단주의 비판가들이 강력하게 자주 지적하는
   사실이 바로 이 점이다. Paul Leroy-Beaulieu, Le collectivisme, Paris, 1884, 제
   1권, p.350 이하; F.S. Merlino, *Pro e contro il socialismo*, p.194를 참조하라. 조
   레스는 사회주의 사회의 생산을 지도하기 위한 국가노동위원회를 고안했는데,
   여기에는 몇 가지 예방책이 들어 있지만, 결국 미래국가에서는 권력이 더 소수
   의 대리자에게 집중될 것임을 보여준다(J. Jaurès, "Organisation socialiste," *Revue
   socialiste*, 22(1895), 제11권, pp.129~160). 개혁주의적 사회주의자인 사로트
   (Joseph Sarraute)는 사회주의 사회의 집단적 형태에 대해 "대담한 시도, 곧 국민
   주권을 양도할 사람들의 수중에 있는 공공복지를 기어이 신(神)이 아니라, 한

마르크스주의의 혁명 개념에 깔려 있는 독특한 사회변동론 역시 새로운 지배적 소수의 형성을 촉진한다. 마르크스에 따르면 자본주의 사회와 공산주의 사회 사이에는 하나의 경제질서로부터 또 다른 경제질서로 이행하는 혁명적 격변기가 가로놓여 있고, 이에 대응하는 정치적 과도기가 존재한다. 그것이 바로 "프롤레타리아트 독재 이외에 다른 것일 수 없는 국가"이다.[23] 그것은 보다 직접적으로 표현하면, 사망하는 부르주아 사회로부터 사회주의의 이름으로 지배의 홀(笏)을 빼앗을 힘과 민첩성을 갖춘 사회주의 지도자들의 혁명적 독재이다.[24]

더욱이 '독재'라는 과도기 단계는 결코 몇몇 사회주의적 노선들의 전략적 특징에 그치는 것이 아니다.[25] 마치니의 공화주의 정당의 최소강령에도 혁명적 독재가 명시되어 있었다. 카르보나리가 사회주의 분파와 청년이탈리아당으로 분열한 이유는 바로 그 규정 때문이었다. 피렌체 출신인 필리포 부오나로티는 프랑스 혁명 당시 영웅적인 역할을 수행했던 사람으로,[26] 혁명의 현장에서 그는 성공한 혁명가들이 어떻게 불평등한 질서를 유지하고 새로운 귀족정을 건설하는지 지켜보았다. 그래서 그는 바뵈프의 친구이자 전기 작가임에도 불구하고, 중앙집권적 권력 계획에 단호하게 저항하였다. 그런 그가 자신의 행동을 정당화하기 위하여 제시한 이론적 논거 가운데 가장 중요한 것은, 일인독재는 군주제로 귀결되

사람의 전제군주나 위원회에게 맡기려는 대담한 시도이다"라고 언급했다(J. Sarraute, *Socialisme d'opposition, socialisme de gouvernement et lutte de classe*, Paris, 1901, p.46).

23) Karl Marx, "Randglossen zum Programm der deutschen Arbeiterpartei," *Waffenkammer des Sozialismus*, 년 2회 발행 10(1908), p.18.

24) 위에서 검토한 기록에 의하면 러시아에서는 소비에트가 이미 오래전에 생겨났는데, 이것만 보더라도 이 점은 충분히 검증되고도 남음이 있다.

25) Carl Schmitt, *Die Diktatur, Von den Anfängen des modernen Souveränitätsgedankens bis zum proletarischen Klassenkampf*, München u. Leibzig 1921〔서문과 부록을 추가한 제2판, 1928〕.

26) Filippo Buonarroti, *Conspiration pour l'égalité, dite de Baboeuf*, Bruxelles, 1828, 특히 p.48을 참조하라.

는 과도기라는 주장이었다.[27]

부오나로티는 마치니와 그의 동료들에게, 그들이 관철시키고자 하는 정치적인 변화들은 순전히 형식적인 것이며, 그 목적은 오로지 개인적인 욕망의 충족, 특히 강력한 권위의 획득과 행사에 있을 뿐이라고 비난하였던 것이다.[28] 따라서 마치니가 1833년에 피에몬테에서 조직적인 무장봉기를 일으켰을 때, 부오나로티는 카르보나리 동지들에게 그 봉기를 지원하지 말라는 비밀 지령을 내렸다. 봉기의 성공은 새로운 야심적인 귀족정의 시작일 것이기 때문이었다.[29] 부오나로티는 또 다른 기회에, 마치니의 이상 공화국과 군주정의 차이점은, 군주정에는 작위가 몇 안 되는 데 비해 선거제 공화국에는 자리가 더 많을 따름이라고 지적하였다.[30]

과두 집단의 '독재'도 그 영향에서는 일인독재와 근본적으로 다르지 않다. 독재 개념은 민주주의 개념과 대립된다. 따라서 민주주의를 위하여 독재를 이용하려는 것은, 전쟁이 평화의 가장 유용한 무기요, 술이 알코올 중독의 치료제라고 말하는 것과 매한가지다.[31] 이는 또한 전체를 위한다는 명목으로 권력을 장악한 집단이 곧 그 권력을 멀리하게 될 것이라고 가정하는 것과 같다.[32] 테오프라스트는 일찍이, 인민 국가의 최고위 직책을 차지한 자들의 가장 큰 욕망은 치부(致富)가 아니라 인민

---

27) Giuseppe Romano-Catania, *Filippo Buonarroti*, Palermo, 1902(제2판), pp.211, 212.

28) 같은 책, p.213.

29) 같은 책, p.218.

30) 같은 책, p.228.

31) "절대주의를 해방의 도구로 쓰고자 하는 실러(Schiller)의 작품에 나오는 포자(Marquis Posa: 실러의 작품 『돈 카를로스, 에스파냐의 왕자』에 나오는 몰타기사단 소속의 기사이다-옮긴이)의 꿈이나 혹은 교회를 사회주의의 지렛대로 삼고자 하는 졸라의 작품 『로마』(*Rome*)에 나오는 다감한 피에르 신부의 꿈은 서로 같은 것이다"(Peter Krapotkin, *Die historische Rolle des Staates*, Berlin, 1898, p.52).

32) 수정주의자들 가운데 학자 출신들은 이 점을 인식하기 시작하고 있다(Fournière: *La sociocratie*, p.103).

의 주권을 희생시킴으로써 자신의 주권을 창출하는 것이라고 지적하였다.[33] 실제로 사회혁명이 독재의 단계로부터 정상적인 법 상태로 넘어가면, 평가 가능하고 가시적이며 그 자체로 인정받고 있는 오늘날의 지배 계급 대신, 평등의 가면 아래 은밀하게 작동하는 선동적 과두정이 자리할 위험성이 크다.

따라서 우리가 여러 장(章)에 걸쳐 그 기본적인 전개 형태를 특징지웠던 사회학적인 현상들은, 민주주의에 적대적인 학자들에게 풍부한 전거를 제공한다. 이는 문명인들이 '지배하는' 혹은 '정치적인' 계급 없이 존립할 수 없다는 사실을 가리킨다. 다시 말해 그런 현상들을 징후로 하여 우리가 간파할 수 있는 것은, 지배 계급의 존재가 문명의 필수적인 조건이요 전제라는 점과, 그 구성원이 빈번하게 부분적으로 바뀌기는 하지만 지배 계급의 존재는 인류의 발전사를 통괄하는 지속적 가치를 지닌 유일한 요소라는 것이다.

따라서 정부 혹은 국가는 항상 소수의 조직일 수밖에 없고, 그 소수는 예속 대중을 지배하고 착취하기 위한 '법질서'를 만들어 사회에 강요한다. 따라서 그 국가는 다수의 방사(放射)라고 상상할 수 있을지언정 실제로 그럴 수는 없다.[34]

인류의 다수가 스스로를 통치할 가능성은 결코 없다. 혹은, 스스로를 통치할 능력이 없다고 해야 할 것이다. 설령 만족하지 못한 대중이 어쩌다가 지배 계급으로부터 권력을 빼앗는다고 하더라도, (모스카에 따르면[35]) 대중 자체의 품안에는 이미 지배 계급의 자리를 넘겨받을 새로운 소수가 조직되어 있게 마련이다. 영원히 미성년으로 머무르는 인류의 다수는, 품안에 있는 소수가 자신을 지배하도록 허용하고, 자신을 오직 과두

---

33) La Bruyère, *Caractères, suivis des caractères de Théophraste*, p.381.
34) 이와 유사한 생각으로는 몸젠(Mommsen)의 주장을 들 수 있는데, 그는 민주주의가 항상 스스로를 다시 파괴시킨다고 했다.
35) Gaetano Mosca, *Elementi di scienza politica*, p.62. 또한 이 책의 p.233 이하를 참조하라.

정의 받침대로 이용하도록 허용할 수밖에 없는 참혹한 역사적 운명 속에 있는 것이다.

사회주의의 문제는 경제의 문제만이 아니다. 다시 말해 부를 정의롭고 생산적으로 배분하는 방법의 문제만이 아니다. 사회주의의 문제는 민주주의의 문제이기도 하다. 여기에서 민주주의는 행정기술적인 의미이기도 하고 심리적인 의미이기도 하다. 마르크스주의자들은 대단히 매혹적인 경제 이념과 역사철학을 갖고 있지만, 그간의 경험이 입증하듯 그들은 헌법, 행정, 심리의 영역에서 극히 기초적인 인식조차 갖고 있지 못하다.[36] 푸리에는 근대 사회를 개인적 무절제의 메커니즘으로 정의했다. 모두가 무절제하기 때문에, 그것은 개인에 대한 대중의 침해도 막지 못하고, 대중에 대한 개인의 침해도 막지 못한다.[37] 사회주의 이론은 부르주아 사회를 좌초시킨 문제점들을 어떻게 해결할 것인지 규명하지 못하였다. 사회주의가 개인의 자유를 보장하면, 그 자유는 무절제한 개인적 아나키즘으로 귀착되거나, 애초의 선의와는 달리 개인을 대중의 노예로 전락시킬 뿐이다.

마음만 먹으면 비슷한 예들을 얼마든지 찾을 수 있는 전형적인 경우가 있다. 베벨은 사회주의에서 문학을 고귀하고 순수하게 유지하며 저속한 흐름을 애초부터 차단하기 위하여, 출판물의 인허가를 담당할 전문가 위원회를 구성하려 했다. 그러나 불공평의 가능성은 배제되어야 하였고 의사 표현의 자유는 보호되어야 하였기 때문에, 베벨은 필자들이 전체의 의사를 물을 수 있는 권리를 갖도록 하자고 추가적으로 제안하였다.[38] 민주주의 수호를 위한 이 절차를 보라. 그에 따르자면 엄청나게 두꺼운 책을 수백만 부씩 인쇄하여 전원에게 발송하여 그것의 출판 여부를 심사하도록 해야 할 것이다. 이러한 절차가 기술적으로나 정신적으로나 사

---

36) Georges Sorel, *Dove va il marxismo?* p.17.
37) Charles Fourier, *De l'anarchie industrielle et scientifique*, Paris, 1847, p.40.
38) S. August Bebel, *Die Frau und der Sozialismus*, 제34판, Berlin, 1903, p.423.

회질서를 불가능하게 만들 것이라는 점은 자명하다.

개인의 보호는 사회주의가 목표로 삼은 복잡한 과제들 중에서 가장 핵심적인 문제이다. 이 때문에 사회주의 운동에 헌신한 인물들에게 힘을 불어넣음으로써 사회주의 운동을 부활시키고자 노력하고 있는 루돌프 골트샤이드는 다음과 같이 타당한 지적을 하였다. 사회주의가 개인의 능력의 문제를 인식론적으로 그리고 의지론적으로 규명하지 못한다면, 제아무리 조직의 문제를 ──골트샤이드는 경제 조직의 문제를 말하는 것 같다── 천재적으로 해결한다고 하더라도, 인류의 고차원적 발전에서 자유의 문제가 갖는 의미를 통찰하지 못하게 된다. 그리고 그렇게 되면 사회주의 운동 역시, 그 이전의 모든 세계관 운동이 반사광의 광채 때문에 개별적인 빛의 원천들을 망각했던 것처럼 실패하고 말 것이다.[39]

독일 사민당이 격렬한 투쟁 속에서 부르주아 민주주의의 후견으로부터 벗어났던 초기 시절, 사민당의 친구였던 로드베르투스는 진지하게 경고하였다. 라이프치히의 전독일노동자협회 위원회에 보낸 공개 서한에서 그는 다음과 같이 썼다. "여러분들은 한 정당이 여러분들의 사회적인 관심을 충분히 대변하지 않았기 때문에 그 정당으로부터 이탈하여 독자적인 정당을 창당하였습니다. 여러분들은 옳습니다. 그러나 과연 이 새로운 정당에서는 반사회적인 세력이 대세를 장악하지 않으리라는 보장이 있는지요?"[40] 이는 정당의 본질을 정확하게 파악한 지적이다. 이를 제대로 인식하기 위해서는 정당 구성원의 성분 분석이 필요하다.

정당은 사회적 단위도 아니고 경제적 단위도 아니다. 정당의 토대는 강령이다. 강령은 이론적으로는 특정한 계급의 이해관계만을 표현할 수 있지만, 그와 개인적 이해관계가 어긋나는 사람들도 그 정당에 가입할 수 있다. 예컨대 사회민주당은 이데올로기적으로 프롤레타리아트를 대

---

39) Rudolf Goldscheid, *Grundlinien zu einer Kritik der Willenskraft*, Wien-Leipzig, 1905, p.143.

40) Rodbertus, *Offener Brief usw.*, *Lassalles Gesamtwerke*, 제2권, p.15.

변하지만 결코 프롤레타리아트만의 계급 조직은 아니다. 사회적으로 보아 사민당은 경제적 기능이 서로 다른 사람들로 구성되는 다계급적 혼합물이다. 그러므로 당 강령은 겉으로만 당의 계급적 통일성을 규정하고 있을 뿐이고, 당원들은 자신의 경제적 지위와 무관하게 프롤레타리아트라고 하는 한 계급의 절대적 우위를 이론적으로 주장하고 있는 것이다. 즉 그 정당에 속한 비프롤레타리아트 혹은 순수 프롤레타리아트가 아닌 당원들도 "노동계급을 지도적인 계급으로 인정하고 노동계급의 관점을 받아들인다."[41]

여기에서 암묵적으로 전제되고 있는 것은, 프롤레타리아 계급에 속하지 않는 당원들이 노동계급의 이해관계와 어긋나는 자신의 독자적인 이해관계를 조건 없이 포기한다는 것이다.

그러나 이것은 이론이다. 현실은 다르다. 자본과 노동 간의 대립은 강령의 수용에 의하여 해결되지 못한다. 노동계급의 정치 조직에 가담한 상위 계급 출신들 중 몇몇은 그 조직에 헌신하고 자신의 계급을 스스로 강등시킨다.[42] 그러나 그들 대다수는 외적으로만 프롤레타리아트와 이데올로기적으로 결합될 뿐, 경제 현실에서는 프롤레타리아트와 대립되는 이해관계 속에 머문다.[43] 다시 말해 원칙적으로 그들은 자신에게 낯선 계급의 '이념'에만 종속되는 것이다. 따라서 이해관계의 대립은 여전히 지속된다. 그리고 이해관계에서 결정적인 것은 삶의 가장 필수적인 것과의 관계가 갖는 힘이다. 결국 부르주아지 당원과 프롤레타리아트 당원 사이에 경제적 대립 관계가 형성되고, 이는 다시 정치적 대립으로 확대된다. 다시 말해 경제적 대립 관계는 이데올로기적인 연대를 넘어서서 일상의 문제가 되는 것이다.

이제 강령은 사문서가 되어버리고, '사회주의' 깃발 아래 여기저기에

---

41) Eduard Bernstein, "Wird die Sozialdemokratie Volkspartei?" *Sozial. Monatshefte*, 9(1905), p.670.
42) 같은 책, p.322 이하를 참조하라.
43) 이 책의 p.335 이하를 참조하라.

서, 네 개의 벽으로 둘러친 정당이라는 방의 내부에서 본격적인 계급투쟁이 벌어지게 된다. 현실에서도 고용주로서의 부르주아 사민당 당원이 자신의 피고용 하인을 대하는 태도를 보면, 그는 자신이 이념적으로 선택한 수양(收養) 계급의 이해관계를 자신의 현실적인 계급적 이해관계 앞에 놓지 않는다. 게다가 그가 공장이나 점포를 소유하고 있는 사람일 경우, 그는 자기 자신의 개인적인 선의(善意)와 당이 가하는 압력에도 불구하고 자기가 고용한 노동자들과 경제적으로 대립하게 된다. 다시 말해 그는, 자신의 경제적 기능에 부합하는 이데올로기적 확신을 갖고 사회민주주의적으로 사고하지 않고 부르주아적으로 사고하는 직업 동료들과 다를 바가 없게 되는 것이다.

따라서 당의 강령과 자신의 개인적 실천 의지가 일순간 모순되는 인물이 사회주의 정당의 지도권을 장악할 위험성, 그리하여 노동운동이 노동계급의 이해관계와 정면으로 어긋나는 방향으로 나아갈 위험성이 존재한다.[44] 그 위험성은, 노동자 정당이 그에 경제적으로 독립되어 있는 자본가들의 도움 혹은 지도에 의존할 경우 가장 크고, 당이 그런 인사들을 필요로 하지 않거나 혹은 필요하다고 하더라도 지도부로부터 그들을 멀리할 경우 가장 적다.

부르주아 출신이건 노동계급 출신이건, 당 지도자들이 당의 관리로서 당 조직 자체에 소속되어 있는 곳에서는, 지도자들의 경제적 이해관계가 보통 당의 이해관계와 일치한다. 적어도 유럽 대륙에서는 노동자 정당의 하위 당직자들이 노동자 정당과 적대적인 정당 조직으로 넘어가는 일은 흔치 않다. 그러나 그것으로는 위험 한 가지가 제거된 것일 뿐이다. 또 하나의 위험, 보다 심각하고 보편적이며 피할 수 없는 위험은, 당의 발전과 더불어 시작되는 당원 대중과 당 지도부 간의 대립이다.

---

44) Arturo Labriola, *Riforme e revoluzione sociale*, pp.225, 226을 참조하라. 라브리올라의 이 가정은 부르주아지 출신의 당 지도자에 국한되어 있다. 그러나 우리가 본문에 다룬 대로, 그는 노동운동 관료 출신을 고려하지 않고 그 모두를 대상으로 삼았어야 했다.

외적 조직으로서의 정당, 혹은 메커니즘으로서의 정당은 당원 대중은 물론 계급과도 동일한 것이 아니다. 정당은 원칙적으로 보다 높은 목적을 위한 수단이어야 한다. 그러나 정당 자체가 목적이 되면,[45] 그리하여 정당 자체에 독자적이고 독립적인 목표와 이해관계가 생겨나면, 정당의 목적은 그것이 대변하는 계급의 목적과 어긋나게 된다. 정당의 조직을 대표하는 당 관리들의 이해관계와 그 정당에 조직된 대중의 이해관계가 반드시 일치해야 한다는 법은 없다. 특정한 정치 상황에서는 노동계급의 이해관계가 대담하고 무모하기까지 한 정책을 요구하는 반면, 당 관리들의 보수적인 이해관계는 방어적이거나 심지어는 반동적인 정책을 필요로 할 가능성도 있다. 그리고 비록 아주 드물기는 하지만 그와 정반대의 경우도 생긴다.

분업에 의하여 등장한 기관이 공고화되면, 그 속에 기관 자체의 이해관계, 즉 기관을 위한 기관에 대한 이해관계가 발생한다는 것은 변경 불가능한 사회법칙이다. 그리고 조직 자체의 이해관계가 생겨나면, 그것에는 조직원 전체의 이해관계와 충돌하고 대립하는 측면들이 나타난다. 그것만이 아니다. 다양한 사회 계층들이 사회적 기능에 따라 독자적으로 결집되어 기관을 조직하면, 그 기관들은 다시금 고유한 이해관계를 내세우게 된다.[46]

한 지배층이 또 다른 지배층으로 교체될 필연성과 그로부터 도출된 과두정의 법칙, 즉 인간이 대규모 단체로 조직될 때 필연적으로 나타나는 가장 보편적인 조직 형태로서의 과두정의 법칙이 유물사관을 배격하는 것은 결코 아니다. 그것은 오히려 유물사관을 보충한다. 역사가 부단한 계급투쟁으로 구성된다는 학설과, 계급투쟁이 구(舊)과두정에 합류하는 새로운 과두정으로 귀착될 뿐이라는 학설 사이에는 그 어떤 모순도 존재하지 않는다.

---

45) 이런 변화의 내적인 필연성을 우리는 이미 이 책, p.473 이하에서 증명했다.
46) 앞의 책, p.159 이하를 참조하라.

정치계급의 존재는 마르크스주의에서 논란의 여지가 없는 측면이다. 왜냐하면 정치계급이란 사회의 품안에서 자신을 표현하기 위하여 투쟁하는 힘 관계들 — 이는 물론 양적으로가 아니라 질적으로 이해되어야 한다 — 이 표출된 결과이기 때문이다.[47]

정치계급은 의심할 바 없이 자신을 방어할 가능성과 방법에 대한 고도로 섬세한 감각을 갖고 있다. 그들은 대단한 매력과 흡인력을 갖고 있어서, 극히 집요하고 철저한 적들조차 장기적으로 그들로부터 벗어나는 경우가 아주 드물다. 역사는 우리에게, 아무리 강력하고 활기찬 인민 운동이라고 하더라도 그것이 문명인의 사회구조에 지속적이고 유기적인 변화를 가져올 수는 없다는 점을 가르쳐준다. 이는 인민 운동의 가장 탁월한 인사들, 운동의 선두에 서서 운동에 박차를 가하는 그 사람들이 점차 대중으로부터 분리되어 '정치계급'에 흡수되기 때문이다.

그들은 기존의 정치계급에게 특별한 '새로운 이념'을 전수하지는 못하지만, 그만큼 더 신선한 창조력과 실천적인 지식을 가져다준다. 결국 그들은 그렇듯 정치계급을 지속적으로 일신함으로써 정치계급을 보존시킨다. 베르주레의 말마따나, 혁명 운동 지도자들을 모조리 사살해버린다면 부르주아 정부는 도대체 누구를 데려다가 장관 자리에 앉히겠다는 것인가.[48]

그렇게 사회주의자들은 승리할 수 있다. 그러나 사회주의는 그렇지 못하다. 사회주의자들이 승리하는 순간 사회주의는 몰락한다. 대중이 전력을 다하여 지도자들을 교체한 뒤 만족해하는 것은 가히 희비극이라 할 만하다. 노동자들에게는 오로지 "정부를 충원하도록 하였다"는 명예만

---

47) 사회주의자들 사이에서 이와 똑같은 생각을 갖고 있는 사람이 없지는 않다. 그러한 사람으로는 스웨덴 상원에 소속된 사회주의자 스테펜을 들 수 있는데, 그는 이미 1911년에 사회주의 승리 이후에도 지도자와 추종자 사이의 관계가 계속될 것으로 내다보았다(Gustaf F. Steffen, *Die Demokratie in England*, Jena, 1911, p.59).

48) Bergeret(Errore Marroni), "Le idee del mio amico, il forcaiolo," *Stampa*(Turin) 1909년 10월 27일 자.

이 남을 뿐이다.[49] 선의의 이상주의자들조차 일단 지도자가 되면 단기간 내에 지도자의 일반적 속성들을 갖게 되는 심리학적 현상까지 고려한다면, 노동자들의 그 명예는 얼마나 보잘것없는 것인가.[50] 사회적 이념과 실험의 고전적 나라인 프랑스에서는 이러한 비관주의가 이미 오래전부터 깊숙이 뿌리내려 있었다.[51] 그곳에서는 노동자들 사이에서, 당선되면 사람이 달라진다는 속담이 생겨났다.

반(反)낭만주의자들이 1833년경에 그런 회의감을 다음과 같은 신랄한 풍자 속에 담아냈던 것은 역사적으로 그럴 만하였기 때문이다. "혁명이란 무엇인가! 길거리에서 총질을 하는 사람들이 벌이는 것이 혁명인가? 그런 것은 셀 수 없이 많은 창문이나 깨뜨릴 뿐이고, 거기에서 이득을 보는 사람은 유리장수밖에 없다. 이런 흥분은 바람과 함께 사라지고, 투쟁에서 살아남은 자들은 사람들을 깔아뭉갠다. ……혁명이란 더 이상 참고 견딜 수 없는 정직한 인민을 선동하려는 노력일 뿐이다."[52]

혹은 마담 앙고(19세기 프랑스 음악가 르코크의 오페라 작품 『마담 앙고의 딸』에 나오는 인물 - 옮긴이)의 말마따나, "장담하건대 그것은 통치를 변화시키려는 노력이 아니다." 사회혁명도 정치혁명과 다를 바 없다. 이탈리아 속담이 옳다. 지휘자가 바뀐다고 해서 음악이 바뀌는 것은 아니다.

---

49) Félicien Challaye, *Syndicalisme révolutionnaire et syndicalisme réformiste*, Paris, 1909, p.16.

50) 같은 책, 제3부 제1장(pp.200~208, 219).

51) 민주주의에 대한 프랑스인들의 실망은 프랑스 대혁명 때까지 거슬러 올라간다. 기조는 이 놀라운 실험이 "자유를 추구하는 사람들을 언제나 진저리치게 하고, 인류의 가장 고귀한 기대를 송두리째 빼앗아가는 데" 충분하다고 말했다 (F. Guizot, *Du gouvernement de la France*, p.165).

52) Théophile Gautier, *Les Jeunes-France*, Paris, 1878, p.15.

민주정당에서 과두체계가 발달하는 원인

개인 심리학

자신의 가치에 대한 인식 → 자연적인 인간에 내재한 지배욕구의 증대

숙련성

웅변력, 지성 등

조직의 필요성

조직의 확대 (행정의 필요성)

업무의 확대

노동분화 및 전문화 요구

직접민주주의 기술적 불가능

전술, 군대와 같은 공격력

지도자

직업적인 지도자 (전문성)

대중심리

대중의 무능력

감사의 마음

전통의 구속력

지배욕구

숭배욕구

공공여론에 대한 공포

파면될 수 없는 종신 지도자 (안정성)

문화적 혹은 교양상의 우위

관료제

인간에 내재적인 자연적인 지배욕의 고양

과두제

3 결론

글자 그대로의 진정한 민주주의는 결코 존재하지 않았을 뿐더러
결코 존재하지도 않을 것이다.
다수가 지배하고 소수가 지배받는 것은 자연법칙에 어긋난다.
  • 루소, 『사회계약론』

지도부의 등장은 어떤 형태의 사회에도 필연적인 현상이다. 따라서 그
것이 유용한가 해로운가, 그중 어떤 경향이 더 지배적인가를 말하는 것
은 학문의 영역에 속하지 않는다. 그러나 지도부의 발전이 민주주의의
근본적 원리들과 합치되지 않는다는 것을 확인하는 것은, 학문적으로나
실천적으로나 가치 있는 일일 것이다. 우리는 '과두정의 역사적 필연성'
법칙이 일차적으로는 다만 일련의 경험적 사실에 근거한다는 것을 안
다. 그러나 모든 학문적 법칙은 우선적으로 경험으로부터 도출되어야 한
다. 문제는 경험에서 도출해낸 법칙에서 기술적이고 묘사적인 요소들을
제거하고, 대신 분석적 설명력을 부여하는 작업이다. 이를 위해서는 경
험적으로 확인 가능한 현상들을 하나의 통일적인 관점하에 질서 지워야
하고, 또한 그 발생 원인들을 규명해야 한다. 우리의 연구 과제는 바로
여기에 있었다.

민주주의 정당의 내부에서 나타나는 과두적 현상의 원인들을 다시 한
번 요약하면 다음과 같다. 지도자들이 담합하는 경우와 보편적인 대중의
정신적 무기력을 논외로 하면, 과두적 현상의 원인은 지도자들의 지배욕
과 그들 존재의 기술적인 불가피성이다.

그 과정은 분업과 함께 시작되어, 대중으로부터 분리된 지도자가 일련
의 특성들을 발전시키면서 완성된다. 지도자들은 처음에 자발적으로 나

타나 무보수의 부업으로 활동하지만, 이내 직업적인 지도자가 된다. 그리고 직업적 지도부의 형성이라는 첫 번째 단계에 뒤이어 안정된 종신(從信) 지도부의 등장이라는 두 번째 단계가 나타난다. 이러한 과두적 현상은 부분적으로는 심리학적으로 설명할 수 있다. 한편으로는 운동에 참여한 지도자 개개인이 운동의 발전 과정에서 겪는 정신적 변화가 원인일 수 있다. 그러나 더욱 본질적인 것은 조직의 심리학, 다시 말해 정치무대에서 활동하는 규율화된 결집체가 성장하면 그에 따른 전술적, 기술적 문제가 필연적으로 과두적 지도부를 요청한다는 것이다. 정당이라면 피할 수 없는 그 사회학적 기본 법칙을 간략하게 공식화하면 대략 다음과 같다. 선출된 자가 선출한 자들을 지배하고, 수임자가 위임자를 지배하며, 대의원이 대의원을 선출한 사람들을 지배하도록 하게 만드는 것은 조직 그 자체이다.

다양한 형태의 민주주의에서 과두 체제가 형성되는 것은 '유기적인' 과정이다. 다시 말해 그것은 사회주의적인 조직이든 아나키즘적 조직이든 할 것 없이, '모든' 조직에서 필연적으로 나타나는 경향이다. 할러가 이미 지적한 대로, 모든 조직 관계에는 지배와 종속의 관계가 자연적으로 형성된다.[1] 따라서 모든 정당 조직은 민주적 토대 위에 선 강력한 과두정이다. 어느 곳이나 선출하는 자와 선출되는 자가 있다. 그리고 어느 곳에서나 선출된 지도자는 선출한 대중을 지배한다. 조직의 과두적 구조는 조직의 민주적 토대에 의하여 숨겨진다. 후자는 당위이고, 전자는 현실이다.

이러한 본질적 차이는 대중에게 철저하게 은폐된다. 예컨대 사회주의 대중은, 새로운 정치 엘리트들이 그 전임자들보다 공약을 더 잘 지킬 것이라고 진심으로 믿는다. 대다수 민주주의자들, 특히 독일어권에 속하는 나라의 노동 대중은 인민의 이해가 대표될 수 있다는 이념을 끈질기

---

1) Karl Ludwig von Haller, *Restauration der Staatswissenschaften*, 제1권, Winterthur, 1816, p.304 이하.

고 진지하게 믿는다. 그러나 이는 잘못된 조명 효과, 곧 신기루 효과에서 생겨난 망상이다. 근대의 돈키호테 현상을 분석한 알퐁스 도데의 찬란한 글에서, 용감한 기사인 브라비다는 결코 타라스콩 출신이 아님에도 불구하고 뜨거운 남부의 태양이 자기암시 효과를 유발하자, 자신이 중국의 상하이로 가서 온갖 진기한 모험을 경험했다는 환상에 빠진다.[2] 오늘날의 프롤레타리아트도 마찬가지이다. 문화적으로 우월하고 말솜씨도 뛰어난 지도자들의 견고한 연설에 지속적인 영향을 받은 나머지, 프롤레타리아트에게 하나의 고정 관념이 생겨난다. 투표를 통하여 자신의 사회경제적 문제를 대변인에게 위임하기만 하면, 그것으로 자신이 "지배에 한몫"한 것이라는 관념이 그것이다.[3]

민주적이고 혁명적인 당 조직이 실제로는 지도자의 지배 체제라는 사실은 명료하게 인식되어야 한다. 사실 몇몇 통찰력 있는 인물들은 이에 유의하였다. 따라서 문제는 민주주의의 이상을 어떻게 달성하느냐에 있지 않다. 문제는 오히려 어느 정도의 민주주의가 가) 그 자체로 가능하고, 나) 현재에서 실천 가능하며, 다) 바람직한가 하는 것이다. 이 가운데 마지막 물음은 정치와 세계관의 영역에 속하는 문제로, 우리가 현재 관심을 갖는 영역을 벗어난다. 이 물음은 학문으로서의 정치의 근본 문제인 것이다. 이를 인정하지 않는 사람은 좀바르트의 질책을 받아 마땅하다. 그런 사람은 무릇 질서와 문화는 귀족주의적 특색을 띠게 마련이라

---

2) Alphonse Daudet, *Tartarin de Tarascon*, Paris, 1887, p.40을 보라.
3) 이 권력에 참여한 당사자들 대부분은 이를 공식적으로 시인하지 않고 있다. 그와는 반대로 이들은 대중의 권력은 무제한이라고 주장한다. 정치선거를 보면 전혀 현실과 동떨어진 이런 생각을 다소 완곡한 방식이나마 드러내는 사람들은 대부분 사회주의 작가, 특히 사회민주주의적 작가들이다. 이것을 아주 단호한 형태로 규정한 사람은 사회주의자로서 괴짜라 할 수 있는 라 쇼 드 퐁(La Chaux-de-Fonds) 출신의 쿨러리(Coullery) 박사뿐이다. "일반선거권을 통해 노동자들이 모든 권력을 장악해야 한다"(P. Coullery, *Jésus le Christ et sa vie, sa doctrine morale, politique, économoque et sociale, Les loix naturelles et le socialisme*, Bienne, 1891, p.303). 또한 당조직에도 이 견해가 전혀 제대로 반영되어 있지 않다.

는 점을 인식하지 못할 만큼 미숙하거나 판단력이 흐린 사람, 혹은 민주주의의 물결이 도도하게 흐르고 있다고 사태를 잘못 파악할 만큼 세상사에 눈이 어둡고 현혹된 사람이다.[4]

사회주의자들이 심리학적 소양이 부족하기 때문에 범하는 커다란 오류는, 현재를 평가할 때에는 지나치게 심각한 비관주의에 젖어드는 반면, 미래를 판단할 때에는 거꾸로 지나친 장밋빛 낙관주의에 빠져든다는 점이다. 논리적으로 따져보면, 천년에 걸친 정신적 경험에 기반한 현재를 그렇게 비관적으로 바라보면서 미래는 그렇게 터무니없이 낙관할 수 있다는 것이 기이한 노릇이다. 현실적으로 판단해보면, 인간의 변신 능력을 얼마쯤 가정한다고 하더라도, 사회정책자나 사회철학자들에게 주어진 인간 자원의 한계는 너무도 분명하다. 자원이 그 정도에 불과하다면, 머지않은 장래에 인류에게 근본적인 개선이 이루어지리라고 기대하는 사람은 분명히 공상가일 것이다.

사회민주주의 정당과 노조는 사회적 삶을 사는 살아 있는 유기체들이다. 따라서 그들은 자기 본질에 대한 분석에 완강하게 저항한다. 왜냐하면 그러한 분석은 그들에게서 자신의 몸을 해부하는 것과 같기 때문이다. 그리고 그들은 자신의 선험적 이데올로기와 어긋나는 분석 결과를 단호하게 배격한다. 그러나 그들의 방어 논거는 극히 취약하다. 그들을 대표하는 사람들 중에는 학문적인 진지함과 성격적인 정직성으로 인하여, 그 어떤 형태의 민주주의에도 과두적 경향이 살아 움직인다는 점을 전적으로 부인하지 못하는 사람들도 있다. 그러나 그런 이들은 운동이 아직 청년기에 있음을 강조하면서, 과두적 경향이 존재하는 이유는 추종 대중의 심성에 아직 격세유전적(隔世遺傳的)인 과거의 잔재가 남아있기

---

4) Werner Sombart, *Dennoch!*, p.90. 또한 F. S. Merlino, *Pro e contro il socialismo*, p.262 이하를 참조하라. 오늘날(1924) 유럽 대부분의 나라에서 강력한 반(反)민주주의 운동이 다소 성공을 거두고 있지만, 그렇다고 기본적으로 변화된 것은 아무것도 없다. 왜냐하면 이 운동은 단지 민주적 원칙의 극복이 아니라, 부인할 수 없는 민주정의 약점과 역기능에 대한 절망적인 반작용이기 때문이다.

때문이라고 주장한다. 대중이 여전히 감염되어 있다는 것이다.

다시 말해 과두적 경향은, 수백 년에 걸친 예속 상태의 영향으로부터 벗어나지 못한 대중이 새로운 독립성에 적응하지 못하였기 때문에 발생한 것이라는 주장이다.[5] 그와 달리 앞으로의 사회주의 정부는 대중을 신속히 완성시킬 것이며, 대중에게 스스로를 지배하는 데에 필요한 모든

---

5) 이 주제를 다룬 필자의 초기연구에 대해 서평을 쓴 레오네(Enrico Leone, *Divenire sociale*, 제5권, 1909, pp.232~235), 그리고 모미글리아노(Adolf Momigliano, "Propaganda," *Neapel*, 1909년 12월 2일 자)와 같은 생디칼리슴의 이론가들이 특히 그러하다. 또 다른 사람들, 곧 이탈리아의 법관이자 생디칼리스트인 파눈치오(Sergio Panunzio)와 같은 사람은 필자의 주장을 전폭적으로 지지하긴 했지만, 그것을 자신의 원래 이론에 제대로 적용시키지 못했다(Sergio Panunzio, "Syndicalisme et représentation ouvrière," *Le Mouvement Socialiste*, 12(1910), pp.321~337). 그런데 수정주의자들도 필자의 견해에 동조한다. 파글리아리(Fausto Pagliari)는 필자의 이론이 옳다는 것을 전적으로 인정하면서도, 오랫동안 그것을 비판적으로 검토했는데, 그는 사회주의 운동의 과두정 경향은 결코 미래의 징조가 아니라, 여전히 암중모색하는 그 운동의 성격에서 기인한 일시적인 형태라는 결론에 도달했다. 그것은 곧 성숙의 특징이 아니라, 젊음의 상징이라는 것이다("Oligarchia e democrazia nell' organizzazione operaja," *Critica sociale* 19, pp.39~44를 보라). 베른슈타인도 마찬가지로 필자의 견해를 부정하지는 않았지만(그의 두 논문을 보라. "Die Demokratie in der Sozialdemokratie," *Soz. Monatshefte* 12(1908), pp.1106~14 및 "Gewerkschaftsdemokratie," *Soz. Monatshefte* 13(1909), pp.82~90), 필자가 심리학적 특징을 너무 중시한다는 비판을 했는데, 어쨌거나 그는 마르크스주의자와 생디칼리스트의 오류를 범하고 있지는 않다. 그는 오늘날에도 여전히 이미 1897년에 밝힌 바 있는 미래에 대한 현실주의적 입장을 그대로 고수하고 있다. 그때 그는 민주주의적 통치방식의 과정과 상품생산의 과정을 이렇게 비교했다. "우리가 공장의 입구에서는 똑같을 수 있지만, 공장 내에서는 그렇게 될 수 없다. 그곳에서는 기술자는 명령을 내리고, 선반공과 금속공 등등은 그것을 수행한다. 그 화부(火夫)가 자기 판단에 따라 자의적으로 일을 처리하거나 화구를 함부로 열거나 할 수 없다"(Ed. Bernstein, "Das demokratische Prinzip und seine Anwendung," *Die Neue Zeit*, 14(1897), p.25). 그러나 베른슈타인은 노동분화로부터 그리고 민주적인 대중들 사이의 능력 차이로부터 어떤 결과가 야기되는지에 대해서는 명확히 설명을 하지 않고 있다. 따라서 그와 그 동료들이 고수하고 있는 민주주의란, 18세기 민주주의의 위대한 사상가 그리고 19세기 사회주의의 사상적 대가들이 이야기하는 그 민주주의의 개념과는 명칭 이외에 아무런 공통점을 갖고 있지 않다.

권한을 부여하리라는 것이다.

그러나 사회주의자들이 공권력을 장악한 뒤에 대중에게 약간의 통제권을 제공하면 지도자와 추종 대중 간의 이해관계가 완벽하게 합치되리라는 생각은 매우 비과학적인 가정이다.[6] 그러한 발상은 기껏해야 마르크스주의자 게드의 훨씬 비과학적이고 훨씬 덜 마르크스주의적인 가정 위에서만 타당한 것이다. 게드는, 과거 기독교가 신을 인간으로 만들었던 것처럼, 사회주의는 인간을 신으로 만들 것이라고 주장했다.[7]

그러나 우리가 사실로 확인한 대중의 미성숙은, 민주화가 진전되어 사회주의가 이룩되면 곧바로 소멸되어버릴 일시적 현상이 아니다. 이는 대중의 본질 그 자체로부터 해명된다. 대중은 조직되더라도 자기 앞에 놓여 있는 복합적 문제의 해결에 본질적으로 무능하다. 대중은 노동분화와 전문화와 지도를 필요로 하는 무정형의 군집이다. "인류는 지배당하고 싶어한다. 그들은 그렇게 될 것이다. 나는 그런 인류에 혐오감을 느낀다"라고 프루동은 1850년에 감옥에서 썼다.[8] 개별적인 인간은 대개 천성적으로 지도에 의존한다. 근대적 삶의 기능들이 분화되면 분화될수록, 그 경향은 더욱 커진다. 그리고 개별적인 인간들로 구성되는 조직은 개인들과는 비교할 수 없을 정도로 높은 지도에의 욕구를 갖는다.

*

이로써 우리는 우리의 학문적인 과제를 끝마쳤다고 할 수 있다. 그렇지만 학자가 객관적으로 수행된 작업 이후에 몇 마디 덧붙이는 것은 사회교육적으로 그리 나쁘지 않을 것이다. 그래서 아래와 같은 몇 가지 단

---

6) Léon Trochet(député de Liège), *Socialdémocratie et anarchisme. Discours*, Bruxelles-Grand-Liège, 1902, p.42.

7) Jules Guesde, *Le problème et la solution*, Paris, p.17.

8) Charles Gide et Charles Rist, *Historie des doctrines économiques depuis les physiocrates jusqu'à nos jours*, Paris, 1909, p.709.

상을 적어두는 것으로 이 글을 마치려 한다.

이 책에 제시된 통찰과 학문적 신념의 논리적 결론이, 그것으로 개인들에 대한 과두적 권력들(국가, 지배계급, 지도부 등)의 한계에 대한 연구가 종결되었다거나, 혹은 인민주권 이론을 완벽하게 적용할 수 있는 사회질서를 창출하려는 노력을 포기하자는 것은 아니다. 물론 우리가 서두에서 이미 말했다시피, 이 글은 그러한 사회로 향하는 새로운 길을 보여주려 하지 않았다. 우리는 민주주의가 과연 그리고 어떤 의미에서 이상(理想)인가 하는 물음에, 비관적인 의미의 역사에 의거하여 답할 수 있다는 점을 보여주려 하였다. 그렇게 질문함으로써 우리는 민주주의의 이상을 다만 인류 역사의 윤리적 척도로 파악하게 되고, 또한 그 척도에 의거하여 모든 사회질서에 내재한 과두체제를 그 가벼운 변동과 뉘앙스까지 고려하여 평가할 수 있게 된다. 다시 말해 우리는 민주주의가 현실 가치를 갖는 이상인가 질문하려 하였고, 그 의도는 학문을 어둡게 하고 대중을 기만하는 민주주의에 대한 얄팍하고 피상적인 환상 몇 가지를 깨뜨리는 것이었다.

그리하여 우리는 현실의 민주주의를 가로막는, 그리고 물론 사회주의의 실현을 더욱 어렵게 하고 있는 몇몇 사회학적인 경향들을 조명하였다. 물론 진정한 민주적 정신들과 프롤레타리아트의 혁명 운동이 과두적 경향들을 조금은 약화시킬 수는 있다는 점은 언급해두고자 한다. 그러나 우리가 살펴보았듯이, 혁명 운동의 핵심부에서 과두적 경향이 나타나고, 그 과두적 경향을 제압해야 한다는 필요성에서 오히려 과두체제의 존재가 합리화되며, 그것이 전제정과는 종류와 가치가 상이함에도 불구하고 전제정에 가까운 형태를 취하고, 따라서 윤리적으로는 받아들이기 어렵고 미학적으로도 역겹게 된다. 그리하여 전통적인 지배 권력의 정통주의(Legitimismus)의 자리에 벼락 출세자들의 조야한 인민주의적 보나파르트주의가 등장한다. 그리고 과두정은 그것의 대두를 막기 위해 마련된 예방 조치들을 비웃으며 발전한다. 법률을 통하여 '지도자의 지배'를 저지하려 하면, 점차 약화되는 것은 지도자가 아니라 그 법률들이다.

그러나 민주주의의 원칙은 아마 과두정의 질병을 치유하지는 못하더라도 '완화'시킬 수 있을 것이다. 콩시데랑은 자신의 "민주적, 평화주의적" 사회주의를 하나의 공식으로 정리하였다. 그의 사회주의는 하층 인민이 사회를 지배하는 것을 의미하는 것이 아니라, 사회가 발전함에 따라 그 수도 증가하게 될 참정 시민의 계서화된 간섭에 의하여 사회가 전체의 이익에 부합되도록 조직되고 통치되는 것을 의미하였다.[9] 콩시데랑은 이 공식을 통하여 과두적 경향을 완화시킬 수 있는 방법의 요체를 대단히 올바르게 지적한 셈이다.

민주주의의 본질은 각 개인의 정신적 비판 능력을 강화하고 촉발시킨다는 데에 있다. 비록 민주주의 조직이 관료화되면서 그러한 통제 능력이 크게 약화되지만, 본질은 그렇다. 특히 노동운동은 이제까지 내세우고 싸워온 이론적 공리에 힘입어, 지도자들의 뜻과는 달리 자유로운 개인들을 창출하여왔다. 이 자유로운 개인들은 원칙에 입각한 것이건 본능에 의한 것이건 기존의 권위들을 항상 새롭게 '수정하고', 인식에 의해서건 기질 때문이건 모든 인간 제도의 궁극적인 원인을 지치지 않고 반복해서 묻는다.

우리의 귀중한 문화 요소의 하나인 그러한 자유로운 연구에의 경향은, 대중의 경제적 생활수준이 보장되고 향상될수록, 그리고 교육의 기회가 넓어질수록 더욱더 커질 것이다. 교육 수준의 향상은 비판 능력의 제고를 의미한다. 이는 오늘날 부유한 자들의 지도자들이 자신의 부유한 계급 동지에게 행사하는 권력이 가난한 자들의 지도자들의 권력보다 훨씬 제한적이라는 경험적 사실에서도 드러난다. 가난한 자들은 자신의 지도자를 속수무책으로 바라만 보는 대중에 불과하다. 그 이유는 가난한 사람들은 공식 교육을 적게 받은 탓에, 지도자를 올바로 평가하고 지도자가 취하는 행동의 영향을 예측하는 능력을 갖고 있지 못하기 때문이다.

---

9) Victor Considérant, *Principes deu socialisme. Manifeste de la démocratie au XIXe siècle*, Paris, 1847, p.53.

따라서 노동운동의 과두화를 약화시키기 위한 주된 과제는 사회 교육에 있다.

과두적 현상이 역사적으로 필연적이라고 해서, 민주주의자들이 그에 대하여 투쟁할 필요가 없다는 것은 결코 아니다. 경력이 오랜 동지들은 숙명적으로 지도자, '사회학적 의미에서의 지도자'가 된다. 그러나 정치 활동에 찌들고 분노하여 정치의 장을 떠나고 그로써 그 지도자들을 통제하지 않은 채 방치하는 것은, 조직의 이념을 손상시키는 것일 뿐만 아니라 지도자의 권력을 예감할 수조차 없는 수준으로까지 확대시키는 일이기도 하다. 그리고 서두에서 지적하였듯이 조직이란 오늘날의 모든 사회 계층, 특히 재정적으로 가장 취약한 계층이 가장 필요로 하는 것이다. 그리고 민주주의의 과두적 위험성을 있는 그대로 명료하게 직시하여야만, 과두정의 위험을 막지는 못한다고 하더라도 최소한 줄일 수는 있을 것이다.

각 개인의 임무는 따라서, 죽어가는 아버지로부터 보물이 묻혀 있다는 사실을 듣고 보물을 찾기 위하여 땅을 파는 아들과 같다고 할 것이다. 그 아들은 보물을 찾지는 못하지만, 보물을 찾느라 행한 노동은 그 땅을 기름지게 일궈낸다. 민주주의를 향한 노력도 그와 비슷한 결실을 맺을 것이다.

현대의 민주주의 조직들에 대한 깊은 분석은 물론 이상주의자들에게 실망감과 좌절감을 안겨줄 것이다. 민주주의에 대한 올바른 판단을 내리기 위해서는 아마도, 염세적인 딜레탕티즘에 빠지지 않은 채 모든 과학적, 정치적 이상의 상대주의를 무조건적으로 인정해야만 할 것이다. 민주주의의 가치를 제대로 평가하기 위해서는, 민주주의를 순수 귀족정과 비교해야 한다. 그리고 민주주의에 내재한 단점들도 직시해야 한다. 그러나 악이 가장 적은 통치 형태는 민주주의이다. 우리의 이상은 윤리적으로 선하고 기술적으로 유능한 사람들의 귀족정일 것이다. 그렇지만 그것을 어디에서 찾을 수 있단 말인가? 드문 일이긴 하지만 그것은 때로 선출에 의해서 이루어질 수도 있다. 그러나 유산의 원칙이 지배적인 곳에서 그것은 불가능하다. 그러므로 순수한 군주정은 힘의 전도(顚倒)이며, 선동가의 독재보다 이론적으로 나쁘고 치료도 불가능한 체제이다. 선동가의 독재는 허약한 신체에 건강한 정신이 깃든 것으로서, 그 정신이 그 신체를 치료할 가능성은 원칙적으로 존재한다.

민주주의는 불완전하다고 하더라도 비교적 잘 작동하는 귀족정보다 장점이 많은 체제이다. 물론 거기에 예외가 있다. 좋은 교육을 통해서만 갖추게 되는 몇 가지 자질과 형식이 그것이다. 이 문제에서는 귀족정이 항상 민주주의의 선생이다. 민주주의는 그것을 모방하기도 하지만, 그 작업을 소홀히 하거나 혹은 왜곡시키고 날조하고 역설로 둔갑시켜버린다. 이런 측면을 논외로 하는, 민주주의의 장점을 인식하게 되면 민주주의의 허약성을 발견했다고 해서 귀족정으로 회귀하는 일은 없을 것이다. 게다가 민주주의의 허약성이 소위 대중의 지배란 성격 이외에 바로 그 버리지 못한 귀족정의 잔재에 있는 바에야, 귀족정으로의 회귀는 어불성설이다.

역사 속의 민주주의의 흐름은 몰려오는 파도와 같다. 파도는 항상 바위에 부딪쳐 깨진다. 그러나 파도는 영원히 다시금 몰려온다. 파도가 연출하는 연극은 격려와 절망을 교차시킨다. 민주주의는 일정한 발전 단계에 도달하면 곧바로 타락하기 시작한다. 그때 민주주의는 귀족정의 정신을, 때로는 귀족정의 형식까지 받아들이고, 한때 민주주의가 투쟁하였던 귀족정과 유사해진다. 그러면 다시 민주주의의 내부에서 민주주의의 과두적 성격을 질책하는 새로운 비판자들이 생겨난다. 그러나 그들은 영광의 투쟁기와 불명예스럽게 지배에 참여하는 시기를 겪은 뒤에, 마침내 다시 구(舊)지배계급 속으로 흡수된다. 그러나 민주주의를 내건 새로운 자유의 투사들이 또 다시 등장한다. 청년의 치유할 수 없는 이상주의와 노년의 치유할 수 없는 지배욕 사이의 가공스러운 투쟁은 그렇듯 끝없이 이어진다. 언제나 새로운 파도가 언제나 똑같은 바위에 부딪친다. 이것이 정당사의 심원한 서명(署名)이다.

이 책에 나오는 인물들

가리발디(Garibaldi, Giuseppe, 1807~82): 19세기 이탈리아 통일운동에 헌신한 군인으로 공화주의자. 사르데냐 왕국의 해군에 복무 중 청년이탈리아당의 혁명운동에 가담하였다가 1834년 관헌에 쫓겨 프랑스로 피신하였다. 프랑스에서 남미로 건너간 그는 리우그란데와 우루과이의 독립전쟁에 참가하여 공을 세웠다. 1848년 해방전쟁이 일어나자 귀국, 의용군을 조직하여 참가하였으나 패배한 후 로마의 혁명공화정부에 참가하여 나폴레옹 3세의 무력간섭에 대한 방어전을 지휘하였다. 이듬해 공화정부가 붕괴되자 뉴욕으로 망명하였다가 1854년 귀국하여 카프레라 섬에서 살았다. 이 무렵부터 공화주의에서 사르데냐 왕국에 의한 이탈리아 통일주의로 전향, 1859년의 해방전쟁에서는 알프스 의용대를 지휘하였고, 이듬해 5월에는 '붉은 셔츠단'을 조직하여 남이탈리아 왕국을 점령, 사르데냐 왕에게 바침으로써 이탈리아 통일에 기여하였다.

강베타(Gambetta, Léon, 1838~82): 프랑스의 정치가. 1860년 변호사가 되어 나폴레옹 3세의 전제(專制)에 대한 반대론을 펴서 이름을 떨쳤다. 1869년 하원의원에 당선되었고, 1870년 9월 보불전쟁이 일어나자 독일항쟁파가 되었다. 그러나 나폴레옹이 패배하자 공화정(共和政)을 선언하여, 이때 성립된 국방정부의 내무장관이 되어 항쟁을 계속할 것을 주장했다. 이후 제3공화제에서는 군주주의를 반대하는 티에르를 지지, 공화주의연합(Republican Union)을 지도하는 한편, 1871년 신문 『프랑스 공화국』을 창간했다. 1877년 공화파의 승리로 의회에 복귀, 1879~81년에는 하원의장이 되었다. 1881년 선거에서 공화주의연합이 승리함으로써 총리로 임명되었으나, 내정에서의 독재적 경향 때문에 의회의 불신을 사서 1882년 1월 사직했다.

게드(Guesde, Jules, 1845~1922): 프랑스의 사회주의자. 게드주의라는 집산(集産)주의적 이론의 창시자로서 1870년 6월 신문 『인권』을 창간하여 제2제정 정부를 비판했다는 이유로 투옥되었으며, 제정이 무너진 후 파리 코뮌을 지지하는 논설을 썼다가 유죄가 되어 스위스로 망명했다. 1876년 귀국하여 주간지『평등』(*L'Égalité*)을 발행, 마르크스주의에 입각한 집산주의를 선전하였으며, 1880년 라파르그와 함께 프랑스 노동당(le parti ouvrier français)을 성립시켰다. 1893년 이래 여러 번 하원의원에 당선되었고, 그를 중심으로 한 게드파는 조레스와 대립하였다. 그러나, 세기말 이후 사상적으로 객관 정세의 흐름에 대한 경직성을 면할 수 없어 점차 내셔널리즘의 경향을 띠게 되었다.

그리퓌엘(Griffuelhes, Victor, 1874~1923): 프랑스의 혁명적 생디칼리스트. 제화공(製靴工)으로 있으면서 블랑키스트의 노동조합 운동에 가담하였고, 전국 피혁노동조합연맹 서기를 지낸 후 1902~1909년 프랑스 노동총동맹(CGT)의 서기로 재직하면서 최성기의 혁명적 생디칼리슴을 지도하였다. 1914년 제1차 세계대전이 일어나자 정부측의 호소에 응해 '신성연합'에 가담하여 전쟁을 지지했으나, 점차 노동운동의 소수파에 기울어져 공산주의에 공명하였다.

글래드스턴(Gladstone, William Ewart, 1809~98): 영국의 정치가. 1833년 하원의원이 되었으며, 상무장관·식민지장관·재무장관 등을 역임하는 동안 자유무역을 목적으로 하는 관세개혁을 단행하고, 곡물법 철폐에 찬성하였으며, 상속세 설치와 소득세 감소에 따른 예산안을 제출하는 등 자유주의자로 명성을 떨쳤다. 1868년 총리에 취임하고부터 아일랜드 교회의 국교(國敎)를 폐지하고, 국민교육법을 성립시키는 한편 선거의 무기명투표제를 제정하는 등, 잇달아 개혁을 추진하였다. 1874년 하야하였으나, 1879년 선거에서 디즈레일리를 이겨 1880년부터 제2차 내각을 조직하고, 제3차 선거법개정을 실현하였다. 1886년 다시 제3차 내각을 조직하였는데, 아일랜드 자치법안을 두고 당이 분열하자 사임하였다. 1892년 제4차 내각을 조직하고 1893년 제2차 아일랜드자치법안을 제출하였으나, 상원에서 부결되어 정계에서 물러났다.

기조(Guizot, François Pierre Guillaume, 1787~1874): 프랑스의 정치가이자 역사가. 아버지가 프랑스 혁명 중에 처형된 집안에서 태어나 스위스의 제네바에서 자랐으며, 1805년 파리로 와서 법률과 문학을 배웠다. 1815년 왕정복고 이후 과격한 혁신을 배제하고 프랑스 혁명의 원칙을 점진적인 개량주의에 입각하여 실현하려고 노력하였다. 1830년 7월혁명을 맞이하여 루이 필리프의 왕정 수립에 앞장서서 활약하여 그의 정권하에서 내무장관에 취임하였다. 1840년 영국주재 대사가 되었고 그 후 외무장관을 거쳐 총리에 올랐다. 1848년 2월혁명 이후 집필에 몰두해 많은 역사서를 남겼다. 『유럽 문명사』(1828, 3권)와 『프랑스 문명사』(1829~30, 5권)로 명성을 얻었다.

나우만(Naumann, Friedrich, 1860~1919): 독일의 자유주의 정치가. 1896년에 민족사회협회를 설립하였으며 세계정책과 자유로운 내정 및 사회정책과의 결합을 도모하여 제2제정과 국민을 연결하는 민족사회주의를 제창하였다. 1903년 실시된 제국의회 의원선거에서 국민사회협회가 참패를 당하고 해산되자 그와 동시에 자유주의 좌파의 자유사상연합에 합류하였다. 1907년 이후 제국의회 의원을 지냈다. 1918년 독일민주당을 결성하여, 이듬해 당 총재가 되었다.

나폴레옹 3세(Napoléon III, Charles-Louis-Napoléon Bonaparte, 1808~73): 프랑스 제
2공화국의 대통령(재위 1850~52)·제2제정 황제(재위 1852~71). 나폴레옹 1세
의 동생 루이 보나파르트의 셋째아들. 제1제정의 붕괴로, 어머니와 함께 스위
스로 망명했다. 7월혁명 뒤에도 추방령은 계속되어, 망명생활의 불만으로 이탈
리아에서 카르보나리당에 입당하기도 하고, 루마니아 반란에 가담하기도 하였
다. 1836년 스트라스부르에서 신정부 수립을 계획하나 실패, 미국으로 탈출하
였다. 1840년 볼로냐에 상륙, 반란을 꾀하나 체포되어 종신금고형을 선고받았
다. 1846년 탈옥, 영국으로 건너갔으며, 2월혁명을 계기로 귀국하였다. 2월혁명
뒤부터 '나폴레옹적 이념'의 대표자 및 사회질서·안정의 옹호자로서의 자신을
표명, 1848년 12월 대통령 선거에서 75퍼센트를 얻어 당선되었다. 이는 소농민
의 지지, 대중의 영웅 대망열, 우익급진주의에 대한 공포의 결과였다. 1851년
쿠데타로 의회를 해산, 공화파의 세력을 꺾었다. 그해 말 국민투표로 신임을 얻
고, 이듬해 1월 헌법을 제정, 11월 쿠데타 기념일에 황제로 즉위하였다.

네차예프(Nechaev, Sergei Gennadievich, 1847~82): 러시아의 무정부주의자. 학생운동
에 참가하였다가 투옥되었으나, 탈옥에 성공, 스위스로 가서 무정부주의자 바
쿠닌과 교류하였다. 그곳에서 일련의 팸플릿과『혁명가의 교리문제』를 인쇄·
배포하였는데, 그 중심 생각은 혁명의 목적을 위해서는 일신의 이해도 육친의
정도 버리고 돌보지 않는 철(鐵)의 규율을 가지는 비밀결사를 창설하는 데 있
었다. 1869년 러시아로 돌아가 혁명결사를 조직하였으나 구성원인 이바노프의
항의를 받고 그를 살해하였다. 그 혐의로 체포되어 옥사하였다.

노르다우(Nordau, Max, 1849~1923): 유대계 독일의 작가. 부다페스트에서 출생했으
나 1880년 파리로 이주했다. 원래 의사였으나 문화비평에 대한 저술가로 활동
했다. 시오니즘의 창설자 가운데 한 명이었다.

니우웬후이스(Nieuwenhuis, Domela, 1846~1919): 네덜란드의 사회주의자. 원래 성직
자 교육을 받았으며 사회주의 운동에 뛰어들었다. 잡지를 발간하여 사회주의
이념을 전파했고, 1884년에는 사회민주노동당을 창당하여 당수가 되었다. 국
회의원을 지냈으며, 전쟁이 일어날 경우 총파업으로 맞선다는 제2차 인터내셔
널의 주장에 반대하여, 그것이 관철되지 않자 사회주의를 떠났다. 차

데 아미치스(De Amicis, Edmondo, 1846~1908): 이탈리아의 작가. 육군사관학교에서
교육받은 뒤 포병대에 배속되어 이탈리아 독립전쟁에 참가했다. 1868년『군대
생활』(*La vita militare*)을 출판하여 호평을 받았으며, 1870년 작가로 전향하여
세계 각지를 여행하며 많은 여행기를 썼다. 1886년 교육적 내용의 작품『쿠오
레』(*Il Cuore*)를 출판하여 세계적인 반향을 일으켰다.

델브뤽(Delbrück, Hans, 1848~1929): 독일의 역사가이자 정치가. 베를린 대학의 트라
이츠케 후임자로서『프러시아 연보』를 주도했다. 정치가로서 그는 프로이센의
관료제적, 군주제적, 귀족적인 성향을 따르는 보수주의자였지만, 노동자문제에

대한 관심도 있었다. 주저로『전쟁술의 역사』(*Geschichte der Kriegskunst*, 1900)가
있다.

도데(Daudet, Alphonse, 1840~97): 프랑스의 작가. 시정(詩情)이 넘치는 유연한 문체
로 불행한 사람들에 대한 연민과 고향 프로방스 지방에 대한 애착심을 주제로
한 작품을 많이 남겼다. 소설로는『프티 쇼즈』(*Le Petit Chose*, 1868)가 유명하고
남프랑스 지방에 대한 소설 연작을 통해서 그 지방 사람들의 성격을 풍자한 다
음과 같은 소설이 있다.『쾌활한 타르타랭』(*Tartarin de Tarascon*, 1872),『알프스
의 타르타랭』(*Tartarin sur les Alpes*, 1885),『타라스콩 항구』(*Port-Tarascon*, 1890).

뒤링(Dühring, Karl Eugen, 1833~1921): 독일의 철학자이자 자연과학자. 1865년 베를
린 대학 강사가 되어 철학·경제학을 강의하였으나, 1877년 사회주의 사상 때
문에 교직에서 추방되었다. 교단을 떠나기 전까지 철학·경제학뿐만 아니라 물
리학에 관해서도 많은 논문·저서를 발표, 유물론적인 실증주의의 입장에서 마
르크스주의의 대결자로서 사회민주주의 사상을 전개, 커다란 반향을 일으켰
다. 그러나 사회민주주의 사상을 담은『국민경제 및 사회주의의 비판적 역사』
(1871)는 엥겔스의『반(反)뒤링론』에서 통렬한 비판을 받았다. 특히 그의 반유
대주의적 성향 때문에 사회민주당에서 커다란 논란을 불러일으켰다.

디드로(Diderot, Denis, 1713~84): 18세기 프랑스의 대표적인 계몽주의 사상가.『백
과전서』(*Encyclopédie*)를 출판할 것을 제안하고 이에 착수하여, 달랑베르, 볼테
르, 몽테스키외, 루소 등 당시의 계몽사상가들을 총동원하여 1772년까지 본문
17권, 도판 11권의 전서를 완성하였다. 이것의 내용은 종교·교회의 비판, 중세
적 편견의 타파, 전제정치의 비판 등을 반영한 것이었다.

라가르델르(Lagardelle, Hubert, 1875~1958): 프랑스의 혁명적 생디칼리슴의 대표자로
서 사회당 좌파에 소속되어 있었다.

라데크(Radek, Karl Bernhardovich, 1885~1939): 소련의 정치가이자 언론인. 갈리치아,
폴란드 그리고 독일에서 사회민주주의 운동에 가담했고 1917년 볼셰비키당
을 추종했다. 혁명 후 코민테른 및 러시아 공산당 간부가 되었으나, 1923년 여
름 실각하였다. 1927년 트로츠키파로서 러시아 공산당으로부터 제명되었으며,
1937년 같은 죄목으로 징역 10년형을 선고받았다.

라브뤼에르(Labruyére, Jean de, 1645~96): 프랑스의 모럴리스트. 소시민 출신이었으
나 주교(主敎) 보쉬에의 천거로 당시 부르봉 왕가의 방계 중에서 가장 큰 권세
를 자랑하던 콩데 가의 가정교사로 임명되었다. 그가 왕가 귀족이나 측근 인
사들의 실태를 직접 관찰하면서 틈틈이 기록한 것이『사람은 가지가지』(*Les
caractres*)이다.

라브리올라(Labriola, Antonio, 1843~1904): 이탈리아의 정치저술가. 1874년 이후 로
마 대학의 철학교수를 지냈으며, 부르주아적 자유주의에 반대했다. 이탈리아
노동당의 절충주의와 개혁주의에 반하여 마르크스주의적 원칙에 기반한 당강
령(1892년 토리노 대회)의 필요성을 주장했다. 엥겔스 등과의 편지 왕래로 이탈

리아 최초의 정통적 마르크스주의자가 되어 전환기에 있던 이탈리아 철학계를 지도하였다. 제자로는 소렐, 크로체 등이 있었는데, 마지막에는 그들의 마르크스 이해를 수정주의(修正主義)라고 비판하였다. 그러나 크로체 이후 그람시, 톨리아티 등에 끼친 영향은 매우 크다. 주요 저서에『유물론적 역사관에 대한 시론』(*La concezione materialistica della storia*, 1896)이 있다.

라브리올라(Labriola, Arturo, 1873~1959): 이탈리아의 사회주의자. 무정부주의적 생디칼리슴을 신봉하는 사회당 좌파로서 1904년 총파업을 이끌어냈다. 1906년에 사회당에 대한 비판으로 인해 당으로부터 제명당했다. 그렇지만 제1차 세계대전 때에는 국제주의를 버리고 거국내각에 입각했다.

라살(Lassalle, Ferdinand, 1825~64): 독일의 사회주의자. 유대인 상인의 아들로 대학에서 역사와 철학을 배웠다. 헤겔 철학에 심취하여 재학 중 이미 헤겔 좌파의 투사로 알려졌다. 1845년경 사회주의자가 되면서『신(新)라인 신문』에 협력했다. 독일 노동운동을 지도하여 1863년 독일사회민주당의 전신인 전독일노동자동맹(ADAV)을 조직하였다. 그의 사회주의는 헤겔의 국가관에 강한 영향을 받았으며, 다분히 관념적·국가주의적이어서 마르크스의 노선과는 여러 가지 면에서 달랐다. 하지만 그가 독일사회민주당에 끼친 영향은 마르크스에 버금간다. 1864년 여성문제로 결투하다 부상을 입고 죽었다.

라우머(Raumer, Friedrich von, 1781~1873): 독일의 역사학자. 1811년 브레슬라우 교수가 되었으며 1819년부터 59년까지 베를린 정치학과 교수를 지냈다. 그의 역사서술은 낭만주의적이며 민족주의적인 성격을 지녔다. 1848년 프랑크푸르트 국민의회에 선출되어 정치에 참여하기도 했다. 그의 주된 저작은『호헨슈타우펜 시대의 역사』(*Geschichte der Hohenstaufen und ihrer Zeit*, 1815)이다.

라파르그(Lafargue, Paul, 1842~1911): 프랑스의 사회주의자. 마르크스의 사위로서 파리 코뮌시대에 참여했다. 이후 에스파냐로 망명했다가, 1881년 대사령(大赦令)으로 파리에 돌아와 게드와 함께 프랑스 노동당을 결성하여 1905년까지 당을 지도하였다. 마르크스-엥겔스의 저작을 프랑스어로 번역하는 등 마르크스주의를 프랑스에 보급하는 데 큰몫을 하였다. 1911년 염세관에 빠져 드라베유에서 부부가 함께 자살했다.

라파예트(Lafayette, 1757~1834): 프랑스의 정치가, 혁명가, 군인. 부유한 귀족가문에서 태어났으며, 1777년 도미하여 미국을 위한 독립군에 참가하였으며, 워싱턴의 신임을 얻고 각처에서 분전(奮戰)하여 영웅으로 대접받았다. 프랑스 혁명 때 국민공회에 참여하여 미국의 독립선언과 비슷한 '인권선언'을 제출했다. 바스티유 함락 후에는 파리 국민군 사령관에 임명되어 국왕과 혁명세력 간의 화해를 실현하려고 했다. 1792년 8월 자코뱅파 탄압을 꾀하다 실패하자 프랑스의 공화제가 실현되기 직전 오스트리아군에 투항하여 5년간 투옥되었다. 나폴레옹 1세에 줄곧 반대, 왕정복고기에는 자유주의적 부르주아지와 함께 정치활동을 하고, 1821년 에스파냐·포르투갈의 혁명에 대해 동정을 표시하는 등 반정부적인 태도를 굳혔다. 1830년 7월혁명에는 시민측의 지도자로서 활약하고, 루이 필리프 왕의 휘하에서 또다시 국민군 사령관에 임명되어 입헌왕정의 성립에 노력했다.

라포포르(Rappoport, Charles, 1865~1941): 러시아 출신으로 1887년 파리로 이주하여 1899년 프랑스 국적을 취득했다. 수많은 사회주의 잡지에 독일어, 프랑스어, 러시아어로 기고했으며 『위마니테』의 편집자를 지냈다. 1922년 프랑스 공산당 대표로 러시아를 방문했으며, 마르크스주의적 사회주의를 고수했다.

라퐁텐(La Fontaine, Jean de, 1621~95): 프랑스의 시인. 1658년 재무장관 푸케에게 장시(長詩) 『아도니스』(Adonis)를 바치기 시작하여 명성을 얻기 시작했다. 우화시인으로서 불후의 명성을 남긴 그의 작품 종류는 다양하지만, 그중에서도 12권으로 이루어진 『우화시집』(Fables, 1668~94)이 가장 유명하다.

란트아우어(Landauer, Gustav, 1870~1919): 무정부주의적 사회주의자로서 1918~19년 독일혁명 당시 뮌헨에서 활약했다. 1919년 암살당했다.

레긴(Legien, Karl, 1861~1920): 독일의 노동조합지도자. 1890년 독일노동총연맹의 총위원장이 되었으며 1919년 노동조합과 기업가 사이의 협조체제를 이끌어내었다. 1920년 카프 폭동을 총파업으로 맞서 그 무력화를 성공시켰다.

로드베르투스(Rodbertus, Johann Karl, 1805~75): 독일의 경제학자. 경제학 연구에 몰두하는 한편 정치에도 관계하여, 프러시아 주의회 의원을 거쳐, 1848년 국회의원, 문교장관을 지내기도 했다. 리카도식의 노동가치설에 입각하여 잉여가치론·절대지대론(絕對地代論)을 주장하였다.

로셔(Roscher, Wilhelm Georg Friedrich, 1817~94): 독일의 경제학자로서 역사학파 창시자의 한 사람. 1840년 괴팅겐 대학의 역사 및 국가학 강사가 되었으며, 1848년 라이프치히 대학 교수가 되었다. 그의 첫 작품인 『역사적 방법에 의한 국가경제 강의 요강』(Grundriss zur Vorlesungen über die Staat-swirtschaft nach geschichtlicher Methode, 1843)은 종래의 관방학적(官房學的) 또는 애덤 스미스식 경제학을 대신하는 국민경제(Nationalökonomie)의 역사적이며 유기체적 성격을 강조함으로써 역사학파 경제학의 선언서가 되었다. 곧 국민경제는 역사적·상대적인 것이므로 그 연구는 역사적 비교에 의함으로써 비로소 가능하다고 하여 경제학을 역사적 방법을 통해 확립하려고 노력했다.

로슈(Roche, Ernest, 1850~?): 프랑스의 사회주의자. 사회당 좌파로서 무정부주의적 성향을 갖고 있었다. 국회의원을 지냈으며 노동조합주의에서 탈피하여 혁명적 행동을 할 것을 촉구했다.

로슈포르(Rochefort, Henri, 1830~1913): 프랑스의 정치가이자 언론인. 파리 코뮌 후 망명했다가 귀국한 후 급진주의자에서 민족주의자로 변신하여 불랑제르 사건 때 그를 옹호하는 글을 썼다. 그가 창건하거나 관여한 잡지들로서는 다음과 같은 것들이 있다. La Lanterne(1868), L'Intransigeant(1880), La Marseillaise(1869).

로이드 조지(Lloyd George, David, 1863~1945): 영국의 정치가. 1890년 27세로 자유당 하원의원이 되어, 웨일스 민족주의와 비국교도 옹호의 투사로서 활약하였고, 남아프리카전쟁 때는 적극적인 반전운동을 벌여 폭도에게 습격을 당하기도 하였다. 1908년 재무장관이 되자, 그 이듬해 부유층에 대한 증세(增稅)를 전제로 하는 획기적인 예산안을 제출하여 보수당 지주들의 맹렬한 반대에 부딪쳤다. 이 예산안은 상원에서 일단 부결되었다가 마침내 실현되었고, 계속해서 노동자를 위한 국민보험법·실업보험법 등을 성립시켜 사회보장제도의 기초를 확립하였다. 제1차 세계대전 중에는 군수(軍需)장관으로 활약하면서, 징병제를 실현시켰다. 1916년 스스로 연립내각을 조직하여 강력한 지도체제로 위기를 넘기고 승리로 이끌었다. 파리평화회의에는 직접 전권대표로 출석, 회의를 주도하였다.

로테크(Rotteck, Karl von, 1775~1846): 독일의 19세기 자유주의적 역사가이자 정치가. 프라이부르크 대학 역사학 교수로 있으면서 1833부터 40년까지 바덴 주의회에 진출하여 자유주의를 옹호했다. 그는 주저인『일반 세계사』(*Allgemeine Geschichte*, 총6권, 1812~27)를 통해 독일 남부지방에 프랑스 혁명의 이념을 전파하는 데 주력했다.

롤란트홀스트(Roland-Holst, Henriëtte, 1869~1952): 네덜란드의 여성 사회주의자. 사회민주당 좌파 소속으로 제1차 세계대전 때에는 국제주의 입장을 취하여 반전운동에 앞장섰으며, 코민테른 대회에 참석하기도 했다.

롤랭(Rollin, Ledru, 1807~74): 프랑스의 평론가, 정치가. 부르주아지 민주주의를 지지했다. 1848년 임시정부에 입각하여 내무장관을 지냈다.

롬브로소(Lombroso, Cesare, 1835~1909): 이탈리아의 정신의학자·법의학자로 범죄인류학의 창시자. 군의관으로 있다가 파비아 대학 정신의학과 교수를 거쳐, 1876년 토리노 대학으로 옮겨 정신의학과 법의학을 강의하였고, 1905년에는 범죄인류학 강좌를 신설하는 등 범죄의 인류학적 연구에 몰두하였다. 이러한 실증주의적 범죄관은 그 후 특히 이탈리아에서 발전하여 이른바 근대학파의 형법이론 및 범죄를 자연과학적으로 연구하는 범죄학을 낳기에 이르렀는데, 형법학에 실증주의적 방법론을 도입한 그의 공적은 높이 평가된다. 주요 저서에『천재와 광기』(*Genio e follia*, 1864),『범죄인론』(*L'uomo delinquente*, 1876)이 있다.

루덴도르프(Ludendorff, Erich Friedrich Wilhelm, 1861~1937): 독일의 장군. 제1차 세계대전 때에는 타넨베르크에서 대승, 사령관 힌덴부르크와 함께 그 당시 독일 국민의 우상이 되었다. 1916년 8월 힌덴부르크가 참모총장이 되자 참모차장이 되었는데, 사실상 전쟁지도의 최고책임자가 되어 강력한 정치를 주장, 총리인 베트만 홀베크를 실각시켰다. 그러나 군사적 패배가 뚜렷해진 1918년 10월 사직, 휴전 후 일시 스웨덴에 망명하였다. 전후에는 극우(極右) 정치운동에 참가하여, 1923년 뮌헨 반란에 참여하였고, 1925년 나치스가 옹립하는 대통령 후보가 되었으나 대패한 후로는 나치스와 멀어지고 독자적인 반공·반유대주의 단체를 설립하였다.

루차티(Luzzatti, Luigi, 1841~1927): 이탈리아의 정치가. 유대인 출신으로 법학자였으나 고향인 베네치아에서 노동자를 위한 상호부조회를 조직했다. 나중에 국회의원을 지냈고, 우익이었으며 사회당에 반대했다. 1910년 수상이 되었다.

루크라프트(Lucraft, Benjamin, 1809~97): 이탈리아의 노동운동 지도자. 목수 출신으로 제1차 인터내셔널에 참여했으나, 1871년 파리 코뮌에 반대하여 탈퇴했다.

룩셈부르크(Luxemburg, Rosa, 1870~1919): 폴란드 태생으로 독일에서 활동한 여성 사회주의자. 유대인 출신으로 고교 시절부터 폴란드 노동운동에 참여하였다. 1889년 스위스로 망명하여 정치학·정치경제학을 배웠다. 결혼으로 독일 국적을 취득한 후 독일에 정주하였으며, 독일 사민당 내 좌파 지도자의 한 사람이 되었다. 제1차 세계대전 중에 반전을 주장함으로써 사회민주당과 결별하고, 1917년 리프크네히트 등과 함께 독일공산당의 전신인 스파르타쿠스단을 조직하였다. 이듬해 독일공산당을 창설했으나 1919년 1월 정치적 봉기 때 암살당했다. 주요 저서로 『자본축적론』(*Die Akkumulation des Kapitals*, 1913)이 있다.

르루(Leroux, Pierre, 1797~1871): 프랑스의 언론인이자 정치철학가로서 사회주의자였다. 여러 잡지를 펴냈으며(상드와 함께한 *Revue indépendante*, 그리고 생시몽주의 대변지였던 Le Globe), '사회주의자'라는 용어를 정착시켰다.

르봉(Le Bon, Gustave, 1841~1931): 프랑스의 사상가·사회심리학자. 원래 의학박사 학위를 얻고 의사로 출발하였으나, 각 분야에 걸친 학문적 관심은 고고학과 인류학에까지 미쳤으며, 차차 사회심리학으로 기울어져 군중심리학 연구로 현대 사회심리학의 하나의 원류를 이루었다. 이성(理性)을 강조하는 18세기 합리주의 사상과는 대조적으로, 감정과 의지의 우위 및 민족적 요소의 영향력을 중시하였다. 또, 당시의 세기말적인 사회상태를 비판하여 '군중의 시대'라고 하면서 군중의 행동은 단독으로 생활하는 개인의 합리성과는 반대로 맹목적인 감정에 떠밀려 지적·도덕적으로 저열화(低劣化)한다고 보고, 장차 도래할 민주주의의 세계에 대하여 회의적인 입장을 취하였다. 가장 널리 알려진 저서는 『군중심리학』(*La Psychologie des foules*, 1895)이다.

리엔치(Rienzi, Cola di, 1313~54): 이탈리아의 정치가. 교황청이 아비뇽으로 옮긴 뒤에 로마가 귀족투쟁에 휩싸인 가운데 나타나 로마 봉기를 통해 공화정을 수립했다. 그러나 그 역시 전제적으로 되자 교황, 귀족, 시민이 합세하여 그를 추방시켰다. 나중에 귀국하여 정권을 회복했지만 폭동으로 암살당했다.

리팅하우젠(Rittinghausen, Mauritz, 1814~90): 독일의 민주주의적 평론가, 정치가. 1848년 게르만 민주주의 협회에 가담했으며 『신라인신문』에도 기고했다. 1849년에는 『서베를린신문』을 발간했다. 제1차 인터내셔널과 사민당 소속이었다.

리프크네히트(Liebknecht, Wilhelm, 1826~1900): 독일의 사회주의자. 1848년 3월혁명 때 가담하여 운동을 하였고, 혁명에 실패한 뒤 프랑스에서 추방되어 런던으로 옮겨가, 거기서 13년간이나 망명생활을 하였다. 1861년 사면을 받아 독일로 돌아가자 노동자 베벨과 결탁하여 민주주의적 노동자조직을 사회주의적 조직으로 발전시켜 라살파의 운동에 대항하였다. 1869년 사회민주노동당을 결성하고, 보불전쟁에 반대하다가 투옥되었다. 1875년 라살파와 합동하여 사회주의노동당을 만들어 '사회주의자탄압법' 아래서 비합법으로 쫓겼던 당조직을 발전시켰고, 1889년 결성된 제2차 인터내셔널의 지도자가 되었다. 당내 좌파를 대표하여 수정주의와 다투었으며, 만년에는 반제국주의 · 반군국주의적 입장을 취하였다.

리프크네히트(Liebknecht, Karl, 1871~1919): 독일의 사회주의자. 빌헬름 리프크네히트의 아들로 사회주의 청년운동의 좌파를 이끌고, 1907년 청년 인터내셔널의 간부를 지냈다. 독일사회민주당 극좌익에 서서 총파업과 대중행동에 의하여 독일의 민주화를 강행해야 한다고 주장하였고, 제1차 세계대전에는 반대입장을 취하였으며, 1914년 12월 당의 결의를 어기고 군사예산에 대하여 반대투표를 하였다. 그 뒤에도 반전운동을 계속하였기 때문에 당의원단에서 제명되었다. 제국주의 전쟁을 내란과 사회혁명으로 끝내야 한다고 주장하며, 로자 룩셈부르크와 함께 비합법적 스파르타쿠스단을 조직하여 1916년 5월 1일 베를린에 1만 명의 반전시위대를 조직하였다가 체포되어 투옥되었다. 독일공산당을 결성하고 1919년 1월 혁명파의 쿠데타에 참가하였다가 살해되었다. 저서로는 『군국주의와 반군국주의』(*Militarismus und Antimilitarismus*, 1907)가 있다.

마사리크(Masaryk, Thomas, 1850~1937): 체코슬로바키아의 건국 공로자. 슬로바키아 출신으로 체코 대학 교수를 지냈고, 정치에 참여하여 오스트리아 제국의회 의원과 체코슬로바키아 연립정부의 대통령을 역임했다.

마치니(Mazzini, Giuseppe, 1808~72): 이탈리아의 정치선전가 · 혁명가. 1827년 카르보나리당에 입당하는 한편, 낭만주의 문학을 연구하여 이탈리아의 도덕적 혁신의 필요성을 강조하였다. 프랑스에 망명(1831)한 후 청년이탈리아당을 조직해서 공화제를 통한 이탈리아 통일운동을 주창했다. 1848년 밀라노의 독립운동에 참가하였으며 사르데냐 왕국에 의한 롬바르디아 합병에 반대, 끝까지 통일공화국을 추구하였다. 밀라노에서의 운동이 실패한 후 루카노로 망명하였다. 1849년 로마로 가서 로마 공화국 정부의 3인위원의 위원이 되었다. 프랑스군의 개입에 대한 저항운동을 지도하였으나 실패하고 다시 외국으로 망명하였다. 불굴의 공화주의자로, 사르데냐 왕국에 의한 통일에는 끝까지 반대했다.

만(Man, Tom, 1856~1941): 영국의 노동운동 지도자. 1885년 사회민주연맹에 가입했고, 8시간제 노동제 획득에 진력했으며, 1889년 부두스트라이크를 지도했다. 1891년 보수당 정부에 의해 노동위원회의 위원이 되었다.

말라테스타(Malatesta, Enrico, 1853~1932): 이탈리아의 무정부주의적인 혁명가. 제1차 인터내셔널에서 바쿠닌파에 속해 있었으며 크로포트킨과 가까웠다. 제1차 세계대전에 반대하여 이탈리아 노동조합을 활성화시키고자 노력했으며, 이후 반파시즘 투쟁에 앞장섰다.

말롱(Malon, Benoit, 1841~93): 프랑스의 정치가. 염색노동자로서 제1차 인터내셔널 대회에 대의원으로 파견되었으며 파리 코뮌에도 참여했다. 그 후 스위스에 망명해 있다가 사면된 후 1880년 귀국하여 인간적 사회주의를 제창했다.

매디슨(Madison, James, 1751~1836): 미국의 제4대 대통령(재임 1809~17). 독립전쟁 시기에 대륙회의 대표를 역임했으며 헌법제정회의에 버지니아 대표로 출석, 주로 헌법초안 기초를 맡았다. 1808년 공화당 소속으로 대통령선거에서 당선되었다.

맥도널드(MacDonald, James Ramsay, 1866~1937): 영국의 정치가. 독립노동당에 입당하였으며, 1900년 노동대표위원회의 결성에 따라 서기가 되었다. 1906년 하원의원에 당선되었고, 같은 해 독립노동당을 영국노동당으로 개칭하여 1911년 당수가 되었으나, 제1차 세계대전 때 참전에 반대하여 당수직에서 물러났다. 그러나 1924년 영국 자유당의 지지를 얻어 첫 노동당 내각을 조직했다. 그 후 1929년 노동당이 제1당이 되자 다시 내각을 조직했으나, 세계공황에 직면하여 실업수당을 삭감할 수밖에 없게 되자, 여당인 노동당의 반대에 부딪혀 일단 사퇴하였다. 1931년 영국 보수당·자유당과 손을 잡고 거국 일치내각을 만들었기 때문에 배반자로 몰려 노동당에서 제명되었다.

메링(Mehring, Franz, 1846~1919): 독일의 사회주의자. 1878년 비스마르크의 사회주의자탄압법에 반대하였으며, 1889년 이후에는 독일 사회민주당 기관지『신시대』(Neue Zeit)의 편집에 참가했다. 사회민주당 좌파에 속해 있었으며, 사회민주당 공식 당사인『독일 사회민주당사』(4권, 1897~98)를 저술하기도 했다. 제1차 세계대전 중에는 제국주의 전쟁에 대해 항쟁하였고 스파르타쿠스단과 그 후신(後身)인 독일공산당 창립자의 한 사람으로 활동했다.

모리스(Morris, William, 1834~96): 영국의 시인이자 공예가. 말버러 칼리지를 거쳐 옥스퍼드 대학에서 공부하였다. 여기서 번 존스와 친구가 되고 러스킨의 사상에 접했다. 1861년 친구들과 모리스마셜-포크너 사를 설립했고. 1875년부터는 모리스가 단독으로 경영하게 되어, 모리스 사로 개칭하였다. 그는 기계문명의 해독을 입고 노동의 기쁨을 상실한 시대의 변혁을 위해 한때 정치활동에도 투신하였다(1883). 또 그의 일 자체가 새로운 공예의 길을 개척했다고는 할 수 없으나 1880년대에 들어 모리스의 영향으로 각종 공예가 조직이 형성되어, 근대 디자인 운동의 발단이 되었다.

모소(Mosso, Angelo, 1846~1910): 이탈리아의 생리학자. 에르고그라피(작업량 기록기)를 발명하여 운동 및 작업의 양을 측정할 수 있도록 했다.

모스카(Mosca, Gaetano, 1858~1941): 이탈리아의 정치가이자 법학자. 1908년 자유보수당 소속으로 하원에 진출하여, 식민차관, 1919년 종신 상원의원으로 임명되었다. 마키아벨리의 계통을 따른 대표적인 이탈리아의 정치학자로, 현실을 직시하고 과학적인 정치법칙을 수립하고자 하였다. 그의 이론에 따르면 어떤 사회에서나 지배하는 소수자와 지배되는 다수자가 존재하며(소수지배의 법칙, 지배계급론), 지배계급은 있는 그대로의 권력을 법의 지배로 바꾸어 정치기구를 정비하고 여러 사회세력의 균형 위에 서서 지배할 때 안정된다. 그는 또 지배계급은 이데올로기인 정치적 방식(political formula)을 짜내어서 이를 조작하며, 문명의 패턴과 수준은 지배계급에서 결정한다는 등의 이론을 전개하였고 다수결원리와 의회제에 대해 비판적이었다. 주요 저서로『정부론과 의회정치』(*Sulla teorica dei governie sul governo parlamentare*, 1884)와『정치학의 기본원리』(*Elementi di scienza politica*, 1896) 등이 있다.

모스트(Most, Johann Joseph, 1846~1906): 독일의 무정부적 선동가. 1878년 사회주의 탄압법 때문에 독일을 떠나 미국으로 건너갔고 거기서 급진 무정부주의적인 집단을 지도했다. 주간지『자유』(*Freiheit*)를 발간했다.

몰리에르(Molière, Jean Baptiste, 1622~73): 프랑스의 희극작가. 본명은 장 바티스트 포클랭(Jean Baptiste Poquelin). 1643년 극단을 창단하고 이듬해 처녀공연을 하였으나 관객유치에 실패, 남프랑스의 여러 곳을 순회하였다. 1658년에 비로소 파리로 돌아와 루이 14세의 마음에 들어 왕실 소유의 프티 부르봉 극장의 사용을 허락받았다. 그의 작품을 특징짓는 것은 소위 성격희극인데, 그는 이런 희극을 통해 17세기 프랑스의 상류사회에 파고든 가짜 신앙, 대귀족들의 퇴폐상, 경박한 사교생활 등과 같은 것을 착실한 시민의 양식(良識)으로 비판적으로 그렸다.

몰켄부르(Molkenbuhr, Hermann, 1851~1927): 독일의 사회민주주의자. 노동자 출신으로 제국의회 의원을 지냈으며, 중앙당위원회 위원을 역임하는 등 당 원로로서 활약했다.

뮈잠(Mühsam, Erich, 1878~1934): 독일의 혁명적 시인이자 극작가. 1919년 뮌헨 혁명 당시에 혁명정부의 일원이었다.

뮌처(Münzer, Thomas, 1489(?)~1525): 종교개혁 시기 독일의 사회개혁운동 지도자. 처음에는 루터의 개혁운동에 공명(共鳴)했으나 급진적 종교개혁 집단 지도자 슈토르흐를 만나 그 영향을 받아, 점차 루터 사상과 대립하게 되었다. 영주제와 타협하여 기존질서의 존중을 역설하는 루터와 정면으로 대립하고, 또한 내면적 신앙의 체험만을 중시하고 성서의 객관적 권위를 무시한 주장이 주관적인 신비주의라 공격했다. 그는 루터파에게 공격을 받고 튀링겐 뮐하우젠으로 피신했다가, 그곳에서 하층시민·광부·농민의 봉기로 그 시(市)의 정권을 장악하였으나, 영주군(領主軍)의 공격을 받고 도피했다. 1525년 농민봉기를 돕기 위하여 민병을 거느리고 프랑켄하우젠으로 향하였다. 거기에서 영주 연합군에게 패해 결국 처형되었다.

미라보(Mirabeau, Comte de, 1749~91): 프랑스의 정치가. 1789년 5월 삼부회에 제3신분 대표로 출마하고, 6월 23일 궁정이, 삼부회 의원이 구성한 국민의회를 해산시키려 하자 열변을 토하여 위기를 극복하였다. 그 후 라파예트와 함께 혁명 초기의 거물이 되었고, 파리 시민의 인기도 한몸에 받았다. 정치구상으로서는 입헌왕정의 입장을 끝까지 견지하였다. 혁명을 초기 단계에 정착시켜, 전제정체와 신분제 지배를 타파한 후 착실하게 의회주의를 건설하는 것이 그의 목표였다. 그 때문에 점차로 자코뱅파의 좌파와 결별했다.

밀랑(Millerand, Alexandre, 1859~1943): 프랑스의 정치가. 원래 사회주의자로 출발했으나 나중에 공화정 정부에 입각하여 제11대 대통령(재임 1920~24)을 지냈다. 1885년 급진당에서 출마, 하원의원에 당선되었으나, 후에 당적을 사회당으로 옮겼다. 1899년 발데크-루소 내각의 상업장관으로 취임함으로써, 이러한 그의 비(非)사회주의 정권 입각은 사회당의 분열을 초래했다. 이어 1909년 제1차 브리앙 내각의 공공사업장관·노동장관, 1912년 푸앵카레 내각의 육군장관, 1914~15년 비비아니 내각의 육군장관을 역임하고, 1920년 클레망소의 뒤를 이어 조각하였으며, 총리 겸 외무장관으로서 베르사유조약 실시를 추진하였다.

바뵈프(Babeuf, François Noel, 1760~97): 프랑스 혁명 초기의 정치선동가. 프랑스 북부지방의 농민출신으로, 루소 등의 혁명사상에 동조하여 봉건제도의 완전폐지와 공화정치의 확립을 부르짖고, '인권선언만으로는 굶주림을 달랠 수 없다'는 신념으로 사상혁명에서 생활혁명으로 나아가야 한다는 강령을 내걸었다. 로베스피에르가 몰락한 후로는 부르주아 공화파에 도전하여 『호민관』지를 발행했으며, 법과 신분의 평등뿐만 아니라 교육과 취직의 기회균등을 요구하고, 토지 사유의 제한, 생산물과 배당·분배의 국가관리, 재산의 평등 등을 주장함으로써, 공산주의적 사고를 설파했다. 1796년에 비밀결사로 사회혁명의 계획을 세워 구(舊)자코뱅 당원·에베르파·혁명군 장병·소시민·노동자들을 포섭, 소위 평등주의자의 음모를 꾀하였으나 사전에 발각되어 처형되었다.

바우어(Bauer, Otto, 1881~1938): 오스트리아 사회민주당의 이론가·정치가. 고등학교 때부터 마르크스주의와 수정주의에 관심을 기울였고 빈 대학에서 철학, 법학 그리고 정치경제학을 공부했다. 1904년 카우츠키에게 보낸 논문이 『신세대』지에 게재되었고, 이후 그 잡지의 주된 논객으로 활약했다. 빅토르 아들러의 요청으로 민족문제에 대한 마르크스주의 이론을 정리했다. 제1차 세계대전 때 러시아군의 포로가 되었으며, 전쟁 후 외무부 차관보를 역임했으나 연합국측과의 마찰로 사임했다. 볼셰비키 혁명에 반대했으며 '점진적인 혁명'을 주창했다. 따라서 파시즘의 승리 이후 그에 대한 비판이 제기되기도 했다.

바이양(Vaillant, Édouard, 1840~1915): 프랑스의 사회주의자. 파리 코뮌 이후 망명했다가 1880년에 귀국하여 사회혁명당을 창설했다. 후에 조레스와 제휴하여 사회당의 통합을 추진했다. 제1차 세계대전 때에는 조국방위를 역설하여 참전론을 펼쳤다.

바쿠닌(Bakunin, Mikhail Aleksandrovich, 1814~76): 러시아 귀족 출신의 무정부주의자. 상트페테르부르크 포병학교를 졸업한 후 군인이 되었으나, 1834년 군대에서 나와 모스크바로 갔다. 여기서 스탄케비치 서클(19세기 초에 이루어진 모스크바의 문예서클)에 가입하여 벨린스키, 헤르젠 등과 교제하였으며, 독일철학(특히 헤겔)을 공부했다. 1840년 유럽으로 나와 점차 혁명적인 범슬라브주의와 무정부주의로 기울어졌다. 오스트리아-헝가리 제국의 붕괴와 모든 슬라브 민족의 연방을 기대하여, 1848년 프라하의 봉기와 1849년 드레스덴의 봉기에 참가하였다. 이 일로 체포되어 러시아 정부에 넘겨져, 1857년 시베리아에 유형되었으나, 1861년 탈출하여 일본과 미국을 거쳐 런던으로 갔다. 1863년 폴란드에서 일어난 무장봉기에 참가하였으며, 1864~68년 이탈리아의 혁명운동에 관계하였다. 1868년 스위스로 이주하여 사회민주동맹을 설립, 제1차 인터내셔널에서는 마르크스와 격렬하게 대립하여 제명당하기도 했다(1872). 그의 급진적인 무정부주의는 에스파냐·이탈리아·러시아의 혁명운동에 커다란 영향을 주었다. 저서로는 『신과 국가』(1871), 『국가와 무정부』(1873) 등이 있다.

반데르벨데(Vandervelde, Émile, 1866~1938): 벨기에의 사회주의 운동가. 소비조합운동의 '이민회관'에서 활동했으며, 1885년 벨기에 노동당을 창설, 그 당수가 되었다. 제2차 인터내셔널의 반전운동에 참가했으나 제1차 세계대전 당시 벨기에가 침략당하자 거국내각에 입각하여 여러 장관직을 거쳤다.

백스(Bax, Ernest Belfort, 1854~?): 영국의 사회주의자이자 극작가로서 음악과 철학을 공부했다. 1880년 독일 주재 영국신문사 특파원이었으며 1881년 귀국하여 사회주의 운동에 뛰어들었다. 윌리엄 모리스와 함께 사회주의 리그를 창설했고 나중에 사회민주연합의 기관지인 『정의』(*Justice*)를 편집했다.

밸푸어(Balfour, Arthur, 1848~1930): 영국의 보수당 정치가. 1902년부터 1905년까지 영국 총리직을 역임했다.

번스(Burns, John, 1858~1943): 영국 노동지도자이자 사회주의자. 다양한 직업을 전전하다가 노동조합주의에 투신했다. 1877년과 1886년 선동의 혐의를 받아 체포되었으며, 1887년에는 같은 혐의로 6주간 투옥된 경험이 있다. 1889년 런던 시위원에 선출되었으며 1892년 의회에 진출했다. 1905년부터 14년까지 지방행정위원회 대표로 재직했다. 주된 저서로 『시정(市政)사회주의』(*Municipal Socialism*, 1902)가 있다.

베른슈타인(Bernstein, Eduard, 1850~1932): 독일의 사회주의자로 수정주의(修正主義) 제창자. 유대인 철도기관사의 아들로 태어나 사회주의 사상을 접한 후 1872년 사회민주노동당에 입당하였다. 1873년에 시작된 경제적 위기가 1890년대까지 지속되면서 베른슈타인은 자본주의 붕괴의 필연성을 확신하게 되었고, 더욱이 오토 폰 비스마르크 총리가 사회주의 진압법을 도입하자 보다 급진주의적인 성향으로 기울어갔다. 이에 추방령이 내려져 스위스·영국 등지에서 망명 생활을 하였다. 마르크스주의의 대표적 이론가로 엥겔스, 카우츠키 등과 함께 활약하였다. 1878년 스위스의 취리히로 가서 독일사회민주당의 기관지 『신시대』에 『사회주의의 제문제』(1896~97)를 발표하였으며, 영국 페이비언 사회주의자들과 교류했다. 그는 『사회주의의 전제(前提)와 사회민주당의 임무』(1899)를 써서 의회주의를 통한 점진적인 사회주의를 역설함으로써 마르크스주의의 수정을 시도하여 당내 우파의 이론적 지도자가 되었다. 1901년 독일에 돌아와서 사회민주당 내 수정주의로서 자신의 이론의 정당함을 계속 주장하였고, 1902년에는 국회의원으로 선출된 이후 3차에 걸쳐 당선되었다. 이 주장을 둘러싸고 그는 카우츠키나 룩셈부르크 등을 상대로 이른바 수정주의 논쟁을 벌였는데, 그의 수정주의는 1903년 드레스덴 대회에서 공식적으로 패배했으나, 당내에서 그 영향력은 사라지지 않았다. 이 수정주의는 또한 이후 러시아 기타의 사회주의자들에게까지 지대한 영향을 미쳤다.

베벨(Bebel, August, 1840~1913): 독일의 사회주의자. 쾰른에서 출생하여 노동자로서여러 직업을 전전하다가, 1861년 라이프치히 노동자교육협회에 참가하여 회장이 되고, 리프크네히트의 사상에 크게 공명하여 1860년대 후반에는 마르크스주의자로서 활동을 시작하였다. 1869년 사회민주노동당을 창설, 지도자가 되었다. 27세 때 독일 제국에 국회가 개설되자 국회의원으로 선출되어, 독일사회민주당의 의회전술의 기초를 닦아 국제적으로 영향을 미치기도 하였다. 반군국주의 및 반전정책으로 유명하여 보불전쟁과 알자스-로렌 합병(1871)에 반대하여 반역죄로 2년의 옥고를 치렀다. 1878년 라살파와 협동하여 사회주의탄압법에 반대하였으나, 실패하여 라이프치히에서 퇴거할 것을 명령받았다. 1886년 지하활동을 하다가 9개월간 투옥되었으며, 1889년 제2차 인터내셔널 창립에 참가했고, 『여성과 사회주의』(1883)라는 저서를 남겼다.

보른(Born, Stephan, 1824~98): 독일의 사회주의자. 식자공 출신으로 마르크스와 엥겔스가 만든 공산주의동맹에 가담했고 1848년 3월혁명에서 노동운동을 지도했다. 독일 최초의 전국적인 통일조직인 노동자형제단을 건설했다. 나중에 스위스로 망명했다.

뵈이요(Veuillot, Louis, 1813~83): 프랑스의 작가·언론인. 나폴레옹 3세의 이탈리아정책을 비판하면서 군주정의 부활을 지지하던 일간 신문인 『우주』(l'univers)를발행했다. 그는 특히 교황의 무오류설을 위해 강력하게 싸웠다.

부오나로티(Buonarroti, Fillippo, 1761~1837): 이탈리아 출신의 프랑스 혁명가로서 바뵈프와 함께 평등주의자의 음모에 가담했다. 감옥에서 풀려난 후 제네바에서프랑스 혁명 세력을 조직했으며, 블랑키에게 영향을 주었다.

불랑제(Boulanger, Georges, 1837~91): 프랑스의 장군이자 정치가. 보불전쟁에 참여했으며 1886년 육군장관을 역임했다. 독일에 대한 보복과 쇼비니즘을 주장하는 대표적인 인사로 대중의 인기를 한몸에 받았으며, 결국 이런 성향 때문에 장관 자리와 군부에서 물러나게 된다. 1888~89년에 의회에서 민족주의적 성향의 여당을 조직했고, 이 집단은 불랑제파로 불렸다. 반역음모로 기소되자 외국으로 망명하여 자살했다.

브라운(Braun, Lily, 1865~?): 독일의 여성사회주의자(남편은 교수였던 Gizycki). 마르크스적 사회주의를 역설하면서, 마르크스의 교리를 전파하는 데 노력을 기울였다. 『한 여성 사회주의자의 회상』(1900)이라는 글을 남겼다.

브루스(Brousse, Paul, 1854~1912): 프랑스의 사회주의자. 의학을 공부했고 파리 코뮌 때 감옥형을 선고받았으나, 탈출하여 에스파냐를 거쳐 스위스로 갔다. 그곳에서 바쿠닌의 영향을 받아 무정부주의자가 되었다. 1879년 런던으로 가 마르크스와 엥겔스와 교류했고 다시 사회주의자로 변신했다. 1880년 개혁사회주의를 표방하여 혁명 없는 사회적 변화를 주장함으로써 그를 중심으로 한 일파는 가능주의자(possibilist) 혹은 브루스파(broussist)로 불린다.

브리앙(Brian, Aristide, 1862~1932): 프랑스의 사회주의자이자 정치가. 법학을 전공했으며 언론인으로 활약했다. 수년 동안 사회주의자로서 사회주의 잡지에 많은 글을 기고했고 1902년 국회의원으로 선출되었다. 1904년부터 정부에 입각하여 여러 장관직을 역임함으로써 사회당으로부터 축출당했다. 1915년 총리가 되었다.

블랑(Blanc, Louis, 1811~82): 프랑스의 공상적 사회주의자. 파리에서 법학을 공부했으며, 1839년 사회주의적 경향의 잡지를 발행하면서 급진적 민주주의를 주창했다. 1840년 유명한 『노동의 조직』을 발간하여, 국립작업장 및 노동부의 설치를 역설했다. 1848년 2월혁명 후 임시정부의 일원으로 입각했으며, 국립작업장의 설치 등 사회주의적인 노력을 기울였으나, 6월봉기 이후 폭동혐의를 받고 영국으로 망명했다. 제2제정 말기에 귀국하여 국회의원이 되었고, 파리 코뮌 때 정부편을 들었다. 저서에 『프랑스 혁명사』(2권, 1847~62) 등이 있다.

블랑키(Blanqui, Louis Auguste, 1805~81): 프랑스의 혁명적 사회주의자. 파리에서 법학과 의학을 공부했고, 이탈리아의 카르보나리당에 가입하여 1827년의 카르보나리당 폭동 때 부상을 당했다. 1830년 7월혁명 이래 거의 모든 폭동에 가담하여 생애의 절반 가까운 약 30년간을 옥중에서 보냈다. 그는 이론가라기보다는 행동가로서 동지를 모아 조직화하고 그들에게 정열을 고취하는 점이 뛰어났다. 철저한 공산주의 사상을 지녀 점진적 개량을 배격하고 소수의 정예분자에 의한 폭력혁명과 프롤레타리아 독재를 주장하였다. 보불전쟁 후의 혼란기에 반란을 지도했으나 1871년 파리 코뮌 성립 직전에 체포되었다가 1879년에 석방되었다. 그의 극단적인 폭력주의는 '블랑키주의'라 불린다. 사후에 출판된 『사회비평』(*Critique sociale*, 2권, 1885) 등의 저서가 있다.

비비아니(Viviani, René, 1863~1925): 프랑스의 정치가. 19세기 말부터 20세기 초에 걸쳐 사회주의적 언론인으로서 활약하였으며 많은 노동쟁의를 변호하였다. 1893년 하원의원에 당선되었고, 1902년에는 낙선하였으나 1906년에 재선되었으며, 1910년 후에는 상원의원이 되었다. 1902년경부터 조레스와 알게 되어 『위마니테』지의 창간과 통일사회당 창당에 협력하였다. 1906년부터 여러 장관직을 역임했고, 제1차 세계대전 후 워싱턴 회의에 프랑스 대표로 참가하였다.

빌레(Wille, Bruno, 1860~1928): 독일의 작가. 잡지 『자유사상가』(*Der Freidenker*)를 발간했고, 1890년 베를린 자유민중극단을 창설했으며 1901년에는 자유대학을 창립했다.

생시몽(Saint-Simon, Comte de, 1760~1825): 프랑스의 초기 사회주의자. 달랑베르를 비롯한 계몽주의 사상가들의 영향 밑에서 교육을 받았다. 18세 때 미국 독립전쟁에 참가했고, 프랑스 혁명 때 자발적으로 작위를 포기하였다. 로베스피에르 치하에서 반혁명파로 몰려 투옥되었다가, 총재정치시대에 석방되었다. 그 후, 국유지 매매로 거부가 되자 이 재산으로 과학 연구에 전념하였다. 이 과정에서 전재산을 탕진, 만년의 20년간은 빈곤 속에서 연구할 수밖에 없었다. 그는 인류의 역사를 부단히 진보하는 것으로 보고, 새로운 사회체제는 선행하는 사회체제보다 전진하지 않으면 안 된다는 역사의 발전적 전개를 주장하였다. 그래서 비산업 계급인 봉건영주와 산업적 계급의 투쟁으로 점철된 과거 수 세기의 프랑스사를 개선하여, 그 양자가 협력·지배하는 계획생산의 새 사회제도를 건설하여야 한다고 하였다. 자기의 학설을 '신그리스도교'라고 부르고 새로운 사회는 설득을 통하여 평화적으로 실현되어야 한다고 주장하여, 공상적 사회주의자로 불리게 되었다. 그의 실증적인 사회연구 태도는 제자인 콩트에 의해 계승되어 실증주의 사회학으로서 결실을 맺었다.

샤이데만(Scheidemann, Philipp, 1865~1939): 독일의 사회주의 정치가. 1903년 사회민주당 소속 국회의원이 되었다. 제1차 세계대전 때에는 독일의 참전을 지지했다. 종전 무렵인 1918년 10월 바덴 공(Max von Baden) 내각에 무임소장관으로 입각했고, 11월 9일 공화제를 선포했다. 이듬해인 1919년 공화국 최초의 총리가 되었으나, 베르사유 조약에 반대하여 사임하였다. 1920~25년 카셀 시장을 지내고, 1933년 나치스 정권이 성립되자 덴마크로 망명, 코펜하겐에서 숙었다.

소렐(Sorel, Georges, 1847~1922): 프랑스의 혁명적 생디칼리슴 이론가. 25년간 정부의 토목기사로 근무한 후 1895년부터 문필생활을 시작, 사회문제의 연구·저작에서 노동운동의 이론적 근거를 구축하였다. 1908년에 『폭력론』(*Réflexions sur la violence*)을 썼는데, 그 이론의 핵심은 반민주주의·반의회주의, 그리고 동맹파업이다. 1910년경부터 의회주의로 기울어진 프랑스 노동운동의 실정에 실망하고 이후 파시즘에 이용되는 사상경향으로 기울어지기도 했으나, 러시아 혁명 이후 다시 사회주의로 돌아갔다.

쇠플레(Schöffle, Albert, 1831~1903): 독일의 사회경제학자. 대학교수와 뷔르템부르크 주 의원 및 각료를 지냈으며 사회유기체설의 입장에서 사회를 개인보다 우위에 놓았다.

쇤랑크(Schönlank, Bruno, 1859~1901): 독일의 언론인이자 사회주의자. 사회주의자탄압법 시기에 사회주의적 신문을 발행했으며, 제국의회 의원을 지냈다. 1895년 브레슬라우 사민당 전당대회에서 농업문제에 관한 정책을 논의하면서 당 정책의 변경을 요구함으로써, 최초로 당 강령의 '수정'이라는 말을 사용했다. 그러나 베른슈타인의 '수정주의'에 대해서는 반대했다.

슈몰러(Schmoller, Gustav von, 1838~1917): 독일의 국민경제학자. 할레·스트라스부르·베를린 대학 등의 교수를 지내고, 1884년 프로이센 상원의원이 되어 정치적으로도 활약하였다. 1872년 사회정책협회를 창립하여 지도적 역할을 하였다. 1881년 이후 『입법 · 행정 및 국민경제를 위한 연보』(*Schmollers Jahrbuch für Gesetzgebung, Verwaltung, und Volkswirtschaft*)를 발간했고, 고전파 경제학에 대항하여 역사적 방법을 주장했다. 또 경제학 속에 윤리학적 관념을 도입하여 사회정책의 필요성을 역설하여 신역사학파를 창시하였다. 주요저서에 『일반 국민경제학 개론』(*Grundriss der allgemeinen Volkswirtschaftslehre*, 1900~1904) 등이 있다.

슈바이처(Schweitzer, Johann Baptist von, 1833~75): 독일의 사회민주당 지도자. 1861년에는 프랑크푸르트의 노동자교육협회 창립에 협력하고, 회장에 선출되었다. 1863년 라이프치히에서 전독일노동자협회에 가입하면서 라살의 신임을 얻었으며, 1864년 그가 죽은 후 1867~71년 그 협회 의장을 역임하였으며, 1867년 북독일연방의회 의원에 선출되었다. 그는 라살주의의 선전, 친(親)프로이센 정책을 추진함으로써 아이제나흐파(독일사회민주노동당의 별칭)와 대립했다.

슈티르너(Stirner, Max, 1806~56): 독일의 철학자, 개인주의적 무정부주의자. 헤겔, 슐라이어마허의 영향을 받았고, 헤겔 좌파에 속한다. 『유일자(唯一者)와 그의 소유』(*Der Einzige und sein Eigentum*, 1845)를 저술하여 모든 전통을 거부하는 개인주의적 무정부주의를 제창했다. 그는 민주주의를 자의식이 있는 개인들의 결합체로 규정했다. 마르크스와 엥겔스는 그의 이런 사상을 『독일 이데올로기』(1846)에서 비판하였다.

시겔레(Sighele, Scipio, 1868~1913): 이탈리아의 사회심리학자.

시펠(Schippel, Max, 1859~1928): 독일의 사회주의자. 켐니츠 출신의 제국의회 의원으로서 수정주의자였다. 수정주의자들의 잡지인 『사회주의 월보』(*Sozialistische Monatshefte*)의 편집자를 역임했다. 제1차 세계대전 중에는 전쟁을 수용하고 국제주의적 입장을 버렸다.

아들러(Adler, Victor, 1852~1918): 오스트리아의 사회민주당원. 빈 대학에서 화학과 의학을 공부하고 의사로서 개업했다. 1882년부터 카우츠키와 친교를 맺고 『신세대』지에 기고했다. 오스트리아 사회민주당의 통합을 위해 노력했고, 1888년 하이펠트 대회에서 그것을 성취했다. 1891년 『노동자신문』(*Arbeiter-Zeitung*)을 간행하고 보통선거권 쟁취투쟁을 조직했다. 제1차 세계대전 당시에는 오스트리아-헝가리 이중왕국을 지지했으나, 자신의 아들(Friedrich Alder)이 이끄는 비주파로부터 호된 공격을 받았다. 그는 일반적으로 수정주의자 계열로 분류되고 이론가라기보다는 정치가였다.

아들러(Adler, Fritz, 1851~?): 1874년부터 76년까지 코넬 대학의 문학교수를 지냈고 1876년 뉴욕에서 윤리문화협회를 결성했다. 1889년에는 윤리문화학교를 창설했다. 나중에 컬럼비아 대학교 정치윤리학 교수가 되었다. 그는 비록 엄격한 의미의 사회주의자는 아니었으나, 민주주의와 자발적인 집산주의의 지지자였다.

아부(About, Edmond, 1828~85): 프랑스의 작가. 기지 넘치는 많은 소설과 희극을 남겼고, 정치언론인으로도 활약했다.

아우어(Auer, Ignaz, 1864~1907): 수공업자 출신의 독일 사회민주주의자. 1871년부터 77년까지 함부르크 사민당 서기를 지냈으며 이후 사민당계 신문의 편집일을 맡아보았다. 1878년부터 제국의회 의원으로 활약했다.

아이스너(Eisner, Kurt, 1867~1919): 유대인 출신의 독일 사회민주주의자. 사민당 당보의 편집장을 거쳤으며, 제1차 세계대전 때에는 전쟁에 반대해 독립사회민주당에 소속되었다. 제1차 세계대전이 끝난 후 뮌헨에서 혁명을 일으켜 바이에른 정부를 수립했으나, 혁명에는 실패했다. 혁명의 와중에 암살당했다.

안젤르(Anseele, Edouard, 1856~1938): 벨기에의 사회주의자. 헨트(Gent)에서 태어나 그곳에서 공부하고 공증인이 되었다. 그는 1789년 최초의 사회주의적 협동조합인 보르로이트(Vooruit: 전진이라는 뜻)를 창설했는데, 이것은 벨기에에서 커다란 협동조합운동의 시초가 되었다. 그는 동명(同名)의 잡지를 발간했고, 제2차 인터내셔널 및 벨기에 국회의원으로서 활약했다. 제1차 세계대전 중 방데르방데와 함께 연립내각을 구성해 입각했다.

알레망(Allemane, Jean, 1843~1935): 식자공 출신의 프랑스 사회주의자. 출판협회를 조직했고 1871년 파리 코뮌 이후 공산주의자로 체포되어 8년 동안 옥살이를 했다. 1880년 석방된 후 프랑스 사회주의 지도자로서 활동하면서, 1890년 혁명사회당을 창당하고 총파업을 주된 계급투쟁의 수단으로 간주했다.

에르베(Hervé, Gustav, 1871~1944): 프랑스의 사회주의자. 사회당의 극좌파로서 1908년 『사회전쟁』(*La Guerre Social*)이라는 잡지를 창간하여 반국군주의, 반전운동을 전개했다. 전쟁이 일어날 경우, 그것은 제국주의적 전쟁이라고 규정하고 사회주의자들은 그에 맞서 싸워야 한다는 국제주의를 제창했다. 그러나 실제로 제1차 세계대전이 일어나자 다른 사회주의자들처럼 애국주의로 선회했다.

에른스트(Ernst, Paul Karl Friedrich, 1866~1933): 독일의 작가. 처음에는 사회민주주의자로 활약하다가 후에 작가로 전향하였다. 자연주의적 현실 묘사에 역점을 두었으나, 평론 『이상주의의 붕괴』(*Der Zusammenbruch des Idealismus*, 1917)를 기점으로 민족적 색채가 짙은 신고전주의 확립에 힘썼다.

에카리우스(Eccarius, Johann Georges, 1818~89): 독일의 사회주의자. 영국으로 건너가 제1차 인터내셔널 독일 지부 서기를 지냈다. 마르크스의 추종자로서 잡지 『공화국』(*The Commonwealth*)을 간행했다.

엥겔스(Engels, Friedrich, 1820~95): 독일의 사회주의자. 프로이센 라인 주 바르멘 출생. 부유한 공장주의 8형제 중 장남으로 태어났다. 1841년 베를린의 근위포병연대에 복무하는 동안 베를린 대학에서 강의를 들었다. 제대 뒤 영국에 체재하는 동안 사업에 종사하면서 자본주의 분석연구에 관심을 가지면서, 1844년 과학적 사회주의의 초기 해석과 자유주의 경제이론의 모순점을 제시하여 마르크스로부터 인정을 받았다. 마르크스와 공동으로 『독일 이데올로기』를 집필하여 인간사회에 대한 새로운 역사적 인식방법인 유물사관(唯物史觀)을 제시하여 마르크스주의의 철학적 기초를 확립함과 동시에, 공산주의의 연대와 결집을 목표로 공산주의 통신위원회를 창설하였다. 1849년 혁명이 실패로 돌아가자 런던으로 망명하였다가, 맨체스터에서 다시 사업에 종사하여 마르크스의 이론적·실천적 활동을 경제적으로 지원하였다. 1869년 사업을 청산하고 다음해 런던으로 이주, 제1차 인터내셔널의 총무위원이 되어 국제노동운동의 발전에 진력하고 마르크스주의의 보급에도 노력하였다. 1883년 마르크스가 사망하자 그의 유고 정리에 몰두하여『자본론』의 제2·3권을 편집하는 한편 제2차 인터내셔널의 지도자로서 노동운동의 발전에 많은 영향을 끼쳤다.

오스트로고르스키(Ostrogorskii, Moisei Yakovlevich, 1854~1919): 러시아의 정치학자. 상트페테르부르크 대학교와 파리 사립정치학교를 졸업하였다. 특히 미국의 정당조직을 연구, 1902년『민주주의와 정당조직』(*La dmocratie et l'organisation des partis politiques*, 2권)을 발표했다. 그는 풍부한 역사적 자료를 이용, 헌법 이외에 정당이 미국의 정치를 지배·운용하고 있는 사실을 자세하게 분석하고, 금력에 의한 정치의 부패형태를 밝혔다. 1906년 제1차 국회에서 국회의원에 당선되어 입헌민주당원으로서 의회활동을 벌였다.

오언(Owen, Robert, 1771~1858): 영국의 공상적 사회주의자. 점원으로 출발하여 맨체스터에서 방적기 제조업자가 되었다가 뉴래너크에서 최신 최대의 방적공장 경영주가 되었다. 산업혁명기 및 자본주의가 발전함에 따라 그는 노동자의 노동조건이 만족되지 못하면 노동자의 도덕적 퇴폐를 야기하게 되고 또한 생산력을 저하시킨다는 사실에 착안하여, 노동자의 처우개선을 위하여 여러 가지 실험과 노력을 시도하였다. 1834년에는 '노동조합대연합' 결성의 중심인물로 활약하였으나 이 운동은 모두 실패로 돌아갔다. 미국에 공상적 이상향을 만들기도 하였다.

웨브(Webb, Sidney, 1859~1947): 영국의 사회주의 경제학자. 페이비언 협회에 소속되어 점진적인 사회주의를 주창했다. 1920년대에 노동당 하원의원과 상무장관을 지냈다. 부인 비어트리스(Beatrice, 1858~1943)도 사회학자로 같이 많은 연구를 했다.

융(Jung, Hermann, 1830~1901): 스위스 시계공 출신의 노동운동가. 국제노동운동 및 스위스 노동운동의 대표자로서 1848년에 혁명에 참여했다가 런던에 망명했다. 1872년 파리대회 때까지 마르크스를 지지했다. 1877년 이후 노동운동으로부터 이탈했다.

자에크(Jaeckh, Gustav, 1866~1907): 독일의 사회주의 언론인.『라이프치히 인민일보』(*Leipziger Volkszeitung*)의 편집자를 지냈다.

조레스(Jaurès, Jean, 1859~1914): 프랑스의 사회당 정치가. 1881년 교수자격시험에 합격한 후 1883~85년 툴루즈 대학 철학강사를 지내고, 1885년 26세의 나이로 의회로 진출하였다. 그는 사회주의적 경향을 보이는 중도좌파에 속하였다. 1892년 카르모 광산노동자의 파업을 지지하여 이듬해에 카르모 지구의 사회주의파 의원으로 당선된 후 1898년을 제외하고 잇달아 당선되었다. '드레퓌스 사건'에서는 드레퓌스 지지파로 활약하기도 하였다. 1901년 게드와 바이양의 사회당에 대항하여 프랑스사회당(Parti Socialiste Français)을 결성했으며, 기관지 『위마니테』(L'Humanités)를 창간하고, 그해 인터내셔널 대회 후 프랑스 사회주의 제(諸)세력의 통일에 진력하였다. 제1차 세계대전이 발발한 1914년 7월 열렬한 반전주의자로서 전쟁반대를 호소하다가 암살당했다.

조베르티(Gioberti, Vincenzo, 1801~52): 이탈리아 성직자로서 철학자이자 정치가. 사르데냐 왕실의 전속 신부였으나 자유주의 사상과 마치니가 이끄는 청년이탈리아당 운동에 공감하여, 프랑스와 브뤼셀로 망명했다(1834~48). 1848~49년에는 총리가 되었고 그 후 이탈리아 통일을 위해 노력했는데, 통일 이탈리아의 정치형태에 있어서 그는 마치니의 공화제와 반대로 교황을 수장으로 하는 연방제 형태를 지지했다.

졸리티(Giolitti, Giovanni, 1842~1928): 이탈리아의 정치가. 1860년 토리노 대학 법학부를 졸업한 뒤 공직생활을 하기 시작하여 20년 동안 행정가로 활동하였다. 1886년 크리스피 내각의 재무장관을 비판하면서 대중의 관심을 끌기 시작하였다. 1892년 총리로 임명된 뒤 4차례 총리직을 역임하였다. 그는 재임 기간에 선거권 확대 등으로 민주주의 도입을 꾀했으나 실패했고, 외교면에서는 민족주의자들의 압력으로 이탈리아 투르크 전쟁을 시작하기도 하였다. 제1차 세계대전 때는 개입을 적극 반대했으나 연합국에 가담하여 참전하였다. 졸리티는 1920년 마지막으로 총리직을 맡으면서 이탈리아 재건에 착수하였다. 한편 전쟁 후의 혼란 속에서 사회당의 진출을 저지하려는 목적으로 파시즘의 대두를 허용하고, 그들의 도움을 받았다.

좀바르트(Sombart, Werner, 1863~1941): 독일의 국민경제학자. 브레슬라우 대학교와 베를린 대학교 교수를 지냈다. 1904년 이래 베버와 함께 『사회과학 및 사회정책 잡지』(Archiv für Sozialwissenschaft und Sozialpolitik)를 편집함으로써 사회정책의 과학성의 확립에 힘썼다. 만년에 나치즘의 대두와 때를 같이하여 우경화 경향을 보였다. 몰이론적(沒理論的)인 역사학파를 비판하고, 이론과 역사의 종합을 시도하여 '경제체제'의 개념을 확립하는 등, 경제사회의 전체적 파악을 위하여 노력하였다. 그 성과를 집대성한 것이 『근대자본주의』(Der moderne Kapitalismus, 제1·2권:1902, 제3권:1927)이다.

주오(Jouhaux, Léon, 1879~1954): 프랑스의 노동운동 지도자. 1900년 성냥공장의 파업을 지도하는 등, 노동운동에 헌신하였다. 노동총동맹(CGT)에 가입, 활약하였는데, 1909년부터 38년간 서기장을 지냈다. 원래 아나르코 생디칼리슴(anarcho-syndicalisme: 무정부주의적 혁명적 노동조합주의)을 신봉했으나, 제1차 세계대전을 통해 '계급 협조주의자'가 되었다. 국제노동기구(ILO) 창설자의 한 사람으로, 국제노동조합연맹 부회장을 지냈다.

지벨(Sybel, Heinrich von, 1817~95): 독일의 역사가. 초기에는 랑케의 제자로서 그

의 역사관을 받아들였으나 점차 현실주의적 역사서술을 지향했다. 자유주의적 정치사상을 갖고 있었으며, 정치에 참여하기도 했다. 『역사학잡지』(*Historische Zeitschrift*)를 창간했다.

체트킨(Zetkin, Clara, 1857~1933): 독일의 여성해방운동가·사회주의자. 교사 출신 으로 사회주의자탄압법 시절부터 독일사회민주당에 참가하였다. 사상적으로 는 당내의 수정주의에 반대하는 좌익계 지도자의 한 사람으로 주로 문화운동과 여성운동에 종사하였다. 1892년부터 사회민주당의 여성지 『평등』(*Gleichheit*) 을 창간, 편집하였다. 1907년 최초로 국제사회주의 여성회의를 개최하여 반전 (反戰)운동을 국제적으로 전개하였다. 1918년 독일공산당을 창설했으며, 코민 테른의 집행위원 및 여성국장을 거쳤다. 1932년 8월 반파쇼 통일전선의 결성을 호소했다.

카베(Cabet, Étienne, 1778~1856): 프랑스의 사회주의자. 처음에는 의학을 배웠으나, 나중에 법률학을 전공하고 변호사가 되었다. 1830년 7월혁명에 참가한 후 잡지 를 창간하고 『1830년 혁명사』(1832)를 저술했다. 군주제 반대활동 때문에 국외 로 추방되어 1834년 영국으로 망명, 런던에서 오언과 엥겔스 등 사회주의자들 과 친교를 맺었다. 1839년 귀국한 후 『프랑스 혁명사』(1839~40)를 쓰고, 그리 스도교와 자연법을 기초로 하여 이상적 공산주의 사회를 기술한 공상소설 『이 카리아 여행기』(*Le Voyage en Icarie*, 1840)를 출간하였다. 이러한 사회를 실현시 키기 위하여 그는 미국 텍사스 주와 일리노이 주에 공산주의적 모델촌을 만들 었으나 실패했다.

카우츠키(Kautsky, Karl Johann, 1854~1938): 독일의 사회민주당 지도자. 빈 대학에서 공부하였고, 1875년 오스트리아 사회민주당에 입당하였다. 1880년 취리히로 이주하여 마르크스주의자가 되었고, 1881년 런던에서 엥겔스와 알게 되었으며, 1883년 독일 사회민주당의 기관지 『신시대』(*Neue Zeit*)를 창간하여 그 편집을 담당했다. 1891년 독일 사회민주당이 채택한 에르푸르트 강령을 기초하였다. 베른슈타인의 수정주의(修正主義)에 반대하여 마르크스주의 옹호론을 전개하 는 한편, 마르크스의 『자본론』 등을 출판하고 해설하였다. 제1차 세계대전이 발 발하자 반전을 주장하는 소수파인 독립사회민주당에 가담했다. 대전 중에 초제 국주의론(超帝國主義論)을 제창하고 폭력혁명과 소수 사회주의자에 의한 독재 에 반대하여 레닌의 비판을 받았다.

카프(Kapp, Wolfgang, 1858~1922): 독일의 정치가. 1891년부터 프로이센 행정부에서 근무했고 1917년 키르피츠와 함께 독일 조국당을 창당했다. 1920년 카프 폭동 을 시도했으나 실패했다.

카피에로(Cafiero, Carlo, 1846~92): 이탈리아의 사회주의자. 부유한 귀족 출신으로 전 재산을 사회주의 운동에 기부함으로써, 순수한 이상주의적 사회주의자의 대명 사가 되었다. 1872년부터는 점차 무정부주의적인 색채를 띠었다.

캄프하우젠(Camphausen, Ludolf, 1803~90): 독일의 정치가. 1843년 프로이센·라인

주의회 의원을 지냈다. 1848년 3월혁명 후 프로이센 총리를 지냈고, 이어 프랑크푸르트의 임시중앙정부에 프로이센 전권대표로 파견되었다. 소(小)독일주의를 취하여 오스트리아를 제외하고 프로이센을 맹주로 하는 강력한 독일연방을 조직하려 하였으나 실패했다. 1849부터 51년까지 프로이센 상원의원으로 있었으며, 1871년 독일통일 후에는 정계를 은퇴하였다.

켈젠(Kelsen, Hans, 1881~1973): 오스트리아 출신의 법학자. 1920년 오스트리아 헌법을 기초하였으며 1940년부터 미국에 거주했다. 그는 국가를 법질서와 동일시하는 소위 실증주의적 법이론을 주장하면서 빈 국가법 학파를 창설했다. 저술로서 『민주정의 본질과 가치에 관하여』(*Vom Wesen und Wert der Demokratie*, 1920)가 있다.

콩시데랑(Considérant, Victor, 1808~93): 프랑스의 경제학자이자 철학자. 원래 에콜폴리테크니크를 졸업하고, 공병 대위계급까지 진급하였으나 사임하고, 1830년경부터 푸리에의 사상에 공명하여 그의 제자가 되었다. 1832년 푸리에주의의 기관지 『팔랑주』(*La Phalange*)를 편집·발간하는 한편, 농업을 중심으로 하는 공산적 이상사회의 공동체(팔랑주)의 건설에 노력했다. 1848년 2월혁명 후 의원으로 선출되었으나, 1849년 시위운동 등의 정치적 활동으로 반대파에 의하여 벨기에로 망명하게 되었다. 1869년 프랑스로 귀국하기까지 브뤼셀을 중심으로 푸리에주의의 실천을 위하여 활약하였다. 그 사이 2번이나 미국에 건너가 팔랑주 건설을 시도하였으나, 실패했다. 그 후에는 유럽 각국을 돌아다니며 푸리에주의를 선전했다. 저서로 『사회의 운명』(*Destinée sociale*, 3권, 1834~38), 『사회주의 원리』(*Principes du socialisme*, 1847) 등이 있다.

크로체(Croce, Benedetto, 1866~1952): 이탈리아 출신의 역사가·철학가. 크로체는 자신의 철학을 정신의 철학이라고 불렀으며, 모든 현실에 내재하는 정신에는 예술과 논리라는 이론적 활동과, 경제와 윤리라는 실천적 활동이 있다고 보고, 이들 네 가지 활동은 서로 밀접한 연관성을 갖는다고 생각했다. 보편적인 것과 개별적인 것, 관념적인 것과 구체적인 것, 이론적인 것과 실천적인 것이 근저에서 결합되어 있다는 생각에서, 역사는 현실에 대한 철학적 인식 이외의 아무것도 아니며, 철학은 역사 속에서 생겨나 조건지어지고 가꾸어진다는 역사주의가 나온다는 것이다. 이 역사를 움직이는 것으로서 윤리와 자유가 강조됨으로써 그의 철학은 강한 실천적 색채를 띠게 된다. 『정신의 철학』(*Filosofia dello spirito*, 1902), 『역사의 이론과 역사』(1915) 등의 저서를 저서를 남기는 한편, 월간잡지 『비평』(*La Critica*)을 발행하였다(1903~37). 또한 그는 정치에도 참여하여 유명한 교육개혁안 작성을 맡았고, 상원의원과 교육장관을 역임하기도 했다. 특히 파시즘 시대에는 반파시스트 운동에 앞장섰다.

크로포트킨(Kropotkin, Pyotr Alekseevich, 1842~1921): 러시아의 혁명가. 명문귀족 출신으로 1862~67년 육군장교로 군대생활을 하였으나, 1872년 스위스에서 무정부주의자 바쿠닌파 사람들을 만나 그 사상에 동감, 귀국 후 혁명단체에 가입하였다. 상트페테르부르크와 모스크바의 노동자·농민들에게 펼친 선전활동으로 인해 1874년 체포·투옥되었다. 2년 후 탈옥하여 스위스·프랑스 등지를 전전하면서 공산주의적 무정부주의자로서 문필·선전활동을 계속하였다. 1917년 2월혁명 후 귀국하여 케렌스키 임시정부를 지지하였고, 10월혁명 후에는 볼셰비키당의 독재에 반대했다.

크루프(Krupp): 독일의 산업가 가문. 1811년 초대 프리드리히 크루프(1787~1826)가 에센에 소규모 주철공장 크루프 사를 창설한 뒤, 뒤를 이은 2대 알프레트 크루프(1812~87)는 비스마르크와 빌헬름 2세의 후원을 얻어, 약 60년 동안 회사를 대포·장갑판·차량 등의 일대 철강 무기 콘체른으로 육성했다. 프리드리히 알프레트 크루프(1854~1902) 및 그의 사위인 구스타프 크루프(1870~1950)의 시대에는 대포·철강 외에 군함·U보트 건조에까지 힘써 1911년에는 무려 52개국에 수출했다.

크리스피(Crispi, Francesco, 1819~1901): 이탈리아의 정치가. 마치니주의자로서 이탈리아 통일운동(리소르지멘토)에 참가하였으며, 통일 후에는 의회에서 좌파의 일원으로 활동하였다. 1877년 내무장관이 되고, 1887년 내각을 조직하고부터는 국내외로 강경정책을 쓰기 시작하였으며, 독일·오스트리아와 3국동맹을 맺고 에티오피아로의 제국주의적 진출을 추진하였다. 1893년 다시 내각을 조직한 후로는 노동운동마저 탄압하였고, 1895년부터는 에티오피아 침략을 감행하였으나, 1896년 아도와 패전으로 실각하였다. 그는 국가통일기부터 제국주의 단계로의 이행기를 상징하는 정치가였다.

클레망소(Clemenceau, Georges, 1841~1929): 프랑스의 정치가. 1871년 파리 코뮌이 성립되기 직전 정계에 투신, 그해 7월 급진 공화당원으로 의회에 진출하였다. 1894~1906에 일어난 드레퓌스 사건 때는 드레퓌스를 지지했고 1903년 상원의원이 되었다. 1906년 3월 내무장관, 이어서 총리 겸 내무장관이 되었으며 제1차 세계대전 때에는 총리 겸 육군장관에 취임하여 프랑스를 승리로 이끌었다. 전쟁 후 파리 강화회의에 프랑스 전권대표로 참석하였고, 미국 대통령 윌슨의 민족자결주의에 대립하는 보복주의를 취하였으며, 베르사유 조약을 강행했다.

토크빌(Tocqueville, Charles Alexis, 1805~59): 프랑스의 역사가이자 정치가. 1831년 교도소 조사를 위하여 미국으로 건너갔다가 귀국 후 저술한 『미국의 민주주의』(De la démocratie en Amérique, 2권, 1835~40)를 통해 근대 민주주의 사회를 분석했으며, 그 사회의 부정적 영향인 개인주의나 정치적 무관심 등에 대해 언급했다. 1849년 외무장관을 지냈으며 1851년 나폴레옹의 쿠데타에 반대하여 체포된 후, 정계에서 은퇴하고 역사연구에 전념해 『구체제와 프랑스 대혁명』(L'Ancien Régime et la Révolution)과 같은 작품을 남겼다.

투라티(Turati, Filippo, 1857~1931): 이탈리아의 개량주의적 사회주의자. 부르주아지에서 프롤레타리아 진영으로 전향한 최초의 지식인 중의 한 사람이다. 1891년 사회주의적 이론잡지 『크리티카 소치알레』(*Critica Sociale*)를 창간하여 사회주의 이론을 소개하였다. 노동자(직공당)와 지식인(혁명사회당)의 통합을 도모하여, 1892년 이탈리아 사회당을 창설한 후 최고지도자로서 의회활동을 지도하였다. 1922년 사회당의 좌경화에 반대하여 탈당, 통일사회당을 결성하였다. 제국주의 전쟁을 끝까지 거부, 파시즘 정권에 반대하여 싸우다가 1926년에 망명, 파리에서 반파시즘 운동에 힘쓰다가 죽었다.

파레토(Pareto, Vilfredo, 1848~1923): 이탈리아의 경제학자·사회학자. 토리노 공과대학을 졸업한 후 경제학 연구를 시작하여 1892년 스위스 로잔 대학의 교수가 되었다. 그는 『경제학 제요』(*Manuale d'economia politica*, 1906) 등의 저작을 통해 계측이 가능한 무차별곡선에 의한 선택의 이론을 전개, 발라가 수립한 일반균형이론을 재구성하였다. 그는 또 파레토 최적(모든 사람이 타인의 불만을 사는 일 없이는 자기만족을 더 이상 증가시킬 수 없는 상태)의 사고방식을 도입, 신(新)후생경제학에의 길을 열었으며, 또 소득분포에 대해서는 통계조사에 입각하여 '파레토의 법칙'이라 하는 소득분포의 불평등도를 나타내는 경험적인 경제법칙을 도출하였다. 사회학 분야에도 강한 관심을 가져, 『일반사회학 개론』(*Trattato di sociologia generale*, 2권, 1916) 등을 펴냈다. 그의 사회학은 인간행동을 합리적인 행동으로서 파악했을 뿐 아니라, 불합리한 행동면도 중시했다.

페레로(Ferrero, Gugliemo, 1871~1943): 이탈리아의 역사가. 형법학자 롬브로소의 제자이자 그 사위였다. 파시즘에 반대하여 스위스로 망명했는데, 로마 문명에 대한 여러 저서와 『이탈리아의 영광과 몰락』(1902~1907)을 남겼다.

페리(Ferri, Enrico, 1856~1929): 이탈리아의 형법학자이자 정치가. 1886~1919년 사회당 국회의원을 지냈으나 1926년 파시스트로 전향하였고 롬브로소의 학설을 발전시켜 형법에서의 실증주의학파를 창설했다. 1919년 형법개정 왕실위원회 위원장으로서 개정안을 작성하였는데, 그의 초안은 1921년 로마에서 『이탈리아 형법 초안』(*Progetto preliminare di codice penale italiano*)으로서 공간되어 중남미 제국 및 초기의 소련 형법에 큰 영향을 끼쳤다. 그 밖에 『범죄사회학』(*La sociologia criminale*, 1884)의 저서를 남겼다.

포앵카레(Poincaré, Raymond, 1860~1934): 프랑스의 정치가. 1887~1903년 하원의원으로 출발하여 1903~13년 상원의원으로 정계에서 활약하였다. 수많은 장관직을 거쳐 1913년 제3공화국 제9대 대통령이 되었다. 제1차 세계대전 중에는 반전(反戰)·패배주의를 억압하고 클레망소를 총리로 임명하여, 프랑스를 승리로 이끌었으나 대독강화에 불만을 품고 1920년 대통령직을 사임하였다. 1922~24년 총리 겸 외무장관으로 재직, 1923년 독일의 루르 지방 점령을 단행하는 등 강경정책을 취함으로써 국내외의 불신을 초래하여 1924년 사임하였다. 그 후 경제위기 극복에 좌익 연합내각들이 실패하자 1926년 거국일치 제3차 내각 수반이 되어 재무장관을 겸하고 증세(增稅)와 행정기구 정리에 의한 지출절감을 단행하여 재정난을 해결하였다.

폴마르(Vollmar, Georg, 1850~1922): 독일의 사회주의자. 제국의회 의원을 지냈으며, 개량주의를 지지했다. 1890년대 영국 페이비언주의에 공감하여 점진적 사회주의를 제창함으로써 부르주아지 정당과의 협력을 꾀하였다. 제1차 세계대전 때에는 민족주의를 지지했다.

푸르니에(Fournière, Joseph Eugène, 1857~?): 프랑스의 언론인이자 교수. 사회주의 운동에 적극적이었으며, 총파업에 연루되어 8년 반을 감옥에서 지냈다. 특히 잡지 『사회주의 평론』(*Revue Socialiste*)을 간행하면서 많은 문헌을 남겼다.

푸리에(Fourier, Charles, 1772~1837): 프랑스의 초기 사회주의자. 부유한 상인의 아들로 태어났으나 일련의 잘못된 투기로 재산을 잃고 자본주의 제도의 모순에 주목하여 그 개선을 위해 노력했다. 특히 그는 자본주의적 상업을 사회악의 근원이라고 생각하였다. 그래서 그는 '팔랑주'(phalange), 즉 생산자 협동조합을 중심으로, 상업이 존재하지 않는 자유로운 생산자의 협동사회를 실현할 것을 제안하였다. 팔랑주의 구성원은 작업장·식당·집회소·극장·도서관 등을 갖춘 광대한 건물 속에서 살며, 협동조합생산에 의한 생산 수입을, 각자가 그 생산에 제공한 노동과 자본의 양에 따라 분배하여 안정된 생활을 하는 것이라 하였다. 그는 이같은 이상사회가 사회의 평화적 개조에 의하여 실현될 수 있다고 믿었고, 계급투쟁을 부정하며 최초의 실험적 팔랑주를 설립하기 위한 자금 제공을 권력자와 부호들에게 호소하였다.

프람폴리니(Prampolini, Camillo, 1859~1930): 이탈리아의 사회주의자. 사회당 우파로서 제1차 세계대전 중에는 평화주의의 입장을 지지했다. 코민테른에 반대하고 1920년 노동자들의 총파업과 공장점거에도 반대했다. 노동운동은 자본주의 내에 머물러 있어야 한다는 입장이었다.

프루동(Proudhon, Pierre-Joseph, 1809~65): 프랑스의 초기 무정부주의적 성향의 사회주의자. 저서 『재산이란 무엇인가?』(*Qu'est-ce que la propriété ?*, 1840)에서 "재산이란 도둑질한 물건이다"라는 주장을 펼치며 사적 소유를 부정했다. 노동자가 생산수단을 소유하여 소생산자 개인의 자유의사에 기초를 둔 협동조합조직을 만들고, 이들 조직을 지역적으로 연합시켜 지방분권조직인 연합사회를 건설할 것을 주장하였다. 그의 저서 『빈곤의 철학』에 대해 마르크스는 『철학의 빈곤』이라는 책으로 답했다.

프리체(Fritzsche, Friedrich Wilhelm, 1825~1905): 독일의 사회주의자. 라살의 추종자로, 제국의회 의원을 지냈고 담배노조의 기관지를 맡아 했다. 사회주의자탄압법 이후 미국으로 망명했다.

하디(Hardie, James Keir, 1856~1915): 영국의 노동운동가·정치가. 10세 때부터 탄광에서 일하며, 일찍이 노동조합운동에 참여하였다. 1887년 월간지 『광부』(*The Miner*)를 창간, 노동자의 조직화에 힘썼다. 1892년 총선거에서 노동자로서는 최초로 하원에 진출했으며, 1893년 독립노동당을 창당, 그 당수가 되었다. 1895년 총선거에서 낙선, 그 후 5년간은 『노동지도자』(*Labour Leader*)의 편집과 노동자대표위원회 설립에 노력하였다. 1900년 총선거로 하원에 복귀, 1906년 노동당을 창당, 하원 노동당 지도자가 되었다.

하르덴(Harden, Maximilian, 1861~1927): 독일의 작가. 1892년부터 1923년까지 주간 지 『미래』(*Die Zukunft*)를 발간했다. 빌헬름 2세의 정책을 비판했으며, 제1차 세계대전 후에는 급진적 사회주의를 대변했다.

하르틀레벤(Hartleben, Otto, 1864~1905): 독일의 극작가이자 소설가. 처음에 법률을 배웠으나, 후에 자연주의 극작가로 활약하였다. 중산층 사회의 약점을 반어적으로 그린 자연주의 희곡 분야에 특질을 나타내었다. 주요 작품으로는 노동자계급의 소녀와 사랑에 빠진 프로이센 장교의 비극을 그린 『사육제 월요일』(*Rosenmontag*, 1900)이 있다.

하우프트만(Hauptmann, Gerhart, 1862~1946): 슐레지엔 출신의 독일 극작가. 자연주의 영향 아래 처녀 희곡 『해뜨기 전』(*Vor Sonnenaufgang*, 1889)을 발표하여 일약 자연주의 문학의 기수가 되었다. 특히 직공(織工)들의 반란을 다룬 군중극 『직조공』(*Die Weber*, 1892)으로 극단에서의 지위를 확립했다. 그 외에 다른 많은 작품(Der Biberpelz, 1893, Fuhrmann Henschel, 1898, Hanneles Himmelfahrt, 1894)이 있으며 1912년 노벨 문학상을 수상하였다.

하이네(Heine, Heinrich, 1797~1856): 독일의 시인. 유대인 출신으로 본·괴팅겐·베를린에서 수학했다. 젊어서부터 이미 문명(文名)을 날렸으며, 1830년 프랑스의 7월혁명에 감격하였고, 독일에서 필화(筆禍)에 의한 탄압을 받게 되자 이듬해 파리로 이주, 결국은 파리가 영주지(永住地)가 되었다. 파리에서는 공상적 사회주의인 생시몽주의 그룹에도 가담하였다. 또한 『프랑스의 상태』(1832), 『독일의 종교와 철학의 역사』(1834) 등의 저술을 통해 독일과 프랑스의 문화적 교류를 위한 교량역할을 하였다. 1844년에는 파리에 와 있던 마르크스와 친교를 맺었다. 1835년 독일연방의회에 의하여 청년 독일파의 저서들이 발행금지되면서, 그도 활동과 경제면에서 타격을 받았다. 이후 프랑스의 도움을 받아 생활함으로써 스파이의 혐의를 받게 되었다. 그는 한편으로는 낭만주의와 고전주의 전통을 잇는 서정시인인 동시에 또 다른 한편으로는 반(反)전통적, 혁명적 저널리스트였다.

하인드먼(Hyndman, Henry Mayers, 1842~1921): 영국의 사회주의자. 파리 코뮌의 영향을 받아 영국 최초의 마르크스주의자가 되었다. 1881년 모리스와 함께 런던 민주연맹을 결성하여 1880년대 노동운동의 이론적인 지주로서의 역할을 하면서, 생산수단과 생활자료의 사회화를 제창하였다. 1884년 과격한 혁명주의를 주장한 모리스와 결별하고, 민주연맹을 사회민주연맹으로 개편하였는데, 그는 이 조직을 통해 마르크스주의적인 사회주의의 이론적인 소개와 조직화를 지향하였다. 제1차 세계대전 중에는 전쟁을 지지하여, 1916년 국민사회주의당을 결성하였다.

하제(Haase, Hugo, 1863~1919): 독일의 사회주의 정치가. 변호사였으나, 1897년에 사회민주당 소속 국회의원이 되었고, 사회민주당 중앙파에 속하였다. 제1차 세계대전 초기에는 전쟁에 찬성하였다가 나중에 전쟁 속행을 반대하여 1915년 당에서 제명되었다. 그 후 1917년 동지들과 함께 독립사회민주당을 창당하여 의장이 되었고, 1918년 독일 혁명에서는 인민대표평의회(6인 내각)를 결성, 사회민주당의 에베르트와 함께 수반(首班)이 되어 프롤레타리아 혁명을 시도하였으나 실패하였다. 같은 해 12월 연합국의 압박과 국내 보수파의 요구로 정부에서 축출되었으며, 이듬해 반동파 군인장교에 의하여 베를린에서 암살되었다.

해밀턴(Hamilton, Alexander, 1757~1804): 미국의 정치가. 미국 독립전쟁 중 워싱턴의 부관으로 활약하였다. 독립 후 아나폴리스 회의, 헌법제정회의에서 뉴욕 대표로 참가, 강력한 연방정부 조직을 주장하였으나 반발을 초래하였다. 그러나 연방헌법 비준을 성립시키기 위하여. 매디슨 등과 함께 헌법을 옹호하는 논문『연방주의자』(*The Federalist*)를 신문에 발표하였다. 이 논문집은 미국 건국 주역들의 정치사상을 알기 위한 귀중한 자료가 되었다. 대통령 워싱턴 밑에서 1789~95년 재무장관이 되었고, 국채액면상환, 주채(州債)의 연방정부 인수, 국립은행의 창설, 보호관세의 설립 등 상공업의 발달을 중시한 재무정책을 취하였다. 그가 주장한 현명한 소수자에 의한 정치라는 정치철학은 제퍼슨 등의 반대를 받았다.

헤르첸(Herzen, Aleksandr Ivanovich, 1812~70): 1825년의 데카브리스트(12월 당원)의 봉기에 따른 충격으로 전제정치에 대한 투쟁을 확신했으며 1829년에 모스크바 대학에 입학하여, 혁명적 집단을 조직하였다. 졸업 이듬해인 1834년부터 국사범(國事犯)으로서 몇 차례 체포·유형되었으며, 1847년에 파리로 떠나기 전까지 여러 작품을 썼다. 1848년에 프랑스 6월혁명의 실패를 보고 크게 낙심하여, 1852년에 런던으로 건너가 자유 러시아 인쇄소를 설립하여 러시아 국내에서 금지되었던 작품들을 출판하였다. 헤겔 좌파의 입장을 대변했으며 그의 저서들에서는 슬라브적 경향의 유토피아 사회주의적 색채가 짙게 나타나 있다.

헤르크너(Herkner, Heinrich, 1863~1932): 독일의 경제학자. 베를린 대학 교수를 지낸 이른바 강단 사회주의자의 대표자이다. 저작으로『노동자문제』(*Die Arbeiterfrage*, 2권, 1894)가 있다.

헤스(Hess, Moses, 1812~75): 독일의 언론인·사회주의자. 독일 철학과 프랑스 사회주의를 연결할 필요성을 주장했으며, 마르크스와 함께『라인 신문』을 발간했다. 공산주의자 동맹에도 참여했으나 나중에는 떨어져 나와 시오니즘을 주장했다.

홉스(Hobbes, Thomas, 1588~1676): 영국의 철학자·정치이론가. 옥스퍼드 대학에서 스콜라 철학을 전공하였다. 정치노선 때문에 영국 혁명 직전에 프랑스로 망명했으나 크롬웰의 정권하에서는 런던으로 돌아와 정쟁(政爭)에 개입하지 않고, 오직 학문연구에 힘썼다. 모든 사람이 자기 이익만을 끝까지 추구하는 자연상태에서는 '만인(萬人)의 만인에 대한 투쟁'이라고 주장했으며, 저서『리바이어선』(*Leviathan*, 1651)에서 전제군주제를 이상적인 국가형태라고 생각하였다.

홉슨(Hobson, John Atkinson, 1858~1940): 영국의 사회경제학자. 옥스퍼드 대학에서 고전학을 공부하고, 경제학을 연구하였다.『제국주의론』(1902)에서 그는 제국주의를 선진 제국의 대외투자를 둘러싼 투쟁으로 파악하였다. 소득분배의 불균형이 과잉저축과 과소비를 초래하고, 그것이 경기후퇴와 실업을 초래한다는 등 제국주의와 경기변동론에 관하여 이론적으로 공헌하였다. 그가 죽은 뒤『제국주의론』은 레닌의『제국주의론』에 비판적으로 섭취되고, 과소소비설은 케인스의 높은 평가를 받았다.

흄(Hume, David, 1711~76): 영국의 철학자. 주저『인성론』(人性論, *A Treatise of Human Nature*)을 통해 로크에서 비롯된 내재적 인식비판의 입장과 뉴턴 자연학의 실험·관찰의 방법을 응용해서, 인간의 본성 및 그 근본법칙과 그것에 의존하는 여러 학문의 근거를 해명하고자 했다. 정치·법사상에서는 홉스의 '자연상태'의 가정(假定)과 계약설을 비판하고, 만인에 공통된 '이익'의 감정에서 법의 근거를 구하는 공리주의적 방향을 제시했다.

옮긴이의 말

책을 만들면서 가장 기쁠 때는 감사를 표할 수 있는 때이다. 우선 이 책을 '동서양 학술명저번역총서'로 선정하고, 나에게 그 과업을 맡겨준 한국학술진흥재단의 '동서양 학술명저 선정위원회' 관계자 여러분께 감사를 표한다. 그리고 번역 과정에서 서유럽 사회주의자들에 대한 광범한 지식으로 번역을 도와준 노서경 선생님께 감사드린다. 또한 번역을 완결하자마자 출간에 관련되는 잡다한 작업을 신속하게 처리해준 한길사 편집부에게도 감사드린다.

옮긴이가 로베르트 미헬스의 『정당론』을 처음 접한 것은 대학원 시절이었다. 독일사를 전공하는 터에, 이념적으로 가장 투철하고 조직적으로 가장 치밀하고도 거대하였던, 그야말로 1900년대 유럽 사회주의의 간판이었던 독일 사민당이, 1914년에 발발한 제1차 세계대전에 동의하는 등 개량주의적·수정주의적 경로를 밟아갔던 원인을 이해하고자 하였던 것이다. 당시 사민당의 '훼절'을 당의 창설자인 페르디난트 라살의 이념적 후유증으로만 이해하고 있던 학문 풍토에서, 미헬스의 논지는 암흑 속의 불빛과도 같았다. 근대는 조직을 낳고, 조직은 관료제를 낳고, 관료제는 과두제를 낳고, 과두제는 보수적인 신엘리트를 낳는다는 그의 주장은 사민당의 성공과 격변을 남김없이 설명해주고 있었던 것이다. 그리고 이 책이 사민당의 굴절이 노골화된 1914년에 3년 앞서 출간되었다는 점이 더욱 인상적이었다.

옮긴이가 이 책을 다시 한 번 주목하게 된 것은 세부 전공을 파시즘으로 좁히면서였다. 그 무엇보다도, 무솔리니의 경우에서 대표적으로 현시되는 것처럼 한때의 사회주의가 파시스트로 돌변하는 현상이 놀라웠다. 그렇다면 사회주의와 파시즘은 몇몇 측면에서 궤를 같이하는 것은 아닐까? 사후적으로 볼 때는 상극으로 대립되어 보이는 그 두 가지 이데올로기가 1920/30년대의 감수성에서는 정합적이었던 것은 아닐까? 로베르트 미헬스는 그에 대하여 부분적인 해답을 주었다. 혁명적 대중의 자발성을 믿었던 생디칼리슴적 사회주의자 미헬스가, '조직이 과두제로 귀결되는' 논리 때문에 자발적 대중과 혁명적 지도부 모두에게서 절망하였다면, 과두제의 운명을 깨뜨릴 수 있는 유일한 희망은 카리스마적 지도자일 것이기 때문이다.

옮긴이가 이 책을 세 번째로 주목하게 된 것은, 최근 한국 학계에서 포스트모던주의에 입각하여 서구의 근대성이 새로이 그리고 비판적으로 논의되던 맥락에서였다. 계몽적 이성의 억압적 논리를 드러내고자 하던 논의에서 대단한 설득력과 매력을 보았던 나는 그 논의를, 계몽주의적 근대가 최초로 위기에 부딪치는 1890년부터 1914년 사이의 시기에 적용시킬 수 있다고 믿었다.

한 걸음 더 나아가서, 근대성에 관한 논의는 고전적 모더니즘이 시작되는 그 시기로 되돌아가지 않고는 제대로 이해할 수 없다고 생각하였다. 그 맥락에서 나는 막스 베버의 관료제 이론을 다시 기억해냈고, 그의 이론이 고스란히 미헬스로 이어진다는 점을 깨달았다. 베버에게 관료제가 근대의 숙명이라면 미헬스에게는 과두제가 근대의 숙명이었던 것이다. 게다가 미헬스는 관료적 과두제가 어떻게 몰개인한 다수로서의 대중에게 의존하고 있는지도 깨우쳐주었다. 자세한 사항은 옮긴이 해제를 참고하기 바란다.

다만 한 가지 독자들에게 부탁하고 싶은 사항이 있다. 옮긴이의 해제가 대단히 딱딱하지만, 미헬스의 원저는 딱딱하지 않다. 미헬스는 사실 근대 정당정치의 논리를 해명한 이론가들 중에서 유일하게 사회주의 정당활동에 직접 참여한 사람이다. 따라서 그가 드는 예들 중에는 자신의 체험과 관련된 것들이 많다. 그렇지 않고서야, 사회주의 대중의 지도자 숭배를 논하면서, "사람들이 성(姓)까지 혁명적인 의미로 채우게 된다면 모스크바를 방문한 외국인들은 머지 않은 장래에 공산주의 동사무소에서 다음과 같은 혼인 공고문을 보게 될 것이다. '신랑 노동 사회남 군과 신부 10월 부르주아 사망 양이 혼인을 서약합니다'"라고 서술할 수 있겠는가. 그런데 그의 체험에서 비롯된 예들은 주로 원저의 주에 서술되어 있다. 따라서 독자들은 좀 귀찮더라도 원주를 읽기 바란다. 주석을 빼놓으면 이 책이 지닌 가치의 반은 소실된다.

2002년 11월
김학이

찾아보기

지은이 로베르트 미헬스

로베르트 미헬스(Robert Michels, 1876~1936)는 독일 출생의
이탈리아 사회학자이다. 쾰른의 부유한 상인 가문에서 태어난
그는 파리, 뮌헨, 라이프치히, 할레에서 역사학과 경제학을 공부하였고,
1900년 할레-비텐베르크 대학에서 역사주의 역사가
구스타프 드로이젠의 지도 아래 '루이 14세의 네덜란드 침공'에
대한 연구로 역사학 박사학위를 취득한다.
그 후 독일과 이탈리아를 오가면서 활동을 하던 그는
1900년 이탈리아 사민당에, 1903년 독일 사민당에 입당한다.
이탈리아 사회주의와의 접촉으로 그는 당시 이탈리아에서 강력했던
생디칼리슴에 경도되기 시작한다. 독일 사민당에서의 활동도 활발하여,
1903년과 1906년에 각각 제국의회 선거와 마르부르크 시의회
선거에 출마하였고, 1903년, 1905년, 1906년에
마르부르크 지구당을 대표하여 사민당 전당대회에 참석한다.
그러나 사회주의 활동은 그의 경력에 중대한 부담을 안겨주는데,
1907년 마르부르크 대학이 그의 교수자격논문 제출자격을 거부해버린 것이다.
그를 후원하던 막스 베버가 항의하였으나 소용없었다. 그러나 미헬스는
1907년 이탈리아 토리노 대학에 교수자격논문을 제출하고
같은 대학의 정치경제학 교수가 된다. 이어 1914년에는 아예
이탈리아 국적을 취득함으로써 독일을 등진다. 그리고
그 시기에 미헬스는 사상적으로 변신하여, 독일 사민당과
이탈리아 사회당에서 탈당함은 물론, 생디칼리슴과도 멀어진다.
양자로부터 멀어진 그가 도달한 곳은 파시즘이었다.
1923년 이탈리아 파쇼당에 입당하는 한편, 1928년에는
무솔리니가 특별히 그를 위해 페루자 대학에 만들어준 경제사 강좌에
정교수로 취임한다. 주요 저서로 1911년에 출간된 『정당론』이 있다.

옮긴이 김학이

김학이(金學頤)는 외국어대 독일어과를 졸업하였다.
서울대 대학원 서양사학과에서 석사학위를 받은 후, 독일 보쿰 대학에서
역사학으로 박사학위를 받았다. 지금은 동아대학교 사학과 교수로 있다.
주요 저서로『나치즘과 동성애』(2013)가 있으며 역서로『독일의 통일과 위기』(1999),
『분열과 통일의 독일사』(2000),『나치스 민족공동체와 노동계급』(2000),
『홀로코스트. 유럽 유대인의 파괴』(2008),『히틀러국가』(2011) 등이 있다..

정당론

지은이 • 로베르트 미헬스
옮긴이 • 김학이
펴낸이 • 김언호
펴낸곳 • (주)도서출판 한길사

등록 • 1976년 12월 24일 제74호
주소 • (413-120) 경기도 파주시 광인사길 37
www.hangilsa.co.kr
E-mail: hangilsa@hangilsa.co.kr
전화 • 031-955-2000~3
팩스 • 031-955-2005

부사장 · 박관순 | 총괄이사 · 김서영 | 관리이사 · 곽명호
영업이사 · 이경호 | 경영담당이사 · 김관영 | 기획위원 · 유재화
편집 · 김광연 백은숙 안민재 노유연 김지연 이지은 이주영
마케팅 · 윤민영 | 관리 · 이중환 김선희 문주상 이희문 원선아 | 디자인 · 창포

CTP출력 · 알래스카 커뮤니케이션 | 인쇄 · 오색프린팅 | 제본 · 경일제책사

제1판 제1쇄 2002년 12월 5일
개정판 제1쇄 2015년 9월 11일

값 28,000원
ISBN 978-89-356-6439-9 94340
ISBN 978-89-356-6427-6 (세트)

• 잘못 만들어진 책은 구입하신 서점에서 바꿔드립니다.

• 이 도서의 국립중앙도서관 출판예정도서목록(CIP)은
서지정보유통지원시스템 홈페이지(http://seoji.nl.go.kr)와
국가자료공동목록시스템(http://www.nl.go.kr/kolisnet)에서
이용하실 수 있습니다. (CIP제어번호: CIP2015022870)

한길그레이트북스 인류의 위대한 지적 유산을 집대성한다